Sie fand, die Dinge entwickelten sich gut. Bald schon, sehr bald würde Ann Kathrin Klaasen vor den Trümmern ihrer Existenz stehen. Der Verhörspezialistin der ostfriesischen Kriminalpolizei würden in Kürze selbst einige unbequeme Fragen gestellt werden. Wie viel musste denn noch passieren, damit sie endlich suspendiert wurde? »Ich geb dir keine zwei Wochen mehr, Ann Kathrin«, sagte sie leise, »dann sind wir in Phase fünf: der Tod.«

Im neuen Fall muss Ann Kathrin Klaasen ihre Unschuld beweisen, denn sie steht unter Mordverdacht. Hochaktuell und megaspannend: ein Blick in die Abgründe der menschlichen Seele und ein unglaublicher Fall für die beliebteste Kommissarin in Ostfriesland.

Klaus-Peter Wolf, 1954 in Gelsenkirchen geboren, lebt als freier Schriftsteller in der ostfriesischen Stadt Norden, im gleichen Viertel wie seine Kommissarin Ann Kathrin Klaasen. Wie sie ist er nach langen Jahren im Ruhrgebiet, im Westerwald und in Köln an die Küste gezogen und Wahl-Ostfriese geworden. Seine Bücher und Filme wurden mit zahlreichen Preisen ausgezeichnet. Bislang sind seine Bücher in 24 Sprachen übersetzt und über zehn Millionen Mal verkauft worden. Mehr als 60 seiner Drehbücher wurden verfilmt, darunter viele für »Tatort« und »Polizeiruf 110«. Mit Ann Kathrin Klaasen hat der Autor eine Kultfigur für Ostfriesland erschaffen, mehrere Bände werden derzeit prominent fürs ZDF verfilmt.

Weitere Informationen finden Sie auf www.fischerverlage.de

KLAUS-PETER WOLF

Ostfriesen
TOD

Der elfte Fall
für Ann Kathrin Klaasen

Kriminalroman

FISCHER Taschenbuch

Originalausgabe

Erschienen bei FISCHER Taschenbuch
Frankfurt am Main, März 2017

© 2017 S. Fischer Verlag GmbH,
Hedderichstr. 114, D-60596 Frankfurt am Main

Satz: Dörlemann Satz, Lemförde
Druck und Bindung: CPI books GmbH, Leck
Printed in Germany
ISBN 978-3-596-03633-2

»Wenn dir dein Gott, dein Guru oder dein Staatsoberhaupt befiehlt zu töten, dann lauf weg! Dein Gott irrt sich. Dein Guru lügt. Dein Staatsoberhaupt wird bald schon keins mehr sein.«

Hauptkommissarin Ann Kathrin Klaasen, Kripo Aurich

»Ich glaube manchmal,
Ann Kathrins Zweitwagen ist ein Besen.«

Hauptkommissar Rupert, Kripo Aurich

»Wer wirklich etwas erreichen will, sucht und findet Wege. Wer keinen Bock hat, sucht und findet Gründe.«

*Martin Büscher, Leiter Zentraler Kriminaldienst
der Polizeiinspektion Aurich-Wittmund*

Es hatte alles ganz harmlos begonnen. Ein kleiner Spaß. Ein Studentenstreich. Mehr nicht. Aber jetzt brannte das Haus, und einer war tot ...

Innerlich wehrte Sigmar sich dagegen, dafür verantwortlich zu sein, und gleichzeitig weidete er sich an seiner Macht. Er hatte Hauke Hinrichs tatsächlich so weit getrieben, selber Schluss zu machen.

Er stand auf der Norddeicher Straße und sah zu, wie die Flammen hinter den Fenstern flackerten.

Entweder hat der Idiot keinen Rauchmelder, oder er hat vorher die Batterien rausgenommen, dachte er. Ja, vermutlich wollte er verhindern, dass jemand aufmerksam wird und rechtzeitig Rettung kommt. Die Hütte sollte bis auf die Grundfesten niederbrennen.

Er fühlte sich, als würde er Hauke Hinrichs' letzten Willen erfüllen, indem er jetzt nicht die Feuerwehr rief, sondern dabei zusah, wie sich die Flammen zum Dachstuhl durchfraßen.

Schon als Kind hatte er gern Streiche gespielt, nur war er dabei meist erwischt worden. Die Strafen hatte er stets gelassen ertragen. Manchmal musste er dabei sogar grinsen, denn er stellte sich die Folgen seiner Taten vor, ließ sie vor seinem inneren Auge passieren und lachte noch Tränen, nachdem der Schmerz der Ohrfeige längst verflogen war.

Sein Vater hatte ihn ermahnt: »Sigmar! Ein Indianer kennt keinen Schmerz.«

Er war kein Indianer und nahm den Satz als Zeichen für die

galoppierende Verblödung seines Vaters. Er hatte doch nicht geweint, weil die Ohrfeige weh tat, sondern weil der Anblick so herrlich gewesen war, als die Nachbarin, die blöde Ziege, an dem Faden gezogen hatte. Nie wieder würde er dieses Bild vergessen! Er hatte zwölf mit Wasser gefüllte Plastikbecher, in denen einmal Joghurt gewesen war, aneinandergebunden und auf die Fensterbank gestellt. Eine Schnur baumelte herunter, daran hing ein Zettel. Und darauf stand: *Bitte ziehen!*

Sie hatte daran gezogen, und zwölf Plastikbecher waren nach unten gesegelt. Frau Sudhausen wurde pudelnass und kreischte vor Wut. Sie trat zornig mit dem Fuß auf. Puterrot war sie im Gesicht.

Leider gab es damals noch keine Filmchen auf Facebook. Herrje, das wäre dort ein Hit geworden! So hatte er es nur in seinem Kopf gespeichert.

Er lachte noch heute, wenn er an diesen gelungenen Streich dachte. Schadenfreude war die schönste Freude, besonders, wenn der andere sich den Schaden selbst zufügte und sich deswegen auch noch schämte.

Die Norddeicher Straße war jetzt kaum befahren. Noch vor einer halben Stunde war das ganz anders gewesen, weil viele Touristen zum Fähranleger unterwegs waren. Die Frisia V hatte noch auf den verspäteten IC gewartet. Als der endlich Norddeich Mole erreichte, war es schon fast zu spät, um nach Juist auszulaufen. Der Rhythmus von Ebbe und Flut war pünktlich wie immer und ließ sich nicht ernsthaft von menschlichem Termindruck oder der Deutschen Bahn beeinflussen.

Irgendjemand war da noch im Haus und schrie. Waren das Kinder? Oder Katzen?

Auf einem Kymco-Motorroller näherte sich eine Frau von beeindruckender Gestalt. Sie hieß Gudrun Garthoff und war unterwegs zu Ann Kathrin Klaasen.

Sie sah die Flammen, bremste und stieg vom Motorroller. Sie nahm ihren schwarzen Helm ab.

Mist, dachte er. Die wird noch alles verderben.

Jetzt winkte sie ihm auch noch. Er tat, als ob er nichts bemerken würde.

Sie rief: »Hallo! Da brennt es! Haalloooo!«

Er reagierte nicht. Sie vermieste ihm ja das ganze Vergnügen. Er wollte ruhig hier stehen, zuschauen und genießen, und nun versaute sie alles.

Sie machte ihn echt wütend!

Jetzt sprach sie in ihr Handy. Sie hatte ein lautes Organ. So, wie sie telefonierte, hatte sie überhaupt kein Handy nötig. Die Polizeiinspektion war ja keinen Kilometer weit entfernt.

Verflucht! Polizei und Feuerwehr werden gleich hier sein. Besser, ich verziehe mich ...

Es war zwar so gut wie unmöglich, einen Zusammenhang zwischen ihm und dem tragischen Geschehen herzustellen, aber es war trotzdem besser, in keiner Polizeiakte aufzutauchen.

Gudrun Garthoff überquerte jetzt die Straße und lief auf ihn zu.

»Wir müssen helfen! Schnell! Vielleicht sind da noch Menschen drin! Da schreit doch einer!«, rief sie und lief zum Haus zurück.

Er stand stocksteif. Die Motorrollerfahrerin versuchte jetzt, die Haustür zu öffnen. Sie klingelte, und gleichzeitig warf sie sich gegen die Holztür.

Er rannte weg.

Gudrun Garthoff rief hinter ihm her: »He! Sie können doch jetzt nicht weglaufen! Haallooo?!«

Ann Kathrin Klaasen hatte aufgegeben. Sie musste es sich zugestehen: Sie schaffte es einfach nicht. Manchmal, wenn sie nach einem Zehnstundentag nach Hause kam, saß sie geschafft vor dem Fernseher, sah sich Sendungen an, die weder ihrem Geschmack noch ihrem Bildungsniveau entsprachen, und wenn Weller nicht gekocht hatte, aß sie irgendetwas, das gerade greifbar war. Sie sah dann nicht, ob die Fenster geputzt werden mussten oder ob sich die Bügelwäsche im Badezimmer türmte.

Wenn sie versuchte, sich in einen Fall wirklich zu versenken, erst alles aus der Perspektive des Opfers zu sehen und dann aus der des Täters, dann war sie wenig alltagstauglich, wurde blind für Hausarbeit oder Geburtstagspost. Sie vergaß, die Blumen zu gießen, Rechnungen zu bezahlen oder den Wagen zum TÜV zu fahren.

Nein, an Weller lag es nicht. Dem konnte sie nun wirklich keinen Vorwurf machen. Er kochte gern und gut, hatte keine Angst vor einem Staubsauger, sondern tanzte mit ihm, dass sie beim Zuschauen fast eifersüchtig wurde, hörte *Steppenwolf*, am liebsten *Born to be wild*, und grölte laut mit:

> »*Get your motor runnin',*
> *head out on the highway,*
> *looking for adventure*
> *in whatever comes our way.*«

Manchmal sah es aus, als würde er Hausarbeit mit einer Orgie verwechseln, und dabei trank er mit Vorliebe spanischen Rotwein. Aber er machte es eben nicht regelmäßig, sondern nur anfallartig. Manchmal mitten in der Nacht, wenn sie noch Dienst hatte und er schon zu Hause war. Wenn sie sich dann ihrem Haus im Distelkamp näherte, hörte es sich an, als würde dort eine Party steigen.

Ab jetzt sollte alles in geordneteren Bahnen laufen. Ann

Kathrin hatte sich mit ihrer Freundin Gudrun Garthoff geeinigt. Gudrun war bereit, die beiden als Haushaltshilfe zu entlasten. Heute Morgen sollte ihr Dienst beginnen.

Ann Kathrin sah auf die Uhr. Sie hatte Mühe, alles so zu lassen, wie es war. Am liebsten hätte sie saubergemacht, die Spülmaschine ausgeräumt und noch schnell die Hemden gebügelt, bevor Gudrun kam. Ein bisschen genierte sie sich vor ihr, weil sie es einfach nicht alleine hinbekam. Gleichzeitig kam sie sich lächerlich dabei vor, sauberzumachen, bevor Gudrun kam, nur um dann vor ihr besser dazustehen …

Das alles wird sich mit der Zeit abschleifen, dachte sie. Ich könnte nicht jeden in unseren Haushalt lassen. Gudrun schon.

Ann Kathrin zwang sich, jetzt nicht die Küche aufzuräumen und die große Pfanne zu spülen, in der Weller am Vorabend die Zanderfilets auf der Haut gebraten hatte. Stattdessen ging sie die Holztreppe hoch in ihr Arbeitszimmer und sah sich den Schreibtisch an, der wie eine Papiermüllhalde auf sie wirkte.

Das hier konnte Gudrun nicht für sie erledigen, da musste sie schon selber ran. Es galt, Rechnungen zu überweisen, den Stromzähler abzulesen und … ach …

Den blauen Brief aus Emden öffnete sie zuerst. Sie wusste, darin konnte nur eine Verwarnung für eine Verkehrsordnungswidrigkeit stecken, vermutlich mit einem Zahlschein.

Angeblich war Ann Kathrin auf der Auricher Straße in Emden, wo nur fünfzig Stundenkilometer erlaubt waren, achtzig gefahren. Sie wusste genau, wo der Blitzautomat stand. Manchmal hatte sie direkt dahinter bei der Jet-Tankstelle getankt. Zweimal war sie Ende Mai während der Matjes-Wochen dort geblitzt worden. Weller hatte über sie gelacht: »Den Kasten kennt doch jeder! Da kassiert die Stadt Emden eine Dummensteuer für Touristen.«

War er jetzt selbst mit achtzig in die Falle gerasselt? Das sah ihm gar nicht ähnlich. Er kannte doch diese Stelle nur zu genau.

Dann guckte sie sich das Foto an, und für einen Moment stockte ihr der Atem.

Auf dem Bild war eine blonde Frau, die eine für ihr Gesicht viel zu große Sonnenbrille trug. Damit sah sie aus wie Puck, die Stubenfliege, fand Ann Kathrin. Trotzdem hatte sie zweifellos Ähnlichkeit mit ihr, aber Ann Kathrin war sich sicher: Sie war das hier ganz sicher nicht!

Zunächst hielt Ann Kathrin alles für einen Irrtum. Sie sah sich das Autokennzeichen an. Es stimmte.

Ann Kathrin holte die Lupe aus der Schreibtischschublade, um das Foto genauer zu untersuchen. Nein, sie kannte diese Frau nicht.

Wer, verdammt, dachte sie, fährt mit unserem C4 durch die Gegend und verstößt dabei gegen Verkehrsregeln?

Gudrun Garthoff wusste nicht, ob sie wirklich ein Kind schreien hörte oder sich das nur einbildete. In ihrer Phantasie steckte hier ein Kind in einer brennenden Wohnung fest.

Sie war selbst Mutter und kannte jetzt keine Hindernisse mehr, sondern nur noch Lösungen.

Da rennt der einfach weg ...Männer!, dachte Gudrun und warf sich mit ihrem ganzen Gewicht gegen die Tür. Das Holz krachte, und oben lockerten sich bereits die Scharniere. Sie nahm Anlauf, trat noch einmal gegen das Schloss, und die Tür flog auf.

Hier unten sah sie keine Flammen, sondern nur Qualm. Sie wedelte mit den Armen durch die Luft. Sie wollte nicht gegen irgendwelche Gegenstände laufen. Ihre Augen brannten, und sie hustete.

Sie fragte sich, ob die Motorradkleidung sie vor Hitze und Flammen schützen würde. Ein Atemgerät wäre ihr aber lieber gewesen.

»Hallo!«, schrie sie, »hallo, ist hier jemand?« Und wieder war ihr, als würde sie das Kreischen eines Kindes hören. Jämmerlich.

Sie stellte sich ein Kleinkind vor, höchstens zwei oder drei Jahre alt. Vor ihrem inneren Auge tobte das verzweifelte Kind in einem Laufstall.

Intuitiv entschloss Gudrun sich, nicht die Treppe hochzulaufen, sondern unten weiterzusuchen. Auch hier eine verschlossene Tür.

Zum zweiten Mal an diesem Tag brach sie eine Tür auf und war froh über die gepolsterten Schultern ihrer Motorradjacke.

Es war, als würde das Feuer aus der Decke kommen. Es brannte über ihr. Hier war kein Kind, aber sie sah die Spielsachen. Legosteine. Sie stolperte über ein Feuerwehrauto aus Plastik. Die Ironie der Situation wurde ihr aber erst sehr viel später bewusst.

»Hallo«, rief sie, »wo bist du? Hallo! Keine Angst, ich bin schon da …«

Sie bekam keine Antwort, als hätte ihre Stimme das Kind verstummen lassen.

Dicke schwarze, nach verbranntem Plastik riechende Rauchschwaden griffen nach ihr wie Gespensterwesen. Sie sah nur die Gegenstände auf dem Boden. Ab Hüfthöhe stand sie im Qualm.

Langsam tastete sie sich vorwärts. Sie hätte nur zu gern mit ihrem Handy noch einmal die Polizei verständigt, doch sie musste es beim Eindringen ins Haus verloren haben.

Sie rief noch einmal nach dem Kind. Vielleicht, dachte sie, ist es ohnmächtig geworden. Sie wehrte sich selbst gegen ein Schwindelgefühl.

Sie ging auf alle viere runter und krabbelte über den Boden. Hier unten war die Luft besser, und sie konnte auch mehr sehen. Ein Sessel. Ein Sofa. Eine Packung Zigaretten auf dem Tisch.

Die nächste Tür stand halb offen. Das war das Kinderzimmer, ganz klar. Gudrun kroch über einen Lernteppich für Verkehrsregeln.

Dann sah sie das Kind. Starr vor Angst, mit weit aufgerissenen Augen, unterm eigenen Bett.

Gudrun versuchte, das Kind zu beruhigen. »Keine Angst, ich komme, um dich zu holen. Komm. Wir gehen nach draußen.«

Das Kind wich auf dem Bauch kriechend zurück.

»Wie heißt du denn? Komm zu mir.« Gudrun streckte die Hand aus.

Irgendwo hinter ihr im Wohnzimmer oder Hausflur krachten Deckenstücke herunter. Die Kinnlade des kleinen Mädchens zitterte. Ihr Mund verzog sich.

Es tat Gudrun Garthoff in der Seele weh, aber es ging jetzt nicht anders. Sie griff unters Bett, langte nach dem Kind, bekam es zu fassen und zog das Mädchen hervor. Die Kleine brüllte, schrie und schlug um sich. Gudrun presste das Mädchen an sich und hatte den Impuls, mit ihm nach draußen zu rennen. Gleichzeitig wollte sie das Kind nicht dem über ihr wabernden Qualm aussetzen, deswegen klemmte sie sich das Kind unter den Arm und robbte auf dem Boden in den Flur.

Draußen hielt mit quietschenden Reifen ein Polizeiwagen.

Im Flur richtete Gudrun sich mit dem Kind auf und lief in den Vorgarten.

Das Kind lebte und sie auch. An der frischen Luft packte sie, noch während sie von einem Hustenkrampf geschüttelt wurde, eine unbändige Freude. Sie hatte es geschafft!

Weller und Rupert stiegen aus dem Polizeiwagen.

»Ich weiß nicht, ob da drin noch mehr Menschen sind!«, rief Gudrun ihnen zu, »ich habe dieses Kind rausgeholt! Ich habe das Mädchen schreien gehört!«

»So ein kleines Kind lässt man doch nicht alleine«, sagte Weller trocken.

Rupert zuckte nur mit den Schultern.

Die Alarmsirenen mehrerer Feuerwehrautos wirkten beruhigend auf Gudrun.

Sie hatte nicht vor, noch einmal ins Haus zu laufen. Sie setzte sich mit dem Kind ins Gras.

Ann Kathrin Klaasen hatte vergeblich auf ihre Haushaltshilfe gewartet. Sie wertete das Ganze als ein Zeichen, doch besser alles selbst zu machen, und begann nun aufzuräumen.

Konzentriert stopfte sie Bettlaken in die Waschmaschine. Dieses Foto ging ihr nicht aus dem Kopf. Nein, auch wenn die Frau auf dem Bild ihr ähnlich sah, sie konnte es nicht sein. Sie hatte an dem Tag zu der Zeit Dienst gehabt. Sie war exakt zu dem Zeitpunkt nicht in Emden, sondern in Greetsiel gewesen und hatte einem gewalttätigen Ehemann den Unterarm gebrochen. Sie konnte nicht von sich behaupten, stolz darauf zu sein, aber sie bedauerte es auch nicht gerade.

Sie hatte schon mehrfach mit ihm Kontakt gehabt. Er galt als Frauenschläger. Niemals prügelte er sich mit Männern, sondern wenn Wut und Alkohol ihn toll gemacht hatten, ging er auf Frauen los. Seine vierzehnjährige Tochter und seine Noch-Ehefrau gehörten zu seinen Lieblingsopfern. Aber auch eine Aushilfskellnerin hatte er bereits attackiert, weil sie ihn angeblich herablassend behandelt hatte.

»Versuch's doch mal mit mir!«, hatte Ann Kathrin ihm vorgeschlagen, und er war dumm genug gewesen, dieses Angebot ernst zu nehmen.

Da der Vorfall genau dokumentiert worden war, wusste Ann Kathrin, dass sie auf keinen Fall die Frau sein konnte, die in Emden in ihrem C4 geblitzt worden war.

Vielleicht hatte ihr Sohn Eike sich den Wagen ausgeliehen

und vergessen, es ihr zu erzählen. Aber Eike war keine blonde Frau Anfang vierzig. Hatte er den Wagen verliehen? Hatte Weller eine Freundin? Das alles ergab überhaupt keinen Sinn.

Ann Kathrin war jetzt wieder zurück in der Küche, wollte die Spülmaschine einräumen und sich einen Kaffee kochen, fragte sich aber, ob sie die Waschmaschine oben überhaupt eingeschaltet hatte. Sie lief noch einmal die Treppe hoch. Sie war noch nicht ganz oben, da heulte der Seehund in ihrem Handy auf. Ann Kathrin hatte das Gerät sofort am Ohr.

»Moin.«

»Ann? Die Firma braucht dich. Der Wellnessurlaub ist beendet.«

»Was für ein Wellnessurlaub?«

»Das sollte ein Scherz sein«, sagte Weller. »Wir sind in der Norddeicher Straße. Es brennt. Gudrun Garthoff ist bei mir, sie hat ein Kind aus dem Haus gerettet und einen Typen weglaufen sehen. Oben wird gerade eine Leiche geborgen. Ich glaube, du solltest ...«

»Bis gleich«, sagte sie, knipste das Gespräch weg und gab dann dem Handy einen Kuss, als sei es Weller.

Gudrun Garthoff hat ein Kind gerettet, dachte Ann Kathrin, während sie den Wagen aus der Garage fuhr. Irgendwie hat sie dann ja doch meine Arbeit erledigt, wenn auch völlig anders, als ich mir das vorgestellt hatte.

Sie bog in den Flökershauser Weg ein und nahm dann die neue Umgehungsstraße. Das Foto ging ihr einfach nicht aus dem Kopf.

Verdammt, wer fährt während meiner Dienstzeit mit unserem Auto herum?

Die fünfzehnjährige Chantal Haase lief schreiend auf das brennende Gebäude zu. Zwei Feuerwehrmänner hielten sie auf.

Chantal konnte vor Aufregung und Empörung kaum sprechen. Es war, als würde sie jeden Moment hyperventilieren. Schon war Hauptkommissar Weller bei ihr. Er sah ihr an, dass sie etwas wusste: »Sind noch Personen im Haus?«

Chantal wollte »meine kleine Schwester« sagen, aber es kamen nur Schreckenslaute aus ihrem Mund.

»E... Esther!«, glaubte Weller herauszuhören. Er zeigte auf das Kind in Gudrun Garthoffs Armen. »Sind außer der Kleinen da noch mehr Personen im Haus?«

Der Blick auf ihre Schwester löste einen Weinkrampf aus.

Als Ann Kathrin Klaasen ankam, drückte Chantal ihr Gesicht schluchzend gegen Wellers Brust. Er streichelte ihre Haare. Die beiden wirkten wie der Welt entrückt, im Fluchtraum einer anderen Dimension.

Ann Kathrin kannte solches Verhalten. Manchmal flohen Menschen in sich selbst hinein. In seelische Kindheitsräume. Wenn das Geschehen um sie herum zu horrormäßig wurde, klinkten sie sich einfach aus, waren zwar körperlich noch da, aber seelisch nicht mehr anwesend.

Dieses weinende Mädchen in seinen Armen erinnerte Weller an seine zwei Töchter aus erster Ehe, die er schon lange nicht mehr so anlehnungsbedürftig erlebt hatte. Er vermisste dieses Kuscheln. Die körperliche Nähe. Es tat ihm gut, Chantal väterlichen Schutz zu gewähren.

Sie versuchte wieder, etwas zu sagen. »... schlagen mich tot ...«, hörte Weller.

»Wer schlägt dich?«, fragte er mit einem Tonfall, der klarmachte, dass er sie in Zukunft beschützen würde, aber Chantal antwortete nicht, sondern weinte nur noch lauter.

Ann Kathrin erkannte sofort, dass ihr Mann hier gerade seine Vatergefühle auslebte. Oben schlugen die Flammen aus dem Fenster, und unten trugen Feuerwehrleute eine Leiche nach draußen.

Gudrun Garthoff hielt dem kleinen Kind die Augen zu und sah selbst weg. Solche Bilder wollte sie erst gar nicht in ihren Gedächtnisspeicher aufnehmen.

Ann Kathrin Klaasen sah sich den Toten genau an. Schon oft hatten ihr die ersten Eindrücke bei der Lösung eines Falles geholfen.

An seinem Hals baumelte ein Strick wie eine falsch gebundene Krawatte.

»Wir haben ihn im Dachgeschoss abgeschnitten«, sagte der Hauptfeuerwehrmann.

Rupert brummte: »An einer Rauchvergiftung ist der jedenfalls nicht gestorben.«

Rupert war ein bisschen neidisch auf Weller. Er hätte die kleine Chantal mit den hübschen blonden Haaren auch gerne getröstet. Ihn sah sie aber nicht mal an.

Aus Wellers schützender Umarmung riskierte Chantal jetzt einen Blick und kreischte: »Hauke!«

Die Polizei- und Feuerwehrfahrzeuge lockten Neugierige an. Auf der gegenüberliegenden Straßenseite und auf dem Radweg hatten sich Menschentrauben gebildet. Handyfotos wurden gemacht.

Ein Notarzt untersuchte das kleine Mädchen und Gudrun Garthoff.

Rupert hatte die Hände in den Hosentaschen. Er sagte: »Im Grunde gibt es für uns doch hier jetzt nichts mehr zu tun. Das ist was für die Spusi und die Jungs von der Kriminaltechnik. Hier müssen Sachverständige her und die Brandursache feststellen ...« Er beugte sich zu Weller und flüsterte: »Mich macht so ein Feuer immer durstig. Ich meine, dieser ganze Qualm und all der Mist in der Luft, da brauche ich erst mal dringend ein Pils.«

Weller reagierte nicht, und Rupert rief Ann Kathrin zu: »Ich hab den Schreibtisch voll! Also, wenn ich hier jetzt nicht gebraucht werde, dann ...«

Ann Kathrin zeigte auf die Menschenansammlung. »Die Zeugen müssen befragt werden«, mahnte sie.

»Was denn für Zeugen?«, maulte Rupert. »Zwischen Zeugen und Schaulustigen ist ja wohl ein Unterschied.«

»Geh rüber und befrag sie. Hör dir Vermutungen an und Verdächtigungen. Dein Feierabendbier muss warten, bis du Feierabend hast!«

Missmutig ging Rupert zu den Zuschauern. Die Autos fuhren jetzt auf der Norddeicher Straße so langsam, dass lange Schlangen in beide Richtungen entstanden.

Rupert entdeckte drei äußerst attraktive junge Frauen, die mit ihren Rädern aus Norddeich gekommen waren. Sie trugen knallbunte, enganliegende Funktionswäsche. Rupert beschloss, die drei zuerst zu befragen, und seine Laune besserte sich schlagartig.

Gudrun Garthoff erzählte ihrer Freundin Ann Kathrin, was sie selbst erlebt hatte. Sie hustete dabei noch und räusperte sich ständig. Sie war wütend auf einen Mann, der angeblich nicht geholfen hatte: »Ich dachte, was ist das denn für ein Idiot?! Wieso steht der da rum wie ein Schluck Wasser, statt zu helfen? Der muss doch blöd sein wie fünf Meter Landstraße! Ein echter Vollpfosten!«

»Wie sah er denn aus? Steht er noch da drüben bei den anderen?«, fragte Ann Kathrin.

»Nee, der ist getürmt oder einfach weggegangen. Vielleicht«, spottete Gudrun Garthoff, »hat er ja noch irgendwo einen ganz dringenden Termin.« Sie lachte Ann Kathrin an. »Ich hatte ja eigentlich auch einen. Ich wollte heute deinen Haushalt auf Vordermann bringen.«

Ann Kathrin schmunzelte. »Ein Kind vor den Flammen zu retten ist eine ziemlich gute Entschuldigung.«

Gudrun nickte und schnappte heftig nach Luft. »Das kann man wohl sagen.«

Sie hustete und klopfte sich mit der Faust gegen die Brust. Nach einer Weile fragte sie: »Wer lässt denn so ein kleines Kind alleine? Oder war das der Vater, den sie da gerade rausgetragen haben?«

»Die Eltern kennen wir noch nicht, aber das junge Mädchen da in Franks Armen ist wohl die Schwester. Ich vermute, sie sollte auf die Kleine aufpassen und hat sie dann bestimmt nur ganz kurz alleine gelassen.«

Ann Kathrin sah auf die Uhr. Sie hatte schon beim Hingucken ein schlechtes Gewissen. Sie wollte längst bei ihrer alten Schulfreundin Astrid gewesen sein. Sie kannten sich aus Gelsenkirchener Zeiten, vom Grillo-Gymnasium. Inzwischen hatte es Astrid nach Ostfriesland verschlagen. Im Moment befand sie sich zur Chemotherapie in Aurich in der Ubbo-Emmius-Klinik.

Schon Ann Kathrins erster Versuch, sie zu besuchen, war durch einen dringenden Polizeieinsatz verhindert worden.

Wer mit mir befreundet sein will, muss verdammt geduldig sein, dachte sie und schickte Astrid eine Whatsapp-Nachricht:

Bitte sei nicht sauer. Wir hatten einen Brand und einen Toten. Ich glaube, ich schaffe es erst heute Abend.

Die Antwort ließ nicht lange auf sich warten. Mit einem Smiley verkündete Astrid:

Kein Problem, Ann. Hier wird alles ambulant gemacht. Ich vertrage die Chemo gut, besser als früher so manchen Whisky bei unseren Zimmerpartys. Erinnerst du dich noch? Komm am Abend, wenn du Lust hast, dann bin ich auch wieder zu Hause.

Sigmar hielt es nicht länger aus. Er musste einfach dabei sein. Sie würde ihn auslachen, wenn es keine Fotos, keine Filmchen, keine Beweise gab. Sie konnte verdammt gemein lachen. Ihre Häme riss selbst großkotzige Denkmäler vom Sockel. Ihre Verachtung pulverisierte jede noch so arrogante Persönlichkeit. Sie machte aus Professoren Schuljungen und aus Prinzen Landstreicher.

Er liebte und bewunderte sie dafür, aber er hatte auch Angst, vor ihren Augen zum Insekt zu werden und zur Zielscheibe ihres vernichtenden Spottes.

Wie würde sie reagieren? Was fand vor ihren Augen Gefallen? Würde sie ihn zum Idioten stempeln, wenn er jetzt zurückging und alles mit dem Handy filmte, weil es viel zu riskant war und die Möglichkeit, entdeckt zu werden, zu groß? Oder würde er für sie zum Helden, der trotz der Gefahr cool blieb und sich nicht nervös machen ließ?

Er hatte sich den schwarzen Fahrradhelm aufgesetzt und darunter ein Stirnband bis tief über die Ohren gezogen. Dann die große Sonnenbrille. Er sah jetzt anders aus als vor einer Viertelstunde, aber er war trotzdem froh, als er sah, dass diese Motorrollerfahrerin, die in das brennende Haus eingedrungen war, mit dieser blonden Frau wegfuhr. Das war also Ann Kathrin Klaasen. Die echte.

Er hielt sein Handy hoch und filmte die zwei, wie sie ins Auto stiegen. Er versuchte sogar, die Gesichter heranzuzoomen. Es gelang, aber die Szene verwackelte.

Maggie war anspruchsvoll. Sie gab sich nicht mit Halbheiten zufrieden. Für Maggie musste es perfekt sein.

Sie nannte ihn »ihren Krieger«. Sie sollte stolz auf ihn sein können!

Sigmar hoffte, viele gute Aufnahmen vom Brand und vom Einsatz der Feuerwehr im Netz zu finden. Bestimmt wurden jetzt schon die ersten Filme auf Facebook gepostet. Er konnte daraus etwas für Maggie zusammenschneiden, das ihr Freude machen würde. Eigentlich wollte sie jetzt keine Kontaktaufnahme. Das war eine strenge Regel. Sie hatte es ihm klar untersagt, aber er musste sie doch informieren ... Wenigstens das. Kommentarlos ein Filmchen. Galt das auch schon als verbotener Kontaktversuch?

Er hoffte vor allem, ein paar gute Aufnahmen von Hauke Hinrichs zu finden, dem toten, verkohlten Hauke. Ein Häufchen Elend, mehr war von ihm nicht übrig geblieben.

Er wunderte sich, wie schnell es möglich war, aus einem aufgeblasenen, eitlen Gockel die Luft herauszulassen, wenn man wusste, welche Knöpfe man drücken musste, und genug von Psychologie verstand. Die Schwächen und Absturzstellen des Gegenübers zu erkennen war Maggies größte Gabe, und er befürchtete, dass sie auch über ihn genug wusste, um ihn zu vernichten. Darum ging es doch am Ende: um Vernichtung.

Zunächst hatten sie diesem Hauke Hinrichs nur einen Denkzettel verpassen wollen, aber dann, als sie merkten, wie leicht er zu verunsichern war, da fanden sie Spaß daran, immer weiter zu gehen. Es war ein aufregendes Spiel voller Möglichkeiten, Überraschungen und Zufälle. Das Spiel des Lebens.

Er wollte nie, niemals zur Zielscheibe ihres Hasses werden, sondern ihr immer nur assistieren, als hilfreicher Lehrling.

Für diese Bilder erhoffte er sich ihr Wohlwollen. Neben ihm interessierte sich jetzt ein Polizeibeamter, der sich aufführte, als sei er hier der Chef im Ring, für drei Radfahrerinnen aus Bochum-Wattenscheid. Sie erzählten ihm von ihrem Ostfrieslandtrip. Sie hatten im letzten Jahr schon Mallorca während der Mandelblüte mit dem Rad erkundet, aber Ostfriesland sei, offen gestanden, für sie viel geiler. Es sei nicht so heiß, und es ginge nicht so sehr bergauf und bergab.

Nein, über den Brand und die Ursache konnten sie nichts sagen, aber der Polizist stellte sich als Rupert vor und wollte trotzdem wissen, wo sie übernachten würden: »Falls ich noch Fragen habe ... Oder wenn Sie Hilfe benötigen ...«

Die Fensterscheiben der Polizeiinspektion am Markt in Norden glänzten im milden Sonnenlicht. Gudrun Garthoff, Frank Weller und Chantal Haase gingen vom Parkplatz auf das Backsteingebäude zu. Ann Kathrin schritt hinter ihnen her, als müsse sie ihnen den Rückzug decken.

Vor dem Marktcafé saßen Menschen bei Mineralwasser und Milchkaffee. Aus der Osterstraße kamen eisschleckende Urlauber und fotografierten die Polizeiinspektion. Der Marktplatz und das Leben darauf signalisierten Ann Kathrin, dass alles gut werden könnte. Die Welt spaltete sich für sie auf in einen hellen, gemütlichen, friedlichen Teil und in einen dunklen, bösen, abgründigen. Manchmal tat sich irgendwo unter einem schön gepflegten Vorgarten die Hölle auf.

Sie hatte das Gefühl, gerade so etwas auf der Norddeicher Straße erlebt zu haben. Jetzt kam es darauf an, Ruhe zu bewahren, sich nicht kirre machen zu lassen und die Sachlage klar und vorurteilsfrei zu bewerten. Nichts geschah für Ann Kathrin Klaasen ohne Grund. Alles hatte seine Ursachen, und sie wollte so schnell wie möglich herausfinden, wer das Höllentor geöffnet hatte, um es dann wieder zu verschließen, bevor noch mehr Unheil geschah.

All das sagte sie nicht. Sie bot stattdessen Sitzplätze an und Kekse. Weller machte Kaffee für alle, und Chantal trank ein großes Glas Leitungswasser in einem Zug leer.

Mit einem Blick verständigten Weller und Ann Kathrin sich darauf, Chantal und Gudrun getrennt voneinander zu befragen. Weller nahm Chantal mit nach nebenan.

Gudrun Garthoff hatte ihre Atmung jetzt unter Kontrolle,

lehnte aber den Kaffee ab. Sie sei sowieso schon viel zu flatterig. Sie bat ebenfalls um Leitungswasser.

»Ist das dein Schreibtisch?«, fragte sie Ann Kathrin. Die nickte.

»Hier müsste auch mal jemand aufräumen und ausmisten.«

Ann Kathrin gab ihr recht. »Ja, aber ich fürchte, das muss ich selber tun. Dabei kannst du mir nicht helfen.«

Der Journalist Holger Bloem rief an und fragte, ob er die ostfriesische Heldin sprechen könne, die das Kind gerettet habe. Er wollte ein Porträt machen.

»Später«, sagte Ann Kathrin, »später, du Guter. Dann gerne. Ich finde es toll, wenn Menschen, die etwas Gutes gemacht haben, vorgestellt werden. Leute mit Zivilcourage und dem Mut zu helfen. Die Welt braucht solche Vorbilder, Holger, aber du bist einfach zu früh dran.«

»Besser zu früh als zu spät«, scherzte er.

Gudrun Garthoff konnte sich noch gar nicht mit dem Gedanken anfreunden, eine Heldin zu sein und im Ostfriesland-Magazin vorgestellt zu werden. Ann Kathrin setzte sich ihr gegenüber hin und sah sie an: »Also, jetzt erzähl noch mal ganz genau von Anfang an. Was war das für ein Mann, den du gesehen hast?«

Gudrun Garthoff stand auf und hielt die Hand in Schulterhöhe. »Er war etwa so groß, vielleicht Mitte zwanzig. So ein Spargeltarzan.«

»Dürr?«, fragte Ann Kathrin.

Gudrun nickte. »Kein Arsch in der Hose, aber Hände in der Tasche, steht der da und guckt zu, wie das Haus brennt.«

»Würdest du ihn wiedererkennen?«

Gudrun Garthoff riss die Augen weit auf und starrte Ann Kathrin an. »Glaubst du, der hatte was damit zu tun?«

Weller legte auf. Er hatte Frau Haase telefonisch informiert. Sie war unterwegs zur Ubbo-Emmius-Klinik, um dort nach ihrer kleinen Tochter zu sehen.

Chantal war erleichtert. Sie hatte wohl befürchtet, ihre Mutter könne hier auftauchen.

Jetzt unterhielt Weller sich mit Chantal, die Kekse in sich hineinstopfte, als sei sie völlig ausgehungert. Weller kannte so eine Reaktion. Manchmal begannen aufgeregte Menschen, Opfer von Verbrechen oder Beschuldigte, in einer Übersprungshandlung zu essen, ohne es auch nur zu merken. Er hatte mal einen Mann erlebt, der eine Tüte Erdnussflips leeraß und danach behauptete, allergisch gegen Erdnüsse zu sein. Noch vor wenigen Tagen hatte eine Zeugin sich eine Zigarette angezündet und mehrfach tief inhaliert, obwohl sie seit Jahren Nichtraucherin war.

Er vermutete, dass Chantal nicht einmal mitkriegte, dass sie die ganze Zeit kaute. Krümel lagen auf ihren Lippen wie Sandkörner, und beim Sprechen flogen weitere Krümel aus ihrem Mund heraus.

Weller hatte das neue Aufnahmegerät eingeschaltet und sprach laut und deutlich, weil er dem Apparat noch nicht traute.

»Du solltest also auf deine kleine Schwester aufpassen und dann ...«

»Ich war wirklich nur ganz kurz draußen.«

»Was heißt ganz kurz«, fragte Weller.

»Zehn Minuten, eine Viertelstunde höchstens. Sie schlief, und ich dachte, da könnte ich doch auch mal ... Immer muss ich auf die Kleine aufpassen«, klagte sie. »Meine Mutter arbeitet halbtags, aber das stimmt nicht. In Wirklichkeit ist das ganztags, sie wird bloß halbtags bezahlt, das ist es nämlich! Und ich häng immer mit meiner Schwester rum, und wenn ich mal was für mich tun will, dann ...«

»Wann hast du denn das Haus verlassen, und wohin bist du gegangen?«

»Ich war höchstens mal eine Viertelstunde weg.«
»Wohin?«, hakte Weller nach.
»Ich bin zum Bowling gewesen.«
»Zum Bowling?«

Chantal hielt die Hände geradezu flehentlich in Wellers Richtung. »Wenn Sie das meiner Mutter erzählen, rastet die völlig aus! Die steht doch sowieso immer kurz vor einem Nervenzusammenbruch, und alles dreht sich nur um ihren Scheißjob, den Dieter oder die Kleine ... Ich komme mir vor wie der Punchingball beim Boxen, der von jedem ein paar reingeballert kriegt.«

»Wer ist Dieter?«

Statt zu antworten, stopfte Chantal sich Schokoladenplätzchen in den Mund. Sie schluckte, würgte und sprach dann mit einer Mehlwolke in Wellers Richtung: »Ich hab's ihr schon zigmal gesagt! Der nutzt dich nur aus, Mama. Der wird seine Frau nie verlassen. Aber sie hängt nur rum und wartet darauf, dass er mal wieder Zeit für sie hat. So will ich nicht enden, echt nicht!«

»Du warst also beim Bowling. Im Ocean Wave?«

»Nein, in New York!«, giftete sie zurück. Aber sofort wurde sie wieder umgänglicher und rang um Wellers Verständnis: »Das ist meine Clique. Ich will mich doch nicht immer von allem ausschließen.« Sie äffte ihn nach: »Im Ocean Wave?!«

Die Wut, die sie auf ihre Mutter hat, dachte Weller, überträgt sie gerade auf mich, weil ich ein erwachsener Mann bin. Vielleicht ist es auch die Wut auf ihren Vater.

Er fragte nach ihrem Vater, aber Chantal winkte nur ab, als seien Väter genauso ausgestorben wie Dinosaurier.

»Bist du nach Hause zurück, weil du mitgekriegt hast, dass es brennt?«

Sie schüttelte den Kopf: »Nein, weil ich mich mit Kevin gestritten habe.«

»Kevin?«

»Ja, Kevin. Weil ich mich von Kerlen nicht genauso mies behandeln lasse wie meine Mutter.«

»Wie möchtest du denn gerne behandelt werden?«

Sie sah vor sich auf den Tisch. Sie sagte es leise, und Tränen traten in ihre Augen: »Anständig. Als sei ich ein wertvoller, liebenswerter Mensch.«

»Das finde ich gut«, sagte Weller, »denn genau das bist du auch.«

Sie sprang auf, und ehe Weller es sich versah, saß sie halb auf seinem Schoß und kuschelte ihren Kopf an seinen.

»Ich kann nicht nach Hause zurück«, sagte sie. »Nicht nach dem, was passiert ist. Warum kannst du nicht mein Papa sein?«

Weller versuchte, sie von sich wegzuschieben. »Besser, du setzt dich wieder auf den Stuhl ...«

Sie zeigte auf das Aufnahmegerät. »Bitte – wenn das hier vorbei ist, dann können Sie mich nicht einfach nach Hause zurückschicken!«

»Nein«, sagte Weller, »vermutlich nicht. Die Löscharbeiten dauern ja noch an. Wir wissen noch nicht, wann das Gebäude überhaupt wieder bewohnbar sein wird.«

»Ich meine nicht das Gebäude.«

»Ich weiß«, sagte Weller. »Ich weiß.«

Weller versuchte, wieder sachlich zu werden: »Was weißt du über diesen Hauke Hinrichs?«

»Der wohnte über uns. Kann ich noch mehr von den Plätzchen haben?«

Weller öffnete einen Aktenschrank. Darin hatte er Chips, Sanddornkekse und eine edle Flasche Rotwein gebunkert. Er riss die Packung mit den Sanddornkeksen auf und bot sie ihr an.

Es war, als würde das Gebäck ihren Redefluss wieder in

Gang setzen. »Also, der hat über uns gewohnt und war ein ganz Netter. Der hat mir manchmal bei den Hausarbeiten geholfen.«

»Er war dein Nachhilfelehrer?«

»So würde ich es nicht nennen. Nachhilfelehrer werden doch bezahlt. Der hat das so gemacht, weil er halt nett war. Er hat ganz toll Gitarre gespielt und mir auch Unterricht gegeben.«

Kritisch hakte Weller nach: »Hat er dich angegraben?«

»Nee, so einer war er nicht. Der war nur gut in Mathe. Der konnte Aufgaben schneller im Kopf rechnen als ich am Computer.«

»Was für Aufgaben?«

»Textaufgaben.«

»Was war er denn von Beruf?«

»Er sagte von sich immer, er sei in der Gastro…«

»Koch? Kellner?«

»Ich glaube, am liebsten wäre er Barmixer geworden. Der hat immer so Bücher darüber gelesen und Videos geschaut und alle möglichen Drinks ausprobiert.«

»Hat er die mit dir zusammen ausprobiert?«

Chantal senkte den Blick, schielte Weller dann verstohlen von unten an: »Manchmal schon.«

Weller fragte es frei heraus: »Kannst du dir vorstellen, warum er sich umgebracht hat? Hat er mit dir über seine Probleme geredet?«

»Ich habe versucht, ihm zu helfen. Wirklich.«

Jetzt wurde es für Weller interessant. »Zu helfen? Wobei?«

»Der hatte schreckliche Bewertungen auf diesen Portalen, in denen über Restaurants geschrieben wird. Er sei unfreundlich, unhöflich, unbeholfen.«

»Verstehe ich das richtig? Es kursierten schlechte Kritiken über ihn als Kellner im Internet?«

Sie nickte. »Ja, und ich hab dann versucht, positive dagegenzusetzen.«

»Hat er dich dazu aufgefordert?«

»Ja, nicht direkt, aber ...« Sie verzog das Gesicht, als könne sie niemandem helfen, der das nicht verstand.

»Hat er mal davon gesprochen, dass er sich umbringen will oder vorhat, das Haus anzuzünden?«

Sie bestritt das heftig, und Weller fragte: »Hatte er eine Freundin? Eine Frau? Eine Familie? Was weißt du darüber?«

»Die kenne ich alle nicht. Er hat ja immer nur ein halbes Jahr bei uns gewohnt. Zur Saison. Als Kellner. Und im Winter war er dann immer woanders. St. Moritz zum Beispiel oder auf einem Schiff. Das machen viele so ...«

Weller nippte an seinem Kaffee und erwischte sich bei dem Gedanken, was aus diesem Mädchen wohl mal werden würde. Mit welchem Männerbild wuchs sie auf? Er musste an seine Töchter denken, und er spürte einen Kloß im Hals. Er räusperte sich.

Chantal beugte sich zu ihm vor und suchte Blickkontakt. »Was ist jetzt?«, fragte sie. »Nimmst du mich mit? Kann ich bei dir bleiben? – In ein Heim will ich nicht!«

Weller schluckte schwer.

Sie saß im Panoramarestaurant Seekrug auf Langeoog und genoss den Meerblick. Die Nordsee war aufgewühlt. Bei klarem Wetter und nur wenigen Schäfchenwolken rollten die Wellen mit einer Wucht an den Strand, als hätten sie vor, die Insel zu fressen. Die weiße Gischt schäumte höher als in den letzten Tagen. Oder kam es ihr von hier oben nur so vor?

Sie liebte die Kraftbrühen im Seekrug. Vom Inselwild, vom Salzwiesenkalb, vom Deichlamm oder vom Langeoog-Rind. Sie hatte das Gefühl, mit diesen Suppen wirklich neue Kraft, Inselenergie, in sich aufzunehmen.

Dieser Ort hier hatte eine besondere Magie für sie. Es gab im Seekrug nur saisonale Produkte aus der Region. Dazu alles in Bioqualität. Das gefiel ihr.

Sie bat den Kellner, noch zu warten, bevor er ihr die bestellte große Senfonie brachte. Käse- und Wurstspezialitäten von ostfriesischen Käsereien und Landhöfen mit drei hausgemachten Senfsorten. Dazu nahm sie einen Sherry. Den hatte sie noch nicht ausgesucht. Aber jetzt wollte sie erst einmal dem Geschmack der Kraftbrühe nachspüren und die Wärme in sich wirken lassen.

Sie atmete tief durch. Alles lief gut. Die Dinge entwickelten sich zu ihrer größten Genugtuung. Sie war inselsüchtig wie so viele, die noch offen genug dafür waren, ihre archaischen Anteile zuzulassen. Ohne die Meere wäre dieser ganze Planet doch ein lebloses Nichts, dachte sie. Alles Leben brauchte das Element Wasser. Das Meer war für sie der Inbegriff von Schöpferkraft. Ein Symbol für Gott, wenn nicht sogar Gott selbst.

Sie lächelte und sagte es leise zu sich selbst: »Der Ozean des Lebens.«

Ja, hier ganz nah an den Naturgewalten wollte sie sitzen und schauen und staunen.

Eine schwarze Wolke war nicht zu sehen, aber Regentropfen perlten an den Scheiben herunter, und ein Regenbogen, in so kraftvollen Farben, als müsse er eine feste, belastbare Struktur haben, wuchs aus dem Wasser.

Ja, in diesem Moment war sie glücklich. Sie schloss angesichts des wunderbaren Augenblicks die Augen. Jetzt war es, als hätte sie das Meer in sich. Genauso wie die Kraftbrühe. Innenwelt gleich Außenwelt. Außenwelt gleich Innenwelt. Deshalb war es für sie wichtig, sich an guten, energiegeladenen Orten aufzuhalten und sie zu verinnerlichen.

Sie öffnete die Augen, bog den Rücken durch, streckte die Beine unter dem Tisch aus und gab dem Kellner ein Zeichen.

Ja, sie war bereit für die große Senfonie und erst recht für einen Sherry.

Sie hoffte, von Michael Recktenwald, dem Küchenchef und Sherrybotschafter, persönlich beraten zu werden. Der letzte Tipp von ihm war eine Offenbarung gewesen. Bernsteinfarben, aus der Gegend um Jerez de la Frontera, mit einem nussigen, salzigen Aroma und einem Hauch Mokka. Sie hatte den Sherry probiert, und während sie geradezu einen Gaumen-Orgasmus erlebte, hatte sie beschlossen, dass Hauke Hinrichs sterben sollte.

Auf ihrem Tablet sah sie sich die Bilder an. Das Gerät war auf lautlos gestellt. Sie wollte sich auf der Insel nicht die Stimmung durch Klingeltöne oder Jingles verderben lassen. Die Zeiten, in denen ein Handy, ein Computer oder ein Telefon Macht über sie hatten, waren vorbei. Wie oft hatte ihr früher so ein technisches Gerät die guten inneren Schwingungen gestört und eine tiefe Kontemplation durch Tagesmüll ersetzt? Oberflächlicher Alltagsstress statt Bewusstseinserweiterung – das war gestern. Es kam ihr vor wie ein anderes Leben. Eins, das sie einmal geführt, aber nun doch durch einen neuen Bewusstseinszustand ersetzt hatte.

Jetzt war dieser Bildschirm kein Appell der Welt, ihr noch mehr Aufmerksamkeit zu geben, und zwar sofort. Jetzt war er ein Fenster in die Außenwelt geworden. Ein Fenster, vor dem sie gern die Rollläden herunterließ, um ungestört zu sein. Kein Klingelton sollte um Aufmerksamkeit heischen.

Sie lächelte. Ihr Krieger hatte sich nicht an die Kontaktsperre nach der Tat gehalten. Grund genug, ihn zu bestrafen. Aber die Bilder vom brennenden Haus auf der Norddeicher Straße gefielen ihr. Sie betrachtete die Aufnahmen von Ann Kathrin Klaasen, wie sie ins Auto stieg. Diese Kommissarin hatte eine burschikose, raumgreifende Art, sich zu bewegen, und scheinbar übergangslos konnte sie sich in ein elfenhaftes Wesen verwandeln, das durch die Wirklichkeit schwebte wie Morgennebel durch die Vorgärten. Diese Frau wusste genau, was sie wollte.

Der Kellner brachte die Senfonie. Sie drehte das Tablet um und legte es mit der Bildschirmseite auf die weiße Tischdecke. Voller Vorfreude betrachtete sie, was der Kellner ihr servierte. Sie inhalierte tief, um die Gerüche in sich aufzunehmen. Und da kam auch schon Michael Recktenwald, um ihr einen passenden Sherry zu empfehlen. Welch ein Tag!

Polizeichef Martin Büscher griff zum Telefon, um Ann Kathrin Klaasen in sein Büro zu zitieren. Aber dann legte er wieder auf. Nein, so ging das nicht. Er wollte ein gutes Betriebsklima, und in einer so heiklen Sache war es besser, sich von Anfang an in die Augen zu sehen.

Er ging schnell zur Toilette und erwischte sich dabei, dass er dies nur tat, um in den Spiegel zu schauen und seine Haare zu ordnen, bevor er Ann Kathrin gegenübertrat.

Irgendwie tat ihm Ostfriesland gut. Seit er von Bremerhaven hiergezogen und Ubbo Heides Stelle übernommen hatte, kam er sich jünger vor. Frischer. Und er hatte die Erfahrung gemacht, dass die Ostfriesen, wenn man sie gut behandelte, nett sein konnten.

Er ging die Treppe hinunter zu Ann Kathrins Büro. Im Flur stand Rupert am Kaffeeautomaten und fragte: »Sag mal, wie war das? Wenn man Milchkaffee drückt, kommt Gemüsesuppe, bei Espresso Milchkaffee, und wenn man Gemüsesuppe drückt, kommt Caffè Crema. Oder war es umgekehrt?«

Büscher zuckte entschuldigend mit den Schultern. »Ich trinke Tee.«

Er klopfte an Ann Kathrins Bürotür, öffnete sie einen Spalt

und lugte hinein. »Oh, Entschuldigung, ich wollte nicht stören ... Aber ich habe da etwas, Ann Kathrin, darüber müssten wir dringend sprechen. Wenn du vielleicht mal in mein Büro kommen könntest ...«

»Jetzt nicht«, antwortete Ann Kathrin, und Rupert, der das alles mitkriegte, fragte laut den Kaffeeautomaten, als würde er von ihm eine Antwort erwarten: »Haben die beiden sich in einem Dominastudio kennengelernt? So unterwürfig spricht er mit mir nie.«

Martin Büscher ging wieder an Rupert vorbei. Er blieb kurz stehen und sagte: »Jetzt weiß ich es wieder: Du musst Doppelter Espresso drücken, dann kommt Caffè Crema.«

Rupert bedankte sich und versuchte es.

Die Brühe, die herauslief, kam ihm aber merkwürdig vor. Rupert bückte sich, hielt die Nase nah an den Strahl und schnüffelte. Sein Iliosakralgelenk meldete sich. Der Rückenschmerz jagte durch die Wirbelsäule bis in seine Haarspitzen hoch.

»Verdammt, das ist ja doch Gemüsesuppe!«, rief Rupert hinter Büscher her.

Ohne sich umzudrehen, sagte Büscher: »Oh, tut mir leid. Dann habe ich mich wohl geirrt.«

Rupert glaubte, die Schadenfreude aus seiner Stimme herauszuhören, und schwor sich, dem Chef das noch heimzuzahlen.

Gudrun Garthoff stand nun im Türrahmen. Sie war einen Kopf größer als Rupert und überragte auch Ann Kathrin.

»Kümmer dich mal wieder um deine Geschäfte, Mädchen«, sagte sie. »Ich fahre jetzt in den Distelkamp und bringe deinen Haushalt auf Vordermann.«

»Nein«, sagte Ann Kathrin, »heute doch nicht! Du stehst doch im Grunde noch unter Schock. Nimm dir frei, das hat doch alles Zeit.«

Gudrun Garthoff winkte ab. »Nur die Harten kommen in den Garten, das weißt du doch.«

Rupert nahm seinen Becher mit Gemüsesuppe aus dem Automaten und überlegte, ob er gleich alles wegkippen sollte oder ob es sich lohnen würde, vorher wenigstens mal zu probieren.

Gudrun Garthoff lächelte ihn an. »Suppe aus so einem Automaten, das kann doch nichts taugen. Das ist doch voller Geschmacksverstärker und so. Ich kann Ihnen ja mal eine richtige Gemüsesuppe vorbeibringen, wenn Sie drauf stehen, Herr Kommissar.«

Rupert staunte. Er bekam kein Wort heraus. Er sah hinter Gudrun her, als sie nach draußen verschwand.

Martin Büscher wirkte merkwürdig unbeholfen auf Ann Kathrin, als sei es ihm peinlich, ihr zu sagen, was er auf dem Herzen hatte. Er sah an Ann Kathrin vorbei, guckte sich ständig um, als sei er fremd in diesem Raum und müsse sich erst vergewissern, wo sich die Gegenstände befanden.

»Also, Ann, ich habe hier eine Beschwerde vorliegen.«

»Beschwerde? Über Rupert?«

»Nein. Über dich. Und offen gestanden, ist das eine ziemlich dumme Sache. Die fahren gleich große Geschütze auf, mit Rechtsanwalt und so.«

Sie schien überhaupt nicht erschrocken, und Büscher wusste aus Erfahrung, dass Menschen mit gutem Gewissen, die in einem behüteten Elternhaus aufgewachsen waren und daher ohne Schuldgefühle groß werden konnten, juristische Probleme meist einfach für einen Irrtum hielten. Sie hatten sich selbst nichts vorzuwerfen, außer mal falsch geparkt zu haben oder einem falschen Eintrag in der Steuererklärung. Deshalb sahen sie der Welt gelassen ins Auge.

»Eine Katja Schubert aus Oldenburg behauptet, du hättest

widerrechtlich ihren Laptop beschlagnahmt und nicht wieder rausgegeben.«

Ann Kathrin lachte: »Warum sollte ich in Oldenburg einen Laptop beschlagnahmen? Das ist doch dummes Zeug, Martin. Wir sind dafür gar nicht zuständig. In Oldenburg, da ...«

»Ich weiß, wie unsere Dienststellen organisiert sind.«

Er wollte sachlich sein, doch nun hatte er sich im Ton vergriffen. Er klang gegen seinen Willen zurechtweisend.

Irritiert sah sie ihn an. »Ist etwas mit dir, Martin?«

»Na ja, ich muss das hier bearbeiten. Es ist eine unangenehme Sache. Es gibt zwei Zeugen, dass du ...«

»Blödsinn!«

»... in ihre Wohngemeinschaft gekommen bist, eine Hausdurchsuchung gemacht hast und dabei den Laptop, verschiedene Akten und private Briefe beschlagnahmt hast. Es geht aber hauptsächlich um den Laptop. Die junge Frau studiert nämlich in Oldenburg Kunst und Medienwissenschaft, und auf dem Laptop sind Vorarbeiten zu einer Hausarbeit, Masterarbeit oder wie man das heutzutage nennt. Sie braucht das dringend, und ihr Anwalt macht uns ganz schön die Hölle heiß.«

Martin Büscher hob einen Papierstapel hoch und ließ ihn auf den Tisch fallen, als müsse er seine Worte so unterstreichen.

»Wann soll das denn gewesen sein?«, fragte Ann Kathrin.

Büscher nahm ein Papier in die Hand, überflog es und sagte dann: »Am vierten Juli um 21 Uhr 30.«

Ann Kathrin setzte sich und klatschte in die Hände, als wolle sie ihm Beifall spenden. »Na bitte, da war ich auf Wangerooge und habe Ubbo besucht. Ich bin mindestens einmal im Monat bei ihm ...«

»Ich weiß, Ann, genau so steht es auch in deinem Kalender.«

Es verunsicherte sie, dass er die Sache so ernst nahm. Er hatte also tatsächlich in ihren Dienstplan geschaut und auch ihre privaten Aufzeichnungen gelesen.

»Ich habe auch schon mit Ubbo telefoniert«, sagte er jetzt. Sie lächelte, und ihre Gesichtszüge entspannten sich.

»Willst du wissen, was er wörtlich gesagt hat, Ann?«

Sie nickte.

»Nun, ich habe ihm natürlich nicht gesagt, worum es geht, sondern nur gefragt, ob du am vierten Juli bei ihm warst. Er hat nur gelacht und mir zu verstehen gegeben, dass Wochentage für ihn keine Rolle mehr spielen, weil er aus unserer Firma ausgestiegen ist und die Zeit damit verbringt, in seiner Ferienwohnung zu sitzen und aufs Meer zu schauen. Außer«, so sagte er wörtlich, »er wisse immer, wann Mittwoch ist, denn da hat der Compass zu, und deswegen kochen sie dann selbst oder gehen im Friesenjung Burger essen. Ja, er sagte *Burger* und schwärmte mir davon vor. Einer sei mit Rinderfetzen und nicht mit diesen üblichen Frikadellen.«

»Beneidenswert«, sagte Ann Kathrin und freute sich für Ubbo, obwohl seine Aussage sie ein wenig in Bedrängnis brachte.

»Hast du irgendein Flugticket?«

»Nein, ich glaube, ich bin mit der Fähre gefahren. Martin, jetzt mach aber mal einen Punkt! Du glaubst doch nicht wirklich, dass ich ...«

Er erläuterte es ihr, als sei sie eine Anfängerin: »Was ich glaube, spielt überhaupt keine Rolle. Die Sache hier könnte übel werden. Da sollten wir uns auf beweisbare Fakten stützen.«

»Beweisbare Fakten?« Sie schwieg eine Weile und taxierte ihn. Er hatte Mühe, diesem Blick standzuhalten. Er wollte so gerne ein guter Chef sein. Einer, der sich mit breiten Schultern vor seine Mitarbeiter stellte, wenn sie von außen angegriffen wurden. Jetzt fragte er sich, ob er das hier falsch anfasste.

»Ist die Dame denn glaubwürdig?«, fragte Ann Kathrin. Es kam ihr vor, als würde er sich wie ein Aal winden, der das rettende Wasser sucht.

Büscher legte wieder die Hand auf den Papierstapel. »Das ist ja alles schon ein paar Tage alt. Ich wollte dir die ganze Angelegenheit vom Leib halten. Ich habe unsere Psychologin ...«

»Du hast *was*?« Jetzt flackerte echte Empörung in ihren Augen.

Er hob beschwichtigend die Hände: »Elke Sommer hält die Kleine jedenfalls für absolut glaubwürdig.«

Wütend verschränkte Ann Kathrin die Arme.

Rupert betrat das Büro, merkte, dass dicke Luft herrschte, und blieb zunächst schweigend stehen, um die Lage zu peilen.

»Jetzt guck mich nicht so an! Was passt dir nicht, Ann?«, fragte Büscher.

»Was ihr nicht passt, kann ich dir sagen: Kleidergröße 38?«, sagte Rupert, und Büscher war ihm im Grunde dankbar, denn jetzt entlud sich Ann Kathrins Zorn an Rupert.

»Verzieh dich, das hier ist ein vertrauliches Dienstgespräch!«

»Entschuldigung, dass ich geboren wurde, Frau Klaasen«, konterte Rupert, »aber andere Leute haben auch Probleme. Ich finde, wir sollten das mit dem Kaffeeautomaten nicht länger durchgehen lassen. Da muss endlich mal eine vernünftige Beschwerde ...«

Martin Büscher deutete Rupert mit einer flüchtigen Handbewegung an, er solle den Raum verlassen, und Rupert hielt es für klüger, dem Wink zu folgen. Dieses Büro hier war gerade zum Tretminenfeld geworden, und er hatte keine Lust, einen unbedachten Schritt zu machen.

Er schloss die Tür hinter sich ungewöhnlich leise, blieb aber noch im Flur stehen, um zu hören, wie es drinnen weiterging.

Ann Kathrin explodierte. »Was mir nicht passt, willst du wissen? Offensichtlich weiß hier jeder Bescheid, und hinter meinem Rücken werden bereits Ermittlungen angestellt, weil ich von irgendwelchen Spinnern beschuldigt werde?! Na, herzlichen Dank! So etwas hätte es unter Ubbo Heide nicht gegeben!«

Der Vorwurf saß. Büscher machte sich gerade, drückte sein Kreuz durch und versuchte, seine Rolle als Polizeichef zu verteidigen: »Ich wollte dich damit nicht belasten. Ich habe versucht, die Sache aus der Welt zu schaffen. Ich wollte mir erst selbst ein Bild machen. Verdammt, ist das so schlimm? Ich dachte, ich könnte dich entlasten, aber ...«

Er sah auf seine Uhr. Ann Kathrin wertete das als Verlegenheitsgeste.

»Die junge Frau ist im Haus. Die Sache eilt ziemlich. Sie braucht den Computer wirklich für ihre Arbeit. Wenn die ein ganzes Semester wiederholen muss, bloß weil wir irgendeinen Mist gebaut haben, dann ...«

Ann Kathrin sprang auf. »Ich will sie sprechen.«

»Ich weiß nicht, ob eine Gegenüberstellung zum gegenwärtigen Zeitpunkt ...«

»Gegenüberstellung? Ja, drehen jetzt hier alle am Rad?«

»Ann, der Anwalt hat die Kleine heißgemacht. Hier ist von Amtsanmaßung die Rede. Du hattest weder einen Durchsuchungsbeschluss, noch durftest du etwas beschlagnahmen.«

»Verdammt, ich kenne die Frau gar nicht!«, keifte Ann Kathrin und war mit zwei Schritten bei der Tür. Sie richtete den Zeigefinger wie eine Waffe auf Büscher: »Wenn wir nicht mehr zusammenhalten, Martin, kann jeder Idiot daherkommen und Einzelne von uns fertigmachen. Einen nach dem anderen. Wer weiß, ob du nicht morgen dran bist?! Polizisten sind nicht nur beliebt, für einige Leute sind wir die Objekte ihres Hasses ...«

»In dem Fall ist das aber nicht so, Ann.«

Sie knallte die Tür zu. Der Kalender an der Wand mit Schwarzweißbildern der Stadt Norden aus den dreißiger Jahren wackelte.

So aufgebracht, wie Ann Kathrin Klaasen jetzt war, wollte

sie nicht zurück in ihr Büro. Wahrscheinlich wäre es besser für sie, einmal um den Block zu gehen, irgendwo einen Kaffee zu trinken oder auf einen Sandsack einzuprügeln. Irgendetwas lief gerade absolut schief ...

Draußen vor der Polizeiinspektion sah sie eine junge Frau auf den Soziussitz eines Motorrads mit Oldenburger Kennzeichen steigen. Ann Kathrin brauchte keinen Beweis, um zu wissen, dass dies die Frau war, die sie beschuldigte, den Laptop gestohlen zu haben. Ann Kathrin kehrte um und ging in die Polizeiinspektion zurück.

Sylvia Hoppe trug Akten in ihr Büro und sah Ann Kathrin schuldbewusst an.

Ann Kathrin wusste sofort Bescheid. »War sie bei dir? Diese Katja Schubert?«

»Ja. Ich habe ihr ein paar Fotos vorgelegt.«

»Fotos? Aus unserer Lichtbilddatei?«

»Nein, vom letzten Betriebsausflug. Sie hat dich auf drei Fotos erkannt, Ann.«

»Ja, aber das ist doch dummes Zeug! Warum rufst du mich nicht dazu? Was soll dieser ganze Mummenschanz? Habe ich keine Rechte?«

»Ann, auf dem Foto waren zwei Dutzend Personen. Sie hat auf dich gezeigt und gesagt: *Die da. Sie war nur nicht ganz so trutschig angezogen.*«

Ann Kathrin sah an sich runter. »Trutschig?«

»Ja, sie hat gesagt, trutschig.«

Sylvia Hoppe hätte am liebsten einen Arm um Ann Kathrin gelegt und sie zu sich gezogen. Sie mochte ihre Kollegin. Aber Ann Kathrin ging einen Schritt zurück und wich der Berührung aus.

»Ist das irgendeine geheime Aktion, von der keiner was wissen darf? Verfassungsschutz oder so?«, fragte Sylvia Hoppe und kam sich selbst blöd dabei vor.

Ann Kathrin fand ihre Frage so dumm, dass sie darauf nicht einmal antwortete.

Weller – immer auf der Suche nach großen Entdeckungen in kleinen Verlagen – hatte sich drei neue Bücher besorgt: Axel Bergers *Der Eindringling*, Kristina Seiberts *Tod und Helau* und Christian Jaschinskis neuen Roman. Jetzt warteten die Bücher auf ihn. Es kam ihm so vor, als würde sich geradezu jeder Roman danach drängeln, von ihm zuerst gelesen zu werden.

Beim Lesen war für Weller immer der Weg das Ziel. Er mochte dieses Herumflanieren in Buchhandlungen, wenn er die Krimitische umflatterte wie eine hungrige Möwe einen verlassenen Frühstückstisch, auf dem noch viele Köstlichkeiten warteten. Er pickte sich hier einen Satz heraus und da ein Kapitel. Immer wieder las er geradezu süchtig den ersten Satz. Wenn der ihn anmachte, blätterte er wahllos in die Mitte und zum Schluss. Überall blitzten ein paar Sätze auf. Es ergaben sich in seiner Phantasie Zusammenhänge. Mögliche Geschichten.

Er kaufte selten nur ein Buch. Einen Leseabend mit nur einer Neuanschaffung mochte er sich nicht vorstellen. Was, wenn das Buch enttäuschte, nicht hielt, was es versprach? Dann wollte er sich nicht lange damit herumärgern, sondern es weglegen und ein neues aufschlagen. Fernsehgucker nahmen sich ja auch das Recht heraus, umzuschalten.

Manchmal – in einer anderen Stimmung, an einem anderen Tag oder Jahre später –, wurde ein einst achtlos weggelegter Roman plötzlich zur Offenbarung. Ein Leser musste auch reif sein für ein Buch. Wenn er Romane nach Jahren wieder las, wunderte er sich oft. Was ihm damals aufregend erschienen war, langweilte ihn heute und umgekehrt. Einiges erschien ihm im Nachhinein belanglos, anderes geradezu weise. Mussten einige Bücher im Regal reifen wie guter Rotwein, oder war er es selbst, der Zeit brauchte, reif zu werden für den Roman?

Lesen war für ihn ein unglaubliches Abenteuer. Eins, das er trockenen Fußes im Sessel erleben konnte, mit Erdnüssen und einem guten Tropfen im Glas.

Er brauchte einen Abend für sich und seine Leselust und vorher ein Matjesbrötchen, oder besser zwei, aber er sah seinen Leseabend in weite Ferne rücken, denn jetzt musste er Ann Kathrin beistehen. Sie selbst hatte auch einen Abend mit ihren Kinderbüchern nötig. Sie konnte nicht verstehen, warum ihr Frank Krimis las. Sie bewegten sich doch täglich in diesem Sumpf aus Verbrechen und Lüge. Ihr Lichtblick waren Kinderbücher. Es gab kaum etwas Schöneres für sie, als gemeinsam mit Frank Weller im Wohnzimmer abzuhängen, jeder eine Leselampe neben sich oder eine andere Lichtquelle, jeder ganz versunken in seine eigene Welt, und doch hatten sie etwas gemeinsam.

Manchmal seufzte er laut, wenn ein Kommissar einen methodischen Fehler machte, und sie schlief oft beim Lesen ein. Er nannte es: *Du träumst dich weg*. Sie nannte es: *Kraft schöpfen*.

Wegträumen war jetzt gar nicht ihr Ding. Es braute sich etwas Unheimliches um sie herum zusammen. Sie verstand noch nicht genau, was los war, aber es machte ihr Angst, und sie spürte deutlich, dass das, was sie sah, nur die Spitze des Eisbergs war.

Büscher hatte sie gebeten, sich aus den Ermittlungen völlig herauszuhalten. Schweren Herzens akzeptierte sie die Dienstanweisung, aber für Weller galt das streng genommen nicht.

Er fuhr nach Oldenburg, um die Wohngemeinschaft von Katja Schubert zu besichtigen. Es war nicht ganz nach den Dienstvorschriften. Er handelte jetzt als Ehemann, der seine Frau schützen wollte, nicht als Kommissar. Aber er war eben mehr als nur Polizist.

Katja Schubert wohnte im Stadtteil Donnerschwee. Weller fuhr langsam hinter einem Bus der Linie 309 her. Ein paar Kinder saßen ganz hinten und zeigten Weller den Stinkefinger, streckten ihm die Zunge raus und schnitten Grimassen.

Ob sie das auch tun würden, wenn sie wüssten, dass hinter ihnen ein Polizeibeamter herfährt, fragte Weller sich. Würden sie dann erschrocken aufhören oder erst recht aufdrehen?

Weller parkte in der Nähe des Wasserturms und ging den Rest zu Fuß. Er hatte von Ann Kathrin gelernt, dass es manchmal guttat, den Boden unter den Füßen zu spüren. Jetzt ging es ihm so. Er versuchte, bewusst und fest aufzutreten.

Er hatte Ann Kathrin nicht erzählt, wohin er unterwegs war, aber sie ahnte es natürlich und schickte ihm eine Nachricht aufs Handy:

Lass es, Frank. Du setzt dich nur in die Nesseln.

Er überlegte, ob er überhaupt antworten sollte. Er wollte sie nicht noch mehr belasten. Aber dann schrieb er zurück:

Ich guck mich nur mal um.

Ihre Antwort kam augenblicklich:

Besser, wir halten jetzt die Füße still, Frank, und überlassen das den Kollegen.

Er tippte: *Das ist so gar nicht meine Art, Ann. Wer sagt denn immer, man muss im Leben um Handlungsführung ringen?*

Sie versuchte jetzt, ihn anzurufen. Die ersten Töne von Bettina Göschls Song »Piraten ahoi« erklangen. Er schaltete sein Handy aus und ließ es in die Tasche zurückgleiten.

Es war ein altes Backsteingebäude. Auf den roten Ziegeln hatte sich dickes Moos angesiedelt. Auf einigen Dachpfannen waren geradezu kleine Oasen entstanden. Wucherten da auf einer die ersten dünnen Äste eines Haselnussstrauches?

Es waren keine modernen Doppelglasscheiben, sondern alte Holzfenster, lange nicht gestrichen. Weller war sich von weitem schon sicher, dass aus einigen Rahmen bröckeliger Kitt fallen würde. Hier hatte schon lange niemand mehr Zeit oder Geld ins Haus investiert.

Links neben dem Gebäude, unter dem angebauten Carport, standen zwei Motorräder. Eine Kawasaki und eine Suzuki.

Im Briefkasten steckte eine *taz*, statt eines Namensschilds war dort ein gelber Smiley hingeklebt und daneben ein Herzchen.

Hinterm Haus verrotteten umgefallene Sonnenblumen. Hier war früher offensichtlich mal ein Rasen gewesen, der jetzt von Brennnesseln zugewuchert war. In einem Vogelhäuschen aus Birkenholz baumelte ein leergepicktes Meisenknödelnetz.

Wohnten so Leute, die ein Komplott gegen seine Frau schmiedeten? Oder waren sie selbst Opfer?

Warum hat eine Frau hier einen Computer beschlagnahmt und sich als Ann Kathrin Klaasen ausgegeben?, fragte Weller sich.

Zweimal umrundete Weller das Haus. Oben waren die Fenster offen. Er hörte Musik. Er kannte die Gruppe nicht, aber es gefiel ihm, und er konnte ein Buchregal sehen, vollgestopft mit bunten Taschenbüchern. Das alles war nicht unsympathisch.

Weller klingelte.

Eine junge Frau öffnete die Tür und erinnerte ihn so sehr an seine Tochter Sabrina, dass er zunächst kein Wort herausbekam. Es war für einen Moment so, als würde sie wirklich vor ihm stehen. Die Partie um die Augen herum wies eine gewisse Ähnlichkeit auf. Ihr Mund war aber, als sie sprach, völlig anders. Sabrina war lange nicht so volllippig.

Im Hintergrund hörte Weller das Klappern einer Computertastatur.

Der Atem der jungen Frau roch nach Nikotin. Sie war barfuß und trug ein weißes T-Shirt mit einer Knopfleiste, die bis zum letzten Knopf geöffnet war. Weller vermutete, dass sie das T-Shirt auch als Nachthemd benutzte. Es passte ihr überhaupt nicht, auch das erinnerte ihn an seine Töchter, die gern seine Baumwollhemden anzogen hatten, als sie noch jünger waren.

Mein Gott, dachte er, ist meine Sehnsucht nach meinen Kindern so groß, dass ich jetzt schon in jeder Göre eine meiner Töchter sehe?

Ihre glatten braunen Haare hingen tief in der Stirn und verdeckten das linke Auge. Mit einer Kopfbewegung warf sie die Haare zurück und rief: »Katja, die Bullen für dich!«

Dann drehte sie sich um und ließ Weller in der Tür stehen.

Hinten war das T-Shirt verrutscht und gab den Blick auf ihren hellblauen Slip preis, der sich tief in ihre Pospalte geklemmt hatte. Sie lief die Holztreppe hoch.

Wahrscheinlich, dachte Weller, macht sie das absichtlich. Es soll lasziv aussehen, mich in Verlegenheit bringen. Vermutlich hat sie den Gang sogar geübt.

Aber er war Papa genug, auf solche Spielchen pubertierender Mädchen nicht hereinzufallen, sagte er sich, dabei handelte es sich hier nicht um eine Pubertierende, sondern die junge Frau war Anfang zwanzig, schätzte er.

Weller hörte noch ein paar Tippgeräusche und dann das typische Schnarren, das er von seinem Computer kannte, wenn er eine E-Mail abschickte. Er entschied sich, nicht in den Flur zu treten, sondern darauf zu warten, dass ihn jemand hereinbat. Auf keinen Fall wollte er irgendeinem gewieften Anwalt die Möglichkeit bieten, aus seinem Besuch einen Hausfriedensbruch oder unerlaubtes Betreten zu machen.

Am Ende des Flurs, wo jemand Halteringe für eine Schaukel in die Türbalken geschraubt hatte, erschien Katja Schubert. Sie hielt ein Nasensprayfläschchen in der Faust wie eine Waffe, die sie gleich gegen Weller einsetzen würde.

»Ich habe mich nicht als Polizist vorgestellt«, sagte Weller. »Wie kommt Ihre Freundin dazu, mich als Bullen zu bezeichnen?«

Katja grinste ihn an und schüttelte verständnislos den Kopf: »Ihr merkt es wirklich nicht, was?« Dann schoss sie sich in jedes Nasenloch einen Sprühstoß aus dem Fläschchen.

Von oben rief die Mitbewohnerin mit dem schmuddeligen T-Shirt herunter: »Er könnte auch ein Freier sein, der sich in der Adresse geirrt hat und glaubt, das sei hier immer noch der Hausfrauenpuff!«

Weller stellte sich grade hin. »Ich besuche keine Bordelle.«

»Siehst du«, lachte Katja, »also doch ein Bulle.«

»Sagen wir einfach, ein glücklich verheirateter Ehemann«, konterte Weller.

Katja lehnte sich jetzt so an der Flurwand an, als wolle sie eine Asphaltschwalbe imitieren, die auf Kundschaft wartet. Sie drückte das rechte Bein durch und knickte das linke ein, so dass nur noch ihre Fußspitze den Boden berührte.

»Also? Was kann ich für dich tun, Süßer? Du bringst doch sicherlich meinen Laptop zurück, oder nicht?«

Korrekterweise hätte Weller jetzt sagen müssen, dass er nicht ihr Süßer sei und dass er sie darum bitte, ihn nicht zu duzen, aber es ging ihm um wichtigere Dinge. Er erinnerte sich an Ubbo Heide, der ihm zu Beginn seiner Karriere bei der Mordkommission einmal gesagt hatte: »Nichts ist entwaffnender als die Konfrontation mit der Wahrheit. Manchmal ist die Wahrheit viel besser und sinnvoller als jede Trickserei.«

Okay, Chef, dachte Weller, versuchen wir es.

Aber dann rückte er doch nicht ganz mit der Wahrheit heraus. Er sagte nicht, dass er der Ehemann von Ann Kathrin Klaasen war, sondern versuchte es so: »Ich bin ein Freund von Ann Kathrin Klaasen, die angeblich bei Ihnen eine Hausdurchsuchung gemacht und einen Computer beschlagnahmt hat.«

Katja öffnete und schloss den Mund, als würde sie auf einem Kaugummi herumkauen, dem war aber nicht so. Weller nahm an, dass sie sich so, schräg an die Wand gelehnt, kaugummikauend einfach cooler vorkam und dass sie daraus Sicherheit gewann. Er machte es ihr nicht kaputt, sondern fuhr fort: »Ich mache mir Sorgen um sie. Ich kenne sie sehr gut, deshalb weiß ich, dass an Ihrem Vorwurf irgendetwas nicht richtig sein kann. Ann Kathrin ist eine sehr gute Polizistin. Sie ist hier überhaupt nicht zuständig. Sie bearbeitet auch keinen Fall, in dem Sie vorkommen. Ich frage mich also ...«

»Und warum kreuzt sie dann hier mit so einem Wisch auf?«

»Sie meinen einen Hausdurchsuchungsbeschluss?«

Katja nickte.

»Hat sie Ihnen den Zettel gezeigt?«, fragte Weller.

»Er hängt noch bei uns am Schwarzen Brett, und glauben Sie ja nicht, dass ich Ihnen den jetzt mitgebe! Das ist nämlich mein einziges Beweisstück, und die Quittung, die sie unterschrieben hat.«

Weller erschrak darüber, dass er keine Ahnung davon hatte. Wie viel war ihm noch verheimlicht worden? Gab es etwa schon eine richtige Akte?

»Eine Kopie davon ist bei unserem Anwalt, und eine habe ich bei Ihrem verblödeten Chef gelassen, als ich versucht habe, meinen Laptop zurückzubekommen.«

»Darf ich mir den Schein mal angucken?«, fragte Weller.

Von oben rief die mit dem hellblauen Slip: »Soll ich runterkommen, Katja?«

»Nee, Evi, mit dem werde ich alleine fertig! Der ist harmlos!«

Katja Schubert bat Weller gestisch hinein. Sie ging voran, aber nicht in das Zimmer, aus dem sie gekommen war, sondern in das gegenüberliegende, die Küche.

Wellers erster Gedanke war: Mein Gott, hier hätte ich keine Lust, etwas zu essen. Die Spülmaschine war offensichtlich kaputt. Sie stand offen da. Darin noch schmutziges Geschirr. Im Spülbecken türmten sich Töpfe, Pfannen und Gläser.

Der Tisch sah aus, als hätte dort ein Abendmahl und anschließend eine Hinrichtung stattgefunden. Links neben der Tür hing eine Tafel aus Kork, daran waren viele Zettel aufgespießt. Konzertkarten. Eine Mahnung von EWE. Eine Geburtstagspostkarte.

Katja machte eine Fotokopie ab, steckte sich den roten Pin in den Mund, presste die Lippen zusammen, um die Nadel festzuhalten, sprach aber trotzdem weiter: »Hier. Das ist nur eine Kopie. Das Original ist bei unserem Anwalt. Wir sind ja nicht blöd.«

Weller warf einen kurzen Blick darauf und lächelte. »Und Ihr Anwalt ist bestimmt so ein richtiger Spezialist, was? Ich hoffe, Sie bezahlen den nicht für seine Arbeit.«

»Warum?«

»Weil das hier nicht echt ist. Nur weil hier oben so ein Hottehühpferdchen drauf ist, handelt es sich noch nicht um ein offizielles Schriftstück vom Land Niedersachsen oder gar von der Justiz.«

»Ja, aber …« Der rote Pin fiel aus ihrem Mund auf den Fußboden. Katja schien es gar nicht zu bemerken.

»Sehen Sie«, sagte Weller, »hier hat Ann Kathrin Klaasen unterschrieben. Aber es handelt sich um einen richterlichen Beschluss, den muss natürlich der Richter unterschreiben. Erzählen Sie mir jetzt nicht, Ihr Anwalt wusste das nicht. Außerdem ist das nicht die Unterschrift meiner Frau.«

Er zuckte innerlich zusammen, weil er sich verraten hatte, hoffte aber, dass es Katja Schubert entgangen sei. Doch die gewann jetzt wieder Fassung und nahm erst mal erneut eine Ladung Nasenspray.

»Das ist also Ihre Frau?«

»Ja, Ann Kathrin Klaasen, die von Ihnen beschuldigt wird, ist meine Frau. Aber dieses Schriftstück hier hat meine Frau ganz sicher nicht unterschrieben.«

Weller hörte sich hinter sich patschende Füße auf dem Boden. Evi kam in die Küche und drängelte sich zwischen Weller und Katja durch.

»Warum lässt du den rein?«, maulte sie. »Haben uns die Bullen nicht schon genug Schwierigkeiten gemacht?«

Sie öffnete den Kühlschrank und bückte sich, um eine angebrochene Orangensaftflasche herauszuholen. Aus dem Kühlschrank schlug Weller ein Geruch entgegen, der jeden Appetit vergehen ließ. Auf das Wort *Bullen* ging er wieder nicht ein, aber eine kleine Spitze konnte er sich nicht verkneifen: »Seien Sie froh, dass ich nur von der Kripo bin und nicht vom Gesundheitsamt. Die würden den Laden hier sofort schließen, wenn sie die Küche sehen, und zwar zu Recht.«

Beide Frauen sahen ihn voller Wut an. Die nackte Empörung sprang Weller ins Gesicht.

»Da muss ausgerechnet so 'n Typ kommen und mir so was sagen!«, fauchte Evi, und Katja schnauzte ihn an. Sie zeigte auf sich selbst und schimpfte: »Wenn wir Küchendienst haben, sieht das hier immer picobello aus! Aber die Typen sind dran, und das seit vierzehn Tagen. Und die tun nichts, gar nichts! Glauben Sie, wir spielen jetzt hier die sorgsame Hausfrau?«

»Die sind gerade erst bei Mami ausgezogen«, lästerte Evi. »Die glauben noch, es würde alles von alleine sauber und die Wäsche liege wie von den Mainzelmännchen bearbeitet morgens frisch und gebügelt im Schrank.«

»Ich war nie so«, sagte Weller. Es war zwar die Wahrheit, aber er kam sich selten dämlich dabei vor. »Mit welchen Argumenten hat denn diese angebliche Ann Kathrin Klaasen Ihre Räume durchsucht? War sie allein?«

»O nein, es waren noch zwei Cops mit dabei«, erläuterte Evi.

Katja nickte. »Das waren aber nur so Befehlsempfänger, die

rumstanden und auf deine Hübsche aufgepasst haben. Angeblich haben sie Drogen gesucht.«

Weller hob ein Käsestückchen hoch, auf dem weiße Fäden wucherten. »Und hatten sie eine Chance, die zu finden, oder waren die schon verschimmelt?« Er verzog angewidert die Lippen.

Weller sah auf dem Sideboard einen Zuckerstreuer stehen, den sie – da war er bereit, ein Monatsgehalt drauf zu wetten – garantiert in einem Café gestohlen hatten. Weller nahm den Zuckerstreuer und ließ sich eine Prise in die Hand rieseln. Er musste nicht mal daran lecken, um zu wissen, dass es Zucker war.

»Haben sie zum Beispiel so gemacht?«, fragte er und stippte mit der Zunge in seine Handfläche.

»Nein, haben sie nicht.«

»Hm. Und wo haben sie nach Drogen gesucht?«

»In meinem Schreibtisch zum Beispiel. Die haben sogar meinen Papierkorb ausgeschüttet«, eiferte Katja sich.

»Hört sich für mich so an, als hätten sie keine Drogen gesucht, sondern ganz andere Sachen.«

»Was denn?«, fragte Katja.

Weller zuckte mit den Schultern. »Informationen. Brief- oder Mailwechsel. Inzwischen haben Sie ja wohl auch einen neuen Computer, oder? Ich habe doch gerade aus Ihrem Zimmer Tippgeräusche gehört.«

»Das ist aber ein ganz Schlauer«, spottete Evi.

»Das hat mit Intelligenz nichts zu tun«, erwiderte Weller, »sondern damit, ob man mit offenen Sinnen durchs Leben geht oder nicht.«

Evi schlug sich mit der flachen Hand gegen die Stirn. »Ich hab ihr meinen Laptop geliehen, aber das nutzt doch nichts. Sie braucht ihre Daten, verdammt nochmal, sonst war die ganze Arbeit umsonst. Sechs Monate für den Arsch.«

»Er hat recht«, überlegte Katja. »Wenn die wirklich nach Drogen gesucht hätten, dann ...«

»Dann hätten die zum Beispiel Ihre Spüle da geöffnet und geschaut, ob Sie in dem Waschpulver etwas versteckt haben. Ihr benutzt doch Waschpulver, oder?«

»Werd bloß nicht frech«, konterte Evi und fragte dann ihre Mitbewohnerin: »Warum schmeißen wir den nicht einfach raus?«

»Irgendwie finde ich ihn ganz ...« Katja suchte nach den richtigen Worten, fand sie nicht, und Evi schob ihr eins unter: »Süß? Fährst du auf den Typen ab? Wie blöd bist du eigentlich?«

Katja schüttelte den Kopf. »Nein, ganz in Ordnung, wollte ich sagen. Nicht süß.«

»Am liebsten«, gestand Weller, »würde ich Sie beide einladen, auf eine Tasse Kaffee oder ...«

»Siehst du«, lachte Evi grimmig, »der will uns seine Briefmarkensammlung zeigen. So heißt das doch bei den alten Knackern, wenn sie einen flachlegen wollen.«

Weller blieb sachlich. »Ich sammle keine Briefmarken, und ich habe auch keinerlei sexuelles Interesse an einer von Ihnen beiden. Ich habe Töchter in Ihrem Alter. Aber ich denke, wir haben uns einiges zu sagen, und ich würde das lieber in einer gepflegten Atmosphäre tun, mich in Ruhe mit Ihnen irgendwo hinsetzen und ...« Er deutete an, dass auf den Stühlen kein Platz war, weil alles vollgestellt war.

Katja ließ durchblicken, dass sie bereit war mitzugehen. »Meinetwegen. Wir könnten ja zu ...« Sie überlegte, und Weller, der Cafés liebte, schlug vor: »Wie wäre es mit einem Stückchen Nusstorte im Café Klinge am Theaterwall – oder einer heißen Schokolade ...«

»Dein Anwalt hat gesagt, wir sollen nichts ohne ihn machen und ...«, protestierte Evi, die Angst hatte, dass Katja mitgehen würde. Katja winkte ab: »Ach, der Arsch. Der hat doch bisher nix getan und nur große Reden geführt. Und wenn mir einer an die Wäsche will, dann der, oder glaubst du, der macht das, weil wir ihn so fürstlich dafür entlohnen?«

Eins zu null für mich, dachte Weller. Er fühlte sich gut und hatte das Gefühl, vorwärtszukommen. Mit den Dingen, die er hier erfahren hatte, konnte er Ann Kathrin schon herauspauken, und er fragte sich jetzt, wieso Büscher nicht bemerkt hatte, dass mit dem Hausdurchsuchungsbeschluss etwas nicht stimmte. Las denn keiner mehr die Akten genau?

»Wenn ein Fall gelöst ist«, so hatte Ann Kathrin ihm einst gesagt, »sieht man meistens, dass alles schon in den Akten stand. Wir haben im Alltagsstress nur nicht verstanden, sie richtig und genau zu lesen und zu interpretieren.«

Evi stampfte mit dem Fuß auf, trat dabei in den Pin und jaulte. Die Nadel steckte tief in ihrem Fußballen. Sie setzte sich auf den Boden, reckte den Fuß in die Höhe und schrie: »Ich hab da was drin! Ich hab da was drin! Zieh mir das raus!«

Katja drehte sich weg: »Mir wird schlecht, wenn ich so was sehe!«

Weller bückte sich und legte Hand an.

Über sich hörte er, dass Katja zum dritten Mal ihr Nasenspray benutzte und es mit einem gurgelnden Geräusch hochzog.

»Sie wissen schon, dass das Zeug süchtig macht?«, fragte Weller.

»Ja, verdammt!«, giftete sie zurück. »Der Papst ist ein Mann, der Himmel ist blau, die Schweizer haben ein Bankgeheimnis und machen guten Käse. Warum, verdammt, muss mir jeder mit solchen Plattheiten kommen? – Sie wissen schon, dass das Zeug süchtig macht?« Sie verdrehte die Augen.

Weller befreite derweil Evis Fuß von der schmerzhaften Nadel.

Der Gang zu Angehörigen, um sie über den Tod eines Familienmitglieds zu unterrichten, war für jeden Polizisten schwer. Einige Kolleginnen gingen innerlich viel zu sehr mit. Ann Kathrin wusste, dass Sylvia Hoppe und Marion Wolters schnell jede professionelle Distanz verloren und sehr mitfühlend waren. Sylvia Hoppe hatte neulich zu heulen begonnen und wurde seitdem mit dieser Aufgabe nicht mehr betraut.

Nichts war schwerer, als Eltern vom Tod ihres Kindes zu berichten, auch wenn das Kind, wie in diesem Fall, schon ein erwachsener Sohn war. Trotzdem durchbrach so etwas den natürlichen Lauf der Zeit. Es war nicht in Ordnung, wenn die Kinder vor den Eltern starben. Kriege und Naturkatastrophen führten solche Situationen herbei.

Der Selbstmord eines Kindes musste Eltern in eine tiefe Krise stürzen. Ann Kathrin durfte gar nicht darüber nachdenken, wie es ihr gehen würde, wenn ihr Sohn Eike ...

Nein, sie wollte diesen Gedanken gar nicht erst zulassen. Eike war ein lebenslustiger Bursche, verliebt in eine Frau, die ein paar Jahre älter und zum Glück viele Jahre vernünftiger war als er.

Ann Kathrin sagte sich das gebetsmühlenartig auf, als sie in Richtung Emden fuhr, um Hauke Hinrichs' Mutter zu besuchen. Sie wohnte in Pewsum.

Ann Kathrin versuchte, sich abzulenken, und erzählte ihrem Auto mangels Beifahrer, was sie über Pewsum wusste: »Hier haben einst ostfriesische Häuptlinge regiert. Die Manninga. Und später die Cirksena. Ich glaube, die Sippe kam eigentlich aus Greetsiel. Viele Straßen sind noch heute nach ihnen benannt. Die Cirksena-Häuptlinge beherrschten auch ganz Emden und wurden später von irgendeinem Kaiser Friedrich zu Reichsgrafen ernannt.«

Sie ärgerte sich über sich selbst. Jetzt erzähle ich meinem Auto schon ostfriesische Geschichte, um mich selbst gegen Angst, Trauer und zu viel Empathie zu schützen.

Es war ihr Versuch, sich professionell abzugrenzen und auf das Gespräch vorzubereiten.

Das Einfamilienhaus in Pewsum machte einen gepflegten Eindruck. Die Hälfte des Daches musste vor einiger Zeit neu eingedeckt worden sein. Die roten Dachpfannen glänzten.

Ann Kathrin parkte direkt vor dem Haus und klingelte. Sie erwischte sich selbst dabei, dass sie nervös an ihrer Kleidung herumfummelte.

Solche Szenen – Kommissarin überbringt Todesnachricht – fand sie in Fernsehfilmen immer blöd. Sie nahm sich vor, alles in sich aufzusaugen, was jetzt vielleicht zur Klärung des Falles beitragen konnte, und dabei trotzdem gleichzeitig zwischen sich und allen Dingen, die da kamen, eine klare Grenze zu ziehen. Erkenntnisse sammeln, ohne sich von ihnen wegspülen zu lassen! Darum ging es.

Frau Hinrichs kam zur Tür und öffnete sofort, als hätte sie Besuch erwartet. Sie war eine schlanke, attraktive Frau.

Aus der Wohnung schlug Ann Kathrin der Geruch von Zwiebeln und angebratenem Fleisch entgegen.

Für Ann Kathrins Geschmack war Frau Hinrichs etwas zu mondän frisiert und geschminkt. Sie trug einen knielangen weinroten Rock, Strümpfe, die ihren Beinen ein flimmerndes Schimmern gaben, und Schuhe, die so hochhackig waren, dass Ann Kathrin mit dem Laufen Probleme gehabt hätte. Frau Hinrichs bewegte sich auf den Haxenbrechern leichtfüßig bis traumwandlerisch. Ihr Kaschmirpullover lag eng an. Ihren Hals schmückte eine Bernsteinkette.

»Sie wünschen?«, fragte Frau Hinrichs und sah Ann Kathrin abschätzend an.

»Ann Kathrin Klaasen, Kriminalpolizei Ostfriesland. Ich bin vom K1.«

Frau Hinrichs zuckte mit den Schultern, als würde ihr das nichts sagen, Ann Kathrin hielt ihren Dienstausweis hoch, aber die Frau interessierte sich nicht dafür. »Was kann ich für Sie tun? Ich habe es mir gerade gemütlich gemacht.«

Wer solche Schuhe trägt, ist weit davon entfernt, es sich gemütlich zu machen, dachte Ann Kathrin. Entweder ist sie nicht allein, oder sie erwartet jeden Augenblick Besuch.

»Frau Hinrichs, ich habe eine schlechte Nachricht. Es tut mir leid, aber ich muss Ihnen mitteilen, dass Ihr Sohn Hauke verstorben ist.«

Die Frau zuckte nicht, sondern blieb unbeweglich stehen, als habe Ann Kathrin gar nichts gesagt.

Vielleicht, dachte Ann Kathrin, wartet sie noch auf einen erklärenden Satz. »Ihr Sohn hat sich – nach unserem augenblicklichen Wissensstand – umgebracht und seine Wohnung in Brand gesetzt.«

»Hauke?«, fragte Frau Hinrichs.

»Ja, Hauke Hinrichs. Ich möchte Ihnen mein Beileid ausdrücken und ...«

Frau Hinrichs' Oberkörper blieb wie versteinert. Ihr Gesicht ebenfalls. Aber ihre Augen sahen durch Ann Kathrin hindurch ins Leere. Das signalisierte Ann Kathrin, dass die Frau erschüttert war.

Ihre Finger, die sich in Kopfhöhe um die Tür krampften, wurden weiß. Dann gaben ihre Knie nach. Frau Hinrichs knickte ein und fiel nach hinten.

Ann Kathrin packte zu, um die Frau am harten Aufprall zu hindern. Sie selbst machte keinerlei Versuche, ihren Sturz abzufedern oder aufzuhalten. Ihre Arme hingen leblos herab.

Ann Kathrin zog Frau Hinrichs in die Wohnung. Sie war starr, wie tiefgefroren. Ann Kathrin legte sie auf einem Sessel ab wie eine Schaufensterpuppe. Dann sah sie sich im Raum um.

Der Tisch war für zwei Personen gedeckt. Kerzen. Weingläser. Kunstvoll gefaltete Stoffservietten. Auf den klobigen Sitzmöbeln lagen bestickte Kissen.

An den Wänden hingen Ölbilder in dicken, goldverzierten Rahmen. Jedes Bild zeigte das Meer. Aufgewühlte Wellenlandschaften. Einige Sonnenuntergänge, die auf den Ölbildern kitschig wirkten. Manches, dachte Ann Kathrin, ist so schön, dass ein Künstler es besser nicht darstellen sollte.

»Soll ich Ihnen ein Glas Wasser holen?«, fragte Ann Kathrin.

»Nein«, erwiderte Frau Hinrichs. Ein Ruck ging durch ihren Körper. Sie setzte sich aufrecht hin und strich ihren Rock über den Oberschenkeln glatt. »Ich ... Es geht mir schon wieder besser. Das ist sicherlich nur ein Irrtum. Mein Sohn bringt sich doch nicht um! Sie haben mich aber ganz schön erschreckt.«

Ihr Blick veränderte sich. Ihre Lippen wurden schmal. Sie wirkte jetzt wütend.

Ann Kathrin kannte das. Es war ein häufiger Prozess. Viele Menschen weigerten sich zunächst, die Wahrheit anzuerkennen, und ihre Wut richtete sich dann oft gegen den Überbringer der Nachricht.

»Das ist im Grunde Körperverletzung, ist das! Ich könnte Sie verklagen, wissen Sie das?!«

Ann Kathrin nickte verständnisvoll. »Ja, das könnten Sie. Aber es macht Ihren Sohn leider nicht wieder lebendig.«

Frau Hinrichs reckte sich, als sei sie gerade erst wach geworden. Die Spannkraft in ihrem Körper wuchs und explodierte in einem Angriff auf Ann Kathrin. Es kam Ann Kathrin vor, als sei der ganze Körper der Frau zu einem Pfeil geworden, der auf sie abgeschossen wurde. Die Wucht des Aufpralls traf Ann Kathrin. Sie krachte zu Boden.

Die Mutter, die nicht begreifen konnte, dass ihr Kind tot war, schlug, kratzte und biss. Ann Kathrin versuchte, ihre Hände unter Kontrolle zu bekommen, aber sie hatte keine Lust, die Frau mit Handschellen zu fesseln. Noch hoffte Ann Kathrin, sie beruhigen zu können, indem sie mehrfach laut ihren Namen rief.

Frau Hinrichs saß rittlings auf Ann Kathrin, und plötzlich war es, als würde sie zur Besinnung kommen. Ann Kathrin kannte auch diesen Moment, wenn der Schmerz einen Menschen voll ergriff, weil keine Abwehrmechanismen mehr halfen.

Jetzt begann die verzweifelte Mutter, hemmungslos zu weinen, und dabei rührte sie mit den Händen in der Luft herum.

»Ich verstehe Ihren Schmerz, Frau Hinrichs. Ich habe auch einen Sohn. Er ist etwa im gleichen Alter wie Ihrer. Ein junger Mann ...«

Frau Hinrichs versuchte, Ann Kathrin zu ohrfeigen, aber ihre läppischen Schläge scheiterten an Ann Kathrins Deckung.

»Nichts verstehen Sie! Gar nichts! Ich will das nicht! Er soll nicht tot sein!«

Ann Kathrin schob die Frau von sich und suchte einen Abstand, der ausreichte, einen erneuten Angriff zu parieren.

Frau Hinrichs schluchzte. Ihre Lippen zogen Speichelfäden lang. »Er war zu gut für diese Welt. Schwach. Einfach viel zu schwach und ... wie Freiwild. Er hat nichts aus seinen Talenten gemacht. Einfach gar nichts. Jede Anstrengung war ihm zu viel ... viel zu viel ...«

Ann Kathrin wusste, dass jetzt, solange die Emotionen noch frisch und unverfälscht waren, die Wahrscheinlichkeit, die Wahrheit zu erfahren, am höchsten war: »Ihr Sohn war fleißig. Er hat gearbeitet. Sie können stolz auf ihn sein«, behauptete sie.

Frau Hinrichs guckte zornig. Speichelbläschen flogen aus ihrem Mund in Ann Kathrins Richtung: »Stolz? Er hatte das absolute Gehör! Wissen Sie, was das bedeutet? Sie konnten einen beliebigen Ton spielen, und er wusste mit hundertprozentiger Sicherheit: Das ist ein Cis, das ein dreigestrichenes A. Und? Was hat er daraus gemacht? Er hat in Kneipen gekellnert. Er hätte Dirigent werden können! Pianist! Musikproduzent! Aber er hat nicht einmal genug Ausdauer gehabt, um ans Konservatorium zu kommen. In der Schule war er stinkend faul.« Sie lachte bitter. »In der Band hat er gespielt. Diesen irischen Folk und so etwas. Liedermacher wollte er werden. Protestsongs hat er gemacht, all diesen pubertären Mist! Am Ende hat er aber auch damit aufgehört, er hat immer alles nur angefangen und dann viel zu früh wieder aufgegeben.«

Kein Wunder, bei so einer Mutter, dachte Ann Kathrin und gestand sich ein, sauer auf Frau Hinrichs zu sein. Nicht als Kommissarin, sondern als Mutter.

»Vielleicht«, sagte Ann Kathrin vorsichtig, »hätte er ein bisschen Zuspruch und Unterstützung gebraucht ...«

Frau Hinrichs brauste auf, als könnte sie so Ann Kathrins Worte ungeschehen machen: »Ich will ihn sehen! Wo ist er?«

»Glauben Sie mir«, sagte Ann Kathrin, »das wollen Sie nicht.«

In dem Moment war es, als würden Möwen im Raum um Beute kämpfen. Die *Kiu-Kiu*-Schreie kamen vom Sofa. Frau Hinrichs war sofort da und griff nach ihrem Handy.

»Interessanter Klingelton«, sagte Ann Kathrin. »Ich habe Seehundgeheul.«

»Moin«, zischte Frau Hinrichs angriffslustig. Es klang, als würde sie eine weitere negative Nachricht erwarten. »Na klasse. Das dachte ich mir!«, tönte sie beleidigt. »Brauchst gar nicht lange rumzueiern. Schöne Grüße an deine Gattin! Übrigens, mein Sohn hat sich umgebracht!«

Sie knipste das Gespräch weg und warf das Handy zurück aufs Sofa.

»Er wird sie nie verlassen!«, schrie sie und stürmte in die Küche. Mit unwirschen Handbewegungen schaltete sie den Backofen aus.

Ann Kathrin folgte ihr in die Küche. Mit dem Rücken zu Ann Kathrin schimpfte Frau Hinrichs: »Ich bin im Grunde Vegetarierin, aber extra für den Fleischfresser habe ich Rinderrouladen gemacht! Eine Schweinearbeit!«

Sie nahm gehäkelte Topflappen, öffnete den Backofen und holte eine Auflaufform heraus, in der sie die Rouladen warm gehalten hatte. Sie schwammen in einer braunen Soße, die nach Lebkuchen roch. Die Ofenhitze schlug in den Raum. Der Duft wurde noch intensiver, und Ann Kathrin bekam Hunger.

Noch hat die Frau nicht wirklich begriffen, was geschehen ist, dachte Ann Kathrin. Sie erinnerte sich an einen Mann, der, als er vom gewaltsamen Tod seiner Frau erfuhr, begonnen hatte, die Blumen zu gießen und dann das Aquarium zu säubern. Ein anderer hatte plötzlich von seinem Urlaub erzählt und von einem großen Fisch, den er angeblich im Indischen Ozean geangelt hatte. Zum Beweis kramte er sogar nach Fotos. Später dann war er zusammengebrochen.

»Haben Sie Hunger?«, fragte Frau Hinrichs. Ann Kathrin schüttelte den Kopf, obwohl sie liebend gerne eine Roulade gegessen hätte.

»Dann werfe ich alles weg.« Es klang wie eine Drohung, und weil Ann Kathrin nicht reagierte, zeterte Frau Hinrichs: »Ich klopp das wirklich alles in die Biotonne!« Dann weinte sie still. Ihre Hände zitterten.

Zehn Minuten später saß Ann Kathrin am gedeckten Tisch und probierte von der Rinderroulade. Die dunkle Soße kannte Ann Kathrin vom fränkischen Sauerbraten, wie Frank Weller ihn einmal für sie zubereitet hatte.

Frau Hinrichs lud sich selbst auch auf, aß aber nichts, sondern verfiel in einen Redefluss, den Ann Kathrin nicht stoppen wollte: »Mein Sohn und ich, wir haben seit ein paar Jahren keinen wirklichen Kontakt mehr miteinander. Es ist so einiges zwischen uns schiefgelaufen. Er hat mir wohl nie verziehen, dass ich ihm so einen Versager von Vater ausgesucht habe. Er hat uns verlassen, als Hauke zwei war. Später ist er dann tödlich verunglückt. Bei einem Motorradtrip in Südfrankreich.

Ich habe die ganze Last der Erziehung alleine getragen, und

ich war doch auch noch eine junge Frau und wollte etwas haben vom Leben. Ich war auf der Suche nach ein bisschen Glück ...«
Sie wischte sich mit der Serviette Tränen ab. »Schmeckt es Ihnen? Hauen Sie rein! Es ist wirklich genug da.

Der Junge hat jeden, aber auch jeden Mann, den ich mit nach Hause gebracht habe, abgelehnt. Ach, was sage ich, abgelehnt – gehasst hat er jeden meiner Lover, und sobald es ging, ist er dann ja auch ausgezogen, hat lieber irgendwo auf der Welt gekellnert, als hier bei mir oben zu wohnen und sich von mir bekochen zu lassen. Ich kann doch kochen, oder?«

Ann Kathrin nickte kauend und hörte aufmerksam zu. Die Frau, dachte Ann Kathrin, sucht Erklärungen für den Selbstmord, und sie hofft, sie außerhalb ihrer eigenen Schuld zu finden. Sie schützt sich vor dem Gedanken, sie könne etwas damit zu tun haben.

»Ich hatte immer Angst um ihn, weil er doch so zart war. Er hatte mal eine Freundin. Das war so eine Kifferin. Wie die schon aussah! Ungepflegt, aber solche Möpse! Ich hab mir Sorgen gemacht, dass sie ihn mit in einen Drogensumpf zieht, aber sie ist dann zum Glück abgehauen, nach London oder L. A. Weiß der Himmel ... Eigentlich war zwischen mir und meinem Sohn alles in Ordnung, bis ...«

Sie wurde still und starrte auf den Tisch.

Alles in Ordnung, dachte Ann Kathrin, na klar. Dein Sohn hasst jeden deiner Lover und du seine Freundinnen. Aber sonst ist zwischen euch alles in Butter.

Nach einer Zeit des Schweigens, die für Ann Kathrin ausgereicht hatte, um die Roulade restlos zu verspeisen, sagte Frau Hinrichs: »... bis er diese Therapie gemacht hat ... Wollen Sie noch mehr? Es ist wirklich noch genug da ...«

»Nein, danke, ich bin satt. Ich habe viel mehr gegessen, als ich wollte. Es war köstlich. – Was für eine Therapie hat Ihr Sohn denn gemacht?«

Frau Hinrichs verzog verächtlich den Mund und winkte ab: »Irgend so einen körpertherapeutischen Unsinn mit Gruppensitzungen, Rumschreien und so ... Da ist dann am Ende immer an allem entweder die Mutter schuld oder der Vater. Der Vater war bei ihm ja ein Totalausfall, also blieb alles an mir hängen. Gott, hat er mir Vorwürfe gemacht! Und dann ...«

Da sie nicht weitersprach, ergänzte Ann Kathrin: »Dann hat er den Kontakt zu Ihnen abgebrochen?«

»Nein, so nicht. Wir haben einfach jedes Interesse aneinander verloren. Wir wurden wie Fremde. Hört sich komisch an, war aber genau so. Wie Fremde. Ich meine, ich wohne in Pewsum, er wenigstens ein paar Monate im Jahr in Norddeich. Aber wir hatten praktisch keinen Kontakt.«

»Haben Sie den Namen des Therapeuten?«

Sie hob die Arme hoch in die Luft und ließ sie wieder fallen. »Oje, darum wurde doch immer ein Riesentamtam gemacht. Das war ja wie ein Geheimbund. Er durfte nicht wirklich darüber reden, was in diesem«, sie malte Anführungszeichen mit den Fingern in die Luft, »*geschützten Raum* passierte.« Plötzlich wandte Frau Hinrichs sich ab. »Ich will jetzt alleine sein.«

»Wenn Sie wünschen«, bot Ann Kathrin an, »kann ich Ihnen professionelle Hilfe besorgen. Wir haben guten Kontakt zu Psychologen, die in Krisensituationen ...«

Frau Hinrichs fuhr herum und brüllte Ann Kathrin an: »Nein, danke! Keine Psychologen! Bitte verschonen Sie mich! Ohne dieses Pack würde mein Sohn noch leben! Vermutlich da oben in seinem Zimmer ... Ich habe es all die Jahre für ihn so möbliert gelassen, wie er es verlassen hat. Da fehlt überhaupt nichts.«

Ann Kathrin überlegte einen Moment, ob es Sinn machen würde, einen Blick in das Zimmer zu werfen, aber sie war geschafft und hatte genug für heute. Sie wollte nach Hause.

Im Fahrzeug überlegte sie kurz, ob sie Astrid noch anrufen sollte. Sie fühlte sich ihr gegenüber schlecht. Sie hatte sie schon zweimal versetzt. Immer war etwas anderes wichtiger gewesen. Astrid hatte ihr kein schlechtes Gewissen gemacht, sondern sie im Gegenteil sogar entlastet. Aber ihr Verständnis machte für Ann Kathrin alles nur noch schlimmer. Angeblich hatte sie ihre Chemo erstaunlich gut vertragen ...

Morgen fahre ich zu ihr, dachte Ann Kathrin. Jetzt ist es zu spät. Aber morgen. Morgen garantiert ...

Als Ann Kathrin in den Distelkamp nach Hause kam, erschien ihr ihre Wohnung zum ersten Mal viel aufgeräumter, als sie selbst es war. In ihr tobte heilloses Durcheinander. Sie schaffte es nicht, Kontakt zu Weller aufzunehmen. Auf ihre letzte SMS hatte er nicht mehr geantwortet. Sie fürchtete, er könne sich einer Zeugenbeeinflussung schuldig machen.

Im Bad roch es nach Zitrone und Vanille. Die Küche sah aus, als sei sie gerade frisch geliefert worden und bisher habe sie noch niemand benutzt.

Vertrocknete Blumen gab es nicht mehr, und offensichtlich hatte Gudrun es sogar noch geschafft, die Fenster zu putzen.

Doch statt sich zu freuen, kam Ann Kathrin sich merkwürdig vor, so als hätte sie etwas falsch gemacht oder als würde ihr das hier nicht zustehen.

Diesen ganzen Tag, dachte sie, würde ich am liebsten aus meinem Leben streichen.

Um den Frust loszuwerden, wollte sie eigentlich bügeln, aber es gab keine Bügelwäsche mehr. Auch das hatte Gudrun erledigt.

Nein, sie war Ubbo Heide nicht böse, auch wenn er sie mit seiner Aussage in Schwierigkeiten gebracht hatte. Vermutlich hatte der Gute nicht geahnt, welche Bedeutung seine Worte für sie haben würden. Sie stellte sich vor, dass Büscher seinen alten Weggefährten angerufen hatte, und dabei war beiläufig die Frage gefallen: »Na, hat Ann Kathrin dich am vierten Juli besucht?«

Warum sollte Ubbo sich die Mühe machen, das Datum zu verifizieren? Das Ganze war ja keine offizielle Aussage. Aber wenn sie ihn jetzt anrufen und über die ganze Tragweite informieren würde, dann wäre er garantiert sofort bereit, ihr ein Alibi zu geben. Der Gedanke tat fast weh. Brauchte sie jetzt wirklich ein Alibi?

Ubbo, das wusste im Grunde jeder, würde notfalls sogar für sie lügen und niemals irgendetwas tun, das ihr schaden könnte.

Sie rief ihn nicht auf Wangerooge an. Sie beschloss, so viel wie möglich ohne ihn zu regeln.

Sie ging in die Garage und setzte sich in ihren C4. Das ist typisch für mich, dachte sie. Jetzt, da die Wohnung schön aufgeräumt und ordentlich ist, setze ich mich ins Auto.

Aber dieser Wagen war jetzt für sie so etwas wie ein Tatort. Wie oft hatte sie sich an Tatorten aufgehalten, ganz ruhig, in sich gekehrt alles auf sich wirken lassen? Manchmal hatte sie viele Stunden fast bewegungslos dagesessen oder war herumgegangen, hatte erlebt, wie es dunkel wurde oder wieder hell. Manchmal war es dann, als würde der Tatort zu ihr sprechen.

Irgendeine Frau hatte ihr Auto aus der Garage geholt und war damit nach Emden gefahren und dort fotografiert worden.

Während Ann Kathrin auf dem Fahrersitz saß und das Lenkrad befühlte, als hätte sie es noch nie zuvor in der Hand gehalten, stellte sie sich eine Frage: Ist die Person in der Aufregung einfach zu schnell gefahren und dabei geblitzt worden, oder ist sie vielleicht sogar absichtlich mit hohem Tempo an dem Blitzautomaten vorbeigerast, um fotografiert zu werden? War dieses Foto eine Botschaft? Und wenn ja, was für eine?

Da will mir jemand sagen: Sieh dich vor. Ich bin da. Und ich bin dir nah. Viel näher, als du denkst … Jemand will auf sich aufmerksam machen, und jemand hofft, dass ich nervös werde …

Sie hatte plötzlich das Gefühl, aus dem Auto herauszumüssen, so als sei dort etwas Ekelhaftes, als könnte sie dort von ansteckenden Viren befallen werden.

Komischerweise war kein fremder Geruch im Auto. Ann Kathrin schloss die Tür, verriegelte den Wagen und ging zum Papiermüll. Sie nahm eine Seite vom Kurier heraus, riss ein Stückchen von der Zeitung ab und schob es oben zwischen den Türschlitz unterm Autodach.

Wenn irgendjemand heute Nacht den Wagen aus der Garage holt, werde ich es daran merken, dass das Zeitungsstückchen morgen nicht mehr da ist, dachte sie.

Sie hatten mehrere Digitalkameras, gekoppelt mit Bewegungsmeldern, ums Haus herum. Niemand konnte hier reinoder rausgehen, ohne aufgenommen zu werden. Aber das half ihr wenig, denn die Aufnahmen wurden nach einer gewissen Zeit gelöscht und von den neuen überschrieben. Weiter als vierzig Stunden reichten die Bewegungsbilder nicht zurück.

Irgendjemand, dachte sie, kennt uns, unsere Systeme und unsere Sicherheitsvorkehrungen sehr genau. Und diese Person hat auch einen Schlüssel zu meinem Auto.

Sie hoffte immer noch, dass es für alles eine einfache, natürliche Erklärung gab. Aber sie befürchtete, es könne Zusammenhänge geben zwischen der Frau im Auto und dem beschlagnahmten Computer in Oldenburg.

Strickt jemand gerade an einem Netz, in dem ich mich verfangen soll? Warum? Um mich unglaubwürdig zu machen? Um mich endgültig zu erledigen? Ist es Rache? Wenn ja, wofür? Will mir jemand zeigen, wie verletzlich ich bin?

Sie duschte so heiß wie möglich. Dann, als ihre Haut rot brannte, drehte sie den Duschkopf auf eiskalt. Sie reckte ihr Gesicht in den kalten Strahl.

Ubbo Heide, der ehemalige ostfriesische Kripochef, saß im *Friesenjung* auf Wangerooge. Er hatte hier abends im Westteil des Restaurants seinen Lieblingsplatz ganz hinten in der Ecke bei den großen Glasfenstern. Dort saß er gern, trank einen Grauburgunder und las oder sah einfach aufs Meer, wenn die untergehende Sonne die Wolken blutrot färbte.

Inzwischen trank er das zweite Glas und stellte fest, dass er den Roman, den Frank Weller ihm empfohlen hatte, zwar spannend fand, aber das Meer ihn doch sehr ablenkte. Aufgereiht wie an einer Perlenkette zogen die Lichter der Schiffe auf dem dunklen Meer ihre Bahnen. Am Horizont verschwammen Himmel und Meer zu einer schwarzen Einheit.

Er legte das Buch vor sich auf den Tisch. Da hinten las ein Mann seiner Frau und seiner Tochter eine Geschichte vor.

Wie schön, dachte Ubbo, wie friedlich. Gleichzeitig fröstelte er. Die Kälte kam von innen. Es war wie ein uraltes Wissen, das sich in sein modernes Bewusstsein schob. Da war etwas Lauerndes. Etwas Böses. Es braute sich zusammen wie eine Sturmflut oder ein heftiges Gewitter. Er spürte es wie ein Ziehen im Magen oder in den Knien. Andere waren wetterfühlig. Er ahnte es oft Wochen vorher, wenn ein Verbrechen geplant wurde, ein Überfall oder ein Mord bevorstand.

Er sprach nicht gern mit Menschen darüber. Er wollte nicht zum Gespött werden. Er wusste nicht, wann, und nicht, was, aber da näherte sich etwas. Etwas Ungutes.

Seine Frau Carola fand, er solle solche Vorahnungen ernst nehmen. Er war gerade seit der Pensionierung wie ein Seismograph für sie.

Mit dem Blick auf das dunkle Meer, dieses permanente Grollen der Wellen in der Ohren, kam es ihm vor, als sei auf dem Festland das Tor zur Hölle geöffnet worden. Nur einen Spalt, aber immerhin.

Innerlich stellte er sich auf einen Kampf ein. Diese ewige Schlacht zwischen Gut und Böse war durch seine Pensionierung nicht beendet worden.

Vielleicht war es der Einfluss des Grauburgunders im Zusammenspiel mit den vorbeiziehenden Schiffslichtern auf dem Wasser, jedenfalls sah er, wenn er die Augen schloss, die Fangarme eines Riesenkraken, die nach Weller und Ann Kathrin griffen. Die zwei hielten sich verzweifelt aneinander fest, doch sie wurden nach unten ins Dunkle gezogen.

Fast hätte er Ann angerufen, um ihr zu berichten. Aber dann wollte er sie doch lieber nicht beunruhigen, trank seinen Weißwein, zahlte und bewegte sich mit seinem Rollstuhl hoch in seine Ferienwohnung, wo Carola vor dem Fernseher saß und ihn mit den Worten empfing: »In Norddeich hat es gebrannt, und jemand hat Selbstmord begangen.«

Es geht los, dachte Ubbo. Das ist der Anfang.

Als Ann Kathrin aufwachte, hatte Weller schon Rühreier mit Krabben auf Schwarzbrot bereitgestellt. Dazu gab es frisch gepressten Orangensaft und schwarzen Kaffee, der ihr eigentlich zu stark war, aber wer wollte bei so einem liebevoll gedeckten Frühstückstisch meckern?

Weller hatte die Krabben frisch gepult. Die Schalen lagen in mehreren Häufchen auf der Arbeitsplatte. Er trug auf einem

Zettel für die kommende Dienstbesprechung alles ein, was sie über Hauke Hinrichs wussten.

Er war in vielen Urlaubsregionen in der Gastronomie unterwegs gewesen, kam aber in der Sommersaison immer wieder nach Ostfriesland zurück. Er verstand etwas von Cocktails, gab Gitarren- und Matheunterricht.

Ann Kathrin fügte hinzu, was sie in Erfahrung gebracht hatte. Ein schwieriges Verhältnis zur Mutter und Therapieerfahrung. Außerdem hatte er das perfekte Gehör.

Weller und Ann Kathrin vermieden zunächst, beim Frühstück über Katja Schubert und den beschlagnahmten Laptop zu reden. Sie unterhielten sich über dienstliche Angelegenheiten, als gäbe es das Problem gar nicht. Jeder wollte dem anderen den Vortritt lassen. Dann legten sie, wie so oft, gleichzeitig los, weil sie es beide nicht länger aushielten.

Weller behauptete: »Du musst dir keine Sorgen machen. Das ist hanebüchener Unsinn. Ich werde gleich zu Martin Büscher gehen und alles entkräften. Ich war gestern in dieser WG in Oldenburg. Du glaubst es nicht!«

Während er sprach, sagte Ann Kathrin: »Da will mich jemand in etwas reinziehen! Ich soll vorgeführt werden. Was mich am meisten nervt, ist, dass Büscher diesen Witzfiguren auf den Leim geht. Ich will Ubbo nicht damit belasten, aber vielleicht sollte ich ihn anrufen und ...«

Beide schwiegen und sahen sich an. Weller versuchte ein Lächeln.

Ann Kathrin erwiderte es nicht: »Kein Staatsanwalt wird in einem Prozess deine Aussage zulassen, Frank. Und welche Indizien du auch immer gesammelt hast, sie sind durch deine eigenmächtige Aktion unbrauchbar geworden«, sagte sie mit vorwurfsvoller Stimme.

»Eigenmächtig vielleicht, Ann, aber nicht ungesetzlich. Es wird nie zu einem Prozess kommen. Das ist alles völlig albern.«

»Nein, Frank, ist es leider nicht. Eine Frau in meinem Alter, die mir vielleicht sogar entfernt ähnlich sieht, hat unseren Wagen ohne unser Wissen nach Emden gefahren. Sie ist nahe der Autobahnauffahrt vor der Jet-Tankstelle geblitzt worden. Das war kein Zufall. Da konstruiert jemand eine Indizienkette gegen mich. Von Emden über Leer nach Oldenburg ist es nicht weit.«

Weller ballte die Faust um die Gabel. Zwischen den Zinken hing eine nicht vollständig gepulte Krabbe und zitterte, als sei sie noch lebendig. Weller nahm sie, half der Krabbe aus dem Anzug und schob sich das Fleisch zwischen die Lippen.

In der Polizeiinspektion Aurich im Fischteichweg warteten bereits ein Brandsachverständiger der Feuerwehr und einer von der Hausversicherung. Außerdem lagen die ersten Laborergebnisse vor und eine Einschätzung der Kriminaltechnik.

Die Sitzung hätte genauso gut in Norden am Markt stattfinden können, doch die meisten Experten waren aus Aurich, also bot sich ein Treffen dort an.

Ann Kathrin hoffte zudem, von dort aus rascher bei ihrer Freundin Astrid zu sein. Auf dem Weg nach Aurich hielt sie in Norden vor der Post und kaufte bei ten Cate frischen Baumkuchen, denn sie wusste, dass Astrid ihn den *König aller Kuchen* nannte oder auch *Prügelkrapfen*. So hatte ihre österreichische Großmutter den Kuchen genannt, und es gab wohl auch ein altes Familienrezept, auf das sie sehr stolz war.

Ann Kathrin dachte, diese Süßigkeit und die Erinnerung an die geliebte Oma und die Kindheit könnten Astrid guttun.

Rupert rutschte auf seinem Stuhl hin und her, als sei die Sitzfläche zu heiß geworden. Ann Kathrin vermutete, dass seine Phantasie ihm einen Streich spielte und er gerade mitten im

Geschehen war. Sie freute sich eigentlich darüber, denn bisher hatte sie ihm, außer vielleicht in sexuellen Fragen, kaum viel Phantasie zugetraut.

Der Brandsachverständige erklärte, während er die dritte Tasse Tee mit Kluntje und Sahne trank: »Das Feuer ist an mindestens drei Stellen im ersten Stock mit Brandbeschleunigern gelegt worden. Die chemischen Spuren sind eindeutig. Hier wollte jemand gründlich sein. Auf dem Schreibtisch, am Buchregal und am Bett wurden große Mengen davon eingesetzt.«

»Wir haben es also mit bewusster Brandstiftung zu tun?«, fragte Rupert.

»Ja, genau.«

»Wie darf ich mir das vorstellen?«, wollte Ann Kathrin wissen. »Da legt jemand in seiner relativ kleinen Wohnung an drei Stellen Feuer? Wenn ich Sie recht verstanden habe, dann muss es doch gleich heftig gebrannt haben.«

»Ja, die Flammen loderten sofort recht hoch. Davon kann man ausgehen.«

Der Sachverständige goss sich noch einen Tee ein. Dann angelte er mit der silbernen Zange ein dickes Kandisstück aus der Porzellanschale und ließ es in die Tasse plumpsen. Ein Sakrileg für echte Ostfriesen, aber er kam aus Braunschweig, und daher verzieh man ihm hier so einiges. Für Büscher war alles südlich von Münster sowieso außerhalb der Zivilisation.

Um zu demonstrieren, wie man es richtig machte, legte Büscher ein Kluntje in seine Ostfriesenrose-Tasse und ließ den Tee vorsichtig daraufrieseln, so dass jeder das Zerkrachen des Zuckerbergs hören konnte. Auf dieses Knistern kam es an. Dann tröpfelte er – gegen den Uhrzeigersinn – Sahne auf die goldbraune Flüssigkeit.

Er roch daran, verzog verzückt das Gesicht und genoss mit geschlossenen Augen.

Der Sachverständige rührte seinen Tee sogar mit dem Löffel um, was bei strenger Auslegung der Dienstvorschriften in früheren Zeiten in Ostfriesland für ein Disziplinarverfahren gereicht hätte.

»Also«, sagte Rupert, »ich trinke meinen Tee ja am liebsten schwarz.« So wie er aussah, wollte er jetzt zu einem seiner Lieblingsthemen kommen, der Frage, ob man besser Thiele- oder Büntingtee trinke und ob die Teequalität mehr mit dem Wasser als mit dem Tee zu tun habe.

Bevor jetzt eine allgemeine Diskussion über Tee, seine Zubereitung und die richtige Art, ihn zu trinken, begann, sagte Ann Kathrin nachdenklich: »Und dann hat er sich aufgehängt?«

»Ja, er muss die Ruhe weggehabt haben. Er ist auf einen Stuhl gestiegen, hat sich ein Seil um den Hals gebunden und an einem Deckenholzbalken befestigt. Dann hat er den Stuhl umgetreten und ...«

Ann Kathrin Klaasen schüttelte den Kopf: »Wieso ging kein Brandmelder los? Es gab doch Brandmelder in der Wohnung, oder?«

»Ja, in jedem Raum, sogar auf der Toilette. Aber er hat vorher überall die Batterien ausgebaut«, erklärte der Fachmann.

Der Vertreter der Versicherung nickte und lächelte. Ihm schien das zu gefallen. Weller vermutete, dass die Versicherung damit ein Loch gefunden hatte, nicht zu bezahlen. Er kannte Versicherungen nur so, dass es immer eine Klausel gab, die sich zwar schön anhörte, in der Konsequenz aber bedeutete: *Wir zahlen immer, es sei denn, der Schaden tritt ein.*

»Entweder war er zu allem entschlossen und hatte echt Nerven«, sagte Ann Kathrin, »oder es war eine zweite Person beteiligt, die das Feuer gelegt hat, nachdem Hauke Hinrichs bereits am Strick baumelte.«

Rupert pfiff durch die Lippen. Ann Kathrin mochte das nicht.

Es war seine Art, ihr Anerkennung für ihre Idee zu zollen, aber es hörte sich irgendwie schlüpfrig an. Zotig. So, als würde er einer Frau im Minirock hinterherpfeifen.

Polizeichef Büscher wiegelte ab: »In der Wohnung war keine andere Person. Unten das Kind, aber sonst ... Die Einsatzkräfte und die Zeugen sagen eindeutig ...«, Büscher sah auf einen Zettel, »Hauke Hinrichs hat Antidepressiva genommen. Es ging ihm nicht gut. Wir haben hier von seinem Hausarzt ...«

»Ja, genau das macht mich stutzig!«, rief Ann Kathrin und zeigte auf Büscher, »depressive Menschen sind eher antriebsschwach. Wenn sie sogar suizidgefährdet sind, wie in diesem Fall, dann frage ich mich, ob diese Menschen zu so komplizierten Überlegungen und Handlungsabfolgen überhaupt fähig sind. Das scheint mir doch eher die Ausnahme zu sein. Manche Leute leiden so sehr unter Depressionen, dass es ihnen schwerfällt, morgens aufzustehen, sich zu waschen, anzuziehen oder einkaufen zu gehen.«

Büscher brummte nachdenklich.

»Außerdem frage ich mich«, fuhr Ann Kathrin fort, »warum, um alles in der Welt, er sich nicht einfach umgebracht hat. Warum das Feuer? Warum kein Abschiedsbrief?«

Büscher stöhnte: »Das heißt, du willst die Akte nicht schließen?«

Sie nickte. »Genau das heißt es.«

»Aber Ann, du weißt, was das bedeutet! Eine Mordermittlung ... Wir versinken sowieso in Akten und ...«

Ann Kathrins Stimme wurde eindringlich: »Hier stimmt etwas nicht, und ich wüsste gerne, was. Durch eine Obduktion werden wir sehr schnell herausfinden, ob Hauke Hinrichs schon tot war, als der Brand gelegt wurde, oder ob er noch Qualm eingeatmet hat.«

Der Kriminaltechniker gab ihr recht: »Das ist überhaupt kein Problem.«

Büscher gab auf. »Okay, Ann, dein Fall. Wie viele Leute brauchst du?«

»Mindestens vier.«

»Gut. Du bekommst deinen Mann«, er nickte Weller zu, »und dann noch Rupert.«

»Das sind zwei, Martin. Ich habe gesagt, ich brauche vier.«

Büscher erhob sich. Er sah angestrengt aus, als würde er krank werden. »Ich weiß, Ann. Ich kann rechnen. Aber dies ist eine Polizeiinspektion, kein Wunschkonzert.«

Kaum waren Ann Kathrin, Weller und Rupert allein im Raum, bat Ann Kathrin um Verständnis. Sie wolle eine Freundin besuchen, der es nicht so gutgehe. Ann Kathrin vermied bewusst das Wort *Krebs*. Es kam ihr so vor, als würde sie damit das Böse aus ihrem privaten Leben verbannen. Dabei verhielt sie sich im Beruf genau anders. Da wollte sie alle Dinge beim Namen nennen. Sagte gern mit Bertolt Brecht: *Das Verbrechen hat Name und Adresse.* Und sie fügte selbst hinzu: Wenn wir es benennen, verliert es seinen Schrecken, wird erkennbar und bekämpfbar und schließlich auch besiegbar.

Doch dieses Wort sagte sie nicht gern. Sie wusste selbst, dass es eine Art Kinderglaube war, als könne das Wort die Sache selbst heraufbeschwören.

Weller fiel der Name ihrer Freundin nicht ein. Auch er scheute sich, das böse Wort zu sagen. Er wusste, wie sehr Ann Kathrin die Nachricht, ihre alte Freundin habe Krebs, geschockt hatte.

Die Einschläge kommen näher, dachte er, sagte es aber nicht.

»Die mit dem Knoten in der Brust?«, fragte Weller.

Ann Kathrin nickte.

Rupert horchte auf: »Knoten in der Brust? Ich kenne ja eine

Menge perversen Mist, aber ... Herrje, ich meine, wer macht denn so etwas?«

Weller zeigte Rupert die Faust: »Halt jetzt besser die Fresse!«

Ann Kathrin warf Rupert nur einen zornigen Blick zu, ging aber nicht weiter auf ihn ein.

»Wir brauchen Aussagen von Hinrichs' Arbeitskollegen, Freunden, Freundinnen. Vielleicht ein Gespräch mit seinem Therapeuten. Ich will einfach mehr über ihn wissen.«

»Der ist doch bestimmt bei Facebook«, orakelte Rupert. »Da kann man immer schnell was über Leute und deren Freunde herausfinden.«

»Ja«, grinste Weller, »ich glaube nur kaum, dass Hauke Hinrichs deine Freundschaftsanfrage annimmt. Da kommst du vermutlich ein paar Tage zu spät.«

»Ihr schafft das schon, Jungs. Ich fahre jetzt zu Astrid, und dann besuche ich die Musikerfreunde, mit denen er eine Band hatte. Sie nannten sich *North Sea Irish Street Band*.«

Ann Kathrin zwinkerte Weller zu und schloss die Tür hinter sich.

Rupert maulte: »Eigentlich habe ich noch neununddreißig Überstunden abzufeiern. Das Land schuldet mir neununddreißig Stunden Leben.«

»Heul doch«, sagte Weller und erhob sich.

Astrid wohnte im Süden von Aurich, im Ortsteil Schirum, nicht weit vom Ems-Jade-Kanal. Das Haus war viel zu groß für sie, sie schien darin verlorenzugehen. Auch die Möbel kamen Ann Kathrin zu mächtig vor, wie für Menschen gebaut, die einen halben Meter größer und mindestens dreißig Kilo schwerer waren als Astrid.

Sie saß in einem alten Ohrensessel, die linke Schulter merkwürdig vorgereckt, als sei sie einmal gebrochen gewesen und nicht wieder richtig zusammengewachsen. Astrid hielt ein Teeglas mit beiden Händen, als sei es ihr zu schwer. Sie trank daraus warmes Wasser. Gleichzeitig schien sie ihre Hände daran zu wärmen.

Sie trug eine Art Strampelanzug für Erwachsene. Ein Teil mit einem Reißverschluss vom Hals bis zum Becken. Der dunkelblaue Stoff sah kuschelig aus, und Ann Kathrin konnte sich durchaus vorstellen, zu Hause auch so ein gemütliches Kleidungsstück zu tragen.

Astrid hatte sich ein Piratentuch um den kahlen Schädel gebunden. Sie trug es gegen zu starke Sonneneinwirkung oder den Wind. Sie war schmal im Gesicht, und die wachen Augen lagen tief in den Höhlen, umrahmt von schwarzen Rändern.

Astrid freute sich riesig über Ann Kathrins Besuch und den Baumkuchen. Sie erzählte gleich von ihrer österreichischen Oma, die den Kuchen immer *Prügelkrapfen* genannt hatte. Sie bot Ann Kathrin Kaffee an. Sie selbst trank ihr heißes Wasser ohne alles.

Sie zeigte zum großen Fenster. Von dort hatte sie einen Blick auf die weiten Grünflächen, die an einigen Stellen von Hagebuttensträuchern umrandet waren. »Hier sitze ich immer frühmorgens, wenn ich nicht schlafen kann. Da hinten geht die Sonne auf. Es ist eine sehr nebelintensive Ecke hier. Das kommt vom Hochmoor – glaube ich. Der Nebel formt eine bizarre Landschaft. Es ist dann, als würden Luft- und Rauchwesen das Haus belagern. Manchmal denke ich, sie kommen, um mich zu holen.« Sie lachte und winkte ab: »Aber meine Zeit ist noch nicht gekommen. Krebs ist nicht mehr, was er einmal war. Die Krankheit hat ihre Unbesiegbarkeit verloren. Die Medikamente sind besser geworden. Effektiver und besser verträglich.« Wieder lachte sie, diesmal ein bisschen zu grell. »Aber die Haare sind mir trotzdem ausgefallen. Ich hab mir alles rausoperieren lassen.« Sie deutete auf ihre Brust. »Hier wurde alles wieder aufgebaut. Besser und schöner als vorher.« Sie lächelte Ann Kathrin an. »Aber jetzt lass uns von dir reden. Wie läuft es bei dir? Ist Weller immer noch ein treuer Ehemann, oder wird er ab und zu schwach? Attraktive Männer sind manchmal ein Problem.«

»Wie lange hast du das schon?«, fragte Ann Kathrin, ohne auf die Frage nach Weller einzugehen.

»Vor einem halben Jahr wurde der Krebs festgestellt, und ich habe dann sofort gehandelt. Es gibt tolle Ärzte hier. Ich fühle mich bei ihnen in guten Händen.«

»Mein Gott, ein halbes Jahr, und ich komme jetzt zum ersten Mal«, sagte Ann Kathrin schuldbewusst.

»Du hast mir Blumen geschickt, Liebes, und wir haben mehrmals telefoniert. Und jetzt dieser tolle Baumkuchen ... Alles ist gut.«

Ann Kathrin bewunderte Astrid für ihren Lebensmut und ihre Leichtigkeit. Sie tröstet mich, dachte Ann Kathrin, nicht ich sie. Was für eine Frau!

»Weißt du noch«, sagte Astrid, »wie wir damals in Gelsenkirchen in der jazzArt Galerie mit den Jungs der Band abgerockt haben, bis deren Mädels eifersüchtig wurden?«

Sie lachten beide laut. Mit den Erinnerungen an eine Zeit, als sie sich im Grunde – wenn auch unausgesprochen – für unsterblich hielten oder, wie sie es damals ausgedrückt hatten, für unkaputtbar, holten sie sich Kraft zurück und die Hoffnung, alles könne doch noch irgendwie gut ausgehen.

Sie versuchten, sich an den Namen der Band zu erinnern. Er fiel ihnen nicht ein, obwohl sie die Gesichter der Jungs vor Augen sahen, als würden sie jetzt durch den Raum tanzen. Aber an den Auftritt von Achim Reichel im Hans-Sachs-Haus konnten sie sich lebhaft erinnern. Dann an das Degenhardt-Konzert und an diesen Abend mit Hannes Wader.

Astrid konnte es vor Lachen kaum erzählen. Ihr kamen die Tränen. Ihr erstes Punkkonzert in der Pappschachtel in Gelsenkirchen. Es spielte *Die Wut*. Sie schwelgten in Erinnerungen, und übergangslos mitten hinein sagte Astrid: »Ich habe erst gar nichts von meinem Krebs erzählt. Wenn man so eine Krankheit hat, dann kommt mit ihr auch die Furcht, wie eine Aussätzige behandelt zu werden, so, als sei Krebs ansteckend. Außerdem hatte ich Angst vor Mitleid und vor schlauen Sprüchen. Dieser ganze Eso-Mist, ungelebte Anteile und so … Für die Gesunden, die eine Scheißangst vor Krebs haben, ist es wichtig, so zu tun, als könne man sich durch eine gesunde Lebensweise vor so einer Krankheit schützen, und vielleicht ist da ja auch was dran. Aber im Ergebnis führt so eine Betrachtungsweise dazu, dass sich der Kranke auch noch schuldig fühlt, weil er ja offensichtlich etwas falsch gemacht hat …« Sie schüttelte sich.

»Habe ich es deshalb so spät erfahren?«, fragte Ann Kathrin.

Astrid riss die Augen weit auf und rückte ihr Tuch erst gerade, dann nahm sie es ab. Zwischen ihren Haarstoppeln hatten sich dicke, glänzende Schweißtropfen gesammelt, die jetzt wie Tränen über ihr Gesicht rollten.

»Nein«, sagte Astrid. »Ich musste erst selbst damit zurechtkommen. Ich habe mich ganz in mich zurückgezogen und dann …«

Sie sprach nicht weiter, sondern wischte sich mit dem Tuch den Kopf trocken.

»Wenn mein Besuch dich anstrengt, Astrid, dann …«

»Nein, bitte bleib. Es geht mir gut. Ich bin fit. Na ja, das ist vielleicht übertrieben, aber ich habe noch eine Menge Leben vor mir. Diese Krankheit hat mir auch etwas gegeben.«

Ann Kathrin horchte auf.

»Ja«, lachte Astrid. »Ich habe in meinem Leben aufgeräumt.« Sie deutete auf den Raum, in dem sie saßen. »Jede Menge entmüllt. Das tut gut! Mein ganzes Koordinatensystem hat sich durch die Krankheit verschoben. Andere Dinge sind jetzt für mich wichtig, und mit unwichtigen verschwende ich keine Zeit mehr...«

Ann Kathrin dachte über sich selbst nach. Ich verschwende leider noch viel zu viel Zeit ...

Sie nahm sich vor, das zu ändern. Sie benötigte doch kein Krebsgeschwür, um in ihrem Leben Ordnung zu schaffen, sagte sie sich. Aber ihr kamen Zweifel.

Weller versuchte am Computer, Hauke Hinrichs' Leben zu rekonstruieren, und er fand eine Menge allgemein zugänglicher Informationen über den Toten.

In einem Bewertungsportal für Restaurants gab es schlimme Kritiken über Hinrichs' Arbeit.

Dieses berühmte Hotel, dieses ehrwürdige Ambiente, und dann kommt dieser Ignorant von einem Kellner! Eine einzige Katastrophe. Finger im Suppenteller. Und dann auch noch unhöflich bis impertinent. Auf seinem Namensschild hätte nicht stehen sollen: Hier bedient Sie Hauke Hinrichs, sondern: Hier beleidigt Sie Hauke Hinrichs.

Der grauenhafte Möchtegern-Kellner ist uns auch übel aufgestoßen. Als meine Tochter dort allein auf uns wartete und einen Kaffee bestellen wollte, hat er ihr eindeutige Angebote gemacht und ihr einen Zettel mit seiner Handynummer zugesteckt.

Unter anderen Bewertungen, in denen ein Kellner ohne Namensnennung kritisch beurteilt oder lächerlich gemacht wurde, hatten Leute Kommentare geschrieben:

Ach, das war bestimmt unser Hauke Hinrichs, denn so kennen wir ihn doch.

Da hat sich jemand eine Menge Mühe gegeben, um den Jungen fertigzumachen, dachte Weller. Er recherchierte die Namen der Kritiker, aber er konnte sie keinen realen Personen zuordnen. Einige waren einfach anonymisiert, andere führten zu Identitäten wie *Suse12*, *Akimaus* oder *Tarzans Flittchen*.

Weller gab diese Namen ein, und sie führten ihn zu einer Homepage, auf der die *Zwölf schlechtesten Bedienungen ever* erwähnt wurden. Sie hieß *Die verrottete Küchengabel*, und Hauke Hinrichs tauchte gleich dreimal auf. Als Kellner nahm er Platz 1 ein, mit ein paar hundert Minuspunkten Abstand zu Platz 2, als Barmixer Platz 3 und als Tölpel vom Dienst Platz 2.

Weller fragte sich, ob das alles wirklich legal war.

Noch schlimmer kam Hinrichs als Musiker weg. Die CD, die er mit seiner Band selbst produziert hatte, wurde von Möchtegern-Musikkritikern niedergemacht. Dabei hoben sie gern hervor, wie miserabel Hinrichs Gitarre spielte, wie gekonnt er Einsätze verpasste und wie tölpelhaft seine Performance auf der Bühne war. Dazu ein kurzes Video, wie Hauke Hinrichs völlig betrunken auf der Bühne herumtorkelte und sich neben dem Schlagzeug erbrach.

Fällt das alles noch unter Presse- und Meinungsfreiheit, oder ist das längst üble Nachrede oder Mobbing, fragte Weller sich.

Hauke Hinrichs hatte versucht, auf der Westerstraße in Norden ein eigenes Restaurant zu eröffnen. Er war schon vor der Eröffnung im Internet attackiert worden. Die Überschriften sagten alles:

Heute gehen wir mal Abfälle essen.

Schlimmer geht's nimmer ...

Öffentliche Steinigungen, dachte Weller, finden heute im Internet statt, und jeder hat ein paar Würfe frei.

Er fuhr zur Westerstraße, um sich das Restaurant anzusehen. Es hieß *Haukes Fish'n'Chips* und machte einen verwahrlosten Eindruck. Die Fenster schmutzig. An der Leuchtreklame fehlten Buchstaben. An der Tür hing ein Schild: *Ladenlokal zu vermieten.*

»Moin, Weller, da kommst du zu spät. Hier war keine sechs Wochen was los, dann hat Hauke aufgegeben«, sagte Karl Wunsch, ein ehemaliger Taxifahrer aus Hannover, der die Großstadt leid war und sich jetzt in Norden niedergelassen hatte. Er war dabei, einen Securitydienst für Ferienwohnungen aufzubauen, und hatte Einbrechern den Kampf angesagt.

Weller und Wunsch mochten sich. Sie kämpften sozusagen an einer Front, wenn auch in verschiedenen Armeen, wie Wunsch es ausdrückte.

»Kanntest du Hauke Hinrichs?«, fragte Weller.

»Jau, das kann man wohl so sagen. Ich habe bei ihm im Laden eine Alarmanlage eingebaut und zwei-, dreimal bei ihm gegessen. Übrigens gar nicht übel. Der hatte ganz originelle Ideen, was man so mit Hering alles machen kann. Du glaubst es nicht!«

»Hat ihm aber wohl alles nichts genutzt«, sagte Weller, und Karl Wunsch bedauerte: »Nee. In der ersten Woche kamen Leute wohl mal aus Neugier, aber dann ging eine richtige Kampagne gegen ihn los. Der war erschüttert, ja wie gelähmt. Und ich glaube auch, dass die gemerkt haben, dass sie ihn treffen, und dann haben sie erst richtig aufgedreht.«

»Wer sind die?«, wollte Weller wissen.

»Na, Trolle. Hater! Irgendwelche anonymen Wichser, die sich einen darauf runterholen, jemand öffentlich fertigzumachen. Wenn du mich fragst, ein Fall für die Kripo. Aber er konnte nichts machen. Ihm hat keiner geholfen.«

Weller verstand das durchaus als Vorwurf und fragte: »Hat er denn um Hilfe gebeten? Hat er jemanden angezeigt?«

Karl Wunsch winkte ab. »Das ist doch ein Kampf gegen Windmühlen. Der war total verzweifelt. Die haben ihn fertiggemacht, und er war nicht einmal in der Lage, herauszufinden, ob ein Mann oder eine Frau dahintersteckte.«

»Du meinst, es war nur eine Person?«

Karl Wunsch verzog die Lippen. »Treten solche Psychopathen in Rudeln auf? Ich stelle mir einen einsamen, verhärmten, hassenden Menschen vor, der an zig verschiedenen Computern über verschiedene IP-Adressen mit immer neuen Identitäten versucht, den Eindruck zu erwecken, er sei eine Gruppe oder habe die Massen hinter sich.«

Weller sah Wunsch fragend an.

»Na, Mensch«, erklärte Wunsch, »der schreibt als Häuptlingssohn eine üble Kritik und gibt sich dann als Indianerprinzessin selbst recht und bewertet die eigene Schreibe später als Prinz Eisenherz mit fünf von fünf Sternchen. So bekommt dieses Würstchen ein Gefühl von Macht.«

Weller hätte sich gern länger mit Karl Wunsch unterhalten, der musste jedoch los nach Norddeich zu einem Kunden, der sich nach dem dritten Einbruch nun doch für eine Alarmanlage entschieden hatte, und jetzt war natürlich alles ganz eilig und dringend.

»Schöne Grüße an Rupert!«, rief Karl noch und stieg in seinen uralten Mercedes, der früher einmal weiß gewesen war und jetzt, genau wie Karls Zähne, langsam gelblich wurde.

Es kam Rupert vor, als wäre östlich von Norden eine Wüste, und von dort blies jetzt ein heißer Wind Sand in die Stadt. Die Reklamefahnen flatterten und machten dabei Geräusche, als würde ein Reiterheer in die Stadt ziehen. Die Seile hämmerten gegen die Masten.

Er hatte Durst und schlechte Laune und Sand zwischen den Zähnen. Da Dienstfahrzeuge mal wieder knapp waren, sollte er mit dem Zug nach Leer fahren, um dort mit einer ehemaligen Freundin von Hauke Hinrichs zu sprechen.

Vor Rupert stellte eine junge Frau im Minirock ihren viel zu schweren Koffer stöhnend ab. Sie bückte sich malerisch, wie bestellt, um Ruperts Laune aufzuheitern, und angelte eine Wasserflasche aus ihrem Gepäck. Sie reckte sich, schüttelte ihr hennarotes Haar aus dem Gesicht und trank mit einem tiefen, gierigen Zug.

Rupert sah ihr zu. Er hätte ihr beinahe sogar geholfen, den Koffer in den Zug zu wuchten, aber er machte sich Sorgen, sein Iliosakralgelenk könnte ihm das übelnehmen. Seit Tagen plagten ihn wieder Rückenschmerzen.

Inzwischen sagte er nicht mehr Iliosakralgelenk. Das klang so intellektuell, fand er, hörte sich an wie: *Meine Frau hat Migräne*. Nein, er nannte es beim richtigen Namen: Arschhaken!

Mein Arschhaken sitzt schief. Ja, damit konnte er etwas anfangen. Dann tat es gleich nicht mehr so weh. Etwas, das Arschhaken hieß, hatte keinen Anspruch auf viel Beachtung.

Es war ein alter Intercity, nicht der übliche Doppeldecker, der sonst als Regionalzug auf der Strecke eingesetzt wurde.

Rupert wunderte sich, fand diese alten Abteile aber viel schöner als die in den modernen Zügen, die eigentlich nur von der Phantasielosigkeit und Praxisferne ihrer Erbauer zeugten. Oder warum brachte jemand über Sitzplätzen ein Gitter an, an dem sich jeder Zweite den Kopf stieß, das aber nicht einmal genug Platz bot für eine Aktentasche? Sollte das eine Hutablage sein? Wer trug denn heute noch Hüte?

Diese alten Intercityabteile hatten noch Fenster, die man richtig öffnen konnte. Eine Wohltat, vor allen Dingen, weil die Klimaanlage meistens nicht funktionierte. Die Heizung war kochend heiß, ließ sich aber nicht abschalten.

Klar, dachte Rupert, so etwas passiert nur im Hochsommer. Im Winter funktioniert die Heizung eher nicht.

Jetzt waren es knapp fünfundvierzig Grad im Abteil, aber für Rupert fühlte es sich an wie mindestens sechzig. Er sah auf die Uhr und entschloss sich, schon schweißgebadet, noch schnell in den Bahnhof zurückzulaufen, um sich ein Eis zu holen.

Er sprintete los. Dabei kam er an dem Abteil vorbei, das die Frau mit dem kurzen Rock und dem schweren Gepäck belegt hatte. Sie fächelte sich gerade Luft unter ihr nasses T-Shirt, und Rupert gefiel die Hitze gleich schon viel besser.

Am Kiosk war eine Schlange, deshalb ging Rupert zu Burger King, obwohl er das Softeis eigentlich gar nicht so gern mochte. Er nahm Vanille mit Krokantkrümeln und Karamellsoße. Damit rannte er zurück.

Er hatte eigentlich vor, sich zu der hübschen Frau zu setzen, um während der Fahrt nicht nur aus dem Fenster gucken zu müssen. Doch bei der nahm gerade eine Familie Platz, Oma, Mama und zwei Kinder. Sie hatten sich fein rausgeputzt, mit ihren besten Anziehsachen, denn sie wollten zu einer Hochzeit nach Bremen. Oma hatte einen Picknickkorb dabei und frische, selbstgemachte Limonade.

Da blieb Rupert lieber allein in seinem heißen Abteil.

Der Zug fuhr an. Endlich kam durch den Fahrtwind frische Luft in den Raum. Rupert setzte sich so, dass er besonders viel davon mitbekam. Vanillesofteis lief an seinem Finger herunter und tropfte auf den Boden. Rupert leckte hastig seine Hände ab. Das Eis schmeckte nach gefrorenem Spülmittel, fand er. Er glaubte zunächst, es läge an ihm. Hatte er einen Belag auf der Zunge, oder war Schweiß aufs Eis getropft?

Er leckte noch einmal. Nein, pfui Teufel, es schmeckte ihm einfach nicht.

Er wollte das Eis zunächst in dem Abfallbehälter am Fenster entsorgen, aber dann stellte er sich vor, wie das Eis dort schmelzen und schließlich auf den Boden tropfen würde. Nein, das wollte er nicht.

Er warf es einfach aus dem Fenster. Sollten doch die Kühe auf der Weide ihren Spaß dran haben ...

Einen kurzen Moment hatte er Angst, der Fahrtwind könne das Eis zurück in sein Abteil wehen, aber dann sah er es doch in einem langen Faden nach hinten fliegen. Bruchteile von Sekunden später hörte er Schreie und lautes Fluchen.

Ach du Scheiße, dachte er erschrocken. Er konnte sich lebhaft vorstellen, was die Leute im Nachbarabteil so sauer machte.

Die Oma und die Frau mit den hennaroten Haaren erschienen auf dem Gang. Rasch versuchte Rupert, mit dem Fuß die Vanilletropfen auf dem Boden zu verdecken. In den roten Haaren der jungen Frau hatte sich Krokant verfangen. Karamellsoße und geschmolzenes Vanilleeis ließen ihr billiges, durchgeschwitztes T-Shirt wie teure Designerware aussehen, aber das sagte Rupert vorsichtshalber nicht.

Um das gute Kostüm der Oma, das ihr nur eine Nummer zu eng war und für Beerdigungen wie Hochzeiten oder Konfirmationen passend war, hatte sich eine Vanilleeisschlange gewickelt, die entschlossen schien, ihr in den Oberschenkel zu beißen, denn dort teilte sich die klebrige Masse, und es sah aus, als hätte die Schlange lange Giftzähne.

Auf ihrer Bluse musste wohl das Hörnchen zerplatzt sein, so folgerte Rupert, der ja Tatortarbeit gewöhnt war. Die Augen der Dame traten beängstigend hervor.

»Da hat jemand«, schrie sie, »einen Eisbecher in unser Abteil geworfen!«

»Nein«, sagte Rupert, »ein Hörnchen. Sie haben es gegen die Brust bekommen, oder?«

Sie japste nach Luft. »Ich bin jetzt einundsiebzig, aber so etwas ist mir noch nie im Leben passiert!«

»Ich habe den Täter gesehen«, log Rupert. »So ein jugendlicher Schnösel mit Lederjacke, Jeans ... Allerweltstyp.«

Die mit den hennaroten Haaren und der Krokantverzierung wollte die Notbremse ziehen. »Vielleicht«, so hoffte sie, »kriegen wir das Schwein ja noch.«

»Nein«, rief Rupert, »nicht!«

»Ja, was soll ich denn jetzt machen?«, wollte die Dame mit der Vanilleschlange auf dem Kostüm wissen. »Wie sehen wir denn aus? Wir können doch so unmöglich zur Hochzeit!«

Sie saß mit drei dicken Kissen im Rücken im Bett. Draußen schien die Sonne. Kein Lüftchen wehte – sehr ungewöhnlich für Ostfriesland. Überall suchten die Menschen Plätze in Straßencafés. Die Eisdielen hatten Hochbetrieb. Doch sie wollte jetzt in einem abgedunkelten Raum sitzen. Bei Kerzenschein konnte sie besser nachdenken.

Sie schrieb sich ihren Plan auf die alte Schiefertafel, die ihre Mutter noch in der Schule benutzt hatte. Sie besaß sogar den Original-Griffelkasten noch und die Schwammdose.

Sie schrieb gern mit dem weichen Thüringer Schiefergriffel. Diese Tafeln hatten jedem Computer und jedem Papier etwas voraus: Mit einem einzigen Wisch verschwanden alle verräterischen Notizen.

Dieses kleine Schwämmchen benutzte sie am liebsten. Aber manchmal spuckte sie auch auf die Tafel und rieb mit den Fingern die Kreidezeichen weg.

Computer waren nie sicher. Jeder hinterließ Spuren im Netz.

Aber so eine alte Schiefertafel mit rotlackiertem Holzrahmen war sogar vor Hackerangriffen sicher.

Hier hatte sie mit wenigen Worten aufgeschrieben, was sie mit Ann Kathrin vorhatte. Sie kannte sich mit solchen Sachen aus.

Phase 1: Verunsichern und Destabilisieren
Phase 2: Misstrauen säen! Beruflich und privat isolieren.
Phase 3: Zielperson zum Ausrasten bringen oder in die Depression treiben.
Phase 4: Ökonomischer, seelischer und körperlicher Zusammenbruch!

Sie unterstrich das Wort *ökonomisch* zweimal und schrieb weiter:

Phase 5: Tod.

Phase 1 würde schon bald in Phase 2 übergehen. Dabei wäre es nützlich, wenn der Partner einerseits eifersüchtig werden würde, andererseits aber selbst einer Verlockung nicht widerstehen könnte. Es musste doch möglich sein, Weller den Kopf zu verdrehen und ihn gleichzeitig glauben zu machen, Ann Kathrin hätte etwas mit einem anderen Mann ...

Sie fand, die Dinge entwickelten sich gut. Bald schon, sehr bald würde Ann Kathrin Klaasen vor den Trümmern ihrer Existenz stehen. Der Verhörspezialistin der ostfriesischen Kriminalpolizei würden in Kürze selbst einige unbequeme Fragen gestellt werden.

Wie viel musste denn noch passieren, damit sie endlich suspendiert würde?

»Ich geb dir keine zwei Wochen mehr, Ann Kathrin«, sagte sie leise, »dann sind wir in Phase fünf.«

Wenn Carola Heide ihren Mann ansah, machte sie sich Sorgen. Er war still, in sich gekehrt. Selbst wenn er aufs Meer schaute, schien er ihr nicht mehr so strahlend und optimistisch zu sein wie sonst, sondern nachdenklich, ja grüblerisch.

Sie schob seinen Rollstuhl auf der oberen Strandpromenade einmal ums Café Pudding und dann in Richtung Anna Düne. Sie setzte ihn beim »Friesenjung« mit Blick aufs Meer ab. Hier bekam er als Stammgast sogar einen Schwarzen Tee mit Pfefferminzblatt. Er hatte so oft aus seinem Plastiktütchen ein Pfefferminzblatt herausgezogen und im Tee versenkt, bis die Bedienung aufmerksam geworden war und zu seiner Freude ein paar Pfefferminzblätter für ihn bereithielt.

Carola ließ Ubbo allein und ging hoch, um in ihrer Ferienwohnung ein bisschen für Ordnung zu sorgen. Sie war froh, wenn er ihr dabei nicht im Weg saß.

Sie sah seine Aufzeichnungen auf dem Buchregal liegen. Die chinesische Kladde zugeklappt, der Kolbenfüller ragte heraus. Sie nahm das Buch an sich, um es an einen anderen Platz zu legen. Dabei fiel der Füller heraus.

Sie hoffte, die goldene Feder nicht verletzt zu haben. Er hatte zu seinen Füllern ein ähnlich erotisches Gefühl wie manche Männer zu ihren Autos, und er mochte es gar nicht, wenn jemand Fremdes sie berührte.

Nun war sie als seine Ehefrau sicherlich keine Fremde, aber sie respektierte sehr, dass diese Füller für ihn eine große Bedeutung hatten. Jedes Jahr zu Weihnachten schenkte sie ihm einen neuen. Seine Füllersammlung wuchs.

Er schrieb am liebsten mit schwarzer Tinte, die er aus kleinen Fässchen in die Kolbenfüller sog. Wenn sie ihn dabei beobachtete, wie er die Feder ins Fässchen tauchte, wusste sie: Es ist ein Ritual. Eine Meditation. Er benutzte keinen Füller mit Tintenpatronen, auch wenn das viel praktischer gewesen wäre.

Sie lüftete, und der Wind blätterte die Kladde auf. Sie las, was dort stand, und schon nach wenigen Sätzen hatte sie Tränen in den Augen.

Als ich heranwuchs, fühlte ich mich wie ein junger Baum. Ich fürchtete, dass der Wind mich eines Tages umknicken könnte, weil ich nicht bereit war, mich im Wind zu biegen und meinen Kopf zu neigen, so wie die anderen.

Später, als ich zum Mann gereift war, glaubte ich, eines Tages würde jemand mit einer Axt kommen und mich fällen, weil ich ihm im Weg stehe.

Als ich dann eine Ehe führte und eine Tochter hatte, da fühlte es sich an, als würden Liebespärchen Herzchen in meine Rinde schnitzen. Manchmal tat es weh, und ich habe geblutet, aber ich wusste, daran sterbe ich nicht.

Heute weiß ich: Ich werde einfach verdorren, weil meine Wurzeln nicht mehr in der Lage sein werden, Lebenskraft aus dem Boden zu saugen. Aber solange ich stehe, werde ich meine schützenden Blätter über euch ausbreiten.

Sie schämte sich fast, es gelesen zu haben. Es kam ihr vor, als würde sie heimlich in seinem Tagebuch blättern. Das hatte sie eigentlich nicht vorgehabt. Normalerweise schrieb er in dieses Buch seine Biographie, seine Aufzeichnungen über ungelöste Kriminalfälle. Er arbeitete an einem neuen Buch.

Jetzt aber war es, als habe sie ein Geheimnis erfahren. Gleichzeitig war sie froh, die Sätze gelesen zu haben. Ging es ihrem Ubbo so schlecht? Beschäftigte er sich mit dem Gedanken zu sterben? Hatte er vom Arzt eine Nachricht erhalten, von der sie nichts wusste?

Nein, das konnte nicht sein. Sie hatten beide denselben Hausarzt. Sie war bei jeder Untersuchung mit dabei, und Ubbo kam ihr, obwohl er im Rollstuhl saß, überhaupt nicht krank vor, sondern eher traurig.

Sie ließ die Unordnung Unordnung sein und lief runter zu Ubbo. Er trank seinen Tee und erklärte zwei Touristenkindern Ebbe und Flut. Die Kinder hingen an seinen Lippen, und ihre Eltern waren froh, einen Moment Ruhe zu haben. Sie aßen zwei Tische weiter Spaghetti.

Carola Heide blieb ein paar Meter hinter ihrem Mann stehen, ohne dass er sie bemerkte. Sie hörte ihm zu. Sie war gerührt davon, wie liebevoll er sich mit diesen Kindern beschäftigte. Ja, das war ihr Mann. Ein Weltenerklärer. Dann fühlte er sich gut, wenn er etwas von seiner Erfahrung weitergeben konnte.

Jetzt zeigte er den Kindern die einzelnen Schiffe und sagte: »Vor Wangerooge kreuzen sich drei Schifffahrtswege, deswegen ist hier so ein reger Schiffsverkehr. Das da zum Beispiel ist ein Containerschiff. Seht ihr, wie hoch gebaut die Container sind? Das kommt aus ...«

Carola räusperte sich, um auf sich aufmerksam zu machen. Ubbo konnte ihr Räuspern unter tausend anderen heraushören. Er drehte sich zu ihr um und lächelte: »Hallo, Carola! Das hier sind ...« Er sah die Kinder an. Er hatte ihre Namen vergessen.

Carola setzte sich zu ihnen. Hier war zwar eigentlich Selbstbedienung, aber manchmal, wenn drinnen nicht viel zu tun war, kam der Kellner heraus und fragte Stammgäste nach ihren Wünschen. Sie bestellte sich ein Stück Kuchen mit Himbeeren. Aber eigentlich nur, um den Kellner wieder loszuwerden.

Sie konnte nicht anders. Sie umarmte ihren Ubbo und küsste ihn einmal auf jede Wange. Den beiden Kindern war das irgendwie peinlich, und sie verzogen sich kichernd zu ihren Eltern.

»Ich habe gelesen, was du in deine Kladde geschrieben hast.«, gestand sie ihm. »Ist es wirklich so? Hast du Angst, deine Kraft zu verlieren? Zu sterben?«

Er streichelte über ihre rechte Wange und sah ihr in die Augen. »Manchmal«, sagte er, »wird mir schmerzhaft bewusst, dass ich im Rollstuhl sitze. Weißt du, ich bin an diesem schönen Ort, kann hier auf Wangerooge aufs Meer schauen, und trotzdem werde ich ganz traurig, weil … Weil ich etwas nicht mehr kann.«

»Was willst du machen? Einen Marathonlauf?«, scherzte sie.

»Nein. Weißt du, der schönste Platz, den ich auf dieser Erde kenne, das ist das Ostende dieser Insel, wo wir beide oft gesessen haben.«

Sie schwärmte: »Ja, wo man ganz vom Meer umgeben ist. Man sieht die Wattseite und die Meerseite.«

»Wie oft haben wir uns einen Picknickkorb genommen und sind bei Niedrigwasser dorthin gegangen, um da stundenlang zu sitzen und einfach nur zu spüren, dass wir leben und ein Teil der Natur sind.« Ubbo, der alte Haudegen, bekam feuchte Augen, und seine Stimme war brüchig, als er gegen den Nordwestwind flüsterte: »Ich fürchte, das werde ich nie wieder sehen. Dahin komme ich nicht mit diesem Scheißrollstuhl.«

Sie wollte das nicht akzeptieren und protestierte: »Aber wir könnten versuchen, mit dem Rollstuhl …«

Er schüttelte den Kopf. »Es ist zu beschwerlich. Wir würden im Sand stecken bleiben. Man kommt ja auch nicht mit dem Fahrrad hin. Da wird es mit dem Rollstuhl schon mal gar nicht funktionieren. Nein, ein paar Dinge auf der Welt gibt es, die kann man nur zu Fuß erreichen. Und vielleicht ist das auch gut so, weil dadurch klarwird, dass es etwas ganz Besonderes ist.« Er versuchte zu lachen: »Stell dir vor, sie würden dort einen Parkplatz bauen und am besten eine vierspurige Brücke zum Festland, als Touristenattraktion.«

»Dann wäre der Zauber verloren.« Sie rückte ihren Stuhl ganz nah an seinen heran, so dass sie ihn umarmen konnte. Gemeinsam blickten sie aufs Meer, während der Wind mit ihren Haaren spielte.

»Wünschst du es dir so sehr?«, flüsterte sie.

»Ja«, sagte er, »und ich bin glücklich, dass ich es haben

durfte. Dass ich diesen Zauber erleben konnte. Ich werde ihn für immer in meinem Herzen tragen. Diese Stunden dort kann mir niemand mehr wegnehmen.«

Der Kellner brachte den Kuchen und hatte zwei Gabeln auf den Teller gelegt. Er kannte die beiden. Sie teilten sich gerne ein Stück.

»Magst du?«, fragte sie Ubbo. Er nickte. Sie trennte mit der Gabel eine saftige Ecke ab und hielt sie ihm vor die Lippen. Er kam sich gar nicht komisch dabei vor, als er danach schnappte wie ein kleines Kind.

Rupert interessierte sich nicht für die Kirchen und Burgen in Leer. Aber bei dieser Affenhitze vermutete Rupert viele leichtbekleidete Frauen in der historischen Altstadt. Also beschloss er, ein bisschen flanieren zu gehen, den Blick schweifen zu lassen und sich an kurzen Röcken, engen T-Shirts zu erfreuen. Und tatsächlich meinte es das Schicksal gut mit ihm. In der Leeraner Altstadt schien Mädelstag zu sein. Eine Art Girls-Day. Für Rupert war es, als seien sie alle zu seiner persönlichen Erbauung gekommen. Und sie hatten sich eigens für ihn schöngemacht. Das wollte er nun auch würdigen.

Die Straßencafés waren überfüllt, und noch während er auf seinen ersten Espresso wartete, verlor direkt vor ihm eine Frau mit dunkelbraunen Haaren und ebensolchen Augen einen Filzstift. Als sie sich danach bückte, beulte sich ihr ausgeschnittenes gelbes Seidentop aus und gab Rupert einen tiefen Einblick.

Rupert war geneigt, sich ein Eis zu bestellen, aber von Softeis hatte er für die nächste Zeit die Nase voll. Ein Ostfriesenbecher mit Rumrosinen wurde am Nachbartisch serviert, und da das letzte Eis so schrecklich geschmeckt hatte, versuchte Rupert es jetzt doch einmal.

Er aß das Eis sehr langsam, denn er hatte nicht vor, diesen zauberhaften Ort so bald zu verlassen.

Er dachte kurz über Hauke Hinrichs nach. Wie konnte sich ein junger Mann in der Blüte seiner Jahre aufhängen und seine Wohnung anzünden? Hatte er all dies um sich herum überhaupt nicht gesehen? Hatte er nie in so einem Straßencafé gesessen und den Blick schweifen lassen?

Selbst wenn man beruflich Nackenschläge einstecken muss, dachte Rupert, wenn man strampeln muss, um die Brötchen zu verdienen, warum hängt sich einer auf, wenn es das hier gibt? Den blauen Himmel, die Sonne, die Lebensfreude und diesen Girls-Day in der Leeraner Innenstadt?

Er mochte dieses laute Lachen und Gibbeln, diese Lebenslust um ihn herum.

Die Sonne bringt das Beste in den Menschen hervor, dachte er. Im Herbst und im Winter mummelten sich alle nur dick ein, verkrochen sich in ihren Wohnungen – aber jetzt, das war die schönste Zeit des Jahres!

Daniela Bass wohnte im Osten der Stadt, im Leeraner Stadtteil Loga, nicht weit von der Jümme entfernt, einem Nebenfluss der Leda. Rupert wusste, dass einige seiner Kollegen gern dort fischen gingen, weil die Jümme den Gezeiten unterlag. Flussaufwärts konnten bei auflaufendem Wasser Meeresfische im Fluss gefangen werden. So mancher Butt ging dort an den Haken, und es gab Riesenwelse. Ein Paradies für Angler!

Er ging zu Fuß. Durch die schwüle Luft waren viele Mücken da, die ihn attackierten, so dass er sich ständig selbst ins Gesicht, auf den Hals und in den Nacken schlug. Aber die Blutsauger labten sich trotzdem an ihm. Besonders am Hals juckte es schon erbärmlich.

Daniela Bass wohnte bei ihrer Mutter, die sich im Garten auf einem Liegestuhl ausgestreckt hatte und in der Sonne bräunte. Ihre Haut glänzte vom Sonnenschutz, und dass ihre Tochter Besuch bekam, war für sie noch lange kein Grund, ihr Bikinioberteil wieder anzulegen.

Daniela bot Rupert einen Platz im Wohnzimmer an. Er setzte sich so, dass er durch die große Fensterscheibe freien Blick auf ihre Mutter im Garten hatte. Er fragte sich: Werde ich alt? Ich finde gerade die Mutter viel interessanter als die Tochter.

Die Mutter winkte in Richtung Fenster. Sie spürte wohl, dass sie beobachtet wurde, war aber völlig arglos und trank aus einem großen Weinglas ein orangefarbenes Zeug. Rupert bekam schon vom Zusehen ein pelziges Gefühl auf der Zunge. Was aussah wie Plastik, musste doch auch so ähnlich schmecken, dachte er.

»Sie kommen bestimmt wegen Hauke«, sagte Daniela.

»Stimmt«, antwortete Rupert. »Wie haben Sie von seinem Tod erfahren?«

Sie zuckte mit den Schultern und verzog den Mund. »Wie alle. Über Facebook und Twitter gleichzeitig.« Dann fragte sie: »Wie sind Sie auf mich gekommen? Warum sind Sie hier?«

»Nun«, sagte Rupert und hatte Mühe, sich auf die junge Frau zu konzentrieren, weil seine Blicke immer wieder draußen im Garten ihr Ziel fanden, denn die Mutter begann, sich neu einzucremen. »Nun ...«, stammelte Rupert, »auch über Facebook. Immerhin haben Sie dort eine brennende Kerze gepostet, und darunter stand: REP.«

»Nein. RIP. Rest in peace«, erklärte sie.

»Ja, genau. Er war Ihr Freund? Haben Sie eine Ahnung, warum er sich umgebracht haben könnte?«

»Mein Freund? Na, das ist nicht ganz richtig. Ich bin schon lange nicht mehr mit ihm zusammen.«

Rupert hakte nach: »Was heißt schon lange nicht mehr?«

»Seit neun Monaten.«

»Haben Sie sich von ihm getrennt oder er sich von Ihnen?«

»Ich glaube zwar nicht, dass Sie das etwas angeht, Herr Kommissar, aber er hat sich an meine Mutter rangemacht, und das war's dann für mich.«

Rupert gab sich empört. »Nein! Das kann ich mir gar nicht vorstellen. Ihr Freund baggert Ihre Mutter an?«

Das Jucken am Hals wurde schlimmer. Rupert kratzte sich. Diese verdammten Mücken!

»Er wollte sie mit in seine Therapiegruppe nehmen, weil sie ja so eine schwere Kindheit hatte und dann noch die Scheidung ...« Daniela verdrehte die Augen.

»Und Sie durften nicht mit in diese Gruppe, oder was?«, fragte Rupert.

»Ich wollte nicht. Ich hab keine Lust, mich den ganzen Tag mit irgendwelchen Problemen zu beschäftigen und in mir zu wühlen, bis es mir schlechtgeht. Wenn man lange genug herumbohrt, kommt so viel Dreck zutage, dann wird auch der schönste See schmutzig, und man kann am Ende das klare Wasser nicht mehr sehen.«

Rupert fand, das war ein merkwürdiger, bildhafter Vergleich. »Schreiben Sie Gedichte?«, fragte er.

»Woher wissen Sie das?«

Rupert zuckte mit den Schultern. »Ach, ich dachte nur, wegen Ihrer Sprache.«

Sie wirkte erleichtert. »Ich hatte schon befürchtet, Sie hätten meine Gedichte bei ihm gefunden. Ich habe sie alle von ihm zurückverlangt, aber der hat sie nicht mal mehr alle gefunden. So wertvoll waren sie ihm wohl dann doch nicht.«

Frau Bass stand auf, legte sich ein buntes Tuch um die Schultern und kam durch die Terrassentür ins Wohnzimmer. Sie winkte Rupert. »Hallo! Oh, was sehe ich denn da, meine Tochter hat Ihnen gar nichts angeboten ... Dani, Dani! Der Herr Kommissar hat doch bestimmt Durst.«

Im Grunde, dachte Rupert, wollen wir doch beide dasselbe. Diese nervige Tochter loswerden und uns dann einen schönen Abend machen.

Zum ersten Mal verstand Rupert diesen Hauke. Aber wenn er einen Blick für die Schönheit der Frauen hatte, warum, verdammt, hatte er sich dann umgebracht, und dann auch noch so, mit Feuer in der Wohnung?

Die Mutter mischte in der Küche einen Drink für Rupert zusammen. Er hörte Eiswürfel klirren. Sie kam mit zwei vollen Gläsern zurück. Er sah dies bonbonfarbene Mistzeug vor sich stehen, aber einer solchen Frau sagte man eben nicht nein. Das gehörte sich einfach nicht für richtige Männer wie ihn.

Frau Bass übernahm gleich die Gesprächsführung. »Sie kommen wegen Hauke? Armer Junge. Ihm war auf dieser Welt leider nicht zu helfen. Er hat sehr unter seiner eiskalten Mutter gelitten. Er hat mir viel von ihr erzählt. Ich hätte aber nie gedacht, dass er sich umbringt. Er hat oft hier gesessen.« Sie zeigte aufs Sofa. Rupert machte sich ein paar Notizen, weil er fand, dass das professionell aussah.

Der Drink schmeckte grässlich, als sei der Inhalt eines Kaugummiautomaten in der Sonne geschmolzen und dann in Alkohol aufgelöst worden.

Das Jucken am Hals wurde schlimmer. Rupert konnte sich nicht mehr beherrschen. Er griff in das Glas, fischte zwei Eiswürfel heraus und rieb sie sich gegen den Hals.

Frau Bass sah ihn mit großen Augen an, sagte aber nichts, so als sei sein Verhalten völlig normal.

»Wann haben Sie Hauke Hinrichs zum letzten Mal gesehen?«

Die Mutter zuckte mit den Schultern und überlegte für Ruperts Gefühl einen Moment zu lange, so dass er ihre Aussage nicht mehr wirklich glaubte. So nebensächlich, wie sie es dann sagte, als würde es überhaupt keine Rolle spielen, vermutete er, dass sie etwas verbergen wollte. Er hätte jetzt zu gern ein Bier gekippt und kalt geduscht.

»Vor einem halben Jahr vielleicht, während der ... also, ich glaube, es war im November, während der Ostfriesischen Krimitage. Erst hat Christian Jaschinski gelesen und dann Christiane Franke und Manfred C. Schmidt.«

Diesen Manfred C. Schmidt kannte Rupert, weil er ihn einmal wegen einer anderen Sache in Esens vernommen hatte. Die anderen Namen sagten ihm als Nichtleser nichts. Er wollte seine Unwissenheit kaschieren und zeigte sich tief beeindruckt: »Christian Jaschinski. Und der ist echt nach Leer gekommen? Zusammen mit dieser Christiane Franke?«

Es gefiel ihr, dass er die Autoren kannte, und sie zwinkerte ihm zu.

Vielleicht, dachte Rupert, sollte ich doch mal anfangen, in ein paar Büchern zu blättern. Männer, die lesen, haben bei Frauen einfach bessere Chancen als Typen, die nur fernsehen. Endlich verstand er, warum Männer wie Weller so oft ihre Nasen in Romane steckten. Sie wollten sich einfach einen Paarungsvorteil verschaffen, weil das weibliche Geschlecht auf Leseratten stand.

Rupert seufzte, als sei er zu einer wirklich tiefen, philosophischen Erkenntnis gelangt.

»Hat Hauke Hinrichs«, fragte er in Danielas Richtung, »sich umgebracht, weil Sie mit ihm Schluss gemacht haben?«

Insgeheim dachte er, dass die Mutter ein viel besserer Grund gewesen wäre, allerdings, um zu leben, und nicht, um zu sterben.

»Nein«, erwiderte Daniela voller Überzeugung, »ganz bestimmt nicht.« Mit einem Seitenblick auf die Mutter, als würde sie ihr jetzt eins verpassen, zischte sie: »Er hatte ja längst eine andere. Die Katja Schumann ... oder so ähnlich. Die wollte sogar ihr Studium für ihn aufgeben und in seinem Fish-'n'-Chips-Laden anfangen, als Kellnerin oder was weiß ich. Ja, der Hauke konnte ein sehr einnehmendes Wesen haben ...«

Frau Bass wirkte pikiert, nahm ihren Cocktail und ging mit wiegenden Hüften zur Terrassentür. Dort blieb sie kurz stehen und sah Rupert über die Schulter an. »Wenn Sie noch Fragen haben, Herr Kommissar, Sie wissen ja, wie Sie mich erreichen können.«

Rupert bekam einen trockenen Mund und wusste nicht, ob es am Blick von Frau Bass lag oder an dem schrecklichen Mixgetränk. Sein Hals war klebrig von dem süßen Zeug und schien jetzt noch mehr Mücken anzulocken. Ihr Summen brachte ihn dazu, um sich zu schlagen.

Ann Kathrin Klaasen sah sich Hauke Hinrichs' Facebook-Seite an. Er hatte 1481 Freunde.

Martin Büscher wirkte erleichtert, als er ihr Büro betrat. Er ging aufrecht und bewegte die Schultern wie jemand, der zu lange eine schwere Last getragen hat und dessen Gelenke sich erst wieder an die neue Bewegungsfreiheit gewöhnen müssen.

Sie setzte sich gerade hin und sah ihn ernst an. Noch wusste sie nicht, ob er in ihrer Sache kam oder ob es um den Fall Hauke Hinrichs ging.

»Die Pathologie aus Oldenburg hat sich gemeldet. Wir können den Fall zu den Akten legen«, sagte er. »Also, ins Hochdeutsche übersetzt: Diese Brandbeschleuniger sondern einen Qualm ab, der sich chemisch genau nachweisen lässt, und das Zeug hat Hinrichs eingeatmet. Er hat also die Wohnung zuerst angezündet und sich dann aufgehängt. Wir können uns endlich wieder unseren Aktenbergen widmen.« Er versuchte einen

Scherz: »Angeblich gibt's ja in Ostfriesland keine Berge, nur auf meinem Schreibtisch einen Aktenberg.«

Ann Kathrin schüttelte den Kopf. »So leicht können wir es uns leider nicht machen, Martin. Wenn er den Qualm eingeatmet hat, beweist das noch lange nicht, dass er sich selbst getötet hat, sondern nur, dass es schon brannte, während er noch geatmet hat. Also zum Beispiel, während er aufgehängt wurde ...«

»Du meinst doch nicht ernsthaft, dass ...«

»Es geht hier nicht um Meinungen, sondern darum, die Wahrheit herauszufinden. Warum soll der Junge seine Wohnung an drei Stellen anzünden und sich dann in dem brennenden Gebäude aufhängen? Das ist mir zu dick, zu gründlich. Kein Abschiedsbrief ...«

»Vielleicht ist der verbrannt«, wendete Büscher ein, doch das ließ Ann Kathrin nicht gelten: »Wenn du dich umbringen wolltest«, fragte sie Büscher, »würdest du dann nicht irgendeinem Menschen eine Nachricht schicken? Eine SMS, eine E-Mail, was weiß ich. Die machen doch heutzutage alles Mögliche öffentlich. Hast du dir mal solche Facebook-Profile angesehen? Die posten doch ihr Mittagessen, Blumen, Landschaften ... Das ist so etwas wie ein öffentliches Tagebuch.«

»Und du bist bei ihm drin?« Büscher stellte sich hinter Ann Kathrin und sah auf ihren Bildschirm.

»Ist das legal, was du da machst, Ann Kathrin? Oder haben wir später wieder Ermittlungsergebnisse, die wir vor Gericht nicht verwerten dürfen plus einer Menge disziplinarischen Ärgers?«

»Dies ist ein öffentliches Profil. Er ist auch noch in einigen geheimen Gruppen, da komme ich nicht rein. Es sei denn, Charlie Thiekötter hilft uns.«

»Der ist noch in der Reha.«

So wie Büscher den Satz aussprach, schwang mit, dass er dem »neuen Computerspezialisten der ostfriesischen Kriminalpolizei« nicht im Ansatz die Kompetenz zutraute, die Charlie Thiekötter hatte.

»Wie viele Freunde hat der?«, hakte Büscher nach, als hätte er sich verhört.

»Tausendvierhunderteinundachtzig. Und davon hat er nicht einem einzigen einen Hinweis darauf gegeben, dass er sich umbringt? Hat sich von keinem verabschiedet? Nee, Martin, tut mir leid, das glaube ich nicht.«

Büscher verließ Ann Kathrins Büro und ging jetzt wieder, als hätte er die viel zu schwere Last erneut geschultert. Die Schultern hochgezogen, den Hals nach vorn gereckt, den Blick nach unten, mit schweren Schritten, als würde er fast unter dem Marschgepäck zusammenbrechen.

Kaum hatte er die Tür hinter sich geschlossen, klickte Ann Kathrin Haukes Facebook-Seite weg und schaute sich die Bewegungsbilder ihrer Videoüberwachungsanlage im Distelkamp an. Innerhalb der letzten achtundvierzig Stunden hatte es mehr als fünfzehntausend Bewegungen ums Haus gegeben.

Manchmal war es nur der Wind, der die Äste vor der Kamera wackeln ließ und sie so in Gang setzte. Nachts waren immer wieder die Igel auf der Terrasse, oder Kater Willi machte es sich im Strandkorb gemütlich.

Die Postbotin.

Der Nachbar Fritz Lückemeyer, der, weil er ein netter Kerl war, ihren Biomüll an die Straße stellte, was Weller und sie vergessen hatten.

Eine junge blonde Frau kam auf dem Fahrrad. Sie trug trotz der Hitze einen Kapuzenpullover. Bevor sie klingelte, nahm sie die Kapuze ab und fuhr sich mit den Fingern durch die Haare. Da wollte jemand einen guten Eindruck machen. Ann Kathrin sah sie nur von hinten.

Weil niemand öffnete, trat sie von einem Fuß auf den anderen und ging dann einmal ums Haus herum. Ann Kathrin sah sie erst durch Kamera 1, dann durch Kamera 2, schließlich, im Garten, durch Kamera 3.

An der Fasssauna im Garten hielt sie sich länger auf. Ann Kathrin sah sie nur von der Hüfte an abwärts. Die junge Frau öffnete die Saunatür und holte etwas heraus. Wenn Ann Kathrin sich nicht täuschte, einen Rucksack.

Verdammt, wer ist das, und wieso steht in unserer Sauna ein Rucksack, dachte sie.

Dann, und das irritierte Ann Kathrin besonders, setzte sich die junge Frau zu dem scheuen Kater Willi, und er ließ sich von ihr streicheln.

Ann Kathrin hatte Wellers Töchter Sabrina und Jule schon lange nicht mehr gesehen. War das eine von ihnen? Vielleicht Sabrina, mit völlig veränderter Frisur?

Kommt sie zu Besuch, fragte Ann Kathrin sich, und wir haben sie vergessen?

Nein, das konnte nicht sein.

War das die Frau, die in Emden vor der Jet-Tankstelle geblitzt worden war?

Nein, dieses junge Mädchen da war zwanzig Jahre jünger.

Was läuft hier, fragte Ann Kathrin sich.

Sie rannte die Treppe runter, und als sie im Innenhof ihren Twingo aus der Parklücke fuhr, hätte sie beinahe ein Polizeifahrzeug gerammt.

Ann Kathrin war schon auf der B72, da kamen ihr Zweifel.

Sie hörte die Stimme ihres verstorbenen Vaters, dessen ruhige Art sie erdete: *Das kann doch alles ganz harmlos sein, Ann. Lass dich nicht verunsichern. Bleib an deinem Fall. Du hast jetzt tausendvierhunderteinundachtzig Facebook-Freunde zu überprüfen. Lass dich davon nicht ablenken.*

»Danke für den Hinweis, Papa«, sagte sie laut, »aber wir wollen doch eins nicht vergessen: Du bist tot, und ich habe einen Job zu erledigen.«

Sie drehte um und fuhr zurück nach Aurich. Doch während sie sich dort durch Facebook-Profile klickte, wurde sie ein ungutes Gefühl nicht los. Da war so ein Magengrummeln, als würde sich etwas um sie herum zusammenbrauen. Sie hoffte, sich das nur einzubilden. Doch da war die Ahnung von etwas Bösem, das den Willen hatte, sie zu vernichten.

Frank Weller entkorkte eine Rotweinflasche. Er liebte dieses ploppende Geräusch, wenn der Korken aus dem Flaschenhals flutschte. Inzwischen gab es durchaus gute Rotweine mit Schraubverschluss. So verkorkte der Wein wenigstens nicht mehr. Aber Weller mochte einfach dieses Geräusch. Um der alten Zeiten willen kaufte er Rotweinflaschen mit Korken.

Weller roch daran, und die Vorfreude wuchs. Er roch fruchtig, erdig. Er goss ein bauchiges Weinglas halb voll, wog es in der Hand und ließ den Wein im Glas kreisen.

Es klingelte an der Haustür. Weller sah auf die Uhr. Nein, Ann Kathrin war das bestimmt nicht. Warum sollte sie klingeln? Außerdem hätte er ihren Twingo gehört, der wurde ja mit der Zeit immer lauter.

Vielleicht unser Nachbar, der Maurer Peter Grendel, dachte er. Peter trank lieber ein Bier als Rotwein, und für ihn hatte Weller auch immer ein paar Flaschen im Kühlschrank.

Er freute sich darauf, sich mit dem alten Kumpel im Schatten des Kirschbaums auf der Terrasse einen Schluck zu genehmigen, doch durch die matte Glasscheibe sah er die Gestalt. Das konnte unmöglich Peter Grendel sein. So eine zierliche Figur hatte der nicht. Und auch nicht so lange blonde Haare.

Weller öffnete die Tür nur einen Spalt. Er sah Chantal Haase. Sie hatte ihr Fahrrad an einen Blumenkasten gelehnt und hielt zwei Plastiktüten in der Hand. Sie sah ihn auffordernd, ja fast frech, an: »Was ist jetzt? Darf ich reinkommen, oder soll ich mir hier draußen die Beine in den Bauch stehen?«

»Äh ... Sind wir verabredet?«, fragte Weller.

»Ich muss irgendwo pennen und duschen. Nach Hause kann ich ja wohl schlecht. Eure Leute haben alles abgesperrt. Ich denke, sie werden das ganze Haus abreißen und ...«

»Ja, aber hat man euch denn nirgendwo untergebracht?«

»Mensch, bist du gastfreundlich!«, brummte sie und schob sich an Weller vorbei in die Wohnung. Die Plastiktüten stellte sie an den Treppenstufen ab.

»Diese Sozialfuzzis haben mich und meine Mutter zusammen in ein Hotelzimmer gesteckt. So 'n richtiges romantisches Doppelzimmer für Liebespärchen.« Sie tippte sich gegen die Stirn. »Sind die denn völlig bescheuert? Ich bleib da nicht. Lieber penn ich auf der Straße oder noch 'ne Nacht in eurer Sauna.«

»Du hast in unserer Sauna geschlafen?«

»Ja. Wär es besser gewesen, ich hätte mich zu dir und deinem Frauchen ins Bett gekuschelt?«

Die Tür zum Badezimmer stand einen Spalt offen. Chantal konnte einen Blick hineinwerfen.

Wenn ich es bis dorthin schaffe und darin verschwinde, dachte sie, wird er die Tür garantiert nicht öffnen. Er ist dafür viel zu anständig.

Weller holte tief Luft: »Woher weißt du überhaupt, wo wir wohnen?«

Sie spottete: »Wo wohnen die Superhelden aus Norden?« Sie kratzte sich demonstrativ die Stirn. »Lass mich überlegen ... Im Distelkamp? Das weiß doch hier jedes Kind!«

»Echt?«

»Mensch, Norden ist ein Dorf! Wir sind doch hier nicht in New York!«

Sie stand weiterhin mit Weller im Eingangsbereich der Wohnung herum. Ihre Blicke streiften die Bilder an den Wänden. Die Leuchttürme und Seekarten von Ole West, die Holzschnitte von Horst-Dieter Gölzenleuchter.

»Schöne Bilder«, sagte sie. »Ich mag das, wenn Leute nicht nur Blümchentapeten an den Wänden haben. Meine Mutter liebt Blümchentapeten.«

Weller hielt immer noch sein Weinglas in der Hand, scheute sich aber, einen Schluck zu nehmen, so als sei es unanständig, vor Chantal Wein zu trinken.

Sie versuchte, ihn zu provozieren: »Ja, danke, dass du mir was zu trinken anbietest. Ich nehme gerne ein Glas Wein, und wenn du vielleicht noch was zu essen übrig hast – also, ich kann mir auch gerne selbst etwas kochen. Ihr habt doch bestimmt ein paar Spaghetti in der Küche, oder?«

»Du kannst hier doch nicht so einfach ...«

So wie Weller es sagte, spürte Chantal schon, dass er weich wurde.

»Natürlich kann ich«, sagte sie. »Du bist ein guter Typ. So ein richtiger Mädchenpapa, stimmt's? Du kannst, wenn es hart auf hart kommt, ein paar Typen was vor die Fresse knallen, aber du schaffst es nicht, eine wie mich einfach vor die Tür zu setzen. Ich geh jetzt erst mal duschen.«

Sie schloss nicht einmal hinter sich ab. Sie wusste, dass sie bei Weller in Sicherheit war.

Bin ich ein offenes Buch, in dem jeder lesen kann, fragte er sich, nahm jetzt doch einen Schluck Rotwein und ging dann auf und ab, fast so wie Ann Kathrin sonst beim Verhör.

Was soll ich machen, dachte er. Alles, was ich jetzt tue, kann falsch sein.

Er hörte die Dusche im Badezimmer.

Draußen hielt der Twingo. Ann Kathrin sah das Fahrrad vor der Tür und fragte sich, warum Weller so unschlüssig im Flur stand, während im Bad die Dusche plätscherte und eine weibliche Stimme schrecklich falsch sang: »All you need is love.«

Obwohl sie bereits ahnte, dass es nicht so war, fragte sie Weller: »Ist eine deiner Töchter zu Besuch?«

Er schüttelte den Kopf und hielt Ann Kathrin sein Rotweinglas hin. Sie nahm es ihm aus der Hand und trank einen Schluck.

»Hmm. Gut«, sagte sie. »Rioja?«

Er lächelte milde. Das würde sie nie lernen. Von Weinen verstand sie einfach nichts.

»Das ist kein schwerer spanischer Rotwein, das ist ein Lagrein aus Südtirol ...«

»Ja, schon gut. Und wer ist in der Dusche?«

»Chantal Haase.«

Ann Kathrin war erleichtert. Sie konnte sich jetzt vorstellen, wen sie auf der Videoaufzeichnung gesehen hatte.

»Und?«, fragte sie. »Hast du ihr angeboten, bei uns zu übernachten?«

»Nein, aber sie würde es gerne.«

»Und warum nicht?«, fragte Ann Kathrin. »Wir haben doch Platz genug. Sie kann gerne im Gästezimmer ...«

Das ist meine Ann, dachte er, und vielleicht liebe ich sie auch deswegen so sehr. Sie hat ein großes Herz. Manchmal vielleicht ein bisschen zu groß.

Er kündigte an: »Ich koche uns dann mal was. Du hast doch bestimmt auch Hunger.«

»O ja.«

»Wie wär's mit Spaghetti, und ich habe noch Krabben von Weissig. Flusskrebse und ein bisschen Fisch. Ich könnte uns daraus ein Sößchen machen ...«

Er war sofort in seinem Element, nahm ihr das Weinglas wieder aus der Hand und wollte gleich durch in die Küche.

Chantal kam aus dem Bad, ein Handtuch wie einen Turban um ihr nasses Haar gewickelt. »Die Sauna ist toll«, sagte sie mit einer Selbstverständlichkeit, als würde sie schon längst hierhergehören. »Benutzt ihr sie oft? Ich möchte später auch mal eine eigene Sauna im Garten haben. Ich gehe gerne ins Ocean Wave – wenn das nicht so teuer wäre ...«

»Normalerweise ein-, zweimal pro Woche«, sagte Ann Kathrin und lächelte Chantal freundlich an. »Vor allem im Herbst und im Winter. Jetzt, wenn es so schwül ist ...«

Chantal wurde nervös. Ihr Benehmen erinnerte Ann Kathrin an eine Kurzstreckensprinterin vor dem Startschuss.

»Lasst uns«, schlug Chantal vor, »eine Runde schwitzen gehen.«

Weller blickte zu Ann Kathrin und deutete ein Kopfschütteln an.

»Jetzt, bei dem Wetter?«, gab Ann Kathrin zu bedenken.

»Es hat doch schon richtig abgekühlt. Außerdem merkt man dann nicht mehr, wie schwül es ist, sondern es kommt einem draußen richtig angenehm vor ...«

Ann Kathrin fand die Idee eigentlich ganz gut. Sie grinste und weidete sich daran, wie unbeholfen Weller war.

Er sprach es jetzt aus: »Ann, wir können doch nicht mit einer Zeugin ...«

»Ich bin keine Zeugin«, protestierte Chantal. »Ich habe überhaupt nichts gesehen. Ich war ja gar nicht da!«

Weller wand sich weiter: »Vielleicht ist das eher etwas für euch Mädchen.«

Chantal stieß Weller an. »Komm, sei doch nicht so spießig! Du gehst doch sonst auch in die gemischte Sauna, oder nicht?«

Ann Kathrin grinste. »Ja, genau. Sei doch nicht so spießig, Frank.«

Weller gab sich geschlagen. »Okay. Hätten die Damen die Spaghetti dann gerne vor dem Saunagang oder danach?«

Ann Kathrin und Chantal sahen sich komplizenhaft an und lachten.

Weller verschwand in die Küche.

Chantal flüsterte Ann Kathrin zu: »So 'n Typ möchte ich später auch mal haben! Hat der vielleicht einen Sohn in meinem Alter?«

Ann Kathrin schüttelte den Kopf. »Nein. Und glaub mir, um so ein Goldstück zu finden, muss eine Frau lange suchen. Man küsst viele Frösche, bevor man einen Prinzen erwischt.«

Sie saß im *Dwarslooper* an der Theke, in der Nähe der Kaffeemaschine, mit dem Rücken zur Wand, denn von hier aus hatte sie den besten Blick ins Lokal, konnte auch die Tür im Auge behalten, sah die Kellner hinter der Theke und konnte sich doch gleichzeitig fast unbeobachtet fühlen.

Sie spielte mit dem roten Strohhalm in ihrem Drink. Neben ihr lag ihre blaue Umhängetasche mit der Aufschrift: *Langeoog – Die Insel fürs Leben*.

Ich brauche keine Therapiegruppe, um mir einen jungen Kerl mit Mutterkomplex zu fangen, dachte sie. Ich kann das auch in der freien Wildbahn. Ich bin geübt in der Jagd.

Sie taxierte die jungen Männer an der Theke. Sie waren uninteressant. Schon zu betrunken. Aber dann kam eine neue Gruppe männlicher Langeoog-Urlauber herein. Windzerzauste Frisuren, rotgesichtig von den Sonnenstunden am Strand, mit testosterongeschwängertem Lachen. Sie waren laut, fröhlich und durstig. Sie waren zu fünft und kämpften um die besten Plätze in der Nähe der jungen Frauen, die gerade noch mit gierigem Fleischhunger ihre Currywürste zerhackt hatten, aber jetzt abgelenkt wurden, weil der erste Heißhunger gestillt war und die jungen Männer doch interessanter waren als die zweifellos gute Currywurst mit Pommes frites. Außerdem erinnerte die Präsenz dieser suchenden Männlichkeit sie daran, dass sie auf die schlanke Linie achten wollte. Deren coole Marken-T-Shirts stammten nicht gerade aus dem Sommerschlussverkauf.

Drei Frauen, fünf Männer – das ging selten gut, dachte Maggie und betrachtete den gruppendynamischen Prozess in Ruhe. Sie weidete sich an der Dynamik. Dennis, das Alphamännchen, positionierte sich gleich zwischen zwei Schönheiten und zog die Aufmerksamkeit beider auf sich. Ein anderer, mit wunderschönen braunen Augen, schwarzen Haaren und leicht melancholischem Verliererblick, suchte erst mal die Toilette, weil er an der Theke nicht die richtige Startposition fand.

Sie hatte im Laufe der Zeit ein sicheres Gespür dafür entwickelt, welche Männer anfällig waren für das, was sie zu bieten hatte. Der kleine Bengel mit vermutlich italienischen Wurzeln wäre Wachs in ihren Händen, und zwar schon sehr bald.

Er war auf dem Weg zur Toilette an einem Johnny-Walker-Werbespiegel vorbeigekommen und hatte ihr Spiegelbild eine Sekunde zu lange betrachtet, um interesselos zu sein.

Die jungen Mädchen lassen dich im Grunde kalt, dachte sie. Du machst dich nur halbherzig an sie ran, lässt den anderen den Vortritt. Dabei könntest du mit deinen schönen Augen und deinen feingliedrigen Fingern so manche schwach werden lassen. Aber diese öden Fummeleien im Hausflur oder im Kinosessel interessieren dich genauso wenig wie ihre gymnastischen Übungen, wenn sie nur nachmachen, was sie in Sexfilmchen gesehen haben, weil sie das für leidenschaftlich halten und selber kaum etwas empfinden.

Du bist auf der Suche nach einer richtigen Frau. Nach Erfahrung, ja nach Führung. Meine Speckröllchen stören dich nicht. Im Gegenteil. Diese Hungerhaken da sind wie Schaufensterpüppchen in den Boutiquen für anorektische Teenager.

Sie führte den Strohhalm an ihre Lippen und spielte damit.

Er kam von der Toilette zurück. Er lächelte einmal kurz in ihre Richtung. Fast ein bisschen entschuldigend, als habe sie ihn bei sündigen Gedanken erwischt. Dann ging er zu seiner Gruppe zurück, positionierte sich aber so, dass er nur mit einer leichten Kopfbewegung Maggie sehen konnte.

Im Grunde, dachte sie, hast du bereits angebissen. Der Rest ist reines Showfechten. Wir könnten im Prinzip schon gehen. Es ist längst alles klar.

Aber das Spiel gefiel ihr, und sie würde noch eine Menge über ihn erfahren.

Sie hielt ihr Tablet so, als würde sie ihre Mails checken. Sie gab sich Mühe, dabei zunächst einen gelangweilten Eindruck zu machen und dann laut erheitert aufzulachen, als habe sie eine witzige Botschaft erhalten.

Der Trick funktionierte. Er sah voll in ihre Richtung und riss die Augen weit auf. Sie fotografierte ihn unbemerkt. Phantastisch, was man mit diesen Dingern alles gleichzeitig machen konnte. Kleine Technikwunder!

Jetzt sah sie ihn sich auf dem Display an. Schmucker Bengel, dachte sie. Es wird Spaß machen mit dir. Du wirst mein Krieger werden. Noch bevor dein Langeoog-Urlaub beendet ist, wirst du mich Göttin nennen.

Die Uhrzeit stand bereits unter dem Foto. Sie fügte noch hinzu: *Dwarslooper. Die Rekrutierung beginnt.*

Dann lächelte sie ihn an. Große Aufgaben warten auf dich, mein Kleiner, dachte sie. Hoffentlich bist du ihnen gewachsen.

Sigmar ging in Norddeich vor dem *Diekster Köken* aufgeregt auf und ab.

Habe ich etwas falsch gemacht, fragte er sich. Ist sie sauer auf mich? Warum meldet sie sich nicht bei ihrem Krieger?

Er zündete sich eine Zigarette an und inhalierte tief.

Im *Diekster Köken* war es leer. Dort lief nur das Personal herum. Aber draußen auf der Terrasse saßen fröhliche junge Menschen, tranken Weizenbier und lachten. Die Seeluft peitschte die Hormone hoch, und die Sonne hatte ihr Übriges dazu getan. Sie waren voller Abenteuerlust, und er ging hier auf und ab, weil er wusste, dass sie manchmal hierherkam. Sie suchte immer die Nähe zum Meer.

Dort drüben, kurz vor dem Haus des Gastes, war auf der Deichkrone eine Bank. Dort saß sie manchmal stundenlang und sah aufs Meer.

Diese Abendstimmung, diese Windstille – das alles musste sie doch anlocken. Vielleicht war sie auch auf einer der Inseln. Langeoog möglicherweise. Zu der Insel hatte sie eine besondere Beziehung.

Er konnte nicht dorthin. Es war ihre Insel. Wie ein heiliger Ort, den er nicht ohne ausdrückliche Genehmigung betreten durfte.

Er hatte sich das alles ganz anders vorgestellt. Er hatte gedacht, nach seinem erfolgreichen Einsatz würde sie sich ihm zuwenden. Aber jetzt war es, als sei er durch eine Prüfung gefallen und nicht mehr wert, kontaktiert zu werden. Als habe er alle blamiert, die Ehre beschmutzt. Dabei war alles so gelaufen, wie sie es erwartet hatten, nur eben noch viel besser, schneller, gründlicher.

Erschrak sie jetzt vor dem Ergebnis? War alles nur ein Spiel mit Möglichkeiten gewesen? Ein Gedankenkonstrukt, spannender und realistischer als jedes Shooter-Spiel an der Playstation? Raffinierter als jedes Strategiespiel – nur eben echt …

Beim Gehen rauchte er mit so tiefen Zügen, dass die Zigarettenglut fast zwei Zentimeter lang geworden war. Der Qualm schmeckte bitter und heiß. Er warf den Stummel auf den Boden und trat die Glut aus. Dabei kämpfte er mit den Tränen.

Warf sie ihn jetzt genauso weg wie er die Zigarette? War er ihr lästig geworden? Hatte er seine Aufgabe erfüllt, und das war's dann? Suchte sie sich einen neuen Soldaten?

Der Gedanke, sie könne jetzt von einem anderen beflirtet werden, einen anderen so verrückt machen wie ihn, machte ihn rasend. Obwohl nichts im Weg lag, nicht mal ein Blatt, trat er gegen einen imaginären Fußball, als wolle er einen Elfmeter ins Tor schießen.

Er wusste nicht, wohin mit seiner Wut. Am liebsten hätte er seinen Nebenbuhler ausgelöscht. Aber nicht so, wie er Hauke Hinrichs erledigt hatte, sondern mit viel mehr Körpereinsatz. Mit brutaler Gewalt.

Sigmar stellte ihn sich gesichtslos vor. Es fiel ihm dann leichter, ihn in seiner Phantasie in einem Schwertkampf auf Leben und Tod zu besiegen und ihn dann zu zerhacken wie einen Schweinebraten am Grillabend.

Er rannte jetzt, so schnell er konnte, am Drachenstrand vorbei in Richtung Hafen. Er musste sich verausgaben. Es tat gut, das Brennen in den Muskeln zu spüren. Gern wäre er gegen den Wind gerannt, doch die Nordsee war still wie ein Teich. Es kam ihm vor wie die Ruhe vor dem Sturm. Wenn das Meer so still war, dann braute sich meist etwas zusammen.

Er hatte im letzten Jahr den EWE-Lauf mitgemacht, und jetzt rannte er die ganze Strecke noch mal, nur viel schneller als damals. So hätte er einen Preis gewinnen können. Jetzt trieb ihn die reine Wut vorwärts. Die Verzweiflung.

Als er sich nach der zweiten Runde beim Haus des Gastes klatschnass auf der Wiese ausstreckte und das Zittern in den Beinen nicht nachlassen wollte, war er fast so weit, sie zu kontaktieren. Aber er wusste, dass er es nicht durfte. Sie konnte fuchsteufelswild werden und sehr gemein, wenn man gegen ihre Anweisungen verstieß.

»Wenn es vorbei ist«, hatte sie gesagt, »Kontaktsperre.«

»Wie lange?«, hatte er gefragt. Es war ihm unerträglich vorgekommen, sie nicht kontaktieren zu dürfen. Er wollte bei ihr sein, für sie kämpfen, seinem Namen alle Ehre machen.

Sie hatte ihm übers Gesicht gestreichelt, einen Kuss auf seine Unterlippe gehaucht und geflüstert: »Ich melde mich bei dir, wenn es so weit ist.«

Er hatte nachgehakt: »Wann? Wann?«

Sie hatte ihren Zeigefinger auf seine Lippen gelegt und nur leise: »Psst!« gesagt.

Kontaktsperre. Wie sollte er das aushalten? Wie lange galt sie? Ein paar Stunden? Ein paar Tage? Wochen? Monate? Was, wenn sie sich nie wieder melden würde?

Der Gedanke erschien ihm absurd, doch jetzt, da er einmal da war, bohrte er sich durch seinen Körper wie ein Parasit, der ihn von innen auffraß. Er krümmte sich auf der Wiese zusammen wie ein Embryo und weinte.

Er beschloss, heute Nacht hier zu schlafen. Am Deich. Vielleicht in einem der Strandkörbe. Er wollte jetzt nicht zurück in seine Wohnung, sondern ganz nah am Meer sein. Das Meer gab ihm das Gefühl, in ihrer Nähe zu sein.

Als es dunkel geworden war, brach er ein Gitter aus einem Strandkorb und rollte sich darin zusammen wie eine Katze. Erschöpft schlief er ein und träumte, sie würde ihn mit Küssen und zärtlichen Worten wecken. Doch es war nicht Maggie, sondern ein Security-Mann. Mit vorwurfsvoller Stimme wollte er seinen Namen wissen und forderte, die Papiere zu sehen. Er habe den Strandkorb beschädigt und würde sich unerlaubt nachts hier aufhalten.

Er sah den Security-Mann an. Er hatte einen Militärhaarschnitt. Auf seinem Sweatshirt stand mit Leuchtbuchstaben: *Security*. Sein Gesicht war ein wenig aufgedunsen. Vermutlich trank er zu viel Bier.

Du wärst ihr auch verfallen, dachte er. Und du wärst ihr gefolgt. Bedingungslos. Schon nach wenigen Stunden, wenn sie dich auserkoren hätte ... Hat sie aber nicht!

Er zog sein Portemonnaie und zeigte seinen Ausweis.

Ich habe einen Menschen in den Tod getrieben, und was wirft man mir vor? Dass ich in Norddeich nachts am Meer im Strandkorb schlafe.

Maggie hatte recht. Die Welt wurde von Verrückten regiert.

Maggie tippte mit schnellen Fingern auf ihrem Tablet.

Ich werde jetzt gehen, und er wird mir folgen. Noch bevor ich bis zehn gezählt habe, verlässt er den *Dwarslooper*, oder ich will verflucht sein.

Sie steckte das Tablet in die Langeoog-Tragetasche und legte einen Zwanzigeuroschein auf die Theke. Sie tat das alles sehr langsam. Er sollte wissen, dass sie vorhatte, das Lokal zu verlassen.

Er beobachtete sie ein wenig linkisch aus den Augenwinkeln. Sie schätzte ihn auf Anfang, Mitte zwanzig. Er war hochattraktiv, benahm sich aber wie eine Jungfrau.

Langsam ging sie zur Tür.

Sie brauchte keinen Hüftschwung, keine High Heels und musste sich nicht um einen lasziven Gang bemühen. O nein. Das alles hatte sie überhaupt nicht nötig. So eine Show mussten die jungen Dinger machen, die nichts hatten außer schmalen Hüften und glatter Haut.

Ihr seid attraktiv. Ich bin intensiv, dachte sie.

Sie sah einmal zu ihnen rüber. Ja, in deren Alter musste man sich um Sex-Appeal bemühen. Um gutes Aussehen. Dieses falsche Hollywoodlächeln, das schon bei den Filmsternchen so behämmert aussah, und die affektierten Handbewegungen machten aus Frauen standardisierte Stangenware.

Sie brauchte das alles nicht. Sie hatte stattdessen eine unwiderstehliche Aura.

Was ist das nur für eine Welt geworden, dachte sie. Sie nennen es Qualitätssicherung, aber es ist eine Verödung des Geschmacks. Der Kaffee dieser Marke soll überall und immer gleich schmecken. Darauf muss sich der Kunde verlassen können. Der Hamburger, egal, ob in New York, Rom oder Hamburg, muss immer gleich aussehen und schmecken.

Sie nannten das vielleicht »gleichbleibende Qualität«, wenn das Bier einer Marke überall und immer so schmeckte wie das, das man gestern getrunken hatte.

Sie nahm das alles als Verlust wahr. Inzwischen wurden diese Warenstandards schon auf Menschen übertragen, und sie liefen alle fleißig in die Fitnessstudios, machten Diäten und kasteiten sich, um der Schönheitsnorm zu entsprechen.

Am Ende, dachte sie, werdet ihr dadurch nur verwechselbar, austauschbar. Menschen lieben aber das Einzigartige. Das Unverwechselbare.

Einen Moment zögerte sie noch, ob sie ihm über die Schulter einen Blick zuwerfen sollte. Aber das wäre vielleicht schon zu viel des Guten gewesen. Das hier sollte doch mehr werden als ein Flirt. Schließlich spielte sie in einer anderen Liga.

Vor der Tür blieb sie einen Moment stehen und begann zu zählen. »Eins ... zwei ... drei ...«

Ein sanfter Wind brachte ein wenig Kühlung. Es war wie ein Streicheln auf der verschwitzten Haut. Die blonden Härchen auf ihrem Unterarm stellten sich auf. Sie atmete tief aus, bis keine Luft mehr in ihr war. Dann sog sie durch die Nase die frische Luft wieder ein.

Diese Insel voller Wunder ... Mit jedem Atemzug hatte sie das Gefühl, die Magie des Lebens in sich aufzusaugen. Auf eine tiefe, spirituelle Weise fühlte sie sich auf der Insel mit dem Meer und mit sich selbst verbunden.

»Vier ... fünf ... sechs ...«

Sie beschloss, in Richtung Wasserturm zu gehen und sich dort oben auf die Bank zu setzen. Sie liebte diesen Ausblick. Die Dünen waren ganz anders als die Berge. Hier fehlte alles Schroffe und Kantige. Selbst die Landschaft war wellenförmig. In den Alpen war sie manchmal von einer Düsternis befallen worden. In den Tälern fühlte sie sich eingeschlossen. Da war etwas, das drückte auf die Seele. Nur auf den Berggipfeln fühlte sie sich frei. In Ostfriesland ging es ihr überall gut. Hier gehörte sie hin. Das Land, in dem es keine tiefen, depressiv machenden Täler gab.

»Sieben ... acht ...«

Hinter ihr öffnete sich die Tür zum *Dwarslooper*. Es wurde laut. Der Thekenlärm drang nach draußen wie ein Lockruf.

Sie drehte sich nicht um. Sie lächelte. Sie wusste, dass er gerade das Lokal verließ, um ihr zu folgen.

Wie berechenbar ihr doch seid, dachte sie. Du bist auf der Suche und weißt nicht mal genau, wonach. Doch es gibt eine Kraft, die dir den Weg weist und dir sagt, dass du es bei mir finden wirst. Endlich ankommen und sich nicht mehr fremd fühlen ...

Jetzt weißt du nicht, wie du mich ansprechen sollst. Du willst es nicht vergeigen, hast Angst, abgewiesen zu werden, und möchtest doch so gerne willkommen sein.

Sie machte es ihm leicht. Streckte die Arme aus wie Flügel, drehte sich einmal lachend im Kreis, tat so, als würde sie ihn erst jetzt bemerken und als sei es ihr ein bisschen peinlich, dass er sie so tanzend auf der Straße sah.

»Da drinnen«, sagte sie, »war es mir zu laut. Und auch ein bisschen zu warm.«

Dankbar für die Brücke, die sie ihm baute, sagte er: »Ja, mir auch.« Mehr bekam er nicht heraus. Doch sein Lächeln drückte mehr aus als viele Worte.

Sie gingen schweigend nebeneinanderher. Er passte sich ihren beschwingten Schritten an. Es war mehr ein Tänzeln als ein Gehen, so als könne der Wind jeden Moment beide hoch in die Luft heben und davonschweben lassen.

Am Wasserturm setzten sie sich und hörten den Vögeln zu, die nicht weit von ihnen, aber doch unsichtbar einen Streit ausfochten. Unten im Dorf war es still, als hätte ein Nachtwächter seinen Mantel über alle menschlichen Geräusche gelegt. Hier war jetzt nur noch das langsam lauter werdende Rauschen des Meeres. Es wurde ein bisschen windiger.

»Wie heißt du?«, fragte sie.

»Giovanni Schmidt«, sagte er.

Sie lächelte und strich ihm die Haartolle aus der Stirn. Die Berührung elektrisierte ihn. Er schien einen Moment zu versteinern.

»Giovanni Schmidt. Deine Mutter ist Italienerin und dein Vater Deutscher, stimmt's?«

Er nickte und schluckte. Sein Adamsapfel hüpfte rauf und runter. Er atmete nur sehr flach, so als hätte er Angst, jeden Moment zu hyperventilieren.

»Ich werde dich meinen Gladiator nennen«, sagte sie, und es klang für ihn wie die höchste Auszeichnung, die jemand auf Erden erhalten konnte.

Der Name kam ihm fremd vor, und doch spürte er, dass eine Kraft davon ausging, in seinen Körper strömte und aus ihm das machte, was sie in ihm sah. Gleichzeitig wusste er, dass nun eine Beziehung begann. Etwas, das mehr werden sollte als ein kurzer Flirt oder ein One-Night-Stand.

Sie sah ihm in die Augen und lächelte. Er hatte das Gefühl, sie würde tief in seine Seele schauen und sein tiefstes Inneres läge vor ihr wie ein offenes Buch, in dem sie nicht mal lesen musste, weil sie mit einem Blick erfasste, was mit ihm los war.

Vor ihr Geheimnisse zu haben war wie der Versuch, das Internet zu löschen: von vornherein zum Scheitern verurteilt.

Dann saßen sie einfach nur da, schwiegen und schauten und wuchsen zusammen, als könne alles eins werden. Die Menschen, die Insel und das Meer. Es war wie ein Nachhausekommen.

Erst als der Wind die Tränen auf seinen Wangen auskühlte und trocknete, wurde Giovanni Schmidt bewusst, dass er gerade vor lauter Glück weinte.

In große Saunatücher gehüllt, noch dampfend, ging Ann Kathrin mit Chantal ihre Laufstrecke im Garten ab. Sie setzten die nackten Füße zunächst auf die Wiese, dann auf gehäckseltes Holz, schließlich schritten sie über Kieselsteine, Sand und dann Lehmboden.

»Fühl das«, sagte Ann Kathrin, »es erdet wirklich. Manchmal glaube ich, es muss früher mal eine Zeit gegeben haben, da haben wir Menschen mit den Füßen gedacht. Heute rennt man ja meist in Schuhen über Asphalt, aber wenn du die Augen schließt, dann spürst du genau, wo du gerade bist.«

Chantal tat es Ann Kathrin gleich und fühlte unter den Sohlen den Unterschied zwischen Kieselsteinen und Sand.

»Boah, irre«, sagte sie. Chantal zeigte auf eine der Kameras. Darin blinkten rote Lichter. »Sag mal, filmt ihr uns hier etwa?«

Weller versuchte, es mit einem Lachen zu überspielen, aber es war ihm unangenehm: »O verdammt, na klar, das ist unsere Alarmanlage. Die reagiert auf Bewegung. Ich hätte sie ausschalten sollen ...«

Chantal winkte ab.

»Das löscht sich in achtundvierzig Stunden sowieso selbst.«, sagte Ann Kathrin.

Auch Chantal blieb gelassen: »Solange es nicht als Livecam ins Internet übertragen wird«, frotzelte sie.

»Man vergisst diese Überwachungsdinger einfach«, sagte Weller. »Ich denke da überhaupt nicht mehr dran.«

»Im Grunde finde ich es gut«, sagte Chantal. »Es hält Einbrecher und ungebetene Gäste fern.«

Weller nahm einen großen Schluck Wasser und goss alle Gläser wieder voll. »Ja, richtige Profieinbrecher erkennen gleich, dass sie besser einen Bogen ums Gebäude machen.«

Wenn es wenigstens so wäre, dachte Ann Kathrin, und sosehr ihr der Saunagang und das Gespräch mit Chantal geholfen hatte, aus dem Säurebad der entsetzlichen Situation auszusteigen, in der sie sich aktuell befand, so plumpste sie jetzt doch wieder hinein.

»Irgendjemand gibt sich gerade als Ann Kathrin Klaasen aus«, sagte sie sachlich und emotionslos, »und richtet damit eine Menge Schaden an. Ich habe das Gefühl, ich könnte bald vor den Trümmern meiner Existenz stehen, wenn es mir nicht gelingt, das zu stoppen.«

So hart und klar war es bisher nicht formuliert worden, und obwohl Wellers erhitzte Haut noch rot war und dampfte, ließen ihre Worte ihn frösteln.

Sie hatten sich bis zur Erschöpfung geliebt, und Giovanni war mit dem Gedanken eingeschlafen, dass die Pornosternchen, die er aus den Internetfilmchen kannte, vor Scham rot geworden wären, wenn sie gesehen hätten, was in dieser Nacht zwischen Maggie und ihm passiert war. Es war, als hätte er sich nicht mit ihr vereinigt, sondern mit der Welt an sich, mit dem Universum. Als sei eine Krankheit geheilt worden, die ihn lange Jahre gequält hatte. Als sei seine Seele in den Körper zurückgekehrt, und erst jetzt, da er sich in sich selbst befand, begriff er, wie lange er neben sich gestanden hatte.

Er war mit einem Lächeln auf den Lippen eingeschlafen und schnarchte jetzt leise, wie Katzen es tun, wenn sie sich neben dem Ofen eingerollt haben.

Maggie legte ihre linke Hand auf seine Brust und ließ sie mit seiner Atmung auf und nieder sinken. Dann flüsterte sie: »Steh auf, mein Gladiator. Lass uns den Sonnenaufgang erleben.«

Es war nicht ganz dunkel in der Ferienwohnung. Zwei Kerzen spendeten Licht.

Giovanni reckte sich und hoffte, dass sie es nicht ernst meinte. Sollte er jetzt wirklich aufstehen? Es kam ihm vor, als hätte er keine zwanzig Minuten Schlaf bekommen.

»Wenn die Sonne aufgeht, sollten wir sie begrüßen«, sagte Maggie.

Er hätte nichts lieber getan, als im Bett zu bleiben und ein paar Stunden zu schlafen. Aber er wollte sie nicht enttäuschen und sich in ihren Augen nicht zum Idioten machen, der einen Sonnenaufgang nicht zu schätzen wusste.

Er schlüpfte in seine Kleidung wie ein Ritter in seine Rüstung. Dass sie »Gladiator« zu ihm sagte, empfand er als Auszeichnung. Er war nie ein Sportass gewesen. Wenn die anderen sich auf dem Fußballplatz trafen, las er Kafka. Den Raufereien und Prügeleien auf dem Schulweg war er immer aus dem Weg gegangen. Seine Freunde gingen in den Boxverein, machten den gelben Gürtel im Judo und animierten ihn mitzukommen, doch diese Art Körperlichkeit war ihm immer fremd geblieben. Er mochte keine Wettkämpfe.

Eine Weile hatte er Märchen gesammelt, aber dann war es ihm albern vorgekommen. Er hatte sich deswegen geschämt und sie aus seinem Zimmer verbannt, als er den ersten Mädchenbesuch bekam. Seine Eltern waren bei Verwandten, seine

Märchenbücher auf dem Dachboden, aber trotzdem war es gründlich schiefgegangen.

Und jetzt, dachte er, jetzt bin ich der Gladiator.

Er sah zu Maggie. Sie kam ihm vor wie ein Wesen von einem anderen Stern.

Kein Mensch war auf der Barkhausenstraße. Sie gingen in Richtung Strand. Das Meer war jetzt laut, und er spürte den Wind auf der Haut, als hätte er keine Kleidung an. Der nächste Tag würde nicht schwül, sondern stürmisch werden.

In der Ferne sahen sie einen Radfahrer. Sie durchquerten die Dünen, wobei er registrierte, dass sie sich an die vorgegebenen Wege hielt. Sie machte auf ihn überhaupt nicht den Eindruck, als würde sie sich um Vorschriften oder Konventionen scheren. Nein, sie war anders. Aber sie wollte die Dünenlandschaft schützen und die Tiere nicht aufscheuchen.

Sie ließen ihre Schuhe stehen und gingen barfuß durch den weichen Sand weiter, bis der Boden hart wurde und feucht. Die letzten Ausläufer der Wellen leckten an ihren Füßen, was ihrem Kreislauf guttat und ihn weckte, als hätte er Espresso intravenös bekommen. Sie legte ihre Hand zwischen seine Schulterblätter. Es ging ihm durch und durch.

Bevor im Osten die Sonne aufging, färbte sich der Horizont rot, golden und lila. Die Sonne schien eine Wolke anzuheben oder mit ihren Strahlen vor sich herzuschieben, sie gleichzeitig zu durchlöchern und sich trotzdem hinter ihr zu verstecken.

Dann war die Wolke weg, und dieser glühende Ball stieg aus dem Meer hoch. Möwen kreischten. Wieder lief ein Schauer über seinen Rücken. Er hatte das Gefühl, die Welt würde nie wieder werden, wie sie einmal gewesen war. Jetzt, mit dieser Frau, begann etwas ganz Neues.

Er wagte nicht, sie zu fragen, wie alt sie war, und es spielte auch keine Rolle. Selbst wenn sie fünfzig ist, verheiratet und den Stall voller Kinder hat, auch das ist völlig egal. Ihre Kinder könnten in meinem Alter sein. Vielleicht älter. Was werden sie dazu sagen? Werden sie unsere Liebe akzeptieren? Wenn nicht, auch egal, dann werden wir eben gemeinsam abhauen und sie einfach vergessen. Wir werden vor der Welt fliehen. Uns befreien und irgendwo auf dieser Erde ein Plätzchen finden, um uns zu lieben. Hauptsache, wir sind zusammen. Alles andere ist doch völlig schnuppe, dachte er.

Er hatte keine Ahnung, was ihn in Wirklichkeit erwartete …

Im Grunde gefiel es Ann Kathrin und Weller, Chantal bei sich in der Wohnung zu haben. Sie vermissten beide ihre Kinder. Ann Kathrins Sohn Eike lebte mit seiner Freundin, der Assistenzärztin Rebekka Simon, in Oldenburg. Weller sah seine Töchter Jule und Sabrina noch seltener als Ann Kathrin ihren Sohn. Es war schwierig, die Freizeiten zu koordinieren.

Er machte nicht mehr den Fehler, sie sonntagmorgens anzurufen, denn er weckte sie jedes Mal. Selbst wenn er schon dabei war, das Mittagsessen zuzubereiten, schliefen sie noch ihre Discobesuche aus.

Er hatte sich oft mit Ann Kathrin darüber unterhalten. Ihrer beider Beruf machte es schwierig, Kontakt zu halten zu Freunden oder Verwandten. Wer regelmäßig um achtzehn Uhr Büroschluss hatte, tat sich da leichter. Ein Kind im Haus verschob das Koordinatensystem auf eine, wie beide fanden, recht angenehme Weise. Trotzdem wussten sie, dass sie diesen Zustand nicht lange würden halten können. Es musste eine andere Lösung für Chantal gefunden werden.

Weller machte Omelett mit einer Füllung aus Speck, Pilzen und Käse. Der Mixer war so laut, dass er selbst die Maulwürfe im Garten weckte. Dafür war der Saft aus Äpfeln, Erdbeeren und Birnen, mit einem Spritzer Zitrone, wundervoll erfrischend.

Ann Kathrin war noch nicht ganz im Bad fertig, als der Seehund in ihrem Handy zu heulen begann. Weller sah auf die Uhr. Acht Uhr dreißig. Das konnte eigentlich nur dienstlich sein.

Er ging ran. Es meldete sich Herr Ysker von der Sparkasse Aurich-Norden. Er bat darum, Ann Kathrin Klaasen zu sprechen.

»Kann ich meiner Frau etwas ausrichten? Sie ist noch im Bad«, fragte Weller, der bei jedem Kontakt zur Sparkasse befürchtete, sein überzogenes Konto könne gesperrt werden. Doch in diesem Fall ging es ja nicht um ihn, sondern um Ann Kathrin, was ihn zunächst erleichterte.

»Sagen Sie doch bitte Ihrer Frau, dass ihr Vermögensberater angerufen hat. Ich habe da mal eine Frage. Sie kann mich jederzeit zurückrufen. Sie hat ja meine Nummer.«

Weller klickte das Gespräch weg und klopfte an die Badezimmertür. Er rief nicht ohne Spott in der Stimme: »Ann, dein Vermögensberater hat gerade angerufen. Ich glaube, er hat irgendeinen heißen Anlagetipp für dich oder so ...«

Sie öffnete die Tür, warf ihre Haare zurück. Weller fand, dass sie umwerfend gut aussah. Im Gegensatz zu ihr kam er sich zerknittert vor.

»Ach, der Herr Ysker«, sagte sie. »Was will der denn?«

Weller zuckte nur mit den Schultern. »In deinem Fall geht es wohl kaum um ein überzogenes Konto, oder?«

»Ich hoffe nicht«, sagte Ann Kathrin, fischte das Handy vom Tisch, nahm einen Schluck von Wellers Obstsaft und zeigte ihm mit erhobenem Daumen, wie toll sie ihn fand. Jetzt hatte sie einen kleinen, fruchtigen Schnurrbart.

Herr Ysker war sofort am Telefon, und Ann Kathrin staunte nicht schlecht, als er ihr eröffnete, ihr Girokonto sei mit vierundfünfzigtausend Euro im Plus, und es sei doch unsinnig, so viel Geld auf dem Girokonto zu haben. Ob sie nicht gemeinsam über eine sinnvolle Anlagestrategie reden könnten oder ob sie das Geld für eine Anschaffung brauche.

Ann Kathrin lachte: »Das muss ein Irrtum sein! So viel Geld habe ich nicht auf meinem Konto ...«

»Nein, Frau Klaasen, ich glaube nicht, dass es sich um eine Fehlbuchung handelt. Es ist eine Online-Umbuchung von Ihrem Geschäftskonto.«

»Ich habe kein Geschäftskonto.«

»Ja, nicht bei unserer Bank, sondern ...«

»Auch nicht woanders. Und Onlinebanking mache ich schon gar nicht. Ich gehe noch richtig an den Schalter, fülle einen Überweisungsträger aus und ...«

»Ja, ich weiß«, sagte Herr Ysker, hörte sich aber so an, als würde er seiner Kundin nicht wirklich glauben. »Vielleicht kommen Sie vorbei, und wir schauen uns den Vorgang einmal gemeinsam an?«

Ann Kathrin nickte wortlos. Er bekam das natürlich nicht mit. Sie telefonierten ja nicht auf Sicht.

Er bot an: »Ich habe um elf wieder einen Termin. Aber vorher ...«

»Ja«, sagte sie, »ich komme gleich.«

Sie hatte ein mulmiges Gefühl im Magen, und das kam bestimmt nicht von dem frisch gepressten Obstsaft.

Chantal saß in der Küche und war begeistert von dem Omelett und dem Saft, und angeblich hatte sie noch nie im Leben einen so guten Kaffee getrunken wie den aus Wellers Kaffeemaschine.

»Ich kann nur ein paar Bissen essen«, sagte Ann Kathrin, »dann muss ich los.«

»Zu deinem Vermögensberater?«, fragte Weller.

»Ja. Ich habe unsinnig viel Geld auf dem Konto und weiß nicht, woher.«

»Deine Probleme möchte ich haben«, stöhnte Weller und sah

zur Decke, als wolle er den Himmel bitten, ihm auch solche Sorgen zu bescheren.

»Ich auch«, grinste Chantal mit vollem Mund.

In der Garage schnippte Ann Kathrin gegen das Papierstückchen, das sie in die Autotür geklemmt hatte. Dieser Wagen war in der Zwischenzeit von niemandem bewegt worden. Immerhin.

Aber was, verdammt, ist mit meinem Konto, dachte sie und konnte sich darüber, dass es überfloss, gar nicht freuen.

Als sie in den Flökershauser Weg einbog, kam ihr Wellers Tochter Sabrina auf dem Fahrrad entgegen. Sie sah schmallippig aus, übernächtigt und verheult. Verbissen trampelte sie in Richtung Distelkamp.

Oh, dachte Ann Kathrin, da ist etwas schiefgelaufen. Sie hat sich so lange nicht sehen lassen. Wenn sie jetzt plötzlich morgens mit dem Fahrrad ankommt, dann ist entweder was mit ihrem Auto oder mit ihrem Freund. Möglicherweise beides.

Sie mochte Sabrina und Jule, auch wenn sie während der Pubertät und in der Trennungsphase der Eltern manchmal pampig zu ihr gewesen waren, so hatte sich im Laufe der Jahre doch ein schönes, relativ unkompliziertes Verhältnis entwickelt. Manchmal hatte Ann Kathrin das Gefühl, dass sie sich besser mit den Töchtern verstand als Weller.

Aber klar, dachte sie, sie sind auf der Suche nach weiblichen Vorbildern. Da scheidet Frank ja vermutlich aus.

Doch jetzt bemerkte Sabrina Ann Kathrin nicht einmal, dabei war sonst kein anderes Fahrzeug auf der Straße.

Ann Kathrin fuhr über die Linteler Straße bis zur Große Hinterlohne. Schließlich parkte sie in der Doornkaatlohne.

Arno Ysker saß in einem wohltemperierten Büro, trug einen

leichten Sommeranzug und eine Krawatte in leuchtendem Sparkassenrot. Er begrüßte sie freundlich und bot ihr ein Glas Wasser an. Sie nahm es gerne, wollte sich aber zunächst gar nicht setzen.

Sein Büro war mehr ein Besprechungsraum. Ein Computer in der Ecke. Ein großer, runder Tisch, der locker in der Polizeiinspektion für eine große Dienstbesprechung ausgereicht hätte.

Er zeigte ihr auf dem Computerbildschirm ihren Kontostand. 54.273,12 Euro.

»Dreiundfünfzigtausendsiebenhundertvier Euro sind Ihnen vor ein paar Tagen gutgeschrieben worden.«

»Von wem denn?«

Er lächelte und beruhigte sie: »Zu Kontobewegungen gibt es immer Querverbindungen, das ist alles sehr leicht nachzuprüfen. Die Überweisung kommt von Ihrem eigenen Konto bei der Santander Consumer Bank. Ich kann hier auch sehen, dass es sich um eine Online-Überweisung handelt.«

»Ja, aber ...« Ann Kathrin trank noch einen großen Schluck Wasser. »Das heißt, ich habe bei der Santander Bank ein Konto? Und von dort habe ich mir selber Geld überwiesen?«

»Ja, genau das bedeutet es.«

»Kann ich auf dieses Konto zugreifen? Kann ich da irgendwie reingucken?«

»Wenn Sie die nötigen Zugangsdaten haben, selbstverständlich. Ohne diese Daten kommt da niemand rein, das ist ja auch gut so, sonst könnte ja jeder mit Ihrem Konto Schindluder treiben.«

»Das ist doch verrückt«, sagte sie. »Wieso überweist mir jemand so viel Geld und tut so, als sei ich es gewesen?«

Arno Ysker zupfte an seinen Hemdsärmeln. Die Geschichte fing an, ihn nervös zu machen. »Es gibt überall im Internet Verbrecher, kriminelle Banden, die versuchen, Kundendaten abzufischen. Aber die bereichern sich dann normalerweise, versuchen, ein Konto zu plündern, oder bestellen sich im Internet Sachen, und die Rechnungen werden dann von einem fremden Konto abgebucht. Aber dass sich jemand Zugangsdaten beschafft, um einem anderen Geld zu überweisen, ergibt für mich überhaupt keinen Sinn.«

Ann Kathrin stellte das Glas auf den Tisch. »Das heißt, ich könnte jetzt das Geld abheben und damit machen, was ich will?«

»Na ja, so sieht es aus. Deswegen habe ich Sie ja angerufen. Ich habe ein paar sinnvolle Möglichkeiten für Sie, das Geld anzulegen. Haben Sie zum Beispiel mal darüber nachgedacht, Ihre spätere Pension durch Riester oder Rürup aufzubessern? Es gibt da Steuersparmodelle, der Staat unterstützt die Alterssicherung durchaus ganz sinnvoll …«

Ann Kathrin winkte ab: »Das ist jetzt nicht mein Problem«, sagte sie und wirkte niedergeschlagen. »Hier stimmt etwas nicht. Das Geld gehört mir nicht.«

»Meinen Sie, dass Ihnen ein Verehrer etwas zukommen lassen will? Wir hatten so etwas schon einmal, da hat ein junger Mann ein Haus geerbt, in dem er als Mieter gewohnt hat. Er war Sozialhilfeempfänger, hat der Vermieterin, einer netten alten Dame, beim Einkaufen geholfen, ihren Hund ausgeführt, sich nett um sie gekümmert, und als die alte Dame verstarb, da hat sie ihm das Haus vererbt und ihr Sparbuch dazu …«

»Aber das hier ist doch keine Erbschaft.«

»Nein, ich kann mich nur wiederholen, Frau Klaasen, es sieht aus wie eine Überweisung, die Sie von Ihrem Santander-Geschäftskonto an sich selbst gemacht haben.«

»Junger Mann, können Sie mir helfen? Ich muss mit den Leuten bei der Santander Bank sprechen. Wer hat das Konto dort eröffnet? Woher stammt das Geld auf dem Konto? Das ist doch alles sehr merkwürdig.«

Er sah sie ruhig an. »Wir bewegen uns hier in einem sehr

sensiblen Bereich. Es geht um Bankgeheimnisse. Wenn Sie die Zugangsdaten nicht haben, dann ...«

Ann Kathrin schluckte: »Ich ahne Schlimmes ...«

Im Distelkamp stand Weller inzwischen vor einer gar nicht so leichten Situation. Einerseits freute er sich riesig über den Besuch von Sabrina, andererseits merkte er ihr natürlich an, dass sie unter großem Druck stand, verletzt und traurig war.

Sie giftete Chantal an, als sei sie eifersüchtig darauf, dass eine junge Frau in ihrem Alter bei ihrem Papa am Frühstückstisch saß. Als würde sie davon aufgestachelt, begann Chantal nun, davon zu schwärmen, was Weller für ein toller Vater sei und was sie darum geben würde, so einen klasse Papa zu haben, aber ihrer sei leider ein Arsch gewesen und habe sich schon während der Schwangerschaft ihrer Mutter aus dem Staub gemacht.

Als müsse Sabrina jetzt unbedingt am Ruf ihres Vaters herumkratzen, giftete sie: »Bei uns ist auch nicht alles Gold, was glänzt.«

Weller musste langsam zum Dienst, aber er hatte kein gutes Gefühl dabei, die beiden alleine zu lassen. Außerdem wollte er erst wissen, was mit Sabrina los war.

»Du bist doch nicht einfach so zufällig hier vorbeigefahren«, sagte er. »Mein Dienst beginnt gleich, aber wir können gerne noch einen kleinen Spaziergang ums Haus machen, wenn wir miteinander reden wollen.«

Aus Sabrina platzte es sofort wütend heraus: »Heißt das, ich muss jetzt mit meinen Papa das Haus verlassen, wenn ich mal in Ruhe mit ihm sprechen will, weil die hier sitzt?«

Chantal federte hoch. »Ich kann auch sofort gehen, wenn ich störe.«

»Haltet mal die Bälle flach, Mädels!«, mahnte Weller. »Kein Grund zur Aufregung. Wir haben gleich eine Dienstbesprechung, aber ich kann auch ein paar Minuten später kommen. Chantal, würdest du Sabrina und mich kurz alleine lassen? Ich glaube, wir müssen ein Vater-Tochter-Gespräch unter vier Augen führen. Du kannst solange ins Wohnzimmer gehen, wir haben ein paar hundert Bücher. Du kannst gerne ...«

»Ich weiß«, sagte Chantal schnippisch. »Deine Frau sammelt Bilderbücher und du Kriminalromane.«

Jetzt war er mit seiner Tochter Sabrina in der Küche alleine. Aber sie rückte nicht mit der Sprache heraus, starrte vor sich auf den Tisch und zerzupfte eine Serviette.

Lieber Gott, dachte Weller, bitte lass sie nicht von diesem kleinen Idioten schwanger sein, mit dem ich sie beim letzten Mal gesehen habe. Bitte, alles, nur das nicht ...

Während sie weiterhin die Serviette zerlegte, fragte er sich, ob es in so einer Lage überhaupt eine richtige Reaktion gab. Würde sie ihn gleich bitten, ihr bei der Organisation einer Abtreibung zu helfen, oder sollte er ein Babybettchen zusammenbauen?

Das Schweigen zwischen ihnen wurde unerträglich.

»Bist du schwanger?«, fragte Weller.

Sie platzte raus, als sei das der beste Witz des Jahres. Sie lachte mit verzogenen Lippen: »Nein, das bin ich nun wirklich nicht!«

»Worum geht es dann?«, fragte er relativ entspannt, denn seine größte Befürchtung war nicht eingetreten.

»Ich brauche fünftausend Euro«, sagte sie, und wahrscheinlich, weil er so breit lächelnd dasaß, fügte sie gleich hinzu: »Mindestens.«

»Ach so«, lachte er, »na, wenn's mehr nicht ist! Ich dachte schon, wir hätten ein Problem.«

Sie sagte nichts, und um die Peinlichkeit zwischen ihnen zu

überbrücken, machte er noch zwei Espressi. Einen stellte er ungefragt vor sie hin, den anderen trank er neben ihr im Stehen.

»Fünftausend Euro«, sagte er dann, »sind eine Menge Geld. Wenn ich zwei, drei Monate hart arbeite, bleibt mir nicht so viel übrig.«

Sie war sehr nervös und auch auf eine Art angriffslustig, die ihn vorsichtig werden ließ. Er kannte das von ihrer Mutter Renate. Wenn sie ihn betrogen hatte – was ziemlich häufig vorkam, wie er im Nachhinein erfahren hatte –, spielte sie danach nicht die brave Ehefrau, sondern attackierte ihn, so dass er das Gefühl bekam, er hätte etwas falsch gemacht.

»Wenn du es mir nicht geben willst, kann ich ja gleich wieder gehen. Mama hat sowieso immer gesagt, du seist ein fürchterlicher Geizkragen!«

»Na, da hat deine Mutter ja, wie so oft, recht behalten. Ich habe nicht gesagt, dass ich dir das Geld nicht gebe, Kind. Aber ich wüsste doch gerne, wofür.«

»Sag nicht immer Kind zu mir!«

»Du bist doch mein Kind!«

Sie begann zu weinen und zu schluchzen, und dazwischen versuchte sie, etwas zu erzählen, aber Weller bekam es nur bruchstückhaft mit und reimte sich aus all dem zusammen, dass Thorsten den BMW seines Vaters kaputtgefahren hatte und der, so beteuerte Sabrina, »dreht jetzt völlig am Rad. Der flippt doch wegen jedem Kleinscheiß aus, und ich hab Thorsten gesagt, dass ich das Geld besorge.«

Weller räusperte sich: »Geld besorgt man nicht. Geld verdient man.«

»Ja, gibst du es mir jetzt oder nicht?«

»Ich soll fünftausend Euro zahlen, weil Thorsten den Wagen seines Vaters kaputtgefahren hat?«

»Ja – das heißt, nein – also, sein Vater denkt ja, ich hätte den Wagen gefahren.«

»Du?«

»Ja, weil der Thorsten doch …«

Weil sie nicht weitersprach, dachte Weller die Sache laut zu Ende: »Thorsten war besoffen oder bedröhnt oder was weiß ich und hat den Wagen vor die Wand gesetzt, und dann hast du behauptet, du seist gefahren …«

»Der hatte überhaupt nichts getrunken, und der kifft auch schon lange nicht mehr! Und was anderes hat der sowieso nie genommen, der ist doch nicht blöd!«

»Und warum tut ihr dann so, als hättest du den Wagen gefahren?«

»Weil Thorsten doch keinen Führerschein mehr hat. Die haben ihm den doch damals weggenommen, aber daran war er überhaupt nicht schuld, sondern …«

Weller stöhnte. »Dachte ich mir doch, dass der unschuldig ist …«

Jetzt wäre Weller im Grunde ein Schnaps lieber gewesen als ein Espresso, aber vor Dienstbeginn trank er grundsätzlich nicht.

»Wann ist das denn passiert?«

Sie zuckte mit den Schultern, tat, als müsse sie richtig nachdenken und als sei das ja sowieso alles völlig nebensächlich. »Vor fünf, sechs Wochen.«

»Und warum kommst du erst jetzt zu mir?«

Sie sah ihn zornig, ja vorwurfsvoll an. Er erkannte in ihrem Blick ihre Mutter.

»Weil jetzt die Rechnung gekommen ist. Und eigentlich wollte Thorsten sie ja auch bezahlen, der wollte nämlich das Geld besorgen …«

Weller unterbrach sie sofort: »Ich wiederhole mich ungern, aber Geld besorgt man nicht, Geld verdient oder erarbeitet man sich.«

»Das hätte ja auch alles geklappt, aber dann ist leider was schiefgegangen, weil sein Kumpel ihn draufgesetzt hat und …«

Weller atmete schwer aus. »Ich glaube, ich will es gar nicht wissen.« Er seufzte: »Selbst wenn ich wollte, Sabrina, so viel Geld habe ich gar nicht.«

Chantal, die vor der Tür gelauscht hatte, kam, ohne anzuklopfen, in die Küche. »Ich hätte gerne noch so 'n tollen Kaffee. Kann ich noch einen haben?«

Weller nickte.

»Wo ist Ann Kathrin denn?«, fragte Sabrina. Sie konnte sich durchaus vorstellen, in dieser Frage von Ann Kathrin Unterstützung zu bekommen. Sie hatte so eine großzügige, freundliche Ader.

Chantal antwortete für Weller: »Sie ist bei ihrem Vermögensberater von der Sparkasse. Der hat nämlich angerufen, weil ihr Konto überquillt, und er möchte ihr ein paar Anlagemöglichkeiten empfehlen ...«

»Danke, Chantal!«, giftete Weller. »Das war jetzt sehr hilfreich!«

Die Anspannung stand Polizeichef Büscher ins Gesicht geschrieben, als er die Dienstbesprechung am langen, ovalen Tisch eröffnete. Links von ihm, an der Längsseite, saßen Rupert, Sylvia Hoppe und die Pressesprecherin Rieke Gersema. Rechts, die Tür im Rücken, Ann Kathrin Klaasen, Frank Weller und die Polizeipsychologin Elke Sommer. Seitdem sie jeden Morgen vor der Arbeit joggte, hatte sie abgenommen, roch aber nach acetonhaltigem Schweiß, und weil sie gänzlich auf Schokolade und andere Süßigkeiten verzichtete, war sie zunehmend schlecht gelaunt.

Jeder hatte ein Kommunikationsgerät vor sich aufgebaut. Laptop, iPhone oder Tablet. Jeder stierte auf seinen Bildschirm und schien die anderen im Raum gar nicht wahrzunehmen.

Martin Büscher rang um Aufmerksamkeit: »Ich würde jetzt gerne die Ermittlungsergebnisse im Fall Hauke Hinrichs bündeln und dann ...«

Rupert begann: »Unsere Kollegin Ann Kathrin sagt ja immer, dass das Internet für die Jungs heutzutage eine Art Schwanzverlängerung sei ...«

Ann Kathrin schlug mit der flachen Hand auf den Tisch und fuhr ihn an: »Nein, das habe ich noch nie gesagt! Nicht Schwanzverlängerung, sondern Ego-Erweiterung!«

»Ja, meine ich ja. Ego-Erweiterung. Deswegen habe ich mich bemüht, sein Handy ausfindig zu machen, aber obwohl wir sicher sein können, dass er eins benutzt hat, er hat sich per WhatsApp und SMS mit Freundinnen unterhalten, haben wir das Gerät nicht gefunden. Es ist unwahrscheinlich, dass sein Handy in der Wohnung verbrannt ist. Die Wohnung ist relativ gut erhalten – also, ich meine für einen Laden, in dem Feuer gelegt wurde –, man hätte zumindest geschmolzene Reste finden müssen. Da gibt die Spusi mir völlig recht.«

»Was willst du damit sagen?«, fragte Martin Büscher, und Rupert antwortete ruhig: »Dass wir sein Handy nicht haben. Ich habe alle möglichen Anbieter kontaktet und versucht herauszukriegen, ob er irgendwo einen Vertrag hat. Das ist aber gar nicht so einfach.«

»Wieso nicht?«, warf Weller ein. »Wenn er seinen Freundinnen SMS geschickt hat, kennen die doch seine Handynummer. Darüber können wir doch ...«

»Ja, ja, ja, aber ohne richterlichen Beschluss kommst du heute bei diesen Typen nicht weiter.« Rupert sang es als Rap und bewegte dabei die Arme rhythmisch hin und her: »Datenschutz ... Ddddatenschutz ... Ich habe aber seine Freundin in Leer besucht – also, seine Exfreundin, Daniela Bass. Die hat vor ein paar Monaten Schluss mit ihm gemacht. Er hat wohl ein Verhältnis mit ihrer Mutter angefangen. Zumindest hat er es versucht. Verstehen kann ich den Jungen ja, das ist wirklich eine scharfe Schnitte – also, die Mutter, meine ich ...«

Rieke Gersema verdrehte die Augen. Es bereitete ihr körperliche Übelkeit, Rupert zuzuhören. Sie zischte über den Tisch: »Wahrscheinlich musste er beide flachlegen, um das herauszubekommen!«

Rupert genoss es, im Mittelpunkt zu stehen. »Na, jedenfalls hat sie Schluss mit ihm gemacht, und er hatte sofort eine andere am Start. Die hat sogar in seinem Fish-'n'-Chips-Laden mitgeholfen oder wie das Ding heißt. Irgendwas ist auch mit dieser Katja Schumann ...« Rupert guckte auf sein Papier: »Nee, Katja Schubert. Also, ich kann mir nicht vorstellen, warum der sich umgebracht haben sollte. Der hatte doch praktisch an jedem Finger eine. Wenn ich damals – in dem Alter – an seiner Stelle gewesen wäre, ich hätte den lieben Gott einen guten Mann sein lassen und mein Leben genossen, darauf könnt ihr aber Gift nehmen!«

Ann Kathrin schien neben Weller zu gefrieren. Noch hielt Weller alles für einen Irrtum oder einen merkwürdigen Zufall. Er legte seine Hand auf Ann Kathrins Unterarm und unterbrach Rupert: »Guck noch mal genau auf deinen Zettel. Wie hieß die neue Freundin?«

»Katja Schubert.«

»Mit so kurzen blonden Haaren?«

Rupert zuckte mit den Schultern. »Keine Ahnung. Ich hab sie nicht gesehen. Ich hab mir nur den Namen aufgeschrieben.«

»Das ist die, deren Computer ich angeblich beschlagnahmt habe«, sagte Ann Kathrin laut in den Raum.

Büscher stöhnte: »Die Studentin aus Oldenburg mit dem nissigen Anwalt?«

»Kapier ich hier irgendwas nicht?«, fragte Sylvia Hoppe.

Ann Kathrin war blass, und ihre Unterlippe zitterte, als sie sagte: »Gibt es da einen Zusammenhang?«

»Quatsch«, sagte Elke Sommer. »Das ist reiner Zufall. Wir

sind hier nicht in New York. Dies ist keine Acht-Millionen-Einwohner-Metropole. Wir sind hier in Ostfriesland. Hier kennt im Grunde jeder jeden und ist über ein paar Ecken mit ihm verwandt ...«

Ann Kathrin wies die Psychologin mit einem stechenden Blick zurecht und sagte: »Ich glaube nicht an Zufälle. Hier stimmt was nicht.«

Rupert versuchte zu schlichten, was rührend war, aber schiefging: »Also«, sagte er und breitete die Arme über dem Tisch aus, »ich kann mir nicht vorstellen, dass Hauke Hinrichs sich umgebracht hat, weil du den Laptop seiner Freundin beschlagnahmt hast. Ich meine, so schlimm war das doch nun auch wieder nicht ...«

Zähneknirschend zischte Ann Kathrin in seine Richtung: »Ich habe den Laptop nicht beschlagnahmt, verdammt nochmal! Ich habe noch nie in meinem ganzen Leben in Oldenburg einen Laptop beschlagnahmt! Warum denn auch?«

Rupert hob beschwichtigend die Hände. »Jaja, schon gut. Ich meinte ja nur.«

Jetzt trumpfte Weller auf: »Der Hausdurchsuchungsbefehl ist eine Fälschung. Kein Richter hat den Wisch unterschrieben, sondern angeblich Ann Kathrin. Es ist allerdings nicht ihre Unterschrift. Das Ganze sieht aus, als hätte sich jemand etwas im Internet ausgedruckt.«

Die Kollegen nannten es immer alle noch *Hausdurchsuchungsbefehl*. Martin Büscher hatte es in seiner Zeit in Bremerhaven als Hauptkommissar genauso getan, aber jetzt, als Kripochef, bestand er darauf, die Dinge beim richtigen Namen zu nennen, also forderte er wie immer gebetsmühlenartig: »Das heißt Durchsuchungsanordnung.«

»Ja, nenn es, wie du willst«, blaffte Weller seinen Chef an. »Aber es ist ein Fake, und jeder Idiot hätte es durchschauen müssen.«

Dieser Vorwurf ging in Richtung Martin Büscher. Er hatte Mühe, Wellers zornigem Blick standzuhalten. Dann war es Weller fast unangenehm, ihn so angegriffen zu haben, und er relativierte: »Dieser Anwalt steckt entweder mit denen unter einer Decke, oder er ist ein völliger Schwachkopf. Der musste das doch auf den ersten Blick merken. Seit wann unterschreiben Kommissare eine richterliche Anordnung?«

»Du warst dort, Frank, und das war keine gute Idee«, konterte Büscher.

»O doch«, verteidigte Weller sich, »das war eine großartige Idee. Denn jetzt wissen wir, dass das alles dummes Zeug ist. Ann soll fertiggemacht werden. Man will sie hier in irgendetwas hineinziehen, vorführen oder ...«

Büscher machte eine schneidende Geste über den Tisch. Es sah aus, als würde er mit einem imaginären Schwert die Luft zerteilen. Er sah Ann Kathrin an und beugte sich vor zu ihr. Sie blieb stocksteif sitzen.

»Was hast du mit der ganzen Sache zu tun, Ann? Was ist hier los? Hosen runter, Karten auf den Tisch!«, forderte er und tippte mit dem Zeigefinger auf die Tischplatte.

»Ich habe keine Ahnung«, sagte Ann Kathrin, »aber wer auch immer dahintersteckt, ist längst nicht so blöd, wie wir glauben. Er will nur, dass wir ihn unterschätzen, deswegen diese billige Fälschung und meine Unterschrift auf den amtlichen Papieren, die eigentlich ein Richter ausfüllen müsste.«

»Du meinst, da läuft irgendein Scheißding«, fragte Martin Büscher nachdenklich, »und jemand will, dass wir ihn unterschätzen? Na gut, meinetwegen. Aber warum? Was hat der Typ vor?«

Büscher klang wie ein resignierter alter Staatsmann, der die hitzköpfigen Parteien bat, Frieden zu bewahren, während bereits der Krieg begonnen hatte und Kanonendonner zu hören war: »Das ist nicht dein Fall, Ann. Halte dich da bitte raus. Du bist zu verstrickt.«

Jetzt war es ganz ruhig. Alle Blicke waren auf Ann Kathrin Klaasen gerichtet.

Sylvia Hoppe hielt die Spannung kaum aus. Ihr fiel das Handy aus der Hand. Es krachte auf die Tischplatte und hüpfte dann hoch. Es hörte sich an, als sei etwas zerbrochen. Das Display wies ohnehin schon einige Bruchspuren auf, als habe eine Spinne unter dem Glas ihr Netz gespannt.

Sie griff jetzt danach und steckte das Handy mit einer verlegenen Geste in die Tasche, als sei es ihr peinlich, so etwas zu besitzen.

»Ich bin in gar nichts verstrickt«, sagte Ann Kathrin, »aber offensichtlich gibt es Menschen, die ein Interesse daran haben, es so aussehen zu lassen, um mich von diesem Fall fernzuhalten.«

Ihre Worte hingen im Raum wie Zigarettenqualm, der die Nichtraucher nervte.

Als wolle er den Rauch vertreiben, fuchtelte Rupert mit der rechten Hand durch die Luft. »Na, übertreib mal nicht. Oder glaubst du im Ernst, dass du als Ermittlerin so einen tollen Ruf hast, dass jetzt alle Ganoven Angst vor dir haben und irgendwelchen Mist konstruieren, damit du aus dem Spiel bist?«

Elke Sommer schaltete sich merkwürdig schnippisch ein: »Klar, weil sie euch nämlich nicht zutrauen, den Fall zu lösen?!«

»Kinder, bitte«, stöhnte Büscher. So wie Weller ihn jetzt anguckte, war eins ganz klar: Solche Ermahnungen standen ihm nicht zu. Ubbo Heide, der ehemalige Chef der Kripo, durfte sich erlauben, so mit seinen Leuten zu reden. Martin Büscher nicht.

Er räusperte sich und hatte das Gefühl, sein Hemdkragen sei zu eng, dabei hatte er das oberste Knopfloch gar nicht geschlossen. Trotzdem griff er jetzt hin und spielte mit dem Knopf: »Also, liebe Kollegen«, es klang wie eine Korrektur,

»wir sollten jetzt sehr umsichtig handeln. Jemand versucht, uns ins Unrecht zu setzen. Da läuft ein Scheißspiel, und ich möchte verhindern, dass unsere Dienststelle ins Kreuzfeuer gerät.«

Elke Sommer setzte sich anders hin. Jetzt sah Ann Kathrin, dass sie Ränder unter den Augen hatte.

»Wenn jemand alles auf sich selbst bezieht«, gab die Psychologin zu bedenken, »zeugt das nicht nur von einer gestörten Wirklichkeitswahrnehmung, sondern ist unter Umständen auch ein Hinweis auf eine narzisstische Persönlichkeitsstörung ...«

Sie hatte zwar nicht in Ann Kathrins Richtung gesprochen, doch die antwortete jetzt: »Danke! Das geht ja dann wohl gegen mich?!«

»Ja, glaubt denn einer von euch im Ernst, dass jemand diese ganze Show veranstaltet, damit Ann Kathrin von den Ermittlungen abgezogen wird? Alles wegen diesem Scheißselbstmord?«, frotzelte Rupert.

»Ja«, sagte Weller hart, »genau das glaube ich. Und es war kein Selbstmord. Es sollte nur so aussehen wie einer.«

Einerseits wollte Giovanni Schmidt am liebsten jede Minute mit Maggie verbringen, andererseits fragte er sich, wie seine Freunde reagieren würden, wenn er mit dieser zwanzig, vielleicht fünfundzwanzig Jahre älteren Frau Arm in Arm am Strand herumturteln würde. Zwischen Spott und Bewunderung konnte er sich alles vorstellen.

In der Nacht und am frühen Morgen war ihre Beziehung kein Problem, aber jetzt füllten sich die Cafés, und auf der Barkhausenstraße flanierten eisschleckende Pärchen.

Sie war nicht die Freundin, mit der man händchenhaltend spazieren ging. Er vermutete, dass ihr das nicht gefallen würde. Sie hätte locker seine Mutter sein können, aber er konnte sich nicht vorstellen, dass es viel im Leben gab, das ihr peinlich war oder wofür sie sich schämen würde.

Nein, sie war ein Mensch, der voll und ganz zu sich selbst stand. Das machte einen Teil der Faszination aus, die von ihr ausging. Es umgab sie ein Nimbus des Besonderen. Eine unbändige Unabhängigkeit. Undenkbar, dass sie einen Chef hatte, ihr jemand Anweisungen gab oder sie gezwungen werden konnte, nach Regeln zu spielen, die ihr nicht gefielen. Sie machte sich alles untertan. Heute war es so, als würde sogar die Sonne nur für sie scheinen.

Sie schlug vor, zur Meierei zu fahren. Nein, sie schlug es nicht wirklich vor, sie sagte es einfach: »Wir leihen uns Fahrräder und radeln in den Osten. Zur Meierei.«

Warum hätte er widersprechen sollen?

Seit er mit ihr zusammen war, ging er anders. Er spürte es genau. Er setzte die Beine bewusst voreinander, achtete jederzeit auf festen Stand, als würde er einen Angriff erwarten. Er hielt die Hände leicht vom Körper abgewinkelt, wie ein Revolverheld, bereit, sofort den Colt zu ziehen.

Er ließ auf der Straße seine Blicke schweifen, checkte die Gegend ab, taxierte jeden, der in ihre Nähe kam. Er benahm sich wie ein Leibwächter. Ja, er fühlte sich jetzt hier außerhalb der Ferienwohnung zwischen all den gutgelaunten Touristen wie ein Bodyguard.

Es ging ihm großartig dabei. Er war wichtig und unersetzlich.

Sie radelten stumm nebeneinanderher. Auf der einen Seite die Dünen, auf der anderen das Meer. Neben ihnen flatterten wie aus dem Nichts plötzlich Hunderte Vögel aus den Salzwiesen hoch.

Er kam sich vor, als sei er in den Hitchcock-Klassiker geraten. Wollte sich ducken und schnell weiterradeln, doch sie hielt an. Er stoppte neben ihr. Das Flügelflattern ließ die Luft über ihnen vibrieren. Jetzt war es, als seien die Vögel gekommen, um sie zu begrüßen.

»Hier gibt es die größten Seevogelkolonien des Landes«, sagte sie. »Langeoog ist ein Vogelparadies. Viele Touristen kommen hierher, um seltene Vogelarten zu entdecken. Sie nisten hier erstaunlich nah am Wegrand.«

Obwohl über ihnen die Luft von Möwenschreien und Flügelschlägen vibrierte, zeigte sie auf ein Tier am Boden. »Da guck mal! Ein Alpenstrandläufer.«

Er hatte sich früher für Vögel genauso wenig interessiert wie für Sternenkonstellationen oder moderne Lyrik. Aber jetzt tat er, als habe er sein Leben lang darauf gewartet, endlich mal einen Alpenstrandläufer in freier Natur zu sehen. Dabei hoffte er, dass ihm keine Möwe auf den Kopf scheißen würde.

So plötzlich, wie sie aus dem Gras hochgeflattert waren, so schnell verschwanden die Vögel in der Dünenlandschaft.

Auf der Sonnenterrasse der Meierei bestellte sie sich, ohne in die Speisekarte zu gucken, Dickmilch mit Sanddornsaft. Er konnte sich Dickmilch nur als schleimiges Alte-Leute-Essen vorstellen, aber er nahm wie unter Zwang das Gleiche wie Maggie und fand, es schmeckte erfrischend und erstaunlich gut.

Die Sonnenstrahlen ließen ihre Windfrisur wie einen Heiligenschein leuchten. Die Insel war wirklich nicht groß. Hier musste man sich über kurz oder lang über den Weg laufen. Aber dass seine Freunde – mit den Eroberungen des Abends – ausgerechnet jetzt auch eine Radtour zum Ostende machen mussten, wäre nicht wirklich nötig gewesen, fand er.

Sie radelten an der Meierei vorbei, sahen ihn und kehrten um. Sie suchten sich zwei Tische ein paar Meter weiter, schoben sie zusammen, kicherten und machten Fotos, hielten aber augenzwinkernd Abstand, als sei ihnen etwas peinlich oder als wollten sie nicht stören.

Er flüsterte nicht. Er sagte es laut und voller Stolz. Sollten es die anderen doch ruhig hören: »Ich würde alles für dich tun, Maggie. Alles!«

Sie schmunzelte. »Ich weiß, mein Gladiator. Ich weiß.«

Sie streichelte über sein Gesicht. Noch bevor ihre Fingerspitzen seine Haut berührten, war es, als würden Funken sprühen. Es knisterte geradezu.

Scheißkontaktsperre! Es war schon Mittag, und Sigmar hatte immer noch nichts von ihr gehört oder gelesen. Er durchsuchte alle sozialen Medien, auf denen sie oder einer der anderen sich manchmal herumtrieben. Er war ununterbrochen online, aber von Maggie keine Spur.

Er biss in seinen Handrücken, bis er Blut schmeckte. Er spürte sich irgendwie nicht mehr. Es war, als ob seine Gliedmaßen taub werden würden. Beweglich, aber unempfindlich.

Er erinnerte sich daran, wie sie diese Haut zum Glühen gebracht hatte. Mit seidenen Tüchern hatte sie darübergestrichen, und er hatte sich nicht bewegen dürfen. Ganz ruhig musste er mit geschlossenen Augen nackt auf der Massageliege ausharren, während sie seine Haut sensibilisierte, wie sie es nannte.

»Die Haut ist dein größtes Sinnesorgan. Sie ist nicht nur zum Waschen da.«

Sie hatte Federn benutzt. Tücher oder auch einfach nur darübergepustet, bis er ganz Haut geworden war und das Gefühl hatte, seine Seele würde durch die Poren nach außen dringen.

Sie hatte ihm Welten eröffnet. Jetzt spürte er nichts mehr. Er musste sich kneifen, sah, wie die geschundene Haut weiß wurde, wo die Fingernägel tiefe Gruben hinterließen, aber es tat nicht einmal weh. Es war, als hätte sie ihn verhext. Ihm erst gezeigt, was möglich war, und ihm dann alles wieder weggenommen.

Ist das ein Test? Will sie sehen, wie leidensfähig ich bin, fragte er sich.

Das Foto tauchte plötzlich unter *Neuigkeiten auf*. Ein Posting von seinem alten Heavy-Metal-Festival-Freund Dennis. Maggie saß neben einem schmächtigen schwarzhaarigen Jüngling und glotzte ihn verliebt an.

Dennis kommentierte das Bild mit dem Satz: *Unser Giovanni als Gigolo auf Langeoog.*

Das Bild war schon zwölfmal geteilt und vierundfünfzigmal geliked worden.

Jetzt spürte er, wie weh es tat, recht zu haben.

Mit der Trauer kam die Wut. Sigmar hätte diesen Giovanni in Stücke reißen können. Er hatte sich so viel Mühe gegeben, ihre Anerkennung und Achtung zu gewinnen, und jetzt das ... Dabei war ihm immer klar gewesen, dass er nicht der Einzige war. Jemand wie Maggie führte keine monogame Beziehung. Sie war ein freies Wesen. Wild und tief wie das Meer, das sie so liebte. Aber auch so gefährlich und unberechenbar.

Er hätte gerne getobt, rumgebrüllt, sich aufgeführt, aber mit Maggie lief das nicht wie mit anderen Frauen. Allein der Gedanke, ihr eifersüchtig Vorwürfe zu machen, war schon völlig lächerlich. Nie würde sie sich einengen oder gar besitzen lassen, nicht von ihm und auch von keinem anderen Mann. Niemand konnte sie festhalten. Sie war wie der Wind, der sich nicht einfangen ließ. Jeden Besitzanspruch, jeden Anflug von Eifersucht hätte sie als unverschämte Einengung ihrer Persönlichkeit empfunden. Als Versuch, sie zu ersticken.

Mach dich vor ihr nicht zum Idioten, dachte er. Sie wird dich auslachen, spießig nennen und verklemmt. Sie wird sagen, dass sie aus deiner Energie rausmuss, weil sie ihr nicht guttut, und dann bist du sie los. Für immer. Eine wie Maggie ist eine Sonne, um die immer viele Planeten kreisen werden. Kommt ihr ein Himmelskörper zu nah, verbrennt oder zerschellt er.

Es kam darauf an, die richtige Umlaufbahn um Maggie zu finden. Eine Entfernung, bei der noch genügend Anziehungskraft spürbar war, ohne dass die eigene Oberfläche zum Höllenfeuer wurde.

Er musste ruhig bleiben und ihr gegenüber so tun, als sei er ganz cool und fände alles total easy.

Ruf sie nicht an, ermahnte er sich selbst. Mach jetzt keinen Fehler.

Er fragte sich, wie sie reagieren würde, wenn er sich die gleichen Rechte herausnehmen würde. Mädels, die auf ihn abfuhren, gab es doch genug.

Bin ich, fragte er sich, immer noch ihr Krieger?

Sie hatte die Rollläden heruntergelassen, um die Sonnenstrahlen auszusperren. Sie hatte das Haus nicht verlassen. Sie ernährte sich von Äpfeln, Nüssen und eingelegten Bratheringen. Davon konnte sie essen, so viel sie wollte, ohne zuzunehmen.

Auf dem Sideboard brannte eine Wachskerze, die einen angenehmen Duft verströmte. Ansonsten kam alles Licht im Raum vom Bildschirm des Laptops. Der Mailwechsel zwischen Katja Schubert und Hauke Hinrichs war erschütternd. Wie diese jungen Leute ihre Beziehung diskutierten und was sie sich gegenseitig an den Kopf warfen, ließ selbst sie vor Scham erröten. Sie spürte, dass sie heiße Wangen bekam.

Das hier durfte nie in die Hände der Polizei geraten oder in die Finger eines neugierigen Journalisten. Wer das hier zu lesen verstand, konnte Rückschlüsse ziehen, die alles gefährden würden, nicht nur sie und ihre Existenz.

Am liebsten hätte sie diesen Laptop vernichtet, ihn in einem Ritual verbrannt. Aber einerseits fürchtete sie, es könnten sich giftige Dämpfe entwickeln und stinken. Bestimmt würden die Nachbarn aufmerksam werden. Vermutlich war es nicht erlaubt, dieses Elektrozeug durch Feuer zu entsorgen. Sie fürchtete die Entdeckung. Sie wollte nicht vor den Nachbarn als Doofchen dastehen, das Elektroschrott verbrannte wie einen alten Küchenschrank.

Andererseits war es unglaublich spannend für sie, in die Gedankenwelt von Katja Schubert und Hauke Hinrichs einzudringen. Kein Roman konnte spannender sein. Sie konnte nicht aufhören zu lesen, und immer, wenn sie etwas über sich selbst las, fand sie es falsch und beleidigend, gleichzeitig aber war sie stolz darauf, wie wichtig sie im Leben von Hauke Hinrichs gewesen war. Es nährte ihren Stolz.

Sie wurde wie süchtig nach den Worten. Fast war sie gekränkt, wenn sie nichts über sich in den Mails fand. Kann man tiefer in die Seele eines Menschen eindringen, als seine geheime Korrespondenz zu lesen? Seine Liebes- und Abschiedsbriefe?

Die jungen Leute schrieben heutzutage sogar ihr Tagebuch in den Computer. Wie verstörend unromantisch ist das denn, fragte sie sich.

Diese Katja Schubert hatte zwar keine Ahnung, was wirklich los war, doch mit ihrem Wissen wurde sie zu einer Gefahr. Sie musste weg – nicht nur ihr Laptop.

Sie schnitt den Apfel in kleine Schiffchen, dabei verletzte sie sich mit der scharfen Klinge an der Fingerkuppe. Zwei Blutstropfen quollen aus dem Schnitt.

Sie steckte den Finger in den Mund und sog daran.

Du wirst sterben, kleine Katja, dachte sie. So fügte sich alles zusammen, und die Schlinge um den Hals von Ann Kathrin Klaasen würde enger werden. Phase 2 konnte in Phase 3 übergehen. Je mehr Ann Kathrin privat und beruflich isoliert wurde, umso leichter war sie zum Ausrasten zu bringen oder in die Depression zu treiben.

Die Jobangebote wurden immer mieser, und es fiel Katja Schubert nicht leicht, sich über Wasser zu halten. Sie hatte viel zu lange studiert und viel zu oft abgebrochen, als dass sie es ihren Eltern noch hätte zumuten können, sie zu unterstützen, obwohl sie wusste, dass ihre Mutter das nur zu gern getan hätte, notfalls heimlich, ohne das Wissen des Vaters.

Ihre Nebenjobs wechselten sich in schneller Folge ab. Kellnern. Putzen. Babysitten. Sie war sich für nichts zu schade. Am liebsten gab sie Nachhilfestunden, aber es war überall das Gleiche. Wer sowieso vorhatte, sie schwarz zu beschäftigen, brauchte sich auch nicht um einen Mindestlohn zu kümmern. Sechs, sieben Euro die Stunde empfanden die meisten »Arbeitgeber« schon als großzügiges Angebot. Wobei immer häufiger die zu bewältigenden Aufgaben in der Zeit nicht zu schaffen waren, so dass sie am Ende nach getaner Arbeit manchmal nur auf knapp fünf Euro kam. Vor allen Dingen bei dieser gottverdammten Vermittlerfirma, für die sie ganz sicherlich nie mehr den Rücken krumm machen würde. Da hörte sich das Angebot am Telefon verlockend an: Zehn Euro die Stunde, später seien vielleicht sogar zwölf möglich.

Sie sollte einer alten Dame mit beginnender Demenz Gesellschaft leisten, weil, so sagte die Tochter am Telefon, »man sie nicht mehr alleine lassen kann, aber sie ist total lieb. Wenn Sie ihr aus alten Angelique- oder Simmel-Romanen vorlesen, machen Sie sie glücklich. Ihre Augen sind schlecht geworden. Früher hat sie selbst sehr viel gelesen. Wir als Kinder haben es sehr geliebt. Sie hat uns den Räuber Hotzenplotz vorgelesen,

Astrid Lindgren oder Benno Pludra. Ich habe ihre Stimme immer noch im Ohr.«

Dreimal die Woche vier Stunden. Am Abend. Das hörte sich großartig an. Vorlesen, bei einer netten alten Dame. Also keine Wohnung putzen, während der Sohn des Hauses im Trainingsanzug auf der Couch saß, Ballerspiele spielte und ihr jedes Mal, wenn sie sich bückte, auf den Arsch guckte.

Sie war nur zu gern bereit, sich auf eine demente alte Dame einzulassen. Hauke hatte ihr eine Perspektive geboten. Aber das war ja leider schiefgegangen. Sowohl beruflich wie auch persönlich. Er war zu schwach gewesen, um so etwas durchzustehen. Ein Restaurant zu eröffnen, das war kein Spiel.

Es war Katja nicht komisch vorgekommen, dass die Tochter keinen Namen und keine Adresse genannt hatte. Sie hörte sich seriös an, sprach gestochenes Hochdeutsch, wie ihre alte Oberstudienrätin am Gymnasium. Sie hatte vorgeschlagen, sich im Café blätterteich zu treffen, um erst in Ruhe miteinander zu reden, um sich, wie sie es nannte, »beschnuppern« zu können. »Ich erzähle Ihnen dann ein bisschen über meine Mutter, und dann, wenn wir beide uns gefallen – wovon ich ausgehe –, fahren wir gemeinsam hin, und ich stelle Sie ihr vor.«

Obwohl sie schon lange in Oldenburg wohnte und schon einiges über das Café gehört hatte, war sie, da es außerhalb des Zentrums lag, noch nie dort gewesen. Der alte Baumbestand begeisterte sie. Eichhörnchen huschten über die Wiese und kletterten in den Baumkronen herum. Liebespärchen gingen am Teich spazieren, dieser große, bunte Garten suggerierte Ruhe und geradezu idyllische Geborgenheit.

Sie wunderte sich, als im Café blätterteich ein junger Mann zielstrebig auf sie zukam. Er stellte sich als Justin vor und sagte: »Meine Tante schickt mich. Sie sind die neue Vorleserin meiner Großmutter, nicht wahr? Meine Tante wäre gern selbst gekommen, aber es geht ihrer Mutter nicht sehr gut. Sie ist gestürzt und ein bisschen durcheinander.«

»Oh, sollen wir den Besuch verschieben?«

»Nein, nein, ganz sicher nicht, sie braucht jetzt mehr Betreuung denn je zuvor. Ich bin gekommen, um Sie hinzubringen. Ich sag immer Oma zu ihr, obwohl sie gar nicht meine richtige Oma ist, aber manchmal erkennt sie mich gar nicht.«

Justin übernahm die Rechnung für sie und holte an der Theke noch vier Stückchen Apfelkuchen mit Sahne, für ein gemütliches Kennenlernen.

Sie war ohne Argwohn, als sie zu dem schwarzen VW-Bus mit der Aufschrift *Wäscherei Engel* ging. Der Beifahrersitz war vollgestellt mit Musikinstrumenten. Zwei Elektrogitarren, ein Verstärker und eine Snaredrum.

»Entschuldigung«, sagte er, »ich hatte nicht damit gerechnet und war eigentlich unterwegs zu einer Bandprobe, als der Unfall passiert ist.«

Sie interessierte sich dafür, in welcher Band er denn spielte. Sie hatte den Namen noch nie gehört, tat aber beeindruckt, als hätte sie bereits mehrere Konzerte von ihnen gesehen.

Katja bot sich an, ihm dabei zu helfen, den Beifahrersitz freizuräumen. Justin stellte das Kuchentablett aufs Autodach, und gemeinsam mit ihr hob er den Verstärker vom Beifahrersitz. Sie öffneten hinten die Klapptüren. Katja stieg zuerst ein, und obwohl sie versuchte mitzuhelfen, wuchtete er den schweren Verstärker fast alleine nach hinten und schob sie praktisch mit dem Ding tiefer ins Innere des Fahrzeugs. Sie hatte Mühe, daran vorbei nach draußen zu kommen. In dem Moment sah sie, dass unten in der Ecke noch jemand saß und sie anlächelte.

Sie wusste sofort, dass sie in eine Falle geraten war. Noch bevor der Kerl am Boden mit dem schmierigen Grinsen aufgestanden war, landete sie eine rechte Gerade im Gesicht des

Typen, der angeblich Justin hieß. Seine Lippe sprang auf, und er hatte sofort Blut an den Zähnen.

»Fasst mich nicht an, ihr Drecksäcke!«, keifte sie. »Ich mach euch fertig!«

Aber dann wurde ihr von hinten eine Plastiktüte über den Kopf gestülpt. Sie schlug um sich, zappelte, japste, bekam keine Luft mehr. Sie hörte noch, dass die Außentüren geschlossen wurden. Dann verlor sie das Bewusstsein.

Dass der Wagen ansprang, bekam sie nicht mehr mit und auch nicht, wohin oder wie lange sie fuhren.

Ihr letzter Gedanke galt ironischerweise dem Apfelkuchen mit Schlagsahne, der oben auf dem Autodach stand. Sie fragte sich, ob jemand an die Teilchen denken würde oder ob das Kuchentablett gleich samt Sahne vom Autodach fliegen und auf die Straße klatschen würde.

Die junge Staatsanwältin, die seit sechs Monaten in der Betrugsabteilung arbeitete, hatte in Bochum, München und Frankfurt studiert, um schließlich nach Ostfriesland zurückzukommen. Sie hieß Meta Jessen, Frau Doktor Meta Jessen, wurde von den meisten aber nur Meta genannt, und für viele war das nicht einfach ein alter ostfriesischer Name, sondern vor allen Dingen ein berühmter Musikschuppen in Norddeich, und wer Meta hieß, musste sich bei jeder Vorstellung dieses Grinsen in den Gesichtern gefallen lassen, hinter dem sich die Frage verbarg: Haben dich deine Eltern nach dem Ort benannt, an dem du gezeugt wurdest?

Sogar von den Auricher Kollegen hörte sie in den ersten Tagen Sprüche wie: »Da habe ich meinen ersten Joint geraucht« oder »Da habe ich meinen ersten Kuss bekommen.«

»Wenn alle Kinder«, so hatte ein Amtsrichter gescherzt, »die auf dem Parkplatz hinter Meta's gezeugt wurden, mit einem Schlag verschwinden würden, müsste so manche Grundschule in Ostfriesland schließen.«

Sie war all diese Kalauer leid, und sie erklärte auch nicht mehr, dass sie im Sauerland gezeugt worden war, wo ihre Eltern ein kleines Häuschen geerbt hatten. Der Name Meta war auch keine Erinnerung an durchzechte Nächte, sondern schlicht und einfach auf ihre ostfriesische Großmutter zurückzuführen, die diesen alten ostfriesischen Namen getragen hatte.

Sie hatte sich auch daran gewöhnt, dass ihr Name »Jessen« gerne mit »Jansen« verwechselt wurde.

Im Gerichtssaal war sie durchaus in der Lage, sich Respekt zu verschaffen, im Alltag verzichtete sie viel zu oft darauf, wie ihre Therapeutin gleich in der ersten Sitzung festgestellt hatte.

Sie wog knapp sechzig Kilo, war blond, blauäugig und trainierte zu Hause im Keller am Sandsack. Dabei wusste sie nicht, was größer war: die Angst, zu muskulöse Arme zu bekommen und deswegen für Männer uninteressant zu werden, oder die Sorge, im Zweifelsfall nicht hart genug zuschlagen zu können. In ihren Angstträumen wurde sie ständig daran erinnert, dass es viele Kriminelle gab, die nicht gerade gut auf sie zu sprechen waren. Im Gerichtssaal hatte sie die Oberhand, aber in der freien Wildbahn herrschten andere Regeln ...

Sie fühlte sich Ann Kathrin Klaasen, der legendären Kommissarin, die sich gern auch mal quer zur öffentlichen Meinung oder den Dienstvorschriften oder den Anweisungen von Vorgesetzten verhielt, innerlich sehr verbunden. Sie brauchte solche weiblichen Vorbilder. Oft hatte Ann Kathrin Klaasen im Nachhinein recht behalten. Das gefiel Meta.

Sie wollte nicht einfach so gegen Ann Kathrin ermitteln. Was sie hier auf dem Tisch hatte, war hochbrisant.

Sie wählte nicht den offiziellen Weg, sondern versuchte das, was man in Ostfriesland am liebsten tat, wenn es Probleme gab: Man traf sich, trank Tee, knabberte Sanddorngebäck und versuchte, die Sache aus der Welt zu schaffen.

Sie betrat das Haus im Distelkamp Nummer 13 zum ersten Mal. Die Auffahrt vor der Garage war so groß, als sei sie für Busse gebaut worden. Das Grundstück war mit Bahnschwellen umgrenzt. Pampasgras, Rhododendron- und Hagebuttensträucher wucherten so hoch, dass man in die unteren Fenster nicht hineingucken konnte. Der Rest wurde durch gehäkelte Scheibengardinen geschützt.

Das alles sah ganz locker und natürlich aus, bot aber trotzdem den Bewohnern einen gewissen Schutz.

Meta Jessen war gern pünktlich. Sie sah auf die Uhr.

Auf der Fußmatte stand »Moin«. Um Punkt achtzehn Uhr klingelte sie.

Ann Kathrin erwartete den Besuch. Auf dem Tisch standen aber keine Sanddornkekse, sondern Baumkuchen von ten Cate und eine Schale Erdbeeren, dazu gab es keinen Tee, sondern Kaffee und Leitungswasser aus einer Karaffe.

Im Haus war es angenehm kühl. Trotzdem gingen die beiden durch zur überdachten Terrasse, wo ein sanfter Wind im Ostfriesland-Magazin blätterte, das im Strandkorb lag.

»Was kann ich für Sie tun?«, fragte Ann Kathrin freundlich.

Normalerweise hatten sie wenig miteinander zu tun, denn Ann Kathrin arbeitete bei der Mordkommission, und für das K1 war Staatsanwalt Scherer zuständig, mit dem Ann Kathrin nur selten gut klargekommen war. Insgeheim hoffte sie, Meta Jessen könne seinen Platz einnehmen und er würde »wegbefördert« werden.

»Ich habe«, sagte Meta Jessen und kämpfte gegen einen Kloß im Hals, »ein paar sehr unangenehme Sachen auf dem Schreibtisch, Frau Klaasen. Ich respektiere Sie und Ihre Arbeit wirklich, aber wenn sich das verifiziert, wird es eng für Sie. Haben Sie sich die Nebentätigkeit genehmigen lassen?«

Ann Kathrin staunte nicht schlecht. »Nebentätigkeit?« Sie lachte. »Ich bin sowieso restlos überfordert und habe täglich das Gefühl zu versagen. Entweder schaffe ich als Hauptkommissarin nicht genug, oder ich bin als Ehefrau so gut wie nicht vorhanden. Meine Freunde wünschen sich zu Weihnachten schon Fotos von mir, damit sie mich mal wiedersehen ... Ich habe gerade eine Haushaltshilfe eingestellt, weil«, sie zeigte um sich herum, als sähe es dort schrecklich aus, Meta Jessen konnte aber nur wohlgeordnete bürgerliche Anständigkeit entdecken. Vielleicht, dachte sie, sollte ich Ann Kathrin Klaasen mal nach der Adresse ihrer Haushaltshilfe fragen.

Ann Kathrin schnitt den fluffigen Baumkuchen mit der knackigen Schokoladenumhüllung viel zu hart an. Die Messerschneide klackte jedes Mal auf dem Glasteller. Meta Jessen folgerte daraus, dass Ann Kathrin zornig war, und genauso sah sie auch aus, als würde sie gleich wütend mit etwas herausplatzen.

Ann Kathrin setzte sich und legte eine Hand auf jedes Knie, als müsse sie ihre Beine auf den Boden drücken, um nicht plötzlich aufzuspringen.

»Raus mit der Sprache«, sagte sie. »Karten auf den Tisch: Worum geht's?«

»Ich habe sieben Anzeigen gegen Sie vorliegen, Frau Klaasen. Ein Braunschweiger Anwalt hat das alles gebündelt und ...«

»Bitte was?«

»Die Leute haben in Ihrem Shop signierte Bücher bestellt.«

Ann Kathrins Augen verengten sich zu Schlitzen. Sie hörte ein merkwürdiges Dröhnen neben ihren Ohren, als würden Flugzeugmotoren starten. Sie hatte Angst, die klare Wahrnehmung zu verlieren und ohnmächtig zu werden.

Meta Jessens Stimme schien zu vibrieren. Mit langgezogenen Vokalen und knatternden Konsonanten waberten ihre Worte über die Terrasse: »Sie betreiben einen Internetshop, in dem Sie signierte Exemplare berühmter Schriftsteller verkaufen. Dabei sind Sie aber offensichtlich zu weit gegangen, und – so behaupten Ihre Kunden – Sie haben die Unterschriften gefälscht.« Sie lachte, und es klang wie Hühnergackern für Ann Kathrin. »Das ist ja auch sehr naiv von diesen Menschen. Sie fragen einfach, ob es einen signierten Heinrich Böll gibt, und sind bereit, dafür ein paar hundert Euro zu bezahlen.«

Ann Kathrin ballte die Faust. Sie spürte ihre Fingernägel in den Handballen drücken. Sie schnaufte und versuchte, sachlich zu bleiben: »Ich betreibe keinen Internetshop. Ich verschicke auch keine signierten Bücher an Sammler.«

Ann Kathrin rieb sich die Augen.

»Es ist in Kollegenkreisen bekannt, dass Sie und Ihr Mann Frank Weller Leseratten sind.«

»Das ist ja noch keine strafbare Handlung. Noch ist Lesen legal«, warf Ann Kathrin ein und spürte, dass sie langsam wieder Boden unter die Füße bekam. Ihre Waden kribbelten.

»Stimmt es nicht, dass Sie signierte Werke sammeln?«

Ann Kathrin nickte. »Ja, ich besuche Autorenlesungen. Ich lasse mir gern Bücher signieren. Das tun viele Menschen. Das gehört sozusagen zur Kultur in unserem Land. Aber ich würde diese Bücher niemals verkaufen. Im Gegenteil, ich sammle sie, ich halte sie in Ehren! Ich habe signierte Exemplare von vielen Bilderbuchautoren. Mein Mann, Frank Weller, von allen ostfriesischen Kriminalschriftstellern. Aber ...«

»Sie bestreiten also, eine Goethe-Ausgabe selbst signiert zu haben und für zweieinhalbtausend Euro an einen Deutschlehrer vom Martino-Katharineum in Braunschweig verkauft zu haben?«

Jetzt lachte Ann Kathrin, und das tat ihr gut. »Na klar, eine signierte Goethe-Ausgabe! In Liebe, Johann, für Oberstudienrat – wie hieß er gleich?«

»Das ist kein Spaß, Frau Klaasen.«

»Nein«, sagte Ann Kathrin, »das ist es wirklich nicht. Es ist lediglich eine Verwechslung. Irgendjemand, der meinen Namen trägt, muss das gemacht haben und dann ...«

»Sie behaupten also, von alldem nichts zu wissen?«

»Nein, ich habe keine Ahnung.«

»Der Internetshop läuft auf Ihren Namen, mit Ihrer Adresse. Die Zahlungen sind auf Ihr Konto gelaufen und ...«

Ann Kathrin wurde heiß und dann wieder kalt. Jetzt kribbelten auch ihre Handinnenflächen. »Ich habe nur ein Konto bei der Sparkasse Aurich-Norden«, sagte sie. »Aber da ist gerade ein großer Betrag eingegangen. Angeblich eine Umbuchung von einem meiner anderen Konten. Ich besitze aber keine anderen Konten.«

Meta Jessen setzte sich gerade hin und strich sich die Haare aus der Stirn. »Ich glaube, jetzt ist der Zeitpunkt gekommen, Ihnen zu raten, sich einen guten Anwalt zu nehmen, Frau Klaasen. Möglicherweise hat Ihnen jemand Ihre Identität im Internet gestohlen, um unter Ihrem Namen ein Konto zu eröffnen und in Ihrem Namen Bücher zu verkaufen. So etwas geschieht häufig, da hat jemand einfach Ihre Daten abgefischt und kann damit eine Weile agieren. Aber eins ist ungewöhnlich, davon habe ich noch nie gehört: Normalerweise überweisen solche Täter dann nicht das Geld an die Person, deren Identität sie gestohlen haben, sondern die Täter machen das Konto dicht, heben das Geld ab, brechen alle Brücken hinter sich ab und verwischen die Spuren. Sie haben das erschwindelte Geld, und eine völlig unschuldige Person kriegt den juristischen Ärger. So etwas kann Menschen finanziell und psychisch an den Rand ihrer Existenz bringen. In Ihrem Fall, Frau Klaasen, hat einer alles an Sie überwiesen. Da hat jemand einen Riesenaufwand betrieben. Warum? Worin sollte sein Gewinn bestehen? Sie sind doch Kommissarin. Erklären Sie es mir: Warum sollte jemand so etwas tun?«

Ann Kathrin atmete schwer. »Damit jemand wie Sie kommt und mir solche Fragen stellt. Um meine Glaubwürdigkeit zu erschüttern. Um mich fertigzumachen.«

Sigmar versuchte, alles über diesen Giovanni zu erfahren.

Du legst dich mit dem Falschen an, dachte er. Du weißt nicht, wozu ich in der Lage bin.

Seit er das Haus hatte brennen sehen, seit er die Leiche von Hauke Hinrichs gesehen hatte, wie sie aus dem Haus getragen wurde, wusste er um seine erschreckenden Möglichkeiten.

O ja, er war wirklich ihr Krieger. Er kam sich vor, als sei er brandschatzend und mordend durch Norddeich gelaufen, Teil einer uralten Streitmacht, aus dem Meer geboren, mit Segelschiffen gestrandet. Die Regeln und Gesetze hier galten nicht für die Eroberer. Sie waren Makulatur. Alte Ordnung. Ungültig geworden. Sie lebten hier nach ihren Gesetzen. Die Eroberer brachten ihre eigenen Regeln mit. Schufen neue Gesetze.

Hatten sich so die Wikinger gefühlt, wenn sie an fremde Küsten kamen? Es galt das Gesetz des Stärkeren, und seitdem er ein Menschenleben ausgelöscht hatte, gehörte er zu dieser Fraktion. Über sich akzeptierte er nur noch ein Gesetz: Maggie.

Alle Fotos, die er im Netz von Giovanni Schmidt fand, zeigten einen einsamen Eckensteher. Auf Partybildern hielt er sich gern an einem Glas fest, machte einen auf melancholischen Einzelgänger. Es gab kein Bild, das ihn wild auf einer Tanzfläche zwischen bauchnabelfreien Mädels zeigte.

Ein Draufgänger war das nicht gerade. Aber wahrscheinlich, dachte er, ist es genau das, was du an ihm liebst. Du willst ihn erwecken, ihn zum Krieger machen, zum Raubtier, zu einem, der sich nichts mehr gefallen lässt und der sich alles nimmt, was er haben möchte. Zu einem, der nur eine Instanz über sich anerkennt: dich.

Du siehst aus wie ein Muttersöhnchen. Vermutlich Bettnässer, dachte der Krieger grimmig. Ich hätte Lust, dir beide Arme zu brechen, damit du sie nicht mehr mit deinen Drecksfingern anfassen kannst.

Sigmar erschrak über seine eigenen Gedanken. Er spürte, dass er durchaus die Kraft in sich hatte, sie umzusetzen. Da war so eine mörderische Wut. Gleichzeitig machte es ihm Angst, denn er hatte noch nie jemandem einen Arm gebrochen. So etwas war überhaupt nicht sein Ding. Er war den Rangeleien unter Jungs meist aus dem Weg gegangen.

Vor zwei, drei Jahren hatte er mit flatterndem Herzen an der Bushaltestelle eingegriffen, als zwei Rowdies eine Mutter mit ihrem Baby belästigt hatten. Seine Knie hatten gezittert, als er standhaft bat, die Frau doch in Ruhe zu lassen.

Sie hatte ihn dankbar angesehen und das Kleinkind schützend im Arm gehalten. Aber die beiden waren dann auf ihn losgegangen, hatten Zigaretten von ihm verlangt, ihn herumgeschubst, ihn *Motherfucker* genannt. Der Stärkere von ihnen hatte sogar ein paar Knöpfe von seinem Hemd gerissen. Er steckte zwei, drei Ohrfeigen ein.

Es war ihm der Frau gegenüber peinlich gewesen. Hätten die ihn nicht wenigstens mit der Faust schlagen können? Man ohrfeige Kinder, keine erwachsenen Männer! Nach einem Fausthieb hätte er einfach umkippen können, um sich so dem Kampf zu entziehen, aber eine Ohrfeige konnte nicht ohne Antwort bleiben.

Sie hatten versucht, ihn zu demütigen, und es war ihnen gelungen, denn damals war noch nicht der Krieger in ihm geweckt worden. Er kannte Maggie noch nicht. Er war nichts weiter als ein neurotischer, verklemmter, von Ängsten geplagter junger

Mann, der seine Rolle in der Gesellschaft noch nicht gefunden hatte.

Ja, genau das hatte sie bei ihrem ersten Treffen zu ihm gesagt und ihn dabei so angesehen, dass es für ihn fast wie ein Kompliment klang.

Er hatte damals an dieser Bushaltestelle Prügel kassiert, und die Rufe der jungen Mutter: »Um Himmels willen, hört doch auf!«, hatten die beiden Schläger nur noch mehr angestachelt.

Der ankommende Bus hatte ihn schließlich gerettet. Die beiden Rowdies stiegen in den Bus, und er, die Mutter und das Baby blieben zurück und warteten auf den nächsten, der ja schon sechzig Minuten später kam. Nahverkehr in Ostfriesland. Die Katastrophe als Normalität.

Was würde er darum geben, die Situation jetzt noch einmal zu erleben?! Er hätte keine Angst mehr vor den beiden Rüpeln, o nein. Und bei der kraftvollen Energie, die er ausstrahlte, wären sie vermutlich zurückgewichen. Kaum vorstellbar, dass einer gewagt hätte, ihn zu ohrfeigen.

Er stellte sich vor, wie er die beiden mit strengen Blicken und Drohungen dazu brachte, sich bei der Mutter zu entschuldigen, und mit aufgeblähtem Brustkorb würde er ihnen dann befehlen, zu Fuß nach Hause zu gehen oder den nächsten Bus zu nehmen.

Jetzt war er der Krieger. Er würde gar nicht mehr in solche Situationen geraten.

Noch wäre ich in der Lage, ihn einfach zu verjagen. Ihm solche Angst zu machen, dass er das Weite suchte. Aber bald schon würde Maggie den Helden in diesem kleinen Gigolo wecken, und ab dann gab es keine Möglichkeit mehr, ihn so einfach loszuwerden. Dann würde er kämpfen und jedes Duell annehmen.

Er hatte Lust, die beiden zu suchen. Hinzufahren und diesen Giovanni kreuz und quer durch den Raum zu prügeln und ihm einen Platzverweis zu verpassen. Aber er wusste, dass Maggie das niemals akzeptieren würde. Das wäre das Ende ihrer Beziehung.

Maggie – so viel hatte er im Laufe der Zeit gelernt – konnte nur lieben, wenn sie herrschen konnte. Sie musste alle Fäden in der Hand halten, und sie selbst wollte nicht geliebt werden, sondern bewundert, ja angebetet. Darauf stand sie, und er fand, das stand ihr auch zu.

Er hatte etwas hingekriegt, das Maggie begeistern würde. Dagegen war ihr neuer Verehrer nicht mehr als ein Furz im Nordwestwind.

Er hatte sich in Ann Kathrin Klaasens Überwachungsanlage gehackt. Er konnte die Kameras drehen und nach Belieben ihre Blickwinkel verändern, aber was noch viel besser war, er konnte ab jetzt online die Sicherheits- und Alarmanlagen nutzen, um Weller und Ann Kathrin zu beobachten.

Er spulte vor und zurück, völlig problemlos. Es war alles fast erschreckend einfach gewesen. Die Bilder der Kameras wurden an eine Homepage gesendet, die von allen Kunden der Sicherheitsfirma genutzt wurde. Er brauchte nur das Passwort zu knacken. Beim dritten Versuch war er drin.

Er hatte erst *Ostfriesland* ausprobiert, dann *Frankweller* und schließlich den Geburtstag ihres Sohnes Eike. Sie nutzte tatsächlich den gleichen Sicherheitscode für ihr Konto und für diese Homepage. Wahrscheinlich aus Angst, sie zu vergessen, hatte sie alle Codes angeglichen, und er ging jede Wette ein, dass sie zu faul und zu nachlässig war, die Zugangsdaten alle paar Monate zu ändern, wie es überall geraten wurde.

Er hatte jetzt einen Grund, sich an Maggie zu wenden. Nicht eifersüchtig oder sehnsuchtsvoll, sondern stolz. Er musste nur aufpassen, dass es nicht rüberkam wie so ein Kinderwunsch: »Guck mal, Mama, was ich Tolles gebastelt habe!« Nein, er musste es zu einem Geschenk für sie machen. Einem

Geschenk, über das sie sich freute. Für Maggie war dieser Zugang wie ein zauberhafter Blumenstrauß. Ab jetzt konnte sie diese Ann Kathrin Klaasen beobachten, wie sie auf der Terrasse saß und in ihrer Feuerschale Holzscheite verbrannte, während Weller neben ihr Rotwein trank und seine Kriminalromane las.

Maggie konnte zusehen, wie Ann Kathrin in die Sauna ging. Sie wusste ab jetzt genau, wann jemand im Distelkamp zu Hause war und wann nicht.

Er schickte ihr den Link zur Homepage samt Passwort. Ganz cool. Kommentarlos. Keine Liebesschwüre. Keine Bitten um ein Treffen. Keine Vorschläge.

So – als nackte Information – würde sein Coup den größten Eindruck auf Maggie machen. Das war triumphal! Kontaktsperre hin oder her.

Er atmete tief durch. Er musste sich jetzt bewegen. Er lief in seinen neuen Turnschuhen die Norddeicher Straße entlang. Einmal vorbei an dem Haus, das immer noch nach Qualm und feuchter Asche roch. Er drehte um und lief dann in Richtung Amtsgericht. Zwei Rentner auf Elektrorädern überholten ihn grinsend.

Dann war er endlich nassgeschwitzt in Gittis Grill und bestellte sich ein Schaschlik mit Pommes und doppelt Mayonnaise. Er schlang das Essen im Stehen in sich rein und starrte dabei auf das Display seines Handys. Jetzt musste doch etwas von ihr kommen. Jetzt doch garantiert. Was sollte er denn noch machen ...

Rupert musste gemeinsam mit Sylvia Hoppe nach Oldenburg, um diese Kunststudentin Katja Schubert zu befragen. Schließlich hatte Weller mit seinem Besuch ja alles vergeigt, und jetzt musste jemand mit klarem Verstand die Kastanien aus dem Feuer holen.

Mit dieser Männerhasserin Sylvia Hoppe in einem Raum zu sitzen war eine Qual für Rupert. Das Einzige, das ihm dabei eine gewisse Genugtuung verschaffte, war der Gedanke, dass sie es genauso hasste wie er.

Sylvia Hoppe sah auf ihre spitzen Knie und schwieg eisern. In Ruperts Augen hatte sie eine spitze Nase, ein spitzes Kinn und spitze Knie. Wenn sie abnahm, dann nie da, wo sie es wollte: am Po, am Bauch oder an den Oberschenkeln. Stattdessen schrumpften ihre Brüste, und sie bekam Falten am Hals.

Um nicht reden zu müssen, schaltete Rupert das Radio ein. Der Sprecher kündigte eine Diskussion zur Uhrenumstellung an. Sylvia Hoppe drehte sofort weiter. Allein schon, weil sie nichts hören wollte, das Rupert ausgesucht hatte.

Jetzt erklang Musik. *Ohne Krimi geht die Mimi nie ins Bett ...*

Rupert wollte aber die Diskussion hören und versuchte, wieder zurückzuschalten.

»Lass doch mal, ich mag das Lied«, beschwerte Sylvia Hoppe sich. »Ich lese auch immer abends im Bett.«

»Ich interessiere mich nicht dafür, was du abends im Bett machst«, stänkerte Rupert. »Aber das mit der Hurenumstellung finde ich spannend. Über welchen Quatsch sich unsere Politiker Gedanken machen ...« Er schüttelte verständnislos den Kopf und schlug aufs Lenkrad. »Ich meine: Hurenumstellung, wie soll das denn gehen? Wo gestern noch die rote Lola stand, steht ab heute die Chantal? Was soll der Unsinn?«

Sylvia Hoppe stöhnte. Hatte der sich wirklich verhört, oder war das wieder nur eine Provokation, mit der er sie wütend machen wollte?

»Konzentrieren wir uns lieber auf den Fall«, schlug Sylvia vor und schaltete das Radio aus. In letzter Zeit ging sie mit

Männern einfach nur noch sachlich um. Bei Weller gelang ihr das, auch wenn ihr dieses Geturtele mit Ann Kathrin ziemlich auf die Nerven ging. Für sie selbst waren Männer – das redete sie sich wenigstens ein – uninteressant geworden. Sie war raus aus diesem albernen Spiel. Egal, wie charmant sie am Anfang alle waren, wie höflich und aufmerksam, am Ende wurden sie immer zu Brüllaffen mit modischen Haarschnitten in Konfektionsanzügen. Nein, sie hatte nicht mehr vor, auf so einen Typen hereinzufallen und ein zusätzlicher Strich auf seiner Eroberungsliste zu werden.

»Wenn diese Katja die Freundin von unserem Selbstmörder war, dann ist es schon komisch, dass Ann Kathrin vorher ihren Laptop einkassiert hat«, sagte Sylvia Hoppe.

Rupert wurde sofort sauer: »Ich denk, genau das hat Ann Kathrin nicht getan!«

»Na ja, werden wir ja sehen. Jedenfalls kommt mir das alles sehr komisch vor.«

Rupert fragte sich jetzt, ob die Frauen der Firma neuerdings nicht mehr zusammenhielten. Der Gedanke gefiel ihm, denn gegen die geschlossene Frauenfront hatte er noch nie eine Chance gehabt.

Als sie vor dem Haus parkten, verließ gerade ein Motorradfahrer mit seiner Suzuki den Carport.

Rupert ging vor. Sylvia Hoppe hatte Mühe, so schnell hinterherzukommen.

Die Fenster standen offen. Es wehte kein Wind. Irgendwo hämmerte ein Specht.

Rupert klingelte. Als Antwort hallte eine keifende Frauenstimme durchs Gebäude: »Ich kann jetzt nicht! Ich zeichne!«

Rupert brüllte durchs Küchenfenster rein: »Das ist mir völlig egal! Hier ist die Kriminalpolizei! Öffnen Sie die Tür!«

Die weibliche Stimme donnerte im Befehlston zurück: »Beweg dich jetzt nicht! Bleib genau so stehen!«

Rupert drehte sich zu Sylvia Hoppe um: »Wieso das denn? Ist die auf Droge?«

Fünfzehn Sekunden später – für Rupert eine gefühlte Viertelstunde – öffnete Evi die Tür. »Was wollt ihr denn schon wieder?«

»Wir waren noch nie hier«, verteidigte Rupert sich und fühlte sich komisch, denn die junge Frau tastete ihn mit Blicken ab, als würde sie ihn ausziehen. Jetzt spürte er, wie Frauen sich manchmal fühlen mussten, wenn er sie betrachtete.

»Ich arbeite«, sagte Evi. »Meinetwegen kommt mit hoch.«

Sie ging in die Wohnung und lief die Treppe hoch. Rupert und Sylvia Hoppe folgten ihr.

Evi trug einen Sari, ein buntes, durchsichtiges Tuch, das sie locker um den Körper gewickelt hatte.

Im Haus stand trotz der offenen Fenster die Luft. Unten roch es nach altem Essen, abgestandenem Bier und muffiger Wäsche. Die oberen Räume dagegen machten einen fast desinfizierten Eindruck. Darüber lag ein Duft von Zitrone, Mango und Patschuli.

Evi ging einfach voran, Rupert und Sylvia Hoppe taperten hinterher. Sie kamen in einen Raum, in dem zwei Staffeleien standen, mit großen Zeichenblöcken. Am interessantesten fand Rupert zunächst einen großen Tisch, der in allen Regenbogenfarben glänzte. Ja, hier arbeitete offensichtlich eine angehende Künstlerin an ihren ersten Bildern, und sie hatte keine Probleme damit, Möbel, Wände und den Boden zu bekleckern.

Dann erst entdeckte Rupert den Mann. Er war nackt und stand merkwürdig verrenkt zwischen Pappkartons.

Evi schimpfte sofort mit ihm: »Ich hab dir gesagt, du sollst dich nicht bewegen! Der linke Arm war anders angewinkelt. Gleich können wir wieder von vorne anfangen!«

Der Nackte stöhnte: »Ey, das tut weh, das ist Schwerstarbeit. Ich kann nicht mehr. Mein Bein schläft ein. Ich krieg einen Krampf im Po, und mir fallen gleich die Arme ab!«

»Wer hat denn die Küche nicht aufgeräumt und muss deswegen Modell stehen, du oder ich?«, fauchte sie zurück.

»Wer sind die Typen? Die sollen mich nicht so anglotzen.«

»Ich glotze nicht«, verteidigte sich Sylvia Hoppe und guckte auf den buntgefleckten Tisch.

»Wir wollen mit Katja Schubert sprechen«, sagte Rupert, »die wohnt doch hier, oder nicht?«

»Die ist zur Arbeit. Irgendein neuer Job«, antwortete der junge, durchaus muskulöse Mann und stellte sich jetzt anders hin.

Evi schlug wütend gegen den Zeichenblock. Die Staffelei fiel um. »Verdammt, jetzt hast du's versaut! Du kriegst doch die richtige Stellung nie wieder hin! Seid ihr Kerle denn zu gar nichts nütze?«

Sie drehte ihrem Modell jetzt den Rücken zu und fragte Rupert: »Würden Sie mir Modell stehen?«

Rupert grinste. »Ich soll ... nackt? Das ist doch nicht Ihr Ernst, oder?«

»Doch. Genieren Sie sich bloß nicht. Sie machen gar nicht so einen verklemmten Eindruck.«

»Ich bin nicht verklemmt.«

Sylvia Hoppe grinste: »Das ist er wirklich nicht.«

Evi versuchte, Rupert zu überzeugen: »Wissen Sie, das ist ein schwerer Job. Es sieht leicht aus, aber es ist ja auch nicht einfach, im Krimi die Leiche zu spielen. Ich hab mal bei einer ZDF-Verfilmung mitgemacht. Hinterher konnte ich kaum noch laufen. Ich war die Leiche im Lütetsburger Park. Ich lag Stunden nackt im Gras und durfte nicht mal richtig atmen oder mit den Augen zwinkern. Außerdem habe ich einen Sonnenbrand bekommen, weil die Arschlöcher nicht wollten, dass ich mich eincreme. Meine Haut sollte nicht glänzen.«

»Ja«, unterbrach Sylvia Hoppe, »das ist ja alles sehr spannend, aber wir sind eigentlich gekommen, um Katja Schubert zu sprechen.«

»Da müssen Sie sich anmelden, verdammt. Oder glauben Sie, die sitzt hier den ganzen Tag und wartet darauf, dass die Polizei kommt und sie sprechen will?«

Der junge Mann suchte seine Kleidung zusammen und zog sich hastig an.

»Also, ich könnte Sie wirklich als Modell gut gebrauchen. Ich kann natürlich nichts dafür bezahlen, ich bin ja noch Studentin, aber ... Wissen Sie, ich will Porträts von ganz normalen Menschen machen, nicht diese gestylten Bodybuilding-Typen, bei denen jeder Muskel definiert ist. Ich will die normalen Männer zeigen, so wie Sie einer sind. Mit hängenden Schultern, Bierbauch und ...«

Rupert zog den Bauch ein. »Danke«, sagte er bissig. »Ich glaube, das ist nichts für mich.«

Sylvia Hoppe konnte nicht anders. Sie stieß ihn jetzt an und foppte ihn: »Ach, gib doch deinem Herzen einen Ruck! Du kannst der jungen Frau doch helfen. Wer weiß, vielleicht steht eine neue Ikone des Kunstbetriebs vor dir. Stell dir vor, vielleicht wird sie so etwas wie Andy Warhol. Mensch, Rupert, du, nackt, in den großen Museen dieser Welt, da werden doch bestimmt die Eintrittspreise steigen und dein Marktwert auf dem Fleischmarkt für liebeshungrige, vernachlässigte Frauen ebenfalls. Viele stehen ja auf hängende Schultern und so 'n kleines Bäuchlein.«

»Ja«, sagte Rupert kleinlaut, »wir gehen dann jetzt mal besser wieder. Bitten Sie Ihre Freundin, uns anzurufen, sobald sie zurück ist. Wir müssen sie dringend sprechen.«

Sylvia Hoppe und Rupert waren schon auf der Treppe, da rief Evi hinter ihnen her: »Sie können doch einfach hier warten! Ich mach Ihnen einen Kaffee, Sie stehen mir Modell, und in ein, zwei Stunden ist Katja bestimmt wieder da, dann können Sie sie gleich befragen.«

Rupert winkte ab: »Danke. Super Angebot.«

Als Katja Schubert die Augen öffnete, saß sie in völliger Dunkelheit. Da war nichts. Nicht einmal ein Schimmer. Sie spürte ihre Beine und Arme, weil ein leichter Luftzug die verschwitzte Haut kühlte. Hier musste also irgendwo eine Öffnung sein. Es war nur ein feiner, dünner Luftzug, wie durch ein Schlüsselloch oder eine Ritze. Aber es fühlte sich auf ihrer Haut an, als würde er wandern, langsam von oben nach unten.

Zunächst war da dieser Hauch im Nacken. Dann an der rechten Schulter. Ein Schauer durchrieselte sie. Sie versuchte, den Kopf zu drehen, um etwas hinter sich zu erspähen. Blies da jemand Luft durch einen Strohhalm auf ihre Haut?

Jetzt war die Luftbewegung an ihrem Oberarm angekommen und kroch tiefer.

Sie hatte einen kurzen Schreckmoment lang Angst, nackt zu sein, aber jetzt wusste sie, dass sie ihr T-Shirt trug. Der Gedanke trieb ihr Tränen in die Augen. Sie war wenigstens nicht nackt.

Sie konnte durch den Mund atmen. Die Luft schmeckte staubig, ja fast schimmelig. Sie hatte eine verstopfte Nase. Wenn sie Sauerstoff durch die Nase einzog, pfiff und gurgelte es, als sei sie schwer verschnupft. Sie vermutete, dass ihre Nasennebenhöhlen mal wieder voller Schleim waren. Sie reagierte auf verschiedene Pollen allergisch. Im letzten Jahr war sie zweimal wegen Zahnschmerzen zum Zahnarzt gegangen, doch der fand auch durch Röntgen keine Probleme, sondern bescheinigte ihr ein ausgesprochen gesundes Gebiss. Der Hals-Nasen-Ohren-Arzt fand dann heraus, dass ihre verstopften Nasennebenhöhlen der Grund für die »Zahnschmerzen« waren.

Sie hatte hochdosierte Antibiotika geschluckt und zig Nasensprayfläschchen verbraucht. Jetzt war sie praktisch süchtig nach Nasenspray. Ihre Nasenschleimhäute trockneten binnen weniger Stunden aus. Dann brauchte sie einen Schuss in die Nase, um wieder schmerzfrei atmen zu können.

Sie hatte keinen Hunger, wohl aber heftigen Durst, und sie sehnte sich nach einer Portion Nasenspray. Sie konnte spüren, wie die Schleimhäute rissig wurden, aufplatzten, und die Hautstückchen rieben wie Eisschollen im gefrorenen Watt gegeneinander.

Sie war barfuß, und ihre Knöchel taten weh, weil ein Seil in ihre Haut schnitt.

Sie schrie nicht, weil sie Angst vor dem hatte, was dann geschehen würde.

Ihr Kopf brummte. Die pelzige Zunge klebte am Gaumen.

Ihre Finger kamen ihr geschwollen vor und gleichzeitig wie abgestorben. Die Fesseln an den Handgelenken waren anders als an den Füßen. Unten, an ihren Knöcheln, fühlte es sich an wie ein Hanfseil. An den Händen, das waren ganz klar Kabelbinder, und es war, als würden diese verdammten Plastikdinger bei jeder Bewegung enger werden.

Vielleicht, dachte sie, hat mich ja jemand im Café blätterteich gesehen. Ich hab dort niemanden gekannt, aber man wird bald schon nach mir suchen. Wenn ich nicht zurückkomme, wird Evi Theater machen. Wir wollten heute Abend gemeinsam unseren Mädelsabend machen ...

Aber je länger sie darüber nachdachte, umso mehr zerbröselte ihre Hoffnung. Evi würde höchstens eine halbe Stunde warten und dann schulterzuckend alleine in die Stadt losziehen. Vielleicht würde sie noch eine kurze Nachricht per WhatsApp schicken: *Ich bin schon mal los, du untreue Nudel.*

Überhaupt, wo war ihr Handy? Handys konnten doch geortet werden.

Was sollte diese Entführung?

Sie war gezielt ausgesucht worden, das war ihr klar. Vermutlich gab es diese demente alte Dame gar nicht, der sie vorlesen sollte, und der Typ hieß auch nicht Justin. Alles war nur ein Fake gewesen, um sie reinzulegen. Aber warum?

Es waren zwei Kerle, Mitte zwanzig, vielleicht jünger. Horrorszenarien jagten durch ihren Kopf. Sollte sie als Sexsklavin verkauft werden, oder ging es um Organhandel? Bei ihrem letzten Blutspendetermin war ihr die Krankenschwester, die die Kanüle gesetzt hatte, merkwürdig vorgekommen. So neugierig. In einen Fragebogen hatte sie alle möglichen Dinge eingetragen. Gehörten solche Fragen wirklich ganz normal dazu?

Sie versuchte, sich zu erinnern. Damals war sie nur genervt gewesen, jetzt misstrauisch. Wurden dort unter dem Deckmäntelchen der Blutspende nur die passenden Organspender für irgendwelche reichen Menschen, denen die Eurotransplant-Warteliste zu lang war, gesucht?

Oder hatte das alles etwas mit dieser Kommissarin Klaasen zu tun und dem beschlagnahmten Laptop?

Sie begann zu zittern. Dieser feine Wind wanderte jetzt an ihren Waden wieder hoch. Als sie mit dem Rad zu dem Treffen ins Café blätterteich gefahren war, hatte sie eine Jeans getragen. Wo war die jetzt? Warum war sie barfuß?

Überhaupt, ihr Rad! Vielleicht würde ihr Rad gefunden werden, und mit ein bisschen Glück hatte sich ein Spaziergänger die Nummer des Fahrzeugs gemerkt, weil der Kuchen beim Anfahren vom Dach gesegelt war. Vielleicht hatte eins der Liebespärchen, die dort herumflaniert waren, etwas gemerkt. Oder waren alle zu viel mit sich selbst und ihrer Knutscherei beschäftigt?

Obwohl es draußen noch hell genug war, hatte Ann Kathrin in ihrem Arbeitszimmer im Distelkamp die große Lampe angeknipst. Sie saß am Schreibtisch und sah sich am Bildschirm den Versandhandel an, den sie angeblich im Internet betrieb.

Der Laden hieß *Ann's signierte Bücher*.

Sie staunte. Da hatte sich jemand wirklich richtig Mühe gegeben und die Seite schön gestaltet. Die Bücher waren abgebildet, daneben genaue Angaben. Veröffentlichungsjahr, Verlag, Seitenzahl, Ursprungspreis, aktueller Preis. Hier gab es die signierte *Blechtrommel* von Günter Grass gleich dreimal. Eine alte Luchterhand-Ausgabe von 1966, eine Ausgabe der Büchergilde Gutenberg und eine vom Verlag Volk und Welt aus dem Jahre 1988.

Volk und Welt, dachte Ann Kathrin, das war doch mal einer der wichtigsten Belletristik-Verlage der DDR. Sie selbst hatte noch ein paar Bücher dieses Hauses, weil sie damals sehr preiswert waren. Allerdings besaß sie keinen signierten Grass-Roman.

Romane von Max von der Grün, Lothar Günther Buchheim und Dürrenmatt wurden angeboten. Lyrikbände von Heinrich Heine, Peter Maiwald, Günter Eich und Rose Ausländer. Außerdem Bücher von Bertolt Brecht, Enzensberger, Hesse, Heinrich Böll, Zuckmayer und dem Kriminalschriftsteller Hansjörg Martin. Aber auch Kinder- und Jugendbuchautoren waren dabei. Michael Ende, James Krüss, Max Kruse, Otfried Preußler.

Die Liste gefiel ihr. Am liebsten hätte sie sich selbst ein paar dieser Bücher bestellt.

Alle Autoren hatten einiges gemeinsam: Sie waren schon tot. Kein Fan konnte sich mehr bei ihnen um ein signiertes Buch bemühen. Und sie schrieben alle in deutscher Sprache.

Ann Kathrin, die Buchregale in Privatwohnungen als Fingerabdruck der Seele ansah, fragte sich, welcher Mensch diese Buchangebote zusammengestellt hatte. Kannte sich da jemand gut in der deutschen Literatur aus? Waren das seine eigenen Lieblingsautoren? All diese Autoren zusammen hatten vermutlich mehr Einfluss auf die Gesellschaft gehabt als die gleichzeitig tätigen Politiker, dachte sie, und ihr wurde sofort klar, dass sicherlich viele Menschen ganz anderer Meinung waren.

Weiß die Person, die diesen Shop eröffnet hatte, so viel über mich? Tauchen deshalb die bedeutenden Kinderbuchautoren auf? Viele Bücher dieser Schriftsteller stehen auch in meinem Buchregal, wenn auch nicht signiert.

Oder ist das alles Zufall, und jemand hat nur eine vererbte Bücherkiste signiert und dann ins Internet gestellt? Vielleicht ist das alles wahllos auf dem Flohmarkt gekauft worden ...

Es gab ein Bestell- und ein Kontaktformular und eine Kontonummer. Der Shop wurde, wenn die Eintragungen stimmten, seit mehr als einem halben Jahr geführt. Das letzte Weihnachtsgeschäft musste glänzend gewesen sein. Es gab einige Kommentare zufriedener Kunden. Vielleicht waren die auch gefälscht, aber wenn nicht, dann hatten die Weihnachtsgeschenke einige Fans zu Tränen gerührt, als ein signiertes Buch ihres Lieblingsschriftstellers unter ihrem Weihnachtsbaum lag.

Wer immer das hier initiiert hat, dachte sie, versteht etwas von Lesern, von Büchern, weiß einiges über mich, ist phantasiereich und kann mit Computern umgehen.

Sie begann, innerlich zu frieren. Ein Zittern ging vom Magen aus und brachte auch die anderen Organe zum Schwingen. Schließlich konnte sie die Finger auf der Computertastatur nicht mehr ruhig halten. Ihre Zähne mahlten sinnlos aufeinander, bis es knirschte.

Sie schaute vom Bildschirm hoch. Sie brauchte jetzt etwas, an dem sie sich festhalten konnte. Sie sah zu ihrem toten Vater. Sein Porträt an der Wand lächelte sie an. Es tat ihr gut, ihm die

Situation zu erklären, so als würde er im Raum stehen. Er, der immer so viel Verständnis hatte und der so viele Verbrechen im Laufe seiner Dienstzeit als Ermittler hatte aufklären können, war für sie immer noch ein wichtiger Halt im Leben.

»Papa, jemand hat meine Identität geklaut. Eine Frau fährt mit meinem Auto und wird dabei geblitzt. Sie beschlagnahmt unter meinem Namen einen Laptop, eröffnet mit einer originellen Idee einen florierenden Webshop und überweist mir eine Stange Geld auf mein Konto. Warum?«

Sie gab sich die Antwort selbst, doch es fühlte sich für sie an, als sei sie von ihrem Vater gekommen: »Sie will, dass ich sie zur Kenntnis nehme. Sie will, dass ich sehe, was sie draufhat, wie gut sie ist, wie clever! Und sie will mir schaden … Oder?«

Ann Kathrin war unsicher. Überwies man einer Person, der man schaden wollte, so viel Geld? War das ein besonders hinterlistiger Trick, oder verbarg sich dahinter eine Art Freundschaftsangebot?

Gudrun Garthoff parkte ihren Kymco-Motorroller vor Gittis Grill, nahm den Helm ab und betrat gut gelaunt den Imbiss. Es duftete nach knusprigen Hähnchen.

Sie sah den jungen Mann sofort. Er verschlang gierig die letzten Kartoffelstäbchen, wischte sich Mayonnaise von der Lippe und stierte auf sein Handy.

Gudrun fuhr ihn an: »Sag mal, was bist du eigentlich für eine taube Nuss? Hast du nicht gesehen, dass da Menschen in Not waren? Statt zu helfen, haust du einfach ab? Hat deine Mutter dir überhaupt keinen Anstand beigebracht?«

Er guckte hoch zu Gudrun, blickte sich dann im Raum um. Alle sahen ihn an, sogar der dünne Vietnamese am Grill, der gerade einen Hamburger dick belegte.

Der Krieger steckte sein Handy in die Hosentasche.

Draußen parkte ein gelber Bulli mit der Aufschrift *Eine Kelle für alle Fälle*. Peter Grendel freute sich auf ein gutes Stück Fleisch. Er konnte durch die große Scheibe Gudrun Garthoff erkennen. Sie machte einen zornigen Eindruck auf ihn. Er öffnete die Tür. Mit ihm fuhr der ostfriesische Wind in die Hitze der Imbissstube.

»Ja, glotz nicht so!«, schimpfte Gudrun. »Du weißt wohl gar nicht, was du falsch gemacht hast, oder?«

Er war als stolzer Krieger gekommen, aber die Stimme der aufgebrachten Frau und die Blicke der Imbisskunden ließen ihn zum ängstlichen Grundschüler schmelzen. Er drehte sich auf dem Absatz um und spurtete zur Tür.

Peter Grendel wusste nicht genau, was los war, aber er kannte Gudrun als netten, friedlichen Menschen, und dieser Halbstarke wollte für Peters Gefühl etwas zu schnell aus dem Laden verschwinden. Das sah nach Flucht aus.

Peter stellte sich ihm einfach in den Weg. Dieser Bär von einem Mann blockierte mühelos den Eingang.

»Wohin des Weges, edler Ritter?«, fragte Peter nett. »Kann ich behilflich sein?«

»Hau ab!«, brüllte der Krieger und stieß gegen Peters Brust, was den nicht wirklich beeindruckte.

Gudrun Garthoff ärgerte sich inzwischen über ihre vorschnelle Reaktion. Warum hatte sie Ann Kathrin nicht angerufen? Der Junge war doch für sie ein wichtiger Zeuge.

Sie wählte jetzt Ann Kathrins Nummer. Die Polizeiinspektion war von hier aus nur ein paar Schritte entfernt.

»Nicht so eilig«, mahnte Peter und hielt den Krieger an der Schulter fest.

Ann Kathrin nahm das Gespräch an.

Gudrun hielt sich nicht mit langen Vorreden auf: »Der Penner, der weggelaufen ist, statt zu helfen, ist hier bei Gitti.«

»Bitte halt ihn auf«, sagte Ann Kathrin, »ich komme sofort.«

Der Krieger wurde hektisch. Er schlug Peter Grendel ins Gesicht. Das mochte der gar nicht. Er verpasste dem Jungen eine schallende Ohrfeige und ermahnte ihn: »Benimm dich, sonst gibt's was auf die Ohren!«

Gudrun Garthoff rief: »Ann sagt, wir sollen ihn festhalten!«

Jetzt packte Peter Grendel zu. »Wir können ihn auch direkt bei ihr vorbeibringen«, sagte er ruhig. »Ist ja nicht weit. Schöne Grüße von mir. Wir liefern den Bengel gerne frei Haus.«

Panisch riss der Krieger sich los und wollte durch die Tür nach draußen, doch Peter Grendel hielt sein Jackett fest. Der Krieger sah nur eine Chance für sich. Er schlüpfte aus der Jacke und floh. Er ließ das durchgeschwitzte Teil zurück.

Peter sah sofort, dass darin ein Portemonnaie steckte.

»Mist! Hinterher!«, forderte Gudrun. »Ann braucht seinen Namen.«

Peter öffnete das Portemonnaie. »Den haben wir. Der Junge wohnt nicht weit entfernt. Er hat seinen Ausweis, seine Kreditkarte und vierzig Euro hiergelassen.« Peter betrachtete die Jacke. »Ja, und dieses geschmacklose Stück Stoff hier.«

Das Ausweiskärtchen sah in Peter Grendels Hand noch kleiner aus.

»Na bitte. Sigmar Eilts. Westerstraße. Da werden wir doch jetzt nicht hinter dem jungen Mann herlaufen. Der kommt bestimmt nach Hause, wenn er Hunger und Durst hat«, lachte Peter.

Justin stand vor der Tür, presste seine Fingerkuppen gegen das lackierte Holz und atmete tief durch. Drinnen war es ganz still. Er konzentrierte sich auf die Frau hinter der Tür. Er versuchte, sie zu spüren, in ihre Energie, ihre Gedanken einzudringen.

Katja Schubert schrie nicht. Sie machte überhaupt kein Theater, wie er befürchtet hatte. Entweder war sie noch bewusstlos oder bereits tot, dachte er. Vielleicht hatte sie einen Herzinfarkt bekommen. Er konnte sich durchaus vorstellen, dass jemand in so einer Situation vor Angst einen Herzschlag bekam.

Er kniete vor dem Schlüsselloch und versuchte, etwas zu erkennen. In der Dunkelheit leuchteten ihre Augen weiß. Er erschrak, als er ihre offenen Augen sah. Sie blitzten vorwurfsvoll, ja angriffslustig, fand er. Aber verdammt, warum schrie sie nicht?

War sie gerade dabei, dasselbe mit ihm zu tun, was er mit ihr gemacht hatte? War ihre seelische Kraft so groß, dass sie versuchen konnte, ihn zu bezwingen?

Er hatte nicht das Gefühl, von einem starken Willen besiegt zu werden. Im Gegenteil. Er spürte sie überhaupt nicht, als sei die Tür eine unüberwindliche Barriere zwischen ihnen. Holz konnte keine energetische Mauer sein, so viel hatte er gelernt. Gegenstände mit Willenskraft zu durchdringen war nicht schwer. Wände, Stein oder Beton waren nur für die Wesen ein Hindernis, die sich einer solch materialistischen Sicht auf die Welt unterwarfen.

Justin stand jetzt wieder aufrecht vor der Tür und presste die Fingerkuppen erneut dagegen, wie Maggie ihre manchmal gegen seine Schläfen gedrückt hatte, nur nicht so sanft. Er dachte es mit aller Kraft: *Öffne deinen Verstand! Öffne deine Seele! Lass uns eins werden!*

Es war wie ein elektrischer Schlag. Ein Blitz durchfuhr ihn. Er sah ihn mit geschlossenen Augen, als würde der Blitz in ihn hineinfahren und ihn von innen verbrennen. Er war augenblicklich klatschnass. Die Feuchtigkeit ließ seine Kleidung am Körper kleben. Er ekelte sich vor sich selbst. Er glaubte zu stinken, roch aber nichts.

Versuchte dieses verfluchte Luder, ihn zu besiegen? Wie würde er vor Maggie dastehen, wenn es Katja gelang, ihn zu impfen, statt umgekehrt? War sie gerade dabei, etwas in ihn einzupflanzen? Einen Gedanken? Ein Gefühl? Einen Zweifel?

Wer hatte sie in die Kunst der energetischen Übertragung eingeweiht? Hauke Hinrichs? Maggie selbst?

Er wusste nicht, ob er weglaufen sollte oder ob es besser war, die Tür zu öffnen, um in das direkte Duell per Augenkontakt zu gehen.

Es war zweifellos ein Kräftemessen. Seele gegen Seele. Gedankenkraft gegen Gedankenkraft. Deshalb schrie sie nicht. Sie brauchte alle Energie, um in ihn einzudringen.

Er öffnete die Tür. Jetzt fiel ein Lichtkegel in den Raum. Er selbst warf einen Schatten auf sie.

Sie sah erbärmlich aus und kraftvoll zugleich. Sie öffnete ihre Lippen. Ihr Körper bäumte sich gegen die gefesselte Haltung auf. Sie war voller Spannkraft, als könne die Haut gleich platzen.

Er kniff unwillkürlich die Augen zusammen, als müsse er befürchten, dass sie gleich in Fetzen flog. Aber kein Blut spritzte, keine Fleischstücke klatschten an die Wand. Der ganze imaginierte Horror blieb aus. Stattdessen flehte sie nur: »Bitte … ich brauche mein Nasenspray … Kannst du mich nicht losmachen, Justin? Du heißt doch Justin, oder war das auch gelogen?«

Er hatte sich fest vorgenommen, nicht mit ihr zu sprechen, sich auf nichts, auf gar nichts einzulassen. Aber gegen alle Vorsätze sprudelte die Frage aus ihm heraus, ohne dass er vorher darüber nachdachte: »Nasenspray? Willst du mich verarschen?«

Sie verbog sich nicht mehr in dem Stuhl, sondern fiel in sich zusammen. Mit rundem Rücken und hängenden Schultern wirkten die Fesseln jetzt wie ein notwendiger Halt. Ihr Kopf baumelte am Hals, als sei er zu schwer geworden.

Sie sprach. Dabei tropfte Speichel aus ihrem Mund: »Warum macht ihr das? Was wollt ihr von mir?«

Rupert, Weller und Büscher standen an der Kaffeemaschine und versuchten gemeinsam, ihre Geheimnisse zu ergründen.

Ann Kathrin stürmte in den Flur und rief ihnen zu: »Peter Grendel und Gudrun Garthoff haben unseren Zeugen identifiziert! Den, der abgehauen ist! Er wohnt in der Westerstraße. Er benimmt sich verdächtig, wie jemand auf der Flucht.«

»Wer weiß, vielleicht hat das Schwein die Hütte angezündet«, orakelte Weller. Büscher hielt das auch durchaus für möglich und nickte brummig.

Rupert rieb sich die Hände. »Okay, holen wir ihn uns! Das wird ein Bodyjob!«

Kripochef Büscher trat einen Schritt zurück. »Was soll das denn heißen? Bodyjob?«

Rupert tänzelte kampfbereit auf und ab. »Nun, dass wir reingehen, ihm was auf die Fresse hauen und ihn dann hierher zum Verhör schleifen.«

Büscher war empört. »Das ist nicht dein Ernst!? Das will ich nicht gehört haben!«

Weller wiegelte ab. »Kollege Rupert meint, dass wir versuchen werden, die ganze Sache ohne Schusswaffengebrauch zu regeln.«

»Ja, genau, sag ich doch!«, trompetete Rupert und führte

in paar Boxhiebe in die Luft gegen einen imaginären Gegner aus.

Ann Kathrin gab Anweisungen: »Weller und ich machen das alleine. Du bleibst hier, Rupert.«

Büscher wirkte erleichtert. »Soll ich vielleicht … oder braucht ihr ein Einsatzkommando?«

Ann Kathrin winkte ab.

Sigmar Eilts floh in den Keller, als Ann Kathrin Klaasen an der Haustür klingelte. Er wollte durch einen Lichtschacht in den Hinterhof. So war er als Kind manchmal entkommen, wenn er eigentlich Stubenarrest hatte und der saufende Vater ein Opfer für seine Wut suchte.

Er passte immer noch durch den Schacht, nur diesmal konnte er sich nicht auf sein Fahrrad schwingen und zu seinem Freund retten.

Weller stand im Hof und vereitelte den Fluchtversuch.

Weller grinste: »Alte Polizistenweisheit: Wenn du vorne klingelst, versucht der Schuldige gerne, durch die Hintertür abzuhauen. Ich werte das hier mal als Schuldanerkenntnis, Sigmar.«

Er wehrte sich nicht. Weller musste keine Gewalt anwenden. Sigmar Eilts hielt ihm die Hände hin. Er vermutete, Handschellen angelegt zu bekommen.

Weller staunte: »Ach, du meinst, wer wegrennt, statt zu helfen, flieht auch vor der Befragung?« Weller tätschelte ihm das Gesicht: »Du siehst doch ganz vernünftig aus, Kleiner. Mach uns jetzt keinen Ärger.«

Sigmar Eilts ging einfach mit.

Der Junge, dachte Weller, hat mehr Dreck am Stecken als wir wissen. Und er denkt, dass wir die Wahrheit kennen. Er benimmt sich nicht wie ein Zeuge. Auch nicht wie einer, der sich schämt, weil er weggelaufen ist. Er verhält sich wie jemand, der weiß, dass er schuldig ist.

Ann Kathrin hatte ein paar Fragen an Sigmar Eilts. Sie hielt ihn immer noch für einen Zeugen, aber er war gleich bereit, ein Geständnis abzulegen.

Sie hatten bis zur Polizeiinspektion am Markt nur wenige hundert Meter Fahrt zurückzulegen. In dieser Zeit laberte Eilts ununterbrochen.

»Okay, ihr lausigen Scheißbullen. Ihr habt mich. Ich war es! Ich gebe es zu.«

Weller drehte sich auf dem Fahrersitz nach hinten und bremste Eilts: »Hör mal zu, Kleiner. So ein Geständnis ist eine ernstzunehmende Sache. Das kotzt man nicht einfach im Auto zwischen die Sitze.«

Ann Kathrin verstand ihren Mann nicht. Sie stieß Weller an: »Lass ihn doch! Soll er sich von der Seele reden, was ihn bedrückt ...«

Sigmar Eilts schwieg jetzt verbissen. Auf dem Parkplatz beim Aussteigen machte er einen Fluchtversuch. Weller stoppte ihn nach wenigen Schritten und drehte ihm den rechten Arm auf den Rücken: »Mach mir jetzt keine Schwierigkeiten!«, schimpfte Weller.

»Schon gut«, versprach Sigmar Eilts, »ich bin friedlich, aber lass mich los! Brich mir nicht den Arm!«

Weller lockerte den Griff. Er fand es unnötig, dem jungen Mann auf den letzten Metern Handschellen anzulegen.

Sigmar Eilts riss sich schon auf den Treppenstufen ein zweites Mal los.

»Jetzt reicht es aber!«, fluchte Weller und lief hinter Eilts her.

Der drehte sich um, und Weller sah plötzlich eine Messerklinge blitzen.

Weller hob beide Hände und zeigte, um Eilts zu beruhigen, seine leeren Handflächen vor. »Mach dich nicht unglücklich, Kleiner! Du willst doch jetzt nicht ernsthaft eine Karriere als Messerstecher beginnen! Glaub mir, so etwas endet selten gut. Wenn ich dich entwaffnen muss, dann ist das gewaltsamer Widerstand gegen Vollstreckungsbeamte. Paragraph 113 StGB. In besonders schweren Fällen – und dein Scheißmesser macht aus deinem Herumgezicke einen besonders schweren Fall – kostet dich das bis zu fünf Jahre Freiheitsentzug. Also sei nicht blöd. Spiel jetzt nicht den doofen Helden. Guckt eh kein Mensch zu, der Beifall klatschen könnte. Lass das Messer einfach fallen, und wir beide tun so, als hätte es da auf der Straße gelegen. Jemand hat es verloren, wir haben es gefunden und entsorgt, bevor sich irgendwelche Kinder daran verletzen.«

Sigmar Eilts stand unschlüssig da und hörte Weller zu. Weller klang, als würde er es gut mit ihm meinen, aber Eilts war sehr aufgeregt. Er war der Krieger. Krieger gaben nicht einfach so auf, ließen sich nicht wehrlos festnehmen. Ein Krieger musste immer ein Kämpfer sein.

Ann Kathrin hatte Wellers lange Rede genutzt, um im Schutz zweier geparkter Autos hinter Sigmar Eilts zu gelangen. Sie hätte jetzt zur Gefahrenabwehr die Dienstwaffe auf ihn richten können, um ihn dann aufzufordern, das Messer fallen zu lassen. Aber sie wollte die Sache nicht noch größer machen, als sie ohnehin schon war. Das alles drohte aus dem Ruder zu laufen.

Sie schlich sich bis auf einen Meter an ihn heran. Sie konnte seine Aufregung körperlich spüren. Er bibberte vor Angst und japste nach Luft.

Ann Kathrin packte beherzt zu. Sie entwaffnete ihn und drückte ihn gegen die Hauswand. Schon war Weller da und legte ihm Handschellen an. Die aus Eisen. Er zog sie richtig eng.

»Aua, das tut weh!«, schrie Sigmar.

»Das soll es auch, du Idiot!«, schimpfte Weller. »Bist du auf Droge, oder was stimmt mit dir nicht?«

Rupert stand in Büschers Büro am Fenster und hörte sich eine Standpauke an. Büscher verdonnerte Rupert zu mindestens zwei Fortbildungskursen im nächsten Vierteljahr.

»Verdammt, warum grinst du so?«, fauchte Büscher.

Rupert öffnete das Fenster und zeigte mit dem Finger nach unten. »Guck mal. Bodyjob. Sag ich doch …«

Weller und Ann Kathrin leerten Sigmars Taschen aus, nahmen ihm den Hosengürtel und die Schuhriemen ab und sperrten ihn zunächst in die gekachelten Räume, damit er sich beruhigen konnte.

Ann Kathrin war sehr unzufrieden mit Weller. Sie musste es ihm nicht sagen. Er sah es ihr an.

»Ja, ich weiß«, rief er schuldbewusst, »es war dämlich von mir! Ich hätte ihn nach Waffen durchsuchen müssen. Es war ein unverzeihlicher Fehler. Das hätte bei einem Schwerverbrecher richtig schiefgehen können, aber ich hab ihn nicht für einen gefährlichen Jungen gehalten, Ann.«

Sie sagte nichts, guckte ihn nur an.

»Okay, ich hab mich eben geirrt«, gab Weller zu.

»Nein, das meine ich gar nicht, Frank.«

»Was dann?«

»Warum hast du ihn im Auto nicht ausreden lassen? Er

wollte in seiner Aufregung etwas gestehen, und du hast ihn unterbrochen und ...«

Weller fuhr mit der rechten Hand durch seine Haare. »Ja, verdammt, heute ist nicht mein Tag. Er hat Scheißbullen gesagt. Normalerweise macht mir das schon lange nichts mehr aus, aber heute ...«

Ann Kathrin legte eine Hand auf seine. Sie standen sich im Flur der Polizeiinspektion, in der Nähe des Kaffeeautomaten gegenüber und sahen sich in die Augen wie ein Liebespärchen an der Theke, das nach einem heftigen Streit die Versöhnung mit einem Gläschen besiegeln will.

»Ich weiß«, sagte Weller, und es klang, als würde er ihr ein großes Geheimnis anvertrauen. Er sah ihr dabei tief in die Augen. »Ich weiß, wie man hier einen relativ guten Espresso rausbekommt.«

Wenn er ihr die Lottozahlen von nächster Woche verraten hätte, wäre sie nicht weniger erstaunt gewesen. Sie verschränkte die Arme vor der Brust und sah ihn herausfordernd an. Nun musste der Held sein Können unter Beweis stellen.

Er warf eine Münze in den Schlitz. »Wenn man hier unten gegentritt, dann den Kasten ein bisschen anhebt und auf *Kakao* drückt ...«

Er weiß gar nicht, was man tun muss, damit aus dieser Maschine Espresso kommt, dachte sie. Vermutlich ist das sogar ganz und gar unmöglich. Er will einfach nur Spaß machen, mich erheitern. Gibt es etwas Besseres für eine Frau als einen Mann, der es schafft, sie zum Lachen zu bringen?

Er kippte die große Maschine zur Seite, rüttelte daran und sagte: »Früher hab ich das beim Flippern immer so gemacht. Ich musste nur aufpassen, weil der Automat tiltete, wenn man zu viel dran wackelte.«

Ein schwarzer Strahl schoss aus der Maschine und versank ungebremst in einem silbernen Rost.

»Espresso, das ist Espresso!«, freute Weller sich. Doch der duftende schwarze Strahl hinterließ nur eine kleine Pfütze in der Vertiefung, wo eigentlich ein Becher hätte stehen sollen.

Ann Kathrin wischte sich Lachtränen weg. »Wenn dir das jetzt noch mal gelingt und wir eine Tasse hinstellen, Frank, können wir den Espresso sogar trinken!«

»Gut«, sagte er, »aber wir wissen jetzt, wie wir an Espresso kommen.«

Ann Kathrin versuchte, einen Becher zu ziehen, um ihn unter den Spender zu stellen. Es war nicht leicht, denn entweder war die Öffnung zu klein oder die Becher zu groß. Als es ihr endlich gelang, hatte sie gleich drei Plastikbecher in der Hand. Einen davon platzierte sie so genau wie möglich.

Weller wackelte noch einmal an der Maschine und kippte sie zur Seite. Das gesamte Gewicht lastete jetzt auf seinen Armen. Ann Kathrin hatte Angst, der Becher könne gleich herausrutschen, weil das Gerät so schräg stand, aber das passierte nicht.

Jetzt kam heißes Wasser, dann Kakaopulver und schließlich etwas Weißes, das nach Jauche roch, aber wohl Milch sein sollte oder eine ranzig gewordene Reinigungsflüssigkeit.

Weller stellte die Kaffeemaschine wieder gerade hin, schlug mit der Hand darauf, als sei sie ein Kumpel, den er schulterklopfend loben wollte, und sagte: »Ich hab in meinem Büro eine Kaffeemaschine, die funktioniert.«

Ann Kathrin schüttelte den Kopf. »Danke, Frank. Ich glaube, ich knöpf mir jetzt lieber mal diesen Sigmar Eilts vor.«

Rupert schlappte durch den Flur. Er sah die beiden bei der Kaffeemaschine stehen und wartete amüsiert ab, was geschehen würde. Aus dem Sieb tropfte eine braune Flüssigkeit auf den Boden.

»Brauchst du Hilfe, Ann?«, fragte Weller.

Sie nahm das nicht als ernsthafte Frage. »Keine Sorge. Mit dem Bürschchen werde ich schon alleine fertig.«

Ann Kathrin ging die Treppe runter. Rupert stand jetzt hinter Weller und flüsterte ihm ins Ohr: »Ich glaub, da hat sie recht. Die Frau schafft jeden Mann, stimmt's, Alter?«

Weller brummte.

Katjas Nasennebenhöhlen waren so entzündet, dass sie das Gefühl hatte, Zahnschmerzen würden sie plagen. Ihr Magen übersäuerte. Das war eine klare Angstreaktion. Sie kannte es von Prüfungen. Sie bekam schon Tage vorher Magenprobleme und Mundgeruch.

Da die Tür ein Spalt offen stand, fiel ein Lichtkegel in den Kellerraum. Sie konnte Justin sehen. Er warf einen Schatten auf ihre Knie.

Sie kam sich schmutzig vor und fragte sich, wo ihre Jeans war. Und warum hatte ihr jemand die Hose ausgezogen?

Sie war nicht vergewaltigt worden, und die ganze absurde Situation hier im Keller, mit diesem Mann, dessen Großmutter sie angeblich für zehn Euro die Stunde hätte betreuen sollen, war völlig unsexuell. Es ging um etwas anderes.

Sie konnte in der Ecke so etwas wie einen Spaten stehen sehen, ein langer Stiel mit einem Griff oben. Weiter unten verschwand alles in der Dunkelheit. Vielleicht war es auch eine Harke oder ein Besen.

Justin stand jetzt hinter ihr und wühlte in ihren Haaren herum. Dann drückte er seine Finger gegen ihre Kopfhaut und begann, schwer zu atmen.

Das kannte sie von Hauke.

»Was soll der Scheiß?«, fragte sie mutig. »Glaubst du ernsthaft, du kannst mir jetzt deinen Willen aufzwingen?«

Er antwortete nicht, sondern erhöhte den Druck und atmete heftiger, wie bei einer körperlich sehr anstrengenden Arbeit.

»Wenn du etwas von mir willst, warum fragst du mich nicht einfach? Ich meine, warum versuchst du es nicht wenigstens? Muss man Menschen seinen Willen aufzwingen? Muss man sie beherrschen?«

Seine Antwort war ein Keuchen, und seine Fingerkuppen rutschten auf ihrer Kopfhaut hin und her.

»Sind deine Wünsche so abwegig, dass du sie nicht einmal formulieren kannst? Sind sie außer über Gedankenkontrolle gar nicht lebbar?« Sie schüttelte, so gut es eben ging, ihren Kopf und fluchte: »Verdammt, hör auf damit! Das hat Hauke auch immer bei mir versucht! Es funktioniert bei mir nicht. Mein Ego sei zu groß, hat er gesagt oder vermutlich Maggie ... Du bist doch auch einer ihrer Schüler, oder sollte ich besser sagen: Jünger. Habt ihr solchen Mitgliederschwund, dass ihr jetzt schon Leute entführen müsst?«

»Wehr dich nicht länger dagegen«, sagte er mit sanfter Stimme. »Entspann dich einfach. Lass dich fallen.«

Katja lachte bitter auf: »Das ist jetzt hier nicht gerade eine einladende Situation, um sich zu entspannen. Kannst du das gut? Halb nackt, in einem muffigen Keller, an einen Stuhl gefesselt, entspannen? Also, Wellness stelle ich mir anders vor.«

Er atmete einfach weiter. Seine Finger glitten jetzt ihren Nacken hinab bis zu ihren Schultern. Einen Moment glaubte sie, er könne gleich in ihr T-Shirt greifen und ihre Brüste befummeln, aber das tat er nicht. Er drückte gegen Punkte auf ihrer Schulter und im Nacken. Sie kannte die Stellen durch Hauke. Er hatte behauptet, dort lägen irgendwelche Leitungen oder Kanäle, die direkt ins Bewusstsein führten. Sie seien bei ihr verschlossen, verklemmt oder verklebt. Er hatte eine Weile versucht, sie zu öffnen, war aber grauenhaft damit gescheitert.

Sigmar Eilts machte den Eindruck, als hätte er vor, sich anständig zu benehmen. Er saß aufrecht am Tisch, sah Ann Kathrin an, wenn sie sprach. Er wirkte ruhig und einsichtig. Den ersten Schock, sich in Polizeigewahrsam zu befinden, hatte er verdaut.

Ann Kathrin kannte solche Situationen zur Genüge. Nun versuchte der Delinquent, einen guten Eindruck zu machen, bot an zu kooperieren, damit sich alles schnell aufklären würde und er wieder in seine Umgebung entlassen werden konnte.

Er trank in kleinen Schlückchen Wasser aus einem Becher. Immer wieder strich er sich mit den Fingern die Haare glatt.

Ann Kathrin legte ihr Aufnahmegerät auf den Tisch und schaltete es ein. »Wir hatten keinen guten Start miteinander, aber ich bin bereit, das alles zu vergessen, wenn wir uns jetzt vernünftig unterhalten können.«

Er nickte erleichtert.

»Sie haben sich beim Brand in der Norddeicher Straße verdächtig gemacht. Warum haben Sie nicht die Polizei gerufen? Warum keine Hilfe geholt? Warum sind Sie weggerannt?«

Er hob die Schultern sehr langsam. Sein Aussehen bekam dadurch etwas Geierhaftes. »Es war blöd von mir. Ich war noch nie in so einer Situation. Ich bin durchgedreht.«

»Gudrun Garthoff hat Sie aufgefordert, ihr zu helfen.«

»Ja, das war die, die mich dann in Gittis Grill erkannt hat ...«

»Genau die.«

Vielleicht, dachte Ann Kathrin, ist er einfach ein junger Mann, der von einer Stresssituation überfordert wurde. Aber sein späteres Verhalten gab ihr zu denken. Und da war noch etwas. Eine gewisse Überheblichkeit, ein merkwürdiger Stolz, als sei er etwas Besseres und müsse sich dazu herablassen, überhaupt mit ihr zu reden.

Menschen, die sich über Recht und Gesetz erhoben und glaubten, tun zu können, was ihnen gerade passte, hatten oft diesen Duktus drauf. Ann Kathrin machten solche Verhaltensweisen zornig. Sie begann, diesen Personen sofort zu misstrauen und versuchte, sie zu überführen, stellte ihnen Fangfragen.

Sie beobachtete sich jetzt selbst. Etwas, so spürte sie, brachte sie gegen Sigmar Eilts auf, obwohl oder gerade weil er sich so einsichtig zeigte, aber er tat es, als sei es eine Gnade, die er ihr gewährte.

Weller hatte ihr inzwischen den Lebenslauf des Jungen aufs Handy gemailt. Sie wischte mit dem Zeigefinger übers Blatt und las:

»Langweile ich Sie, Frau Kommissarin? Pflegen Sie jetzt Ihre Facebook-Seite? Darf ich dann gehen?«

Sie ging auf die Provokation nicht ein. »Sie haben das Abitur am Ulrichsgymnasium ...«

»Ja. Ein Einserabitur«, sagte er und setzte sich stolz hin, als würde er jetzt dafür ein Lob erwarten.

»Eins Komma vier«, korrigierte sie ihn. »Sie haben zunächst Rechtswissenschaften in Bochum studiert, aber nach drei Semestern abgebrochen.«

Er kratzte sich am Hals. »Ja, das war nichts für mich. Zu trockener Stoff.«

»Und was haben Sie stattdessen gemacht?«

Er brauste auf, fuchtelte mit den Armen in der Luft herum. »Gemacht? Gemacht? Muss man immer irgendetwas machen? Kann man nicht einfach mal sein?«

»Sie sind also zu Ihrer Mutter zurückgezogen?«

Da sie seine große philosophische Fragestellung auf so einen profanen Satz herunterbrach, reagierte er sauer. »Was dagegen?«

Ich habe ihn erwischt, dachte Ann Kathrin. Da ist irgendetwas ganz gründlich schiefgelaufen in Bochum beim Jurastudium. Und der junge Mann ist mit blutiger Nase reumütig zu Mami zurückgekehrt ...

»Sind Sie dann direkt wieder in Ihr Kinderzimmer eingezogen?«

Damit hatte sie ihn sofort. Er schlug mit der flachen Hand auf den Tisch und schimpfte: »Was soll das? Ja, verdammt, ich bin in Bochum in eine Sinnkrise geraten. In eine Art spirituelle Lebenskrise, falls Sie überhaupt wissen, wovon ich rede! Ich hatte Phobien, ich wusste nicht mehr ein noch aus. Am Schluss konnte ich die Uni nicht mal mehr betreten. Ich bekam Schweißausbrüche. Herzrasen. Mir wurde schwindlig. Reicht Ihnen das? Sind Sie jetzt zufrieden?«

Er schoss vom Stuhl hoch und schlug noch einmal auf den Tisch. Sein Pappbecher wackelte, fiel aber nicht um.

»Ich habe Ihnen nur eine Frage nach Ihrem Lebenslauf gestellt, Herr Eilts. Das wird Ihnen noch öfter im Leben passieren. Sie leiden also unter Panikattacken? Wenn Sie jedes Mal so ausrasten, können Sie jedes Bewerbungsgespräch vergessen.«

»Ich bewerbe mich hier aber nicht um einen Job!«, brüllte er. »Was wollen Sie eigentlich von mir?«

»Ich glaube, dass Sie uns nicht alles sagen. Wir haben es mit einem sehr mysteriösen Selbstmord zu tun. Wobei ich mir noch gar nicht so sicher bin, ob es sich auch tatsächlich um einen Selbstmord handelt.«

Er lachte. »Was soll es denn sonst gewesen sein? Ein Unfall?«

Er versuchte, es vorzuspielen, tat, als würde er vorwärts in eine Schlinge hineinfallen, die er selbst hinter seinem Hals zuzog. »Oh, ein Lasso! Eine Schlinge! Ah, ich krieg keine Luft mehr! Wo kommt das Ding denn her? Wie konnte ich das nur vergessen?«

»Das ist nicht lustig!«, sagte Ann Kathrin scharf. »Kannten Sie Hauke Hinrichs?«

Sigmar Eilts schüttelte den Kopf.

»Warum glaube ich Ihnen das nicht?«, fragte Ann Kathrin. Sie deutete einen Stupser mit der Hand gegen die eigene Stirn an. »Ach, klar! Weil wir hier in Norden sind, in Ostfriesland. Sie sind beide aufs selbe Gymnasium gegangen. Aber natürlich sind Sie sich nie begegnet. Wir haben hier ja auch so viele Kneipen, in denen Jugendliche verkehren, da kann man sich dann schon mal schnell aus dem Weg gehen. Sie sind in seinem Alter. Sie stehen vor seinem Haus, als wollten Sie zu Besuch kommen ... Für wie blöd halten Sie mich eigentlich, Herr Eilts?«

Er ließ sich auf den Stuhl fallen und funkelte sie wütend an: »Na gut. Ich kannte ihn. Und jetzt? Was glauben Sie denn, wie viele Leute den kannten? Soll ich ihn deshalb umgebracht haben? Dann gibt's außer mir aber noch ein paar hundert Verdächtige, die alle in unserem Alter sind, die alle zum Ulrichsgymnasium gegangen sind, schon mal bei Gitti eine Bratwurst gegessen, im Mittelhaus ihr Bier getrunken oder bei Meta abgerockt haben.«

»Okay, Sie kannten sich also. Das halten wir doch mal fest.«

Ann Kathrin ging einmal um den Tisch herum, so dass sie hinter Sigmar Eilts stand. Die Situation machte ihn nervös. Er hielt es kaum aus, drehte sich zu ihr um, wollte gar seinen Stuhl anders hinstellen.

»Sie haben es nicht gerne, wenn jemand hinter Ihnen steht?«, fragte Ann Kathrin. »Ist das das schlechte Gewissen?«

Er attackierte sie: »Sie spinnen doch! Sie sind doch total plemplem! Was wollen Sie mir unterstellen?«

»Ich unterstelle Ihnen gar nichts. Ich stelle Fragen und staune darüber, was für eine niedrige Frustrationsschwelle Sie haben. Die einfachsten Fragen bringen Sie schrecklich auf. Meiner Erfahrung nach geschieht das nur bei Menschen, die etwas zu verbergen haben, weil sie auch hinter Harmlosem immer etwas Monströses durchscheinen sehen: nämlich ihre eigene Schuld.«

»Interessante Theorie. Ist die von Ihnen, oder haben Sie das irgendwo gelesen?«

Ann Kathrin ging nicht darauf ein, sondern konfrontierte ihn mit einem Verdacht: »Haben Sie die schlechten Kritiken über Hauke Hinrichs geschrieben? Für irgendjemanden war es sehr wichtig, ihn als völligen Idioten hinzustellen. Als Nichtskönner, sowohl als Kellner unfähig als auch als Musiker oder Restaurantbetreiber.«

»Er hatte *Hater* im Internet. So etwas gehört heutzutage dazu.«

»Waren Sie einer von diesen *Hatern*?«

Er verzog spöttisch den Mund, als hätte er so etwas nun wirklich nicht nötig.

»Oder können Sie mir sagen, wer Suse12, Akimaus oder Tarzans Flittchen sind? Gern versteckt man sich auch hinter alten ostfriesischen Häuptlingsnamen ...«

»Ich weiß, wovon Sie reden, aber ich habe keine Ahnung, wer es war. Außerdem sind das ja wohl keine strafbaren Handlungen!«

»Sehen Sie, und schon wieder glaube ich Ihnen nicht. Irgendjemand hat Hauke Hinrichs wüst attackiert. Und ich wette, die Person hat damit angegeben. Wenn ich mir die Wortwahl anschaue und die Wahl der Mittel, ist der oder die altersmäßig nicht weit von Ihnen entfernt. Ich glaube kaum, dass ich die Absender dieser Hassmails bei der AWO im Seniorenheim finde.«

Er ging jetzt bewusst in die Situation des dozierenden Professors: »Und wieder gehöre ich zu den zwei Dritteln unserer Bevölkerung, die jetzt verdächtig sind. Sie machen es sich sehr leicht, Frau Kommissarin. Haben Sie denn sonst niemanden? Ich könnte Ihnen die Adressen meiner ehemaligen Klassenkameraden geben, auf die trifft das alles ebenfalls zu.«

»Gute Idee. Ich werde sie sicherlich alle befragen. Aber Sie könnten mir viel Arbeit ersparen, wenn Sie mir verraten, wer sich hinter diesen Namen verbirgt. Ostfriesische Häuptlingsnamen wird ja kaum jemand wählen, der in St. Moritz wohnt oder auf der Schwäbischen Alb.«

»Da werden Sie nicht weit kommen, Frau Kommissarin. Man wählt solche Namen, um nicht erkannt zu werden. In der digitalen Welt braucht man keinen Personalausweis, und es gibt keinen Fingerabdruck und keine biometrischen Daten.«

»Ach, das sehen Sie ein bisschen naiv. Jeder dieser *Hater* hat eine Spur im Netz hinterlassen. Seine ID-Nummer zum Beispiel. Wenn ich einen richterlichen Beschluss habe, werden mir die Telekom und wie die Anbieter alle heißen, jede Information zur Verfügung stellen, die ich brauche. Es ist nur eine Frage von wenigen Stunden, dann ...«

Er war jetzt blass um die Lippen. Sie wusste, dass sie einen Treffer mittschiffs gelandet hatte. Er versuchte noch kurz, eine Reißleine zu ziehen: »Sie werden am Datenschutz scheitern. Der Richter gibt so brisante Daten nicht ohne Not frei ...«

»Er gibt sie gar nicht frei, er veranlasst es nur, und glauben Sie mir, der Schutz von Leib und Leben wird bei uns höher gestellt als der Datenschutz. Und das ist auch gut so.«

Er hob die Hände, als wolle er sich ergeben, versuchte gleichzeitig, mit einem Lachen die ganze Sache herunterzuspielen, und sagte: »Was soll's. Ich bin Idzinga95.«

Sie spürte, dass da noch mehr kommen würde, deswegen sah sie ihn durchdringend an. Er wandte sich unter ihren Blicken, als ob sie ihm Schmerzen bereiten würde. Dann sagte er: »Jaja, schon gut. Und Akimaus. Das ist keine strafbare Handlung, Frau Kommissarin. Was konstruieren Sie sich da? Dies ist ein freies Land. Ich darf mit meiner Kritik jeden in die Pfanne hauen, sooft ich will. Das ist Demokratie!«

Ann Kathrin widersprach ihm scharf: »Nein, Demokratie heißt, dass Sie nichts befürchten müssen, wenn Sie mit Ihrem Gesicht und Ihrem Namen zu Ihrer Meinung stehen, weil Sie niemand deswegen vor Gericht zerren kann. Demokratie braucht diese Art von Anonymität aber nicht. Die braucht nur jemand, der aus dem Hinterhalt agieren will.«

Sigmar Eilts winkte ab, als sei ihre Meinung Schnee von gestern und völlig indiskutabel.

»Sie und ein paar andere haben versucht, Hauke Hinrichs in den Selbstmord zu treiben. Das muss ja dann ein triumphaler Tag für Sie gewesen sein, als er sich aufgehängt hat.«

»Ja, wenn Sie es so sehen wollen, Frau Kommissarin, dann ist auch eine Lehrerin, die ihrem Schüler schlechte Noten gibt, dafür verantwortlich, wenn der aus dem Fenster springt.«

»Immerhin muss die Lehrerin ihre Noten verantworten und wird die Kinder nicht anonym unterrichten.«

Jetzt drehte sie ihm den Rücken zu. Sie sah zu der Glasscheibe. Sie war sich sicher, dass Weller inzwischen dort stand und zuhörte. Sie konnte ihn nicht sehen, aber sie spürte ihn praktisch auf der Haut. Da war seine Nähe, und er war aufgeregt.

Die Befragung dauerte schon viel zu lange. Weller wusste, dass sie Gespräche abbrach, die sich im Kreis drehten.

Sie ging nun an der Scheibe vorbei und zwinkerte einmal. Sie fand es witzig und ahnte, dass er sich nun fragte, woher sie wusste, dass er vor der Scheibe stand. Später würde sie es Intuition nennen.

Sie stellte sich an die gegenüberliegende Wand, zeigte mit dem Finger auf Sigmar Eilts und stellte ihm nun die alles entscheidende Frage: »So weit ist mir das alles völlig klar. Aber wissen Sie, was ich mich frage, Herr Eilts? Woher konnten Sie wissen, wann Hauke Hinrichs sich aufknüpfen würde? Hat er das vorher bekanntgegeben? Mit Datum und Uhrzeit?«

Eilts schwieg eine Weile. Zunächst mäanderten seine Blicke unruhig durch den Raum, dann schien er etwas in der Ferne, hinter den Wänden, zu fixieren. Ann Kathrin kannte das von Beschuldigten, wenn sie in sich versanken, die Tat noch einmal vor ihrem inneren Auge vorbeizog oder sie die Alternativen abwogen, die ihnen noch blieben.

Dieser ganze Internetmist, den sie bis jetzt im Grunde begeistert mitgemacht hatte, kam ihr vor wie ein Krebsgeschwür. Sie musste an ihre Freundin Astrid denken, die diesen wuchernden Mist in sich hatte. Gleichzeitig stülpt sich so etwas in digitaler Form über uns alle, frißt sich in uns hinein und beginnt, unser Leben zu bestimmen.

Mit Hauke Hinrichs war ein übles Spiel getrieben worden. Sie ahnte, wie er sich fühlte, denn sie selbst wurde gerade in etwas Vergleichbares hineingezogen.

Sie hatte Mühe, sich auf Sigmar Eilts zu konzentrieren. Sie dachte an die signierten Bücher, die unter ihrem Namen verkauft worden waren. An das Konto, das sie angeblich eröffnet hatte und von dem jetzt eine Umbuchung auf ihr richtiges Girokonto veranlasst worden war.

Ihr wurde kalt. Sie wehrte sich gegen diese Gedanken, wollte sich wieder auf die Befragung konzentrieren. Sie konnte nicht zulassen, dass ihre eigenen Probleme die Arbeit an diesem Fall überschatteten. Aber auch wenn es ihr nicht gefiel, die Antworten von Sigmar Eilts machten ihr klar, in welchem Dilemma sie steckte.

Waren es in ihrem Fall auch verzogene junge Männer, die sich einen Spaß daraus machten, sie in eine schwierige Situation zu bringen?

»Sie kommen mir vor wie ein kleiner Junge im Körper eines Mannes«, sagte sie. »Dumm, eitel und gemein. Ist Ihnen überhaupt bewusst, was Sie da anrichten?«

Er sah aus, als würde er wach werden und sich mühsam aus den verschwitzten Bettlaken herausarbeiten. Er baute sich jetzt zu voller Größe auf und tippte mit dem Zeigefinger vor sich auf den Tisch, dass ein klackendes Geräusch zu hören war.

»Sie haben ja keine Ahnung, wer hier vor Ihnen steht!«, behauptete er, und fast hätte er es herausgebrüllt: *Ich bin der Krieger!* Doch er hatte geschworen, das niemals preiszugeben.

Er musste Maggie schützen. Nichts war wichtiger. Trotzdem wollte er nicht vor dieser Kommissarin wie ein dummer Junge dastehen.

»Sie halten mich hier nur so lange fest, wie ich es Ihnen gestatte, Frau Kommissarin.«

Sie lachte demonstrativ auf. »Ja? Das ist mir aber ganz neu.«

»Ich habe Kräfte, von denen Sie nicht mal etwas ahnen! Wenn ich es will, werden Sie sich vor mir verbeugen, sich bei mir entschuldigen und mich nach draußen begleiten.«

Er wusste, dass er etwas Verbotenes tat, und etwas in ihm schrie: *Sei ruhig! Bist du wahnsinnig? Sie hat es verboten! Gib niemals damit an! Wie oft hat sie das gesagt? Behalte deine Macht und dein Wissen für dich. Die anderen werden es nicht verstehen.*

Er hatte sich immer an ihre Gebote gehalten, aber jetzt ging es nicht anders. Er musste es sagen, musste, musste, musste.

»Sie verfügen«, stellte Ann Kathrin sachlich fest, »also über außergewöhnliche, übernatürliche Kräfte?«

Jetzt, da es einmal raus war, wusste er auch nicht, warum er es wieder zurücknehmen sollte. »Ja, so ist es, Frau Kommissarin. Ich verfüge über das Knowledge.«

»Was ist das? Ein geheimes Wissen?«

»Ein sehr geheimes. Es ist das, was die Welt zusammenhält.«

Ann Kathrin räusperte sich. »Könnte ich dieses Wissen auch erlangen? Gibt es da irgendwelche Kurse oder …«

Er spottete: »Kurse! Diplomarbeiten! Bachelor, Master, dieser ganze Scheiß! Diese Fragenbogenwissenschaft … Glauben Sie wirklich, so könnte man eine Erkenntnis erlangen? Haben Sie das je erlebt?« Er zeigte zur Wand, als sei dort eine gerade Hauptstraße zu einer Universität. »Glauben Sie, dass an der Universität Leute studieren, die etwas wissen wollen? Die neugierig sind? Forscher, die Unbekanntes entdecken wollen? Nein, glauben Sie mir, die wollen einen Schein haben, um eine Prüfung zu bestehen, damit sie am Ende eine bestimmte Stellung in dieser Gesellschaft einnehmen können. Mehr ist es nicht. Es geht nicht um Wissen. Es ist letztendlich ein Schachern um Pöstchen.«

»Und deswegen haben Sie die Universität verlassen? Oder waren es mehr Ihre Phobien?«

Er machte mit der flachen Hand eine schneidende Geste durch die Luft. »Ohne meinen Anwalt sage ich nichts mehr.«

»Wenn Sie das Gefühl haben, dass Sie einen Anwalt brauchen, ist das eine kluge Entscheidung.«

Er stand mit geschlossenen Augen sehr konzentriert da und atmete in den Bauch.

»Versuchen Sie jetzt gerade, Ihre Macht über mich auszuüben? Das brauchen Sie gar nicht. Ich halte mich an Recht und Gesetz. Wenn Sie einen Anwalt haben wollen, werden Sie einen bekommen. Und jetzt schlage ich vor, dass ich Sie in Ihre Zelle zurückbegleite.«

»Sie haben kein Recht, mich länger hier festzuhalten.«

»O doch, das habe ich. Es steht, wenn Sie so wollen, in meiner Macht.«

Er sah sie mit einem hasserfüllten Blick an.

»Jetzt würden Sie mich am liebsten dazu bringen, dass ich mich auch aufhänge«, sagte Ann Kathrin. Aber er antwortete nicht mehr.

Büscher staunte, trank versonnen Tee und stierte in die Tasse, als könne dort aus dem sich auflösenden Kandis die Antwort auf alle Fragen aufsteigen.

»Dieser Zeuge«, Ann Kathrin sprach das Wort ›Zeuge‹ aus, als sei er keiner mehr, sondern längst zum Verdächtigen geworden, »Sigmar Eilts und unser Hauke Hinrichs haben viel gemeinsam. Sie sind beide zum Ulrichsgymnasium gegangen und danach beruflich gescheitert.«

Rupert, der befürchtete, das könne jetzt gegen ihn gehen, betonte, dass aus vielen Schülern des Ulrichsgymnasiums wirklich etwas geworden war. Aus ihm zum Beispiel.

Sylvia Hoppe, die nicht aus Ostfriesland stammte und sich als Zugereiste gern lose Sprüche erlaubte, scherzte quer über den Tisch: »In Aurich ist es schaurig, in Leer noch mehr«, dann in Ruperts Richtung: »Und aus Norden ist noch keiner was geworden.«

»Ja«, brummte Rupert, »das sind genau die Sprüche, die dafür sorgen, dass ...«

Büscher fühlte sich gefordert und bollerte: »Ich würde jetzt, bevor wir in einen allgemeinen Völkerkundekurs einsteigen, gerne wieder Ann Kathrin zuhören.«

Ann Kathrin nickte dankbar in seine Richtung und fuhr fort: »Ich hätte gerne alle Daten über Selbstmorde unter jungen Menschen aus den letzten Jahren.«

Sylvia Hoppe stöhnte: »Geht's auch ein bisschen kleiner? Weißt du, was das heißt?«

»Ja, das heißt, dass wir ein paar Akten wälzen müssen und ein paar Leute besuchen«, sagte Ann Kathrin, »das ist nun mal die Arbeit von Ermittlern. Wir versuchen, einen Sachverhalt aufzuklären.«

Büscher schlug mit seinem Teelöffel gegen die Porzellantasse, um für Ruhe zu sorgen. Für echte Ostfriesen war das ein Sakrileg, aber sie rechneten ihm schon hoch an, dass er seinen Tee nicht aus Plastikbechern trank, sondern aus edlem Rosengeschirr.

»Liebe Ann Kathrin, wir haben es mit Sicherheit mit traumatisierten Personen zu tun. Gerade wenn junge Menschen freiwillig aus dem Leben scheiden, dann ... Das ist für die Familien ganz entsetzlich. Wollen wir da jetzt wirklich hingehen, alte Wunden aufreißen, und das alles nur, weil wir einen vagen Verdacht ... Überhaupt«, er machte ein fragendes Gesicht, das ihn viel dümmer aussehen ließ, als er war, »überhaupt, was soll das für ein Verdacht sein?«

Rupert räusperte sich und gab die Antwort: »Nun, ich kann mir schon jetzt vorstellen, wie die Presse darauf reagieren wird. Unsere beliebte Kommissarin, die so viele Serienkiller zur Strecke gebracht hat – waren es vier oder fünf?«, er tat, als wisse er es nicht, »sieht natürlich hinter jedem Baum einen Serienkiller lauern. Da wäre doch so ein einfacher Selbstmord reine Zeitverschwendung. Sobald Ann Kathrin im Spiel ist, muss eine Serie daraus werden ...«

»Halt die Fresse, Rupert!«, bellte Weller. »Wie kann man nur so gemein sein?«

»Der ist nicht gemein«, zischte Sylvia Hoppe, »der ist einfach nur blöd.« Leise, mehr für sich selbst, ergänzte sie: »Wie mein Ex.«

»Also, was ist jetzt?«, fragte Ann Kathrin. »Folgen wir meinem Plan oder ...«

»Ja«, bestimmte Büscher. »Genau das werden wir tun. Auch wenn nichts dabei herauskommt, ich will mir später nicht nachsagen lassen, wir hätten irgendeine Spur nicht verfolgt.«

Ann Kathrin sah erleichtert aus und sagte, obwohl sie sich eigentlich vorgenommen hatte, es noch zurückzuhalten: »Ich könnte mir vorstellen, dass Sigmar Eilts glaubt, Hauke Hinrichs mittels seiner Gedanken in den Tod getrieben zu haben ...«

Weller, der Angst hatte, seine Frau hätte sich jetzt zu weit aus dem Fenster gelehnt und würde gleich dafür attackiert werden, betonte: »Also, wir haben ja inzwischen klare Beweise dafür, dass Eilts unter verschiedenen Namen im Internet ...«

Ann Kathrin unterbrach Weller: »Ja, aber das ist nicht alles. Wir haben es hier mit etwas zu tun, das mir Angst macht. Hier ist kein dummer Jungenstreich aus dem Ruder gelaufen. Es geht um mehr. Wie, verdammt nochmal, konnte Eilts wissen, wann Hinrichs sich umbrachte? Er stand doch draußen und hat praktisch drauf gewartet. Er denkt, dass er die Macht hatte, es zu beeinflussen ...«

»Ach, der hat sie doch nicht mehr alle! Größenwahn? Was Drogen aus einem Menschen machen können«, warf Rupert ein. »Das kann Zufall sein. Der ging halt da spazieren, sah das Feuer und dachte, au Mann, haben wir ihn endlich so weit gebracht.«

»Ich glaube nicht an Zufälle«, betonte Ann Kathrin, und Weller fügte hinzu: »Da schließe ich mich gerne an. Und von Drogen war in dem Zusammenhang mit Sigmar Eilts nie die Rede. Da kennen wir unsere Pappenheimer. Er gehört nicht dazu.«

Rupert packte seine Sachen demonstrativ zusammen und klopfte dabei die Kanten von Papierunterlagen auf den Tisch. »Also, ich habe sowieso keine Zeit, mich darum zu kümmern. Es haben sich bei uns einige Praktikantinnen beworben. Einer muss sich ja schließlich auch um den Nachwuchs kümmern. Wir können nicht alle nehmen, aber ich werde die besten für uns aussuchen.«

»Praktikantinnen?«, fragte Weller. »Was für Praktikantinnen?«

»'n paar nette Mädels. Zehnte Klasse. Die wollen sich halt im Berufsleben orientieren. Einige von denen werden vielleicht später mal gute Ermittlerinnen werden.«

Sylvia Hoppe schüttelte den Kopf. »Na, dann hast du ja deinen Traumjob gefunden, Rupert. Praktikantinnen aussuchen. Und wir befassen uns in der Zeit mit Selbstmördern.«

Sigmar Eilts fand, die Zelle hatte eine merkwürdige Schlachthausatmosphäre. Obwohl in einem Schlachthaus vermutlich keine abwaschbare blaue Plastikmatratze lag. Sonst gab es nichts in dem Raum. Keinen Tisch. Keinen Stuhl. Nur weiße Kacheln und eine Stahltür mit Spion drin.

Er registrierte einen roten Knopf, der ihn an einen Feuermelder erinnerte. Darunter eine kleine, in die Wand eingelassene Gegensprechanlage.

Hier soll ich mich wahrscheinlich melden, dachte er, wenn ich zur Toilette muss oder eine Aussage machen will ...

In diesem Raum war es nicht einmal möglich zu randalieren. Es fehlte einfach alles. Er hätte mit den Fäusten gegen die Tür schlagen oder mit dem Kopf gegen eine Wand laufen können. Viel mehr war nicht drin.

Er versuchte, geistig Kontakt zu Maggie aufzunehmen. Wusste sie, was mit ihm los war? Spürte sie es?

Er dachte an ihre Worte, Türen und Wände seien im Grunde nicht existent, weil doch alle Materie nur Energie war, also durchlässig.

Er hatte damals gar nicht richtig zugehört, sondern nur genickt und sich auf das gefreut, was danach kam, wenn ihre Vorträge verhallt waren.

Sie spürte seine Not. Ganz bestimmt. Da war er sich sicher!

Ihre Wünsche und ihr Mitgefühl krochen durch die gekachelten Wände zu ihm. Sie durchdrangen die Stahltür. Sie konnte mit ihrem Astralkörper wandern, wie sie es nannte. Sie konnte sich mit jedem Lebewesen auf der Welt verbinden, wenn sie es nur wollte.

Er freute sich, als er den Kontakt spürte. Er bekam Gänsehaut. Seine Augen wurden feucht.

»Hilf mir, Maggie«, flehte er tonlos. »Hilf mir! Sie wollen mich dazu bringen, dich zu verraten, aber das werde ich nicht tun. Niemals! Du kannst dich auf mich verlassen, Maggie. Lieber sterbe ich, bevor ich ...«

Er glaubte jetzt, ein offener Kanal zu sein, um ihre Botschaft empfangen zu können. Was er wahrnahm, machte ihm Angst. Forderte sie tatsächlich von ihm, er solle aus dem Leben gehen?

Aber warum?

War sein Fehler so groß gewesen? Er hatte doch nur bei Gitti essen wollen, mehr nicht ...

Nein, es gab keine Entschuldigung. Er hatte sich erwischen lassen.

Er, der Krieger, war in den Händen der ostfriesischen Polizei. Welche Demütigung!

Welche Schande und welche Gefahr für Maggie ...

Deshalb wollte sie nach der Tat keinen Kontakt. Sollte er gefasst werden, musste die Kette hinter ihm reißen. Er durfte keine Hinweise auf Maggie liefern. Jede Verbindung musste gekappt und geleugnet werden.

»Aber«, stammelte er gegen die weiße Wand, »aber was sollen die mir schon nachweisen, Maggie? Sie verstehen doch gar nicht, was wir tun. Von Energiearbeit wissen diese Ignoranten nichts. Sie glauben nur an Dinge, die sie sehen, zählen und anfassen können. Die sind keine Gefahr für uns. Selbst wenn ich gestehen würde ... Ja, Maggie, ich gebe es zu, im Auto – als sie mich mitgenommen haben –, da war ich beinahe so weit. Da hätte ich um ein Haar alles ausgeplaudert. Es war so ein innerer Drang, fast, als sei ich stolz darauf. Ja, ich muss das Ganze mit irgendwem teilen. Das ist wie ein Seelengesetz, als würde mich eine Kraft dazu zwingen. Ich muss einfach darüber reden ... Muss! Sonst platzt mir der Kopf. Wenn ich wenigstens mit dir sprechen könnte, Maggie ... Aber so ... Es muss irgendwie raus. Ich weiß, wir können uns auch geistig verbinden und Zwiesprache halten, wenn wir weit voneinander entfernt sind, aber das ist nicht das Gleiche. Ich brauche ein echtes Gegenüber. Nicht nur die Ahnung einer Energie ... Ich brauche dich, Maggie!«

Er setzte sich im Schneidersitz, den er seit einiger Zeit Lotussitz nannte, auf die Plastikmatratze, atmete ruhig und legte die nach oben offenen Handflächen auf seine Knie.

»Ich bin ein offener Kanal, Maggie. Ich brauche kein Handy. Ich empfange deine Signale, als ob du bei mir hier in der Zelle wärst.«

Die Botschaft, die nun eindeutig zu ihm durchdrang, lautete: *Töte dich. Das ist der größte Liebesbeweis, den du mir bringen kannst. Töte dich, um mich zu schützen. Dein Geist wird in meinem aufgehen. Wir werden eins sein! Die Entkörperlichung heißt völlige Freiheit.*

Tränen rannen über sein Gesicht. Er war beschämt und gerührt, und er erschrak. Waren das wirklich ihre Botschaften? Oder bildete er sich das nur ein? Spielte sein Verstand ihm einen Streich?

»Selbst wenn ich mich umbringen wollte, Maggie, in diesem Raum könnte ich es gar nicht schaffen. Es gibt hier nichts.«

Er stellte sich vor, sein T-Shirt zu zerreißen, um sich daraus einen Strick zu basteln. Nur ... um sich damit aufzuhängen, brauchte er etwas, woran er den Strick befestigen konnte. Ein Fensterkreuz zum Beispiel. Gitterstäbe. Irgendetwas. Doch hier war nichts.

Sie schien plötzlich in der Zelle zu stehen. Eine Mischung aus Erinnerung, Halluzination und Erscheinung. Unberührbar wie eine Holographie, aber doch von enormer Kraft.

Ihre Worte trafen ihn wie eine schmerzstillende Spritze. Die Substanz breitete sich sofort in seinem Körper aus und brachte Ruhe und Entspannung.

Ich liebe dich, mein Krieger. Ich liebe dich.

In dieser verfahrenen Situation hörte Ann Kathrin auf den Rat ihres Mannes: »Fahr zu Ubbo«, hatte Frank Weller gesagt. »Quatsch dich bei ihm so richtig aus und lass uns hier weiter rummurksen. Gönn dir eine Sommernacht auf Wangerooge.«

Sie fuhr nicht mit dem Wagen nach Harlesiel, um von dort aus mit der kürzesten Fluglinie der Welt nach Wangerooge überzusetzen, sondern sie nahm sich spontan ein Lufttaxi in Norddeich. Es war zwar teurer, aber dafür sparte sie Zeit, und sie hatte Angst, wenn sie zu lange zögerte, würde sie sich doch wieder anders entscheiden.

Sie schickte vom Flugplatz Norddeich aus eine SMS an Ubbo Heide: *Kann ich kommen?*

Die ostfriesisch knappe Antwort lautete: *Jo.*

Sie bereute nicht, den längeren Flug gewählt zu haben. Der Pilot steuerte die Islander bei Niedrigwasser an der Küste entlang. Ann Kathrin sah zur Meeresseite aus dem Fenster. Die Schönheit der Landschaft ließ sie für ein paar Minuten andächtig werden und relativierte ihre Sorgen.

Die Möwen sahen im Watt aus wie bewegliche kleine weiße Punkte. Die Priele, diese Flüsse im Meeresboden, faszinierten Ann Kathrin besonders. Sie konnte sehen, wie reißend diese Strömung war. Unten kämpfte ein Tourist dagegen an, von ihr weggerissen zu werden. Er schaffte es gerade noch zurück zu Frau und Kind.

Die Menschen denken immer, bei Flut sei es gefährlich, dachte Ann Kathrin. Dabei drohte die eigentliche Gefahr bei Ebbe. Das ablaufende Wasser konnte auch gute Schwimmer ins offene Meer ziehen.

Der Flug war ihr viel zu kurz. Auf Wangerooge angekommen, ging sie hoch zur oberen Strandpromenade. Unterwegs kaufte sie sich bei Drees eine Bratwurst. Sie konnte einfach dem Geruch nicht widerstehen, und sie wollte bei Ubbo nicht mit knurrendem Magen ankommen, obwohl sie sich sicher war, dass Carola Heide sofort irgendetwas Essbares für sie zaubern würde.

Sie verschlang die Bratwurst mit wenigen Bissen. Selbst den Senf fand sie köstlich. Die Wurst erinnerte sie an ihre Kindheit in Gelsenkirchen. Damals hatte sie an der Frittenbude Jansen gern eine Bratwurst gekauft. Jetzt fragte sie sich, ob Jansen vielleicht auch ein Ostfriese gewesen war. Der Name sprach jedenfalls dafür.

Auf der oberen Strandpromenade saßen viele Touristen mit Eisbechern oder Longdrinks, sahen aufs Meer und ließen den Wind ihre Frisuren neu formen.

Ubbos Ferienwohnung in der ersten Etage im Aparthotel Anna Düne hatte einen wunderbaren Meerblick. Ann Kathrin fragte sich, ob Anna Düne irgendeine bedeutende ostfriesische Frau gewesen war und ob sie da eine Bildungslücke hatte oder ob es einfach plattdeutsch war und »An der Düne« hieß.

Ubbo saß in seinem Sessel. Die Terrassentür stand offen, und Ubbo blickte aufs Meer. Es duftete nach schwarzem Tee und frischer Pfefferminze. Auf dem Tisch stand eine angeschnittene Sanddornsahnetorte, die selbstgemacht aussah, aber bestimmt nicht selbstgemacht war. Solange man solche tollen Torten kaufen konnte, verschwendete Carola keine Zeit damit, sie selbst zu machen.

Vielleicht war sie froh, ein bisschen Ruhe zu haben, oder sie war nur ein sehr rücksichtsvoller Mensch, jedenfalls begrüßte sie Ann Kathrin an der Tür mit den Worten: »Ich glaube, ich lasse euch beide besser ein bisschen allein.« Und verschwand gleich darauf.

Ann Kathrin ging durchs Zimmer zu Ubbo und nahm sich im Vorbeigehen eine Tasse mit. Sie setzte sich zu ihm, die leere Tasse in den Händen, und bevor sie zu sprechen begann, sahen sie eine ganze Weile aufs Meer und schwiegen gemeinsam.

Diese Situation tat Ann Kathrin unendlich gut. Sie spürte Tränen in sich aufsteigen und kämpfte nicht dagegen an.

»So ist es gut«, sagte Ubbo ruhig und deutete auf die Nordsee. »Nur weil die Welt durchdreht, müssen wir uns noch lange nicht verrückt machen lassen.«

Er drängte sie nicht, zu reden, und das befreite sie. Jetzt, hier, fehlte ihr jeder Rechtfertigungsdruck.

Ubbo goss ihr schwarzen Tee ein und legte, als sei das ganz selbstverständlich, ein frisches Pfefferminzblatt für sie mit hinein. Sahne und Kluntje hielt er für eine kulturelle Fehlentwicklung, die nur dick und träge machte.

Sie nahm einen Schluck. Es schmeckte sehr erfrischend. Dann begann sie zu sprechen. Sie sah Ubbo dabei nicht an, sondern blickte wie er auf die Wellen, die auf sie zurollten. Sie erzählte von dem Foto in Emden, von dem beschlagnahmten Computer und schließlich von dem Internetshop, den sie angeblich eröffnet hatte.

»Ich fühle mich so fremd in meiner eigenen Haut. Als würde etwas mit mir nicht stimmen. Am liebsten würde ich das Geld nehmen, das ja auf meinem Konto liegt, und es an all die Kunden zurückzahlen. Ich habe ja selbst Zugang zu allen Daten.«

Ubbo nickte verständnisvoll: »Ja, das würdest du gerne. Klar. Aber damit ist die Sache nicht aus der Welt, Ann, sondern das würde wie ein Schuldanerkenntnis aussehen.«

»Das will ich natürlich auch nicht. Aber jemand hat diese Menschen unter Angabe meines Namens betrogen. Ja, verdammt, ich fühle mich schuldig! Ich fühle mich dreckig ... beschmutzt. Es ist verrückt, ich habe nichts getan, aber ich will es trotzdem wiedergutmachen.«

»Identitätsdiebstahl, Ann, wird das große kriminelle Phänomen dieser Zeit werden. Und doch ist es ein sehr altes Phänomen«, sagte Ubbo. »Mimikry. Zoologen und Botaniker kennen es. Ich glaube, Darwin hat es schon beschrieben. Es gibt immer

Vorbilder und Nachahmer. Meist, um Fressfeinde zu täuschen oder um Beute anzulocken. Oder einfach, um sich zu tarnen. Tiere wie Pflanzen senden bewusst täuschende Signale aus.«

Ann Kathrin registrierte aufmerksam, dass er auch im Zusammenhang mit Pflanzen das Wort »bewusst« benutzte.

»Für die Empfänger dieser Signale, die darauf hereinfallen, kann das tödlich enden. Schollen, zum Beispiel, liegen stundenlang platt auf dem Meeresboden auf sandigem Grund, graben sich auch noch ein. Nur ein Auge guckt raus. Sie werden zu einem Teil der Landschaft. So überleben sie und warten geduldig auf Beute. Es gibt in Asien eine Spinnenart, die baut mehrere Nester. Die Tiere spinnen Fadenknäuel, um hungrige Vögel abzulenken. Die denken, sie greifen die Spinne an, aber die ist längst in Sicherheit. Es ist ein Bluff – wenn du so willst. Der Vogel attackiert eine Attrappe.«

Ann Kathrin saugte seine Worte geradezu in sich auf. Er nahm das zur Kenntnis und fuhr fort: »Ich habe von einer Ameisenart gelesen, Bläuling heißt sie, glaube ich, die ahmt den Geruch anderer Ameisen nach und lässt sich als Larve von denen in ihren Bau schleppen. Dort werden die Larven geschützt, gepflegt und aufgepäppelt, bis sie stark genug sind, dann verspeisen sie ihre Gastgeber.«

Ann Kathrin schüttelte sich. »Mimikry? Das Internet ist ein idealer Ort, um sich zu verstecken, anonym zu agieren und um anderen die Identität zu stehlen?«

Ubbo seufzte. »Früher«, sagte er, und es klang fast ein wenig wehmütig, »also in vordigitalen Zeiten, kamen sich die Menschen einfach näher. Auch die Ganoven und ihre Opfer. Da musste ein Betrüger noch den direkten Kontakt suchen. Heute können die in Pakistan sitzen und dich von da aus abzocken, indem sie dein Konto übernehmen oder auf deine Rechnung Waren bestellen.«

»Ja, Ubbo, aber das hier ist irgendwie anders. Ich sehe den

Sinn nicht. Da will sich ja niemand bereichern, sondern da schiebt man mir das Geld zu.«

»Es tut mir leid, dass ich dir das sagen muss, Ann, aber wir haben uns ja versprochen, immer offen zueinander zu sein. Ich fürchte, das hier ist erst der Anfang. Es sieht für mich so aus, als seien dir zufällig ein paar kleine Puzzlestückchen in die Finger gefallen. Doch wir haben noch keine Ahnung davon, wie groß das eigentliche Puzzle wird. Da ist jemand sehr clever, vorausschauend und planend. Es kommt mir auch vor, als würde uns jemand verspotten, uns zeigen, wie blöd wir sind und dass wir gegen ihn nichts machen können. Vielleicht will sich jemand rächen, gegen den du früher mal ermittelt hast. Ich hatte mal so einen Fall. Ein ziemlich cleverer Einbrecher. Ich habe ihm eine Falle gestellt und ihn überführt. Noch Jahrzehnte später hat er mich mit seinem Hass verfolgt. An meinen Geburtstagen schickte er mir gern ein Päckchen mit Hundescheiße. Wenn er betrunken war, rief er mich nachts an und fragte, ob ich auch nicht schlafen könne, all solchen Mist. Er hat mir ohne Ende Streiche gespielt. Morgens um vier Taxen bestellt, die mich aus dem Bett klingelten und abholen wollten. Kohlenlieferungen, obwohl wir eine Gasheizung hatten. Sogar Carola wurde zu seiner Zielscheibe. Er hat an unserem Hochzeitstag für sie einen Stripper kommen lassen, und ich bekam Hausbesuch von so einer Edelprostituierten …«

Er sprach nicht weiter, aber er hätte die Aufzählung endlos fortsetzen können.

»Das hier sind keine Streiche, Ubbo«, sagte Ann Kathrin, »das hier ist nicht einfach ärgerlich. Es macht mir Angst!«

»Woran arbeitest du gerade?«, fragte Ubbo. Sie erzählte ihm von dem merkwürdigen Selbstmord in der Norddeicher Straße und ließ auch nicht unerwähnt, dass Katja Schubert eine Exfreundin von Hauke Hinrichs war.

»Und du hast angeblich den Computer von dieser Katja Schubert beschlagnahmt?«

Ann Kathrin nickte.

Sie konnten sehen, wie Carola Heide über die obere Strandpromenade flanierte.

»Da könnte ein Zusammenhang bestehen«, sagte Ubbo Heide, und, wie er das Wort »könnte« betonte, wusste Ann Kathrin, dass für ihn dieser Zusammenhang mehr als wahrscheinlich war.

Zwei Spatzen landeten auf der Terrasse und pickten nach den letzten Brotkrümeln.

»Aber Ubbo«, sagte Ann Kathrin, »wenn auf diesem Laptop etwas war, das dringend verschwinden musste, warum, verdammt, klaut den dann nicht einfach jemand, oder meinetwegen tut einer so, als sei er von der Polizei und beschlagnahmt das Ding. Warum unter meinem Namen? Wenn etwas geheim bleiben soll, dann ...«

»Vielleicht«, schlug Ubbo vor, »soll es ja genau das nicht. Vielleicht will dir jemand einen Tipp geben, dich in eine bestimmte Richtung lenken.«

Sie erschauderte. »Hör auf, Ubbo! Ich beginne, mich wie eine Marionette zu fühlen, die an fremden Fäden tanzt. Und ich weiß nicht mal, wie der Spieler heißt, der mich über die Bühne bewegt.«

»Ich glaube, es ist noch schlimmer, Ann. Du weißt auch nicht, in welchem Stück du die Hauptrolle spielst. Oder ist es eine kleine Nebenrolle? Sollst du das Opfer werden oder die Heldin? Aber du siehst das schon richtig: Jemand spielt mit dir.«

»Und was soll ich tun?«

Er schwieg eine Weile und sah aufs Meer. Dann trank er einen Schluck Tee, bevor er bedächtig sagte: »Es geht um Handlungsführung, Ann. Bisher reagierst du nur. Du musst versuchen, die Handlungsführung zurückzugewinnen.«

Katja Schubert hatte jedes Zeitgefühl verloren. Ihre Nasenschleimhäute fühlten sich versteinert oder verschuppt an. Sie ließ ihren Kopf nach hinten in den Nacken fallen, so als hätte ihre Muskulatur die Kraft verloren, ihn hochzuhalten.

Sie verdrehte die Augen, öffnete den Mund wie ein Schlaganfallpatient, der erst wieder lernen musste, akzentuiert zu sprechen.

»Okay«, sagte sie, »du hast mich. Ich ergebe mich deiner Macht. Möge dein Geist meinen Geist beherrschen wie ein Eroberer ein fremdes Volk.«

Justin wusste einen Augenblick lang nicht mit der Situation umzugehen. Hatte er es wirklich geschafft? In ihm tobte unbändige Freude, und gleichzeitig kroch die Angst in ihm hoch, gleich von ihr ausgelacht und verspottet zu werden. Stellte sie ihm eine Falle?

Maggie machte so etwas sehr gern. Sie testete ihn immer wieder aus. Seine Treue und seine Willenskraft. Sie stellte Menschen gern auf die Probe. Nur wer das Knowledge wirklich verinnerlicht hatte, war firm genug, um ihren Sticheleien und Verunsicherungen tapfer entgegenzutreten.

»Ich tu alles, was du willst«, flüsterte Katja, und ihre Stimme hörte sich dabei so erotisch an, dass ihm ein Schauer über den Rücken lief. Er ging einmal ganz langsam um sie herum und betrachtete sie.

Maggie behauptete, dass Menschen eine Aura hatten, und sie könnte in dieser Aura lesen wie in einem Buch. Für manche Leute war die Aura wie ein Schutzpanzer, und Maggie war in der Lage, in diesen Kokon eines Menschen einzudringen und ihn zu verändern, das Buch seiner Erinnerungen umzuschreiben und so seelische Verletzungen zu heilen.

Legt sie mich rein, oder hat es tatsächlich funktioniert?

»Ich kann Dinge mit dir machen, die traut sich deine Freundin nicht. Du hast doch eine Freundin, oder?«

Er geriet sofort unter Rechtfertigungsdruck: »Ich ... ich will keinen ... Also, es geht doch gar nicht um ... Sex!«

»Nein?«, fragte sie und klang ungläubig, aber unterschwellig auch erleichtert. »Wenn ihr Geld wollt, warum entführt ihr dann eine Studentin, die auf der Suche nach einem Aushilfsjob ist?«

Er verteidigte sich: »Es geht gar nicht um Geld. Wir ... wir wollen etwas ganz anderes.«

»Ja, was denn, verdammt?«, schrie sie.

Auf dem Marktplatz in Norden, gegenüber der Polizeiinspektion, hatte das Nordwestradio eine Bühne aufgebaut. Oliver Jüchems hatte mit seinen Oldies die Fans begeistert, und bevor ein paar ostfriesische Kriminalschriftsteller aus ihren Werken lasen, trat Bettina Göschl mit ihren Komplizen auf und spielte Krimisongs. Sie stimmte gerade »Ostfriesenblues« an, als Rupert die Polizeiinspektion verließ, um sich am Bierstand ein Gläschen zu genehmigen.

Eine NDR-Reporterin befragte Umherstehende nach ihrer Meinung zur Landesregierung. Sie hatte blonde Haare, die nach links wegstanden, wie die Stacheln eines Igels, der sich in Gefahr befindet. Auf der rechten Seite ein Undercut mit Rasurmuster.

Sie hatte Pech, denn sie sprach den harten Kern von Bettina Göschls Fanclub an. Monika und Jörg Tapper vom Café ten Cate standen neben Peter Grendel und freuten sich darauf, die Lieder mitzusingen.

»Jetzt nicht«, sagte Peter Grendel freundlich zu der Reporterin. »Was interessiert uns die Landesregierung, wenn Bettina Göschl und ihre Komplizen singen?!«

Die Reporterin ging weiter in Richtung Bierstand. Sie sprach Rupert an.

Die Pressesprecherin Rieke Gersema beobachtete die Szene aus der Polizeiinspektion und hatte gleich ein ungutes Gefühl. Rupert und Journalisten, das passte überhaupt nicht zusammen. Sie hatte zwar noch eine Menge Arbeit zu erledigen und eigentlich keine Zeit für eine Musikveranstaltung, sprintete jetzt aber die Treppen runter, über die Straße zum Marktplatz, als hätte sie vor, ihr altes Trainingsprogramm Bauch-Beine-Po wiederaufzunehmen.

Die Journalistin gehörte zu der Sorte Frau, deren Anwesenheit Rupert zu einem schwanzgesteuerten Brüllaffen machte, wie seine Frau Beate es nannte.

Sie hatte volle Lippen, die aber nicht künstlich wirkten. Ihre Wangenknochen gaben dem Gesicht etwas sehr Markantes. Dazu diese Frisur ...

Rupert stellte sich vor, dass die Ornamente über ihrem Ohr und an der Schläfe mit einer Rasierklinge gemacht worden waren, und er konnte nicht anders, er musste jetzt darüber nachdenken, ob sie diese Form einer Frisur auch in einer anderen Körperregion trug. Rupert bekam einen trockenen Mund, obwohl er Bier trank. Einerseits freute er sich, dass sie ihn ansprach, andererseits hatte er Angst, gleich zu stottern. Er brauchte noch einen Moment. Er sah sie sprechen, aber ihre Worte setzten sich in seinem Kopf nicht zu einem logischen Ganzen zusammen. Es war mehr ein Singsang, zu dem Bettina Göschl im Hintergrund ihre Gitarre zupfte.

»Wir machen«, sagte die Journalistin, »jeden Monat eine spontane Befragung auf der Straße. Ich schneide daraus ein Stimmungsbild zusammen. Es geht um die Arbeit der neuen Landesregierung. Sind Sie damit zufrieden? Haben Sie Wünsche? Vorschläge? Zum Beispiel zur Schul- oder Flüchtlingspolitik?«

Da war eine Stimme in Rupert, die forderte ihn auf, jetzt etwas Kluges zu sagen und sich ja nicht zu blamieren. Immer, wenn diese Stimme ertönte, wurde er noch nervöser und hatte das Gefühl, dass seine Kenntnis der deutschen Sprache auf wenige hundert Wörter zusammenschrumpfte, wobei *Ah*, *Hm*, *Jo* und *Ähm* dann zu den meistbenutzten Wörtern wurden. Er war sich nicht mal sicher, ob es sich hierbei um Wörter handelte, um Grunzlaute oder ob es schon ganze Sätze waren.

Er sollte also irgendetwas Schlaues zur Politik sagen. Er hatte noch keine Strategie, mit der Frau umzugehen. Der funktionierende Teil seines Gehirns bot ihm ein paar Vorschläge an:

Gehen Sie im Bett genauso forsch ran?
Ist das Ihre Masche, Typen anzuquatschen?
Make love, not war.
Tragen Sie diese Frisur auch untenrum?

Wenn er so angestrengt nachdachte, ließ er manchmal die Lippe nach unten hängen und machte dann einen besonders bescheuerten Eindruck, behauptete zumindest Beate. Jetzt war es so schlimm, dass er seine Unterlippe kaum noch spürte. Sie war so taub wie nach der Spritze beim letzten Zahnarztbesuch.

Die Reporterin glaubte, dass er sie nicht verstanden habe, und wiederholte ihre Frage.

Rieke Gersema bahnte sich einen Weg durch die Menge.

»Ich denke«, sagte Rupert, und kam sich dabei vor, als sei das schon hochgestapelt. Die Reporterin sah ihn groß an und nickte, um ihn zu ermuntern, jetzt mit seinen Gedanken herauszukommen. Rupert nahm erst noch einen Schluck Bier und stellte sich dann vor, wie Humphrey Bogart antworten würde. Oder Bruce Willis. Jetzt hatte er diesen Tigerblick drauf, stellte sich anders hin, und sofort funktionierte sein Gehirn wieder. Kurze, knappe Sätze, dachte er. Nicht zu viel quatschen. Das macht einen Helden aus. Klare, provozierende Aussagen.

Seine Stimme war jetzt fast so wie die Synchronstimme von

Bruce Willis, nur natürlich viel cooler: »Die Hälfte der Regierung ist korrupt.«

Treffer! Die junge Frau schien geradezu erschüttert zu sein. So eine klare, harte Aussage hatte sie vermutlich bei ihren Befragungen noch nie gehört. Er hatte sie tief beeindruckt.

»Ja, haben Sie denn dafür Beweise? Meinen Sie einen bestimmten Personenkreis?«

»Beweise«, sagte Rupert spöttisch und sah sie dabei an, als würde er nur darüber nachdenken, ob er sie zuerst auf die Lippen küssen oder ihr einen malerischen Knutschfleck saugen sollte. Zum Beispiel an ihrem herrlich weißen Hals.

Sie wischte sich mit den Fingern durch die Haare. Die Igelstacheln vibrierten. Er hatte es geschafft. Sie wurde nervös.

Rieke Gersema hatte die letzten Sätze schon verstanden, musste sich aber noch an zwei Bratwurst essenden Ostfriesen vorbeidrängeln, wobei sie so ungestüm war, dass eine Ladung Senf auf ihre linke Schulter klatschte. Das bemerkte sie aber nicht.

»Das war ein Scherz!«, rief Rieke Gersema. »Er hat das nicht so gemeint. Ein Scherz, verstehen Sie? Sie dürfen das auf keinen Fall senden!«

»Ist das Ihre Aufpasserin, oder was?«, fragte die Reporterin.

Rupert lächelte süffisant. »Nein, das ist die Pressesprecherin der ostfriesischen Polizei.«

»Oh, ermittelt die Polizei bereits gegen Sie wegen Ihrer Aussagen?«

Rupert leerte das Bierglas, wischte sich mit dem Handrücken Schaum vom Mund und sagte: »Nein, ich bin selbst bei der Firma.«

»Ach, Sie sind Kommissar?«

Rupert wölbte die Brust. »Hauptkommissar.«

Rieke hielt mit ihrer rechten Hand das Mikrophon der Reporterin zu und blaffte Rupert an: »Du wirst das jetzt sofort zurücknehmen und das Gegenteil behaupten! Drehst du völlig am Rad? Wenn ein Kommissar unserer Dienststelle behauptet, die Hälfte der Landesregierung sei korrupt, dann ...«

Die Reporterin schob Rieke Gersemas Hand weg und versuchte, sich so hinzustellen, dass Rieke in ihrem Rücken war. Ein paar durstige Kunden am Bierstand hatten Mühe, an dem Gerangel vorbei zur Theke durchzudringen. Manni, Ruperts alter Kumpel aus dem Mittelhaus, rief laut zu den andern: »Hier ist mal wieder kein Durchkommen, weil sich die Mädels um Rupi zanken!« Er zeigte zur Bühne und freute sich: »Bestimmt spielen sie gleich wieder *Supidupi Rupi*. Die Hälfte der Leute ist gekommen, um mitzugrölen!«

Die Reporterin war verwirrt. Sie wusste nicht, ob sie auf den Arm genommen wurde oder einfach nicht gut genug informiert war. Handelte es sich bei diesem Hauptkommissar um eine berühmte Person, ja um eine Art Robin Hood, der große Teile der Bevölkerung auf seiner Seite hatte, weil er immer wieder mit so provozierenden Ansichten in die Öffentlichkeit ging?

»Ja, singt die Frau Göschl etwa gleich ein Lied über Sie? Sind Sie berühmt?«

»Kann man so sagen«, sagte Rupert und hatte das Gefühl, dass das Blatt sich gerade wieder zu seinen Gunsten wendete. Im Grunde, das wusste er in der Tiefe seines Herzens, standen Frauen auf echte Kerle, und er war eben einer.

Rieke Gersema griff an der Reporterin vorbei, packte Rupert am Ärmel, zog ihn zu sich ran und raunte in sein Ohr: »Wenn du das hier vergeigst, kann ich dir auch nicht mehr helfen, mein Lieber.«

Rupert sah Holger Bloem, den Chefredakteur des Ostfriesland-Magazins. Er stand beim Bettina-Göschl-Fanclub.

Die Reporterin hielt nun Manni das Mikrophon vors Gesicht. »Der Hauptkommissar hier hat gerade die Meinung geäußert, dass die Hälfte der Landesregierung korrupt sei. Glauben Sie, dass er damit recht haben könnte?«

Rieke Gersema schob ihn einfach weg und drängte sich selbst ans Mikrophon. Sichtlich aufgeregt sprach sie ihre Worte, während sie kaum Luft bekam: »Mein Name ist Rieke Gersema, ich bin die Pressesprecherin der ostfriesischen Kriminalpolizei, und ich möchte hiermit ausdrücklich betonen, dass die ostfriesische Polizei der Meinung ist, dass die Hälfte der Landesregierung nicht korrupt ist!«

Rieke Gersema japste nach Luft. Sie glaubte, nun alles klargestellt zu haben. Rupert bestellte sich noch ein Bier, Manni rief: »Ach, dann mach doch gleich zwei!«

Die Reporterin wiederholte genüsslich: »Sie sagen also, die Hälfte der Landesregierung ist nicht korrupt ... Damit geben Sie aber doch Ihrem Kollegen recht.«

Rupert grinste.

Nervös fuhr Rieke Gersema mit den Händen durch die Luft. »Nein, ich gebe ihm keineswegs recht. Ich behaupte ja das Gegenteil!«

»Frauen«, grinste Rupert. »Widersprich ihnen besser nicht. Warte einfach, bis sie es selber tun.«

Auf der Bühne sang Bettina Göschl gemeinsam mit ihrem Komplizen Ulrich Maske:

> »*Rupert ist spitze, klasse, super,*
> *Rupert ist Hammer, Rupert ist toll,*
> *Rupert ist ostfriesischer Rock 'n' Roll!*«

Rupert stupste die Reporterin an: »Hören Sie mal! Die singen über mich. Ich bin so eine Art Popstar hier.«

Das Wort *Popstar* klang aus seinem Mund zweideutig, und er zwinkerte ihr zu.

Dieser Körper war nicht mehr als eine Hülle. Kleider, die die Seele anzog, um sich in der Welt zu materialisieren. Ja, seit Maggie ihn befreit hatte, sah Sigmar es genauso.

Sie hatte ihm das Knowledge gegeben. Das Knowledge machte frei, erhob den armseligen Menschen in eine ganz neue Daseinsform.

Sie glaubten, sie könnten ihn hier gefangen halten. Er musste fast lachen über die Größe ihres Irrtums. Er war frei. Und er würde jetzt wieder zu Maggie gehen. Das Treffen fand auf der Seeleninsel statt, und niemand, kein Gott, konnte es verhindern. Schon gar nicht die ostfriesische Kriminalpolizei.

Er kam sich vor, als würde er all ihre Pläne durchkreuzen, ihnen ein Schnippchen schlagen, wie Maggie es nannte, als er sich die Pulsadern aufbiss.

Er hatte nicht damit gerechnet, dass es so weh tun würde. Die Seele war so sehr mit dem Körper verwachsen. Es war schwer, ihn einfach abzulegen wie ein Kleidungsstück ... Plötzlich, das Blut spritzte bereits gegen die weißen Kacheln, schienen ihm Dinge, die Maggie gesagt, ja gepredigt hatte, widersprüchlich zu sein. Wenn Körper und Seele eine Einheit waren, wie konnte denn dann die Seele einfach den Körper verlassen? Bin ich mein Körper, oder habe ich ihn nur? Darum ging es doch.

Der Schmerz sagte ihm, dass er nicht mehr war als ein Stück Fleisch. Eine Fressmaschine mit ein bisschen Bildung.

Einerseits war er stolz auf das, was er gerade getan hatte. Andererseits wurden mit der schwindenden Kraft die Zweifel immer größer.

Er schrie, aber der rote Knopf war jetzt viel zu weit entfernt. Er wusste, dass es vorbei war. Er freute sich auf einen Neubeginn.

Er lehnte mit dem Rücken an der Wand, die Beine von sich gestreckt.

Ihr glaubt, ihr habt einen Raum geschaffen, in dem man sich

nicht selbst töten kann? Ihr habt euch geirrt, ihr armen Kreaturen. Der Mensch ist frei, dachte er, während das Leben aus ihm herausfloss.

Frank Weller saß bei Charlie Thiekötter, dem Computerspezialisten der ostfriesischen Kripo. Thiekötter sah sich Sigmar Eilts' Handy an und staunte: »Das ist ziemlich clever gemacht. Hier werden sämtliche Verläufe nach zwanzig Minuten automatisch gelöscht.«

»Aber er hat doch Telefonnummern abgespeichert, Adressen oder so. Ich kriege nur die Kartei nicht auf.«

»Du kriegst sie nicht auf, weil sie nicht da ist, Frank. Der Junge muss alle Nummern im Kopf gehabt haben.« Thiekötter tippte sich gegen die Stirn. »Und hier können wir immer noch nicht reingucken. Auch wenn so ein Handy für uns ein offenes Buch ist, was hier nicht drin ist, kann ich auch nicht sehen.«

»Aber bitte, das kann doch nicht sein. Ann Kathrin sagt, das sei ...«

»Ich weiß, Frank. Eine Egoverlängerung. Aber der hier hat eben sehr aufgepasst, dass dieses Ding, wenn es in falsche Hände gerät, nicht zu viel über ihn preisgibt.«

»Seine Gespräche werden doch irgendwo gespeichert. Der hat doch einen Provider oder ...«

»Das Ding hier läuft mit einer Prepaidkarte. Da wird hinterher nichts abgerechnet, sondern, wenn sie leer ist, dann war es das eben.«

»Prepaidkarte«, spottete Weller und sprach das Wort aus, als müsse so etwas rasch verboten werden. »Das typische Erpresserhandy.«

»Ja, bloß hat der ja wohl niemanden erpresst, oder?«

»Sind denn da Filmchen drauf gespeichert oder ...«

»Die hat er mit einem Code gesichert. Aber den knacke ich, kein Problem. Wie viel Zeit habe ich dafür?«

Weller sah demonstrativ auf seine Uhr. »Sagen wir, drei Minuten?«

»Hast du's nicht ein bisschen kleiner? Das sind komplizierte Prozesse.«

»Ich denke, du hast ein Programm entwickelt, um Passwörter zu knacken?«

»Pscht, Mensch, nicht so laut! Das muss unter uns bleiben. Also, ich habe hier die sechstausend gängigsten Passwörter von Jugendlichen gespeichert. Die sind sogar nach Bildungsstand geordnet, Alter, Einkommen der Eltern ...«

»Was es alles gibt«, staunte Weller.

»Ja, aber trotzdem dauert es eine Weile, bis die Maschine die alle ausprobiert hat. Und wenn wir Pech haben, sperrt das Ding nach dem dritten oder vierten Versuch. Dann muss ich die Sperre umgehen und direkt ins System. Das heißt aber ...«

Weller winkte ab: »Schon gut, schon gut, so genau wollte ich es gar nicht wissen. Wie lange brauchst du?«

»Wenn du Lotto spielst, Frank, wie lange brauchst du, bis du sechs Richtige hast?«

»Ich spiel nicht Lotto, aber Rupert. Seit Jahrzehnten. Und der hatte noch nie ...«

»Siehst du. Also setz mich jetzt bitte nicht unter Druck.«

Weller erhob sich. Er spürte seinen Rücken und bog sich einmal durch. Wenn er sich Sorgen um Ann Kathrin oder seine Kinder machte, spürte er das oft als einen Schmerz, der durch die Wirbelsäule jagte.

»Dann gehe ich jetzt mal auf den Marktplatz«, sagte Weller. »Da soll ja die Sau los sein, und ich könnte jetzt ein Matjesbrötchen vertragen.«

»Da gibt's bloß Bratwurst.«

»Ist nicht dein Ernst?«

»Doch. Was ist nur aus Ostfriesland geworden?«

Weller war noch nicht aus dem Gebäude, da hatte das von Thiekötter erfundene System bereits einen Treffer gelandet. Das Passwort hieß Freedom.

Was Thiekötter dann sah, konnte er sofort zuordnen. Das hier war die Terrasse von Ann Kathrin Klaasens Haus im Distelkamp Nummer 13. Er erkannte die Sitzmöbel und die Pflanzen. Die Überdachung hatte Peter Grendel gebaut. Charlie Thiekötter hatte sie sich sehr genau angeschaut, um sich ebenfalls so eine Überdachung bei Peter zu bestellen.

»Was zum Teufel«, fluchte er. Dann federte er hoch. Nach langer Krankheit und monatelangen Rehamaßnahmen hatte Thiekötter sich entschlossen kürzerzutreten. Nichts auf der Welt war wirklich eilig. Die alte ostfriesische Weisheit: *Als Gott die Zeit erschuf, hat er von Eile nichts gesagt*, hatte er sich zu eigen gemacht. Es war eine Überlebensstrategie. Er atmete immer erst einmal tief durch und fragte sich, ob das, was im Moment zur Hektik antrieb, in ein paar Jahren, aus neuer Perspektive betrachtet, immer noch wichtig war oder ob es nur der übliche tagesaktuelle Mist war, der sich oft von alleine erledigte, wenn man nur lange genug wartete.

Doch das hier erlaubte keinen Aufschub. Er rannte »Weller! Weller!« brüllend durchs Gebäude.

Weller unterhielt sich am Eingang mit Rieke Gersema, die Senf an der Schulter kleben hatte und dadurch für Weller nach Bratwurststand roch. Sie konnte vor Aufregung kaum sprechen und war kurz davor, zu heulen.

Rupert habe solchen Scheiß gebaut, und sie habe sich zu einer so blödsinnigen Aktion hinreißen lassen … Es hörte sich schlimm an, als sei sie kurz davor, zu kündigen, weil sie die Schande nicht länger ertragen konnte.

Normalerweise hätte Weller ihr noch länger zugehört und

sich die ganze Geschichte erzählen lassen, aber die Art, wie Thiekötter »Weller« rief, ließ nichts Gutes ahnen.

Thiekötter stand nach Luft japsend vor Weller. Sein Anblick ließ sogar Rieke Gersema für einen Moment vergessen, was auf ihrem Herzen lastete.

Charlie Thiekötter rang nach Worten, wobei er unsicher war, ob er Weller sagen sollte, was er gesehen hatte, oder ob die Nachricht so ungeheuerlich war, dass er es ihn lieber selber überprüfen lassen wollte. Vielleicht, dachte er, habe ich mich ja geirrt. Aber der Gedanke war mehr Ausdruck seiner Hoffnung. Er wusste genau, dass es nicht stimmte.

»Komm«, sagte er zu Weller und stieß ihn an. Mit großen Schritten liefen die beiden in Thiekötters Computerraum, wo der normalerweise Festplatten ausbaute und versuchte, gelöschte Daten wieder lesbar zu machen.

Rieke Gersema lief einfach mit.

Als Weller die Terrasse auf dem Bildschirm sah, wurde ihm augenblicklich schlecht.

»Wie kann der ... wieso hat der ...«

»Das ist doch bei euch«, sagte Rieke empört.

Weller wusste sofort, dass es dabei um Ann Kathrin ging, nicht um ihn. Woher er es wusste? Er wusste es, so wie er auch nicht lange darüber nachdachte, wem der froschgrüne Twingo gehörte, die alte Rostlaube, oder die vielen Kinderbücher. Die Stöckelschuhe, die sie toll fand, aber nie trug, oder die Kosmetikartikel im Badezimmer.

Soll ich es ihr sagen? Muss ich sie sofort auf Wangerooge anrufen, oder reiße ich sie damit genau aus dem heraus, was sie jetzt am meisten braucht? Ruhe und ein Gespräch mit ihrem väterlichen Freund Ubbo Heide.

Weller versuchte, die Sache zu klären. Er ballte die rechte Faust und klatschte sie in die linke Handfläche. Er rannte zu den gekachelten Räumen.

»Den würde ich mir auch vorknöpfen!«, rief Thiekötter.

»Mach jetzt nichts, was du später bereuen wirst«, mahnte Rieke Gersema und folgte Weller. Für heute, fand sie, waren schon genug Katastrophen passiert. Sie brauchte jetzt nicht noch einen Frank Weller, der einen Zeugen windelweich prügelte.

Sie kannte Weller gut. Er gab gern den weichen, verständnisvollen, stets um Kompromiss und Ausgleich bemühten, sensiblen Mann. Aber er konnte auch völlig ausrasten, wenn es um seine Frau ging oder seine Kinder. Und wer in Wellers Beisein Ubbo Heides Ehre beschmutzte, riskierte schnell ein blaues Auge.

Er war so nervös, dass er die Zelle gar nicht aufbekam. Rieke half ihm.

Sekunden später hielt sie sich den Mund zu und rannte zur Toilette, weil sie sich übergeben musste.

Auch Weller stockte der Atem. Er brauchte einen Moment, bis er den Versuch starten konnte, den Jungen zu retten.

Nie würde er das Bild mehr aus seinem Bewusstsein löschen können. Dieser blutverschmierte, offene Mund. Wie ein Vampir, der beim Blutsaugen erledigt worden war.

Die Lagebesprechung fand sofort statt und hatte etwas von einer Krisensitzung. Kripochef Martin Büscher war blass wie die Wand und wirkte zittrig auf Weller. Er sprach mit viel zu hoher Stimme. Weller hatte die Erfahrung gemacht, dass Menschen, die Emotionen wie große Wut oder Verzweiflung unterdrückten, manchmal so eunuchenhaft klangen.

Rupert roch noch nach Bier und hatte dieses Grinsen im Gesicht, um das er von vielen beneidet wurde, während er andere Menschen damit gegen sich aufbrachte.

Rieke Gersema saß ihm am Tisch gegenüber und giftete ihn die ganze Zeit an. Ihn schien das zu amüsieren, ja er genoss die Aufmerksamkeit.

»Früher«, maulte Rupert, »gab es bei Dienstbesprechungen immer Tee, Kaffee, Kekse ...«

Rupert hoffte, Weller mit dem Satz auf seine Seite zu ziehen. Der beschwerte sich sonst ja immer darüber, dass diese gemütliche Kaffeekränzchenatmosphäre bei den Dienstbesprechungen seit Ubbo Heides Pensionierung verlorengegangen war.

Doch Weller zischte: »Halt die Fresse, Rupert!«

Kripochef Martin Büscher begann, obwohl Sylvia Hoppe noch nicht bei ihnen am Tisch saß: »Ann Kathrin hatte zu hundert Prozent recht. Wir haben es mit irgendeiner Selbstmordepidemie zu tun. Eine Art Todeskult oder was weiß ich. Ich mag gar nicht daran denken, jedenfalls brauchen wir die Akten sämtlicher Selbstmorde unter jungen Leuten in den letzten Jahren.«

»Ich habe so etwas noch nie gesehen«, gab Rieke Gersema zu, »hat der sich wirklich die Pulsadern aufgebissen?«

»Ja«, sagte Weller. »Er hat sich ein ganzes Stück aus dem Handgelenk herausgerissen. Die Pulsadern zerfetzt. Es sieht aus, als sei er von einem wilden Tier angefallen worden.«

Rupert wollte gerne einen sinnvollen Beitrag leisten. Er streckte die Füße unterm Tisch weit von sich. Sie berührten versehentlich Rieke Gersema, die zusammenzuckte und Rupert erneut wütend anfunkelte.

»Also«, sagte Rupert, »ich hab mal gelesen, dass ...«

Noch bevor er weiterkam, zischte Rieke: »Du und gelesen?«

»Dass jemand beim Sex plötzlich das Gefühl bekam, sich umbringen zu müssen.« Rupert lachte über seinen eigenen Satz. »Also, das kann ja wohl nicht der beste Sex gewesen sein, denke ich mir. Ich bin jedenfalls dabei noch nie auf so eine Idee gekommen, und wenn, dann höchstens meine Schwiegermutter.

Das kann ja wohl jeder Mann hier im Raum nachvollziehen, oder?«

Rupert lehnte sich zurück, als würde er auf Applaus warten.

»Keine Ahnung, wie es anderen Männern geht«, sagte Weller, »aber ich hatte noch nie Sex mit meiner Schwiegermutter, und abgesehen davon, dass sie tot ist, kommt mir der Gedanke auch ziemlich abwegig vor.«

Sylvia Hoppe betrat den Raum. Sie setzte sich nur auf die Stuhlkante, so als sei sie auf dem Sprung und habe vor, gleich wieder zu gehen.

Martin Büscher klopfte auf den Tisch. Mit bebender Stimme forderte er: »Mehr Sachlichkeit in der Diskussion!«

»Der hat behauptet, ich hätte Sex mit meiner Schwiegermutter gehabt!«, brüllte Rupert und wäre am liebsten auf Weller losgegangen.

»Nein, hab ich nicht!«

»Kennst du meine Schwiegermutter?«, fragte Rupert. »Hast du die jemals gesehen, du Idiot?«

Mit piepsiger Stimme fuhr Büscher dazwischen: »Verdammt, jetzt reicht's mir aber! Sigmar Eilts hat sich bei uns das Leben genommen! Wir tun wirklich alles, damit so etwas nicht geschieht. Uns kann keiner einen Vorwurf machen. Er hatte keine Glasscherbe bei sich, nicht die Lasche einer Coladose, keinen Gürtel, keine Schuhriemen – ich dachte nicht, dass so etwas überhaupt möglich ist ...«

»Der Junge hatte eigentlich keinen Grund, sich umzubringen«, fand Rupert. »Ich meine, Sigmar, das ist doch ein toller Name. Auf jeden Fall besser als Verliermar.«

Weller, der nicht wusste, wohin mit seinen Emotionen, zischte: »Du sollst die Fresse halten, Rupert!«

Rupert wendete sich an Büscher: »Darf der mir bei einer Dienstbesprechung eigentlich den Mund verbieten? Ich denke, dies ist ein freies Land und da ...«

Büscher zeigte auf Weller: »Jetzt rück schon damit raus.«

»Wir haben auf seinem Handy Bilder unserer Überwachungskameras gefunden.«

Sylvia Hoppe fragte: »Von welchen Überwachungskameras sprichst du?«

»Von denen bei uns im Distelkamp«, antwortete Weller und versuchte, seine Gefühle in den Griff zu bekommen. »Irgendwie hat dieser Typ es geschafft, sich in unser Computersystem zu hacken und Ann Kathrin und mich zu beobachten. Wer weiß, wo er noch überall drin war und was er sonst noch gesehen hat.«

»Was für ein Scheißspiel«, grunzte Rupert und war sofort wieder auf Wellers Seite.

»Was sagt Ann Kathrin dazu?«, fragte Rieke Gersema.

Weller holte tief Luft: »Sie ist bei Ubbo.«

»Auf Wangerooge?«, fragte Büscher irritiert.

»Ja, auf Wangerooge«, gab Weller zu.

Büscher räusperte sich. Er mochte es nicht, wenn die Kollegen ständig zu Ubbo Heide fuhren, um mit ihm die Fälle zu besprechen. »Ich bin der Kripochef«, stellte er klar. »Sie verstößt praktisch gegen Dienstvorschriften, wenn sie irgendwohin fährt, um dort ihre Strategie zu besprechen.« Er deutete auf den freien Platz: »Sie gehört hierhin, hier ist die Dienstbesprechung, nicht auf Wangerooge.«

Weller konterte sofort: »Es ist ein privater Besuch. Ann Kathrin steht schwer unter Druck. Jeder Mensch braucht einen, der ihn versteht.«

Rupert gab ihm recht: »Ja, aber besser sind zwei.«

Weller hielt sich die Faust vor den Mund und hüstelte hinein. Er hatte ein Kratzen im Hals, das er nicht loswurde.

Vielleicht ist Büschers Stimme ja gar nicht so hoch, weil er so wütend ist, sondern hier grassiert irgendein Virus, und ich hab mir den auch gerade gefangen, dachte Weller. Dann sagte er: »Ann Kathrin weiß noch gar nichts davon. Ich habe es ja selber gerade erst erfahren. Wir wissen alle noch nicht, wie wir damit umgehen sollen.«

Rupert legte eine Hand auf Wellers Schulter. »Wenn ihr Hilfe braucht, Alter, ich bin jederzeit für euch da.«

Weller informierte Ann Kathrin übers Handy. Der Empfang auf Wangerooge war, wie auf den anderen ostfriesischen Inseln auch, manchmal nicht besonders gut. Einmal glaubte Weller schon, das Gespräch sei vollständig unterbrochen worden, dann meldete sich Ann Kathrin wieder. Er hörte sie ganz leise, dann wieder laut und deutlich.

Sie nahm es merkwürdig gefasst auf. Fast so, als hätte sie damit gerechnet.

»Ich werde jetzt als Erstes«, versprach Weller, »nach Hause fahren und die Anlagen demontieren.«

»Nein«, sagte sie, »bitte tu das nicht.«

»Warum nicht?«

»Weil sie dann wissen, dass wir wissen, dass sie uns beobachten.«

»Stimmt.« Er erschrak fast über die Klarheit ihrer Analyse. »Aber wen meinst du mit »sie«?«

»Keine Ahnung. Die wissen eine Menge über uns, aber wir nur sehr wenig über sie. Wir haben es mit zwei Selbstmorden zu tun und jedes Mal im Zusammenhang mit einem Kommunikationsmittel. Ein Laptop und ein Handy. Irgendjemand hat eine tierische Angst, dass wir ihn darüber zu fassen kriegen.«

Weller gab ihr sofort recht: »Ja, das Handy von Hauke Hinrichs fehlt noch immer. Jemand, der andere ausspioniert, hat natürlich mehr Angst als jeder andere, dass wir dasselbe mit ihm tun. Aber verflucht«, sagte er, »ich fühle mich dann in unserem Haus nicht mehr wirklich wohl. Ich meine, ich muss doch immer daran denken, dass ...«

»Ich fühle mich in meiner Haut nicht mehr wohl«, sagte Ann Kathrin, »das ist noch viel schlimmer. Erinnerst du dich, dass mal jemand Ruperts E-Mail-Account geknackt hatte und dann alles ins Internet gestellt hat?«

»O ja, der hatte sogar eine eigene Homepage für Ruperts Blödsinn gemacht.«

»Siehst du, mit so jemandem haben wir es zu tun. Aber was kann einem jungen Menschen so viel Angst machen, dass er sich die Pulsadern durchbeißt?«

Während Ann Kathrin mit Weller sprach, stand sie auf Ubbo Heides Balkon und sah aufs Meer. Die Sonne ging im Westen unter, und sie hatte von hier aus einen phantastischen Blick. Dazu die Schiffslichter am Horizont, und keine zehn Meter von ihr entfernt flatterte die Wangerooge-Fahne. Unter ihr flanierten Urlauber auf der Suche nach einem Drink oder einem Flirt.

Die Welt, dachte Ann Kathrin, kann so schön sein. Warum verzichten junge Menschen auf so einen Anblick?

»Weder Hauke Hinrichs noch Sigmar Eilts sind je im Zusammenhang mit irgendwelchen Drogen aufgetaucht«, erklärte Weller. »Weder verkehrten sie in den Kreisen, noch haben wir in den Wohnungen etwas gefunden. Es gibt keinerlei Hinweise darauf. Das hier, Ann, ich glaube, da sind sich alle einig, wird weitergehen. Und wir wissen nicht, wie lange die Scheiße schon läuft, ohne dass einer von uns darauf aufmerksam wurde.«

»Wie weit sind wir mit der Überprüfung alter Fälle?«, fragte Ann Kathrin.

Weller antwortete knapp: »Läuft. Grüß Ubbo schön von mir. Ich wäre jetzt gerne bei dir.«

»Im Dunkeln dürfen die Flieger nicht starten«, sagte Ann Kathrin. »Und eine Fähre gibt es um die Zeit auch nicht mehr.«

»Ich hoffe, ich habe dir nicht den Abend verdorben, Ann.«

»Nein, das hast du nicht.«

»Ich habe überlegt, ob ich dich verschonen sollte oder …«

Die Verbindung schwankte wieder.

»Damit hättest du mich ganz schön zornig gemacht. Ich mag es nicht, wenn man mich in Watte packt. Ich weiß gerne, was los ist. Wie soll ich sonst richtige Schlüsse ziehen?«

»Und du meinst, ich soll heute Abend nach Hause gehen und so tun, als ob nichts wäre?«

»Vielleicht ist das ein bisschen viel verlangt«, sagte sie, »aber du musst es hinkriegen. Setz dich auf die Terrasse, mach alle Lichter an, trink ein Gläschen Rotwein und schiel bloß nicht immer zu den Kameras hin, sonst merken die noch etwas.«

»Okay«, sagte Weller, »das schaffe ich. Verlass dich drauf.«

Als Weller das Haus im Distelkamp betrat, rief er ein paarmal laut nach Chantal. Da er keine Antwort bekam und es still im Gebäude war, ging er davon aus, dass sie sich eine andere Bleibe gesucht hatte. Insgeheim hatte er befürchtet, zu Hause einen Teenager anzutreffen, der beim Versuch zu kochen die Küche ruiniert hatte und nun vor dem Fernseher Chips knabberte.

Aber weder Chantal Haase noch seine Tochter Sabrina meldeten sich.

Fünftausend Euro! Er musste noch immer den Kopf schütteln bei dem Gedanken.

Weller hatte noch nie ein Problem damit gehabt, auf der Terrasse unter dem schönen Vordach zu sitzen, in die Sterne zu gucken und dabei Rotwein zu trinken. Er fläzte sich nur zu gern in den Strandkorb und streckte die Beine lang aus. Aber heute erschien es ihm wie Schwerstarbeit.

Er musste sich beherrschen, nicht ständig zu den Kameras zu schielen, die jede seiner Bewegungen aufnahmen. Zum Glück hatte er einen Kriminalroman in der Hand. Das Erstlingswerk von Kristina Seibert: *Tod und Helau*. Der Roman spielte im Westerwald, einer Gegend, die Weller sehr fremd war. Kein Meer. Keine Dünen. Keine Deiche.

Nein, auf den Text konnte er sich nicht konzentrieren. Das lag nicht an dem Buch. Er brauchte einfach ein, zwei Punkte, die er fixieren konnte.

Er sah von den Buchseiten zum Weinglas und wieder zurück zum Buch, ohne den Blick auf die Überwachungskameras zu richten. Sonst vergaß er die Dinger völlig. Im Alltag fielen sie ihm gar nicht mehr auf. Tagelang dachte er nicht ein einziges Mal daran. Aber seit er wusste, dass sich jemand hineingehackt hatte, konnte er kaum noch an etwas anderes denken.

Er konstruierte in seinem Kopf Möglichkeiten und Zusammenhänge. Was sollte das alles? Welcher Plan wurde hier verfolgt?

Zum ersten Mal fühlte er sich auf der Terrasse im Distelkamp unwohl. Es ging so weit, dass er, der Gourmet mit dem raffinierten Gaumen, hinsehen musste, um zu erkennen, ob er gerade Rot- oder Weißwein im Glas hatte. Er schmeckte praktisch nichts mehr. Er hätte erst recht keine Rebsorten oder gar einen Jahrgang bestimmen können. Seine Geschmacksnerven waren wie schockgefroren.

Weller holte das Katzentrockenfutter, schüttelte es, weil er wusste, dass dieses Geräusch Kater Willi anlockte. Dann gab er eine Handvoll Futter in die Katzenschale. Es erschien aber nicht Kater Willi, sondern eine zerzauste Katze, die, wenn Weller sich nicht irrte, hinkte.

»Na«, fragte er leise, »bist du in ein Kämpfchen geraten?«

Sie mauzte klagend. Weller näherte sich ihr vorsichtig. Sie hatte wohl Angst vor Menschen, ließ sich nicht einfach so streicheln oder anfassen. Aber als er sich weit genug vom Fressnapf entfernt hatte, riskierte sie es, ihn gierig leerzufressen.

Als Kater Willi erschien, war schon nichts mehr da. Weller füllte nach.

Willi ließ sich nur zu gern kraulen. Diese andere Katze hatte Weller sehr angerührt. Etwas an ihr erinnerte ihn an Ann Kathrin.

Weller sah rüber zur Fasssauna. Er bekam Lust zu schwitzen, wusste aber, dass er genau das jetzt nicht tun würde. Es ärgerte ihn, durch die eigene Sicherheitsanlage eingeschränkt zu werden.

Freiheit, hatte Ubbo Heide einmal gesagt, *birgt immer Risiken in sich. Wer völlige Sicherheit will, gibt auch jede Freiheit auf. Leben heißt Risiko.*

Weller nippte an seinem Rotwein. Er wusste, dass es ein Bordeaux 2010 war. *Baron Philippe de Rothschild.* Er konnte das Etikett lesen, aber er schmeckte den Wein immer noch nicht. Es hätte nicht gerade Cola sein können, wohl aber irgendein Shiraz.

Die Klingel ertönte, und Weller wusste sofort, dass eine fremde Person vor der Tür stand. Jeder Mensch hatte für ihn einen ganz eigenen Stil, sich vor der Tür bemerkbar zu machen. Weller glaubte fest, seine Bekannten am Klingeln oder Klopfen zu erkennen. Freund und Nachbar Peter Grendel klingelte anders als zum Beispiel der Journalist Holger Bloem. Manch ein Klingeln klang schon fast verschämt, anderes dafür draufgängerisch. So: *Hoppla, hier komm ich!*

Dies hier war verhalten, fast, als würde eine Entschuldigung mitschwingen, und doch voller Hoffnung, freudig empfangen zu werden.

Die Art, dachte Weller, wie jemand Einlass begehrt, ist wie ein Fingerabdruck. Das war noch nie kriminalistisch ausgewertet worden, und Weller fragte sich, ob daraus eine Theorie, eine Erkenntnis abgeleitet werden konnte.

Er stellte sein Weinglas in Ruhe ab, legte das Buch neben sich in den Strandkorb und ging durchs Haus zur Tür. Er sah durch die Milchglasscheibe in der Tür eine zierliche Gestalt draußen warten. Eine Frau mit langen braunen Haaren.

Weller öffnete die Tür, und ihm schoss das Wort *unecht* durch den Kopf. Er wusste nicht, was an ihr unecht sein sollte, aber Weller hatte manchmal solche Gedankenblitze. Er hatte Rupert davon erzählt, dem kam das gar nicht merkwürdig vor. Rupert sagte: »Ich kenne das. Kaum sehe ich eine Kneipe, denke ich: *Durst*. Das Wort schießt einfach so durch meinen Kopf, da kann ich gar nichts gegen tun.«

Seitdem behielt Weller diese geistigen Blitzattacken lieber für sich.

Die Frau trug eine schwarze Jeans mit gelben Nähten, eine Bluse mit vielen Rüschen, wie von Oma geliehen, und eine Männerweste mit einem silbernen Kettchen, das vom Knopfloch in ein Seitentäschchen führte, das von einer Taschenuhr ausgebeult wurde. Es fiel Weller auf, dass diese sehr frauliche Frau männliche Accessoires benutzte. Ihre Schuhe erinnerten an Cowboystiefel aus Schlangenhaut, waren aber garantiert nicht echt.

Sie lächelte ihn an.

»Moin – so sagt man hier ja wohl. Es ist zwar schon Abend, aber das spielt hier ja keine Rolle ...«

Weller fragte sich, was die Frau von ihm wollte. Ganz sicher hatte sie nichts zu verkaufen. Zeugen Jehovas, die öfter mal im Distelkamp klingelten, sahen auch anders aus, und die kamen immer zu zweit.

Er konnte nicht feststellen, wie sie gekommen war. Er sah in der Einfahrt kein Auto.

»Ja? Sie wünschen?«

Ihr Lächeln wurde breiter. »Sie müssen Frank Weller sein. Ich habe viel von Ihnen gehört. Sie kochen gut, und Sie verstehen etwas von Weinen und Kriminalliteratur. Richtig?«

Weller nickte. »Ja, so sagt man. Und wer sind Sie?«

Sie hielt ihm die Hand hin. »Mein Name ist Astrid. Ich bin eine Freundin Ihrer Frau.«

Fast wäre es Weller herausgerutscht: *Ach, die mit dem Brustkrebs.* Aber er behielt es so gerade noch für sich.

Er kramte in seinen Gedanken. Eine Frau, die doch einiges über ihn wusste, musste beleidigt sein, wenn er sie auf eine Krankheit reduzierte. Er zeigte auf sie und gewann durch die Geste eine winzige Bedenkzeit: »Und Sie sind ... mit Ann zur Schule gegangen?!«

»Ja, genau. Grillo-Gymnasium Gelsenkirchen.«

»Ann ist ... nicht da«, sagte Weller verhalten. Er wollte nicht ausplaudern, wo genau sie sich befand. Er wusste nicht, warum, er behielt es einfach für sich.

Die Wolke war plötzlich da und breitete sich am Himmel aus, als hätte sie hinter dem Häuserdach auf eine günstige Gelegenheit gelauert. Die Tropfen fielen in langen Fäden, und Weller bat die Frau ins Haus.

In der Küche knallte ein gekipptes Fenster zu. Weller fegte durchs Haus. Er wollte die Terrassentür schließen, doch Astrid zeigte nach draußen: »Da ist ja die Überdachung! Ann hat mir davon erzählt, wie romantisch es ist, da zu sitzen, wenn der Regen auf das Dach prasselt.«

»Ja, ich habe bis eben dort gesessen und gelesen ...«

»Ich würde auch gerne ein Glas Rotwein nehmen, wenn es Ihnen nichts ausmacht«, sagte sie und ging hinaus auf die Terrasse. Sie setzte sich in einen Sessel, als wolle sie seine Qualität prüfen, und stand dann sofort wieder auf.

Weller schenkte ihr ein Glas Wein ein. Er machte das Glas nicht einmal ein Viertel voll. Es war mehr ein Höflichkeitsschluck als alles andere.

Der Regen tat der Wiese und den Sträuchern gut. Es war ein warmer, viel zu kurzer Schauer. Der Wind drehte und kam jetzt von Nordost.

Die Spinnweben in den Sträuchern wurden durch die Regentropfen sichtbar, die an ihnen kleben geblieben waren. Weller betrachtete versunken diesen Schmuck, den die Natur für wenige Minuten produzierte. Funkelnde Perlenketten zwischen dünnen Ästen.

»Ich hatte Ann versprochen, dass ich sie besuchen würde, sobald es mir besserginge, und wir uns ihr Haus anschauen würden.«

»Ja ... äh, das hätte sie auch bestimmt gefreut, aber wissen Sie, bei uns ist es besser, sich vorher anzumelden. Andere Menschen haben um achtzehn Uhr Büroschluss, wir wissen nie genau, wann ...«

Sie probierte den Wein, während er sprach, und lobte ihn sofort: »Ein gutes Tröpfchen. Sie verstehen wirklich etwas davon. Sie sind ein Genussmensch, Frank, stimmt's?«

Ihre Frage erinnerte ihn schmerzlich daran, dass er gerade gar nichts schmeckte.

Der IC aus Norddeich donnerte über die Schienen. Hinter der Hecke huschten die beleuchteten Fenster vorbei. Dunkle Wolken zauberten finstere Schatten in den Garten. Der Kirschbaum sah aus wie ein verzweifelt winkender Freund, dem der Zug weggefahren war.

»Oje«, sagte sie, »ich bin mit dem Rad gekommen ...«

Weller wunderte sich. Sie wohnte doch in Aurich. Von dort bis in den Distelkamp in Norden mit dem Rad ... Sie wirkte nicht verschwitzt, trug keine Radfahrerkleidung.

»Dann müssen Sie wieder recht fit sein«, lachte er beeindruckt und ärgerte sich gleich über sich selbst, weil er nun doch, wenn auch indirekt, ihre Krankheit ins Spiel gebracht hatte.

Sie zeigte auf die Kerzen, die Ann Kathrin auf dem Terrassentisch und in Glaslaternen auf dem Boden stehen hatte. »Sollen wir ein paar Lichter anmachen?«, schlug sie vor. »Ann liebt ja schon seit jeher solche Dekosachen. Kaum betraten wir unseren Partykeller, zündete sie ein paar Kerzen an.«

Weller wunderte sich. War die Frau trotz ihrer Krankheit noch Raucherin? Sie hatte wie aus dem Nichts plötzlich Streichhölzer in der Hand und entzündete eine Wachskerze in einer orientalischen Glaslaterne. Sie bewunderte wortreich die marokkanische Handwerkskunst und lobte die filigranen Ornamente. Sie behauptete, das Glas sei maurisch.

Frauen, dachte Weller. Wir werden sie nie wirklich verstehen ...

»Ich würde Sie«, log er, »gerne nach Hause fahren, aber ich habe schon ein bisschen Rotwein intus, und da bin ich als Kommissar konsequent. Lass dein Auto leer, wenn du selbst voll bist ...«

Sie setzte sich, den Kopf nah an der Glaslaterne, und sah Weller zu. »Sie sind nicht voll, und keine Angst, sobald der Schauer vorbei ist, sind Sie mich auch wieder los. Sie wirken auf mich wie ein Mann, der sehr gut mit sich selbst und einem spannenden Roman klarkommt.«

»Ja«, stimmte Weller zu, »und ich habe leider keine Ahnung, wann Ann nach Hause kommt.«

Er wollte nicht sagen, dass Ann Kathrin die Nacht über wegblieb. Das kam ihm unangemessen vor.

Der stärker werdende Regen trommelte nun auf die Terrassenüberdachung.

»Wir könnten sie anrufen«, warf Astrid ein, wie eine Möglichkeit, von der ohnehin niemand Gebrauch machen würde.

»Ich störe sie nur ungern« sagte Weller, und Astrid nickte: »Wir wissen doch beide, wie viel sie zu tun hat. Vergisst sie Sie auch oft, Frank?«

Weller antwortete nicht, sondern goss sich Rotwein nach.

»Mich hat sie fast ein halbes Jahr lang vergessen. Sie meint das nicht böse, sie ist so. Ein Workaholic. Sie jagt die Bösen, damit wir Guten in Ruhe leben können. Sie tut es im Grunde aus Liebe zu uns. So müssen Sie das sehen, Frank. Und wenn sie einen dieser bösen Jungs überführt hat, dann kommt schon der nächste. Sie wird nie fertig werden. Und Menschen wie Sie und ich, Frank, wir werden für sie immer auf der Wartebank sitzen in der Hoffnung, dass sie eines Tages Zeit für uns findet. Man darf es ihr nicht übelnehmen, auch wenn es einen verletzt. Ich hatte mal einen Freund, der war Dompteur. Wunderbare, kuschelige Wildkatzen. Faszinierende Tiere. Aber eben Wildkatzen. Hohe Verletzungsgefahr für alle, die mit ihnen umgehen und ihnen zu nahe kommen. Der richtige Abstand ist wichtig.«

»Und?«, fragte Weller. »Ist Ihr Freund immer noch Dompteur?«

Sie lächelte und warf die Haare zurück. »Nein. Rentner. Frühinvalide. Seine Liebe zu den Raubtieren hat ihn das rechte Bein gekostet und das halbe Gesicht. Er dachte, sie würden ihm gehorchen und er könnte sie beherrschen ...«

»Und das war nicht immer so?«, sinnierte Weller.

»Nein, ganz und gar nicht. Die Tiere haben ihn nur in dem Glauben gelassen und mit ihm gespielt, bis sie es eben leid waren.«

Weller leerte sein Glas mit einem viel zu langen Zug, als würde er frisch gezapftes Pils trinken und keinen Wein.

»Wissen Sie«, fragte Astrid, »was mich am meisten wundert?«

Weller sagte nichts, sah sie nur an.

»Er hat es den Tieren noch nicht einmal übelgenommen. Er liebt sie noch immer. Er hatte ihnen schon auf dem Weg in die Intensivstation vergeben. Seine große Sorge war nicht sein Bein oder sein Gesicht.«

Astrid stand auf und ging zum Rand der Terrasse, wo der Regen auf die Fliesen prasselte. Sie streckte die rechte Hand aus und rieb sich Regenwasser ins Gesicht. Solche Verhaltensweisen kannte Weller von Ann Kathrin. Kein Wunder, dass die beiden Freundinnen sind, dachte er.

»Sondern«, fragte Weller und goss sich sein Glas randvoll.

»Er hatte Angst, die zwei Tiger, die ihn angegriffen hatten, könnten getötet werden. Er nahm jede Schuld auf sich. Er habe einen Fehler gemacht, behauptete er.«

Jetzt hielt sie ihr Weinglas in den Regen, ließ es halb volltropfen und trank.

»Wir haben Mineralwasser«, sagte Weller.

»Ich weiß«, antwortete sie und trank das Regenwasser.

»Was wurde aus den Tigern?«, wollte Weller wissen. »Hat man sie verschont?«

Sie drehte sich zu ihm um. Hinter ihrem Rücken wurde der Regen heftiger. Sie blickte ihm in die Augen, als fände sie so viel Naivität rührend. »Natürlich nicht.«

Dazu sagte Weller nichts.

»Sie schauen mich so an, Herr Weller. Sie wundern sich. Sie dachten, vor Ihnen steht eine todkranke Frau, aber das ist nicht so.« Sie breitete die Arme aus und drehte sich im Kreis. »Vor Ihnen steht ein lebenshungriger Mensch, noch nicht wieder voll in der Kraft, aber immerhin. Die Krankheit hat ihren Schrecken verloren. Ich habe sie besiegt, mit guter medizinischer Hilfe und der richtigen Lebenseinstellung.«

»Herzlichen Glückwunsch«, sagte Weller, und es klang ehrlich. »So etwas hört man selten. Aber dafür umso lieber.«

»Sie starren meine Brüste an.«

Weller wehrte ab. »Nein, tu ich nicht.«

Sie lachte hell: »Ich habe mir neue machen lassen. Also, ich finde, sie sind schöner als je zuvor. Sie gucken so ungläubig. Wollen Sie mal sehen?«

Sie begann, ihre Bluse aufzuknöpfen. Weller wusste gar nicht, wo er hinsehen sollte.

»Toll, was die Chirurgen heutzutage alles fertigbringen, finden Sie nicht? Richtig kleine Kunstwerke, und sie fühlen sich auch völlig echt an. Wollen Sie mal anfassen?«

Ich heiße doch nicht Rupert, dachte Weller und sagte: »Nein, danke, diese Situation könnte missverstanden werden ...«

In diesem Augenblick öffnete Chantal die Terrassentür. Sie trug eins von Wellers karierten Baumwollhemden, in dem sie offensichtlich geschlafen hatte. Das Kopfkissen hatte Spuren in ihrem Gesicht hinterlassen.

»Störe ich?«, fragte sie.

»Nein, überhaupt nicht«, grantelte Weller. Bei dem Gedanken, dass diese ganze Szene von irgendwelchen kriminellen Hackern gesehen und aufgezeichnet wurde, drehte sich ihm der Magen um.

Er nahm noch einen kräftigen Schluck von dem Rotwein und liebäugelte damit, den Brandy aus dem Wohnzimmerschrank zu holen. Dabei war ein klarer Kopf für ihn jetzt wichtiger denn je.

Giovanni Schmidt war mit Maggie hinter der Meierei weiter zum Ostende der Insel geradelt. Hier hatten sie sich unter freiem Himmel geliebt und waren sich vorgekommen wie Adam und Eva.

Jetzt, im Dunkeln, mit Maggie unter diesem nachtblauen Himmelszelt, hatte er das Gefühl, wirklich auf diese Welt zu gehören. Er war endlich angekommen.

Während des kurzen Schauers war er sich blöd vorgekommen. Er hatte Schutz vor dem Regen gesucht, wollte zu der Holzhütte, während Maggie sich in froher Erwartung mit ausgebreiteten Armen hingelegt hatte und nasstropfen ließ. Er tat es ihr gleich und versuchte, es ebenfalls zu genießen.

Inzwischen hatten Sonne und Wind seine Kleidung wieder getrocknet, und er kam sich gestärkt vor. Wild. Als sei er durch die Nässe auf der Haut zu einem Siegfried geworden, der in Drachenblut gebadet hatte und so unverwundbar wurde, bis auf die eine Stelle ...

Um diese Tageszeit gehörte der breite Strand den Tieren. Vögel jagten Krebse. Er hörte ihre Flügelschläge wie Kampfgeräusche in der Dunkelheit, obwohl es hier gar nicht richtig dunkel wurde. Der Sternenhimmel sorgte mit dem Mond für ein diffuses Licht, das aus den Spiegelungen des Watts zu kommen schien. Häuser waren nicht zu sehen, nur die blinkenden Lichter der Schiffe, und das da hinten war die Insel Spiekeroog.

Maggie nutzte ihr Tablet als Taschenlampe. Etwas huschte vor ihnen über den Sand und grub sich ein. Sie wollte es sehen oder sogar fotografieren. Doch dann flimmerte eine Nachricht über ihren Bildschirm, die alles veränderte.

Die ganze schöne Situation war sofort kaputt. Zerstört von Buchstaben. Von Wörtern, die zunächst gar keinen Sinn ergaben.

»Er hat sich umgebracht«, hauchte sie fassungslos.

Es sah für Giovanni Schmidt aus, als würde sie mit dem Meer reden. Sie schien seine Anwesenheit vergessen zu haben. Entweder sie sprach mit dem Meer oder mit sich selbst oder mit irgendwelchen Wesen, die nur sie wahrnahm.

Sie rannte zur Wasserkante und er hinter ihr her, denn er befürchtete, sie könne sich im Dunkeln verletzen. Er spürte das unbändige Verlangen, sie zu beschützen.

Sie schrie in Richtung Spiekeroog: »Das warst du, du verdammtes Luder! Du hast ihn mir genommen! Das verzeihe ich dir nie! Ich mach dich fertig, ich mach dich so fertig!«

Er stand aufgeregt hinter ihr. Seine Arme hingen herab, als würde er schwere Koffer tragen. Er wagte es nicht, sie anzusprechen. Es war, als dürfe er gar nicht hier sein, und trotzdem gab es keinen Ort auf der Welt, wo er jetzt lieber gewesen wäre.

Sie drehte sich zu ihm um und erklärte ihm ungefragt: »Ich bin traurig. Sehr traurig.«

Er nickte, aber er dachte: Nein, du bist wütend. Tierisch wütend.

Sie verlagerte ihr Gewicht von einem Fuß auf den anderen. Es quatschte laut. Manchmal schmatzte der Meeresboden unanständig.

Obwohl er nichts gesagt, sondern nur gedacht hatte, ging sie darauf ein: »Ja, stimmt. Du sensibler Kerl bemerkst es natürlich. Meine Trauer lässt Wut hochkommen. Mörderische Wut.«

Er sah sie mit entschlossenem Blick an, bereit, auf jeden loszugehen, der ihr Böses wollte.

»Was ist passiert?«, fragte er. »Kann ich etwas tun?«

Sie streckte langsam die linke Hand aus und streichelte sein Gesicht. Es kribbelte bereits auf seiner Haut, bevor sie ihn berührte. Sie hielt die Innenflächen ihrer Hand vor seine Lippen. Er spürte seinen eigenen Atem in seinem Gesicht wie einen Windhauch.

»Jemand, den ich sehr gemocht habe, ist tot. Angeblich hat er sich in einer Polizeizelle umgebracht. So ein Blödsinn! Er liebte das Leben, und er hatte eine großartige Zukunft vor sich.«

»War er dein ... dein Mann?«, fragte er vorsichtig.

»Nein, er war – wenn du so willst – so etwas wie mein Schüler. Ein guter Freund und ...«

Er sah Tränen auf ihrem Gesicht. Die Sterne spiegelten sich darin.

Sie tippte auf ihr Tablet. Das Foto einer blonden Frau erschien.

»Und die hier hat ihn auf dem Gewissen. Hauptkommissarin Ann Kathrin Klaasen.«

»Hat sie ihn umgebracht?«

»Er war in ihrer Obhut, als er starb ...«

Giovanni Schmidt konnte ihren Rachedurst riechen. Es kam ihm vor, als könne er ihre Gedanken aus der Luft saugen.

»Ich bin dein Gladiator«, sagte er. Es klang wie ein Versprechen.

»Ja, das bist du.« Sie ging in Richtung Westen. Sie wollte zurück. Er hielt Schritt mit ihr, aber so, wie er die Beine voreinandersetzte, hatte er das Gefühl, sie besser nicht zu berühren.

»Wir haben«, rief er gegen den Wind, »da hinten noch unsere Räder stehen!«

Sie schlug einen Haken und hob die Hände zum Himmel. »Diese Frau macht mich verrückt!«

»Sollen wir im *Dwarslooper* noch einen Absacker nehmen?«, fragte er.

So viel hatte Rupert inzwischen über den Flurfunk mitbekommen: Ann Kathrin hatte offensichtlich, ohne einen Antrag auf Genehmigung eines Nebenjobs zu stellen, ein Onlinegeschäft eröffnet, und es lief prächtig.

Er hatte die Seite im Netz gefunden. Dürrenmatt, Max von der Grün – Rupert kannte die alle nicht, bis auf diesen Grass, der hatte doch mal ein Fischkochbuch geschrieben. *Der Butt* oder so ... Jedenfalls irgendetwas mit Plattfischen.

Es war Rupert völlig schleierhaft, warum Leute für alte Bücher so viel Geld hinblätterten. Die Menschen waren eben verrückt geworden und die Welt völlig aus den Fugen geraten. Aber ein guter Nebenverdienst war bei dem Gehalt, das das Land Niedersachsen zahlte, nicht zu verachten. Er las zwar keine Bücher, besaß aber aus seiner Jugendzeit noch jede Menge Comichefte. Er suchte die Kiste auf dem Dachboden.

Außerdem, seine Frau Beate las ja. Meist esoterisches Zeug

über Reiki oder Wiedergeburt. Vielleicht ließen sich ein paar dieser Werke auch zu Geld machen.

Er fand unter den alten VHS-Kassetten ein paar Pornohefte und dann *Sigurd*- und *Akim*-Sammelbände. Das Zeug musste doch inzwischen etwas wert sein!

Er beschloss, es Ann Kathrin anzubieten. Er packte ein Päckchen für sie.

Die Pornohefte ließ er mal lieber weg. Er konnte sich lebhaft vorstellen, wie sie darauf reagieren würde.

Es war ein schöner Inselmorgen. Die Nordsee ruhig. Nur ein paar Schäfchenwolken am Himmel. Möwen kreischten.

Ann Kathrin saß mit Ubbo Heide auf dem Balkon. Hier, mit Blick aufs Meer, schien die Welt schön, ja fast auf erschreckende Art in Ordnung zu sein.

Ann Kathrin zählte sieben Schiffe. Auf die Entfernung wirkten sie, als würden sie am Horizont ankern.

Auf der oberen Strandpromenade joggten zwei junge Frauen, die so dünn waren, dass sie es im Gegensatz zu ihr überhaupt nicht nötig hatten, fand Ann Kathrin.

Die Sonne ging blutrot im Osten auf. Carola Heide hatte Ubbos Rollstuhl auf seinen Wunsch hin so gestellt, dass Ann Kathrin einen ungetrübten Blick auf dieses Naturschauspiel hatte. Das Meer schien zu kochen. Die Wolken darüber zu brennen. Und doch war alles so, wie es sein sollte.

Carola brachte Tee und Brötchen, die sie »Seelchen« nannte.

»Egal, was ich tue«, sagte Ann Kathrin, »es ist falsch.«

Ubbo sah sie an. Carola schüttelte den Kopf.

»Schließe ich zum Beispiel diesen Onlineshop, erkenne ich damit an, dass ich Einfluss darauf habe. Zahle ich das Geld zurück, ist es eine Art Schuldanerkenntnis. Behalte ich das Geld aber, ist es erst recht nicht richtig. Zahle ich für die Geschwindigkeitsübertretung in Emden, erkenne ich an, dass ich es war.«

Sie wollte noch mehr aufzählen, doch Ubbo hob die rechte Hand und sagte: »Jemand hat dich in eine klassische Zwickmühle manövriert. Hat Martin Büscher dir schon den Fall entzogen?«

»Nicht direkt, aber ...«

»Wird er noch. Ihm bleibt im Grunde kaum etwas anderes übrig.«

Auf Ann Kathrins Handy erschien eine Nachricht von Weller: *Die kleine Katja Schubert ist verschwunden. Dafür wohnt Chantal Haase aber immer noch bei uns ...*

Ann Kathrin tippte mit flinken Fingern: *Wie – verschwunden?*

Prompt kam die Antwort: *Entweder sie entzieht sich bewusst einem Verhör, oder die Oldenburger Kollegen sind zu dämlich, sie zu finden.*

Ubbo mochte es nicht, wenn jemand während des Gesprächs auf sein Handy sah. Er empfand es als Unhöflichkeit. Bei Ann Kathrin – in ihrer jetzigen außergewöhnlichen Stresssituation – akzeptierte er es.

»Die Frau, deren Laptop ich angeblich beschlagnahmt habe und die mit Hauke Hinrichs befreundet war, ist entweder untergetaucht oder ...«

Sie sprach nicht weiter, sondern hielt nur das Gesicht in den Wind, der jetzt von Nordost wehte und Kühlung mit sich brachte.

»Glaubst du, dass sie ebenfalls aus dem Leben geschieden ist?«, fragte Ubbo Heide.

Ann Kathrin verzog den Mund: »Das scheint ja wie ein Virus zu grassieren.«

»Oder jemand will, dass wir genau so etwas denken. So, wie wir denken sollen, dass du ungesetzliche Dinge tust, Ann. Es ist ein Mimikry-Prinzip, etwas vorzutäuschen. Vergiss das nie. Ich denke, bei allem, was du jetzt tust, solltest du das berücksichtigen. Wir haben es mit einer raffiniert geplanten Täuschung zu tun. Nichts ist, wie es scheint.«

»Doch«, widersprach Carola, »das hier sind ganz köstliche Seelchen. Und der Tee wird langsam kalt. Und da hinten geht wahrhaftig die Sonne auf. Und wir sitzen hier auf diesem wunderbaren Balkon und haben das Privileg, diesen Anblick genießen zu dürfen.«

Ann Kathrin sah sie dankbar an und dachte: Wie gut, dass es euch zwei gibt.

Ubbo biss in ein Seelchen und riss sich ein gutes Stück raus, wie um seiner Frau recht zu geben.

Ann Kathrin griff jetzt auch zu. »Ich werde nicht auf die Fähre warten«, sagte sie. »Ich nehme den nächsten Flieger aufs Festland zurück. Es wartet noch eine Menge Arbeit auf mich.«

Ubbo breitete die Arme aus. »Du bist uns auf Wangerooge jederzeit willkommen.«

Sie spürte, dass dieser Satz von Herzen kam.

Zeitgleich kam auf Evis Handy eine Nachricht ihrer Mitbewohnerin Katja Schubert an: *Bin abgetaucht. Muss mich vor dieser Klaasen verstecken.*

Evi war um diese Zeit normalerweise noch nicht ganz vernehmungsfähig. Sie war ein Nachtmensch und ein Morgenmuffel. Doch die piepsende Nachricht auf ihrem Handy schreckte sie auf.

Was heißt das?

Die Antwort war augenblicklich da: *Ich habe Angst. Sie stalkt mich. Sie will mich fertigmachen.*

Evi schlug vor: *Lass uns zur Polizei gehen.*

Glaubst du, die ermitteln gegen ihre eigenen Leute? Wer bin ich? Wer ist sie? Die legt mich um und sagt, es sei auf der Flucht geschehen.

Was ist denn los, verflucht? Was hast du mit der Torte laufen?

Ich mach mein Handy aus, sonst orten die mich noch.

Katja Schubert bekam durch die Nase kaum noch Luft. Das rechte Nasenloch fühlte sich an, als sei es mit Glassplittern verstopft worden. Das Atmen tat weh, als würde jedes Luftholen kleine Splitter lösen, die sich dann in ihrer Lunge absetzten und gegeneinanderrieben.

Das linke Nasenloch spürte sie gar nicht mehr. Da war alles taub. Aber der Zahnschmerz kam von den entzündeten Nasennebenhöhlen, das wusste sie genau. Das Wissen linderte den Schmerz aber nicht. Es würde schlimmer werden, so viel war klar.

Ihr Hals-Nasen-Ohren-Arzt hatte ihr damals zu einer Operation geraten. Sie hatte sich dagegen entschieden. Jetzt bereute sie es. Schlimmer als Hunger, Durst oder Angst war diese verdammte Sucht nach dem Nasenspray.

Sie wusste nicht, wie lange sie hier schon auf den Stuhl gefesselt saß. Immer noch war da ein von oben nach unten wandernder Luftstrom. Inzwischen war ihr klar, dass niemand sie durch einen Strohhalm anblies. Sie war völlig allein.

Irgendwo hier – durch die Löcher und Ritzen – entstand Durchzug. Das sprach nicht gerade für dicke Wände.

Vielleicht, überlegte sie, könnte ich durch Schreie auf mich aufmerksam machen.

Draußen hielt ein Auto, und sie hörte Stimmen. Aber sie

traute sich nicht zu schreien. Vielleicht waren es ja ihre Entführer, und dann käme einer auf die Idee, sie zu knebeln. Wenn sie nicht mehr durch den Mund atmen konnte, würde sie ersticken.

Ihre Zunge war inzwischen pelzig und trocken.

Sie lauschte. Draußen näherten sich Männerstimmen. Ja, so klangen junge Männer. Einer sang etwas. Er machte mit den Lippen ein Schlagzeug nach und eine E-Gitarre. Der Song kam ihr bekannt vor. Wie eine Komposition von Hauke Hinrichs. Er hatte das alles nur viel melodischer gespielt und dazu gesungen. Es war, als würden sie draußen sein Lied verballhornen.

Eine Weile war es still, und es tat ihr leid, nicht geschrien zu haben. Aber dann schlugen Türen, und sie hörte Schritte auf einer knarrenden Holztreppe. Vor dem Raum, in dem sie gefangen gehalten wurde, schaltete jemand das Licht ein, und die Tür wurde von dünnen Lichtstreifen eingerahmt. Auch durchs Schlüsselloch und einen Spalt in der Mitte der Tür fiel Licht in ihr Verlies.

Sie konnte nicht viel erkennen. Die Wände waren unverputzt. Es standen Gartengeräte herum. Eine Schaufel. Eine Harke. Ein Reisigbesen. An der Wand hing eine Heckenschere.

Justin kam nicht, sondern der junge Mann mit dem schmierigen Grinsen, der im Auto auf sie gewartet hatte. Er bewegte sich schlaksig, als wolle er in der Disco den Coolen spielen. Er hatte eine Wasserflasche lässig in der Hand.

»Dachte ich es mir doch. Der kleine Spinner glaubt zwar, alles über Energien und spirituelle Kräfte zu wissen, kann in der Aura lesen und Gedanken übertragen, aber es hat ihm niemand gesagt, dass Menschen Wasser brauchen oder Nahrung. Der kennt alle Chakren, hat aber keine Ahnung davon, wie unsere Verdauung funktioniert oder was mit dem menschlichen Körper passiert, wenn man dehydriert.«

Er schraubte die Flasche auf und hielt sie ihr an die Lippen.

Sie trank gierig. Es war kühles, sehr sprudeliges Wasser. Sie schluckte und hustete und trank weiter. Wasser rann an ihrem Hals entlang.

Er versuchte, sie zu beruhigen: »Langsam. Lass dir Zeit. Es gibt genug.«

Er nahm die Flasche von ihren Lippen, schraubte sie aber nicht zu.

Katja japste nach Luft und rülpste. »Ich brauche Nasenspray. Am besten mit Cortison. Meine Nasenschleimhäute …« Sie hustete.

»Ich weiß«, sagte er und fischte ein Fläschchen aus seiner Hosentasche.

»Du auch?«, fragte sie erleichtert.

Er grinste breit: »Nein, es war bei deinen Klamotten, beim Handy. Gehst wohl nie ohne, was?«

»Nein, ganz sicher nicht. Ich brauche das Zeug wirklich.«

Er machte einen Sprühstoß. Ein Regenvorhang kleiner Tröpfchen perlte direkt vor ihrem Gesicht durch die Luft. Sie reckte den Kopf vor und versuchte, durch die Nase so viel wie möglich davon zu inhalieren. Aber es war gar nicht nötig. Er schob ihr den Sprühkopf ins rechte Nasenloch: »Feste hochziehen«, sagte er und drückte ab.

Es war, als würde das Zeug bis in ihr Gehirn katapultiert. Es tat unendlich gut.

Er platzierte den Sprühkopf jetzt tief in ihrem linken Nasenloch. Diesmal sagte er nichts mehr, sondern sah sie nur an und nickte. Dann drückte er ab.

»Noch einmal«, bat sie, und er tat sofort, wonach sie verlangte.

»Noch mehr Wasser?«, fragte er.

Sie nickte. Diesmal trank sie mit langen Zügen, ohne sich zu verschlucken.

Er stellte die Flasche neben ihr auf dem Boden ab. Es sah aus, als könne sie jederzeit danach greifen und daraus trinken, wenn man nicht berücksichtigte, dass sie gefesselt war.

»Wer bist du?«, fragte sie.

Bereitwillig antwortete er: »Meine Mutter hat mich Rajneesh genannt. Nach irgendeinem indischen Guru, den sie damals verehrt hat. Dort bin ich auch geboren worden. Aber ich selbst nenne mich Boris.«

»Nach dem Tennisspieler oder nach dem russischen Schriftsteller Boris Pasternak?«

Er grinste, aber nicht so schmierig wie bei der Entführung, sondern eher echt amüsiert.

»Weder noch. Nach Boris Kusnezow. Das war ein russischer Boxer. Goldmedaille in München, 72.«

»Boxt du?«

»Treffer.«

»Ich dachte, dann nennt man sich eher Wladimir oder Henry?«

»*Man* vielleicht. Ich nicht.«

Seine Antwort kam merkwürdig scharf, als habe sie ihn beleidigt.

Er versucht die ganze Zeit, sich abzugrenzen, dachte sie. Von seinem Kumpel Justin, von seiner Mutter, von dem, was andere Menschen tun. Er hat ein Problem damit, etwas Besonderes sein zu wollen.

Sie wollte eigentlich sagen, dass sie diesen Sport zu brutal fand, aber angesichts ihrer Lage entschied sie sich, ihn zu fragen: »Was fasziniert dich am Boxen?«

Er antwortete, ohne zu überlegen. Wahrscheinlich war ihm so eine Frage schon oft gestellt worden. »Das Duell. Ich mag den Zweikampf. Das gnadenlose Kräftemessen. Einer gewinnt. Einer verliert. Klare Sache.«

»Mir gefällt, dass da nach fairen Regeln gekämpft wird«, sagte sie und hoffte, so eine Verbesserung ihrer Lage zu erreichen. »Wenn einer k.o. geht oder sein Trainer das Handtuch wirft, wird nicht weiter auf ihn eingeprügelt.«

Jetzt wurde sein Lächeln wirklich schmierig. »Ja. Im Ring schon. Aber im Leben, da gelten solche Regeln nicht. Da gibt es keine Ringrichter. In der freien Wildbahn geht es härter zur Sache.«

So einfach ließ er sich also nicht einwickeln. Abgrenzung auch jetzt.

»Du gehörst nicht zu Maggies Jungs, oder?«

Er nahm Abstand von ihr. »Ich bin da der Mann fürs Grobe. Regle das, was diese durchgeistigten, elfenhaften Wesen nicht hinkriegen.«

»Wie darf ich das verstehen, Boris?«

Er klatschte in die Hände. »Nun, es ist wie beim Roulette des Lebens. Man kann leichter voraussagen, was passiert, wenn jemand daran dreht und die Wahrscheinlichkeiten beeinflusst.«

»Verstehe ich nicht. Was willst du mir damit sagen?«

Er machte ein paar Bewegungen vor ihr, wie ein Stepptänzer. Dabei hielt er die Fäuste angedeutet hoch, als wolle er eine gute Deckung aufbauen.

»Dein Hauke hat doch geglaubt, er könne kraft seiner Gedanken – seines archaischen Willens – Dinge beeinflussen.«

»O ja, er dachte, er könnte Menschen dazu kriegen, etwas zu tun oder zu lassen. Daran hat er ständig gearbeitet. So wollte er das Schicksal korrigieren.«

»Siehst du. Ich bin der, der nachhilft, damit das auch klappt, falls es mal klemmen sollte und nicht ganz so gut funktioniert wie erhofft.«

Sie verstand: »Du bist der, der beim Glückssiel im Casino die Karten zinkt oder den Lauf der Kugel beeinflusst?«

»Genau.«

»Und wie geht das im Leben?«, wollte sie wissen.

»Du meinst«, grinste er geheimnisvoll, »in deinem Fall?«

Sie schluckte erschrocken und hoffte, dass er ihr die Angst nicht ansah. Er machte mit den Händen Gesten, die sie an ihren alten Deutschlehrer erinnerten, der die Worte mit den Händen geradezu in der Luft zu Sätzen knetete.

»Wenn die ganz in Meditation versunken mit ihrem verliehenen Knowledge versuchen, dich dazu zu bringen, von einem Hochhaus oder einer Brücke zu springen, um deinem armseligen Leben ein Ende zu bereiten, dann sorge ich dafür, dass das auch klappt.«

Sie saß schreckensstarr mit offenem Mund da und brauchte eine Weile, um es zu kapieren. »Du hast Hauke ...«

Er nickte und funkelte sie angeberisch an: »Dachtest du echt, Sigmar, der Loser, hätte es geschafft, einen Typen wie Hauke zu einem willenlosen Zombie zu machen, der sich dann aufhängt?« Er lachte demonstrativ. »Hauke haben sie nicht geschafft. Der war eine harte Nuss.«

Sie rang nach Worten. »Mit dem Internetscheiß haben sie Hauke mächtig zugesetzt. Sein Restaurant war im Grunde schon vor der Eröffnung pleite. Sie haben ihn in jedem Job unmöglich gemacht. Habt ihr das alles gemacht, um ihn ...«

Plötzlich veränderte sich seine Körperhaltung. Der lockere, schlaksige junge Mann, der herumtänzelte wie ein nervöser Freier vor dem ersten Bordellbesuch, wurde zu einem aggressiven Soldaten. »Du hast ihn auf dem Gewissen. Ohne dich würde er noch leben. Wer hat ihn denn die ganze Zeit gegen Maggie und die ganze Gruppe aufgehetzt, bis er schließlich zum Abtrünnigen wurde? Jetzt weißt du ja, was wir mit Verrätern machen.«

»Willst du mich auch aufhängen?«, fragte sie.

Er stellte sich anders hin. Die aggressive Haltung verlor an bedrohlicher Kraft. »Nein«, sagte er, jetzt wieder ruhig, fast entspannt, »nein, mit dir haben wir ganz andere Pläne.«

Charlie Thiekötter hatte nach seiner langen Krankheit sehr abgenommen und führte ein anderes Leben, so dass er jetzt viel gesünder aussah und auch jünger als noch vor zehn Jahren. Er aß kaum noch Fleisch, scheute sich aber, sich Vegetarier zu nennen, und fuhr bei Wind und Wetter mit dem Fahrrad. Er war braungebrannt, saß in seinem Büro, das aussah wie ein Ersatzteillager für Computerteile, und kämpfte diesen Sisyphuskampf Mensch gegen Technik. Immer wieder gelangen ihm überraschende Erfolge, und er konnte zerstörte Festplatten erneut lesbar machen oder Passwörter knacken.

Ann Kathrin saß bei ihm, denn er hatte ihr einen Vorschlag zu machen. Obwohl er lange Nichtraucher war, befand sich in seinem Büro immer noch ein Aschenbecher, darin lagen aber keine Zigarettenkippen, sondern kleine Schräubchen. Fast unbewusst spielte Ann Kathrin damit, hob immer zwei, drei heraus und ließ sie wieder in den Aschenbecher fallen.

»Wenn ich den Troll an den Eiern kriegen will, der dir dieses Ding eingebrockt hat, dann gibt es eine Chance.«

»Welche?«, fragte Ann Kathrin.

Er sah ihr an, dass er sie jetzt schon hatte. Überzeugungsarbeit war nicht mehr nötig. Sie wollte nichts unversucht lassen. Offensichtlich stand ihr das Wasser bis zum Hals. Trotzdem führte er aus, als müsse er sie erst überreden: »Also. Einer von uns sollte etwas bestellen ... So einfach kriegen wir ihn aber nicht, denn bei einer Bestellung läuft ein automatischer Prozess ab. Wenn wir aber mit der Bestellung per E-Mail eine Frage verbinden, die das Programm nicht selbständig beantworten kann, dann muss ein Mensch reagieren ...«

Ann Kathrin sah ihren Fingern zu, die mit den Schräubchen und Muttern spielten. Es war ihr unangenehm, dieses klirrende Geräusch verursacht zu haben. Sie zog die Hand zurück. Als müsse sie die Finger vor weiteren Aktionen schützen, umschloss sie sie jetzt mit der anderen Hand.

»Du meinst, wir sollen ihn fragen, ob er ein bestimmtes Buch liefern kann oder so?«

»Ja. Verbunden mit so einer Spezialfrage: *Können Sie einen signierten Mankell besorgen?*«

»Hm. Und wenn er nicht antwortet?«

Thiekötter verzog die Lippen: »Das braucht er gar nicht. Wenn er meine E-Mail-Anlage mit der Frage öffnet, lädt sich sofort ein Programm herunter, das binnen Sekunden die Herrschaft über seinen Computer erlangt und dann an mich ein paar entscheidende Informationen schickt.«

»Was für Informationen?«

Er reckte sich auf dem Stuhl. »Seine Adressenkartei. Seinen Mail-Verkehr. Mit ein bisschen Glück sogar seinen Standort! Je nachdem, wie lange das Programm läuft, bevor er es abwürgt.«

»Du meinst, er schaltet seinen Computer aus, und wir sind draußen?«

»Nein, das kann er dann nicht mehr. Das kann nur noch ich.«

Ann Kathrin zeigte sich beeindruckt. »Und wie kann er dich dann abwürgen?«

»Im Prinzip, indem er den Stecker zieht und die Batterien ausbaut. Aber das kann dauern. Solange sein Kasten Strom hat, schickt er mir Infos. Danach natürlich nicht mehr.«

Charlie Thiekötter erwartete jetzt Lob und ehrfürchtiges Staunen, doch Ann Kathrin fragte stattdessen nur: »Ist das legal?«

Er wand sich, als sei sein Hemd zu eng geworden. »Na ja, was meinst du mit legal?«

Ann Kathrin warf ihre Haare zurück. »Ich muss dir doch nicht erklären, was das Wort *legal* bedeutet ...«

Er hob die Schultern hoch und zog den Kopf ein. »Also, das Programm ist nicht direkt legal. Ich habe es für uns entwickelt ... Natürlich ohne Auftrag, nur so, mehr spielerisch. Ich weiß auch nicht wirklich, ob es funktioniert ... Dazu müsste man es ausprobieren.«

»Charlie, ich stecke bis ganz oben in der Scheiße. Wenn ich dich bitte, das für mich zu tun, dann darf ich das dienstrechtlich gar nicht.«

Er nickte. »Ja, aber privat kannst du es machen.«

Sie stöhnte. »Es könnte dich deinen Job kosten.«

Er winkte scherzhaft ab: »Mein Arzt sagt sowieso, der Beruf sei Gift für mich und würde mich schneller umbringen als andere Leute das Rauchen. Und meine Frau findet, ich hätte für zwei Leben genug gearbeitet.«

Beide schwiegen eine Weile und sahen sich an. Ann Kathrin wusste, dass er ihr den Plan nicht vorgestellt hätte, wenn es ihn nicht jucken würde, ihn zu realisieren. Und er wusste, dass sie nach jedem Strohhalm greifen würde.

Sie stand auf, als fiele es ihr schwer, sich vom Bürostuhl zu erheben.

Charlie Thiekötter zeigte ihr den erhobenen Daumen. »Jetzt schnappen wir uns den Wichser!«

Ann Kathrin machte seine Geste nach. Es tat gut, solche Unterstützung zu spüren.

In der Not zeigt sich, ob man Freunde hat oder nicht, dachte sie.

Im Flur riss Rupert sie aus ihren Gedanken: »Ann Kathrin, ich glaube, ich hab da etwas für dich. Ich meine, ich hab keine Ahnung, wie viel das wert ist, aber wir könnten halbe-halbe machen.«

Sie wusste nicht, wovon er sprach, wollte ihn aber nicht einfach so stehenlassen. Sie folgte ihm zu seinem Schreibtisch. Zwischen Akten und leeren Coffee-to-go-Bechern stand eine Kiste. Sie guckte hinein und sah als Erstes den *Sigurd*-Sammelband.

»Ich verstehe nicht ganz ... ich sammle Bilderbücher, keine Comics«, stellte sie klar.

Rupert zeigte sein breites Grinsen, das seine vom vielen Tee gelb gewordenen Schneidezähne freilegte. »Du betreibst doch diesen Internetshop, und da dachte ich ...«

Im ersten Moment wusste Ann Kathrin nicht, ob er versuchte, einen seiner blöden Witze zu landen, oder ob er tatsächlich so dumm war, dass er nicht geblickt hatte, was wirklich los war.

»Och, Rupert«, stöhnte sie nur und ließ ihn stehen, um sich wichtigeren Dingen zu widmen.

Er hatte zum Frühstück fünf Eier gegessen. Müsli, Obst und drei Brötchen. Aber er war im Grunde immer noch hungrig.

Sie beschlossen, zum Flinthörn zu radeln.

Verändert mein Innenleben die Außenwelt?, fragte Giovanni Schmidt sich. Oder war diese Insel schon immer so schön gewesen? Langeoog übte plötzlich einen unwiderstehlichen Zauber auf ihn aus. Undenkbar, woanders zu wohnen, einen anderen Flecken Erde sein Zuhause zu nennen.

Nein! Er gehörte genau hierhin. Gemeinsam mit dieser mystischen Frau. Urmutter. Verführerin. Meisterin und Schutzbefohlene zugleich. Sie wandelte übergangslos von einer Rolle in die nächste. Ja, sie war alles gleichzeitig für ihn. Wie diese Insel Heimat, Urlaubsparadies und Liebesnest war, zugleich aber auch etwas Bedrohliches hatte.

Der Ausblick vom Flinthörn war betörend. Die Nordsee zog eine dunkelblaue, gerade Linie, aus der der stahlblaue Himmel erwuchs.

Sie hockte neben ihm im Sand und spielte gedankenverloren am Hinterkopf mit seinen Haaren. Der freie Blick bis zum

Horizont berauschte ihn und gab ihm gleichzeitig das Gefühl völliger Klarheit. Jetzt wusste er, was damit gemeint war, wenn jemand sagte, er habe den Durchblick. Die Welt lag wie ein Videospiel vor ihm, dessen Codes er geknackt hatte.

Er wollte es sagen, aber dann wurde ihm klar, dass er mit den Worten *Die Welt liegt wie ein offenes Buch vor mir* bei ihr besser ankommen würde als mit dem Videospielvergleich.

Er sagte es.

Sie reagierte sanft: »Du musst noch so viel lernen. Welten liegen vor dir. Du hältst den Schein der Dinge noch für ihr Wesen, aber bald schon wirst du Schein und Sein unterscheiden lernen.«

Er wusste nicht genau, was sie da redete.

Eine Gruppe kleiner Vögel hielt er zunächst für Spatzen, sie bewegten sich aber ganz anders. Schnelle, eifrige Läufer näherten sich. Er fühlte sich mit den Tieren auf bestürzende Weise verbunden. Heute Morgen noch hatte er Schinken gegessen und mit Heißhunger drei Salamibrötchen verspeist. Maggie hatte aus Joghurt, Früchten und Nüssen ein Müsli zubereitet. Jetzt erschien ihm der Gedanke, ein Tier zu essen, plötzlich barbarisch. Es fühlte sich für ihn an, als hätten heute Morgen Teile von ihm selbst, zu Wurst und Schinken verarbeitet, auf dem Büfett gelegen, und er hätte fleißig zugegriffen … Alles würde sich für ihn ändern. Auch das. Sein ganzes Leben.

»Sind das Wiesenstrandläufer?«, fragte er, obwohl er keine Lust hatte, sich erneut von ihr den Unterschied zwischen Sandstrandläufern, Langzehenstrandläufern und Zwergstrandläufern erklären zu lassen. Aber er hörte gern ihre Stimme und wusste, dass es ihr gefiel, ihn zu belehren.

In Richtung Meer sagte Maggie gegen den Wind, der ihre Haare flattern ließ, ohne auf seine Frage einzugehen: »Ich brauche etwas von ihr.«

Sie machte eine Pause. Sie wirkte, als würde sie nicht zu ihm sprechen, sondern mit einer unsichtbaren Person oder mit dem Meer.

Er kannte das inzwischen an ihr. Sie führte keine Selbstgespräche, sie kommunizierte mit Dingen oder mit Geistwesen. Er wusste sofort, von wem sie sprach: von dieser Klaasen.

Maggie nickte, als habe sie eine Reaktion auf ihren Satz erhalten, die er nicht hatte hören können.

»Ja«, sagte sie, »für ein Ritual, um ihre bösen Energien zu bremsen.«

Sie schwieg jetzt, als sei alles gesagt oder ihr Gesprächspartner gegangen. Ihre Hand rutschte aus seinen Haaren ein Stückchen tiefer und kraulte nun seinen Nacken.

Er wagte kaum, sich zu bewegen.

»Gerne wäre ich bei dem Ritual dabei«, flüsterte er.

Ihre Finger in seinem Nacken bewegten sich nicht mehr. Es war, als hätte er ein Verbot übertreten. Er fühlte sich so wie früher bei seinen Verwandten, wenn er sich in ein Erwachsenengespräch eingemischt hatte und zurechtgewiesen wurde.

»Du könntest das von ihr besorgen, was ich brauche.«

Es klang für ihn wie ein unglaublich verlockendes Angebot, als würde er ein großes Geschenk erhalten.

»Was soll ich tun?«, fragte er.

Ihre Finger bewegten sich wieder, und ihre Berührungen jagten einen Schauer über seinen Rücken. »Ich brauche sehr persönliche Dinge von ihr. Ein Büschel Haare. Ein getragenes Kleidungsstück. Nichts frisch Gewaschenes, sondern etwas, das sie direkt auf der Haut getragen hat.«

»Schlüpfer? BH? Socken?«, schlug er vor.

Sie sagte nichts.

Er fühlte sich unter Druck. Er wollte Lösungen präsentieren. Ein bisschen scherzhaft fuhr er fort: »Wenn es nicht frisch gewaschen sein darf, kann ich also nicht einfach ihre Wäscheleine plündern. Schade, das wäre wirklich zu einfach gewesen. Aber in ihrem Wäschekorb, der vermutlich direkt neben der Waschmaschine steht, finde ich bestimmt, was du brauchst.«

Maggie reagierte nicht. Verunsichert fragte er: »Sie hat ihn neben der Waschmaschine stehen wie die meisten Leute. Stimmt's?«

»Ich will nicht, dass du in ihr Haus eindringst. Es ist mit Alarmanlagen gesichert. Außerdem, wenn die Wäsche neben der von Weller oder anderen Menschen lag, ist sie energetisch verunreinigt. Nein, ich brauche Wäsche direkt von ihrem Körper.«

Er war baff. »Und wie soll ich das machen? Ich kann ja schlecht hingehen und sie bitten, mir mal eben ihr Höschen zu leihen.«

Jetzt wendete sie sich ihm zu, sah ihm liebevoll in die Augen und sagte: »Verführ sie.«

Er schluckte. Er versuchte, in ihrem Gesicht zu lesen, ob sie wirklich meinte, was sie sagte. Er konnte es nicht glauben.

Sie lachte über sein Erstaunen. »Das wird dir doch nicht schwerfallen. Du bist ein hübscher Junge. Schmeiß dich an sie ran.«

»Das ist nicht dein Ernst, Maggie! Du willst nur wissen, wie ich auf so etwas reagiere. Ich bin nicht hinter anderen Frauen her. Ich will nur dich.«

Sie küsste ihn und kippte ihn um, so dass er jetzt mit dem Rücken im Sand lag. Sie legte sich auf ihn und knabberte an seiner Oberlippe. »Du musst es ja nicht gleich genießen. Kann sein, dass es ein mühsames Stück Arbeit für dich wird. Aber so kommen wir an die Wäsche für unser Ritual.«

Er versuchte, die praktische Seite des Vorhabens zu durchleuchten, um seine Undurchführbarkeit zu beweisen. »Ja, aber ... Ich meine ... Selbst wenn ich ... Also, gesetzt den Fall ... ich kriege sie rum ... Sie wird sich danach wieder anziehen und merken, dass etwas fehlt. Die ist doch nicht blöd ...«

Maggie küsste sein Gesicht. »Verwirr sie. Lass dir etwas einfallen. Du bist mein Gladiator.«

Sie rollte von ihm runter, setzte sich mit an den Körper gezogenen Beinen hin und schaute wieder aufs Meer. Sie sprach weiter, als sei über alles bereits Einigkeit erzielt. »Ich brauche zusätzlich etwas, das Ausdruck ihrer Negativität ist.«

»Was soll das sein?«

»Am besten ihre Schusswaffe. Sie trägt selten bis nie ein Schulterholster, und weil sie sich nicht die Jackentaschen ausbeulen will, hat sie ihre Waffe meist in der Handtasche.«

»Und wenn nicht?« Ihm kam die Aufgabe schier unlösbar vor. Er fühlte sich überfordert. »Selbst wenn sie sich von mir flachlegen lässt und ich ihr ein Wäschestück klauen kann ... auf ihre Dienstwaffe wird sie verdammt gut aufpassen.«

Er griff in den Sand und warf eine Handvoll hoch. Der Wind ließ die Sandkörner auf ihn und Maggie prasseln.

»Außerdem ... privat wird sie die Waffe nicht tragen. Ich müsste sie also im Dienst kennenlernen. Und nicht mal dann ist sicher, dass sie ...«

Maggie kniete sich vor ihm in den Sand und legte ihre Zeigefinger über seine Lippen. »Psst, Liebster. Wir müssen uns eben eine Situation ausdenken, in die sie sich niemals ohne Waffe begeben würde ... Und dort wartest du ...«

»Eine Falle? Ja, wie soll das denn gehen?«

Sie erhöhte den Druck auf seine Lippen. »Psst! Überrasch mich. Du bist mein Held, mein Gladiator!«

Er protestierte: »Aber wirst du nicht eifersüchtig werden, wenn ich mit ihr rummache?«

Sie lachte hell auf: »Sei nicht albern! Am liebsten hätte ich Bilder oder ein kleines Filmchen. Meinst du, das kriegst du hin?«

Ann Kathrin Klaasen bewegte sich langsam auf der Norddeicher Straße auf das ausgebrannte Gebäude zu. Es war für sie, als würde sie sich mit jedem Schritt der Aufklärung des Falles nähern. So zumindest hatte sie es sich vorgestellt.

Verstehen, was geschehen war. Hineinspüren in die Situation. Wie war das gewesen? Was war hier gelaufen?

Doch je näher sie dem Haus kam, umso schwindliger wurde ihr. Zunächst war es nur ein flaues Gefühl im Magen, doch dann wurde es heftiger. Die Autos neben ihr rauschten auf der Strecke geradezu bedrohlich nah an ihr vorbei. Radfahrer klingelten, weil sie ihnen im Weg war. Reger Verkehr auf der Norddeicher Straße in Richtung Hafen.

War es genau so, fragte sie sich, als Sigmar Eilts hier stand und auf das Gebäude blickte? Sie war jetzt an der Stelle, die Gudrun Garthoff bezeichnet hatte. Hier habe er wie angewurzelt gestanden und geglotzt.

Warum war er hier gewesen? Was hatte er gewusst? Im Verhör hatte er sich benommen, als wollte er ihr weismachen, den Selbstmord beeinflusst zu haben.

Woher hatte er die genaue Zeit gewusst? Ihr war kotzelend bei dem Gedanken. Es war, als würde ihr Magen Gift die Speiseröhre hochpressen, um den Körper zu reinigen. So heftige Reaktionen kannte sie von sich nicht. Wenn sie sich in einen Täter oder in ein Opfer hineinversetzte, war ihr manchmal heiß und kalt geworden. Auch schon einige Male übel. Aber dieses Schwindelgefühl war neu. Die Welt geriet vor ihren Augen ins Trudeln. Das Haus verschwamm.

Sie fragte sich, ob sie etwas Schlechtes gegessen hatte, aber das konnte sie im Grunde ausschließen. Ihre Übelkeit war eine Reaktion ihrer Seele.

Ann Kathrin ging dorthin, wo Gudrun Garthoff mit ihrem Motorroller gestanden haben musste, und gleich ging es ihr besser. Der Schwindel verflog, und sie sah wieder klarer. Die Autos fuhren auch nicht mehr so schnell. Radfahrer waren keine mehr da. Der Verkehr tröpfelte nur noch. Sie vermutete, dass die Frisia nach Juist oder Norderney abgelegt hatte und nun auch die letzten Nachzügler an Bord waren oder eingesehen hatten, dass die Fähre vielleicht auf Ebbe und Flut, aber selten auf Fahrgäste wartete.

Sie lief jetzt über die Straße auf das Haus zu. So hatte Gudrun Garthoff es gemacht und sich dann gegen die Tür geworfen. Sie hatte ein Kind gehört und Flammen gesehen.

Ein Geruch von feuchter Asche und verbranntem Plastik umgab das Gebäude wie ein unsichtbarer Kokon.

Die Tür war verschlossen gewesen. Gudrun Garthoff musste sich gewaltsam Zutritt verschafft haben.

Ann Kathrin löste das rotweiße Absperrband und begab sich in den Flur. Teile des Treppengeländers standen noch, und die Form, die das Holzgeländer mal gehabt hatte, war immer noch zu erkennen. Alles sah nur verkohlt aus.

Hier unten hatte Gudrun das Kind gerettet. Ann Kathrin betrat den ersten Raum. Die Tür ließ sich nur schwer öffnen, weil Schutt im Weg lag. Die Decke war eingestürzt. Ann Kathrin konnte nach oben in das Zimmer sehen, in dem Hauke Hinrichs gestorben war.

Was, verflucht nochmal, ist hier passiert?

Sie stellte es sich vor, als würde es gerade jetzt geschehen: Draußen flieht Sigmar Eilts. Unten kämpft Gudrun im dichten Qualm, um das Leben eines Kleinkinds zu retten. Die Mutter ist zur Arbeit, und die Schwester spielt im Ocean Wave Bowling.

Ann Kathrin versuchte, nach oben zu kommen. Es war nicht ungefährlich, die ungesicherte Treppe hochzusteigen. Oben war die Verwüstung besonders groß. Gegenstände waren kaum noch erkennbar, sondern mehr als Klumpen vorhanden. Geschmolzen oder verbrannt. Den Rest hatten die Löscharbeiten erledigt.

Wenn Hauke nicht freiwillig aus dem Leben geschieden war, musste ein Kampf stattgefunden haben. Die Spuren hatte das Feuer beseitigt.

Vom Dach waren nur noch ein paar Balken erhalten. Der ostfriesische Wind wehte ungehindert in die Räume und machte trotz des Gestanks das Atmen erträglich.

Die Einsatzkräfte, dachte Ann Kathrin, waren dank Gudrun rasch vor Ort. Woher stammte dann trotzdem diese ungewöhnlich heftige Zerstörung? Das Feuer hatte nicht viel Zeit gehabt, um sich auszubreiten. Jemand musste verdammt viele Brandbeschleuniger eingesetzt haben. Da hatte einer auf Nummer sicher gehen wollen.

Hatte Hauke Hinrichs wirklich die Flammen entfacht und war dann im Qualm auf einen Stuhl gestiegen, hatte sich einen Strick um den Hals gelegt und den Stuhl umgetreten, oder konnte es nicht auch ganz anders gewesen sein? Hatte Hauke vielleicht gar den Täter auf frischer Tat ertappt, als der aus Hass oder warum auch immer versucht hatte, die Wohnung abzufackeln? War es in dem schon brennenden Gebäude zum Kampf gekommen, und der Täter hatte versucht, es nach Selbstmord aussehen zu lassen?

Sie rülpste. Sie nahm ihr saures Aufstoßen als Signal des Körpers dafür, dass hier etwas faul war.

Der Täter war nicht durch ein offenes Fenster geflohen. Alle Fenster waren geschlossen gewesen.

Sie blieb wie angewurzelt in dem Schutt stehen. Warum, fragte sie sich, schließt jemand bei dieser Hitze alle Fenster? Vermutlich war dies an dem Tag das einzige Haus in Ostfriesland gewesen, in dem nicht mal ein Fenster gekippt war.

Hatte der Täter – einmal im Haus – alle Fenster geschlossen, damit niemand auf die Idee kam, dass er durch ein offenes Fenster geflohen war? Oder wollte er verhindern, dass der Qualm draußen zu rasch bemerkt wurde? Jedenfalls war es ungewöhnlich, aber keinem ihrer Kollegen als merkwürdig aufgefallen. In den Akten stand nur: *Alle Fenster waren geschlossen.*

Chantal hatte vermutlich unten die Fenster zugemacht, damit der Straßenlärm ihre kleine Schwester nicht zu früh weckte.

Fenster zu. Türen zu. Wie bist du rein- und rausgekommen? Hattest du einen Schlüssel?

Warst du, Sigmar Eilts, hier und hast all das getan und dann die Auswirkungen deiner Tat von der anderen Straßenseite aus bewundert? Bist du deshalb geflohen? Hast du dich umgebracht, weil dein schlechtes Gewissen keine Ruhe gab, oder hattest du nur Angst, wir könnten dir am Ende die Tat doch nachweisen? Hast du dich aus Angst und Scham selbst gerichtet?

Er wäre nicht der erste Selbstmörder in ihrer Berufspraxis, der aus purer Gewissensnot Hand an sich gelegt hatte. Die Polizei konnte man täuschen. Freunde und Verwandte verarschen. Doch das eigene Gewissen ließ sich nur schwer betrügen.

Wenn er es nicht war, dachte sie, dann hat Sigmar Eilts den Täter zumindest gesehen, und vermutlich kennt er ihn auch. Hat ihn dieser Konflikt dazu gebracht, sich die Pulsadern aufzubeißen? Stand er vor dem Haus, weil er nicht glauben konnte, was darin geschah? Stand er unter Schock?

Auf ihrem Handy kam eine Kurzmitteilung von Weller an. Da sie sich seit ihrem Ausflug nach Wangerooge zu Ubbo noch nicht wieder gesehen hatten, suchte er einen kurzen Kontakt.

Alles im Lot auf dem Riverboat, Liebste?

Sie antwortete: *Die Ermittlerin ermittelt, Liebster. Und bei dir?*

Du hast ja vielleicht eine merkwürdige Freundin ...

Welche meinst du? Astrid?

Sie hätten genauso gut telefonieren können, aber manchmal, wenn einer von ihnen von vielen anderen Menschen umgeben war, so dass unbedacht geäußerte Worte in den Ohren anderer hätten merkwürdig klingen können, dann schrieben sie sich lieber Kurzmitteilungen.

Stimmt. Astrid ist gewöhnungsbedürftig, tippte Ann Kathrin.

Eine Krähe ließ sich über Ann Kathrin auf einem Dachbalken nieder und krächzte. Der Vogel schien sich für das leuchtende Handydisplay zu interessieren. Er legte den Kopf schräg und beobachtete Ann Kathrin. Eine zweite Krähe landete direkt neben der ersten.

Wo bist du, Frank?, fragte Ann Kathrin.

In einer Dienstbesprechung. Wir werten Selbstmorde aus. Anweisung von dir. Und du?

Über ihr thronten jetzt schon fünf Vögel. Langsam wurde ihr mulmig. Dabei war sie Möwenschwärme gewöhnt. Aber diese schwarzen Tiere kamen ihr bedrohlicher vor, als wollten sie sie von diesem Ort vertreiben.

Bin im Brandhaus. Haben wir eigentlich den Computer von Hauke Hinrichs?

Keine Ahnung. Taucht nirgendwo im Bericht auf.

Kein Handy, kein Computer? Bei so einem jungen Mann?

Der erste Vogel flog mit Flügelschlägen, die sie beinahe schon auf dem Gesicht spürte, in den Raum und durch die Tür. Ann

Kathrin duckte sich weg, als der zweite kam. Das Wort »Todesvogel« schoss ihr durch den Kopf. Sie verzog sich rückwärts. Auf der Treppe wäre sie fast gestürzt. Fast. Weil eine Krähe kurz über ihrem Kopf flatterte, als hätte sie vor, Ann Kathrin bei den Haaren zu packen und mitzunehmen.

Sie stolperte zur Tür und verließ das Haus aufgewühlt. Irgendwie geschlagen.

Sie schrieb an Weller:

Dies ist ein unheimlicher Ort. Ich muss hier weg. Sehen wir uns? Café ten Cate?

Wellers Antwort ließ lange auf sich warten. Dann las Ann Kathrin:

Frühestens heute Abend zu Hause. Wenn alles gut läuft. Wenn ...

Sie konnte sich lebhaft vorstellen, wie er unterm Tisch mit einer Hand die Nachricht an sie getippt hatte. Immer wieder saßen Kollegen so, herausgestellt entspannt, mit weit ausgestreckten Beinen am Tisch, eine Hand unsichtbar für alle anderen, den Blick gesenkt. Jeder wusste, was sie gerade taten. Einige pflegten ihre Facebook-Seite, andere kommunizierten per WhatsApp mit Kindern oder Partnern.

Büscher forderte den entsprechenden Kollegen dann gern auf, seine Meinung zum jeweiligen Thema kundzutun, und weidete sich an den verdatterten heuchlerischen Versuchen, sie seien die ganze Zeit der Diskussion aufmerksam gefolgt.

Was Rupert am meisten während dieser nicht enden wollenden Besprechung nervte, war, dass er drei Praktikumsanwärterinnen in seinem Büro sitzen hatte, die darauf warteten, von ihm getestet zu werden. Er hatte sich schon ein paar klasse Prüfungen für die Zehntklässlerinnen ausgedacht, bevor er eine von ihnen auswählen wollte, ihn eine Weile bei der Arbeit zu begleiten.

Sie könnte Tee kochen. Das würde er ihr schon beibringen. Lästige Telefonate für ihn führen, Brötchen holen und die dämlichen Fragebögen ausfüllen, die seit Tagen auf Bearbeitung warteten.

Er hatte sich jedenfalls, ganz im Gegensatz zu seinen Kollegen, die Nachwuchsförderung auf die Fahnen geschrieben. Man konnte gar nicht früh genug damit anfangen, fand er.

Er hatte die drei nach Fotolage ausgesucht. Die vier jungen Männer hatte er erst gar nicht in die engere Wahl genommen. Männer gab es hier sowieso schon genug, fand er.

Jessi Jaminski war ein echter Hingucker. Rupert stellte sich vor, sie jeden Morgen bei der Arbeit zu sehen, dann machte es doch gleich schon viel mehr Spaß. Ja, gestand er sich ein, ob er Martin Büscher morgens ansah, Frank Weller oder dieses schöne Mädchen, das machte einen großen Unterschied.

Evi mochte Polizisten eigentlich nicht. Seit sie bei einer Demo ... aber das war eine andere Geschichte. Jetzt brauchte sie aber für ihre Freundin Katja wirklich Hilfe.

Ihr grundsätzliches Misstrauen gegen Polizisten verstärkte sich dadurch, dass Ann Kathrin Klaasen, also die Person, vor der Katja sich versteckte, selbst auch Kommissarin war. »Eine Krähe«, so sagte ihre Mutter gerne, »hackt der anderen kein Auge aus.«

Seit Evi ein paar Kämpfe ums Futter zwischen Krähen erlebt hatte, zweifelte sie zwar an diesem konkreten Spruch, konnte aber die tiefer sitzende Wahrheit, die damit ausgedrückt werden sollte, nicht leugnen.

Nein, einfach so zur Polizeiinspektion zu gehen, das fiel ihr schwer. Da bekam sie Beklemmungen. Ein Anruf war schon eher möglich. Doch dann würde sie nie erfahren, ob der Beamte, der am Telefon war, mit den Augen rollte oder sie ernst nahm.

Sie stellte sich am Telefon einen Uniformierten mit Dienstmütze vor, der seinen Kollegen gestisch zeigte, dass er eine Verrückte am Apparat hatte, während er beruhigend auf sie einredete und so tat, als würde er alles erdenklich Mögliche für Katja tun.

Zum Glück gab es aber Onkel Onno. Er war ein Bär von einem Mann, mit Vollbart und einem Bauch, als sei er im achten Monat schwanger. Er spielte Mundharmonika und Akkordeon, hatte eine tiefe, laute Lache und war immer zu Scherzen aufgelegt. Er hatte bei Familienfesten stundenlang mit ihr Mühle und Dame gespielt.

Nein, er war nicht der Typ, der Kinder gewinnen ließ. Er war ein richtiger Gegner. Aber manchmal hatte sie ihn geschlagen, und dann zeigte er sich als guter Verlierer. Bei einem Sieg schrie sie vor Freude und hopste auf ihm herum. Einmal, als er im Sessel eingeschlafen war, hatte sie kleine Zöpfchen in seinen Bart geflochten.

All dies fiel ihr jetzt ein und machte ihr Mut, Onkel Onno zu besuchen und um Rat zu fragen.

Onkel Onno war bei der Kripo, was sie damals noch ganz spannend fand. Sie hatte ihn gefühlte fünf Jahre nicht mehr besucht. In Wirklichkeit waren es zwölf, und Onkel Onno wohnte auch nicht mehr in seinem kleinen Häuschen an der Hunte in Diepholz, sondern nach einem Schlaganfall in einem Seniorenheim in Nienburg an der Weser.

Als Evi vorfuhr, roch es schon draußen nach Zwiebeln, gebratenem Speck und Knoblauch. Offensichtlich hatte Onno sich gerade seine beliebten Bratkartoffeln gebrutzelt, und sie hätte wetten können, dass es dazu Labskaus und Spiegelei gab.

Sie staunte nicht schlecht. Er wirkte immer noch groß und stark. Der Bierbauch war weg und die dicken Wangen eingefallen. Dafür war der Bart länger. Er trug Pantoffeln, einen Trainingsanzug mit drei weißen Streifen und stützte sich auf einen Stock, was aber nicht gebrechlich wirkte, sondern eher majestätisch.

Sein Lachen war immer noch das alte.

An der Wand hingen Familienfotos. Auf einem war sie selbst zu sehen. Zweimal musste sie sich für ihn drehen und vor ihm auf und ab tänzeln, als könne er nicht glauben, wirklich seine Evi vor sich zu haben.

Nachdem er sie genügend bestaunt und betrachtet hatte, bot er ihr Tee an und einen Klaren. Den Tee nahm sie, den »Lütten«, wie er den Schnaps nannte, lehnte sie ab.

Er betonte immer wieder, dass sie ja eine richtige große Dame geworden sei.

Auf einem blauen Sofa, das sicherlich für jedes Möbelmuseum interessant gewesen wäre, saßen sie sich gegenüber. Onkel Onno sah sie wissend an. Er machte ihr keine Vorwürfe, warum sie sich so lange nicht hatte sehen lassen. Er erzählte nichts von seiner Krankheit. Er sagte: »Nun mal raus mit der Sprache, mein Mädchen. Was kann Onkel Onno für dich tun?«

Sie holte tief Luft. Der Bratkartoffelduft wurde jetzt vom Schwarztee überlagert.

»Ich weiß gar nicht, wo ich anfangen soll.«

Er nickte und riet: »Mit dem Anfang.«

Aber dann sprudelte sie doch plötzlich einfach los und kippte ihm einen Eimer voller Informationen vor seine Filzpantoffeln. Sie erzählte von ihrer WG in Donnerschwee, in diesem alten Haus, das früher mal eine Art Privatpuff gewesen sein musste.

Immer noch klingelten alte Kunden, die keine Ahnung von den neuen Mietern hatten.

»Ich weiß«, sagte Onkel Onno. »Damals war ich noch in Oldenburg bei der Sitte. Sie nannte sich Nora. Eine feine, geradezu vornehme Frau ...«

Evi war verwundert, dass sein Gedächtnis noch so gut funktionierte. Während sie redete, musste sie immer wieder zu dem Blutdruckmessgerät, das neben der Pillendose mit sieben Fächern und der Fernbedienung auf dem Tisch lag, schauen. Sie teilten ihm also die Medikamente ein. Trotzdem sprudelte sie weiter und erzählte von dem Polizeibesuch, der Hausdurchsuchung und davon, dass ein Computer beschlagnahmt worden war. Sie erwähnte Ann Kathrin Klaasen und las die Nachrichten vor, die sie von Katja Schuberts Handy erhalten hatte.

Onkel Onno ließ sich von alldem nicht verwirren, sondern sagte klar, mit sicherer, tiefer Stimme: »Ich würde an deiner Stelle damit sofort zur Polizei, mein Mädchen.«

»Aber dann wissen sie, dass ich Bescheid weiß, und fangen mich vielleicht auch.«

Er blickte sie milde an. »Nein, das werden sie nicht tun. Vielleicht arbeiten da nicht nur Gentlemen, aber ...«

Sie fuchtelte aufgeregt mit den Armen. »Die wollen die Katja fertigmachen! Die haben ihren Laptop beschlagnahmt, damit sie ihre Arbeit nicht abliefern kann. Dadurch verliert sie an der Uni ein ganzes Semester, und die hat es doch eh schon schwer genug, finanziert sich selber durch kleine Jobs und so ...«

»Aber warum sollte jemand so etwas tun?«, fragte Onkel Onno.

Sie ging sofort hoch. Ihre Stimme wurde schrill. »Siehst du? Du glaubst mir auch nicht! Die Katja hat auch keiner ernst genommen! Die ist sogar nach Aurich gefahren und hat es dem Chef der Kripo erzählt, diesem Büscher. Aber die haben ihr nicht geglaubt. Die stecken doch alle unter einer Decke.«

»Büscher? Martin Büscher?«

»Ja ... ich glaube. Warum?«

»Den kenne ich noch aus meiner aktiven Zeit. Wir haben mal zusammengearbeitet. Er war damals in Bremerhaven. Es gab ein paar Zuhälter, die haben Frauen von Club zu Club verschoben. Keine Steuern. Keine Sozialabgaben. Von Geld für die Mädels ganz zu schweigen. Nicht alle von denen waren freiwillig in Deutschland. Wir haben damals ...«

Oje, dachte sie, jetzt kommt er mit seinen alten Geschichten. Aber weil sie gerade so aufbrausend gewesen war, wollte sie jetzt ruhiger, verständnisvoller reagieren. Er war doch ein Guter. Sie wollte ihn nicht brüskieren.

»Ja«, sagte er, da er in ihrem Gesicht las, dass er gerade zu weit ausholte, »das war damals ... Also, ich könnte ihn anrufen. Er ist immer noch bei der Truppe.«

Spontan rief sie: »Nein! Das hat keinen Sinn. Bei dem war die Katja schon.«

Onkel Onno nahm einen Schluck Tee. Als er die Tasse wieder abstellte, sah sie, dass seine Hand zitterte. Sie fragte sich, ob er etwas von seinen Medikamenten brauchte. Brachte sie seinen Tagesrhythmus durcheinander? War ihr Besuch zu aufregend für ihn?

»Ich habe auch noch richtige Freunde im Dienst. Ich könnte ein paar von denen anrufen. Zum Beispiel den Claus. Oder die Therese. Die werden dich ernst nehmen und dir helfen.«

»Glaubst du wirklich? Die tun das, weil sie deine Freunde sind?«

»Nein, weil sie gute Polizisten sind.«

Sie nahm dann doch einen Schnaps, um sich Mut anzutrinken, aber er half nicht wirklich. Erst das Telefongespräch, das Onkel Onno mit seinen Kollegen führte, die lockere, fröhliche Art ihres Umgangs, machte emotional den Weg für Evi frei, den Hörer in die Hand zu nehmen, als Onno ihn ihr hinhielt.

Mit seiner weichen, warmen Baritonstimme gewann Hauptkommissar Claus die junge Frau sofort für sich, und jetzt konnte sie es kaum erwarten, zur Polizeiinspektion zu fahren. Sie verabschiedete sich rasch von Onkel Onno. Sie versprachen sich gegenseitig, sich in Zukunft öfter zu sehen und bis zum nächsten Treffen sollten auf keinen Fall wieder so viele Jahre vergehen. Sie umarmten sich, und jeder wusste vom anderen, dass die Versprechen jetzt im Moment sehr ehrlich gemeint waren, aber später doch nicht realisiert werden würden.

Giovanni Schmidt fuhr mit der Fähre von Langeoog nach Bensersiel. Er hatte einen Plan, der ihm genauso irre vorkam wie sein Leben, seit er Maggie begegnet war. Sie stand am Fähranleger und winkte ihm. Ein buntes Tuch flatterte an ihrem Hals. Der Wind spielte mit ihrem Kleid, und sie wirkte von weitem auf ihn wie ein Schmetterling, der jeden Moment losfliegen konnte.

Ja, er würde versuchen, alles zu besorgen, was sie für ihr Ritual brauchte. Er war bereit, diesen verrückten Plan durchzuziehen. Vielleicht war er auch gar nicht verrückt, sondern nur sehr raffiniert.

Er begriff, dass er nicht einfach über Nacht Teil von etwas Großem, Bedeutsamem geworden war, sondern dass er sich langsam ankristallisieren musste. Was er jetzt vor sich hatte, fühlte sich an wie der erste Teil einer gründlichen Prüfung.

An Deck waren ein paar Teenies. Sie alberten herum, und eine, mit roten lockigen Haaren und bauchfreiem schwarzem Top, tanzte ihn an, als sei diese Fähre eine Anbagger-Disco. Er drehte ihr den Rücken zu und schaute in Richtung Insel, wo die winkende Maggie nicht mehr größer war als ein Streichholzkopf.

Girlies, dachte er, interessieren mich echt nicht mehr als eine Stange abgestandenes Kölsch. Er überlegte, ob das schon immer so gewesen war. Die Begeisterung seiner Freunde für gewisse Mädchen hatte er nie geteilt. Ja, er hatte versucht, sich ihnen anzupassen, hatte in Partykellern mit überschminkten Bohnenstangen geknutscht und sich über Filme unterhalten, die ihn einen Scheiß interessierten. Der ungelenkige Sex war nicht vergleichbar mit dem, was er mit Maggie erleben durfte. Das war Schnellimbiss gegen ein Fünfgängemenü im Feinschmeckerlokal.

Er musste über seine eigenen Gedanken lachen, denn er hatte noch nie in einem Feinschmeckerlokal ein Fünfgängemenü gegessen und fragte sich, woher die Gedanken in seinem Kopf eigentlich kamen.

Die Girlies waren laut und lutschten auf laszive Weise Eis. Sie zeigten viel Haut, und einige Ehemänner, die mit ihren Frauen und teilweise ihren Enkelkindern an Bord waren, konnten sich gar nicht sattsehen an den sonnengebräunten Körpern, den rutschenden Spaghettiträgern und den unter kurzen Röckchen hervorblitzenden Dessous aus dem Sommerschlussverkauf.

Den Ehefrauen gefiel das nicht. Sie waren genervt vom Benehmen der Teenies und peinlich berührt vom Geglotze ihrer Männer.

Giovanni Schmidt grinste in sich hinein. Die Erkenntnis breitete sich in ihm aus wie ein Vollrausch: Die eifersüchtigen Ehefrauen waren für ihn viel interessanter als die jungen Mädchen. Ja, wenn er sich an Bord eine hätte wählen müssen, so wäre die jüngste, die er in Betracht zog, die mit dem pubertierenden Sohn da gewesen. Der Junge guckte beleidigt. Giovanni schätzte sie auf Mitte dreißig, aber die vollbusige Frau um die fünfzig mit dem Stirnband und den Joggingschuhen, die so gut wie gar nicht zu ihrem übergewichtigen, miesepetrigen Mann passte, hätte er auch in die engere Wahl genommen.

Er hoffte inständig, drum herumzukommen. Er wollte diese Kommissarin nicht verführen. Es gab einen Plan B.

Egal wie, Maggie würde von ihm bekommen, was immer sie begehrte. Dafür war er bereit zu stehlen, zu lügen und zu betrügen und auch zu töten. Denn er war ihr Gladiator.

Wenn er kurz die Augen schloss, dann imaginierte er keine Bilder einer Liebesnacht mit Ann Kathrin Klaasen. Er lag nicht mit dieser Kommissarin im Bett, sondern er schlug ihr im Schatten einer Toreinfahrt ins Gesicht und riss ihr Haare aus. Sie schrie, aber er drückte ihr die eigene Waffe an den Kopf. Bevor er abdrücken konnte, öffnete er, erschrocken über sich selbst, die Augen.

Neben ihm auf der Reling saß eine dicke Möwe und glotzte ihn an.

Katja Schubert wunderte sich. Sie bekam neue Fesseln. Sie sahen aus wie Sexspielzeug aus dem Versandhauskatalog. Plüschhandschellen.

Justin zeigte sie ihr und sagte: »Die sind bestimmt eine Wohltat für deine armen Handgelenke.«

»Das ist nicht dein Ernst!«

Er legte sie auf seine Schultern. Eine rosa Schlaufe hing auf seiner Brust, die andere auf seinem Rücken. Er griff in seine Hosentasche und zog eine Tube hervor.

»Wenn du mir keine Probleme machst, Katja, kann ich dir kurze Zeit geben, die Arme mal ein bisschen zu bewegen, und du kannst dich eincremen. Ich habe dir auch etwas zu essen mitgebracht. Obst, ein bisschen Käse, ein Baguette.«

»Weiß Boris davon, oder machst du das heimlich?«

Sie fragte sich allen Ernstes, ob Justin sich vielleicht in sie verliebt hatte.

Er befreite sie von den Handfesseln. Sie hatten Schnitte in ihrer Haut hinterlassen. Katja rieb sich das wunde Handgelenk. Er reichte ihr fast verschämt die Salbe.

»Nasenspray wäre mir lieber gewesen.«

»Habe ich auch. Draußen im Obstkorb.«

Sie war erleichtert, war aber unsicher, was es mit diesem Sinneswandel auf sich hatte.

Justin holte jetzt den Obstkorb herein. Das Baguette stach lang heraus.

Er gab ihr das Nasenspray. Sie stieß sich den Sprühkopf tief ins linke Nasenloch und schoss ab. Es kribbelte bis in ihre Haarspitzen.

Justin setzte sich im Halbdunkel neben der Tür in die Ecke auf den Boden, vor sich den Obstkorb. Er begann, einen Apfel zu schälen, wobei er spielerisch darauf achtete, die Schale in einem Stück zu schneiden, das er dann stolz hochhielt, als habe er eine kleine Schlange gefangen. Er schnitt Apfelstückchen, entfernte sorgfältig das Gehäuse und reichte sie ihr auf einer Untertasse.

Katja schoss zum zweiten Mal in jedes Nasenloch Spray und griff zu. Ihre Arme kamen ihr bleischwer vor. Sie bewegte sich mühsam, wie in Zeitlupe.

Der frische Apfelgeschmack tat gut. Die Säure zog ihr den Mund zusammen. Sie machte ein paar Schritte und versuchte Kniebeugen. Sie kam sich steif und ungelenk vor.

Sie rechnete ihre Chancen aus, ob es Sinn machen würde, Justin anzugreifen.

Wenn es mir jetzt gelingt, ihm das Messer abzunehmen, könnte ich ihn überwältigen und fliehen, dachte sie. Sie fragte sich, ob Boris noch irgendwo in der Nähe war. Sie vermutete, dass die beiden nicht allein und ohne Auftrag handelten. Wartete irgendwo im Haus der Rest der Bande?

»Mir tut alles weh«, sagte sie.

Er saß breitbeinig, den Obstkorb zwischen den Knien, auf dem Boden und fixierte sie. »Der Körper«, dozierte er, »ist oft eine einzige Last. Er verfällt mit der Zeit sowieso. Falten kommen. Schmerzen und ...«

Sie unterbrach ihn: »Bis ihr mich entführt habt, bin ich mit meinem Körper ganz gut klargekommen.«

Er fuhr unbeeindruckt fort: »Dieser Körper ist nicht mehr als eine Hülle. Kleider, die unsere unsterbliche Seele trägt. Du kannst sie jederzeit ablegen und neue anziehen. Sprich, reinkarnieren.«

»Mir gefallen meine alten Klamotten aber. Ich will noch nicht wiedergeboren werden. Ich müsste nur mal duschen und mich richtig satt essen. Ein guter Kaffee wäre auch nicht schlecht, dann fühle ich mich in meinem Körper wieder pudelwohl. Praktisch wie neugeboren.«

»Ich war im vorigen Leben ein echtes Arschloch«, sagte er mit merkwürdigem Stolz und gleichzeitiger Verachtung. Sie biss sich auf die Zunge, um nicht zu sagen: *Was für ein Riesenarschloch du erst in diesem Leben geworden bist.*

Er legte den Kopf in den Nacken, so dass sein Hinterkopf die Wand berührte. »Ich habe schreckliche Dinge getan, Katja. Am Ende konnte ich mich selbst nicht mehr leiden. Ich hab dann Schluss gemacht und der Seele einen Neuanfang in diesem Körper ermöglicht. Jetzt kann ich versuchen, zu mir zu finden. Mich zu vervollkommnen. Das, was die Menschen Selbstmord nennen und was die Kirche verbietet, ist der größte und beste Neustart. Einmal auf den Reset-Knopf drücken und dann das ganze Programm wieder neu starten ...«

Die wollen mich dazu bringen, mich selbst zu töten, dachte sie. Himmel, warum nur? Hat er mir deshalb diese plüschigen Handschellen mitgebracht? Wenn ich mit Verletzungen von Fesseln halb verhungert aufgefunden werde, wird niemand an Selbstmord glauben. Sie müssen mich erst pflegen und aufpäppeln, aber warum, verdammt, warum?

»Es ist eine große Erleichterung, wenn die Festplatte einmal ganz geputzt wird, und neue, schöne Kleider warten schon. Auch auf dich.«

»Wahrscheinlich hast du recht«, sagte sie. »Bring dich doch einfach um. Ich hätte Verständnis dafür.«

Er schien zu gefrieren und starrte sie an. Unbeeindruckt fuhr sie fort: »Also, wenn du deine Chance nutzen möchtest, dann leg deine alten Kleider ruhig hier ab. Willst du es gleich hier mit dem Obstmesser machen? Kann ich dir vielleicht irgendwie dabei behilflich sein? Möchtest du dich vorher noch mal aussprechen? Ich koch dir auch gerne eine Henkersmahlzeit. Nennt man das so? Oder Abschiedsessen?«

Er sprang auf und fuchtelte mit dem Messer vor ihrem Gesicht herum. »Glaub ja nicht, dass du dir alles herausnehmen kannst, nur weil du einen knackigen Arsch hast!«

»Oh, danke für die Blumen. Hab ich den? Hoffentlich hab ich mir den nicht auf diesem Scheißstuhl plattgesessen.«

Sie trat den Stuhl um. Er bückte sich, um ihn wieder hinzustellen. Sie trat ihn in die Rippen, dass es krachte. Er fiel hin.

Katja packte den Stuhl, und noch bevor Justin wieder auf den Beinen stand, schlug sie damit zu. Sie traf seinen Kopf nicht, dafür war sie zu langsam oder er zu schnell. Aber die Stuhlbeine donnerten so fest auf seinen Rücken, dass ein Bein aus der Sitzfläche brach.

Justin lag stöhnend auf dem Boden und versuchte, sich wieder hochzudrücken. Er guckte benommen.

Sie brachte das Obstmesser an sich. Der Korb fiel um. Obst rollte über den Boden. Das Baguette sah im Halblicht aus wie ein Baseballschläger.

Katja griff in Justins Haarpracht und riss seinen Kopf hoch. Sein Hals reckte sich. Sie hielt ihm von hinten das Messer an die Kehle. Sie drückte so fest und nervös zu, dass die Klinge kurze

Schlitze machte. Er, der immer einen Elektrorasierer benutzte, hatte jetzt die typischen Verletzungen einer Nassrasur.

»So, du kleiner Spinner, jetzt zeigst du mir den Weg hier raus, oder du bekommst heute noch schöne neue Kleider und kannst deinen lästigen Scheißkörper beerdigen lassen.«

Hart riss sie seinen Kopf in den Nacken. Er versuchte aufzustehen. Es fiel ihm schwer, mit dem Messer am Hals. Das linke Knie berührte noch den Boden, den rechten Fuß hatte er schon aufgesetzt, doch er verlor das Gleichgewicht. Er wäre fast gestürzt, nur ihr fester Griff in seinen Haaren hielt ihn.

Sie hatte erstaunliche Kräfte. Sie zog ihn hoch. Er jammerte.

Sie zeigte kein Mitleid, sondern stellte ihn aufrecht hin und positionierte sich hinter ihm. Sie hielt seinen Körper mit dem Messer und heftigem Haareziehen unter Spannung.

»Wer ist sonst noch im Haus?«

»Niemand.«

Sie stieß ihm ihr Knie gegen den Hintern. »Du sollst nicht lügen!«

»Ich sag doch die Wahrheit!«

»Wo sind wir?«, fauchte sie.

»In Wittmund. Buttforde.«

»Was habt ihr hier mit mir vor?«

Er stotterte plötzlich. »Wir ... wir wollen dir auf deinem spirituellen Weg helfen.«

»Ja, danke. Verzichte! Gibt es hier ein Auto? Ein Telefon? Wo ist mein Handy? Was habt ihr euch bloß bei dem Scheiß gedacht?«

Während sie ihn mit Fragen überschüttete, drängte sie ihn durch die morsche Kellertür in den Vorraum. Hier hing eine nackte Glühbirne von der Decke. An der Schnur Spinnweben, dick wie ein weißer Vorhang.

Die Treppe war aus Holz. Daneben der Heizungsraum, mit

einer Stahltür verschlossen. Darauf pappte ein Aufkleber. Ein rotes Herz mit der Aufschrift: *Ein Herz für Kinder.*

Katja bugsierte Justin die Treppe hoch. »Mach die Tür auf!«

Sie war nur angelehnt. Katja blickte in einen Flur mit gelber Tapete. An einer Wand ein Plakat, das für die ostfriesische Gruppe Action B warb.

Ein türloser Durchgang führte ins Wohnzimmer, zu dem Katja nur das Wort *spießig* einfiel. Klobige Möbel, dunkles Holz. Sie vermutete, Eiche. Ein uraltes Fernsehgerät. Ein ovaler Resopaltisch. Die wuchtigen Sessel passten eigentlich nicht in den kleinen Raum, sahen aber gemütlich aus.

»Wohnen deine Eltern hier?«

»Ich ... du schneidest mich. Das tut weh.«

»Ich hab dich was gefragt, Arschloch!«

»Meine Eltern sind im Urlaub. Sechs Wochen Ägypten.«

»Und während die Alten Urlaub machen, nutzt du die sturmfreie Bude, um den Entführer zu spielen?«, spottete sie.

Er sagte nichts. Sie stieß ihn weiter vorwärts. »Wo ist mein Handy? Wo sind die Autoschlüssel von eurer Karre?«

»Ich hab dein Handy nicht! Mensch, werd doch vernünftig!«

Sie hörte ein Geräusch wie von einer Kaffeemaschine, die mit einem Gurgeln letzte Wassertropfen ausspuckte.

»Ist hier noch jemand in dem Haus? Hast du mich angelogen? Wo ist die Außentür?«

Justin zeigte hin. »Da, um die Ecke.«

In dem Moment kam Boris aus der Küche. Er lehnte sich an den Türrahmen. In der Linken hielt er ein Brot mit Käsebelag. Er trug ein blauweißes, gestreiftes Hemd. In der Brusttasche leuchtete die goldene Kappe eines Füllfederhalters.

Boris wirkte wie ein junger Lehrer, der seine Schülerinnen bezaubern will. Er grinste Katja breit an: »Da musst du aber an mir vorbei, Baby.«

Katjas Herz raste so sehr, dass sie für einen Moment befürchtete, ohnmächtig zu werden.

Boris bemühte sich, entspannt zu wirken. Die Situation schien ihn zu amüsieren. Er sprach Justin an: »Na, Kleiner, bist wohl nicht tief genug in die Geheimnisse des Knowledge vorgedrungen, was? Oder hast du ihre Gedanken dahingehend beeinflusst, dass sie dich jetzt als Geisel genommen hat?«

Er klemmte sich das Brot zwischen die Lippen, um beide Hände frei zu haben, und klatschte demonstrativ Beifall. Dann biss er ein Stück ab, zeigte mit dem Rest Brot auf Katja und sagte kauend: »Was hast du jetzt vor?«

»Mach mir den Weg frei, oder ich schneide ihm die Schlagader auf!«

Justin stieß einen tierischen Laut aus.

Boris lachte. »Nur zu! Wenn du jetzt hier die Lara Croft spielen möchtest? Mich beeindruckst du damit wenig und Justin auch nicht. Stimmt's, Justin? Justin weiß nämlich, dass der Tod nur eine Illusion ist. Es gibt ihn nicht wirklich. Alle Energie bleibt immer vorhanden. Sie fließt nur, wie Ebbe und Flut. Wir werden beerdigt und wiedergeboren. Es ist ein ewiger Kreislauf.«

Justin nickte nicht, sondern stand starr und zitterte. Er schwitzte irre. Seine Oberbekleidung war klatschnass. Katja musste nah bei ihm stehen, um ihn unter Kontrolle zu halten, ekelte sich aber vor jeder Berührung. Seine Haare hielt sie fest im Griff und das Messer an seine Kehle, aber ihr Arm berührte immer wieder seine schweißnasse Schulter.

Boris kaute. »Der schwitzt so sehr, da musst du aufpassen, dass dir nicht gleich die Klinge rostet.« Wieder biss Boris von seinem Käsebrot ab und kam dabei näher.

»Bleib stehen«, schrie Katja, »oder ich ...« Sie presste die Klinge hart gegen Justins nassen Hals und spürte seinen Schweiß an den Fingern.

»Du glaubst doch selbst nicht, dass du ihn ins Jenseits schickst. Vielleicht schneidest du ihn ein bisschen, und er wird bluten wie ein Schwein, aber mehr passiert garantiert nicht. Und was willst du dann machen? Um Hilfe schreien? Sei nicht albern. Gib mir das Messer und sei wieder ein braves Mädchen.«

Er steckte die Hand aus, als wolle er das Messer ganz selbstverständlich entgegennehmen.

»Die macht ernst, Boris!«, klagte Justin.

»Ich auch«, antwortete der.

Boris aß sein Käsebrot auf und klopfte sich die Hände an der Hose ab. Dann steckte er beide Hände in die Taschen und stellte sich breit vor die Tür. »Hier kommst du nicht so einfach raus.«

Er zog die rechte Hand aus der Tasche und griff nach dem Füllfederhalter in seiner Oberhemdtasche. Als er die Kappe abnahm, schöpfte Katja immer noch keinen Verdacht. Klar bereitete er irgendeine Finte vor, doch sie wusste nicht, was er vorhatte.

Dann entpuppte sich der Füllfederhalter als Waffe. Pfefferspray schoss heraus. Katja und Justin wurden getroffen. Beide kreischten.

Katja wendete sich ab und verlor sofort die Kontrolle über Justin, der sich brüllend am Boden wälzte und die Augen rieb.

Katjas chronische Nasennebenhöhlenentzündung und Nasenspraysucht war ein Witz gegen das, was jetzt an Übelkeit und Schmerz auflöderte. Sie hatte das Gefühl, ihre Augen würden lichterloh brennen und ihre Schleimhäute durch Säure aufgelöst werden. Sie hielt das Messer noch in der Hand und stach blind um sich.

Boris sagte sachlich: »Hochdosiertes Pfefferspray. Sozusagen rein pflanzlich. Aus Peperoni. Lateinisch Capsicum. Gehört zur Familie der Nachtschattengewächse und enthält den scharfen Bestandteil des Pfeffers. Elf Prozent Oleoresin Capsicum – die stärkste Wirkstoffkonzentration auf dem europäischen Markt. Versteckt in einem harmlosen Füllfederhalter. Die beste Tarnung, die ich kenne. Der Sprühstrahl reicht bis zu zwei Meter ...«

Katja krümmte sich vornüber. Ihre Augen tränten wie noch nie in ihrem Leben, und ihr Körper wurde von Husten und Würgereiz geschüttelt. Boris nahm ihr ganz problemlos das Messer ab. Er sprach jetzt wie ein Arzt: »Keine Angst. Die Symptome halten nicht lange an. So nach ein, zwei Stunden wird es besser. Betroffene Hautpartien solltest du unter fließendem Wasser reinigen. Kleidungsstücke, die etwas abbekommen haben, besser ausziehen und in die Waschmaschine stecken. Die Augen bis zu fünfzehn Minuten lang ausspülen. Kontaktlinsen sofort rausnehmen! Du trägst doch keine Kontaktlinsen, Katja, oder?«

»Aber ich, du Arsch!«, jammerte Justin, »und ich seh nichts mehr!«

»Ja, das ist ja auch der Sinn der Übung«, spottete Boris.

Er ließ Justin am Boden liegen, packte aber Katja am T-Shirt und zog sie mit sich in Richtung Bad. Sie lief vornübergebeugt wie ein Hund neben ihm her und hatte das Gefühl, nie wieder aufrecht gehen zu können.

Er führte sie so, dass sie mit dem Kopf gegen ein Sideboard stoßen musste.

»Ooch«, sagte er, »da musst du wohl besser aufpassen! Wusstest du, dass Fledermäuse sich durch Ultraschalllaute orientieren? Deshalb haben die so große Ohren. Zur Echoortung. So eine blöde Fledermaus ist dir in dieser Frage also überlegen. Es gibt fast tausend Fledermausarten. In Europa aber leider nur vierzig oder fünfzig.«

»Bist du ein Scheißlexikon, oder was?«, brüllte sie. Das Sprechen fiel ihr schwer. Sie schützte ihren Kopf durch vorgestreckte Hände.

Endlich war sie im Bad. Er stieß sie gegen die Emaillebadewanne und stellte die Dusche an. Im Flur rief Justin: »Hilf mir! Meine Augen! Ich ...«

»Hilf dir selbst, dann hilft dir Gott! Du glaubst doch nicht, dass ich die jetzt hier im Badezimmer alleine lass! Nee, mein Lieber, ihr habt genug Scheiß gebaut! Jetzt übernehme ich!«

»Ich krieg die Kontaktlinsen nicht raus! Meine Augen schwellen zu!«, schrie Justin.

Boris schloss die Badezimmertür und lehnte sich dagegen. »Boah, der Typ nervt!«, stöhnte er.

Katja wusch sich, vornübergebeugt vor der Wanne kniend. Sie hielt sich den Wasserstrahl einfach voll ins Gesicht. Ihre Haare und ihr T-Shirt waren schon klatschnass.

»Willst du heute am Miss-Wet-T-Shirt-Wettbewerb teilnehmen? Ich wette, du hast Chancen auf einen der ersten Plätze!«

Charlie Thiekötter war nicht so leicht aus der Ruhe zu bringen. Aber jetzt riss er vor dem Bildschirm die Arme in die Luft und freute sich: »Bingo!«

Jemand hatte die E-Mail-Anlage, die er an den Shop geschickt hatte, den Ann Kathrin angeblich betrieb, geöffnet. Seine installierten Programme versuchten jetzt, die Hoheit über den anderen Computer zu bekommen und ihn auszuspähen.

Als Erstes plünderte er die Adressenkartei, und Charlie staunte nicht schlecht. Er kannte viele Namen. Es waren eine Menge Kollegen dabei. Er fand sich selbst auch, Ann Kathrin Klaasen und Weller, sogar Ubbo Heide. Holger Bloem. Peter Grendel. Monika und Jörg Tapper vom Café ten Cate. Die private Mailadresse der Sängerin Bettina Göschl. Und, das machte ihn nicht nur stutzig, sondern schockierte ihn regelrecht: die Mail-Adresse von Viktoria Suess. Sie hieß nicht nur so, sie war es auch, und sein einziger Seitensprung in dreißig Jahren Ehe.

Er hatte sie in der Kur kennengelernt. In einer schweren persönlichen Krise. Die Geschichte war schon lange vorbei. Er musste ihr wohl mal vom Dienstcomputer aus eine E-Mail geschickt habe. Glückwünsche zum sechzigsten Geburtstag vermutlich. So kam die Adresse in den Speicher.

Charlie Thiekötter atmete schwer. Was war hier los? Hatte die Mistsau seinen Computer ausspioniert? Fischte er jetzt seine eigenen Daten bei den anderen wieder ab oder ...

Charlie versuchte, seinen Computer herunterzufahren. Es ging nicht.

»Scheiße«, schrie Charlie, »so eine verfluchte Scheiße! Der Typ hat mich geleimt!«

Es fiel Charlie nicht leicht, aber er rief mit geradezu unterwürfiger Stimme Ann Kathrin Klaasen an und erzählte ihr, was gerade geschehen war.

»Wie kann das sein?«, fragte sie, die gern zugab, nicht viel von Computern zu verstehen und für die diese Dinge eine Art Zauberei oder manchmal auch einfach ein Fluch waren. »Ich denke, Charlie, du hast diese Software entwickelt? Wie kann jemand anders sie gegen dich benutzen?«

Er krächzte, und das alte Schlachtschiff der ostfriesischen Kriminalpolizei hörte sich an wie ein Schuljunge, der seine Hausaufgaben nicht gemacht hat: »Ich fürchte, Ann, ich habe mich da ein bisschen mit fremden Federn geschmückt. Ja, nenn mich ruhig *alter Angeber*, ich habe die Spyware im Netz gefunden. Als Freeware sozusagen.«

»Heißt das, im Grunde kann damit jetzt jeder Zwölfjährige die Polizei lahmlegen? Eine Sparkasse blockieren, Konten ausspionieren oder ...«

Er versuchte, sie zu beruhigen. »Nein, das glaube ich nicht. Die haben ja bestimmt Sicherheitssysteme, die ...«

»Und du nicht?«, fragte sie empört.

»Wir haben einen ziemlich guten Schutz. Aber wenn ich Aktionen – sagen wir mal am Rande der Legalität – mache, muss ich die eigenen Sicherheitssysteme runterfahren, weil ich sonst ...«

»Charlie«, sagte sie streng, »ich will es gar nicht genauer wissen.«

Justin saß mit verquollenem Gesicht vor Boris. Er fühlte sich elend, als hätte er verdorbenen Fisch gegessen. Boris hatte Oberwasser, wirkte wie auf Koks.

»Ich habe mit Maggie gesprochen«, sagte er bedeutungsvoll. Dadurch fühlte sich Justin noch kleiner. In Boris' Augen wurde er zum Insekt. Er senkte den Blick. Er schaffte es nicht, Boris in die Augen zu schauen, doch der sprach sanft: »Keine Sorge, Kleiner, du bekommst von ihr die Chance, dich zu beweisen.«

Justin griff nach Boris' rechter Hand, als wolle er sie küssen. »Ich ... ich ... ich würde sie nie enttäuschen! Ich will nicht wieder so ein kleines, unwissendes Würstchen werden ... ich ...«

Boris entzog ihm die Hand. »Ich werde dir jetzt sagen, was du zu tun hast. Eigentlich bist du noch nicht so weit. Aber man wächst ja bekanntlich mit seinen Aufgaben. Hör mir genau zu und mach keinen Fehler mehr. Sei ganz konzentriert im Hier und Jetzt. Es gibt nur dich und diese Aufgabe ... Du wirst es schaffen und zu ihrem Helden werden. Zum Titanen! Willst du das?«

Justin schloss andächtig die Augen und nickte. »O ja, wahrlich, das will ich! Was soll ich tun?«

»Frag nicht, was du tun sollst. Frag, was du tun darfst.«

»Was darf ich tun, Boris?«

Rupert versuchte, den Polizeichef Martin Büscher von der neuen Praktikantin Jessi Jaminski zu überzeugen. Vierzehn Tage lang wollte Rupert ihr die Vorzüge des Polizeidienstes demonstrieren.

Büscher sah Rupert kritisch an. »Wozu brauchst du eine Praktikantin?«

Rupert wand sich: »Na ja, nicht ich brauche sie, sondern sie braucht mich. Einer muss den jungen Leuten ja schließlich zeigen, dass es mehr Spaß macht, bei uns eine Ausbildung zu machen als zum Beispiel ...« Rupert überlegte, »also, als zum Beispiel an einer Schauspielschule. Oder wer will denn als Model immer nur brav mit dem Hintern über einen Laufsteg wackeln?«

Büschers Blick war eiskalt. »So? Ist das so? Macht es hier mehr Spaß? Wollen alle jungen Leute Schauspielerinnen werden oder Models?«

»Ja, also viele, die ich kenne, schon«, sagte Rupert gewichtig. »Einige auch Meeresbiologin, Regisseurin oder Maskenbildnerin.«

»Wir reden also hauptsächlich über junge Frauen, kann das sein? Hübsche junge Frauen?«, hakte Büscher leicht genervt nach.

»Ja, genau. Hier arbeiten doch sowieso schon viel zu viele Männer. Uns tun ein paar Mädels ganz gut. Natürlich nicht solche Schreckschrauben wie Ann Kathrin oder Sylvia Hoppe – mein Gott, noch so ein paar Kampflesben wie den Bratarsch brauchen wir hier echt nicht.«

Büscher deutete mit den Händen weibliche Formen an. »Mehr so 90-60-90-Modelle? Jung, blond, leicht zu beeindrucken und zu formen?«

Rupert nickte heftig. Er fühlte sich verstanden.

Büscher winkte ihn ganz nah zu sich ran, so als wolle er ihm etwas ins Ohr flüstern. Rupert beugte sich zu Büscher vor und brachte sein rechtes Ohr nah an Büschers Lippen. Dabei spürte er einen leichten Schmerz, der vom unteren Rücken ausging. Rupert beherrschte sich, um nicht dorthin zu greifen.

Der Polizeichef brüllte: »Das kannst du dir abschminken!«

Rupert zuckte zurück. Er hielt sich eine Hand vors Ohr.

Büscher wurde nicht leiser: »Wir haben hier gerade eine Menge Probleme, und bei einigen von uns liegen die Nerven bedenklich blank. Da würde ich an deiner Stelle nicht so einen Mist erzählen!«

Rupert nahm Abstand. Er ging zwei Schritte rückwärts und stand jetzt mit dem Rücken zur Tür. »Wäre es besser, ich würde eine Hässliche aussuchen? Muss man eine fette Männerhasserin sein, um hier arbeiten zu dürfen?«

»Mir ist hier bei uns noch keine fette Männerhasserin begegnet, Rupert«, schimpfte Büscher.

Rupert lachte. »Hahaha, der war jetzt aber echt gut! Es ist schön, so einen humorvollen Chef zu haben.«

Rupert hatte durchaus registriert, dass Büscher sauer war, konnte sich aber nicht erklären, warum. Eine seiner erfolgreichsten Gesprächsstrategien war es, wenn es brenzlig wurde, das Thema zu wechseln.

»Meine Schwiegermutter«, sagte Rupert, »hat neulich behauptet, meine Frau Beate – also ihre Tochter – und ich, wir würden zusammenpassen wie Arsch auf Eimer.«

Büschers Unterlippe fiel schlaff herab. Er sah Rupert verständnislos an. »Was willst du mir damit sagen?«

»Na ja, jetzt frage ich mich«, erklärte Rupert, »ist das positiv gemeint oder negativ?«

Büscher fuhr sich mit der rechten Hand durch die Haare. »Ich würde mal sagen, das ist bestimmt ein Lob.«

»Ja«, sinnierte Rupert, »ja, das glaube ich auch. Aber jetzt frage ich mich, wer von uns ist der Arsch und wer der Eimer…«

Büscher, den es kaum noch auf dem Stuhl hielt, nutzte die

Gelegenheit, um Rupert zur Rede zu stellen: »Ich gehöre zu den Chefs, die Akten lesen. In Bremerhaven nannten sie mich deshalb manchmal *Aktenfresser*. Das ist vielleicht keine besonders schmeichelhafte Bezeichnung, aber dafür wusste ich immer Bescheid.«

Wenn man sonst nichts zu tun hat, wollte Rupert sagen, der Akten hasste. Papierkram kam für ihn gleich nach Pest, Cholera oder Hagebuttentee. Er schwieg aber vorsichtshalber.

Büscher fischte aus dem Papierberg auf seinem Schreibtisch ein paar Blätter hervor. »Du hast hier den Bruder eines jungen Mädchens befragt, das leider vor einem halben Jahr Selbstmord begangen hat. Aus Liebeskummer, wie es heißt ...«

»Ja«, bestätigte Rupert. »Das war meine Aufgabe. Ich hab mich nicht darum gerissen! Ich finde die Idee, ehrlich gesagt, völlig verblödet. Aber wenn Frau Klaasen so etwas vorschlägt, dann ...«

Büscher hob die Hand, um anzudeuten, er solle jetzt besser schweigen.

Rupert schloss den Mund.

»Du hast hier als persönliche Bemerkung geschrieben, der junge Mann sei Chirurg. Wie kann das sein? Ich meine, er ist neunzehn Jahre alt und macht gerade Abitur. Wer ist mit neunzehn schon Chirurg?«

Rupert lachte: »Ich wollte damit sagen, dass er ein übler Aufschneider ist.«

Büscher guckte verblüfft. Rupert erklärte es langsam noch einmal: »Also, noch mal ganz langsam für Begriffsstutzige: Chirurg gleich Aufschneider! Klaro? Das kapiert doch jeder, oder?«

Büscher fühlte sich irgendwie fehl am Platz. Er sehnte sich zurück nach Bremerhaven und wollte nur noch an der Geeste fischen.

Rupert schloss die Tür hinter sich, und Büscher stellte sich vor, einen Blinker durchs Wasser tanzen zu lassen, um Hechte oder große Zander anzulocken.

Als Ann Kathrin die junge Stimme am Handy hörte, schoss ihr gleich Adrenalin ins Blut. Da schwang so viel Angst mit und auch unterdrückte Wut. Es war mehr ein Keuchen oder Röcheln als ein Sprechen, so als würde jemand dem Menschen den Hals zudrücken oder als habe er Angst, bei seiner Aussage erwischt zu werden. Sie spürte Todesangst.

»Frau Klaasen, ich weiß, wer den Shop für Sie eröffnet hat und wie Ihre private Alarmanlage gehackt wurde und wer all den Mist veranstaltet hat.«

Es war eine männliche Stimme. Ann Kathrin vermutete, höchstens dreißig Jahre alt.

Er hustete und holte schwer Luft: »Sie sind hinter mir her. Sie wollen mich auch fertigmachen.«

»Wo sind Sie? Wie heißen Sie? Ich kann Ihnen sichere Räume anbieten.«

»Kommen Sie nicht mit Ihren Kollegen. Da hängen zu viele Bullen mit drin. Wenn die erfahren, wo sie mich finden, bin ich tot. Wir treffen uns am Upstalsboom.« Er hustete wieder. »Nicht an einem dieser Hotels, sondern dem richtig alten Versammlungsplatz, wo die friesischen Stämme ihre Probleme gelöst haben.«

»Ich soll zu der mittelalterlichen Versammlungsstelle kommen? Sind Sie da?«

»Ja, beim Grabhügel.«

»Ich komme sofort.«

»Aber sagen Sie um Himmels willen keinem Menschen etwas. Wir sind von Feinden umgeben, Frau Klaasen.«

Der Anrufer legte auf.

Ann Kathrin hatte ein mulmiges Gefühl im Magen. In ihr läuteten alle Alarmglocken. Sie fischte ihre schwarze Handtasche von der Stuhllehne und überprüfte, ob die Heckler & Koch wirklich drin war. Sie ging oft ohne Dienstwaffe, vergaß sie manchmal tagelang. Auch das Schießtraining interessierte sie nicht ernsthaft. Sie übte, weil es Vorschrift war.

Manchmal überlegte sie nicht lange, sondern handelte einfach, ließ sich von Gefühlen leiten oder Instinkten, wie ihr Vater es genannt hatte. Später, wenn alles vorbei war, rationalisierte sie ihr Bauchgefühl, versuchte, emotionale Handlungen logisch zu begründen, als sei all ihr Tun das Ergebnis einer scharfen Analyse gewesen. Sie war sehr gut darin, ihren Entscheidungen später Vernunftgründe nachzuliefern. Für sie war der Verstand ein guter Diener, aber ein schlechter Herrscher.

Ja, sie hätte ihre Kollegen informieren müssen. Am besten wäre sie mit einem mobilen Einsatzkommando am Upstalsboom aufgekreuzt. Aber all das tat sie nicht. Hier ging es um sie. Es war sehr persönlich, und sie wollte es alleine klären. So war sie eben.

Sie dachte an Ubbos Rat: *Du musst versuchen, die Handlungsführung zurückzugewinnen.* Es war für sie wie ein Ringen um Autonomie, als sie alleine losging.

Sie redete sich ein, der Anrufer könnte ihre Kollegen vielleicht bemerken und dann stumm werden oder einfach wieder verschwinden. So könnte sie eine Riesenchance – möglicherweise ihre einzige – verpatzen.

Im Flur beim Kaffeeautomaten traf sie Weller, der mit einer heulenden Zehntklässlerin redete. Sie hieß Jessi Jaminski und wollte eigentlich bei Rupert ihr Praktikum machen. Jetzt befürchtete sie, einfach nicht gut genug zu sein.

»Das ist immer so. Ich scheitere immer sooo kurz davor. Ich habe schon zweimal den vierten Platz belegt. Beim Sportfest kam ich nie mit auf das Siegertreppchen.«

»Rupert hat gesagt, aus mir könne mal eine richtig gute Kommissarin werden. Aber irgendwer ist dagegen. Ist Rupert hier gar nicht der Chef?«

Weller druckste rum: »Na ja ...«

Er sah Ann Kathrin an, dass sie angespannt war und einer Lösung entgegenfieberte.

»Ann?«, fragte er, und er konnte ihren Namen auf so viele Arten aussprechen, dass ihr gleich klar war, er machte sich Sorgen.

»Alles okay«, antwortete sie.

»Wohin willst du?«

»Ich treffe einen Informanten. Ich glaube, der ganze Spuk ist bald vorbei.«

Weller ließ die Möchtegern-Praktikantin stehen und lief neben Ann Kathrin her. »Soll ich dich nicht besser begleiten?«

»Nein, nicht nötig.«

»Warum glaube ich dir das gerade nicht? Du siehst aus, als würdest du zum Duell gehen.«

»Lass mich, Frank. Ich muss das allein durchziehen.«

»Ja«, spottete er, »du und dein berühmter Teamgeist!«

Er kannte sie gut genug, um zu wissen, dass sie solche Freiräume brauchte. Auch wenn es ihm manchmal schwerfiel, respektierte er ihre Eigenarten und Schrulligkeiten und ließ ihr die eigenbrötlerische Unabhängigkeit, die sie brauchte.

Er ging zu der Schülerin zurück und sagte: »Hier ist gerade Land unter. Ich hätte gerne mehr Zeit für dich, aber ...«

Sie wischte sich eine Träne ab und sah herzzerreißend aus. Weller, der Mädchenpapa, musste sich zusammenreißen. Er konnte Frauen nicht gut weinen sehen.

»Sie haben auch keine Zeit für mich. Alle behandeln mich wie eine Zeitdiebin. Dabei will ich Ihnen doch gar keine Zeit rauben. Im Gegenteil. Ich will Ihnen helfen. Sie entlasten! Wenn Rupert hier mehr zu sagen hätte, würde es auch für Sie besser laufen. Sie könnten doch auch eine Praktikantin gebrauchen, oder nicht?«

Verdammt, warum muss immer alles so schwierig sein?, dachte Weller.

Ann Kathrin fuhr zum Upstalsboom. Im Auto fragte sie sich, warum ein junger Mann ausgerechnet diesen Platz wählte. Was sagte das über ihn aus?

Er war an Geschichte interessiert. Er kannte sich in Ostfriesland aus. Oder dachte er in Symbolen? Hatte die alte Grabstätte etwas mit den Selbstmorden zu tun? Hatte er einen persönlichen Bezug zu dem Ort, der von vielen Menschen als magisch empfunden wurde? Es war auch ein Platz der Klärung. Hier wurden früher Streitfragen erörtert, das Zusammenleben geregelt und der Bund nach außen hin vertreten.

Die Steinpyramide war von einer Wallheckenlandschaft umgeben. Auch ein Ort, um sich zu verstecken oder hochdramatisch aus dem Leben zu scheiden.

Sie hatte Mühe, sich auf den Straßenverkehr zu konzentrieren. Seit sie den Innenhof der Polizeiinspektion im Fischteichweg in Aurich mit ihrem klapprigen Twingo verlassen hatte, fuhr ein weißer Geländewagen vor ihr her, der für Ann Kathrin aussah wie die Toyota-Pick-ups, mit denen die IS-Milizen in Propagandavideos durch die Wüste fuhren, auf der Ladefläche schwere Waffen.

In ihrer Handtasche, neben der Heckler & Koch, lag ihr Handy. Der Seehund darin heulte los, als hätte er seine Mama verloren. Sie fingerte das Handy mit rechts aus der Tasche.

Die Stimme kam ihr jetzt noch jünger und gleichzeitig gehetzter vor. Da war jemand völlig panisch: »Sind die Ihnen gefolgt? Haben Sie es jemandem erzählt?«

»Nein. Mir ist niemand gefolgt, und ich habe auch nichts erzählt.«

»Scheiße, Scheiße!«, schrie der Anrufer. »Verarschen Sie mich nicht! Die sind echt gefährlich! Wir können uns nicht mehr am Upstalsboom treffen.«

»Warum nicht?«

»Weil die da schon auf uns warten!«

»Wer?«

Eine Weile blieb er die Antwort schuldig und atmete nur wie ein Lungenpatient beim ersten Deichspaziergang: gierig.

»Die Typen, die Sie fertigmachen wollen. Haben Sie echt denn gar keine Ahnung? Wie blind sind Sie eigentlich? Sie haben einen Maulwurf in Ihren Reihen. Glauben Sie, Sigmar ist zufällig in der Polizeiinspektion gestorben? Wollen Sie mich als nächsten tot in der Zelle finden?«

Ann Kathrin beschwor ihn: »Ich kann Ihnen helfen! Ich ...«

Sie krachte mit ihrem froschgrünen Twingo gegen den weißen Geländewagen. Ann Kathrin entschuldigte sich bei ihrem Twingo: »Tut mir leid, Frosch. Ich hab einfach nicht aufgepasst. Ich ...«

Ann Kathrins Handy fiel auf die Fußmatte. Sie bückte sich danach und rief, noch während sie sich verrenkte, um es zu ertasten: »Bleiben Sie dran! Legen Sie nicht auf! Ich ... Ich hatte einen kleinen Auffahrunfall. Ich ...«

Neben ihrem Wagen tauchte jetzt ein Mann auf und klopfte gegen die Scheibe: »Hallo? Geht's noch?«

Eine andere Stimme rief energisch: »Wer auffährt, ist schuld!«

Ann Kathrin kümmerte sich nicht darum, sondern griff erst ihr Handy und hielt es sich ans Ohr: »Hallo? Sind Sie noch da?«

»Ja, ich ... Sind die Typen bei Ihnen? Passen Sie auf, die sind verdammt gefährlich! Die ...«

»Nein, hier ist alles ganz harmlos. Es war nur meine eigene

Schusseligkeit. Ich war nur unaufmerksam, und der Wagen vor mir hat gebremst, und ich ...«

»Passen Sie auf! Die wollen Sie, Frau Klaasen! Kommen Sie in den Lütetsburger Park. Heute Nacht, wenn dort geschlossen ist. Wir treffen uns bei den alten Häuptlingsgräbern. Seien Sie vorsichtig! Und reden Sie mit keinem drüber!«

Alles ging sehr schnell, und vieles passierte gleichzeitig. Ein Gedanke schoss durch Ann Kathrins Kopf: Er hat einen Hang zu historischen Gräbern.

Sie öffnete die Tür. Es knirschte verdächtig. Da stand ein stämmiger Mann mit Bomberjacke, dunkler Jeans und Doc Martens an den Füßen. Er hatte sehr weiße Zähne, die so ebenmäßig aussahen, dass sie fast unecht wirkten.

Ann Kathrin konnte sich des Gedankens nicht erwehren, dem jungen Mann seien mal die Vorderzähne ausgeschlagen und dann durch neue ersetzt worden.

Unter der für dieses Wetter viel zu dicken Jacke trug er ein braunes T-Shirt von Lonsdale. Die Jacke baumelte offen, und dadurch waren auf seiner Brust die Buchstaben NSDA zu lesen. Die Haltung, mit der er auftrat, sollte die Menschen dazu bringen, den Aufdruck NSDAP zu vermuten.

Ann Kathrin kannte diese provokative Art. In den letzten Jahren war es ihr mehrfach passiert. Sprach man die jungen Männer darauf an, öffneten sie grinsend ihre Jacke und zeigten den vollen Markenaufdruck.

Sie wurde vorsichtig, tat aber so, als sei ihr nichts aufgefallen.

In der Jacke steckte ein Füller, der durchaus wertvoll aussah und einfach nicht zu dem Typen passen wollte. Einer wie der benutzte doch keinen Füller, sondern, wenn überhaupt, dann einen Kugelschreiber oder Filzstift.

»Entschuldigen Sie«, sagte Ann Kathrin, »ich denke, es war meine Schuld. Ich war vielleicht ein bisschen unaufmerksam.

Ich bin sehr in Eile. Ich ersetze Ihnen den Schaden natürlich. Ich gebe Ihnen meine Versicherungsnummer und ...«

Jetzt, da sie neben ihrem Frosch stand und sah, wie eingedellt ihre Vorderfront war, während der Pick-up praktisch unbeschädigt wirkte, kamen ihr die Tränen.

Ja, ihr Auto tat ihr leid. Es war für sie, als hätte sie durch ihre Unachtsamkeit ein Tier oder einen Menschen verletzt.

»Haben Sie immer ein Handy am Ohr?«, fragte der andere angriffslustig. Er sah schlaksig aus und fast ein bisschen schmächtig.

»Nein, ich ... Das ist eine besondere Situation«, sagte sie und steckte ihr Handy ein.

»Zunächst mal ist das verboten, und ich finde, wir sollten jetzt die Polizei rufen«, posaunte der mit der Bomberjacke. Entweder war er sehr breit oder trug Schulterpolster.

Ann Kathrin zeigte ihren Ausweis vor. »Ich bin Kriminalhauptkommissarin. Ich verspreche Ihnen, ich werde ...«

»Ach, guck mal einer an, die Mutter ist bei der Trachtengruppe ...«, lachte der Schmächtige.

»'ne Kripomaus, die mit einem Handy am Ohr einen Unfall baut. Das interessiert doch bestimmt auch die Schmierfinken von eurer Ortspresse.«

Ann Kathrin sah sich um. Plötzlich kam ihr die ganze Sache merkwürdig vor.

»Warum haben Sie eigentlich so abrupt gebremst?«, fragte sie, »hier ist keine Ampel und auch kein Verkehrshindernis.«

Der mit der Bomberjacke spielte sich auf: »Verstehe, jetzt, nach dem ersten Schock, zickt die Kommissarin herum und versucht juristische Tricks. Kommt mir irgendwie bekannt vor.«

»Wer auffährt, ist immer schuld«, wiederholte der andere.

»Nicht immer«, konterte Ann Kathrin, »manchmal werden den Autofahrern auch Auffahrfallen gestellt. Das ist eine recht beliebte Form des Betrugs, und das sieht mir hier ganz so aus.«

»Die ist wohl mit dem Kopf zu hart gegen die Scheibe geknallt«, lachte der Schmächtige.

Der mit dem Lonsdale-T-Shirt behauptete: »Hier ist ein Kind über die Straße gelaufen. Hätte ich das totfahren sollen, damit die Frau Kommissarin in Ruhe telefonieren kann?«

»Ein Kind? Hier?« Ann Kathrin zeigte in die Weite. »Wo denn, bitte schön?«

Sie befürchtete, der breitschultrige Mann könnte gleich auf sie losgehen. Sie war bereit, den Angriff zu parieren, aber sie verlor den anderen aus den Augen, der jetzt hinter ihr stand und ihr einen stinkigen Lappen vors Gesicht presste.

Sie versuchte, nicht einzuatmen und sich mit einem antrainierten Griff zu verteidigen. Sie packte einen Daumen ihres Gegners und bog ihn um. Der Mann kreischte. Das Tuch fiel zu Boden. Der Daumen brach.

Das knackende Geräusch nah an ihrem Ohr würde sie nie vergessen. Obwohl sie um ihr Leben kämpfte, tat der Junge ihr leid. Es musste ekelhaft weh tun. Sie drehte sich um und sah sein schmerzverzerrtes Gesicht.

Schon erwischte sie ihn mit einem Tritt gegen das Schienbein, aber der andere sprühte Pfefferspray in ihre Augen und fluchte: »Was bist du nur für ein Versager!«

Ann Kathrin war sofort kampfunfähig. Sie versuchte, ihr Gesicht wegzudrehen, aber jetzt konnte sie sich auch nicht mehr gegen das chloroformgetränkte Tuch wehren.

Sylvia Hoppe steuerte den silberblauen VW Passat. Rupert saß neben ihr und redete die ganze Zeit, denn hinten hockte aufgeregt die siebzehnjährige Praktikantin Jessi Jaminski. Es war ihre erste Fahrt in einem Dienstfahrzeug der Kripo.

Rupert erklärte ihr: »Dies ist ein Funkstreifenwagen, weil wir hier Funk haben. Nicht alle Einsatzfahrzeuge der Polizei haben Funk. Die anderen heißen dann nur Streifenwagen. Wir haben großes BOS-Funk, und das hier ist eine Videokamera, damit wir bei Verfolgungsjagden alles genau dokumentieren können.«

Jessi Jaminski fand Ruperts Ausführungen sehr spannend, sie kaute auf den Nägeln herum und unterhielt sich mit Rupert, als sei Sylvia Hoppe gar nicht da: »Hast du denn schon an so einer richtigen Verfolgungsjagd teilgenommen?«

»Ach«, warf Sylvia Hoppe spitz ein, »ihr duzt euch?«

»Sicher«, sagte Rupert, »unter Kollegen.«

Jessi Jaminski kicherte.

Sylvia Hoppe schaltete das Radio ein, um sich das Geschwätz nicht länger anhören zu müssen.

Sie sollten Eltern in Oldenburg befragen, deren Kind vor zwei Jahren »freiwillig aus dem Leben geschieden« war, wie es im Bericht hieß. Der Vater bestritt dies allerdings und beschuldigte praktisch alle vierzehn Tage jemand anderen, den Tod seiner Tochter herbeigeführt zu haben. Er schrieb lange Briefe auf einer alten Schreibmaschine, die schon lange kein Mensch mehr las. Er war für die meisten ein bedauernswerter Fall. Reif für die Psychiatrie.

Im Radio hörten sie jetzt einen »wissenschaftlichen Beitrag«. Ein kanadisches Forscherteam der University of Alberta hatte angeblich entdeckt, dass Rotwein sehr gesund war. Die Aussagen über die positive Wirkung von speziell in Rotweinen enthaltenen Resveratrol-Verbindungen gipfelten in dem Satz: »Ein Glas Rotwein erspart die Stunde im Fitnessstudio.«

»Na«, spottete Sylvia Hoppe, »da werden die Forscher bestimmt selbst ganz schön einen geschluckt haben. Aus rein wissenschaftlicher Neugier, versteht sich.«

»Du hast doch keine Ahnung«, schimpfte Rupert, »das ist d e r wissenschaftliche Durchbruch der letzten zwanzig Jahre!«

Im Grunde bedauerte er aber, dass es dabei um Rotwein ging

und nicht um Bier. Rupert mochte keinen Wein und Rotwein schon mal gar nicht. Das war aus seiner Sicht etwas für diese halbschwulen frankophilen Käselutscher.

»Das Beste am Wein«, sagte Rupert gern, »ist das Pils danach.« So hatte er es von seiner Ruhrgebietsmama gelernt. Aber dass überhaupt irgendein Alkohol in einem Gesundheitstest gut abgeschnitten hatte, fand er schon mal klasse. In Zukunft würde er diese Forscher zitieren, wenn seine Schwiegermutter mal wieder versuchen sollte, ihm den Whisky oder ein gepflegtes Pils mieszumachen.

Angeblich verbesserte Rotwein die Herzfunktion, stärkte die Muskulatur und verhalf zu besserer Haut. Sylvia Hoppe, die selbst Rotweintrinkerin war, konnte darüber aber nur lachen.

Rupert sinnierte: »Wenn ein Glas Rotwein so gut ist wie eine Stunde Fitness, was ist dann erst, wenn man eine ganze Flasche trinkt? Das muss einem ja eine Menge Strampeln und Schwitzen ersparen. Wenn Rotwein schon so gut ist, was glaubt ihr, was die noch alles über Bier herausfinden werden?! Das hat doch alles noch kein Mensch richtig erforscht.« Er fuhr sich durch die Locken. »Ich meine, schau mal, was für eine Haarpracht ich habe.« Er drehte sich nach hinten und schüttelte das Haar, so dass Jessi es auch bewundern konnte. »Und in der Reiki-Gruppe meiner Frau, da ist ein Typ: Veganer. Antialkoholiker. Sportler. Meditiert andauernd, aber mit fünfunddreißig Jahren schon Glatze.«

»Mein Papa trinkt auch am liebsten Bier«, freute Jessi sich.

Es nervte Sylvia Hoppe ungeheuer, wie sehr das junge Mädchen bemüht war, Rupert zu gefallen. Sylvia schaltete das Radio lauter und suchte Musik. Im NDR lief »Ostfriesenblues«.

Katja Schubert wusste plötzlich ganz klar, dass sie hier sterben würde. Die Erkenntnis kam, als würde eine Botschaft aus ihren Gedärmen ins Gehirn schießen: *Diesen Ort wirst du nicht lebend verlassen. Sie hatten von Anfang an geplant, dich zu töten.*

Sie fragte sich, warum sie es nicht sofort getan hatten. Wozu diese Gefangenschaft? Welchen Plan verfolgten sie?

Sie hatte nichts, und sie wusste nichts. Ihr Tod kam ihr sinnlos vor. Und doch unausweichlich.

Boris stand vor ihr. Er sah sie lange schweigend an. Dann ging er um den Stuhl herum, auf dem sie saß. Er berührte ihre Schultern und ihr Gesicht, als müsse er überprüfen, ob sie ein echter Mensch war oder eine Holographie.

»Draußen im Garten ist der gute Justin. Er tut sein Bestes. Spürst du es?«

Sie nickte, ohne zu wissen, was sie spüren sollte. Sie hatte nur Angst, Boris zu verärgern. Ja, wenn es soweit war, dann würde sie eben sterben. Aber sie wollte keine Schmerzen erleiden, nicht erniedrigt oder gequält werden.

Boris spielte mit ihren Haaren. »Der Gute sitzt da draußen bei der alten Eiche. Oder ist es ein dicker Kirschbaum? Ach, egal. Wen interessieren schon Bäume? Jedenfalls meditiert er da und konzentriert sich ganz auf dich. Er will in deine Gedanken und Gefühle eindringen. Er glaubt, er kann das, der kleine Kretin. Na, was will er dir sagen? Kriegst du überhaupt etwas von seinen Versuchen mit?«

Sie entschied sich dafür, den Kopf zu schütteln. Sie wusste nicht, ob es richtig oder falsch war, aber sie befürchtete, wenn sie behaupten würde, etwas wahrzunehmen, käme als Nächstes die Frage: *Was will er dir denn sagen?*

Ihr Kopfschütteln gefiel Boris. »Siehst du, so ist das oft. Das ist eben das Problem bei der ganzen Spiritualität. Sie funktioniert nur in unseren Köpfen. In der Vorstellung. Der ganze Scheiß soll uns das Gefühl geben, etwas Besonderes zu sein.

Über die Masse hinauszuragen. Was unterscheidet uns schon von Flusskrebsen, Hühnern oder Lachsen in einem Zuchtbecken?« Er lächelte: »Außer dass wir sie essen und nicht sie uns. Wir stehen am siegreichen Ende der Nahrungskette.« Er klopfte gegen ihre Stirn: »Unsere Gedanken. Unsere ach so erhabenen Gedanken unterscheiden uns. Ameisen oder der Nacktmull leben in viel effektiveren Staatssystemen als wir. Sie bilden Kolonien. Haben Hierarchien. Kommunikationssysteme und all diesen Zivilisationsmüll haben die auch. Nur … Ihnen fehlt dieses Vorstellungsvermögen, etwas Besonderes zu sein.«

Er brachte sein Gesicht direkt vor ihres. Ihre Nasenspitzen berührten sich fast.

Er hörte sich gern reden, so viel hatte sie begriffen. Sie versuchte, ihm furchtlos in die Augen zu schauen.

»Der Gute versucht da draußen, dich dazu zu bringen, dir diese Knarre hier an den Kopf zu halten und abzudrücken.«

Er zeigte ihr die Waffe. Sie schloss die Augen und biss auf die Zähne.

»Das wirst du aber nicht tun, stimmt's?«

Sie schüttelte heftig den Kopf. »Nein, verdammt, das werde ich ganz sicher nicht tun.«

Er streichelte ihr mit links über die Haare und drückte ihr mit rechts die Pistole gegen die Stirn. Sie spürte das kalte Metall. Ein Schauer lief durch ihren Körper. Sie konnte die Füße nicht mehr ruhig halten. Ihre Beine zuckten, dass die Knie gegeneinanderschlugen.

Ich hatte noch so viel vor, dachte sie. Ich wollte Kinder bekommen und sie großziehen. Ich wollte Reisen machen und die Welt kennenlernen. Ich wollte …

Da war ein metallisches Klicken, das sie in helle Panik versetzte.

»Ich will noch nicht sterben!«, flehte sie. »Bitte!«

Seine Linke streichelte immer noch ihren Kopf. »Ich weiß«, sagte er. »Ich weiß.«

Dann hob er die linke Hand von ihrem Kopf und drückte ab.

Justin saß im Schneidersitz draußen und meditierte. Als er den Schuss hörte, war er erschrocken und glücklich zugleich. Er hatte sich nicht wirklich vorstellen können, dass es funktionieren würde. Nicht bei ihm. Er hatte geglaubt, zu schwach zu sein, um solche geistigen Großtaten begehen zu können. Aber offensichtlich war er über sich selbst hinausgewachsen. Ab jetzt gehörte er zu den Marionettenspielern und nicht mehr zu den an den Fäden tanzenden Puppen.

Das Knowledge war stark. Das Knowledge gab Macht. Sie waren die Jedi-Ritter der Neuzeit, und er gehörte ab jetzt dazu.

Es dauerte in seinem Empfinden eine halbe Ewigkeit, bis Boris aus dem Keller in den Garten kam. An ihm klebten noch Blutgeruch und Schwefelduft. Er hatte Blutstropfen im Gesicht und auf der Kleidung.

»Herzlichen Glückwunsch, Kleiner«, sagte er anerkennend. »Sie hat es tatsächlich getan.«

»Und ich … ich habe es … mit der Kraft meines Willens …«

»Ja«, bestätigte Boris, »es war dein Werk. Durch alle Mauern hindurch. Erst dachte ich, sie richtet die Waffe vielleicht gegen mich … Aber dann habe ich dir einfach vertraut und sie ihr gegeben. Wenn du versagt hättest, wäre ich jetzt tot. Nicht sie.«

»So sehr hast du an mich geglaubt?«, fragte Justin fassungslos.

»Ja. An dich und an das Knowledge. Maggie wird stolz auf dich sein.«

Justin weinte vor Glück.

»Bevor deine Eltern nach Hause kommen, haben wir noch eine Menge Arbeit. Wir müssen die Leiche entsorgen ...«

»Ja, ich weiß. Sie soll ...«

»Pscht, Kleiner. Ganz ruhig. Nicht so geschwätzig. Und wir machen die ganze Sauerei im Keller weg. Deine Eltern sollen sich doch nicht erschrecken.«

»Wir haben noch ein paar Tage Zeit, bis sie wieder zurück...«

»Ich weiß, Alter. Alles cool. Wir wuppen das gemeinsam.«

Die Beinahe-Praktikantin Jessi Jaminski war hinten auf dem Rücksitz im Polizeidienstwagen eingeschlafen. Vor dem Auto stand eine aufgebrachte Frau. Erst klopfte sie gegen die Scheibe, doch als Jessi nicht wach wurde, hämmerte sie mit der Faust aufs Dach.

»Aufstehen! Ja, ist das denn die Möglichkeit?! Sie pennen hier, und da vorne, keine hundert Meter weiter, wird eine Frau belästigt!«

Jessi Jaminski war sofort hellwach. Sie riss die Wagentür auf. Die Dame zeigte: »Da!«

Drei Männer bedrängten eine Frau, die hysterisch schrie und um sich schlug. Die Männer sprangen um sie herum und provozierten sie mit Rufen wie »Schlampe« und »Ficki-Ficki?« Sie versuchten, ihr auf offener Straße das Oberteil vom Körper zu zerren.

Jessi wusste, was sie zu tun hatte. Praktikantin hin oder her. Sie trainierte zweimal wöchentlich im Norder Boxverein. Das sah man der schmalen Person zwar nicht an, konnte aber verdammt weh tun, wenn sie sauer wurde, und jetzt wurde sie richtig sauer.

Rupert und Sylvia Hoppe verließen das Haus. Sylvia versuchte, Rupert zu erklären, was eine Depression ist und warum manche Menschen so etwas nicht überleben, wenn sie sich keine Hilfe holen.

Rupert brummte: »Die hatte keine Depressionen. Die war einfach nur von Arschlöchern umgeben. Scheißeltern. Scheißfreunde. Scheiß ...«

Er stoppte seine Aufzählung, denn er sah die offene Tür des Polizeiwagens. Am Ende der Straße tänzelte Jessi Jaminski vor einem Mann herum, der ängstlich die Arme vor seinen Kopf hielt und bat: »Bitte aufhören, bitte!«

Jessi verpasste ihm eine rechte Gerade und spottete: »Das nennst du eine Deckung? Fäuste hoch, hab ich gesagt!«

Eine Frau von knapp dreißig Jahren, so schätzte Sylvia Hoppe, sah mit käsebleichem Gesicht zu. Auf dem Boden lagen zwei junge Männer, die wohl beide die gleiche Krankheit hatten: blutige Nasen, blaue Augen, Kauprobleme und heftige Schmerzen zwischen den Beinen.

»Hey, hey, hey, was machst du denn da?«, rief Sylvia Hoppe und rannte hin. Als sie sie erreichte, wurde der dritte gerade ohnmächtig. Ein Aufwärtshaken traf ihn unvorbereitet.

»Das«, sagte Jessi Jaminski stolz, »sind meine Gefangenen. Ich konnte euch nicht so schnell erreichen, da habe ich versucht, die Sache alleine zu klären. Sie haben die Dame sexuell belästigt.«

Die Frau nickte und zupfte ihre Sachen zurecht. »Wo haben Sie das gelernt?«, fragte sie Jessi.

»Im Boxverein«, lachte Jessi Jaminski.

Einer der Typen stand jetzt auf und beschwerte sich bei Rupert: »Die Schlampe hat mich ...«

Rupert schickte ihn gleich noch einmal zu Boden und sagte dann: »Ich denke, wir rufen jetzt mal die Kollegen vor Ort an. Die nehmen die Sache dann auf.«

Sylvia Hoppe telefonierte schon.

Rupert zog Jessi zur Seite und flüsterte ihr ins Ohr: »Hör zu. Das kann Stress geben. Offiziell bist du ja noch gar nicht bei der Polizei. Du hältst dich also besser fein raus aus der Sache. Du hast die drei nicht k. o. gehauen. Du bist nur eine Zeugin.«

Jessi, die keinen Stress wollte, nickte.

»Also«, trichterte Rupert ihr ein und zeigte auf die drei lädierten Männer, »das hier ist mein Werk.«

Sylvia Hoppe hatte genug gehört. Sie grinste. Ausnahmsweise war sie einmal mit Rupert einverstanden.

Als Ann Kathrin wach wurde, hatte sie gleich den scharfen Geruch von Benzin in der Nase. Ihr Schädel brummte. Die Gelenke schmerzten, als seien sie aufgepumpt worden. Sie fühlte unter den Fußsohlen Stroh. Sie war stehend an einen Baum oder an einen Pfosten gefesselt. Sie hatte nur Unterwäsche an. Ihr Nacken tat weh. Ihr Kopf musste lange herabgebaumelt haben.

Sie begriff, dass sie im Freien auf einer Art Scheiterhaufen stand.

Was sollte das werden? Eine Hexenverbrennung?

Sie konnte den Sternenhimmel über sich sehen. Es war Vollmond.

Da waren Vögel in der Nähe und ein sanfter Wind. Hämmerte da ein Specht?

Geräusche, die ihr guttaten. Aber da war noch etwas. Hinter ihr, nicht weit entfernt, atmete jemand. Es war ein männliches Atmen.

Hinter ihrem Rücken strengte sich ein Mann an.

Sie schaffte es nicht, den Kopf so zu verrenken, dass sie ihn erkennen konnte. Für einen kleinen Moment befürchtete sie, mit Weller gemeinsam auf dem Scheiterhaufen zu stehen.

Wer hasste sie so sehr, dass er danach trachtete, sie zu verbrennen?

Sie dachte an ihren Sohn Eike, an die Töchter von Weller, ja sogar an Kater Willi.

Mit der Zunge tastete sie ihre Zahnreihen ab. Sie hatte noch alle Zähne. Das Zahnfleisch schmerzte.

Sie tastete mit den Fingern herum und bekam Kontakt zu den Fesseln. Sie fühlten sich an wie eine Wäscheleine aus Hanf.

Das Stöhnen neben ihr wurde lauter. Ihre Schulter berührte einen menschlichen Körper, und gleichzeitig nahm sie wahr, dass es nicht ihr Mann Frank Weller war. Einerseits erleichterte der Gedanke sie, dann würde nach ihrem Tod noch jemand für die Kinder da sein – auch wenn sie schon groß und aus dem Haus waren, wäre Weller für sie so etwas wie ein Fels in der Brandung des Lebens.

Sie wusste, es war keine Frage des Alters, dass der Mensch manchmal einen väterlichen oder mütterlichen Rat brauchte und eine Schulter zum Anlehnen.

Mit der Erkenntnis, dass der Mann, der an den gleichen Pfahl gefesselt war wie sie, nicht Frank Weller war, kam aber auch dieses monströse Gefühl des Verlassenseins.

Da war ein Geräusch, als würde Kleidung an Holz immer wieder auf und ab schaben.

»Frau Klaasen? Sind Sie bei Bewusstsein?«

»Ja. Wer sind Sie? Wo sind wir?«

»Ich bin der, der Sie angerufen hat. Die haben uns überwältigt. Sie hören wohl Ihr Handy ab oder vielleicht auch meins, jedenfalls haben sie hier im Schlosspark Lütetsburg auf mich gewartet. Ich bin direkt in ihre Falle gelaufen.« Er sprach schnell und gepresst, als hätte er Knötchen auf den Stimmbändern. »Oder haben Sie doch einem Kollegen gesagt, wo wir uns treffen wollen?«

Sie überlegte, hatte Mühe, sich an die letzten Stunden zu erinnern.

Der junge Mann fuhr fort, als würde ihm das Sprechen Schmerzen bereiten: »Die haben Sie gleich mit hierhergebracht. Erst dachte ich, Sie seien schon tot. Dann haben die uns gemeinsam an diesen Baumstamm hier gebunden. Die wollen uns verbrennen.«

Hexenverbrennung bei Vollmond, na danke, dachte Ann Kathrin. Lieber Gott, lass mich wach werden ...

Sie versuchte, sachlich zu werden: »Sind sie geflohen?«

Der junge Mann lachte hämisch: »Nee, die fliehen nicht. Ich glaube, die warten noch auf jemanden, oder sie holen etwas, jedenfalls werden sie zurückkommen und dieses Scheißstroh anzünden. Der eine wollte es schon machen, aber der andere hat gesagt: *Noch nicht. Es ist noch nicht so weit.*«

Ihre Kopfhaut juckte, und ein paar Stellen brannten, als hätte ihr jemand Haarbüschel ausgerissen. Sie versuchte, den Schmerz und den schrecklichen Geschmack im Mund zu ignorieren.

»Wie heißen Sie?«

»Giovanni Schmidt, aber das bringt uns jetzt auch nicht weiter. Ich versuche die ganze Zeit, die Fesseln durchzuscheuern, aber an dieser Scheißrinde geht das nicht.«

Er ruckelte und schabte weiter. Seine Finger berührten ihre. Erst durch den Kontakt bemerkte Ann Kathrin, dass ihre Hände kalt und feucht waren. Sie kamen ihr wie abgestorben vor.

»Ich kann versuchen, Ihre Knoten zu lösen.«

»Gute Idee. Aber das ist wirklich ein Knoten. Kein Schleifchen ...«

Er rutschte tiefer. Jetzt fühlte sie ihn nicht mehr. Sie streckte die Finger nach ihm aus.

»Ist Ihnen schlecht geworden?« Sie vermutete, dass er vor Aufregung oder Angst ohnmächtig geworden war, aber dem war nicht so. Stattdessen begann er, im Stroh sitzend, ihre Fesseln aufzubeißen. Dabei verrenkte er seinen Hals so sehr, dass sein Kehlkopf weit hervorstand.

»Ja«, freute sie sich, »prima! Sie schaffen das, Giovanni!«

Er bemühte sich, aber die Seile saßen zu fest und waren zu stark.

Plötzlich lachte er: »Das ist doch alles ein schlechter Witz!«

»Was?«, fragte sie.

Seine Stimme machte ihr Angst. »Diese Freaks haben hier ein Feuerzeug liegenlassen oder verloren. Damit wollen sie uns vermutlich abfackeln. Jetzt könnte es uns retten. Ich hab's gleich, warten Sie.«

»Was haben Sie vor?«

Sie hörte das Klicken eines Feuerzeugs. Sie hatte Mühe, nicht loszuschreien. »Sind Sie verrückt geworden? Wir stehen auf einem mit Benzin getränkten Strohballen!«

»Ja, und ein paar Brandbeschleuniger haben sie auch noch dazwischen platziert«, ergänzte er, und das Feuerzeug klackte erneut.

»Sie bringen uns um!«

»Nein, im Gegenteil, ich rette uns!«

Die Flamme versengte Ann Kathrins Handrücken. Sie biss auf die Zähne. Ihr Körper bog sich vor Schmerzen durch. Sie stöhnte.

»Entschuldigung«, stammelte er, »ich wollte Sie nicht ...«

»Schon gut. Machen Sie ruhig weiter.«

»Nein, ich will Ihnen nicht weh tun. Ich versuche es bei mir.«

Sie wurde heftig. »Jetzt spielen Sie hier bloß nicht den Gentleman!« Sie schätzte den jungen Mann höchstens ein paar Jahre älter als ihren Sohn Eike.

»Ich finde«, sagte er, »angesichts der Situation sollten wir uns duzen. Wenn das hier schiefgeht, werden wir nämlich noch heute Nacht gemeinsam sterben.«

Sein Satz entkrampfte die Situation irgendwie, und Ann Kathrin versuchte einen Scherz. Das Wort *Galgenhumor* schoss ihr durch den Kopf. »Ja, einverstanden. Alle Männer, mit denen ich nachts auf einem Scheiterhaufen stehe, duzen mich normalerweise.«

Dann war es so ruhig, dass sie die Flamme am Hanfseil knistern hörte, und es roch nach Verbranntem.

Im Vollmondlicht glaubte Ann Kathrin, dort hinten, zwischen den großen alten Bäumen, eine Gestalt auszumachen. Stand dort jemand und sah ihnen zu? Eine Frau? Ja. Sie glaubte, die Silhouette einer schlanken Frau zu erkennen.

Es tat einen Ruck. Giovanni Schmidt riss die Arme hoch: »Geschafft!«, brüllte er, für Ann Kathrins Gefühl etwas zu laut.

Die weibliche Gestalt war, als Ann Kathrin wieder hinsah, verschwunden.

Giovanni versuchte jetzt, Ann Kathrins Fesseln zu lösen. Er stellte sich ungeschickt an. Er war nervös, und seine Hände zitterten.

»Ruhig«, sagte sie, »ganz ruhig. Du machst das toll.«

»Scheiße, meine Fingernägel sind zu kurz.«

Plötzlich zündete jemand eine Fackel an und kam damit auf den Scheiterhaufen zu. Ann Kathrin erkannte im Mondlicht einen der beiden Typen aus dem weißen Toyota, den sie versehentlich gerammt hatte.

»Das war's! Der Sensenmann kommt!«, lachte er. Die Fackel beleuchtete sein Gesicht. Es war der Lonsdale-T-Shirt-Träger. In seinen Augen funkelte pure Mordlust.

»Schnell!«, bat Ann Kathrin, doch sie verlor die Hoffnung, Giovanni Schmidt könne den Knoten rechtzeitig lösen. Es wunderte sie, dass er nicht einfach wegrannte.

Was für ein tapferer junger Mann, dachte sie voller Bewunderung. Doch dann riet sie ihm: »Hau ab! Lauf! Schnell, Giovanni!«

Aber er blieb, drehte sich um und stand kampfbereit vor dem Fackelträger.

Er schützt mich, dachte Ann Kathrin. Himmel, der schützt mich wirklich! Wie ein echter Freund ...

Sie sah ihn nur von hinten. Sie riss an ihren Fesseln.

Die Fackel wischte mit einem angstmachenden Geräusch durch die Luft. Der Angreifer benutzte sie wie ein Schwert. Er schlug und stach damit nach Giovanni. Der wich geschickt aus.

»Vorsicht!«, rief Ann Kathrin und kam sich dämlich dabei vor.

Giovanni Schmidt konnte den ungleichen Kampf nicht gewinnen, dachte sie. Sie wunderte sich sowieso, wie schnell und geschickt er war, nachdem er doch so lange gefesselt gewesen sein musste wie sie. Sie selbst hatte kaum noch Gefühl in den Armen und Beinen, stand wie auf Watte.

Die Fackel zog vor ihren Augen lange Feuerstreifen durch die Luft und zischte wie der Atem eines Drachen.

Doch dann stolperte der Toyota-Fahrer und fiel hin. Giovanni Schmidt nutzte seine Chance. Er trat den anderen und entriss ihm die Fackel. Sein Gegner floh. Giovanni Schmidt lief ihm mit der Fackel drohend hinterher.

»Komm zurück!«, schrie Ann Kathrin. »Mach keinen Fehler! Lass dich nicht in einen Hinterhalt locken!«

Sie kannte den Lütetsburger Schlosspark eigentlich ganz gut, aber er war über dreißig Hektar groß, und an dieser Stelle hier war sie ganz sicher noch nie im Leben gewesen. Sie ging immer nur vorn spazieren, nahe beim Schloss und beim Café, an den Grachten, und sie erfreute sich an den riesigen Rhododendronsträuchern und der Blütenpracht. So tief ins Innere des Parks war sie nie vorgedrungen. Meist kehrte sie bei den Gräbern oder dem Pavillon, in dem oft Hochzeiten stattfanden, wieder um und trank dann im Café noch einen Espresso.

Jetzt glaubte sie, wieder diese Frau zu sehen. Spielte ihr Verstand ihr einen Streich? War es die Anstrengung und dazu das diffuse Licht?

»Helfen Sie mir!«, rief Ann Kathrin, doch die Frau bewegte sich nicht.

Ann Kathrin konnte Giovanni Schmidt nicht mehr sehen. Das Licht der Fackel verschwand im Dunkel des Parks, der ihr jetzt vorkam wie ein undurchdringliches Dickicht. Sie lauschte, aber sie hörte nichts. Selbst die Vögel schwiegen.

Hatte der Lonsdale-T-Shirt-Träger Giovanni Schmidt erledigt? Würde er gleich mit der Fackel zurückkommen und den Scheiterhaufen anzünden?

Sie gestand es sich nicht gerne ein, aber sie hatte Angst. Schreckliche Angst. Todesangst.

Die Frau war jetzt weg, als hätte sie sich aufgelöst oder sei eins geworden mit dem mächtigen Baum, neben dem sie gestanden hatte und der dunkle Schatten warf. Krähen flatterten in den Baumkronen auf wie Vorboten einer nahenden Katastrophe. Sie lärmten am Himmel. Ihre Schreie hörten sich für Ann Kathrin an wie verzweifelte Warnrufe, als würden sie Alarm schlagen.

Aus der Finsternis näherte sich von ferne ein Licht. Es flackerte nur kurz auf und verschwand dann wieder. Jemand kam mit der brennenden Fackel auf Ann Kathrin zu. Sie zerrte völlig sinnlos an ihren Fesseln.

Karl Wunsch liebte diese Nächte am Norddeicher Hafen. Er hatte, seit er von Hannover nach Norden gezogen war, sein Leben als eine einzige Glückssträhne empfunden. Vom Taxifahrer war er zum Sicherheitsberater geworden, verkaufte Alarmanlagen. Auch die Videokameras um Ann Kathrin Klaasens Haus im Distelkamp hatte er angebracht.

Besser aber noch als sein neuer Beruf war: Er hatte die große Liebe seines Lebens kennengelernt. Helga Oltmanns. Sie war ein ostfriesisches Urgestein und meist gut gelaunt. Sie konnte kochen wie eine Fünfsterneköchin, fand Karl. Meist Suppen oder Eintöpfe. Fischsuppen natürlich, in vielen verschiedenen Variationen, waren ihre Spezialität, aber auch Linsen- oder Erbseneintöpfe. Ihr zuliebe aß er sogar Labskaus mit Spiegelei.

Tagsüber arbeitete sie in der Gastronomie, und er montierte seine Sicherheitsanlagen. Zehn Arbeitsstunden hatte fast jeder Tag, aber nachts gingen die zwei spazieren. Die Deichkrone bei Nacht, mit Blick auf die Stadt zur einen Seite und das Meer auf der anderen ... Bei gutem Wetter konnten sie die Lichter auf den Inseln sehen.

Heute Nacht war auf Norderney etwas Besonderes los. Die Insel wirkte von hier aus geradezu wie von Scheinwerferlicht aus dem Inneren beleuchtet. Über Juist lag ein Schimmer wie ein Heiligenschein, mit einer Beule in der Mitte.

Arm in Arm schlenderten sie dorthin, wo sie vor kurzem noch Lenkdrachen hatten steigen lassen. Das war auch so ein gemeinsames Hobby. Sie liebten es, Windvögel durch die Luft knattern zu lassen.

Die Gedenkstätte *Meerblick* für Seebestattete wirkte um diese Zeit bedrohlich und anziehend zugleich. In die Granitstele eingelassen waren Plaketten mit den Namen der Verstorbenen. Davor stand eine weiße Granitbank, auf der die Angehörigen ausruhen und aufs Meer schauen konnten.

Nachts hockten hier manchmal für eine kurze Rast Helga und Karl. Meist küssten sie sich, bevor sie wieder aufstanden und zum Hafen zurückgingen oder in Richtung Haus des Gastes. Und sie waren sich unausgesprochen einig, dass sie auch im Meer bestattet werden wollten.

Aber heute nahm der Abend nicht den gewohnten Verlauf. Ein Dutzend Silbermöwen, wenn nicht mehr, veranstalteten einen irren Lärm. Sie zankten sich, als hätten Kinder ihnen volle Pommes-Tüten hingeworfen. Viele Kinder. Große Tüten. Voll mit Pommes frites!

Karl Wunsch lief hin, um die Möwen zu verscheuchen. Er wollte nachsehen, was dort los war. Ihm gefiel der Gedanke nicht, dass sie die Sitzbank vollkackten. Es war, als würden sie in sein Wohnzimmer scheißen.

Vor der weißen Granitbank saß ein Mensch mit weit ausgestreckten Beinen. Der Kopf hing nach hinten, der Mund wie zum Schnarchen geöffnet. Aber die Person atmete nicht mehr. In der Stirn war ein kreisrundes Loch und hinten, wo die Kugel ausgetreten war, wollte Karl Wunsch lieber gar nicht erst nachgucken.

Die Frau war ohne jede Frage tot.

Die sonst stets fröhliche und vorlaute Helga schwieg und brauchte eine Zeit, bis sie in der Lage war, die Möwen zu vertreiben, die jetzt ihren Kopf umflatterten.

Jeder andere hätte wohl den Polizeinotruf 110 angerufen, nicht aber Karl Wunsch. Er nahm die Gelegenheit wahr, um vor seiner Helga anzugeben. Er hatte ihr oft von seinen guten Beziehungen zur ostfriesischen Kriminalpolizei erzählt. Er bezeichnete sich praktisch als deren Mitarbeiter und guten Freund von Weller und Ann Kathrin Klaasen. Auch Rupert, so rühmte er sich, sei ihm noch etwas schuldig.

Für Weller und Ann Kathrin hatte er die Videoanlagen um ihr Haus herum installiert, und mit Rupert trank er ab und zu ein Pils im Mittelhaus. Er hatte von allen dreien die Handynummern, also rief er sie privat an, denn, so erklärte er seiner Helga, die noch unter Schock stand: »Man weiß ja nie, welche Pfeife da gerade sonst in der Polizeiinspektion ans Telefon geht, und ich arbeite gern mit den Topkriminalisten.«

Er erreichte Rupert, und noch während er ihm die Lage schilderte, entdeckte er neben der Toten eine Waffe. Er verstand genug von Pistolen, um zu wissen, dass es eine Heckler & Koch war.

Er musste schreien, denn die Möwen machten so einen Lärm, dass Rupert ihn kaum verstand.

Ann Kathrins Herz raste. Gleich, dachte sie, werde ich brennen oder frei sein. Sie begann zu brüllen. Sie wusste, dass es sinnlos war, aber sie musste etwas tun, um zu spüren, dass sie lebte.

Jetzt, als sei ihr tierischer Schrei ein Startschuss gewesen, kam die Fackel schneller näher. Die Flamme wippte bei jedem Schritt auf und ab.

»Ich komme! Ich komme!«

Ann Kathrin hörte Giovanni Schmidts gepresste Stimme und lehnte den Hinterkopf gegen den Baumstamm, an den sie gefesselt war. Sie sah nach oben in den nachtblauen Sternenhimmel. *Danke, Universum. Danke!*

Doch ihre Atempause war nur kurz. Dann kehrte die Angst zurück.

»Vorsicht, pass auf. Wer weiß, ob noch irgendwo einer lauert. Ich hab eine Frau gesehen, da hinten, bei den großen Bäumen.«

Die Fackel wurde nach rechts und links geschwenkt.

Dann war er endlich bei ihr.

»Komm mir bloß nicht mit dem Feuer zu nahe«, mahnte sie.

Er rammte die Fackel gut drei, vier Meter vom Scheiterhaufen entfernt in den weichen Boden. So hatte er noch ein wenig Licht, um sich Ann Kathrins Fesseln zu widmen.

Sie konnte die Blicke nicht von der lodernden Flamme wenden. Sie hatte Sorge, eine Benzinpfütze könnte Feuer fangen und einen Flächenbrand bis zu ihr hinauf auslösen.

Langsam kippte die Fackel um.

»Da! Da, guck doch. Giovanni!«

Er drehte sich um, sah, was passierte, und war mit zwei Sprüngen da. Als hätte er etwas gehört oder würde einen Angriff erwarten, drehte er sich mit der Fackel einmal rasch um die eigene Achse. Für Ann Kathrin sah es aus, als würde er in einem Feuerring stehen.

Brennendes Pech oder was immer es war, fiel herunter, und der sanfte Nachtwind wehte Glut hoch in die Luft. Tanzende, brennende Schmetterlinge, dachte Ann Kathrin und hoffte, nicht verrückt zu werden.

Ein paar Meter weiter knackte es im Gehölz. Da bewegte sich etwas. Ein Tier vielleicht oder auch ein Mensch.

Giovanni wusste sowieso nicht, wohin mit der Fackel. Er warf sie in die Richtung, aus der das Geräusch gekommen war.

Ann Kathrins Augen folgten dem glühenden Lichtschweif. Die Fackel überschlug sich mehrfach in der Luft und landete dann im Moos. Ann Kathrin glaubte jetzt ganz klar die dünnen Beine einer Frau zu erkennen.

Giovanni schrie: »Verpisst euch, ihr Arschgeigen, oder wollt ihr euch auch blutige Köpfe holen?«

Schon war er bei Ann Kathrin und löste ihre Fesseln. Sie rieb sich die Handgelenke, und plötzlich knickte sie in den Knien ein. Giovanni hielt sie, sonst wäre sie gefallen.

»Mir ist schlecht«, sagte sie.

Er stützte sie und half ihr, den Scheiterhaufen zu verlassen. Sie hielt sich an ihm fest. »Danke, Giovanni. Danke. Ich fürchte, du hast mir das Leben gerettet.«

Er lachte. »Ich wollte schon als kleiner Junge ein Held werden und schöne Frauen in Unterwäsche retten.«

»Wir müssen telefonieren. Ich muss die Kollegen verständigen und …«

Er beruhigte sie: »Die nächste Telefonzelle … das könnte ein Problem sein. Vielleicht sind beim Golfclub noch Gäste und feiern, aber bis dahin laufen wir im Dunkeln durch den Wald, und du bist barfuß.«

Die Zivilisation kam ihr plötzlich unendlich weit weg vor.

»Ich hole uns die Fackel«, versprach er.

Sie blieb einfach stehen und sah ihm nach. Aber er kam nicht mehr zurück. Sie sah die Fackel auf dem Boden weiter lodern, nur von Giovanni keine Spur mehr.

Maggie badete nackt im Meer. Hier, im Südwesten der Insel Langeoog war der Sand unter ihren Füßen besonders fein. Im Naturschutzgebiet Flinthörn fühlte sie sich so wohl, als sei sie Bestandteil dieser schützenswerten Natur.

Die Dünen da oben waren angeblich entstanden, weil eine Sturmflut vor rund zweihundert Jahren ein Dorf auf Baltrum zerstört hatte. Die Trümmer der Häuser wurden dann der Überlieferung nach hier angespült. Mit den Jahren verfing sich immer mehr Flugsand darin. So entstanden die ersten Dünen.

Die Vögel nutzten die Gegend als Rast- und Brutstätte. In ihrem Kot brachten sie Samen mit, so kamen Pflanzen und Bäume.

Ihr gefiel der Gedanke, dass aus Zerstörung Neues entstand. Etwas so Schönes, Mächtiges wie dieser Ort.

Wer trauerte noch den Toten nach, die damals zu beklagen waren? Wer weinte noch über die zerstörten Häuser und Existenzen? Aus Trümmern und Müll war einer der schönsten Kraftorte geworden, die sie auf dieser Welt kennengelernt hatte.

Sie ging langsam aus dem Wasser und genoss es, dass die Wellen sie begleiteten. Laut. Krachend. Wie Reiterheere. Ja! Sie fühlte sich wie eine siegreiche Königin. Die Dinge liefen gut für sie. Erstaunlich gut. Ann Kathrins Vernichtung konnte jetzt von Phase 3 – *Zielperson zum Ausrasten bringen oder in die*

Depression treiben – nahtlos in Phase 4 übergehen: *Ökonomischer, seelischer und körperlicher Zusammenbruch ...*

Danach war es dann auch nicht mehr weit bis zu Phase 5: *Tod*.

Würde Frank Weller ihr glauben? Den Seitensprung verzeihen? Oder endlich die dunkle Seite seiner Frau entdecken und Reißaus nehmen?

Sie konnte nicht gut abschätzen, wie Ann Kathrins Sohn Eike reagieren würde. Der lebte ein sehr eigenes Leben, unabhängig von seiner Mutter. Aber es gab ein paar Gestalten, die würden immer zu ihr halten, befürchtete sie.

Der Journalist Holger Bloem gehörte ganz sicher dazu.

Ihr Nachbar Peter Grendel und seine Frau Rita.

Die Tappers vom Café ten Cate waren ebenfalls als unbeirrbare Ann-Kathrin-Freunde bekannt. Stur, wie Ostfriesen nun mal waren.

Für Melanie Weiß vom Hotel Smutje galt das Gleiche.

Aber diese ostfriesischen Helden würden Ann Kathrin Klaasen nicht helfen können. Am ehesten konnte noch Holger Bloem gefährlich werden. Diese Presseleute waren es gewohnt zu recherchieren, und sie konnten mit ihrer Schreibe ganz schön Stimmung machen im Land. Na ja, dachte sie, sagen wir, in Ostfriesland. Schon im Emsland verlief sich seine Macht. In Münster, Hannover, Osnabrück, da wehte ein anderer Wind. Oder hatte dieser Bloem auch überregionalen Einfluss? Freunde bei großen Blättern ...

Sie wälzte sich nackt im Sand und genoss es, dass er auf ihrer nassen Haut kleben blieb.

»Du bist erledigt, Ann Kathrin«, sagte sie. »Erledigt.«

Wie ein Mantra wiederholte sie diesen Satz immer wieder: »Du bist erledigt, Ann Kathrin. Erledigt.«

Martin Büscher walkte sich das Gesicht durch. Er hatte gerade die Tiefschlafphase erreicht, als er vom Telefon geweckt wurde. Er war dem schrecklichen Klingelton fast dankbar, weil dadurch sein Traum beendet worden war. In dieser Nacht war er von seiner toten Mutter besucht worden. Sie sah nicht aus wie ein Engel. Auch nicht so, wie er sie in Erinnerung hatte, in den letzten Jahren zwischen Klinik, Kur, Hoffnung und Tod, sondern sie war eine junge Frau. Wie er sie erlebt hatte, als er Kind war.

Es war eine gespenstische Szene, in einem alten Klassenzimmer mit grüner Schiefertafel. Er saß am Lehrerpult, das wie eine Anklagebank wirkte, und in den Holzsitzen machten sich seine Lehrer breit.

Er kannte sie alle. Oberstudienrat Günther, der sich auch jetzt bewegte wie ein alter Offizier. Dr. Fuchs, der weißhaarige Schulleiter, und Stobbe, der immer so hochnäsig guckte, als sei er etwas Besseres.

Seine Mutter fragte ihn: »Was hast du denn aus deinem Leben gemacht, Martin? Ich habe mich krummgelegt, damit etwas aus dir wird. Und nun?«

Er verteidigte sich tapfer: »Ich bin der Chef der ostfriesischen Kriminalpolizei. Ich bin verantwortlich für die Sicherheit von einer Viertelmillion Menschen.«

Seine Lehrer hatten ihn höhnisch ausgelacht: »Chef willst du sein? Tut denn irgendjemand, was du sagst? Fragt dich irgendjemand um Rat?«, wollte Oberstudienrat Günther wissen.

Martin Büscher hatte noch um eine Antwort gerungen und war dabei immer kleiner geworden, als würde er unter den Blicken seiner alten Lehrer und seiner Mutter schrumpfen. Er kam sich vor wie höchstens sieben oder acht.

Oberstudienrat Günther donnerte im Befehlston: »Du bist nur so lange Chef, wie Ubbo Heide und Ann Kathrin Klaasen dich Chef spielen lassen! Zeig ihnen mal, wo der Hammer hängt!«

Er wollte aufbegehren und schrie: »So ist Schule heute nicht mehr! Ihr seid lächerliche Auslaufmodelle! Wracks! Fossile! Ihr seid zur Karikatur geworden!«

Aber er wurde erneut schallend ausgelacht: »Du bist ein Nichts, Martin Büscher, ein Vorzeigeidiot! Ein Grüß-August!«

Das war der Moment, in dem ihn das Telefon rettete. Rupert war am Apparat, und der legte ohne große Vorrede los.

Martin Büscher betastete sein Schlafanzugoberteil. Es war klatschnass.

»Falls meine Frau mir kein LSD in den Tee geschüttet hat, stehe ich hier gerade in Norddeich am Gedenkstein von der Reederei, und vor mir liegt eine junge Frau, die sich selber das Gehirn weggepustet hat. Originelle Idee, das gerade hier zu tun. Ich vermute mal, es ist der zarte Hinweis, dass sie eine Seebestattung wünscht. Kannst du mich überhaupt verstehen, Martin?«

Büscher nickte, was Rupert natürlich nicht sehen konnte. Büscher brauchte eine Weile, dann sagte er: »Was pfeift denn da so?«

»Na, was denkst du wohl? Der Staubsauger meiner Frau? Das Schwein von meinem Nachbarn? Oder der Nordseewind?«

Martin Büscher würde sich wohl nie an diese raubeinige ostfriesische Art gewöhnen. »Musstest du mich deshalb wecken? Wer hat denn Bereitschaft?«

»Hallo?! Raumstation an Erde!«, ballerte Rupert los. »Schon wieder ein Selbstmord. Wieder so ein junger Mensch, und weißt du, was ich befürchte?«

»Was?«

»Die Heckler & Koch, mit der sie sich weggeknallt hat, sieht verdammt nach einer Dienstwaffe aus. Aber leg dich ruhig wieder hin, Martin, und mach deinen Schönheitsschlaf ...«

Büscher fragte sich, ob man anderswo auch so mit seinem

Chef sprach oder ob das eine typisch ostfriesische Eigenart war. Er erhob sich schwerfällig und reckte sich. »Ich ... ich hatte eine verdammt miese Nacht. Ein Albtraum.«

»Ich träume nachts lieber von schönen Frauen als von den Alpen«, tönte Rupert.

Plötzlich war Büscher hellwach. Lieber Gott, dachte er, lass es nicht Katja Schubert sein. Die angeblich solche Angst vor Ann Kathrin hat ...

Giovanni Schmidt tauchte nicht wieder auf. Ann Kathrin nahm die Fackel an sich. Sie war mehr als ein Lichtspender. Waffe und Signal zugleich.

Mehr als eine Ahnung, wo sie sich befand, hatte sie nicht. In welche Richtung sollte sie laufen? Es waren nirgendwo beleuchtete Fenster oder Straßenlaternen zu sehen.

Sie überlegte, ob es Sinn machen könnte, auf einen Baum zu klettern. Von oben konnte sie vielleicht die Himmelsrichtung bestimmen. Die Lichter der Stadt sehen, falls in Lütetsburg oder Hage um die Zeit noch viel geöffnet oder beleuchtet war, was sie bezweifelte.

Ihr blieb nicht viel anderes übrig. Sie wollte nicht die halbe Nacht durch den Park irren. Barfuß. In Unterwäsche. Mit einer Fackel, die langsam abbrannte und sicherlich nicht mehr lange Licht spenden würde.

Ann Kathrin sah zum Mond hoch. Die Stadt musste sich in grober Richtung Norden befinden, aber wo, verdammt, sollte das sein? Sie konnte die Himmelsrichtung problemlos an der Sonne bestimmen. Aber am Mond oder an den Sternen? Nein, so weit war sie noch nicht.

Wenn ich einen Baum hochklettere, dann ... Herrgott, wann habe ich das zum letzten Mal gemacht?

Wohin dann mit der Fackel? Sie trennte sich nicht gern davon, aber mit der Fackel war es praktisch unmöglich …

Sie drückte den Griff in den Boden. Die Fackel stand fest. Die Flamme flackerte im Wind. Ann Kathrin versuchte ihr Glück. Sie bekam den ersten großen Ast zu fassen. Der würde sie halten.

Sie schwang sich hoch. Das Erfolgserlebnis tat gut. Eine Wolke verdunkelte jetzt den Mond. Sie sah nicht viel, und das machte Ann Kathrin das Klettern nicht gerade einfacher.

Wo, verdammt, war Giovanni Schmidt? Sie befürchtete schon, irgendwo im Park seine Leiche zu finden.

Sie tastete sich vorwärts. Kleine Äste peitschten ihren Körper. Ein Vogel flatterte über ihr auf. Dann sah sie das Schloss. Sie war gar nicht weit weg.

Im Schloss war Licht. Sie hätte schreien können vor Freude.

Der ostfriesische Wind vertrieb die Wolke, und Ann Kathrin konnte ganz in der Nähe ein Fahrzeug erkennen. Es parkte weiter hinten. Ein Bulldozer oder ein kleiner Bagger. Der Mond spiegelte sich auf der Karosserie und ließ das Ding wie ein zerquetschtes Rieseninsekt aussehen.

Am liebsten hätte Ann Kathrin das Fahrzeug kurzgeschlossen, um zum Schloss zu fahren, aber sie hatte einerseits zu viel Respekt vor dem schönen Garten und wollte ihn nicht mit so einer Art Planierraupe plattfahren, andererseits waren Autos und technische Dinge so gar nicht ihre Sache. Sie befürchtete, bei dem Versuch, den Motor anzulassen, zu scheitern.

Sie kletterte langsam den Baum hinab. Dabei bedankte sie sich innerlich bei ihm für seine Gastfreundschaft. Immerhin hatte er sie nicht abgeworfen, und seine Äste hatten sie gehalten.

Sie hatten verabredet, sich hier zu treffen, wenn alles vorbei war. Er wartete.

Giovanni Schmidt stand in Bensersiel am Fähranleger. Er war so stolz auf sich! Er hatte ein Haarbüschel von Ann Kathrin Klaasen und ein T-Shirt, das sie auf der Haut getragen hatte, ihre Socken und die Jeans. Maggie würde begeistert sein!

Aber es gab jetzt keine Möglichkeit, auf die Insel zu kommen. Die erste Fähre fuhr erst um 6.45 Uhr. Er fragte sich, was für einen Sinn die Verabredung hier machte. Die Nacht war noch lang. Er konnte jetzt unmöglich schlafen. Es war, als hätte er Aufputschmittel genommen.

Seine sogenannten Freunde hatten ihm früher von Amphetaminsubstanzen erzählt, die appetitzügelnd und gleichzeitig euphorisierend wirkten. Man konnte nächtelang ohne Ermüdung durchtanzen oder -lieben oder -arbeiten, was immer einem wichtig war.

Er brauchte keinen synthetischen Stoff. Maggies Liebe hatte eine viel stärkere Wirkung auf ihn. Und ihre Energie war im Blut nicht nachzuweisen.

Er hatte nicht einmal mit dieser Kommissarin schlafen müssen. Boris' Plan war viel besser gewesen. Boris hatte alles, was ein guter Feldherr brauchte, um Kriege zu gewinnen.

Giovanni kannte Boris erst seit wenigen Stunden. Doch er bewunderte die Skrupellosigkeit, mit der er bereit war, Maggies Wünsche in die Realität zu brennen.

Boris hatte, so glaubte Giovanni, unendlich viel von Maggie gelernt. Er konnte Menschen tief in die Seele schauen, und er kannte jeden ihrer Schachzüge im Voraus. Manchmal vielleicht, bevor sie selber ahnten, was sie als Nächstes tun würden. Er verstand sich auf Täuschung und Intrigen. Heimtücke und Hinterlist seien seine Nachnamen, so hatte er lachend von sich gesagt. Er stand zu dem, was er tat, und er erreichte seine Ziele.

Ganz allein, hier am Fähranleger, hüpfte Giovanni herum wie ein Flummiball. Er hielt sich von den bewachten Parkplätzen und Gebäuden fern. Er wollte nicht ins Bild irgendwelcher Videokameras laufen. Obwohl, warum eigentlich nicht? Er hatte nichts zu befürchten. Es war nicht verboten, nachts friedlich am Wasser spazieren zu gehen.

Am liebsten wäre er nach Langeoog geschwommen, um Maggie so schnell wie möglich wiederzusehen. Nein, er hatte keine Angst zu ertrinken. Er kam sich gerade unsterblich vor. Unkaputtbar. Unsinkbar. Er würde immer oben schwimmen! Wie die Enten da, oder waren es Möwen?

Aber das Salzwasser konnte Ann Kathrin Klaasens Kleidung energetisch verunreinigen. Maggie brauchte sie so unverfälscht wie möglich für ihr Ritual.

Er war gespannt darauf. Er stellte sich eine Art Voodoo-Zauber vor, mit dessen Hilfe Ann Kathrins Hochmut gebrochen werden würde.

Er starrte zum Mond. Das Wort *mondsüchtig* schoss ihm durch den Kopf. Aber er war nicht mondsüchtig. Er war Maggie-süchtig.

Er hatte genügend Geld für ein Hotelzimmer, aber er beschloss, den Rest der Nacht hier draußen zu verbringen, direkt am Wasser, mit dem Blick auf Langeoog. Keine gemauerte Hotelzimmerwand sollte zwischen ihm und Maggie sein. Höchstens das Meer. Und morgen würde er es überqueren, um sie zu treffen.

Er rechnete nicht mehr damit, dass Boris und Justin hier aufkreuzen würden. Vielleicht hatten sie ihm diesen Treffpunkt nur genannt, um ihn zu verarschen oder um zu sehen, wie lange er warten würde, bevor er sich trollte. Vielleicht waren sie auch von der Polizei erwischt worden. Es gab so viele Möglichkeiten ...

Aber was sollte es. Er war der siegreiche Gladiator, der seine

Aufgabe zusammen mit seinen Mitstreitern erledigt hatte. Nun wartete die Belohnung auf ihn – so glaubte er.

Als Ann Kathrin direkt vor dem Schloss stand und klingeln wollte, gingen drinnen alle Lichter aus. Vielleicht war es Zufall, aber sie nahm es wie eine Warnung auf. Sie schreckte zurück. Waren die Täter noch in der Nähe? Vielleicht dort im Schloss?

Die Motorgeräusche vorbeifahrender Autos auf der Landstraße erlebte sie wie einen Weckruf. Sie rannte los.

Die kleinen Steinchen schmerzten unter ihren Füßen. Es war, als würde sie über Glas laufen. Sie biss die Zähne zusammen und kletterte über die Mauer am Tor. Von dort sah sie die Straße. Lichter kamen näher. Mindestens drei Fahrzeuge.

Sie sprang nach unten, hinein in die Dunkelheit. Sie federte in den Knien nach, knickte aber mit dem linken Fuß um.

Ihr Gelenk schmerzte. Sie humpelte weiter. Sie stellte sich an den Straßenrand und winkte.

Der erste Wagen rauschte vorbei. Am Lenker erkannte sie einen jungen Mann. Er hatte eine Zigarette im Mundwinkel und ein Handy am Ohr. Im Fahrzeugraum leuchtete ein phosphoreszierendes Licht. Die Szene wirkte surreal auf Ann Kathrin. Wie geträumt.

Im zweiten Wagen, einem weißen Golf, saß ein Pärchen. Ann Kathrin lief in die Mitte der Straße und breitete die Arme aus.

Ich muss wie ein Gespenst auf die zwei wirken, dachte sie.

Reifen quietschten. Das Fahrzeug dahinter geriet ins Schleudern, fing sich aber wieder. Wutentbrannt stieg der Fahrer aus. Er hatte einen Hut auf, der für seinen Quadratkopf viel zu klein war. Er schnaubte: »Ja, hat man es denn nur noch mit Bekloppten zu tun?«

Aggressiv näherte er sich Ann Kathrin. Er pflaumte sie an: »Sind Sie besoffen, oder was? Hat man Ihnen ins Gehirn geschissen?«

»Nein«, antwortete Ann Kathrin ruhig, »ich bin nicht betrunken. Sie aber sehr wohl.«

»Guck dich doch mal an, wie du aussiehst! Rennt hier nachts halbnackt auf der Straße herum und beschimpft dann auch noch andere Leute! Du könntest tot sein, du blöde Torte!«

Der weiße Golf wurde an den Straßenrand gelenkt. Das Pärchen stieg aus. Die junge Frau war sofort bei Ann Kathrin.

»Ist Ihnen etwas passiert? Können wir Ihnen helfen?« Zu ihrem Freund rief sie: »Hol doch mal die Decke aus dem Auto!«

»Danke«, sagte Ann Kathrin. »Bitte rufen Sie die Polizei. Ich bin überfallen worden.«

Die junge Frau zückte ihr Handy. Der mit dem großen Hut flüchtete zu seinem Fahrzeug. Er wankte, als er die Tür öffnete. »Polizei? Damit will ich nichts zu tun haben!«

Ann Kathrin versuchte, sich die Autonummer zu merken. Selbst jetzt, in dieser außergewöhnlichen Situation, in der sie sich befand, wollte sie nicht akzeptieren, dass jemand sturzbetrunken Auto fuhr.

Die Decke nahm sie gern. Die Berührung durch den weichen, kuscheligen Stoff machte ihr erst klar, wie verschwitzt und schmutzig sie selbst war. Tränen stiegen ihr in die Augen. Sie war gerade dem Tod durch Verbrennen entkommen, und da, irgendwo im Park, so vermutete sie, musste Giovanni Schmidt liegen. Sie stellte ihn sich verletzt, vielleicht sogar tot vor.

»Wir brauchen einen Krankenwagen«, sagte sie, »und die Kollegen sollen mit viel Licht und Spürhunden kommen.«

»Die Kollegen? Sind Sie Polizistin?«, fragte die junge Frau, die gerade mit Marion Wolters von der Einsatzzentrale telefonierte.

Ann Kathrin nickte.

Giovanni Schmidt war immer noch aufgekratzt und siegestrunken. Ein weißer Toyota näherte sich. Am Steuer Boris. Er winkte. Giovanni lief hin.

Justin sah aus wie ein Mensch, der gerade einen Blick in die Hölle geworfen hatte. Boris dagegen war gut drauf.

»Wir fahren mit dem Boot rüber«, sagte er so selbstverständlich, als sei es das Nächstliegende.

»Mit welchem Boot?«, fragte Giovanni.

Boris deutete auf Justin. »Seine Eltern haben einen Kahn. Sein Alter will das Ding seit Ewigkeiten verkaufen, aber Maggie wünscht das nicht.«

Der Satz hallte in Giovanni nach. *Maggie wünscht das nicht* ... Ließen sich Justins Eltern von Maggies Wünschen leiten?

Justin platzte damit heraus: »Wenn meine Alten erfahren, was wir hier abziehen, dann ...«

Boris fuhr Justin an: »Wer soll es ihnen denn erzählen? Du?«

Rasch schüttelte Justin den Kopf. Er knabberte sich die Unterlippe blutig. Er sah für Giovanni aus wie jemand, der nicht mehr lange durchhalten würde. Jemand am Rand. Innerlich zerrissen, voller Angst und Wahnsinn.

Es war ein altes Motorboot. Von hier aus war sicherlich oft gefischt worden. Giovanni konnte die Schlachtbank für Fische sehen. Es klebten Schuppen daran, und ein finnisches Fischmesser in einer Lederscheide ragte aus einem Eimer, dessen Rand blutverschmiert war. Giovanni entdeckte Halterungen für die Angeln.

Boris steuerte das Boot sicher und wie nebenbei. Sie fuhren bei Hochwasser raus, und die Wellen warfen das kleine Motorboot rauf und runter.

Sie waren kaum auf dem Wasser, da begann es zu regnen. Ganz weit im Osten gabelten sich Blitze.

Es kam Giovanni so vor, als würde Boris bewusst jede Welle voll mitnehmen, um das Schiff schwanken zu lassen. Er suchte einen sicheren Platz für das T-Shirt und Ann Kathrin Klaasens Haare. Auch ihre Schuhe und Strümpfe hatte er in einem Plastikbeutel. Das alles sollte auf keinen Fall nass werden.

Justin war schlecht. Boris lachte und rief gegen den Wind: »Seine Eltern haben ein Boot! Das wäre mein Traum gewesen! Wasserski statt Meditation! Aber der kotzt und wird seekrank!«

Tatsächlich sah Justin leichenblass aus. Er rülpste: »Hier fährt nie einer Wasserski. Viel zu viele Wellen. Hier kiten sie höchstens ...«

»Ich habe hier die Haare und die Wäsche, aber ich sollte auch ihre Dienstwaffe mitbringen«, sagte Giovanni. »Wo habt ihr sie?« Er ging davon aus, dass Justin sie noch hatte.

Boris sprach, ohne einen von den beiden anzusehen. Stattdessen hielt er voll auf eine fette Welle mit einer quirligen weißen Schaumkrone zu. Justin klammerte sich an einer silbernen Stange fest, die das Schiff wie eine Perlenkette umrahmte und an der auch Angelhalterungen befestigt waren.

»Die Heckler & Koch haben wir anderweitig eingesetzt. Katja Schubert hat sich damit erschossen«, erklärte Boris.

»Häh? Was? Ich dachte, Maggie braucht die Waffe, um die schlechten Energien ...«

Die Welle hob das Schiff an. Einen Moment schienen sie zu fliegen. Die Schwerkraft ließ sie gegeneinanderkrachen wie Kegel, wenn ein guter Spieler die letzten Jungs von der Platte räumte.

Es platzte aus Justin heraus: »Sie hat sich gar nicht selbst erschossen, stimmt's? Du warst das, Boris! Ich soll nur glauben, dass ich sie mit der Macht des Knowledge ins Jenseits befördert habe.«

Boris stieß Giovanni an und spottete über Justin: »Er hat kein Vertrauen in sich selbst. Seine Scheißlehrer waren genauso blöd wie seine Eltern. Das sind diese Pädagogen, die einem Fisch vorwerfen, dass er nicht auf Bäume klettern kann, und einem Elefanten, dass seine Flugkünste nicht ausreichen. Wer bei solchen Menschen groß wird, sieht immer nur, was er nicht kann. Der kennt sein eigenes Potential nicht. Der Elefant hält sich zeitlebens für einen Versager, weil er nicht fliegen kann, und er wird sich seiner enormen Kraft niemals bewusst. Der Fisch träumt immer nur davon, auf Bäume zu klettern, statt die Welt unter Wasser zu erkunden. So haben sie auch unseren Justin fertiggemacht. Maggie hat ihm sein Potential gezeigt. Jetzt hat er Probleme, mit der Monstrosität seiner Möglichkeiten fertig zu werden, und wünscht sich, wieder ein Fisch zu sein, der nicht klettern kann.«

Boris schlug nach Justin. Es war eine spielerische Ohrfeige, als wolle er einen Bewusstlosen aufwecken.

Justin reagierte nicht darauf. Er klammerte sich wieder an den Angelhalterungen fest.

»Maggie sagt einem Fisch, dass er schwimmen soll, und einem Elefanten, dass er Lasten tragen kann«, fuhr Boris fort. »Maggie sagt den Menschen die Wahrheit. Sie bringt sie dazu, ihr eigenes Wesen zu erkennen. Manche erschrecken vor ihren eigenen Talenten und Begabungen.«

Justin übergab sich. Er beugte sich vor und göbelte in die Nordsee.

Er wischte sich die Lippen ab. »Du hast Katja erschossen!«, rief er. »Du!«

Boris ließ das Boot führerlos durch die Wellen reiten. Das Salzwasser klatschte gegen Giovannis Oberkörper. Er war durchnässt, sah aber als Erstes zu der Plastiktüte mit Ann Kathrins Sachen, ob sie nach wie vor in Sicherheit war. Kalt spürte er den Wind auf der feuchten Haut.

Er fragte sich, wie diese Nacht weiter verlaufen sollte. Würden sie gemeinsam bei Maggie schlafen? Vielleicht gar alle drei mit ihr?

Alles in ihm sträubte sich gegen diesen Gedanken. Er schämte sich vor sich selbst dafür. Er wusste, dass sie darüber nur lachen würde. Doch es war die ganze Wahrheit: Er wollte sie für sich alleine.

Vielleicht hätte er sonst etwas unternommen, aber so sah er nur zu, als Boris sich plötzlich bückte, Justins Hosenbeine ergriff und sich ruckartig gerade machte.

Justin verlor das Gleichgewicht. Er verschwand über die Reling wie eine Halluzination.

Für einen Moment war es, als sei er nie dagewesen.

Giovanni konnte es nicht fassen. Er hatte Erstaunliches erlebt in den letzten Stunden. Einiges hatte er bisher für völlig unmöglich gehalten. Aber das hier traf ihn wie ein Giftpfeil. Hitze schoss durch seinen Körper. Ein Gefühl, er sei daran schuld, ja seine vorauseilende Eifersucht habe diese Katastrophe verursacht. Gleichzeitig konnte er diese Kaltblütigkeit von Boris nicht mehr nachvollziehen. Oder war es ein Test? War es, wie so vieles andere auch, nur ein Trick? Täuschung? Trug Justin eine Schwimmweste unter dem Hemd? War das Ganze von ihnen geplant worden? Eine Inszenierung? Würde er gleich wieder an Bord kommen und dann fragen: »Warum hast du mir nicht geholfen?«

Giovanni brüllte Boris an: »Ey, spinnst du? Bist du jetzt völlig durchgeknallt?«

Boris lächelte breit und machte eine einladende Geste in Richtung Meer: »Ja, spring doch hinein, du Held! Rette ihn!«

Giovanni stand unschlüssig. Das Schiff wackelte.

Boris steuerte schon lange nicht mehr. Er öffnete eine weiße Kiste und holte Schwimmwesten heraus. Eine warf er achtlos über Bord. Eine andere gezielt auf Giovanni. Sie klatschte gegen seine Brust.

Die Wellen warfen das kleine Boot rauf und runter. Giovanni befürchtete, es könne jeden Moment kentern, falls er nicht vorher über Bord gehen würde.

»Na, was ist, du Held? Springst du, oder soll ich uns besser zur Insel bringen, und wir trinken im *Dwarslooper* noch einen?«

Giovanni hätte das Boot gern gestoppt, um Justin eine Chance zu geben, aber die Wellen mussten ihn längst abgetrieben haben, und Giovanni verstand leider nichts von Motorbooten. Er bezweifelte, dass er in der Lage war, das Boot eigenständig zurückzufahren.

»Halt an!«, schrie er.

Der Regen wurde heftiger. Die Gischt schwappte ins Boot und verteilte sich wie feiner weißer Sprühnebel auf Giovannis Gesicht. Seine Haare sahen aus, als hätte er sie eingeschäumt.

Boris zeigte auf ihn: »Was bist du nur für eine Witzfigur? Im Grunde gefällt es dir doch genau so! Du bist unschuldig, kannst dich sogar noch aufregen, aber deinen Konkurrenten bist du los. Ich tu dir einen Gefallen, Kleiner. Sei doch ehrlich zu dir! Meinst du, ich hab nicht gesehen, wie du ihn angeguckt hast? Du bist zerfressen von Eifersucht!« Er packte Giovanni und zog ihn zu sich ran: »Stellst du dir vor, wie er es mit ihr macht?«

Giovanni versuchte, sich freizukämpfen. Im Pfeifen des Windes hörte er Justins Schreie. Er rief nicht um Hilfe. Er kreischte nur jämmerlich, als würde er vor Empörung kein richtiges Wort herausbekommen.

»Er wird da draußen sterben!«, brüllte Giovanni.

»Ja«, sagte Boris, »da gebe ich dir sogar recht.«

Er drehte sich um, nahm das Lenkrad in beide Hände und steuerte Langeoog an.

Giovanni stieß ihn ins Kreuz: »Das kannst du doch nicht machen, verdammt! Kehr um! Noch können wir ihn retten!«

Boris blickte stur geradeaus. »Halt dich fest, Kleiner. Da hinten kommen richtige Wellen. Das ist die Nordsee, wie ich sie liebe! Rau! Unerbittlich! Voller zerstörerischer Kraft! Nordsee ist Mordsee!«

»Ich werde es Maggie sagen«, drohte Giovanni.

»Sie wollte es so, Kleiner. Glaubst du, ich tue etwas, was ihr nicht gefällt?«

Ann Kathrin Klaasen hatte in diesem Raum oft Verhöre durchgeführt. Jetzt saß sie selbst hier und wartete darauf, befragt zu werden.

Weller stand hinter der Glasscheibe. Er hätte seine Frau am liebsten in die Arme genommen und nach Hause gebracht, ihr ein heißes Bad einlaufen lassen und einen Kräutertee gekocht, aber Martin Büscher ließ sie nicht zu ihm durch. Weller sah seine Frau wie ein Häufchen Elend, verkrochen in eine blauweiß gestreifte Decke auf einem Stuhl sitzen und vor sich hin starren.

»Wir müssen reden«, sagte Büscher eindringlich zu Weller. Er drängte ihn neben dem Kaffeeautomaten in die Ecke gegen die Wand. »Frank, wir dürfen jetzt keinen Fehler machen. Katja Schubert hat an ihre Freundin Nachrichten geschickt, dass sie Angst vor Ann Kathrin hat. Sie ist regelrecht vor ihr geflohen. Und jetzt ist Katja Schubert tot. Erschossen mit, so wie es aussieht, Anns Dienstwaffe.«

Weller bekam weiche Knie. »Das kann doch nicht sein! Was ist mit Ann los? Sie sieht ja völlig fertig aus. Warum lässt du mich nicht zu ihr?«

»Weil jedes Gericht über die Beweise lachen würde. Auch

über all das, was sie entlasten könnte. Das zählt dann am Ende nicht mehr. Wir müssen die Sache an Kollegen übergeben. Wir dürfen auf keinen Fall den Fehler machen und hier selbst ermitteln. Das wird man gegen uns auslegen und auch gegen sie. Du als ihr Mann bist sowieso draußen, das muss dir klar sein. Bitte – Herrgott – das musst du einsehen, Frank!«

»Lass mich los, Martin«, zischte Weller. »Was läuft hier eigentlich? Erst wird sie in Emden geblitzt, während sie eigentlich auf Wangerooge ist, dann hat sie ein illegales Geschäft eröffnet und einen Laptop in Oldenburg beschlagnahmt, und jetzt ist sie auch noch zur Killerin geworden, oder was?«

»Ich höre mir gern ihre Geschichte an, wenn unparteiische Kräfte mit an Bord sind. Ich will mir hinterher nichts vorwerfen lassen, Frank.«

Weller wollte davon nichts hören.

Staatsanwältin Meta Jessen stöckelte durch den Flur. Sie war unausgeschlafen, ungeschminkt und nicht gerade gut gelaunt. Immer wieder wischte sie sich durchs Gesicht, als würden Tiere darauf herumkrabbeln, die sie abstreifen müsste.

Sie war zwar für Mord eigentlich nicht zuständig, aber Staatsanwalt Scherer lag mit einer schweren Gehirnerschütterung im Bett und sah aus, als sei er in eine Kneipenschlägerei geraten. Er hatte sich mit seiner jungen Frau und ein paar Verwandten am Wochenende beim Minigolf vergnügen wollen. Seine Frau hatte wohl ein bisschen zu weit mit dem Schläger ausgeholt, ohne nach hinten zu gucken. Jedenfalls war er erst im Notarztwagen wieder aufgewacht.

Das alles hatte seiner jungen Ehe nicht gutgetan, denn seine Therapeutin behauptete, seine Frau habe möglicherweise unbewusste Aggressionen gegen ihn. Der zu schwungvolle Schlag sei Ausdruck davon. Sozusagen eine Freud'sche Fehlleistung.

Jetzt musste Meta Jessen für ihn einspringen. Dabei hätte er zu gern die Ermittlungen gegen Ann Kathrin Klaasen geleitet.

Ihm ging, wie er es privat gern ausdrückte, »diese Torte unendlich auf den Sack«.

Meta Jessen dagegen hatte eher ein unverkrampftes Verhältnis zu Ann Kathrin Klaasen. Es lag nahe, dass sie den Fall übernahm, denn auf ihrem Schreibtisch lagen schon die Betrugsanzeigen gegen Ann Kathrin Klaasen.

Sie gab Kripochef Büscher sofort recht: »Diese vermeintliche Straftat kann nicht vom ersten Fachkommissariat der Polizeiinspektion Aurich-Wittmund aufgeklärt werden«, sagte sie sachlich.

Büscher schlug vor, die Bearbeitung den Kollegen aus Leer oder Emden zu übertragen, aber Staatsanwältin Jessen war dagegen. »In diesem Fall sehe ich da auch Interessenkonflikte. Ann Kathrin Klaasen ist in Ostfriesland viel zu bekannt und beliebt. Wir sollten eine Inspektion außerhalb der Polizeidirektion Osnabrück zu Rate ziehen. Das LKA Hannover oder zumindest die Zentrale Kriminalinspektion Osnabrück.«

Weller mischte sich ein: »Nicht das LKA Hannover. Da hat Ann Kathrin ein paar Leuten mal schwer auf die Füße getreten. Besser die ZKI.«

Staatsanwältin Jessen hatte sich daran gewöhnt, gut zuzuhören, wenn Kripoleute sprachen. »Ja«, entschied sie, »die Zentrale Kriminalinspektion scheint mir auch genau richtig zu sein. Die Osnabrücker Kollegen sollen sofort eingeschaltet werden.«

Das beruhigte Weller erst einmal, aber er wollte trotzdem zu seiner Frau.

Büscher schüttelte den Kopf. »Hol ihr von zu Hause Sachen, Frank. Am besten auch welche zum Wechseln. Bürste, Schminke, was Frauen halt so alles brauchen ...«

Weller verstand. Büscher rechnete damit, dass Ann Kathrin so bald nicht wieder zu Hause schlafen würde.

Büscher wusste, dass seine Reputation als Kripochef auf dem

Spiel stand. Wenn er das hier vergeigte, konnte er froh sein, wenn sie ihn in Bremerhaven wieder in die Truppe eingliedern würden. In Ostfriesland bekäme er dann kein Bein mehr auf den Boden.

Einerseits durfte er der Justiz gegenüber nicht parteiisch erscheinen, andererseits den Kollegen vor Ort gegenüber nicht unsolidarisch. Er spürte die Schere. Es war, als würde es ihn in der Mitte zerreißen. Er hatte das Gefühl, über sehr dünnes Eis zu gehen, und es lag noch eine verdammt lange Wegstrecke vor ihm.

»Ich würde gern mit Ann Kathrin reden«, sagte er heiser, auch wenn die Kollegen von der ZKI noch nicht hier sind. Jetzt sind die Eindrücke noch frisch, und wir können sie auch nicht einfach so sitzen und warten lassen. Das ist grausam.«

Meta Jessen nickte: »Okay, ich komme mit. Aber bitte, Herr Büscher ... tun Sie nichts, was später als Ermittlungsfehler oder Beihilfe zur Beweisvereitelung ausgelegt werden kann.«

Büscher nahm ihre Hilfe dankbar an und ging zu Ann Kathrin. Weller rief ihm hinterher: »Sag ihr, dass ich sie liebe, Martin, und dass ich immer zu ihr stehen werde!«

»Ich glaube, das weiß sie nur zu gut«, murmelte Büscher.

Im Zimmer spendeten nur zwei Kerzen Licht. Maggie hatte ihre Haare zu allen Seiten hin toupiert, als seien sie elektrisch geladen. Sie trug nur ein dünnes Leinentuch, mehr Bettüberzug als Kleidungsstück. Sie war barfuß. Sie hatte sich die Fußnägel lackiert, immer einen schwarz und den anderen weiß. Sie roch nach Mango.

Giovanni Schmidt hatte sich das Wiedersehen mit Maggie ganz anders vorgestellt. Irgendwie emotionaler. Mit Umarmungen und Küssen.

Hielt sie sich so zurück, weil Boris dabei war? Was für ein Verhältnis hatten die zwei überhaupt zueinander?

Sie hatte ihnen kurz über die Wange gestreichelt. Erst Boris, dann ihm selbst. Es war eine elektrisierende Berührung gewesen.

Sie befühlte die Sachen, die er von Ann Kathrin Klaasen mitgebracht hatte, roch an den Haaren, rieb das T-Shirt gegen ihre Brust und stöhnte: »Ja, ich kann ihre Energie spüren. Gut gemacht. Jetzt kann das Ritual beginnen.«

»Es regnet«, warf Boris ein, doch Maggie wollte sofort zum Flinthörn.

Über Justin wurde kein Wort verloren. Wusste Maggie, dass er über Bord gegangen war? War es in ihrem Auftrag geschehen, oder hatte sie gar nicht mit seinem Erscheinen gerechnet und fragte deshalb nicht nach ihm?

Giovanni Schmidt war verwirrt. Er wusste nicht mehr, was er denken sollte. Er hatte viel mehr Fragen als Antworten.

Es regnete noch ziemlich heftig, als sie die Fahrräder holten. Giovanni registrierte, dass es drei Räder gab, für die Maggie die Schlüssel hatte. Es waren Leihräder. Lief hier alles nach einem wohlkalkulierten Plan?

Maggie nahm einen vorbereiteten Korb mit. Er wirkte altmodisch. Aus Weiden geflochten, mit einem bunten Tuch darauf. Sie packte Ann Kathrins Sachen dazu.

Als sie den langen Radweg zwischen den Dünen erreichten, riss der Himmel auf. Der Regen war nur noch eine Erinnerung auf der Haut, und Giovanni spürte den Wind im Rücken.

Es war für ihn, als hätte all das, was er im Leben bisher gemacht hatte, an Bedeutung verloren. Vieles, was er gelernt hatte, war einfach Quatsch.

Gut und Böse.

Richtig und Falsch.

Oben und Unten.

Alles geriet durcheinander.

Er versuchte, den Gedanken zu unterdrücken, Maggie habe das Wetter beeinflusst und mit ihrem Willen den Regen gestoppt. Er wollte nicht glauben, dass sie ohne ein gesprochenes Wort genau wusste, was an Bord geschehen war. Aber es gelang ihm nicht. Diese Ahnung, es mit einer Art Engel zu tun zu haben, der jetzt auf der Erde irgendeine Aufgabe zu erfüllen hatte, vielleicht einem unmoralischen, ja bösen Engel, breitete sich in ihm aus wie eine ansteckende Krankheit.

Gab es überhaupt noch eine Möglichkeit für einen guten Ausgang dieser Geschichte? Immer mehr Fragen ... Die meisten unaussprechlich ...

Dieser Verhörraum war Ann Kathrin Klaasens ureigenes Gelände. Hier hatte sie einen Heimvorteil. Hier hatte sie viele Fälle gelöst.

Noch bevor Staatsanwältin Meta Jessen oder Martin Büscher etwas sagen konnten, legte Ann Kathrin Klaasen los. Sie wollte wissen, ob Giovanni Schmidt gefunden worden war und ob der betrunkene Fahrer mit dem Kennzeichen AUR-BW-767 gestoppt worden sei.

Meta Jessen und Büscher sahen sich an. In Büschers Blick lag die resignative Erkenntnis: Sie hat immer noch nicht begriffen, wie schlimm es um sie steht.

Sie verhielt sich immer noch wie eine Kripobeamtin im Dienst, die einen Fall aufklären wollte, keineswegs wie eine Verdächtige.

»Wo ist Frank? Ich habe eine Nachricht für ihn.«

Büscher schluckte und schielte zur Glasscheibe. »Er holt dir ein paar Sachen aus dem Distelkamp.«

Sie schaute unwillig. »Das ist Quatsch. Giovanni Schmidt

wird alles aufklären. Wir müssen ihn finden, bevor sie ihn erwischen. Wenn er noch lebt, dann sind wir so kurz vor der Aufklärung ...« Sie zeigte mit den Fingern an, wie kurz.

»Warum haben wir Sie in diesem Aufzug im Lütetsburger Park ...«

»Ich sollte verbrannt werden!« Ann Kathrin zeigte ihre Handgelenke, an denen die Fesseln deutliche Spuren hinterlassen hatten. »Giovanni Schmidt und ich waren auf einem Scheiterhaufen gefesselt.«

»Eine Art Hexenverbrennung?«, fragte Meta Jessen ungläubig.

Ann Kathrin nickte.

Büscher räusperte sich. Es war ihm unangenehm, aber er wollte sich später nicht vorwerfen lassen, er hätte es versäumt: »Ich hoffe, Ann, du hast nichts dagegen, wenn wir deine Hände und deine Kleidung auf Schmauchspuren hin untersuchen.«

Sie wusste nicht, ob sie weinen oder lachen sollte. Aber langsam begriff sie, dass hier etwas völlig schieflief.

»Und ich empfehle Ihnen auch, Frau Klaasen, sofort einen Anwalt zu Hilfe zu rufen.«

Ja, sie sagte *zu Hilfe zu rufen*, nicht etwa, *einen Anwalt einzuschalten* oder *zu Rate zu ziehen*.

»Und an Ihrer Stelle würde ich den besten nehmen. Ich darf Ihnen leider keinen empfehlen, aber ...«

»Verdammt nochmal«, schrie Ann Kathrin, »was ist hier eigentlich los? Ihr guckt mich an, als sei ich ein lange gesuchter Straftäter!«

Büscher bekam Magenprobleme. Er kam sich aufgebläht vor. Am liebsten hätte er Luft abgelassen, aber er unterdrückte den Impuls. Mit den beiden Frauen im Raum war ihm das schrecklich unangenehm. Sein Magenkneifen wurde heftiger.

»Katja Schubert, die Frau, deren Laptop du angeblich beschlagnahmt hast«, sagte Büscher, »ist erschossen worden.«

Ann Kathrin sah aus wie schockgefroren.

Staatsanwältin Jessen winkte Büscher unwirsch zu. Sie hatte Mühe, sich zurückzuhalten, stand kurz davor, zu platzen. Sie wollte mit Büscher den Raum verlassen. Unwillig gab er nach.

Kaum hatten sie die Tür zwischen sich und Ann Kathrin geschlossen, fuhr sie Büscher an: »Glauben Sie, ich hätte das nicht bemerkt? Halten Sie mich für eine kleine, unerfahrene Maus von der Uni? Wollen Sie mich vorführen?«

Büscher gab sich erstaunt: »Aber was habe ich denn Ihrer Meinung nach gemacht? Ihr geheime Zeichen gegeben oder was?«

Staatsanwältin Jessen sprach es einfach aus: »Sie haben ihr Täterwissen gegeben.« Sie äffte ihn nach: »*Katja Schubert, die Frau, deren Laptop du angeblich beschlagnahmt hast, ist erschossen worden.* Jetzt weiß sie, dass wir den Selbstmord für gefakt halten.«

Büscher atmete schwer aus. Sie hatte recht. Er sprach mit Ann Kathrin Klaasen anders als mit anderen Verdächtigen. Statt ihr Fragen zu stellen, gab er ihr Erkenntnisse preis. Daraus könnten spätere Ermittler ihm einen Strick drehen.

»Besser, wir lassen die Finger davon«, sagte er nachdenklich, »und warten, bis die Jungs aus Osnabrück hier sind.«

»Ich glaube«, gab Staatsanwältin Jessen kratzbürstig zurück, »dort arbeiten nicht nur Männer, sondern auch einige hochkompetente Frauen.«

Büscher blickte auf seine Schuhe. Sie kamen ihm alt und abgelaufen vor. Seine Füße schwitzten darin. Überhaupt war ihm plötzlich viel zu warm, als bekäme er Fieber und würde krank werden. Eine richtige Hitzewelle jagte durch seinen Körper. Er hatte Mühe, sich auf die Worte der jungen Staatsanwältin zu konzentrieren.

Sie wiederholte: »Nein, wir werden jetzt wieder zu ihr reingehen. Aber ab jetzt lassen wir sie reden, statt ihr etwas zu erzählen. Ist das klar, Herr Büscher?«

Büscher nickte betreten. »Wir müssen Ann sagen, dass wir die Kollegen vom ZKI informiert haben.«

»Das ist Ihre Aufgabe, Herr Büscher.« Staatsanwältin Jessen zupfte sich die Kleidung zurecht und ordnete ihre Frisur, bevor sie erneut den Raum betrat.

Ann Kathrin richtete ihren Zeigefinger zunächst auf Büscher, dann auf die Staatsanwältin: »Wenn ihr mich verdächtigt – dann könnt ihr die Ermittlungen nicht leiten. Ihr müsst das an eine externe Mordkommission ...«

»Zerbrechen Sie sich nicht unseren Kopf, Frau Klaasen. Wir haben längst die ZKI eingeschaltet«, sagte Meta Jessen.

Ann Kathrin nickte zufrieden. »Gut. Ihr kommt sonst in Teufels Küche. Aber ich sage euch jetzt, was geschehen ist.«

Büscher war in jeder Hinsicht erleichtert. Er setzte sich und hörte aufmerksam zu. Staatsanwältin Jessen blieb stehen und wippte auf und ab. Es sah ein bisschen aus, als würde sie ihre Morgengymnastik Bauch-Beine-Po hier heimlich durchziehen.

Es lief kein Aufnahmegerät. Das hier war einfach nur ein vertrautes Gespräch.

»Ich habe einen Anruf von Giovanni Schmidt erhalten. Er nannte zunächst nicht seinen Namen, aber er war es. Er sagte, er wisse genau, wer dieses verfluchte Spinnennetz um mich herum webt, in dem ich mich anscheinend verfangen habe. Er hatte Angst vor den Leuten. Er behauptete, sie hätten eine Nähe zur Polizei, ja sie seien gar aus dem Apparat. Ich solle um Himmels willen niemandem bei uns etwas davon erzählen. Er fürchtete um sein Leben. Er wollte mich beim Upstalsboom treffen. Aber dann rief er wieder an. Ich war schon im Auto. Er behauptete, der Treffpunkt sei verraten worden und dort würde es von diesen Leuten geradezu wimmeln.

Ich weiß, es hört sich verrückt an, aber er hatte Todesangst. Das habe ich deutlich gehört. Als neuen Treffpunkt vereinbarten wir den Schlosspark in Lütetsburg.

Dann hatte ich einen kleinen Auffahrunfall. Ein weißer Toyota, dieses typische IS-Wüstenfahrzeug, bremste vor mir, und ich krachte rein. Zunächst glaubte ich, dass es meine Dummheit gewesen sei, aber dann ... Ich denke, es war eine Falle. Sie sind mir seit dem Fischteichweg gefolgt, haben mich dann überholt und in diesen Unfall verwickelt. Einer hat mir Chloroform oder so ein Betäubungsmittel auf die Nase gedrückt.«

Ann Kathrin schloss kurz die Augen. Dann fuhr sie fort: »Es waren zwei. Ein Großer, Kräftiger mit Bomberjacke, Marke Skinhead und so einem Lonsdale-T-Shirt. Der andere war mehr so ein Feiner, Intellektueller.

Als ich wach wurde, war ich in Unterwäsche, und man hatte mich zusammen mit diesem Giovanni Schmidt an einen Pfahl gebunden. Es war ein Scheiterhaufen. Es roch nach Benzin. Wir sollten beide verbrannt werden. Er vermutlich, weil er zu viel weiß, und ich, weil – ach, was weiß ich – vielleicht, weil ich ihnen zu nahe gekommen bin. Jedenfalls konnten wir uns befreien. Das heißt, Giovanni konnte sich befreien. Er hat mir dann geholfen. Er war sehr tapfer.

Und da war noch eine Frau, die hat von weitem zugesehen. Und ...«

Wenn das stimmt, dachte Büscher, dann hat Ann Kathrin ein Alibi. Sie kann unmöglich in Lütetsburg an einen Pfahl gebunden auf einem Scheiterhaufen gestanden und gleichzeitig Katja Schubert in Norddeich erschossen haben.

Wie sich die Situation, in der die Leiche gefunden worden war, darstellte, war sie nicht am Denkmal getötet worden. Jemand hatte die Leiche dorthin transportiert und sie so hingelegt, dass es nach Selbstmord aussehen sollte. Aber jeder erfahrene Todesermittler konnte rasch erkennen, dass die Situation gestellt war. Alleine die geringe Menge Blut sprach für sich. Wer anders als der Täter konnte daran ein Interesse haben?

Es war allerdings sehr ungünstig für Ann Kathrin, dass sie keine Oberbekleidung trug. Der Schuss war aus nächster Nähe abgegeben worden. Wer immer das getan hatte, seine Kleidung musste er dabei versaut haben. Dieser Auftritt in Unterwäsche sprach nicht gerade für Ann Kathrin.

»Haben Sie das Kennzeichen von diesem Toyota?«

Ann Kathrin schüttelte den Kopf. Es war ihr sichtlich unangenehm.

Meta Jessen staunte demonstrativ: »Sie wissen sehr genau das Nummernschild von einem betrunkenen Fahrer in Hage, aber haben keine Ahnung, woher der Wagen kam, den Sie gerammt haben?«

»Ich hatte keine Veranlassung zu glauben, die Jungs im Toyota würden fliehen. Im Gegenteil. Ich stand unter Druck. Es war eine stressige Situation.«

»Sie gelten als nicht sehr druckempfindlich, Frau Klaasen.«

Die Art und Weise wie die Staatsanwältin diesen Satz betonte, legte die Frage nahe, ob Ann Kathrin den weißen Toyota vielleicht nur erfunden hatte.

Ann Kathrin stöhnte: »Ja, verdammt, es war ein Fehler. Aber ich kann die Männer beschreiben, und ich erkenne sie sofort, falls es eine Gegenüberstellung gibt.«

»Die großen Unbekannten in einem unbekannten Auto ohne Kennzeichen, das uns aber an Fahrzeuge des IS erinnert ... Klingt das für Sie aus professioneller Sicht glaubwürdig, Frau Klaasen?«

»So«, sagte Büscher streng, »und jetzt untersuchen wir deine Hände auf Schmauchspuren.«

Ann Kathrin hielt ihre Hände weit ausgestreckt weg von ihrem Körper in Richtung Büscher. Sie wusste genau, dass es so nicht ging, sie wollte nur zeigen, wie sehr sie bereit war, mitzuarbeiten.

»Findet Giovanni Schmidt, bevor die ihn kriegen. Er wird uns helfen, alles aufzuklären ... Und jetzt bring mir doch bitte um Himmels willen jemand einen anständigen Kaffee ...«

Ihre letzten Worte deuteten Büscher an, dass sie wieder vom alten Kampfgeist durchflutet wurde. Sie wollte das Blatt für sich zum Guten wenden, aber so gern er ihr auch geglaubt hätte, ihre Geschichte stand auf sehr wackligen Beinen. Ohne eine Aussage von diesem Giovanni Schmidt sah er für sie schwarz.

Sie saßen zu dritt in den Dünen. Hier, in dieser Sandmulde, würde sie niemand entdecken. Selbst nächtliche Spaziergänger würden diesen verbotenen, unbeleuchteten Weg, so weit weg vom Dorf in den Dünen, nicht sehen. Mit Fahrrädern war es hier eh undenkbar weiterzukommen.

Sie saßen sich im Schneidersitz gegenüber, so dass sie sich ins Gesicht sehen konnten. In der Mitte zwischen ihnen lag Ann Kathrins Kleidung. Das Haarbüschel hatte Maggie genutzt, um das T-Shirt zu umwickeln.

Maggie knüllte Zeitungsberichte über Ann Kathrin Klaasen zusammen. Viele davon hatte Holger Bloem verfasst. Sie schichtete sie zu einem kleinen Haufen aufeinander. Obwohl sie in diesem Dünental hockten, versuchte der Nordwestwind immer wieder, die Papierbällchen wegzublasen.

Maggie legte Ann Kathrins Hose, die Socken und das T-Shirt obendrauf. Aus ihrem Weidenkorb holte sie eine Flasche Brandy. Cardenal Mendoza. Dazu drei Wassergläser. Sie goss ein.

So viel Brandy hatte Giovanni noch nie getrunken. Maggie hatte die Wassergläser fast bis zum Rand gefüllt. Er konnte sich nicht vorstellen, so viel von diesem Zeug herunterzuwürgen. Rasch kapierte er, dass dies auch gar nicht geplant war.

Den restlichen Inhalt der Flasche goss Maggie über Ann Kathrin Klaasens Kleidungsstücke.

»Wir werden jetzt ihre persönlichen Gegenstände dem Feuer übereignen«, kündete Maggie an. Sie sah zum Sternenhimmel hoch und sprach, als würde sie mit dem Universum reden und gleichzeitig mit Ann Kathrin Klaasen, oder zumindest mit ihrem Schutzengel: »So, wie die Flammen diese Haare und Kleidungsstücke, die du am Körper getragen hast, zu Asche verbrennen werden, so soll auch dein Hochmut verglühen, und nichts soll von ihm übrig bleiben als Asche, die der Wind wegpustet.«

Maggie schaute zunächst Giovanni an, dann Boris, als würde sie etwas von ihm erwarten.

Boris sagte mit tiefer Stimme: »Das ist unser Wille.«

Giovanni kapierte, dass er diesen Satz auch sagen sollte, und tat es.

»So, wie die Flammen diese Haare und Kleidungsstücke, die du am Körper getragen hast, zu Asche verbrennen werden, so soll auch dein Stolz verglühen, und nichts soll von ihm übrig bleiben als Asche, die der Wind wegpustet.«

Diesmal sprachen Giovanni und Boris ihren Part gleichzeitig. Das gefiel Maggie. Sie lächelte ihnen zu.

»So, wie die Flammen diese Haare und Kleidungsstücke, die du am Körper getragen hast, zu Asche verbrennen werden, so soll auch all das, was du Liebe oder Freundschaft nennst, verglühen, und nichts soll davon übrig bleiben als Asche, die der Wind wegpustet.«

»Das ist unser Wille«, bestätigten Giovanni und Boris.

»So, wie die Flammen diese Haare und diese Kleidungsstücke, die du am Körper getragen hast, zu Asche verbrennen werden, so sollen auch all deine Güter und dein Geld verglühen, und nichts soll davon übrig bleiben als Asche, die der Wind wegpustet.«

Giovanni sprach brav den Satz, der für ihn und Boris vorgesehen war, und fragte sich ernsthaft, ob das alles wirklich funktionieren würde. Gab es Rituale und Beschwörungen, die eine solche Kraft entfalten konnten?

Er dachte daran, wie er sich nach seiner ersten Kommunion mit der Hostie im Mund gefühlt hatte. Er hatte den Leib Christi empfangen und fest geglaubt, das er, wenn er jetzt sterben würde, direkt in den Himmel käme. Ein Engelchen würde.

Er war damals mit geschlossenen Augen über die Hauptstraße gelaufen. Immer und immer wieder. Er hatte dem lieben Gott ein Angebot machen wollen, ihn zu sich in den Himmel zu holen. Aber der liebe Gott wollte ihn nicht, nur ein paar Autofahrer hupten und Reifen quietschten. Statt mit Engelsflügeln wach zu werden, bekam er Ohrfeigen von einem Rentner, der ihn von der Fahrbahn zerrte. Aber er wusste noch heute, wie klasse er sich gefühlt hatte, ohne jede Angst und völlig frei.

Dieses Ritual erinnerte ihn daran. So wie Giovanni damals gespürt hatte, dass der Priester Wein in das Blut Christi verwandelt hatte und Brot in seinen Leib, so war es für Giovanni jetzt, als wäre die Energie von Ann Kathrin Klaasen wirklich hier zwischen ihnen, beschworen durch Maggie.

Sie forderte Boris mit Blicken auf, das Feuer zu entfachen, doch der wusste nicht, wohin mit seinem Wasserglas voller Brandy. Er wollte es am Boden abstellen, aber die Gefahr, dass es auf dem Dünensand umkippen würde, war zu groß. Er reichte es Giovanni. Der hielt es aufgeregt fest.

Boris gab den Schneidersitz auf und kniete sich vor die Sachen, die verbannt werden sollten. Maggie reichte ihm feierlich aus dem Korb lange Streichhölzer.

Er riss das erste an der Reibfläche entlang an. Mit einem Zischen loderten gelbe und blaue Flammen wie kleine Blitze hoch. Aber es war wohl zu windig. Die Flamme am langen Streichholz verlosch sofort wieder, als der Schwefel um den runden Zündkopf verbraucht war.

Boris versuchte es erneut. Er überbrückte seine Stümpereien durch eine kleine Geschichte. War er voll von solchem Wissen, oder erfand er die Geschichten aus dem Stegreif, fragte Giovanni sich.

»Als die ersten Streichhölzer zum Patent angemeldet wurden, nannte der Erfinder sie Luzifer. Allerdings war da noch viel Gummi drin und Stärke und Kaliumchlorat. Deshalb stanken die Dinger erbärmlich. Damit hätte sich niemand eine Zigarette angezündet.«

Aber sein Reden half nicht. Nach dem fünften Versuch gab er auf und erledigte die Sache mit einem schnöden Gasfeuerzeug. Er hob die Kleidung an und hielt die Flamme gegen die Zeitungsbällchen. Jetzt brannte es.

Maggie bestand darauf, dass sie sich über dem Feuer zuprosteten. Jeder sollte noch einen Schluck nehmen, und dann machte sie vor, was zu geschehen hatte: Sie goss den Inhalt ihres Glases ins Feuer und sagte: »Fahr zur Hölle, Ann Kathrin!«

Die Flammen schlugen blitzartig hoch. Es war wie eine heftige Verpuffung.

Maggie sah in ihrem weißen Leinentuch aus wie eine Erscheinung. Geboren aus Licht. Sie breitete die Arme aus wie Flügel. Ein Geruch wie von gebrannten Mandeln und Sherry breitete sich aus. Maggie atmete tief ein.

Boris wiederholte das Ritual. Auch er goss seinen Alkohol in die Flammen. Er machte es langsamer als Maggie, in einem hohen Bogen. Giovanni sah, wie sehr er es genoss. Dabei kletterten die Flammen am Brandy-Strahl hoch, bis hinein ins Wasserglas. Es sah irre aus, ein brennender Wasserfall und ein Regenbogen, der Feuer gefangen hatte.

Nun breitete auch Boris seine Arme aus, und es klang wie ein Befehl, als er sagte: »Fahr zur Hölle, Ann Kathrin!«

Dann war Giovanni dran. Seine Hand mit dem Glas zitterte. Er hatte Angst, es einfach zu verschütten, aber er schaffte es, die gesamte Flüssigkeit ins Feuer zu befördern. Welch ein Moment!

Das gelbe Licht erhellte die Gesichter. Giovanni stellte sich mit ausgebreiteten Armen zu den beiden anderen. Ihre Finger berührten sich fast. Es war, als würden sie ein Dreieck aus Energie bilden, und zwischen ihnen verbrannten Ann Kathrin Klaasens Kleidungsstücke. Leider stank die Jeans erbärmlich, und obwohl der Stoff mit Brandy getränkt war, verlosch das Feuer nach wenigen Minuten, und die Jeans sah angekokelt aus, war aber keineswegs ein Häufchen Asche geworden, das nun der Wind verwehen konnte.

Giovanni wurde an Designerjeans erinnert, die mit Löchern und Farbklecksen drin teurer waren als die unversehrten, popelig-spießig normalen. Die Vorstellung, diese Jeans könnte zu einem unverschämten Preis im Schaufenster einer Boutique landen und dann eine Welle auslösen: angebrannte Jeans statt immer dieser öde Destroyed-Look, fand er zum Brüllen komisch.

Maggie gefiel das gar nicht: »Ihre Energien sind zu stark. Sie kämpft gegen die Vernichtung an. Das Böse bäumt sich auf. Sie verspottet uns mit ihrem Widerstand.«

Boris stocherte mit einem Ast in den Kleiderresten herum. Statt Flammen stieg nur Qualm auf. Es stank.

»Scheiße«, schimpfte er, »so eine Scheiße! Ich hätte Brandbeschleuniger mitbringen sollen. Wo kriegen wir den jetzt her? Hier hat doch längst jeder Laden zu!«

Weil er Maggie beeindrucken wollte, schlug Giovanni vor: »Wir könnten in einen Supermarkt einbrechen. Das ist rasch erledigt, und wir nehmen uns gleich noch ein paar Bier mit, ich hab nämlich ziemlichen Durst.«

Maggie strahlte Giovanni an. Er befürchtete schon, sie könne ihn jetzt losschicken, Grillanzünder zu klauen. Ihr gefiel, dass er dazu bereit war, dass er Lösungen sah, statt sich von Problemen behindern zu lassen.

»Nein«, sagte sie sanft, »das ist nicht nötig. Es gibt Energien, die trotzen dem Feuer, die bekämpft man am besten mit Wasser.«

Sie holte Ann Kathrins Schuhe aus dem Korb. »Die hier zum Beispiel, die sollen ertrinken und im Meerwasser verrotten. Und die Jeansreste nehmen wir mit. Die Nordsee wird ihren Beitrag leisten. Den Rest verweht der Wind. Lasst uns ans Meer gehen und die Welt von diesem Dreck befreien. Feuer und Wasser, die großen Reinigungskräfte der Natur, sollen jetzt wirken.«

Weller achtete nicht auf die rote Ampel. Er war zu sehr in Gedanken. Erst als er das Hupen hörte, zuckte er zusammen.

Im Geiste ging er alle Straftäter durch, die Ann Kathrin in den Knast gebracht hatte. Da gab es bestimmt einige, die nicht gut auf sie zu sprechen waren. Er beschloss zu überprüfen, ob vielleicht einer von denen vorzeitig entlassen worden war – schlimme Jungs führten sich oft in der JVA besonders gut, um ihre Haftzeit zu verkürzen. Aber es gab bestimmt auch ein paar Schwerverbrecher, die inzwischen ganz normal ihre Strafen abgesessen hatten.

War das hier ein Rachefeldzug?

Beim Fahren redete Weller sich selbst Mut zu: »Wir kriegen euch an den Eiern, ihr Drecksäcke! Wir machen euch fertig! Ihr attackiert Ann Kathrin? Ihr greift meine Frau an? Böser Fehler! Ganz böser Fehler ...«

Er spürte Hass auf diese Leute in sich und von solchen Emotionen wurde er normalerweise nicht getrieben. Er war viel mehr der, der den Ausgleich suchte, Verständnis hatte und argumentieren wollte. Aber er hatte hinter der sanften Schale der Vernunft noch etwas anderes in sich. Einen Wüterich, der ausflippen konnte, wenn es um seine Familie oder um seine Freunde ging. Ja, dann war er bereit, auf Recht und Gesetz und alle guten Manieren zu pfeifen.

Er wischte sich eine Träne aus dem Gesicht, als er im Distelkamp die Tür aufschloss.

Beobachten diese Arschgeigen mich jetzt, fragte er sich. Weiden sie sich an unserer Not?

Am liebsten hätte er ihnen den Stinkefinger gezeigt, aber er wusste, dass Ann Kathrin das nicht richtig finden würde. Keine emotionale Reaktion sollte erfolgen, sondern eine rationale Ermittlung, die eine Festnahme zum Ziel hatte und gerichtsverwertbare Beweise.

Kater Willi schlich mit der zerzausten Katze ums Haus. Die beiden hatten sich inzwischen wohl angefreundet. Obwohl Weller mächtig im Stress war, nahm er sich Zeit, die beiden Katzen zu füttern. Die andere hinkte immer noch. Jetzt konnte Weller ihr schon ein bisschen näher kommen, während beide Katzen gemeinsam fraßen. Er sah, dass ihr rechtes Ohr blutverkrustet war.

»Katzen haben sieben Leben. Wie viele hast du denn schon verbraucht?« Und wieder musste er an Ann Kathrin denken.

Dann packte er die Sachen für sie in eine Sporttasche. Unterwäsche. Drei weiße T-Shirts. Ihren Kulturbeutel.

Er zögerte. Sollte er ein paar besonders schicke Sachen dazulegen? Das dunkelblaue Jackett? Die weiße Bluse mit den Rüschen? Wollte sie sich für den Haftrichter oder die Jungs vom ZKI zurechtmachen?

Nein, das war nicht ihre Art. Aber sie wusste ein paar Kinderbücher bestimmt zu schätzen, um abends schlafen zu können.

Er stand schon am Buchregal und griff nach ihren Lieblingsbüchern, da zögerte er. Gab er seine Frau damit dem Gespött der Kollegen preis? Die renommierte Serienkillerfahnderin las abends im Bett Bilderbücher ...

Sie hätte über solche Bedenken nur gelacht, dachte er. Sie lebte, als sei es ihr völlig gleichgültig, was Kollegen oder die Leute über sie dachten. Einmal hatte sie zu ihm gesagt: »Ich werde lieber für das verachtet, was ich bin, als für das geschätzt, was ich nicht bin.«

Zahlte sie jetzt den Preis dafür?

Im Grunde wusste jeder, dass sie Kinderliteratur sammelte. Also, was sollte es? Er brachte ihr etwas mit, das ihr Freude machen sollte. Ihr – nicht den anderen!

Sie würde zu sich stehen, und er war ganz entschieden auf der Seite seiner Frau.

Egal, was da auch kommen sollte.

Er legte einen Kringel Baumkuchen dazu. Etwas Süßes braucht der Mensch.

Dann rief er, einem plötzlichen Impuls folgend, Andreas Cremer an. Klar gab es gute Anwälte in Ostfriesland, aber er wünschte sich für Ann Kathrin einen, der mit nichts und niemandem in der Gegend verstrickt war. Entweder Wolfgang Weßling aus Nordhorn oder Andreas Cremer aus Köln.

Weßling war als Strafverteidiger eine Legende, aber wenn er ihn engagierte, sah das gleich so aus, als würden sie anerkennen, dass Ann Kathrin in eine Strafsache verwickelt war. Andreas Cremer war ein Freund aus der Jugendzeit. Ein Spezialist für Medienrecht und Arbeitsrecht. Das kam irgendwie harmloser daher, so als ginge es zunächst darum, Ann Kathrin vor beruflichen Konsequenzen zu schützen und sie bei den zu erwartenden Angriffen durch die Presse zu verteidigen.

Weller versuchte es mit Cremers Handynummer. Er meldete sich sofort. Weller platzte gleich damit heraus: »Ann Kathrin sitzt voll in der Scheiße. Wann kannst du hier sein?«

»Wenn ich Vollgas gebe, in drei bis vier Stunden. Wenn du mir einen Hubschrauber schickst, geht es schneller.«

Solche Freunde braucht man, dachte Weller. Zicken nicht lange rum, fragen nicht groß, zögern nicht, kommen einfach.

»Ich fürchte«, sagte Weller seufzend, »das mit dem Hubschrauber wird nichts. Aber kannst du morgen früh hier sein?«

»Ich fahre um fünf los, dann bin ich spätestens um neun bei dir vor der Tür.«

»Ich werde dich mit Kaffee empfangen. Oder hättest du lieber einen Ostfriesentee?«

Die beiden Kolleginnen von der Zentralen Kriminalinspektion aus Osnabrück hätten unterschiedlicher nicht sein können.

Heike Zink fror selbst im Hochsommer. Sie trug immer einen von ihrer Mutter selbstgestrickten Wollpullover mit großen Mustern drauf. Sie besaß ein Dutzend davon. Heute hatte sie sich für den dicken Pullover mit V-Ausschnitt entschieden, auf dem die Anfangsbuchstaben ihres Namens groß zu lesen waren. Als hätte ihre Mutter Angst davor gehabt, dass der wertvolle Pullover ihrer Tochter in dem kriminellen Umfeld, in dem sie sich bewegte, gestohlen werden könnte. Alles in Erdfarben.

Heike Zink hatte langes hellbraunes Haar mit widerspenstigen Locken. Sie war 1,75 m groß und wog knapp sechzig Kilo. Mit Kleidern. Sie war ein ernster, schmallippiger Typ. Hochintelligent und ehrgeizig.

Roswitha Landauer dagegen war klein und pummelig. Sie schwitzte ständig und wäre am liebsten auch im Winter in Sandalen herumgelaufen. Die Sympathien flogen ihr zu. Sie war fast die ganze Schulzeit über in Osnabrück Klassensprecherin gewesen, später sogar Schulsprecherin. Ihre Lehrerinnen nannten sie *Klassenclown*, ihre Mitschüler *Pfundskerl*. Wobei ihr bewusst war, dass es sich jeweils um männliche Bezeichnungen handelte.

Die Entscheidung zwischen gutem Sex und gutem Essen fiel ihr leicht. Sie nahm beides, und zwar genau in der Reihenfolge. Zumindest erzählte sie das gern laut über sich, wenn sie Menschen neu kennenlernte.

Sie zog es vor, über Dinge, die sie nicht ändern konnte, zu lachen, statt daran zu verzweifeln.

Sie hatte volle Lippen, wie Hollywoodstars sie sich wünschten und mit Botox nur selten hinbekamen. Ihre Frisur hätte jedem amerikanischen Fallschirmspringer gut zu Gesicht gestanden. Die schwarzen Haare waren im Nacken und über den Schläfen kurzgeschoren, und oben auf dem Kopf standen sie einen knappen Zentimeter igelhaft hoch. So wirkte sie weich und stachlig zugleich.

Sie begann freundlich, aber mit einer klaren Spur Härte in der Stimme: »Frau Klaasen, ich möchte Ihnen zunächst sagen, dass ich Sie und Ihre Arbeit bewundere. Sie haben als Kriminalistin Großes geleistet. Nichtsdestotrotz muss ich nun unvoreingenommen ermitteln. Sie stehen unter schwerem Tatverdacht. Wollen Sie einen Anwalt hinzuziehen?«

»Rechtsanwälte«, erwiderte Ann Kathrin gelassen, »erschweren und verlangsamen Ermittlungen oft. Ich habe ein Interesse daran, dass alles rasch aufgeklärt wird.«

Roswitha Landauer warf ihrer Kollegin Heike Zink einen Blick zu. Die übernahm: »Wie Sie wollen. Sie hatten keine eindeutigen Schmauchspuren an den Händen, wohl aber – wenn ich diesen Schnellbericht richtig verstehe – Rußspuren.«

Es hörte sich an, als hätten Stümper diesen Prüfbericht verfasst, und es gäbe tatsächlich nachweisbare Schmauchspuren.

Ann Kathrin nahm diesen Verdacht sofort ernst. »Giovanni Schmidt und ich waren auf einer Art Scheiterhaufen angebunden. Stroh, mit Benzin getränkt. Wir haben versucht, die Fesseln mit einem Feuerzeug ...«

Roswitha Landauer unterbrach: »Auf einem Scheiterhaufen? Mit einem Feuerzeug?«

»Ja, ich hätte auch lieber bei ten Cate Kaffee getrunken und Ostfriesentorte gegessen, aber ich war nicht bei *Wünsch dir was*, sondern bei *So isses*.«

Ann Kathrin klang gereizt. Sie versuchte, wieder ruhiger und gelassener zu werden. Aufbrausende Verdächtige waren oft schuldig. Sie wollte aus der Gelassenheit der Unschuldigen heraus argumentieren, aber das fiel ihr schwer.

Vielleicht, dachte sie, hätte ich doch auf juristischen Beistand bestehen sollen.

»Wo ist Ihre Oberbekleidung?«, wollte Heike Zink wissen.

»Keine Ahnung. Glauben Sie, es hat mir Spaß gemacht, barfuß in Unterwäsche herumzulaufen und Autos anzuhalten?«

Beruhige dich, Ann, ermahnte sie sich selbst. Nicht so schnippisch. Nimm die beiden ernst. Das sind gute Polizistinnen. Sie tun hier nur ihren Job. Sei nicht beleidigt, wenn sie dich verdächtigen. Hilf ihnen, den Sachverhalt zu klären.

Roswitha Landauer konnte Erstaunliches mit ihrer Stimme machen. Jetzt hörte sie sich an wie ein Mann, der zu viel raucht und gern Whisky trinkt: »Wo ist Ihre Dienstwaffe, Frau Klaasen?«

Ann Kathrin wurde heiß und kalt. »Das weiß ich genauso wenig, wie ich über den Verbleib meiner Kleidung Auskunft geben kann. Ich wurde betäubt und ...«

Zink und Landauer waren ein eingespieltes Team. Sie feuerten ihre Fragen abwechselnd ab: »Können Sie sich erklären, wie Ihre Dienstwaffe in die Hand der toten Katja Schubert gekommen ist?«

Es fuhr ein Ruck durch Ann Kathrin. »Das ist zwar nicht meine Aufgabe, sondern die der ermittelnden Kollegen, aber ich kann es, da ich nicht dabei war, gar nicht wissen, sondern nur vermuten. Ich glaube, dass die Typen, die mich betäubt haben, Frau Schubert umgebracht haben und mir die Sache in die Schuhe schieben wollen. Da ich keine Kleidung mehr anhatte, liegt der Verdacht nahe, ich hätte mich ausgezogen, um Schmauchspuren zu verschleiern. Ich könnte ja auch Handschuhe getragen haben ... Ich schlage also vor, dass Spürhunde eingesetzt werden, um meine Kleidung zu finden. Falls die Täter sie nicht mitgenommen haben – was ich vermute –, könnte sie irgendwo im Park liegen. Wichtiger aber ist es, Giovanni Schmidt zu finden. Der wird meine Geschichte bestätigen.«

Heike Zink verdrehte die Augen: »Wissen Sie mehr über diesen großen Unbekannten? Wo wohnt er? Wie steht er in Verbindung zu ...«

»Ich weiß nicht mal, ob das sein richtiger Name ist«, konterte Ann Kathrin.

Roswitha Landauer beäugte Ann Kathrin misstrauisch, sprach dann aber sehr freundlich: »Diesen sogenannten Scheiterhaufen haben die Kollegen im Lütetsburger Schlosspark gefunden. Von einem Giovanni Schmidt aber keine Spur.«

Ein Glück, dachte Ann Kathrin. Dann lebt er.

»Vermutlich«, sagte sie, »hält er sich irgendwo versteckt. Er hat Angst. Große Angst.«

Sie schwammen nackt im Meer. Giovanni Schmidt schluckte Nordseewasser. Er staunte, wie schnell und geschickt Maggie sich durch die Wellen bewegte. Er wollte mithalten, aber er hatte große Mühe, sie nicht aus den Augen zu verlieren.

Er stand jetzt bis zum Hals im Wasser. Die Füße sackten in den weichen Meeresboden. Bei jeder Welle hopste er hoch, um nicht überspült oder umgeworfen zu werden.

Er rief: »Maggie!? Boris!?«

Sie waren beide schon viel weiter draußen als er. Sehen konnte er sie nicht mehr.

Boris antwortete aus nördlicher Richtung: »Hier! Komm her! Nun mach schon!«

Klar, dachte Giovanni, sie wollen nicht, dass alles rasch an den Strand gespült wird, deshalb schwimmen sie so weit raus.

Er fühlte sich in dem dunklen Wasser unsicher. Er kam sich schwer vor, hatte Mühe, jetzt, da seine Füße den Meeresboden nicht mehr berührten, den Wellen zu trotzen. Er hatte das Gefühl, einfach nicht vorwärtszukommen. Egal, wie heftig er Schwimmbewegungen machte, er kam nicht von der Stelle, oder die Wellen warfen ihn wieder zurück.

Er musste an Justin denken. Vielleicht hatte er ja zum Festland zurückschwimmen können. Vielleicht hatte er überlebt ...

Plötzlich fragte Giovanni sich, ob Boris ihn vielleicht nur so weit ins Meer lockte, um ihn dort umzubringen. Kämpfte Boris viel mehr mit Eifersucht, als er zugab? Legte Boris einen Konkurrenten nach dem anderen um? Lief alles auf ein Duell zwischen ihnen beiden hinaus?

Er hätte so gern Antworten gehabt, doch es türmten sich immer mehr Fragen vor ihm auf.

Seine linke Wade schmerzte. Er bekam im kalten Wasser einen Krampf. Sein Herz raste. Er hasste es, um Hilfe zu rufen, aber er tat es. Dabei schluckte er noch mehr Salzwasser. Er wurde panisch, verlor die Orientierung. Er wusste nicht mehr, wo die Insel war und wo das offene Meer. Hustend und mit brennenden Augen wurde ihm klar, dass Justin nicht überlebt hatte. Mit der Nordsee war nicht zu spaßen. Nachts schon mal gar nicht.

Der Schmerz in der Wade griff auf das gesamte linke Bein über. Er konnte sich nur mit Mühe über Wasser halten. Jede

Welle schleuderte ihn nach hinten, dann zog ihn wieder etwas vor. Er war zum Spielball des Meeres geworden.

Soll es das schon gewesen sein, fragte er sich und brüllte noch einmal aus Leibeskräften, bis eine Welle ihn mundtot machte. Diesmal hustete er das Salzwasser nicht aus. Er kotzte. Wasser war in Luft- und Speiseröhre geraten.

Ich werde Fischfutter, dachte er und ruderte wie wild mit den Armen herum.

Das Ganze kam ihm so ungerecht vor. Er wollte noch nicht sterben. Er war noch so jung. Es war, als sei sein bisheriges Leben irgendwie falsch gewesen. Jetzt stand er vor einer Tür zu etwas völlig Neuem, da wollte er doch nicht draufgehen ...

Vielleicht war er kurz ohnmächtig geworden, jedenfalls sah er plötzlich den Mond über sich, und er hörte Boris' Stimme. Er rief seinen Namen: »Giovanni! Giovanni?!«

Giovanni fragte sich, ob Boris gekommen war, um ihm endlich den Rest zu geben. Es wäre ein Leichtes für ihn gewesen, seinen Konkurrenten jetzt unter Wasser zu drücken.

Boris packte Giovanni und zog ihn zu sich heran. Giovanni klammerte sich an Boris und zog ihn mit sich unter Wasser. Boris verpasste ihm mit seinem rechten Ellbogen einen harten Schlag. Giovanni ließ Boris los. Der knallte seine Faust heftig gegen Giovannis Schläfe.

Er will mich k.o. schlagen, dachte Giovanni. Er versuchte zu entkommen.

Die beiden verloren sich kurz, dann tauchte Boris' Gesicht in der Schaumkrone einer Welle wieder auf. Boris versuchte, Giovanni zu erreichen.

»Halt dich an meiner Schulter fest«, forderte Boris.

Giovanni reagierte nicht.

Boris verpasste ihm Ohrfeigen. »Mach die Arme ganz lang, und halt dich fest! Ich zieh dich an Land«, brüllte Boris gegen den Lärm der Welle.

Giovanni hielt inne. War das eine Finte? Gleichzeitig wusste er, dass er nicht mehr lange durchhalten würde.

Als Boris ihm den Rücken bot, griff Giovanni zu. Er kam sich vor wie der letzte Versager. Er war glücklich, und gleichzeitig schämte er sich. Er hatte Boris zu Unrecht verdächtigt.

Der Schmerz zog vom Bein bis in den Rücken. Giovanni versuchte, sich langzumachen und den Kopf über Wasser zu halten. Boris schwamm mit kräftigen Zügen. Die Wellen setzten ihm nicht zu. Er nutzte sie als Antrieb. Er kämpfte nicht gegen die Naturgewalt, sondern er ließ sich von ihr tragen.

Neben ihnen tauchte jetzt Maggie auf. Gemeinsam brachten sie Giovanni zur Insel zurück. Als er endlich wieder festen Boden unter den Füßen hatte, wankte er. Er hechelte kurzatmig und kam sich vor wie ein alter Mann, der Probleme beim Treppensteigen hat. Maggie stützte ihn.

Sie ließen sich in den Sand fallen und sahen in den Sternenhimmel. Giovanni brauchte eine Weile, bis sich seine Atmung wieder beruhigt hatte. Er fröstelte.

Als er zur Seite sah, dorthin, wo Maggie gerade noch gelegen hatte, war sie verschwunden.

»Wo ist Maggie?«, fragte er verwundert.

»Die braucht manchmal einfach etwas Zeit für sich«, antwortete Boris.

Sie schwiegen eine Weile. Dann fragte Boris: »Was sollte das gerade? Ich meine, du bist doch nicht einfach nur panisch geworden und hast dich an mich geklammert wie ein Ertrinkender. Du hast richtig gegen mich gekämpft.«

Giovanni wollte es nicht sagen, aber es platzte einfach aus ihm heraus: »Ich dachte, du willst mich ...«

Boris lachte. »Aber warum sollte ich das tun?«

»Aus Eifersucht, weil du Maggie für dich allein haben willst.«

Der Gedanke machte Boris Spaß. Er warf eine Handvoll

Sand in Giovannis Richtung. »Du schließt von dir auf andere. Du Spinner. Hältst du mich für Maggies Lover?«

Giovanni antwortete nicht. Er sah Boris nur an. Im Mondlicht war seine Haut weiß wie bei einem Nachtwesen.

»Ich bin ihr Sohn, du Trottel. Wenn du sie verarschst oder ihr weh tust, mach ich dich kalt. Alles andere ist mir schnuppe.«

Rupert wollte eigentlich noch etwas zu essen besorgen. Die nächtlichen Einsätze machten ihn immer hungrig, und in Norden hatte alles schon zu. Am liebsten hätte er bei Gittis Grill geklingelt, um noch eine gute Currywurst zu ergattern.

Rupert parkte vor Jessi Jaminskis Elternhaus in der Deichstraße.

Er rief Jessi auf der Festnetznummer an. Er hatte die Idee, sie könne vielleicht ein paar Schnittchen für alle machen oder wenigstens ein bisschen Fingerfood zaubern.

Nach dem fünften Klingeln ging der Vater ran und fragte gähnend, ob Rupert wisse, wie spät es sei.

Rupert antwortete auf diese Frage nicht mit der Uhrzeit. Er sagte stattdessen gereizt: »Ihre Tochter will in den Polizeidienst schnuppern. Unsere Arbeit findet nicht statt, wenn wir alle gerade mal Zeit und Lust haben und auch noch gut drauf sind, sondern wir sind immer dann da, wenn wir gebraucht werden. Wenn bei Ihnen einer einbricht und Ihre Familie mit der Waffe bedroht, soll ich Sie dann auf unsere Bürostunden verweisen, oder ist es Ihnen lieber, wenn gleich einer kommt?«

Der Vater stöhnte: »Meine Tochter schläft.«

»Dann wecken Sie sie, verdammt! Herrje, Ihre Tochter will doch nicht Friseuse werden, sondern Kriminalistin!«

Dem Vater war die Begeisterung seiner Tochter für den Polizeidienst ohnehin suspekt. Er vermutete ganz andere Beweggründe und hatte inzwischen über diesen Rupert, von dem sie so schwärmte, Erkundigungen eingezogen. Dass er ein unverbesserlicher Casanova war, hatte er von allen Seiten gehört.

»Hören Sie. Meine Tochter ist minderjährig. Ich warne Sie. Wenn Sie Ihre Finger nicht bei sich behalten, dann raste ich aus.«

Rupert reagierte amüsiert. »Ein eifersüchtiger Papa ... ich dachte, so etwas gibt es nur in schlechten Fernsehfilmen!«

»O nein«, brüllte der Vater ins Telefon, »die gibt es in echt! Ich habe zehn Jahre lang aktiv geboxt, ich hätte beinahe eine Profikarriere gestartet ...«

Rupert verstand das durchaus so, wie es gemeint war: als Drohung. Doch bevor er antworten konnte, hörte er nur noch Rascheln und ein paar Grunztöne. Dann, nach einigen Sekunden, meldete sich eine weibliche Stimme. Sie flötete mehr, als dass sie sprach: »Mein Mann meint das nicht so. Wir freuen uns sehr, dass Sie sich so sehr für unsere Tochter einsetzen. Sie wollte schon als Achtjährige Polizistin werden, wissen Sie. Das Problem ist, mein Mann denkt, alle Männer seien wie er. Unsere Jessi hat erzählt, dass Sie ein sehr sensibler und einfühlsamer Mann sind ...«

Im Hintergrund brüllte der Vater: »Ich geb dir gleich sensibel und einfühlsam! Ich benutze den als Punchingball, wenn der meine Kleine anpackt! Ich prügel dem die Därme aus dem Körper!«

»Wir haben einen Mordfall«, sagte Rupert sachlich. »Ich habe keine Zeit, jetzt solchen Quatsch zu diskutieren. Kann Jessi mit mir kommen? Ich bin ohnehin gerade hier in der Gegend und fahre jetzt zur Polizeiinspektion, oder kommt sie selbsttätig dorthin?« Rupert holte tief Luft: »Ihre Tochter kann natürlich auch auf diese Erfahrung verzichten ... Ich dachte nur, es sei eine Riesenchance für sie ...«

Er hörte Jessis Stimme sofort. Sie übertönte alle anderen: »Ich komme!«

»Du bleibst hier!«, schimpfte Jessis Vater.

Rupert drückte das Gespräch weg. Er stand an den Dienstwagen gelehnt und fragte sich, wie er jetzt an etwas zu essen kommen sollte. Diese Idee mit Jessi hatte er irgendwie vergeigt.

Eine knappe Minute später stand Jessi vor ihm. Sie war noch nicht vollständig angezogen, trug Flip-Flops, ihr T-Shirt falsch herum, und der Reißverschluss ihrer Jeans klaffte ein Stück auseinander.

»So kannst du nicht mit in die Firma«, sagte Rupert.

»Was hast du gegen Flip-Flops?«

»Nichts, aber du solltest deine Hose zumachen.«

Sie lachte ihn mit ihren weißen Zähnen an. »Ach«, sagte sie und zog ihren Reißverschluss mit einem Ratsch zu, »ich dachte, ihr lauft bei euch alle so rum.«

Rupert griff erschrocken zu seinem Schlitz, der war aber korrekt geschlossen.

»Reingelegt«, grinste Jessi. Sie stieg zu ihm ins Auto.

Er stand noch davor.

»Was ist?«, fragte sie. »Ich denke, wir haben einen Mörder zu jagen.«

Er stieg umständlich ein. »Aber weißt du, das wird eine lange Nacht, und eigentlich wollte ich für die Truppe etwas zu essen besorgen.«

Sie verstand sofort. »Und da dachtest du, ich könnte doch nachts für alle ein paar Sandwiches machen oder so.«

Er nickte stumm. Es war ihm ein bisschen peinlich. Sie sollte sich nicht ausgenutzt fühlen, aber sie war eine patente junge Frau und hatte gleich eine Idee: »Besser, du fährst jetzt los«, sagte sie. »Mein Alter ist auf hundertachtzig, und wenn er runterkommt, dann ...«

Rupert startete.

»Lass uns zu meiner Omi fahren«, schlug sie vor. »Die ist total lieb. Die hat morgen«, sie sah auf die Uhr, »also im Grunde heute, Geburtstag. Da gibt es immer ein Büfett für die ganze Familie und so. Das lässt sie von Michael Möss vom Mittelhaus anliefern. Das kommt am Abend vorher, was völliger Quatsch ist, aber meine Omi ist immer so aufgeregt. Sie will vorher alles probieren und nachwürzen und, ach … Sie ist halt sehr eigensinnig … Ganz viel macht sie auch noch selber, zum Beispiel Eins-a-Lammcurryfrikadellen.«

Rupert grinste. Er kannte Michael Möss gut, schließlich war er Stammgast im Mittelhaus. So eine Praktikantin, dachte er, ist doch einfach spitze. Er fragte aber trotzdem vorsichtig nach: »Und du meinst, wir können deine Omi um diese Zeit wecken?«

Jessi winkte ab. »Sie sagt immer, sie leide unter seniler Bettflucht. Sie schläft nachmittags mehr als nachts. Also null Problemo. Lass uns zu Omi fahren. Die ist klasse. Die ist die Beste in unserer ganzen Familie. Sie wohnt in der Dresdener Straße. Das ist da in dem Viertel Leipziger Straße, Breslauer Straße, Erfurter Straße …«

»Ja«, grinste Rupert, »ich weiß, wo die Dresdener ist. Dafür brauche ich kein Navi. Sag mal, ist dein Vater immer so … aufbrausend?«

Jessi winkte ab. »Ach, das war noch harmlos. Der weiß manchmal einfach nicht, wohin mit seinen Gefühlen. Der kann sehr nett sein und dann wieder total scheiße. Für ihn bin ich immer noch sieben Jahre alt, spiele mit meiner Puppenstube und gucke Sesamstraße. Als ich so klein war, da war er für mich ein Held. Später dann nicht mehr so richtig …«

Es parkten viele Autos in der Dresdener Straße. Irgendwo lief eine Geburtstagsparty.

Im Vorgarten stand ein Herz aus Holz, geschmückt mit Papierrosen und der Zahl 20. Die Zahlen waren aus Zigarettenschachteln zusammengesetzt. Rupert schätzte, dass dort gut fünfzig Packungen verbraucht worden waren. Im Baum über dem Herzen baumelten BHs und Slips.

Der Garten war mit blinkenden Lichterketten geschmückt, die ständig die Farbe wechselten. Wie zuckende Schlangen hingen sie in den Baumkronen und an der Dachrinne.

Rupert fand einen Parkplatz in der zweiten Reihe, gegenüber dem Partyhaus.

Eine Band spielte grauenhaft schlecht *Pianoman* von Billy Joel. Rupert fand, das sei ungeachtet der Uhrzeit alleine schon deshalb ruhestörender Lärm, weil dieses schöne Lied durch eine verstimmte E-Gitarre und einen wummernden Bass verhunzt wurde. Der Schlagzeuger hinkte hinterher, dafür eilte der Gesang voraus, und der Bass war unentschieden, wo er mitspielen sollte.

Aber es roch nach Bratwürstchen und Grillkohle, auf die Fett getropft war.

Rupert spielte schon mit dem Gedanken, ein paar Würstchen zu beschlagnahmen und die Feier zu beenden, aber das Büfett von Jessis Omi stellte er sich schmackhafter vor als so ein paar verkokelte Bratwürstchen, die vermutlich seit Stunden auf dem Grill vor sich hin brutzelten.

Vielleicht haben die die Würstchen nur auf dem Grill gelassen, dachte Rupert, um den Haschischduft zu verschleiern.

Jessi ging rüber zu ihrer Omi. Das Haus lag ganz im Dunkeln.

Eigentlich wollte Rupert vor dem Auto stehen bleiben und noch ein bisschen frische Luft atmen. Aber jetzt roch es doch so sehr nach Würstchen und Haschisch, und die Musik nervte ihn immer mehr, dass er beschloss, bei der Gartenparty nach dem Rechten zu sehen.

Gut die Hälfte der Anwesenden war breit wie eine Axt, stellte er mit Kennerblick fest. Die Würstchen auf dem Grill sahen aus wie Asche. Niemand hätte mehr feststellen können, ob das einmal Rinder- oder Schweinefleisch gewesen war. Es hätte sich auch um verschrumpelte Bananen handeln können.

Rupert forderte laut, den Hausherrn zu sprechen.

Eine junge Dame meldete sich. Sie trug ein dunkelblaues, seidenes Top mit Spaghettiträgern.

Sie nickte ihm zu und stellte sich vor: »Ich bin Imken, und wer bist du?«

Rupert sagte überlaut: »Hauptkommissar Rupert.« Dann bat er sie recht freundlich, die Band solle sofort aufhören zu spielen.

Imken lächelte Rupert an. Sie war es gewohnt, mit Flirten weiter zu kommen als mit klugen Argumenten. »Hat sich jemand beschwert, Herr Wachtmeister? Die meisten Nachbarn sind auch hier, zumindest die jüngeren. Ich habe vorher Einladungen verteilt und um Verständnis gebeten. Ich werde nämlich heute ...«

»Zwanzig. Ich weiß«, grinste Rupert. »Es hat sich niemand beschwert, was mich wundert. Eigentlich sollten die Norder Musikfreunde hier eine Demo abhalten und gegen dieses grässliche Gejaule protestieren. Haben Sie nie Billy Joel im Original gehört? Das da ist eine Beleidigung des Rock 'n' Roll.«

»Sind Sie von der Musikpolizei, oder was?«, fragte das Geburtstagskind.

Der Sänger, der aus Ruperts Sicht dringend Logopädie brauchte, kündigte jetzt einen Song von Steppenwolf an, der durch den Film *Easy Rider* berühmt geworden sei.

Rupert brummte: »Wenn diese Kastratenstimme jetzt auch noch *Born to be wild* verhunzt, verhafte ich ihn direkt von der Bühne weg.«

Imken sah Rupert ungläubig an und zupfte an ihren Spaghettiträgern herum. Ihre Freundin gesellte sich zu ihr. Sie hielt ein Weinglas in der Hand und sog an einer selbstgedrehten Zigarette, die so groß war wie die kubanischen Zigarren, die eigens für Churchill in Havanna hergestellt worden waren. Doch anders als der ehemalige englische Premierminister rauchte die fröhliche junge Frau selbstangebautes Gras. Sie hatte knallrote, phosphoreszierende Lippen. Die Farbe ihres Lippenstifts klebte auch an ihrem Joint.

Sie gluckste: »Sind Sie wirklich Polizist?« Da Rupert nicht reagierte, stupste sie ihn an: »Ich steh ja auf so Uniformen. Das ist mir zwar peinlich, aber«, kicherte sie, »der Mann meiner Träume muss ein Uniformträger sein. Wenn er mich ...«

»Jana, sei ruhig!«, zischte Imken. »Du kannst den doch hier nicht einfach so angraben!«

»Warum denn nicht?«, fragte Rupert.

Die Band legte los. *Get your motor runnin' ...*

»Jetzt reicht's«, schimpfte Rupert. Er wollte zur Bühne, aber Jana hielt ihn fest: »Hast du auch eine Uniform? Die steht dir bestimmt total geil ...«

»Jana, du bist so peinlich!«, rief Imken.

Rupert wollte der Band den Strom abdrehen. Oben über der Bühne schlängelte sich eine bunte Lichterkette entlang.

Der Leadsänger, der sich Jason nannte, sprang von der Bühne, die aus ein paar aneinandergetackerten Holzpaletten bestand, über die ein alter Wohnzimmerteppich gelegt worden war. Er sprang knapp zwanzig Zentimeter tief, tat aber so, als sei Superman gerade vom Empire-State-Building gehechtet.

Rupert bückte sich über die Kabeltrommel bei den Bierkästen und zog den Stecker heraus. Schon erstarb das Gejaule.

»Was will denn der blöde Penner hier?«, brüllte Jason.

Rupert drehte sich ganz langsam zu ihm um. »Ich heißt Rupert. Hauptkommissar Rupert.«

Jana gibbelte: »Ist er nicht süß, unser Polizist? Wie ein richtiger kleiner Kommissar ...«

Der Leadsänger guckte auf Rupert herab: »Du kannst mich Jason nennen.«

»Tu ich aber nicht. Ich will nämlich wissen, wie du richtig heißt.«

»Jason ist mein Künstlername«.

Rupert grinste: »Kunst kommt von Können. Nicht von Wollen. Sonst hieße es nämlich Wunst.«

Jana breitete die Arme hinter Rupert aus: »Ich steh echt auf den! Der macht mich voll an. Ich stell mir den gerade in Uniform vor ...«

Sie inhalierte noch einmal tief. Der Joint machte sie ganz wuschig. Sie bekam immer mehr Durst, trank aber weder Tee noch Wasser, sondern nur Wein.

Rupert legte einen Arm um Jason. Es sah im ersten Moment freundschaftlich aus, aber jetzt hatte Rupert den Sänger im Schwitzkasten: »Wir wissen doch beide«, sagte Rupert, »dass du nicht singen kannst, und diese ganze lausige Band ist so unmusikalisch wie der Holzkohlegrill da hinten. Warum macht ihr das?« Rupert beantwortete seine Frage sofort selbst: »Klar. Ihr wollt Mädels abschleppen. Aber gibt es denn in Ostfriesland so viele schwerhörige Teenies? Die müssen doch im Grunde richtig taub sein, um euch gut zu finden.«

Inzwischen waren auch die anderen Bandmitglieder von der Bühne gekommen. Die Luft war geradezu testosterongeschwängert. Es bildete sich ein Kreis Neugieriger um Rupert und Jason. Einige angetrunkene Männer klatschten rhythmisch und freuten sich auf einen Faustkampf.

»Jetzt geht's los! Jetzt geht's los!«, riefen die ersten.

»Okay«, tönte Rupert, »dann will ich noch mal ein Auge zudrücken. Aber lasst euch das eine Lehre sein. Nehmt Musikunterricht! Oder hört auf, als Band aufzutreten. Das ist ja kriminell, ist das!«

Rupert ließ Jason los. Er hatte noch einen Rat für ihn: »Vielleicht solltest du es mal mit Zeichnen versuchen. Die meisten Frauen stehen drauf, wenn sie einer malt.«

»Ja. Stimmt. Ich auch«, kicherte Jana. »Willst du mal ein Aktporträt von mir malen?«

In dem Moment schlug Jason einen rechten Schwinger. Seine Faust traf Ruperts Gesicht. Rupert ging zu Boden.

»Och, nicht!«, rief Jana. »Der ist doch so süß! Ich mag Männer mit Minipli.«

Jason, der insgeheim in Jana verliebt war, aber bei ihr nicht landen konnte, zerrte den ohnmächtigen Rupert hoch und bugsierte ihn auf einen wackligen Gartenstuhl. Der Schlagzeuger half Jason, und sie umwickelten Rupert mit einer Lichterkette, die ständig ihre Farbe zwischen Grün, Rot und Blau wechselte.

Jason lief ins Haus und holte aus dem Badezimmer einen elektrischen Rasierapparat. Er gehörte Imkens Vater. Dazu noch einen Nassrasierer, der Ladyshave hieß.

Jason fackelte nicht lange. Er begann, Ruperts Minipli abzurasieren. Er fand, eine Glatze stünde Rupert besser.

Jana kicherte und reichte ihren Joint weiter. Imken machte Fotos von Rupert, und ein junger Mann im Muskelshirt drehte gleich ein ganzes Filmchen mit seinem Handy. Er wollte seinen Streifen »Eine neue Frisur für den Kommissar« nennen und später ins Netz stellen.

Jessi Jaminski hatte gesehen, dass bei ihrer Oma im Wohnzimmer kein Licht mehr an war, also kletterte sie – um die gute alte Dame nicht zu wecken – durchs Küchenfenster ins Haus. Das ließ die Omi abends immer offen, genauso wie das Schlafzimmerfenster, denn sie liebte als Ostfriesin frische Luft und einen leichten Durchzug.

Im Kühlschrank standen dreißig Fischfrikadellen und eine

ganze Pyramide Lammcurryfrikadellen. Außerdem von Omi selbstgemachte Spieße mit Käse, Gürkchen und Tomaten. Besonders verlockend fand Jessi die Sanddorntorte und die Ostfriesentorte mit der Aufschrift 80.

Offensichtlich war es Michael Möss vom Mittelhaus gelungen, der alten Dame die Lieferung am Vorabend auszureden. Er wollte lieber alles frisch vorbeibringen, aber die Naschereien, die Oma selbst gemacht hatte, warteten schon jetzt auf hungrige Mäuler.

Jessi packte ein Dutzend Fischfrikadellen, und mindestens die Hälfte der Lammcurryfrikadellen nahm sie auch. Dann eine ganze Ladung Käsespieße. Sie konnte sich nicht entscheiden, ob sie die Ostfriesentorte oder die Sanddorntorte mitnehmen sollte, deshalb teilte sie jede Torte in zwei Hälften, schnitt jeweils fein säuberlich zwischen der 8 und der 0 entlang, so dass sie nun eine neue Torte kreieren konnte, auf der 80 stand. Eine Ostfriesen-Sanddorn-Sahnetorte.

Leise entfernte sie sich wieder und brachte alles zum Auto. Rupert hatte den Wagen offen stehen lassen. Wer klaute schon Polizeifahrzeuge?

Manchmal lebte Rupert in einer merkwürdig heilen Welt. Vielleicht glaubte er, die Menschen in Ostfriesland hätten mehr Respekt vor der Polizei als anderswo. Oder, so mutmaßte Jessi, er wollte sie nur damit beeindrucken, wie cool er doch war.

Sie lief zur Geburtstagsparty. Weil sie nicht klingeln wollte, kletterte sie über den kniehohen Zaun. Sie hätte Rupert zunächst kaum erkannt, denn er hatte keine Minipli mehr, sondern eine Glatze und ein paar Schrammen darauf, weil er beim Glattrasieren versehentlich geschnitten worden war.

Jessi brauchte einen Moment, um zu verstehen, dass Rupert mit einer blinkenden Lichterkette an einen Stuhl gefesselt worden war. Jana kniete vor ihm auf dem Boden. In einer Hand hielt sie ihren Joint, in der anderen ihren knallroten Lippenstift. Sie bemalte Ruperts Lippen. Das heißt, sie versuchte es, aber weil er immer wieder den Kopf zur Seite drehte und ihre Reaktion verlangsamt war, zierten ihn von den Ohren bis zur Nase lange, glitzernde Streifen. Es hatte etwas von einer Kriegsbemalung an sich.

»Ey, seid ihr bescheuert?«, rief Jessi. »Lasst den in Ruhe!« Sie schob Jana weg und befreite Rupert von seinen bunten Fesseln. »Der ist total in Ordnung. Boah, ey, Leute, ihr seid vielleicht so was von beknackt!«

»Gehst du mit dem?«, fragte Jana.

»Nein, der ist mein Chef!« Jessi griff sich Imken. »Ich brauche ein Handtuch. Seife. Wasser. Der kann doch so nicht zurück in die Polizeiinspektion. Wir haben einen Mord aufzuklären! Und ihr macht so einen Scheiß!«

»Bist du jetzt etwa bei den Bullen?«, fragte Imken.

»Noch nicht. Aber bald!«

»Kriegst du dann auch eine Uniform?«, wollte Jana wissen. Der Joint hatte sie redselig gemacht. Immer, wenn sie vollgekifft war, stellte sie sich die Frage, ob sie vielleicht lesbisch sei. So viele ihrer Männergeschichten waren schiefgelaufen ...

Jessi verschwand mit Rupert im Badezimmer. Weil Jana hinterherwollte, schob Jessi sie zurück und schloss ab.

Rupert beugte sich übers Waschbecken. Jessi reichte ihm Seife und Handtuch.

»Was haben die mit meinen Haaren gemacht?«, stöhnte Rupert. »Das ist Körperverletzung. Ich bring die alle in den Knast ... Was ist bloß aus der Jugend geworden?«

»Bitte, tu denen nichts. Das sind im Grunde Freunde von mir. Die haben das nicht so gemeint.«

Rupert klatschte sich Wasser ins Gesicht. Dann sah er in den Spiegel. »Nicht so gemeint, hä? Wie soll ich das denn erklären? Etwa, dass ich die neue Frisur toll finde?«

Jessi strich ihm über die stoppelige Glatze. »Also, mir gefällt's. Die Minipli war sowieso nicht so deine Sache. Sie hat aus dir einen viel zu weichen Typen gemacht. Jetzt hast du viel mehr von Bruce Willis.«

Ein Ruck ging durch Ruperts Körper. »Findest du?«

Jetzt kam er sich schon gar nicht mehr so blöd vor. Er wischte sich die letzten Reste Lippenstift aus dem Gesicht.

»Bück dich mal«, sagte Jessi, »ich mach dir die Blutflecken oben am Kopf weg. Die haben dich wohl geschnitten. Dieser Jason ist einfach ein Idiot.«

Im Grunde hätte Rupert die kleinen Schnitte und Blutspuren auf dem Kopf lieber gelassen. Sie gaben ihm so etwas betont Männliches, fand er. Ganz anders als der Lippenstift.

Draußen klopfte Jana gegen die Tür: »Ey, was macht ihr da drin?«

»Wir warten auf den Bus!«, rief Jessi. Dann sagte sie zu Rupert: »Die ist eigentlich ganz in Ordnung, wenn sie nicht immer so viel kiffen würde.«

Ruperts Magen knurrte. Jessi klopfte ihm gegen den Bauchansatz: »Es wird dir gefallen. Ich habe Lammcurryfrikadellen, Fischfrikadellen und eine Torte.«

»Was will der Mensch mehr?«, fragte Rupert.

Jessi schloss die Tür wieder auf, und Rupert beantwortete seine Frage selbst: »Na ja, noch 'ne Dose Bier und das wär's. Meinst du, wir können von hier ein Bier mitnehmen?«

Im dunklen Büroraum spiegelte sich das Bildschirmlicht in Rieke Gersemas Gesicht und ließ sie krank aussehen. Sie fluchte: »Ja, such mal einen Herrn Schmidt irgendwo in Deutschland, das ist doch irre! Da könnte ich ebenso gut nach einem Janssen in Ostfriesland Ausschau halten.«

Sylvia Hoppe kaute neuerdings Kaugummi, statt zu essen. Es war ihre Art, abzunehmen und gleichzeitig mit der Stresssituation fertig zu werden. Noch vor wenigen Tagen hätte sie Schokokekse gegessen. Jetzt schmatzte sie und machte rosa Blasen, die sie schon zum dritten Mal in dieser Nacht vor ihrem Mund laut zerplatzen ließ.

Büscher wollte etwas Kluges sagen. Das ging schief, denn was er als Neuigkeit präsentierte, wusste schon jeder: »Giovanni Schmidt heißt er. Davon kann es so viele nicht geben. Bei Rainer Schmidt wären wir erledigt.«

»Stimmt«, brummte Rieke. »Giovanni Schmidt.« Sie putzte ihre Brille mit einem feuchten Tuch, aber die Informationen auf dem Bildschirm veränderten sich dadurch nicht. »Ich habe alle unsere Auskunftssysteme überprüft. Er ist nie polizeilich in Erscheinung getreten.«

»Ein unbescholtener Bürger …«, sinnierte Martin Büscher. Er ahnte, dass alle ihn jetzt mit Ubbo Heide verglichen. Sie erwarteten, dass er Entscheidungen fällte, die Ann Kathrin halfen. Alle waren bereit, Überstunden zu machen oder Freizeit zu opfern, um die Kollegin da rauszuholen. Aber es war seine Aufgabe, alles zu koordinieren und zu leiten. Sonst murkste jeder nur vor sich hin.

»Wenn wir räumliche Eingrenzungsmöglichkeiten hätten, könnten wir die Einwohnermeldeämter …«, fuhr er fort.

»Aber nicht mehr in dieser Nacht«, sagte Rieke Gersema und hörte sich kraftlos an. »Außerdem haben wir keine Ahnung, wo er wohnen könnte.«

»Gleich morgen früh hake ich in Ostfriesland nach. Das geht auf dem kurzen Dienstweg«, versprach Sylvia Hoppe. Sie kratzte sich am Hals. Immer, wenn sie übermüdet war, juckte ihre Haut am Hals.

»Bei Google und Facebook gibt es einige Giovanni Schmidts. Wir müssen ja auch noch jeden G Punkt Schmidt mitnehmen.

Ich bin jetzt bei 1422. Aber dabei sind bestimmt auch viele Günthers und Georgs.«

Büscher spürte ein Engegefühl in der Brust wie einen breiten Gürtel, der hinter seinem Rücken zu stramm festgezogen wurde. Er wusste, dass Ubbo Heide in solchen Stresssituationen gerne einen Marzipanseehund von ten Cate geschlachtet und gegessen hatte. Dabei verteilte Ubbo großzügig Marzipanstückchen auch ans Team. Außerdem versorgte er seine Leute gerne mit Kuchen und Tee. Nichts aus dem Supermarkt. Immer alles vom besten Konditor.

Martin Büscher verstand inzwischen, dass solche kleinen Rituale wichtig waren. Noch vor zwanzig Jahren hätten alle zusammen erst mal eine geraucht. Diese Form der Stressbewältigung funktionierte in der heutigen Gesundheitsgesellschaft nicht mehr. Büscher ärgerte sich über sich selbst. Was hatte er, um kurz innezuhalten und sich auf seine eigenen Kräfte zu besinnen? Manche Fälle drohten übermächtig zu werden, wischten alles andere aus dem Leben weg. Als gäbe es keine Gerüche mehr, keinen Geschmack, keine Musik. Die eigenen Bedürfnisse verschwanden wie nie dagewesen, und alles fokussierte sich darauf, den Fall zu lösen. Wenn nichts anderes mehr zählte, dann war man kurz davor, das Duell zu gewinnen, aber sich selbst dabei zu verlieren.

Ubbo Heide biss dann in Marzipan. Ann Kathrin Klaasen hörte diese Musik: *Thrill and Chill* hieß die Scheibe. Weller las sich in einem Kriminalroman fest, als wolle er wenigstens bei der literarischen Lösung eines Falles dabei sein, wenn er schon in der Realität der Sache nicht näher kam.

Und was habe ich?, fragte Büscher sich. Einen Kräutertee am Abend und eine Kopfschmerztablette, bevor ich in meinem Bett herumliege und nicht schlafen kann, weil mich der Gedanke wurmt, etwas übersehen zu haben?

So eine primitive Frohnatur wie Rupert schien ihm da ein

glücklicherer Mensch zu sein. Der knackte eine Dose Bier, aß eine extrascharfe Currywurst bei Gittis Grill und freute sich auf Sex mit seiner Frau oder seiner Nachbarin oder Kollegin oder mit wem auch immer. Er war nicht sehr wählerisch.

Manchmal verabscheute Büscher Ruperts Stil, dann wieder beneidete er ihn um seine unverfrorene Art, sich ein Stück vom Glückskuchen abzuschneiden. Der versuchte, aus jeder Situation noch etwas für sich herauszuholen.

Büscher hörte Rupert jetzt im Flur. Er rief: »Essen auf Rädern! Gewöhnt euch schon mal dran, Leute! Später im Altersheim werdet ihr euch noch dran erinnern, wie gut euer Kollege Rupert euch beim Nachtdienst versorgt hat!«

Büscher öffnete die Tür und erkannte den strahlenden Rupert zunächst nicht. Glatze statt Minipli. Aber immer noch dieses unverschämte Grinsen im Gesicht.

Rupert balancierte ein Tablett mit Frikadellen. Hinter ihm lief die Praktikantin mit einer Sahnetorte.

Rupert türmte im großen Besprechungsraum die Speisen in der Mitte des Tisches auf und wirkte dabei auf Jessi nicht wie ein Hauptkommissar, sondern mehr wie ein Pirat, der Beute gemacht hatte.

Wenn der zwanzig Jahre jünger wäre, könnte ich mich in den verlieben, dachte sie. Männer wie den gibt es heutzutage überhaupt nicht mehr. Nichts ficht ihn an, nichts erschüttert ihn wirklich. Er ist so überzeugt von sich selbst, dass er seine Niederlagen gar nicht zur Kenntnis nimmt. Ich könnte mich in ihn verknallen, und dazu bräuchte ich nicht mal einen Joint wie Jana.

Weil Rupert sich zu weit über den Tisch beugte, um die Frikadellen in die Mitte zu schieben, schoss der Schmerz durch seinen Rücken. Er lag jetzt halb auf dem Tisch und krümmte sich, während drei Fischfrikadellen an der anderen Seite herunterrollten.

Jessi stellte die Torte ab und beugte sich über ihn: »Was ist mit dir?«

Rupert log: »Eine alte Schussverletzung. Manchmal schmerzt es noch ganz erbärmlich.«

Er biss die Zähne aufeinander. Er wollte sich vor dem jungen Mädchen nicht blamieren. Er kam sich vor wie ein alter Mann, wenn ihn diese Rückenschmerzen, die Ann Kathrin frecherweise *Hexenschuss* nannte, quälten.

Jessi bot sich an, ihm den Rücken zu massieren, und Rupert konnte nicht widerstehen. Er war kaum in der Lage, den rechten Arm zu heben. Sie half ihm, das Hemd hochzuziehen und die Hose ein Stück runter. Er lag auf dem großen, runden Tisch im Besprechungsraum neben der Ostfriesen-Sanddorn-Torte, zwischen den Frikadellen, und stöhnte wohlig, als Jessis einfühlsame Finger seine Rückenmuskulatur kneteten.

Von einer Schusswunde sah sie nichts. »Das müssen die Ärzte wirklich gut gemacht haben«, sagte sie.

Rupert stieß mit zusammengepressten Zähnen einen Seufzer aus: »Ja, es war ein glatter Durchschuss.«

Frauen, so glaubte Rupert, stehen auf Männer mit Schusswunden. Schon als Jugendlicher hatte er sich gern mit der Zigarette Löcher ins Hemd gebrannt und wenn er dann gefragt wurde, was das sei, spielte er die ganze Sache herunter, sagte: »Ach, ich weiß, das sieht aus wie eine Schussverletzung, ist aber keine. Sieht nur so aus.« So hatte er um sich herum einen Heldenmythos geschaffen – das zumindest glaubte er bis heute.

Als Rieke Gersema den Raum betrat, traute sie ihren Augen nicht. »Hat der sich hier eine Masseuse hinbestellt?«, fragte sie laut.

Rupert konnte vor Schmerzen kaum antworten, aber Jessi giftete zurück: »Ich bin seine Praktikantin! Glauben Sie, ich kenne nicht den Unterschied zwischen einer Masseurin und einer Masseuse? Warum beleidigen Sie mich? Er hat Schmerzen wegen einer alten Schusswunde.«

»Schusswunde? Und dann räkelt er sich hier auf dem Tisch?«

Hinter Rieke Gersema betrat Sylvia Hoppe den Raum. Sie schwieg und staunte nur. Durch das Gewackele am Tisch rollten mehrere Frikadellen über den Rand und klatschten auf den Boden.

Jessi schimpfte: »Warum hackt ihr immer alle auf ihm rum? Glaubt ihr, ich merke das nicht? Er ist ein richtiger Held! Mein Gott, was hat er nicht schon alles gemacht? Sie sind doch die Pressesprecherin der ostfriesischen Polizei.« Sie zeigte auf Rieke Gersema: »Warum stellen Sie seine Erfolge nicht besser heraus? Das könnte doch allen nutzen! Wie könnte die ostfriesische Polizei dastehen, wenn solche Helden in Ihrer Mitte sind! Diese falsche Bescheidenheit nutzt doch keinem! Wer hat denn das russische Drogenkartell hochgehen lassen?«, fragte sie, und weil sie keine Antwort bekam, fuhren ihre Hände heftig neben Ruperts Wirbelsäule entlang, und sie schlug mit der Faust auf seine Schultern, während sie weitere Heldentaten aufzählte: »Wer hat sich denn als Geisel austauschen lassen? Wer hat die Russenmafia aus Aurich vertrieben?«

»Nicht so laut, Jessi, das ist doch geheim!«, zischte Rupert.

Rieke Gersema nahm seinen Satz auf: »Ach so, deshalb wissen wir nichts davon.«

Sie drehte sich auf der Hacke um und brüllte: »In zwei Minuten findet hier eine Lagebesprechung statt! Bis dahin habt ihr den Massagesalon geschlossen! Ist das klar?«

Sie schob Sylvia Hoppe raus und knallte die Tür hinter sich zu.

»D... d... danke. Es geht mir schon viel besser«, knarzte Rupert.

Jessi half ihm vom Tisch. Er zog sich, so gut es ging, wieder an. Leider hing das Hemd hinten noch lang aus der Hose.

Jessi sammelte die auf den Boden gefallenen Frikadellen auf und fragte: »Was machen wir jetzt damit? Werfen wir die weg?«

»Spinnst du?«, fragte Rupert. »Leg die auf den Teller da. Für die Saubande ist das immer noch gut genug. Und wir essen die anderen.« Rupert zeigte auf einen Hängeschrank: »Da oben ist Geschirr. Hol alles raus, und vielleicht kannst du noch einen Tee kochen und einen Kaffee. Wir müssen uns, glaube ich, auf eine lange Nacht einrichten. Ich brauche Schmerztabletten. Ich habe unten im Auto Ibuprofen 800. Ich brauche mindestens zwei, sonst halte ich die Sitzung nicht durch. Oder halt, warte – vielleicht tut's ja auch ein Whisky. In meinem Büro im Aktenschrank, unten, da gibt es eine Akte, darauf steht: *Wirtschaftskriminalität*. Wenn du den Ordner vorsichtig herausziehst, da sind keine Seiten drin, sondern ein Scotch und zwei Whiskygläser.«

Sie rannte los, um alles für Rupert zu besorgen.

Die Massagesitzung im Lagebesprechungsraum hatte schnell die Runde gemacht und sorgte für Heiterkeit.

In den Augen von Paul Schrader und Jörg Benninga stieg Ruperts Ansehen noch einmal gewaltig. Die Frauen innerhalb der Polizeiinspektion waren empört und erwarteten von Büscher endlich hartes Durchgreifen.

Sie nahmen alle an der Lagebesprechung teil. Der Raum roch nach Fischfrikadellen, gebratenem Lamm, und die Rumrosinen der Ostfriesentorte gaben dem Ganzen eine besondere Note.

Rupert saß aufrecht mit zusammengepressten Lippen auf seinem Stuhl und versuchte, sich gerade zu halten, indem er sich mit beiden Händen an der Tischkante festhielt. Alle nahmen seine Glatze zur Kenntnis, erwähnten sie aber mit keinem Wort.

Ungefragt eröffnete der aufgeregte Frank Weller die Sitzung. Büscher nahm es ihm nicht krumm, immerhin ging es hier um Wellers Frau, die unter schlimmem Verdacht stand.

»Liebe Freunde ...«

Büscher registrierte, dass Weller nicht *Kollegen* sagte, sondern *Freunde*. Er versucht, uns alle ins Boot zu holen, dachte

Büscher. Er appelliert an unser Ehrgefühl. Clever, Frank, verdammt clever. Du versuchst hier, deine Frau rauszuhauen. Das gereicht dir zur Ehre. Aber ich fürchte, es wird ein steiniger Weg werden.

Weller schluckte, sah sich in der Runde um und suchte zu jeder Person einmal Blickkontakt. Dann erst sprach er weiter: »Ich weiß, dass Ann Kathrin unter schwerem Verdacht steht. Für alle, die sie kennen, ist klar, dass sie unschuldig ist. Ein Opfer übler Intrigen.«

Es tat Büscher leid, doch er musste Weller unterbrechen. Er befürchtete, Weller würde sich sonst zu sehr in eine ausweglose Situation hineinreiten.

»Ihr habt alle gelernt, vorurteilsfrei und ergebnisoffen zu ermitteln. Niemals steht ein Schuldiger von vornherein fest. Genauso wenig, wie wir von Anfang an jemanden für unschuldig erklären dürfen. Wir müssen ohne Ansehen der Person ermitteln. Glücklicherweise bleibt uns das jetzt erspart, weil die Zentrale Kriminalinspektion ...«

Weller schlug mit der flachen Hand auf den Tisch: »O nein! Wir werden nicht ohne Ansehen der Person ermitteln. Es kommt doch gerade darauf an, die Person genau zu sehen, die Persönlichkeit einzuschätzen, zu wissen, wen man vor sich hat.«

Rupert versuchte zu nicken und Weller recht zu geben, aber selbst das gelang ihm nur unter Schmerzen.

»Worauf willst du hinaus, Frank?«, fragte Büscher.

»Worauf ich hinauswill? Ich finde es eine absolut unhaltbare und unwürdige Situation, dass Ann die Nacht hier in den gekachelten Räumen verbringt. Ich habe ihr Wäsche geholt, aber, Leute, ich bitte euch, das geht doch nicht! Ich meine, hätte einer von euch Lust, da drin ...«

»Ich finde es rührend, Frank, wie du dich für sie einsetzt«, sagte Sylvia Hoppe. »Früher hätte man sie ...«

Rieke Gersema griff sachlich ein: »Klar. Früher hätte man

sie in die JVA Aurich gebracht, und dort kann man die U-Haft ganz bequem ...«

Sie fuhr nicht fort, denn alle wussten, dass die JVA Aurich geschlossen worden war. Die nächsten Justizvollzugsanstalten waren in Oldenburg und Meppen.

Weller schüttelte sich angewidert. Lauthals beschwerte er sich: »Wenn dieser ganze Spuk hier vorbei ist, werden wir uns dafür schämen, Leute!«

Aha, dachte Büscher, jetzt nennt er sie nicht mehr *Freunde*, jetzt sind sie nur noch *Leute*, weil sie ihm nicht gleich alle zur Seite springen und wir Ann Kathrin nicht sofort herausholen.

Büscher bemühte sich um einen väterlich-freundlichen Grundton: »Es ist besser für Ann Kathrin, wenn wir sie hier in den gekachelten Räumen festhalten.«

Weller tat, als hätte er sich verhört, und hielt seine rechte Hand ans Ohr. »Besser? Möchtest du da wohnen? Sind dir deine möblierten Zimmer in Esens nicht mehr gut genug?«

»Dein Zynismus hilft uns jetzt nicht weiter, Frank. Jemand hat deine Frau in eine ganz schreckliche Situation gebracht. Davon gehen wir doch im Moment alle hier aus. Wenn wir ihr Glauben schenken, wurde sie betäubt und entführt. Man hat ihr ihre Dienstwaffe abgenommen, und sie wurde auf einem Scheiterhaufen gefesselt wach. Hier haben wir sie in Sicherheit. Niemand kann ihr hier etwas tun. Zwischen ihr und diesen merkwürdigen Gangstern gibt es nicht nur eine verschlossene Stahltür und dicke Wände, sondern wir sind auch alle hier und werden dafür sorgen, dass ihr nichts passiert.«

Weller zeigte mit dem Finger nach unten, als könne er sie durch den Boden hindurch in ihrer Zelle sitzen sehen: »Weißt du, wie die sich jetzt da fühlt?«

Die beiden Ermittlerinnen vom ZKI, Roswitha Landauer und Heike Zink, betraten den Raum. Sie setzten sich ganz selbstverständlich dazu. Sie fanden es in so einer Situation sehr wichtig, sich mit den Kollegen vor Ort auszutauschen.

Roswitha Landauer war die Erste, die zugriff. Bei Lammfrikadellen konnte sie einfach nicht widerstehen. Sie stülpte ihre Lippen abwechselnd über einen Käsespieß und dann über eine Frikadelle. Sie kaute genüsslich mit geschlossenen Augen.

Es war wie ein Startsignal. Plötzlich bedienten sich alle.

In dem Moment öffnete Jessi Jaminski die Tür mit ihrem Ellbogen. Sie trug ein Tablett herein, deswegen kam sie rückwärts. Als sie sich umdrehte, wurden auf ihrem Tablett zwei ostfriesische Teekannen sichtbar, dazu eine Flasche Scotch und mehrere Gläser und Tassen.

Sie drängelte sich an der Wand entlang an allen vorbei bis zu Ruperts Platz. Dazwischen sagte sie manchmal entschuldigend Worte wie »Vorsicht, ist heiß« oder »Hoffentlich geht das gut«.

Jeder rückte ein Stückchen zur Seite, die Männer schneller und williger als die Frauen. Jessi baute das Tablett vor Rupert auf, goss ihm einen Tee ein und fragte, ob er den Whisky lieber im Tee oder im Glas haben wolle.

Rupert lächelte breit und sah sich in der Runde um. Im Grunde, dachte er, denkt ihr doch jetzt alle das Gleiche: Warum, verdammt, hab ich keine Praktikantin? Tja, Leute, so ist das eben. Ich kümmere mich um den Nachwuchs, und die Jugend von heute ist viel besser als ihr Ruf.

Er deutete mit der Nase kurz in Richtung Glas und nickte. Dabei bewegte er seinen Kopf nicht mal einen ganzen Zentimeter. Doch Jessi verstand. Sie goss Rupert zwei Fingerbreit Whisky ein, und da er sich immer noch am Tisch festklammerte, führte sie das Glas zu seinen Lippen.

Sylvia Hoppe, die sich inzwischen auch eine Fischfrikadelle schmecken ließ, wischte sich Krümel von der Lippe und sah Rieke Gersema peinlich berührt an. »Ich glaub es nicht!«, stöhnte sie. »Bitte sag mir, dass das nicht wahr ist! Der lässt sich hier nicht gerade Tee und Whisky servieren ...«

»Wetten, die Kleine hat auch die Frikadellen gemacht und den Kuchen gebacken?«

Büscher registrierte zufrieden, dass jetzt alle aßen und so etwas Dampf aus der Sache herausgenommen wurde. Mit hungrigen, übermüdeten Menschen war es schwer, sachlich zu diskutieren.

Er fragte sich, ob er wirklich zulassen konnte, dass Rupert während der Dienstbesprechung Whisky trank. Und dieses Mädchen hatte hier nun wahrhaftig nichts zu suchen.

»Das ist nur wegen der Schmerzen«, sagte Rupert. »Ein guter schottischer Whisky hilft mir schneller als Tabletten.«

Heike Zink nahm als Einzige nichts von dem Essen an, bat aber um eine Tasse Tee. Sie trank den Tee wie Rupert: ohne Kluntje und Sahne.

»Wir sind uns der komplizierten Situation durchaus bewusst«, sagte sie. »Wir nehmen gerne die Hilfe der örtlichen Kollegen in Anspruch, bitten Sie aber, auf keinen Fall selbständig tätig zu werden, sondern uns nur zuzuarbeiten. Wir müssen uns ein genaues Bild von der Situation machen. Wenn Ihre Kollegin unschuldig ist, dann hat jemand ein verdammt perfides Spiel mit ihr getrieben, und wir haben es hier mit einem hochintelligenten, skrupellosen Menschen zu tun. Und der muss einen Grund haben, warum er so viel Energie investiert, um Hauptkommissarin Klaasen in diese Lage zu bringen. Gibt es Menschen, von denen Sie wissen, dass sie Ihre Kollegin so sehr hassen?«

Charlie Thiekötter sprach leise, aber sehr bestimmt: »Das kennt doch jeder Polizist. Im Laufe der Dienstzeit wird die Liste derer, die einen hassen, immer länger. Wir retten nicht nur Leben, wir fühlen auch Leuten ganz schön auf den Zahn, und manchmal sperren wir sie eben ein. Ann Kathrin ist eine sehr erfolgreiche Ermittlerin. Da steigt die Zahl der Feinde.«

Roswitha Landauer griff nach einer Fischfrikadelle, biss hinein und sagte mehr zu sich selbst als zu den anderen: »Die sind ausgezeichnet, wirklich, ganz ausgezeichnet. Da hätte ich gern das Rezept.«

Heike Zink sprach weiter: »Wir wollen alles über diese Katja Schubert wissen, über die letzten Fälle, die Ihre Kollegin Klaasen bearbeitet hat. Gibt es in ihrem Freundeskreis Probleme, in ihrer Ehe oder …«

»Ihre Ehe läuft ganz hervorragend«, sagte Weller, »falls ich mir als Ehemann so eine Aussage erlauben darf. Und mit ihrem Freundeskreis hat sie keinen Ärger. Aber wir werden mit ihrem Freundeskreis Ärger kriegen, wenn die hören, wie wir sie hier behandelt haben.«

Heike Zink wehrte sich sofort gegen den Vorwurf: »Wir behandeln sie völlig korrekt.«

Roswitha Landauer sprach mit vollem Mund: »Vielleicht sollten wir ihr auch ein paar von diesen köstlichen Frikadellen runterbringen.«

Rupert bot an: »Und Tee und Whisky kann sie auch gerne bekommen.«

Heike Zink erklärte: »Wir haben das Verhör jetzt abgebrochen. Wir haben alle eine Mütze voll Schlaf verdient. Vor uns liegt ein harter Tag. Ich möchte Sie bitten, nicht mit Frau Klaasen zu sprechen, ihr keinerlei Informationen zu geben. Mir ist klar, dass Ihnen das schwerfällt, aber es geht jetzt nicht anders. Schließlich sollen unsere Ermittlungsergebnisse später gerichtsfest sein, und wir wollen uns nicht vorwerfen lassen, wir hätten sie anders behandelt als jeden anderen Verdächtigen. Wir sehen uns morgen früh um neun Uhr hier wieder. Dann hätte ich gerne Ihre Berichte auf dem Tisch. Das Büro von Frau Klaasen wird solange unser Büro.«

»Wir sollten eine Fahndung nach diesem Giovanni Schmidt herausgeben«, schlug Weller vor, »wenn er Ann Kathrins Aussage stützt, dann ist der ganze Spuk hier doch sowieso vorbei, und wir können uns darauf konzentrieren, den Mörder von Katja Schubert zu finden, statt Ann zu demütigen.«

»Eine Information an die örtlichen Polizeidienststellen ist bereits raus«, konterte Heike Zink, dann hielt sie es nicht länger aus. Sie griff sich einen Löffel, beugte sich weit über den Tisch, stieß den Löffel in die Ostfriesentorte und baggerte sich ein großes Stück davon direkt in den Mund. Es war eine ansatzlose, schnelle Bewegung, als hätte sie Hoffnung, sie könnte den anderen entgangen sein.

Schon stand sie wieder aufrecht, mit durchgedrücktem Rücken, als sei nichts geschehen, und lächelte in die Runde. An ihrer Unterlippe klebte ein Flöckchen Sahne, und eine rumgetränkte Rosine, die vom Löffel gefallen war, kullerte vor ihr über den Tisch. Sie pickte die Rosine auf und ließ sie zwischen ihren Lippen verschwinden.

Kommentarlos schob Roswitha Landauer einen leeren Teller vor ihre Kollegin: »Greif nur zu. Es reicht für alle.«

Heike Zink sah aus, als sei sie bei einer verbotenen Handlung erwischt worden und es sei ihr unheimlich peinlich, dass alle es gesehen hatten.

Weller hatte ihr eine kuschelige Wolldecke mitgebracht, doch Ann Kathrin lag auf der blauen Plastikmatratze und sah sich die weißen Kacheln an. Ja, sie tastete sie mit Blicken ab bis zur Stahltür. Ihre Finger waren eiskalt. Sie wollte jetzt keine Bequemlichkeiten.

Sie nutzte die Situation, um hineinzuspüren, wie Sigmar Eilts sich hier gefühlt haben musste, bevor er sich die Schlagadern aufgebissen hatte.

Ein paar Kinderbücher nutzte sie, um ihren Kopf höher zu

betten. Die Härte der Buchdeckel tat gut. Es war, als könne sie so besser denken. Phantasiereiche Bücher halfen ihr, das Denken barrierefrei zu machen, selbst wenn sie nur ihren Kopf darauf ablegte. Die Energie der Bücher, der erfundenen Helden, war trotzdem da. Sie sprach mit ihren Büchern, und die Bücher sprachen mit ihr.

Dieser Raum hat etwas von einem Badezimmer, dachte sie. Mehr alte Schwimmanstalt als Erlebnisbad. Aber je nachdem, wie man selbst drauf war, erinnerte er auch an ein Schlachthaus.

Sie rollte sich zusammen.

Was bringt einen Menschen so weit, sich die Pulsadern aufzubeißen? Muss man verrückt sein, um so etwas zu tun?

Drogen hatte er laut Gerichtsmedizin nicht im Körper gehabt. Oder gab es neue Substanzen, auf die hin noch gar nicht untersucht wurde?

Sie spürte es wie eine schleichende Kälte auf der Haut. Er musste Angst gehabt haben. Eine irre Angst.

Sie versuchte, sich an die letzten Minuten zu erinnern, in denen sie ihn erlebt hatte. Diese eigenartige Verhörsituation. Er hatte merkwürdig arrogant vor ihr gesessen, als sei er etwas Besseres. Gleichzeitig aber auch eingeschüchtert. Einerseits hatte er versucht, einen guten Eindruck zu machen, als wolle er sich zum Lieblingsschwiegersohn der Nation wählen lassen, andererseits tat er es mit einer unglaublichen Verachtung für die gesamte Welt.

Sie kannte solch arrogantes und gleichzeitig unterwürfiges Verhalten von jugendlichen Straftätern. Es entsprang dem Gefühl, nicht zu genügen, weniger zu wissen und zu können als andere. Das Erleben der eigenen Minderwertigkeit kompensierten sie, indem sie sich in Großartigkeit flüchteten, sich über alle anderen erhoben, um sich so nicht länger unterlegen zu fühlen. Je weniger sie mit der Realität klarkamen, umso heftiger verstiegen sie sich in philosophische Grundsatzdebatten, wurden anfällig für Sektenführer, Heilslehrer oder Drogendealer.

Sigmar Eilts hatte die Universität verlassen, weil seine sozialen Ängste ihm das weitere Studieren unmöglich gemacht hatten. Zurück zu Mami. Das musste er als schreckliche Niederlage erlebt haben. Der hochintelligente Mann wird wieder zum Kind.

Als Idzinga95, Akimaus und vielleicht auch noch unter anderen Namen hatte er dann im Internet Hauke Hinrichs attackiert. Hatte die Angst, die ihn zwang, die Uni zu verlassen, ihn am Ende umgebracht?

Sie schob ihre kalten Hände unter den Hosenbund. Hier auf ihrem Bauch war eine Stelle, die war immer warm. Als hätte sie einen Ofen unter der Haut. Sie hatte sich schon als Kind dort gern die Hände gewärmt. Die Bauchdecke hob und senkte sich, und sie spürte ihren Atem.

Sie hörte sich selbst seufzen. Es fiel ihr schwer, diesen Gedanken nachzuhängen, aber sie halfen ihr, das Grübeln über Sigmars Tod und ihre eigene, schwierige Situation eine Weile zu vergessen.

Morgen, spätestens übermorgen würde Giovanni Schmidt – sofern er noch lebte – gefunden werden. Dann würde sich alles aufklären.

Wenn meine Kollegen ihn nicht finden und er sich nicht selbst meldet, dann wird unser Freund Holger Bloem eine Pressekampagne vom Zaun brechen. So kann man Giovanni garantiert auftreiben, dachte sie.

Sie lag hier in diesem hoffnungslosen Raum und wusste, dass es draußen Menschen gab, die gnadenlos zu ihr hielten. Sie zählte sie sich auf, und das machte alles leichter und ließ sie tiefer atmen.

Mein guter Mann Frank Weller. Meine Kolleginnen Sylvia Hoppe, Rieke Gersema, Marion Wolters. Sie grinste. Ja, sie konnte sich sogar auf Ruperts Loyalität verlassen. Und dann waren da die privaten Freunde. Peter und Rita Grendel. Monika und Jörg Tapper. Melanie und Frank Weiß. Und natürlich Holger Bloem.

Sie nutzte ihre Finger, um ihre Freunde aufzuzählen. Sie machte weiter: Gudrun Garthoff. Bettina Göschl.

»Ich bin nicht allein. Ich habe ein Umfeld, das mich hält und stützt. Solange das da ist, bin ich geschützt wie in einem Kokon«, sagte sie sich laut. Das tat gut. Ihr wurde warm.

Sie sah zu den zwei Tortenstückchen und den Fischfrikadellen. Sie schnupperte. Das Zeug roch gut. Vor ein, zwei Stunden hätte sie nichts davon anrühren können. Jetzt bekam sie Heißhunger. Das Aufzählen der Namen ihrer Freunde hatte gereicht, um neuen Mut, ja neue Lebensgier in ihr zu wecken.

Bald schon, dachte sie, werde ich bei uns einen Grillabend organisieren und alle Freunde einladen. Sie sah Peter Grendel am Grill Würstchen wenden. Bald würde wieder Normalität einkehren. Sehr bald schon!

Maggie brachte Giovanni Schmidt zum Langeooger Bahnhof. Sie waren zwanzig Minuten zu früh. Er sollte die erste Fähre nach Bensersiel nehmen.

Es war windig. Die beiden standen nah beieinander. Ihr Atem berührte sein Gesicht. Sie wärmten sich gegenseitig, und ihre rechte Hand, die zwischen seinen Schulterblättern lag, löste einen Schauer nach dem anderen in seinem Körper aus.

Er verstand nicht, wie sie das machte. Nie hatten Berührungen anderer Menschen ihn so tief durchflutet. Da war zunächst ein Kribbeln. Dann langsam eine wohlige Welle. Es war verwirrend für ihn.

Er legte eine Hand auf ihren Unterarm. »Ist das für dich auch so, wenn ich dich anfasse? Durchrieselt dich so ein Gefühl, als würde meine Hand Strom durch deinen Körper jagen?«

Sie lächelte. »Ich würde es anders ausdrücken. Da jagt nichts, und Strom ist es auch nicht. Aber es fließt zwischen uns.« Ihre Stimme veränderte sich: »Du weißt, was du zu tun hast?«

Er nickte tapfer. »Klar. Ich zieh das genau wie besprochen durch.«

»Und danach«, sagte sie sanft, »werde ich mit dir alle Ostfriesischen Inseln besuchen. Nacheinander. Borkum, Juist, Norderney, Baltrum, Langeoog, Spiekeroog und Wangerooge. Wir werden uns auf jeder Insel lieben. An jedem Strand. Du sollst die Magie einer jeden Insel in dir spüren, wenn du mich liebst. Bald schon werden deine Füße in der Lage sein, dir zu sagen, wo du bist, sobald sie den Sand berühren.«

»Ist wirklich jede Insel so anders?«, fragte er.

Sie streichelte seinen Hals. »Die Wirkung auf dich, auf deinen Körper, deinen Geist und deine Seele ist jeweils anders. Bald schon wird dir deine Frage komisch vorkommen, so als würde jemand fragen, ist zwischen einem Auto, einem Fahrrad und einer Waschmaschine ein Unterschied?«

Eine Familie, drei kleine Kinder, alle als Piraten verkleidet, mit einer Totenkopfflagge, und zwei Handwerker erschienen. Die Männer rauchten und zogen einen Motor auf einem Bollerwagen mit sich.

Giovanni und Maggie küssten sich innig. Giovanni öffnete dabei die Augen. Er sah die Handwerker grinsen. Sie tuschelten, und Giovanni war sich sicher, dass sie Scherze über den Altersunterschied machten.

Maggies Zunge flatterte tief in seinem Mund, dann saugte sie an seinen Lippen.

Die beiden Handwerker mit den Stahlkappenschuhen glotzten hinter einer Gruppe unausgeschlafener junger Frauen her, die ebenfalls auf die Bahn zur Fähre warteten.

Ja, grinste Giovanni innerlich, steigt ihr nur diesen Küken nach. Ich steh auf richtige Frauen.

Der Abschied fiel ihm schwer. Er setzte sich nicht ins Bähnchen, sondern stand auf dem Trittbrett zwischen zwei Wagen und winkte Maggie.

Sie zog tatsächlich ein weißes Taschentuch und hielt es hoch. Es flatterte im Wind wie eine Schiffsflagge. Sie hatte ein Gespür für dramatische Gesten. Er liebte das. So bekam das Leben mehr Bedeutung, fand er.

Er würde jetzt genau das tun, was sie von ihm erwartete. Er fragte sie nicht, warum. Es wäre ihm kleinlich vorgekommen. Dieses ständige Hinterfragen von allem und jedem nervte ihn nur noch. Wenn man Hunger hatte, war es doch besser zu essen, statt den Sinn zu ergründen. Wenn man müde wurde, war es klüger, auf die Signale des Körpers zu hören und sich schlafen zu legen, statt sich zu fragen, warum – zum Teufel – man müde war.

Manche Sachverhalte waren einfach so. Und diese Kommissarin bekam jetzt, was sie brauchte und verdient hatte. Er würde seinen Beitrag dazu leisten.

Er betrachtete den Horizont. Die Meereskante war so gerade, so scharf abgegrenzt. Er konnte sich gut vorstellen, warum die Menschen einst geglaubt hatten, die Erde sei eine Scheibe. Für ihn sah es jetzt auch so aus, als könnte man dahinten hinunterfallen. Zwei Schiffe steuerten auf diesen Abgrund zu. Er empfand es als Sinnbild für die Welt. Standen wir nicht immer alle ganz nah vor dem Abgrund? Glück und Unglück lagen so dicht beisammen ... Es kam darauf an, jeden Moment zu genießen.

Weller und Sylvia Hoppe hatten die Nacht durchgearbeitet, und so sahen sie auch aus. Weller hatte sich am Kaffeeautomaten Gemüsesuppe geholt. Er fand, sie passte gut zu den Frikadellen.

Sylvia hatte sich, seit sie aus Köln weg war, an Ostfriesentee gewöhnt, aber in dieser Nacht hatte sie – um wach zu bleiben – zu viel davon getrunken. Jetzt rebellierte ihr Magen, und sie war nervös wie damals vor dem ersten Rendezvous oder, schlimmer noch, ihrem mündlichen Abitur.

Martin Büscher erschien eine halbe Stunde vor Dienstbeginn. Er hoffte, dass entlastendes Material gefunden worden war, und wollte es den Damen vom ZKI präsentieren, bevor das Verhör – das verharmlosend *Gespräch* genannt wurde – mit Ann Kathrin fortgesetzt werden konnte.

Rechtsanwalt Andreas Cremer war pünktlich um neun Uhr da. Er verlangte, seine Mandantin zunächst alleine zu sprechen, und kündigte gleich an, in Zukunft würde sie nichts mehr sagen. Alle Fragen sollten ihm schriftlich vorgelegt werden, und er würde dann mit Ann Kathrin Klaasen besprechen, ob und wie sie sich dazu einlassen würde.

Büscher registrierte, dass er *einlassen* sagte. Büscher wusste sofort, dass dieser Cremer aus Köln eine Eins-a-Wahl war. Glasklar. Sicher. Und er vermittelte den Eindruck, dass sich mit seinem Erscheinen der Wind gelassen gedreht hatte.

Büscher nickte Weller anerkennend zu. Wenn ich Probleme hätte, würde ich den auch anrufen, dachte Büscher.

»Sie müssen Ihre Sprüche gleich noch einmal aufsagen, Herr Cremer«, erklärte Büscher. »Wir sind nicht Herr des Verfahrens. Gleich werden die Osnabrücker Kolleginnen Zink und Landauer kommen und ...«

Wie aufs Stichwort öffneten die Damen die Tür. Hinter ihnen betrat Ruperts Praktikantin Jessi den Raum. Sie hatte auf einem großen Tablett Kaffee für alle dabei. Sie stellte es auf den Tisch neben dem Rest der Geburtstagstorte ab. Bis auf Hauptkommissarin Zink griffen alle zu.

Marion Wolters, die von Rupert gern *Bratarsch* genannt wurde, hatte gehört, dass es im Besprechungsraum Kuchen gab.

Sie fragte sich, wessen Geburtstag sie vergessen hatte, ging aber hoch, um sich zu bedienen. Sie setzte sich halb auf die Tischkante, während sie Ostfriesentorte aß, und plapperte erneut drauflos: »Was sind das für Zeiten«, klagte sie. »Wir sind ja seit geraumer Zeit hinter dieser Einbrecherbande her, die Norden, Aurich und Leer unsicher macht. Fast hundert Einbrüche in drei Monaten, also, die Jungs sind echt fleißig. Aber jetzt finden sie wohl Nachahmer oder drehen völlig am Rad. Da haben heute Nacht in der Dresdener Straße ein paar Drecksäcke einen Einbruch bei einer alten Dame gemacht. Da war echt nicht viel zu holen. Wisst ihr, was die mitgenommen haben?« Sie sah sich um und gabelte noch ein Stück von der Sahnetorte in ihren Mund. »Die haben«, sprach sie kauend weiter, »das Büfett geplündert. Die gute Dame wird achtzig. Jetzt kommen ihre Gäste, aber ...« Sie machte eine Handbewegung, als habe sich das Büfett in Luft aufgelöst. »Sogar zwei Torten haben die mitgenommen! Das heißt, laut Aussage des Geburtstagskinds, von jeder nur die Hälfte. Da hat sich bei denen bestimmt das schlechte Gewissen gemeldet – so was hab ich noch nie gehört! Außerdem haben sie wohl Fischfrikadellen und Lammcurryfrikadellen geklaut. Aber auch nicht alle.« Sie tippte sich demonstrativ gegen die Stirn: »Die müssen völlig verblödet gewesen sein oder zumindest sehr hungrig. Stellt euch mal vor: Da knacken Gangster einen Tresor und nehmen nur die Hälfte vom Geld mit, hahaha.«

Sie schaute sich um. Alle im Raum starrten sie an. Es war totenstill geworden.

»Was ist?«, fragte sie. »Was guckt ihr so? Habe ich etwas Falsches gesagt? Störe ich irgendwie?«

»Ich ... ich glaube, ich kann das erklären«, stotterte Jessi.

Radio Nordseewelle verlas zeitgleich mit Ostfrieslandradio Emden einen Aufruf. Ein gewisser Giovanni Schmidt wurde als Zeuge gesucht. Noch während die Nachricht über den Äther ging, öffnete Giovanni die Tür der Polizeiinspektion am Markt in Norden. Er stellte sich im Vorraum vor die Glasscheibe und sagte brav: »Ich heiße Giovanni Schmidt und bin hier, um eine Aussage zu machen.«

Sein Aufkreuzen, ja die Tatsache, dass er überhaupt existierte und nicht nur eine Ausgeburt der Phantasie von Ann Kathrin Klaasen war, wirkte geradezu euphorisierend auf die gesamte Polizeiinspektion und setzte für kurze Zeit alle Regeln außer Kraft. Jeder wollte es Ann Kathrin zuerst sagen.

Sylvia Hoppe wäre fast auf der Treppe gestürzt, so schnell rannte sie runter zu den gekachelten Räumen, um Ann Kathrin zu informieren. Doch Weller war trotzdem schneller als sie.

»Wir haben ihn, Ann! Wir haben ihn! Er ist freiwillig gekommen!«

Ann Kathrin umarmte ihren Frank im Rahmen der Stahltür. Sie ließ alles in ihrer Zelle zurück. Die Tür blieb offen stehen.

Sie stürmten gemeinsam hoch. Oben angekommen, sah Ann Kathrin Giovanni bei den Hauptkommissarinnen Zink und Landauer stehen. Er war strubbelig, und seine tiefbraunen Augen ließen ihn hilflos, ja bedürftig aussehen.

Ann Kathrin umarmte ihn aufgeregt. Sie fuhr ihm durch die Haare: »Ich hatte schon Angst um dich!«

»Um mich?«, lachte Giovanni Schmidt. »Aber warum denn?« Er löste sich aus ihrer Umarmung.

Heike Zink funkelte Weller an. »Ich hatte Sie gebeten, keinen Kontakt zu Frau Klaasen aufzunehmen ...«

Andreas Cremer drängelte sich durch. Er reichte Ann Kathrin die Hand: »Darf ich mich vorstellen? Ich bin ihr Anwalt.«

Ann Kathrin sah ihn verwundert an.

Es war ein einziges Durcheinander. Alle sprachen gleichzeitig.

Weller setzte sich lautstark durch: »Wo waren Sie Donnerstagnacht, Herr Schmidt?«

Der Satz sorgte wie ein Paukenschlag für Ruhe.

»Ich habe die Nacht mit Ann Kathrin Klaasen verbracht«, antwortete Giovanni Schmidt ruhig.

Weller war erleichtert, und doch lag in dieser Aussage etwas, das ihn traf wie ein Giftpfeil.

Sofort begann wieder das allgemeine Gerede und Gemurmel. Jeder hatte etwas zum Besten zu geben.

Roswitha Landauer hob die Arme und wedelte mit den Händen in der Luft herum. »Ruhe, verdammt nochmal! Haltet jetzt endlich mal alle den Mund!«

»Genau!«, brüllte Büscher.

»Wir – meine Kollegin Zink und ich – werden Herrn Schmidt und Frau Klaasen unabhängig voneinander in getrennten Räumen zu den Ereignissen der Nacht befragen, und Sie …«, mit einem Zeigefinger, den sie wie eine scharfe Klinge drohend vorzeigte, unterstrich sie ihre Worte, »Sie werden sich alle – ich betone, alle! – völlig aus der Sache heraushalten. Lediglich die leitende Oberstaatsanwältin, Frau Richter, hat hier noch ein Wörtchen mitzureden.«

»Und ich«, warf Andreas Cremer selbstbewusst ein.

Weller hatte schon bei vielen Zeugenbefragungen zugesehen und hätte nicht sagen können, wie viele er selbst im Laufe der Zeit durchgeführt hatte. Ann Kathrin Klaasen galt als Verhörspezialistin, die jeden, auch die noch so Verstockten, zum Reden brachte. Er hatte verdammt viel von ihr gelernt. Er wusste, dass Menschen viel sagten, lange bevor sie das erste Wort aussprachen. Blicke. Gesten. Ein nervöses Zucken. Er verstand es, viele verschiedene Körpersignale zu lesen.

Jetzt stand Weller so nah an der Scheibe, dass sein Atem sie beschlagen ließ. Neben ihm lehnte sich Rupert an die Wand. Er aß die letzte Frikadelle.

Ruperts Schmatzen bildete das Hintergrundgeräusch. Roswitha Landauer sprach mit Giovanni Schmidt. Die Übertragung durch die Lautsprecherbox ließ die Stimmen blechern klingen.

Dieser Mann mit dem hübschen, fast mädchenhaften Gesicht wirkte sehr beherrscht. Hochkonzentriert. Er drückte die Fingerspitzen gegeneinander, sprach unaufgeregt, aber was er sagte, machte Weller fertig. Ihm wurde schlecht. Ein Schwindelgefühl ließ ihn wanken. Weller drückte seine Stirn gegen die kalte Glasscheibe. Hatte ihm jemand Drogen in den Kaffee gemischt?

Roswitha Landauer brachte die Andeutungen des jungen Mannes auf einen Nenner: »Wollen Sie mir sagen, dass Sie mit Frau Klaasen Sex im Lütetsburger Schlosspark hatten?«

Giovanni Schmidt nickte und schlug die Augen nieder. »Sie ist eine sehr leidenschaftliche Frau. Ein bisschen pervers vielleicht, oder sollte ich besser sagen, sonderbar?«

»Was wollen Sie damit andeuten?«

»Nun, sie liebt es im Freien. Sie steht auf Rollenspiele. Ich musste einen Scheiterhaufen errichten. Sie war die Hexe, die verbrannt werden sollte, und dann habe ich den Henker gespielt. Sie hat mir sexuelle Angebote gemacht. Sie liebt dieses Dirty Talking. Also, Frau Kommissarin, mir ist das jetzt peinlich. Muss ich das wirklich alles sagen?«

»Es geht hier um Mord!«

Er wischte sich die Haare aus der Stirn. »Na ja, mir wurde das irgendwann zu viel. Ich hatte dann keine Lust mehr. Ich bin nicht so der Typ fürs Grobe. Ich habe lieber Kuschelsex, so Missionarsstellung im Bett mit guter Musik und ... Wie ist das bei Ihnen, Frau Kommissarin?«

»Es geht hier nicht um mich. Es geht um gestern Nacht. Wie lange waren Sie mit Frau Klaasen zusammen?«

»So zwei, drei Stunden.«

Roswitha Landauer ahnte, dass Weller hinter der Scheibe

stand, und konnte sich gut vorstellen, welche Katastrophe da gerade ausgelöst wurde. Trotzdem fuhr sie fort: »Wann haben Sie Frau Klaasen verlassen?«

»Etwa um dreiundzwanzig Uhr, schätze ich. Es war jedenfalls schon richtig dunkel. Wir haben uns gestritten, weil ich nicht mehr mitmachen wollte ... Ich habe sie gefragt, ob wir es nicht einmal machen können wie andere Paare auch, ohne all den Schnickschnack.«

»Sie kennen Frau Klaasen also schon länger?«

»Na ja, ein paar Wochen. Wir haben uns in Emden kennengelernt. Ich weiß es noch genau, es war am vierten Juli. Wir haben uns im Internet verabredet. Sie suchte einen tabulosen jungen Mann ... Und ich hatte gerade keine Freundin und wollte mal etwas erleben ...«

Weller wurden die Knie weich. Er sackte zusammen. Er saß jetzt mit dem Rücken an die Wand gelehnt, die Beine von sich gestreckt, auf dem Boden. Rupert bückte sich zu ihm und versuchte, ihn aufzuheitern: »Mach dir nichts draus, Alter. Das kommt von diesen Scheißdatingportalen. Einsamer sucht Einsame zum Einsamen.«

»Ich kann es nicht fassen«, fluchte Weller und schlug mit der Faust immer wieder auf den Boden, als ob die schlechtverklebten PVC-Fliesen sein eigentlicher Gegner wären.

»Sieh es doch mal so«, schlug Rupert vor, »jetzt weißt du wenigstens, worauf sie steht. Vielleicht hat sie sich nur nie getraut, es dir zu sagen. Du musst da einfach viel offener sein. Ich meine, wenn es ihr Spaß macht, dann tu es mit ihr auch mal im Vorgarten. Ja, guck nicht so. Es muss ja nicht im Winter sein ... Weißt du, auch wenn sie mal mit einem anderen rumgemacht hat, dann würde ich nicht so 'n Riesending draus machen. Ich meine, was ist schon dabei ... Wenn so ein Motor mal richtig neu geölt und durchgepustet wird, dann läuft er doch danach wieder viel besser ...«

»Halt einfach die Fresse, Rupert!«, schimpfte Weller.

»Ich wollte doch nur ...«

Weller packte Rupert und zog ihn zu sich, fast froh, ein Ventil für seinen Zorn zu haben. »Halt einfach die Fresse. Glaub mir, es ist besser für dich, Rupert.«

»Herrjeh, stell dich nicht so an! Ich hab sie nicht gevögelt, sondern dieser Schnösel da.«

Ann Kathrin sprang auf und schrie: »Er hat was behauptet?«

Andreas Cremer war mit einem Schritt bei ihr. Es sah nicht aus, als habe ihr Anwalt vor, sie zu beruhigen, sondern eher, als befürchte er, seine Mandantin könne auf Hauptkommissarin Heike Zink losgehen.

Bei ihnen saß die Sekretärin Marena Schulz und tippte die Aussagen direkt in den Laptop. Das war in Norden eine ungewöhnliche Handlungsweise. Aber Hauptkommissarin Zink hatte die verschwiegene Schreibkraft aus Osnabrück angefordert. Sie wollte alles sofort schwarz auf weiß haben.

Andreas Cremer drückte Ann Kathrin sanft auf den Stuhl zurück. »Wir hatten uns doch darauf geeinigt«, sagte er, »dass ich rede, Frau Klaasen.«

Sie fuhr ihn an: »Nein, hatten wir nicht!« Sie überließ ihm aber trotzdem das Feld. Sie versank in sich selbst und vergrub ihr Gesicht in den Handflächen.

Andreas Cremer stand da, als würde er keinerlei Widerspruch dulden. Er argumentierte sachlich, in freundlichem Tonfall: »Moralische Wertungen stehen hier nicht zur Debatte. Strafrechtlich ist das alles sowieso überhaupt nicht von Belang. Wer mit wem schläft, interessiert das Gericht nicht. Herr Schmidt ist ja bereits volljährig. Erregung öffentlichen Ärgernisses kann ich nachts im Park auch nur schwer ausmachen. Der Park war ja bereits geschlossen. Aber da Frau Klaasen ja nun offensichtlich ein Alibi hat, schlage ich vor, dass sie augenblicklich ...«

»So weit sind wir noch nicht, Herr Cremer«, zischte Heike Zink. Ihr Gesicht verriet, dass sie an den Erfolg dieses letzten Aufbäumens schon selbst nicht mehr glaubte. Sie hatte Cremers Argumentation wenig entgegenzusetzen. »Die genaue Todeszeit von Frau Schubert steht noch nicht fest und ...«

Andreas Cremer wischte ihre Worte mit einer Handbewegung weg: »Frau Klaasen ist ab sofort eine freie Frau. Sie haben, liebe Frau Zink, in Ihren Unterlagen stehen, dass der Fundort der Leiche nicht der Tatort ist. Sie wurde dorthin gebracht. Dazu wurde ein Fahrzeug benötigt. Sie haben den Wagen aber noch nicht. Ich schlage vor, Sie suchen ihn, statt meine Mandantin länger hier zu quälen. Frau Klaasen kann unmöglich an zwei Orten gleichzeitig gewesen sein. Da sind wir uns doch sicherlich einig.«

Marena Schulz sah zu Heike Zink. Sie war sich nicht sicher, ob sie die Worte von Herrn Cremer mitschreiben sollte oder nicht. Kommissarin Zink gab ihr ein Zeichen, das besser nicht zu tun.

Ann Kathrin blickte jetzt zu Andreas Cremer hoch. Vermutlich war das der Moment, in dem sie begriff, wie wertvoll seine Hilfe war. Das alles wuchs ihr über den Kopf, und sie war so schockiert über Giovanni Schmidts Aussage, dass sie sich innerlich wie gefroren vorkam. Etwas geriet gerade völlig aus den Fugen.

Wichtiger als ihre juristische Entlastung, für die zweifellos Andreas Cremer sorgen würde, war für sie, was Frank Weller und ihre Kolleginnen jetzt über sie dachten. War es überhaupt sinnvoll, alles zu leugnen? Machte sie sich, wenn sie den Beischlaf abstritt, gleichzeitig wieder zur Mordverdächtigen? Zerstörte sie so ihr eigenes Alibi? Ehebrecherin oder Mörderin, war das die Alternative, die ihr blieb?

Ihr drohte der Kopf zu platzen, und ihr war speiübel. Sie mochte es nicht, wenn ihre Kollegen ständig Aspirin oder Ibuprofen mit sich herumschleppten und vom Kater bis zu den Rückenschmerzen alles damit bekämpften. Aber jetzt wurde der Wunsch nach einer Tablette übermächtig in ihr. Ein bisschen Chemie, die alles richtete oder zumindest diese brüllenden, anfallartigen Kopfschmerzen linderte ... Für einen kurzen Moment verstand sie den Irrtum, dem viele Drogenabhängige erlagen: die naive Hoffnung, durchs Einnehmen einer Substanz könne alles besser werden.

Langsam drangen die Worte, die Heike Zink mit einer Mischung aus Verachtung und Bewunderung sprach, zu Ann Kathrin durch: »Herr Schmidt behauptet, Sie hätten sich per Internet kennengelernt und am vierten Juli zum ersten Mal in Emden getroffen. Seine Aussage ist durchgehend konsistent. Er ist ein unbescholtener Bürger und hat sich in keinerlei Widersprüche verwickelt. Intellektuell ist er sicherlich in der Lage, die Tragweite seiner Aussage zu durchblicken.«

Ann Kathrin wusste, dass Lügner oft viel mehr redeten als Menschen, die die Wahrheit sagten. Lügen verlangten Geschwätzigkeit. Wahrheit war meist wortkarg.

Heike Zink erklärte zu detailgenau. Was sie formulierte, ergab keine Frage. In ihren Sachaussagen schwang etwas mit, eine Diagnose, ja fast schon ein Vorwurf gegen Ann Kathrin. Gleichzeitig stand sie da, als würde sie sich am liebsten entschuldigen, als würde sie ihren eigenen Worten misstrauen.

»Das ist alles völlig bedeutungslos«, behauptete Andreas Cremer. »Frau Klaasen und ich werden jetzt gehen. Wenn Sie noch Fragen haben, bitte alles schriftlich an meine Kanzlei.« Er legte ein Kärtchen auf den Tisch.

Heike Zink hob die Arme, als wolle sie sich ergeben.

Ann Kathrin ging mit Andreas Cremer nach draußen. Im Flur trafen sie auf Weller, der immer noch kreidebleich war. Ann

Kathrin umarmte ihn. Er ließ es geschehen, blieb aber merkwürdig distanziert. Sein Körper fühlte sich an wie aus Hartgummi. Als hielte sie nicht ihren Ehemann, sondern eine täuschend ähnliche Puppe im Arm.

»Frank, du glaubst doch nicht etwa, dass ich …«

»Sag mir einfach, dass es nicht wahr ist, Ann.«

Sie seufzte. »Es ist natürlich nicht wahr.«

Sie ließ ihn los, trat einen Schritt zurück und starrte ihn an. Ihre Stimme bebte vor Empörung. Viele Menschen wurden Zeugen dieses Gesprächs im Flur. In wenigen Sekunden hatten sich dort praktisch alle versammelt. Weller und Ann Kathrin verhielten sich aber, als seien sie allein. Unverstellt, ungeniert klärten die zwei, was sie bedrückte.

»Glaubst du etwa, dass ich völlig verrückt geworden bin oder ein ganz anderer Mensch? Dass ich einen Laptop beschlagnahme, die Besitzerin verfolge und umbringe, dann einen Onlineshop eröffne, Fälschungen signierter Bücher verkaufe und schließlich im Park einen pickligen Studenten vögele?«

»Nein«, sagte Weller und hörte sich an, als würden in seinem Hals Kieselsteine gegeneinanderreiben. »Nein, das glaube ich nicht.«

Er sah dabei nur Ann Kathrin an, aber er nahm wahr, dass neben ihm Menschen Beifall klatschten. Ja, er bekam Applaus.

Rieke Gersema hüpfte vor Freude auf und nieder. Sie wünschte sich so sehr, auch so geliebt zu werden. Es müsste toll sein, einen Mann zu haben, der so zu seiner Frau hielt, dachte sie. Leider hatte sie mit Männern meistens Pech.

Weller und Ann Kathrin umarmten sich erneut. Diesmal ging es mehr von ihm aus.

Ann Kathrin stieß die Worte aus, als hätte sie Angst, sie könnten sonst in ihrem Hals stecken bleiben und sie würde daran ersticken: »Sie wollen uns entzweien.«

»Das wird ihnen niemals gelingen«, versprach Frank und

drückte seine Frau so fest, dass es ihr weh tat. Er schnüffelte an ihren Haaren. Da war ein irritierend fremder Geruch.

Heike Zink war dieser Auflauf im Flur und diese versöhnliche Stimmung fast ein bisschen unheimlich. Sie konnte mit Gefühlsausbrüchen nicht gut umgehen. Sie musste immer alles unter Kontrolle haben. Sie versuchte, die Stimmung zu dämpfen, als sie unüberhörbar laut sagte: »Giovanni Schmidt ist ein unbescholtener Bürger. Wir haben keine Veranlassung, seine Aussage anzuzweifeln. Sie ist konsistent und ...«

»Ja, ja, ja«, stöhnte Rechtsanwalt Cremer, »das sagten Sie bereits. Ermitteln Sie hier in Sachen Ehebruch oder Mord?«

Büscher regte sich auf: »Außerdem, Frau Zink, das klingt ja geradezu so, als sei Ann Kathrin keine unbescholtene Bürgerin!«

Damit gewann Büscher als neuer Chef der Polizeiinspektion Aurich-Wittmund bei seinen Untergebenen Pluspunkte. Genau so hätte Ubbo Heide sich verhalten, der immer mit breitem Rücken vor seinen Leuten gestanden hatte, wenn sie attackiert wurden.

Nur Rupert guckte sorgenvoll in die Runde. Er hatte eine Information erhalten, die ihm nicht gefiel. Er hätte sie direkt weitergeben müssen, aber damit hätte er Ann Kathrin genauso gefährdet wie den Absender der Mail. Ann Kathrins froschgrüner Twingo war schon vor Stunden auf dem Parkplatz des Fitnesscenters *Butterfly* in Lütetsburg gefunden worden. Rupert hatte sofort Kriminaltechniker geschickt und den Wagen untersuchen lassen. Aber dann war alles im allgemeinen Tohuwabohu untergegangen.

Das *Butterfly* war nicht weit vom Schlosspark entfernt. Auf dem Beifahrersitz waren Blutspuren gefunden worden. Die Untersuchung hatte ergeben, dass es sich mit Sicherheit um das Blut der toten Katja Schubert handelte. Damit schloss sich die Beweiskette um Ann Kathrin. Der Verdacht, dass sie die Leiche in ihrem Auto nach Norddeich transportiert hatte, lag nun nahe. Von Norddeich bis zum Schlosspark Lütetsburg war es kein weiter Weg. Hier lag ja alles nah beieinander.

Die süße kleine Labormaus, die Rupert so gerne vernascht hätte, die aber leider mit irgendeinem Krabbenfischer katholisch verlobt war, hatte geschrieben: *Bevor ich es an die Torten vom ZKI weiterleite, lieber erst an euch. Es sieht nicht gut aus für Ann ...*

Die E-Mail war gerade mal zwei Stunden alt. Rupert entschied sich, sie einfach zu löschen. Was nicht auf meinem Computer zu sehen ist, habe ich auch nicht erhalten. So einfach war das – dachte er. Aber Büscher sah ihm irgendwie an, dass etwas nicht stimmte.

Ann Kathrin fuhr mit Weller in den Distelkamp zurück. Sie verließen die Polizeiinspektion Hand in Hand, wie ein frisch verliebtes Paar. Am liebsten wäre Rupert hinter ihnen hergelaufen, um sich mit seiner Tat zu brüsten. *Seht nur, was ich für euch getan habe*, hätte er nur zu gern gerufen, aber er war sich bei Ann Kathrin Klaasen nicht mal sicher, ob sie es gut finden würde. Sie konnte so verdammt zickig sein, damit hatte er genügend Erfahrungen gesammelt.

Weller fuhr. Ann Kathrin saß neben ihm. Sie schwiegen. Weller zitterte so sehr, dass er schon an der alten Post wieder stehen blieb. Er blockierte gleich zwei Behindertenparkplätze.

Ann Kathrin drehte sich um. Am Markt standen Taxen.

»Ich ... ich ... brauch nur einen Moment«, behauptete Weller. »Einmal kurz durchatmen.«

»Du denkst immer noch, dass ich ...«

»Nein, Ann, das denke ich genau nicht. Mir wird nur klar, dass da jemand einen Keil zwischen uns beide treiben will. Dieser Junge ... dieser Giovanni Schmidt wird dazu benutzt ... Aber verdammt, von wem?«

Weller donnerte seine rechte Faust gegen das Lenkrad. So hätte er jeden Gegner k. o. schlagen können, aber ihr Feind saß nicht mit ihnen im Auto. »Ich würde es am liebsten aus ihm herausprügeln!«, gestand er.

»Ja, Frank, das glaube ich dir. Und du würdest dich vermutlich dabei rasch besser fühlen. Nicht so machtlos wie im Moment.«

»Da sagst du was! Ich würde mich verdammt viel besser fühlen! Aber er sich garantiert nicht.«

»Kurzfristig, Frank. Kurzfristig würde es dir bessergehen, denn das bist du nicht. Nicht wirklich.«

Er schlug sich gegen die Brust. »Aber ich hab einen solchen Hass in mir!«

»Man kann jeden Menschen dazu bringen, durchzudrehen«, sagte Ann Kathrin ruhig. »Vielleicht ist es ja genau das, was sie wollen ...«

Er sah Ann Kathrin an. Er schaute wie durch einen Schleier. »Du meinst, sie wollen, dass ich ... dem kleinen Italiener die Fresse poliere?«

Ann Kathrin strich ihm die Haare aus der Stirn. Sie spürte seinen kalten Schweiß. »Ich glaube, das würde ihnen gefallen. Wir sollen als Polizisten unmöglich gemacht werden.«

Weller stellte sich gerade vor, wie es wäre, Giovanni windelweich zu prügeln. Der Gedanke gefiel ihm. »Alle Dinge haben ihren Preis, Ann. Meinetwegen. Ich bin bereit, ihn zu zahlen. Wir können immer noch eine Fischbude in Norddeich eröffnen. Es gibt schließlich auch andere Jobs. Bessere vermutlich. Ich hab einfach keinen Bock mehr, Ann. Wir müssen uns an Spielregeln und Gesetze halten, und die tun einfach, was sie wollen. Nehmen auf nichts und niemanden Rücksicht und ...«

»Und dafür atmen sie dann irgendwann gesiebte Luft, Frank.

Wir dürfen nicht werden wie sie. Wir müssen sie mit unseren Mitteln besiegen. Mit legalen Methoden schlagen.«

Er hing jetzt hinter dem Lenkrad wie eine aufblasbare Puppe, aus der jemand die Luft gelassen hatte. Ann Kathrin fuhr mit einer Hand durch seine Haare. »Wann hast du zum letzten Mal geschlafen, Frank?«

»Pfff ... keine Ahnung. Ist doch völlig egal.«

»Nein, ist es nicht.« Sie löste seinen Sicherheitsgurt. »Ich fahre uns jetzt nach Hause.«

Er wehrte sich: »Nein, verdammt! Ich bin topfit!«

Sie lachte bitter. »Genau so siehst du auch aus.« Sie stieg aus und klopfte an seiner Seite gegen die Tür. Er gab nach: »Okay, dann fahr du.«

Er erlebte es als liebevolle Geste, als Unterstützung und doch gleichzeitig auch als Niederlage. Noch bevor sie im Distelkamp ankamen, stand Wellers Entschluss fest. Ein Teil seiner Wut auf Giovanni Schmidt bestand bestimmt auch in den Phantasiebildern, die im dunklen, verdrängten Teil seines Bewusstseins produziert und gleichzeitig unterdrückt wurden. Wie kurze Filmszenen. Überbelichtetes Material. Seine Frau fast nackt mit diesem jungen Mann.

Weller versuchte, diese Blitze in seinem Kopf unter Kontrolle zu bekommen.

Peter Grendel parkte seinen gelben Bulli im Distelkamp 1 und lud Leitern ab. Er winkte, als er Ann und Weller sah. Dieses Bild hatte etwas Heilsames, fand Weller. Dieser Maurer, ein Kerl wie ein Baum, der seinen Bulli entlud, gab Weller die Hoffnung zurück, alles könne gut werden. Nicht alles im Leben war Lug und Trug. Es gab auch Männer wie Peter Grendel, die bauten ganz real ein Haus. Mit richtigen Steinen.

Weller gähnte.

Als Ann Kathrin den Wagen in die Garage fuhr, sagte er ruhig: »Ich werde mich an Giovanni Schmidt hängen. Er wird mich zu den Leuten führen, die dir diesen ganzen Mist eingebrockt haben. Ich krieg die Schweine!«

Ann Kathrin stimmte zu: »Ja, es ist richtig, ihn zu beschatten. Aber das solltest nicht du tun, Frank. Dafür braucht man ein Team. Am besten Leute, die er nicht kennt ... Du gehörst erst mal in die Badewanne und dann ins Bett. Ich übrigens auch.«

Er wusste, dass sie recht hatte, wollte aber nicht wahrhaben, dass er ein natürliches Schlafbedürfnis hatte wie andere Menschen auch. Und dass er eine Verdauung hatte und Nahrung brauchte. Das alles erschien ihm plötzlich so profan, ja letztlich unwichtig.

Eine Weile später lagen sie gemeinsam in der Badewanne. Schaumflocken suggerierten Leichtigkeit. Es roch nach Südfrüchten.

»Die wollten mich gar nicht auf dem Scheiterhaufen anzünden. Das war nie ihr Plan gewesen. Die wollten nur, dass ich so eine unglaubwürdige Geschichte erzähle und dass ich selbst die Suche nach diesem Giovanni forciere. Damit dann seine Aussage Bedeutung bekommt und jeder meiner Kollegen davon erfährt. Das, mein lieber Frank, war der Versuch, dich und mich auseinanderzubringen. Nichts weiter. Es ist nämlich viel schwieriger, einen Ehebruch zu verzeihen, wenn alle deine Arbeitskollegen davon wissen ...«

»Und dafür so ein Aufwand?«

Sie relativierte ihre Aussage: »Ja, dafür und um den Mordverdacht auf mich zu lenken. Unser ganzer Apparat war doch nur damit beschäftigt, Giovanni Schmidt zu suchen und mich zu befragen. In dieser Zeit konnten sich die wahren Täter in Sicherheit fühlen. Sie spielen eine Art Schnitzeljagd mit uns. Sie legen uns falsche Fährten und Hinweise. Solange wir den vorgetäuschten Spuren folgen, passiert ihnen nichts.«

Weller erhob sich aus der Wanne. Weiße Schaumflocken klebten an seinem Körper. Der Wasserspiegel fiel deutlich.

»Willst du schon raus?«, fragte Ann Kathrin.

»Ja. Ich hänge mich an diesen Giovanni.«

»Och nee, Frank, nun lass mal die Kollegen arbeiten. Du brauchst ein bisschen Entspannung und etwas Schlaf. Genau wie ich.«

Er wischte sich Schaum vom Körper. Eine faustdicke Wolke landete in Ann Kathrins Haaren. »Du hast doch nur Angst, dass ich den Knaben verdresche.«

»Ja«, gab Ann Kathrin zu, »das auch.«

Sie strich sich mit den Fingern über die Stoppelhaare. Sie saß in ihrem abgedunkelten Meditationszimmer. Kein Außenlicht sollte ihre Konzentration stören. Es gab eine Kerze und dann noch den Bildschirm als Fenster in die Welt.

Es wurmte sie, Ann Kathrin so herumlaufen zu sehen. Machte die etwa die Sauna an? Wie konnte die sich so leichtfüßig bewegen?

Die Destabilisierungsphase hätte längst abgeschlossen sein müssen. Alles geriet durcheinander. Warum gelang es nicht wirklich, Ann Kathrin Klaasen zu isolieren? Im Grunde, dachte sie grimmig, sind wir wieder in Phase zwei. *Misstrauen säen. Beruflich und privat isolieren.* Sie hatten nun wahrlich Misstrauen gesät, aber Ann Kathrin Klaasen war weder beruflich noch privat isoliert.

Es war auch noch nicht gelungen, die Zielperson zum Ausrasten zu bringen, geschweige denn sie in die Depression zu treiben. Und sie waren noch weit entfernt vom *ökonomischen, körperlichen oder seelischen Zusammenbruch*. Am Schluss des Ganzen sollte ihr Tod stehen.

Vielleicht müssen wir all das überspringen und sie einfach umbringen.

Ihr psychosoziales Netz war offensichtlich stabiler als bei den meisten Menschen.

Sie starrte Ann Kathrin auf dem Bildschirm an. Sie lief tatsächlich barfuß im Garten herum, eingehüllt in ein dickes Saunatuch. Es gab nur eine Erklärung dafür, dass Ann Kathrin wieder in Freiheit war: Sie musste Akten über all ihre Kollegen besitzen. Jeder hatte irgendwie Dreck am Stecken. Das hatte sie im Laufe des Lebens gelernt, und vermutlich wusste Ann Kathrin darüber Bescheid. Sie konnte Büscher genauso am Nasenring durch die Manege führen wie diese junge Staatsanwältin oder die anderen Vertreter des Rechtsstaates.

»Was hast du alles über sie gesammelt, Ann Kathrin?«, fragte sie gegen den Bildschirm, als könnte sie so eine direkte Verbindung zu Ann Kathrin aufbauen. »Hältst du dich für unzerstörbar? Für unkaputtbar? Du kennst mich nicht. Ich hab noch ganz andere Sachen drauf.«

Büscher versuchte, es zu verhindern: »Sie können den Jungen doch nicht einfach so laufenlassen!«

Die Hauptkommissarinnen Zink und Landauer von der Zentralen Kriminalinspektion waren sich mit der Leitenden Oberstaatsanwältin Corinna Richter und Staatsanwältin Meta Jessen einig: Es gab keinen Grund, Giovanni Schmidt länger festzuhalten. Er war freiwillig erschienen und hatte eine Zeugenaussage gemacht. Er war ein unbescholtener Bürger, lebte in geregelten Verhältnissen und hatte eine ladungsfähige Adresse.

Rupert wollte sich mit seiner Praktikantin Jessi unauffällig an ihn dranhängen, aber Staatsanwältin Jessen hatte noch ein paar Fragen wegen dieser merkwürdigen Einbruchsgeschichte in der Dresdener Straße.

Giovanni Schmidt tigerte als freier Mann durch die Norder Innenstadt. Er fühlte sich großartig. Mächtig. Durchtrieben. Schlauer als die Polizei, ja schlauer als der Rest der Welt.

Er sollte sich nach Norderney absetzen, durfte keinen Kontakt zu Maggie aufnehmen. Also zumindest nicht mit den offiziellen Kommunikationsmitteln. Kein Telefon. Keine E-Mail. Nichts, das die Strafverfolgungsbehörden kontrollieren konnten. »Keine Chance dem Überwachungsstaat«, hatte Boris gesagt.

Er durfte sich nur mental mit Maggie verbinden und so ihre universelle Liebe spüren. Dazu war kein profaner materieller Draht nötig.

Er fragte sich, was Maggie wohl jetzt gerade tat. Mit ziemlicher Sicherheit war sie auf Langeoog oder zumindest auf einer der sieben Ostfriesischen Inseln. Sie war garantiert nah am Meer. Höchstens zwei Schritte von der Wasserkante entfernt. Sie würde sich dem Wind aussetzen, sich von ihm streicheln lassen und ihn einatmen. *Frische Windenergie tanken*, nannte sie das.

Er wollte weg aus Norden, raus aus dieser muffigen Ann-Kathrin-Klaasen-Stadt. Hinter jedem Schaufenster schien sie zu lauern. Das hier war ihre Stadt. Wie sollte er sich hier wohl fühlen?

Kurz vor dem Norder Tor blieb er an der großen Doornkaat-Flasche stehen und sah zu den Windmühlen. Er spürte es wie ein Fieber, das eine Krankheit ankündigte. Maggie wollte, dass er zu ihr kam – oder war das nur sein eigenes Wunschdenken?

Sie hatte versprochen, es danach mit ihm auf allen Inseln zu treiben. War der Sex auf Wangerooge anders als der auf Norderney oder Langeoog? Vögelte man auf Spiekeroog anders als auf Borkum? Die Technik war sicherlich nicht anders als in Oldenburg, Wilhelmshaven oder Dortmund, aber diese Nähe zu den Naturgewalten veränderte doch alles.

Er rannte plötzlich los, als wäre jemand hinter ihm her. Es war nicht mehr weit bis zum Busbahnhof. Der Bus K1 fuhr bis Bensersiel. War das ein Zeichen des Universums? Konnte es Zufall sein, dass ausgerechnet jetzt der Bus startete? Er hatte noch eine Möglichkeit, die letzte Fähre nach Langeoog zu bekommen.

Er stieg ein. Er kam sich vor wie fremdgesteuert. Von einer höheren Macht geleitet. Es war, als habe Maggie den Bus geschickt. Ein erhabenes Gefühl breitete sich in ihm aus. Noch vor kurzem hätte er über so etwas nur gelacht und es als Spinnerei abgetan. Als Denkungsart aus einer Zeit vor der Aufklärung. Er hatte sich mit kurzem Blick auf den Fahrplan vergewissert, dass dieser Bus regelmäßig fuhr. Alles war also längst festgelegt und hatte mit Maggie überhaupt nichts zu tun.

Doch inzwischen nahm er solche Zeichen anders wahr. Vielleicht hatte sie ja nicht den Bus geschickt, sondern ihn nur rechtzeitig zu diesem Platz geleitet. Maggie liebte es, Menschen zu beeinflussen, sie zu steuern. Es machte ihm Freude, vorauszuahnen, was sie sich vielleicht wünschen könnte, um es dann ungefragt zu erfüllen. Das nannte man wohl, jemandem die Wünsche von den Augen ablesen, nur dass er ihr dazu nicht mal in die Augen schauen musste. Er wusste auch so, was ihrem Willen entsprach.

Aber im Bus kamen ihm Zweifel. Verdammt, war das Ganze eine Prüfung? Er sollte doch keinen Kontakt aufnehmen … Das konnte Maggie gefährden. Erfüllte er gerade Maggies geheimes Verlangen nach einem Treffen, oder erlag er seinen eigenen Wunschgedanken?

Er brauchte ein weiteres Zeichen von ihr. Er hatte jetzt Angst, sie durch sein plötzliches Erscheinen auf Langeoog zu verärgern. Er wollte aussteigen. Er war so verunsichert, dass er es kaum bis zur nächsten Haltestelle aushielt. Seine Beine wippten nervös auf und ab. Er hatte Mühe, auf dem Sitz sitzen zu bleiben. Er fühlte sich fremdbestimmt, aber jetzt nicht mehr von außen, sondern als sei etwas in ihm, das ihn leitete.

In Esens stieg er aus. Ein Heißhunger überfiel ihn, oder war es der Bratkartoffelgeruch aus dem Bärenhaus?

Er musste hin. Er aß eine Riesenportion. Nein, er verschlang sie, und es waren verdammt nochmal die besten Bratkartoffeln seines nicht gerade bratkartoffelarmen Lebens. Sie schmeckten, als hätte Maggie sie persönlich für ihn gemacht.

Maggie. Maggie. Maggie. Er konnte an gar nichts anderes mehr denken.

So mussten Drogensüchtige sich fühlen, wenn es nur noch um ihren Stoff ging.

Ein Schulfreund, der von allen *Vogel* genannt worden war, weil er so eine Hakennase hatte, war heroinabhängig geworden und hatte sich in kurzer Zeit völlig ruiniert. Seelisch wie körperlich.

Giovanni erinnerte sich daran, wie er ihn in Hannover am Hauptbahnhof wiedergetroffen hatte. Er hatte den alten Schulfreund zuerst gar nicht erkannt. Er stand in einer Gruppe abgerissener Gestalten. Von weitem war ihnen der Suchtdruck anzusehen. Vogel löste sich aus der Gruppe und sprach ihn gezielt an, bat ihn um Geld. Giovanni hatte den Impuls verspürt, ihn zu retten, hatte ihn gefragt, was er denn bei diesen Zombies da hinten zu suchen hätte. Aber Vogel hatte nur höhnisch gelacht: »Ich bin immer da, wo der Stoff ist.«

Dann hatte sein alter Schulfreund Vogel ihm geraten, auch mal einen Schuss zu probieren. Giovanni fand es immer noch unfassbar.

»Etwas Besseres ist dir garantiert noch nie im Leben passiert.« Vogel lachte mit seinen kaputten gelben Zähnen: »Komm, Alter, spür den Kick!«

Giovanni hatte mit schlechtem Gewissen einen Zehner rausgerückt und war dann praktisch geflohen.

Bin ich jetzt wie er?, fragte er sich. Ist Maggie meine Droge? Wird sie mich genauso fertigmachen wie das Scheißheroin den armen Vogel? Richtet uns das zugrunde, was wir zu sehr lieben? Beginnt, wenn alles andere unwichtig wird, die Auflösung des Selbst?

Er hatte Vogel am Ende als traurige Karikatur empfunden, jemanden, der so sehr unter dem Druck der Sucht litt und gleichzeitig versuchte, andere mit hineinzuziehen, indem er ihnen seine Hölle als erstrebenswertes Paradies schilderte.

Es war, als würden die Bratkartoffeln ihm guttun, ihn auf den Boden der Realität zurückheben. Ihn vom Kopf auf die Füße stellen.

Er blieb zwischen den essenden Menschen. Atmete den Duft ein, kam langsam wieder zur Besinnung und bekam gleichzeitig einen tierischen Durst. Nein, keine Cola. Erst recht keinen Alkohol! Er brauchte Wasser, klares, kaltes Leitungswasser.

In dem Augenblick meldete sich sein Handy. Er griff, noch während der Klingelton erklang, hin. Auf dem Display stand: *Anruf von Anonym.*

Er riss das Gerät an sein Ohr. Die aufblitzende Illusion, Maggie könne versuchen, ihn zu erreichen, legte alle Zweifel in Schutt und Asche. Er war sofort wieder völlig in der Liebesspur. Verrückt nach ihr.

Er hauchte ein liebestrunkenes »Ja?« ins Handy.

Mit kalter Härte kam die Entgegnung: »Hier auch Ja. Wir müssen uns sehen.«

Es war die Stimme von Boris, und er klang gereizt.

»Ich bin in Esens. Wenn Maggie mich sehen will, könnte ich sofort ...«

Boris reagierte ungehalten: »Nein. Nicht hierher auf die Insel! Keinen Kontakt!«

»Ja, aber ich hab doch gar nicht angerufen, sondern du hast mich ...«

Boris versuchte, sich wieder in den Griff zu kriegen. Er wollte es sich nicht anmerken lassen, aber seine Stimme klang, als würde er unter gewaltigem Stress stehen: »Schmeiß dein Scheißhandy weg! Sie können dich sonst orten! Und dann ab zum vereinbarten Treffpunkt!«

Andere Gäste wurden aufmerksam. Giovanni flüsterte und schirmte seinen Mund mit der Hand ab, als würde er befürchten, jemand könne von seinen Lippen ablesen. Er spürte genau, dass etwas nicht stimmte. Sie hatten einen Treffpunkt auf Norderney vereinbart. Er sollte jeweils zwischen zehn und zwölf Uhr an der Milchbar sein, dann ab fünfzehn Uhr an der Weißen Düne.

»Schau bei Sonnenuntergang nach Westen aufs Meer«, hatte Maggie gesagt. »So erlebe ich auch den Einbruch der Dunkelheit. Das verbindet uns. Sei dabei ganz still und achte nur auf das, was in dir geschieht. Spür, was dieses Schauspiel mit dir macht. Ich tue es auch.«

Das alles hatte nach Liebeszauber und Sehnsucht geklungen, aber Boris hörte sich an, als müsse ein Problem hektisch gelöst werden.

»Warum sollte mich jemand orten wollen? Ich war bei der Polizei. Ich habe meine Aussage gemacht. Ich ...«

»Tu, was ich dir sage, verdammt!«, brüllte Boris.

Giovanni spürte einen Widerstand in sich. Nein, er war nicht bereit, so mit sich reden zu lassen. Er hatte alles genau so gemacht, wie Maggie und Boris es von ihm verlangt hatten, aber er war nicht bereit, sich von Boris herumkommandieren zu lassen.

Plötzlich war da ihre Stimme, schmeichelnd, voller knisternder, unausgesprochener Versprechungen. Erotisch bis zum Irrsinn. »Nimm es ihm nicht übel. Er ist nervös. Er versteht noch nicht, dass in der Ruhe die Kraft liegt. Such die Orte auf, die ich dir genannt habe, und schau nach Westen. Sei voller Zuversicht und warte.«

Er schrie es heraus: »Ich liebe dich!!!«

Um ihn herum kicherten Schulkinder und zeigten auf ihn.

»Ich weiß«, raunte Maggie. »Ich weiß.« Dann knipste sie das Gespräch weg.

Giovanni presste das Handy ans Ohr, als könne er sie so länger festhalten. Erst jetzt nahm er die giggelnden Kinder wahr.

Er wendete sich von den Kindern ab und lief ein Stück die Straße hinab. Okay, dachte er. Dann eben Norderney. So schnell wie möglich.

Es war widersinnig, wenn sie sich auf Langeoog befand, sich jetzt nach Norderney zu begeben, aber er wollte ihrem Plan folgen. Er würde sie nicht enttäuschen.

Vielleicht, so redete er sich ein, war sie ja schon längst da. Aber so lieb ihm dieser Gedanke war, er glaubte es nicht wirklich.

»Du bist so hart, mein Sohn«, sagte Maggie und streichelte Boris übers Gesicht.

Er mochte es nicht, wenn sie ihn so berührte wie diese anderen jungen Männer. Er drehte den Kopf zur Seite.

Sie zeigte aufs Meer: »Du musst sein wie das Wasser. Eine ständige Kraft, aus der Tiefe agierend. Sanft und beharrlich.«

Er antwortete nicht, sondern presste die Lippen fest zusammen und hielt sein Gesicht in den Wind. Ganz in der Nähe kämpften Möwen um ihre Beute. Ihre Schreie waren für Boris wie Hohngelächter.

Maggie sprach ihn mit seinem Geburtsnamen an, der ihm nie gefallen hatte: »Rajneesh.« Sie machte seine letzte Aussage nach: »Tu, was ich dir sage, verdammt!« Sie schüttelte den Kopf und lächelte: »Das bist du nicht, mein Sohn. Du hast doch diesen Kasernenhofton gar nicht nötig. Das ist etwas für autoritäre Schwachköpfe. Spirituelle Meister brauchen so etwas nicht. Sie äußern einen Wunsch. Geben einen Rat. Formulieren eine allgemeingültige Weisheit. Wir beeinflussen Dinge und Menschen ganz anders. Sanfter. Lass sie fühlen, dass es ihre eigene Entscheidung ist. Ihr eigener Weg. Mach sie glauben, dass sie es selbst wollen.«

Er hob und senkte die Schultern. Er wirkte mutlos, kam ihr vor wie ein kleiner Junge, der sich verirrt hatte. Er kämpfte mit sich. Er war kurz davor, ihr etwas zu sagen, das er ihr lange verschwiegen hatte. Sie spürte es genau.

Sie saßen in den Dünen. Sie konnten von hier aus die alte Jugendherberge sehen und einen Radweg, über den ständig Feldhasen hoppelten, als sei es ein Übergang für sie. Einer dieser Hasen, mit schwarz umrandeten hochstehenden Ohren, näherte sich ihnen und blieb nicht weit entfernt von ihnen im Gras sitzen. Er beobachtete sie mit seinen bernsteinfarbenen Augen.

Maggie interessierte sich mehr für den Hasen als für ihren Sohn. »Na, Meister Lampe, du süßer kleiner Mümmelmann? Was willst du uns denn sagen?«

Boris hätte den Hasen ohne weiteres schlachten und über dem Feuer grillen können. Er empfand eine irre Wut auf das Tier, weil es ihm die Aufmerksamkeit seiner Mutter nahm. Er machte eine Handbewegung, als würde er einen Stein in Richtung Hase werfen. Das Tier floh hakenschlagend.

»Du bist zornig«, sagte Maggie.

»Ja, genau das bin ich.«

»Weil ich mit Giovanni gesprochen habe?«

Er presste seine Lippen zusammen, als wolle er sich am Sprechen hindern. Sein Adamsapfel hüpfte auf und ab. Mit schmalen Lippen presste er es hervor: »Weil du so mit ihm gesprochen hast … Es war das Wie, Mama, nicht das Was!«

Sie sah ihn fragend an. Er schimpfte: »Du könntest mit Telefonsex jede Menge Geld verdienen!«

Sie nahm es wie ein Kompliment. »Du bist eifersüchtig!«

Er zischte bös: »Kann der Sohn einer Göttin auf ihre Engel oder Jünger eifersüchtig sein?«

Bisher hatte sie mit durchgedrücktem Rücken im Gras gesessen wie auf einem Meditationskissen. Jetzt kniete sie sich und klopfte Sand aus ihrer Kleidung. »Wie sprichst du mit mir? Was für eine Energie spricht da? Alte, mörderisch wütende Inkarnationen schauen mich aus deinen Augen an.«

Er war plötzlich erschrocken über sich selbst und seine Worte, wollte am liebsten alles ungeschehen machen: »Ich bin nicht sauer auf dich, sondern auf diesen Giovanni. Er hat nur Mist gebaut.«

»Nein, das hat er nicht. Er macht das alles ganz wunderbar. Und du hast deine Rolle auch phantastisch gespielt. Wir haben diese Ann Kathrin nur unterschätzt. Sie ist eine harte Nuss. Die schwierigste Aufgabe, die wir bisher zu lösen hatten. Aber sie ist auch nur eine Seele, die erlöst werden will. Noch zappelt sie in ihrem weltlichen Körper. Wir müssen ihr helfen, ihn abzulegen. Sie ist so sehr mit der Materie verhaftet. Sie hat Schwierigkeiten, sich selbst zu befreien. Ich fürchte, sie wird es nicht einfach so selbst tun.«

»Mama«, sagte er mit trockenem Hals, »das haben sie alle nicht getan …«

»Wie? Was? Was willst du mir damit sagen?«

»Sie hängen alle viel mehr an ihrem Scheißleben, als du denkst. Vielleicht kannst du in ihre Gedanken eindringen, sie dazu bringen, Vegetarier zu werden oder an das Universum und seine spirituelle Kraft zu glauben, an die Sterne oder was weiß ich. Aber es geht nicht so weit, dass sie Hand an sich legen. Was du für einen Weg in die Freiheit hältst, ist für andere der letzte Albtraum. Aber …«

Sie sah ihn kritisch an. »Aber?«

»Mama, ich habe nachgeholfen.«

Ihre Augen wurden feucht. »Du hast ...« Sie schüttelte den Kopf. »Vielleicht, weil die Jungen zu schwach waren ...«

»Hauke Hinrichs hat sich nicht selbst getötet, Mama.«

»Aber Sigmar hat doch ...«

»Ja. Er stand vor dem Haus und glaubte, mit seinen Gedanken Haukes Seele in die Freiheit zu entlassen. Aber Haukes Seele hat sich gesträubt. Sie wollte weiterleben, wollte in ihrem Körper bleiben, Mama.«

»Und dann hast du ...«

Er nickte.

»Aber warum?«

»Weil ich ... weil ich dich glücklich machen wollte. Deshalb habe ich nachgeholfen ...«

Sie spürte durch den Wind die Tränen auf ihrer Haut. Es war, als würde er kalte Striche auf ihr Gesicht malen. »Du hast es für mich getan.«

»Ja. Um dich zu schützen. Hauke hätte dich verraten, Mama.«

»Und Katja Schubert?«

»Die hätte eher auf mich geschossen als auf sich selbst. Sie war von einer unglaublichen Lebensgier. Bei ihr waren Seele und Körper eine Einheit. Eine Überlebensmaschine. Auch Justin wäre zum Problem geworden ... Nur Sigmar, im Gefängnis, das war ich nicht ... Wie hätte ich da auch reinkommen sollen?«

»Mein Gott«, sagte sie, »wie sehr musst du mich lieben ...«

»Ich werde mir jetzt Giovanni holen, Mama.«

»Was hast du vor? Er wird uns helfen, Ann Kathrin zu Fall zu bringen, und dann will ich ihn belohnen und mit ihm über die Inseln ...«

Boris schüttelte den Kopf: »Nein. So läuft das nicht. Ich muss die Verbindungen zu dir kappen, bevor die Polizei dich holt. Dieser Giovanni wird ihnen über kurz oder lang die Wahrheit sagen. Er weiß zu viel.«

»Du kannst doch nicht …«

»Doch, Mama. Ich muss. Wenn Hauke es überlebt hätte, säßen wir jetzt schon im Knast.«

Ann Kathrin und Weller lümmelten sich im Wohnzimmer auf dem Teppich herum. Um sich hatten sie Zettel verstreut, Fotografien, Auszüge von Akten, mit farbigen Stiften Stellen markiert. Sie suchten Zusammenhänge.

»Manchmal«, sagte Ann Kathrin, »braucht man das Chaos, um eine neue Ordnung herzustellen, weil sich in der alten Ordnung zu viel verstecken kann.«

Auf dem Tisch standen ihre Laptops. Auf den Bildschirmen flimmerten Lichter. Trotzdem sahen die Geräte merkwürdig trostlos, ja verlassen aus, wie eine veraltete Technik, die niemand mehr benutzt.

Chantal Haase stand plötzlich so selbstverständlich im Zimmer, als würde sie längst zur Familie gehören. Sie sah, dass Ann Kathrin und Weller in einer schwierigen Situation waren, und schlug vor, einen Tee zu kochen. Weller nickte ihr dankbar zu.

»Ich könnte uns auch eine Pizza bestellen«, sagte sie, und Weller nickte ein zweites Mal.

»Hast du jetzt auch eine Praktikantin?«, fragte Ann Kathrin. Dann zählte sie auf, was sie über Giovanni Schmidt wusste: »Er wurde am Rosenmontag 1994 in Wremen geboren. Sohn einer italienischen Mutter und eines deutschen Vaters. Als er sieben war, zogen die Eltern von Wremen nach Hannover. Er war ein unauffälliger Schüler. Mit zwölf hatte er einen Autounfall, der betrunkene Fahrer beging Fahrerflucht, wurde aber dann von seiner eigenen Frau angezeigt. Das war das einzige Mal, dass Giovanni Schmidt in irgendeinem Polizeibericht auftauchte.

Er machte am Wilhelm-Raabe-Gymnasium sein Abitur, mit einem Notendurchschnitt von 2,1. Er zog zu seiner Freundin Jana Hansen nach Wilhelmshaven, wo er eine Ausbildung als Buchhändler begann, aber wieder abbrach, als Jana Schluss mit ihm machte.«

Im Internet fand Weller noch heraus, dass Giovanni Schmidt mal an einem Vorlesewettbewerb teilgenommen und den zweiten Platz belegt hatte.

»Ein netter, unauffälliger Junge«, sagte Ann Kathrin, »mit einem melancholischen Blick. Was muss passieren, damit der sich auf einem Scheiterhaufen an mich binden lässt und so tut, als sollten wir gemeinsam verbrannt werden, um mich dann zu retten und hinterher so eine hanebüchene Geschichte zu erzählen, ich hätte was mit ihm ...«

»Drogen?«, schlug Weller vor, aber da war Ann Kathrin entschieden anderer Meinung: »Nein, Frank, der war absolut klar. Und weißt du, was mir am meisten Angst macht?«

»Nein«, sagte Weller und war gespannt auf ihre Antwort.

»Dass wir alle so auf ihn hereingefallen sind. Das war schon eine große schauspielerische Leistung. Findest du irgendetwas darüber, dass er mal Schauspielunterricht genommen hat?«

Weller lachte: »Aber bitte, Ann, das kann doch jeder.«

Sie sah ihn verständnislos an. »Ist das dein Ernst?«

»Na klar, der spielt dir die große Liebe vor, um dich ins Bett zu kriegen. Meine Güte, in so was sind Jungs in dem Alter perfekt ...«

»Warst du das auch, Frank?«

»Na ja, ich bin jetzt vielleicht nicht das beste Beispiel, aber ...«

»Er hat es nicht getan, um mich ins Bett zu kriegen, sondern ...«

Chantal kam mit Tee zurück. Sie hatte die letzten Worte gehört. »Mann, bei euch geht vielleicht die Post ab! Und ich hatte immer Angst vorm Altwerden!«

»Torschlusspanik? In deinem Alter?«, grinste Weller.

Chantal wusste nicht, wo sie den Tee abstellen sollte. Es kam ihr irgendwie spießig vor, die Kanne und die Tassen auf dem Tisch aufzubauen, wo doch so viele Zettel und Akten auf dem Boden lagen und auch Weller und Ann Kathrin sich auf dem Teppich viel wohler zu fühlen schienen als auf ihren Sitzmöbeln.

Weller hatte ein paar Beziehungen spielen lassen. Ein Hannoveraner Kollege, der Ann Kathrin Klaasen sehr schätzte, Horst Tartu, hatte sich inzwischen mit einem Lehrer von Giovanni Schmidt in Verbindung gesetzt.

Tartu rief an. Er berichtete ohne großes Vorgeplänkel: »Ein Musterschüler laut Deutschlehrer. Ein Büchermensch. Hat über Kafka geschrieben und eine Eins plus bekommen. Sein Lehrer schildert ihn als Einzelgänger, hochintelligent, wenig gesellig. Er könnte trotz seiner Fähigkeiten später im Beruf Probleme bekommen, weil er wenig teamfähig sei.«

Weller hatte das Telefon laut gestellt, so dass Ann Kathrin mithören konnte. Bei den Worten »wenig teamfähig« nickte sie wissend. Das behauptete man über sie auch. Es kam ihr vor, als sei der Junge ihr recht ähnlich.

Weller hatte ihn auch gebeten zu überprüfen, ob es zwischen Katja Schubert und Giovanni Schmidt irgendeine Verbindung gab. Die konnte Horst Tartu aber nicht feststellen.

Weller bedankte sich bei ihm für die Unterstützung.

Chantal goss Tee ein und reichte jedem eine Tasse. Dabei war sie unsicher, wer von ihnen Sahne oder Kluntje haben wollte. In ihrer Hand klapperte die Teetasse auf dem Unterteller. Chantal zitterte leicht. Sie fand das alles sehr aufregend.

So hatte sie sich ihre Mutter gewünscht. Mit einem Partner, mit dem sie gemeinsam die Probleme des Lebens angehen konnte. Dieses Bild, wie Weller und Ann Kathrin auf dem Boden zwischen Papierstapeln hockten und versuchten, einen gemeinsamen Ausweg aus einer schwierigen Lage zu finden, rührte sie zutiefst an.

Ich will später auch mal einen Freund, der so zu mir hält, dachte sie, und nicht solche Typen wie meine Mama, die sich nicht für sie entscheiden können und hinter denen sie die ganze Zeit nur herrennt.

»Er ist«, sagte Ann Kathrin scharf, »verdammt teamfähig, Frank.«

»Wieso?«

»Weil er das nicht alleine hingekriegt hat. Das war Teamwork. Die zwei Typen mit diesem weißen IS-Toyota, die mich ausgebremst und betäubt haben, und er, die sind ein Team. Sie haben auch Katja Schubert umgebracht und mit ihrem Handy vorher Hilferufe an Freunde verschickt, so als sei ich hinter ihr her. Dann haben sie meine Waffe benutzt, um die gute Frau umzubringen. Das alles ist von langer Hand geplant, Frank.«

»Aber warum? Ich sehe den Sinn nicht.«

Chantal reichte Ann Kathrin die Tasse. »Weil euch einer fertigmachen will«, sagte sie. »Ist doch ganz klar. Ich stell mir das vor wie so 'n Schülerstreich. Das läuft doch so ähnlich.«

»Schülerstreich?«, fragte Weller erstaunt.

»Na klar. Wenn man ein Furzkissen auf den Stuhl legt, bringt das doch gar nichts, wenn sich niemand draufsetzt. Du musst also vorher wissen, wo die Lehrerin sitzen wird. Sonst funktioniert der Gag nicht.«

»Furzkissen«, wiederholte Weller kopfschüttelnd.

Ann Kathrin trank von dem Tee. Er schmeckte ihr überhaupt nicht, aber das zeigte sie nicht. Sie wollte Chantal nicht verletzen. Das Mädchen versuchte doch nur, einen Beitrag zu leisten, und das wollte Ann Kathrin ernst nehmen.

Ann Kathrin nahm Chantals Worte auf: »Fertigmachen …«, wiederholte sie nachdenklich.

Chantal plapperte jetzt drauflos. Sie fühlte sich auf altbekannte Art verantwortlich für die Erwachsenen und wollte ihnen aus der Situation helfen, indem sie ihre Lebensweisheiten preisgab: »Zum Beispiel die Evelyn, so eine krasse Bitch, die den Bruder meiner besten Freundin am Wickel hatte und ihn ausgepresst hat wie 'ne Zitrone, da konnten wir nicht länger zugucken. Wir mussten dem Jungen die Augen öffnen, und da haben wir ...«

Es war Weller nicht recht, dass Chantal jetzt die Ermittlungsarbeiten störte, doch Ann Kathrin hörte ihr fasziniert zu. »Was habt ihr dann gemacht?«

Es war Chantal unangenehm, gleichzeitig war sie stolz darauf. Die Unsicherheit war ihr anzumerken: »Der Papa vom Akki hat so 'n richtiges Fotostudio, also hobbymäßig. Das haben wir ausgenutzt.«

Sie wirbelte mit den Fingern durch die Luft. »Also, erst hatten wir ihr nur ein Angebot gemacht. Sie sähe ja so toll aus, und der Akki hat so getan, als wäre er ein Talentscout. Sie war sofort hellauf begeistert und bereit, alles zu machen, was er von ihr wollte. Sie hat sich ihm total an den Hals geschmissen und ihn zugeschleimt. Wir konnten die gar nicht mehr stoppen ... Erst ging das alles nur per E-Mail. Er sagte, er braucht ein paar Nacktfotos, die hat sie dann selbst von sich gemacht und sofort rübergeschickt.«

Chantal knabberte auf ihrer Unterlippe herum. »Ja, vielleicht wollt ihr das alles auch gar nicht so genau wissen. Jedenfalls haben wir sie dann zu Probeaufnahmen in das Studio eingeladen, und als sie ...«

Weller stöhnte.

»Soll ich weiter erzählen?«, fragte Chantal und sah unsicher von Ann Kathrin zu Weller.

»Das war aber ganz schön gemein von euch«, kommentierte Ann Kathrin.

»Ja, aber auch sehr effektiv. Das war es dann für die Bitch. Wir haben dem Bruder meiner Freundin so die Augen öffnen können.«

»Und du meinst, so etwas haben die mit uns auch vorgehabt?«, fragte Weller.

»Klar«, nickte sie, »nur eben viel raffinierter, denn Ann Kathrin ist ja eben keine Bitch ... Darum mussten sie noch viel mehr inszenieren.«

Giovanni Schmidt hatte sein Handy ins Norddeicher Hafenbecken geworfen. Es war weit geflogen. Eine Möwe attackierte das Handy in der Luft. Es fiel runter und versank im Schlick.

Er hatte die Nacht im Hotel Fährhaus verbracht. Er bekam ein Zimmer mit Meerblick. Er war aufgeregter als die Nordsee. Er lag wach auf dem Bett, und sein Gedankenkarussell kreiste. Helle, frohe Erwartungen mischten sich mit Angst und düsteren Untergangsgefühlen.

Er hatte Boris erlebt, wie er Justin über Bord geworfen hatte. Die Bilder jagten immer wieder durch seinen Kopf, überschatteten alles.

Er lag auf dem Bett, lang ausgestreckt, völlig übermüdet. Er nickte kurz ein. Er sah sich als Justin. Dann schreckte er wieder hoch. Er war klatschnass. Zweimal duschte er in dieser Nacht, doch es ging ihm danach nicht besser.

Die verstörenden Bilder kehrten immer wieder zurück. Er sah das Boot in den Wellen. Es bewegte sich von ihm weg. Boris stand am Steuerrad und lachte. Er selbst ertrank.

Er musste vorsichtig sein. Boris war nicht sein Freund. Oder vielleicht doch, aber er war eben unberechenbar, vielleicht sogar irre.

Dann schämte er sich, weil er so über Boris dachte. Immerhin hatte Boris ihn vor Langeoog an Land gezogen, als er den Krampf im Bein hatte.

Ohne Boris wäre ich vielleicht längst Fischfutter, dachte er.

Am Morgen saß Giovanni hungrig beim Frühstück, bekam aber kaum etwas runter. Er schlürfte wenigstens einen Kaffee. Schlagartig bekam er Durchfall davon. Nachdem er sich erleichtert hatte, war ihm flau, aber gleichzeitig fühlte er sich besser.

Es gab Fisch zum Frühstück. Matjessalat. Krabben und Rollmöpse. Er rührte nichts davon an, biss nur zwei, dreimal in ein getoastetes Weißbrot und trank noch ein Glas Wasser im Stehen am Büfett.

Giovanni nahm eine frühe Fähre von Norddeich-Mole nach Norderney. Er stand an Deck und beobachtete sich selbst dabei, wie es für ihn war, der Insel näher zu kommen. Tatsächlich hatte er das Gefühl, Norderney strahle eine ganz andere Energie aus als Langeoog. Er fand noch keine Worte dafür, aber er bildete sich schon ein, es zu spüren. Es war wie eine bevorstehende Prüfungssituation für ihn. Irgendwann würde Maggie ihn fragen. Dann musste er ihr berichten, und er befürchtete, sie könne ihn genauer examinieren, als es damals seine Oberstudienräte bei der mündlichen Abiturprüfung getan hatten. Er wollte von Maggie nicht für einen oberflächlichen, materialistischen Plattkopf gehalten werden.

Er betrat Norderney sehr bewusst, mit dem linken Fuß zuerst. Er spürte den Inselboden unter den Füßen. Am liebsten wäre er schon barfuß von Bord gegangen. Es nervte ihn, dass er die Fahrkarte vorzeigen musste. Es brachte ihn irgendwie raus aus dem Feeling.

Als er auf der Straße stand und zu den Bussen sah, zog er die Schuhe aus und ging barfuß über den warmen Asphalt. Er beschloss, sich sofort zur Milchbar und dann zur Weißen Düne zu begeben, auch wenn er noch sehr viel Zeit hatte.

Er wollte zu Fuß dorthin, unten am Strand lang. Genau so hätte Maggie es gemacht, dachte er. Der Gedanke, sie würde Bus fahren, erschien ihm absurd.

Der nasse Sand zwischen den Zehen tat gut. Jetzt spürte er den feuchten Boden wirklich. Da war das Meer, und da war die Insel, und da war der Wind. Er fühlte sich gehalten und geschützt von den Elementen.

Der Himmel im Osten glühte violett. Das Meer schien zu brennen. Alle vier Elemente waren da. Erde, Wasser, Luft und Feuer. Ein heißer Tag kündigte sich an, und je stärker die Sonnenkraft wurde, umso mehr empfand er den Wind als Freund, der erfrischend von Nordost blies.

Er ging bei Ebbe am Weststrand in Richtung Milchbar und kam am Café Marienhöhe vorbei. Die Milchbar umkreiste er. Er wunderte sich selbst, warum er so auf Abstand blieb. Es war, als würde dort eine Gefahr lauern. Die fröhlichen Touristen wirkten wie ein Hohn auf seine dunklen Gedanken. Ein Geburtstag wurde vorbereitet. Eine große Torte mit Kerzen bestückt.

Diese unbeschwerten Menschen irritierten ihn. Nein, er wollte hier nicht bleiben. Er zog weiter.

Giovanni ging gefühlte zwei Stunden an der Wasserkante entlang. Als er an der Weißen Düne ankam, roch er den Duft von Kaffee und heißgemachtem Apfelstrudel. Er hatte sein Handy gemäß den Anweisungen ins Hafenbecken geworfen, aber er wollte gerne telefonieren. Nein, es ging diesmal nicht darum, Maggies Stimme zu hören. Im Grunde hätte er lieber mit Ann Kathrin Klaasen geredet und sich bei ihr entschuldigt.

Er wusste, dass das nicht möglich war. Er konnte nicht an Maggie zum Verräter werden. Lieber würde er sterben. Es trieb ihm die Tränen ins Gesicht, aber er ahnte, dass alles genau darauf hinauslief. Er würde sterben.

Er setzte sich vor der Weißen Düne in einen Strandkorb und

beschloss, jetzt ein zweites Frühstück zu sich zu nehmen. Er brauchte Kraft für den Tag.

Nach einem Kaffee und einem Croissant mit Sanddornmarmelade genierte er sich für die düsteren Gedanken, die er gehabt hatte. Nein, er würde Maggie und Boris nichts davon erzählen. Boris hatte ihm im Grunde, ohne viel Aufhebens zu machen, das Leben gerettet. Boris schützte seine Mutter, genauso wie er, Giovanni, bereit war, Maggie zu schützen.

Er hoffte, dass Maggie vielleicht heute Abend oder spätestens morgen hier auftauchen würde, um dann ihre Reise über die Ostfriesischen Inseln mit ihm zu beginnen. Sie wollten sich auf jeder Insel lieben. Wenn das keine Perspektive war ... Und danach sollte ruhig die Welt untergehen! Einmal im Leben wollte er richtig etwas erleben. Und etwas Größeres war nicht denkbar.

Es konnte nicht das Ziel des Lebens sein, eine Ausbildung zu machen, um dann einen guten Job zu bekommen, in dem man vielleicht dreißig Jahre lang hart arbeitete, um schließlich pensioniert zu werden. Nein, in so einem Leben würde man vielleicht viel weniger erleben, als es ihm in den nächsten Tagen bevorstand. No risk, no fun ...

Er lehnte sich im Strandkorb zurück, hatte die Sonne im Gesicht und schlief ein. Als er die Augen öffnete, weil ein Federball gegen seine Brust flog und ein kleines Mädchen mit dem Schläger wedelnd lachend um Entschuldigung bat, sah er Boris auf dem Fahrrad. Sofort waren all seine Zweifel und Ängste wieder da. Er versteckte sich hinter dem Strandkorb und wartete, bis Boris im Restaurant verschwunden war. Dann lief er gebückt runter zum Strand, an vielen nackten Menschen vorbei, die Handball spielten. Hauptsache, so weit wie möglich von der Weißen Düne weg.

Er fand den idealen Ort, um sich zu verkriechen. Hier hatte vor Tagen jemand um seinen Strandkorb eine gigantische Burg gebaut, mit hohen Festungsmauern aus Sand. Der Strandkorb war längst weg, die Türme zusammengebrochen, doch die hohen Burgmauern standen noch. Sie wirkten wie kleine, künstliche Dünen.

Hier versteckte er sich. Sein Hals war trocken. Sein Herz raste. Boris war gekommen. Und er wusste genau, was das zu bedeuten hatte. Es ging nicht um ein paar schöne Tage mit Maggie auf den verschiedenen Inseln. O nein. Er sollte ausgeschaltet werden. Genauso wie Justin. Er hatte seine Aufgabe erfüllt.

Der Satz: *Der Mohr hat seine Arbeit getan, der Mohr kann gehen*, schoss es durch seinen Kopf. Er hatte das Drama von Friedrich Schiller *Die Verschwörung des Fiesco zu Genua* in der Schule gelesen. Als Muley Hassan den Mitverschwörer Fiesco über die geplanten Intrigen informiert, fordert der Hassan auf, den Raum zu verlassen.

Es klang in seinen Ohren nach: »Ich höre Tritte. Sie sind's! Kerl, du verdienst deinen eigenen Galgen, wo noch kein Sohn Adams gezappelt hat. Geh ins Vorzimmer, bis ich läute.« – »Der Mohr hat seine Arbeit getan, der Mohr kann gehen.«

Giovanni hatte weder vor, sich wegschicken noch aufknüpfen zu lassen. Alles lief auf ein Duell hinaus, zwischen Boris und ihm. Das war ihm jetzt klar.

Er hatte keine Sonnenschutzcreme dabei und merkte nicht, dass seine Haut verbrannte. Er ruhte noch eine Weile aus, dann schlenderte er wie ein am Meer flanierender Tourist zu den nackten Handballspielern.

Nein, ihn zogen nicht die hüpfenden Busen der jungen Spielerinnen an. Noch weniger interessierte er sich für die Sixpackbäuche der Männer. Er brauchte ein Handy.

Sie hatten ihre Sachen nicht weit entfernt auf einer Decke liegen. Sie waren so ins Spiel vertieft, dass sie ihn nicht bemerkten. Er hatte die Auswahl zwischen drei Handys. Er nahm das von

Vera Lütte. Es steckte in einer roten Hülle, und Vera hatte nicht nur ihre Adresse hinten draufgeklebt, sondern auch noch ihre PIN-Nummer, weil sie die ständig vergaß.

Rupert sprach Weller im Flur beim Kaffeeautomaten an. Weller hatte gehört, dass die Maschine inzwischen repariert worden sei und einen super Milchkaffee mache. Weller gab der Maschine eine Chance. Er war so sehr in Gedanken, dass er Rupert zunächst nicht bemerkte. Rupert meinte es nur gut, doch seine Sätze lösten bei Weller nicht gerade Begeisterung aus.

»Wenn du mal ein Gespräch unter Männern brauchst, Kumpel, dann bin ich jederzeit für dich da.«

Weller war mit ganz anderen Fragen beschäftigt und reagierte verständnislos. »Häh? Was?«

»Na ja, du musst dich deswegen nicht genieren. Frauen reden ständig über solche Dinge miteinander. Orgasmusprobleme und so ...«

Weller stieß Rupert weg. Er war ihm bei dem Versuch, in Wellers Ohr zu flüstern, einfach zu nahe gekommen. Rupert roch nach dem Zwiebelbrötchen, das er sich heute Morgen in der Auricher Markthalle gegönnt hatte, denn seit seine Frau Beate sich für veganes Essen begeisterte, war Ruperts Leben nicht gerade leichter geworden. Statt Schinkenbrote und Salamischnitten bekam er Müslikugeln mit zum Dienst. Kleingeschnittene Dörrbirnen und Grünkohl-Muffins. Besonders übel fand er die staubtrockenen Nuss-Sanddorn-Plätzchen.

»Ich habe keine Orgasmusprobleme!«, blaffte Weller Rupert an. Er glaubte, Rupert wolle ihm irgendein Potenzmittel andrehen. Er hatte auf Ruperts Schreibtisch neulich eine Packung blauer Pillen gesehen.

»Du nicht«, sagte Rupert, »aber deine Frau.«

Weller guckte Rupert fragend an. Der erklärte: »Na glaubst du, sonst würde die sich nach Abenteuern mit so jungen Typen umgucken?«

Weller richtete seinen Zeigefinger auf Ruperts Nasenspitze: »Ich sag jetzt nichts, Rupert! Aber ...«

»Sei doch nicht so empfindlich! Das kommt in den besten Familien vor. Wenn Ann Kathrin Fesselspiele liebt, dann musst du sie halt mal etwas härter rannehmen. Es gibt da eine Menge Spielzeug zu kaufen heutzutage. Die Frauen lesen ständig so Bücher von reichen Kerlen, die sie mit Peitschen und Handschellen ...«

Sylvia Hoppe betrat den Flur. Sie trug einen Aktenstapel und obendrauf eine Tasse mit frischem Roibuschtee Vanille.

»Wir haben keine Orgasmusprobleme! Und meine Frau liest auch keine SM-Pornos!«, brüllte Weller. »Meine Frau liest Kinderbücher und steht nicht auf Fesselspiele oder Handschellensex!«

Sylvia Hoppe ließ die Akten fallen. Die große Teetasse mit der Aufschrift *Lächle – du kannst nicht alle töten* fiel zu Boden. Die Tasse zersprang. Drei Teepfützen entstanden, verbunden durch kleine Roibuschtee-Bächlein.

Die Kaffeemaschine gurgelte und rappelte. Heiße Milch schoss heraus, dann ein doppelter Espresso, und schließlich kam endlich auch der Becher.

»Das System«, sagte Sylvia Hoppe, während sie die Akten einsammelte, »muss noch optimiert werden. Aber der Milchkaffee schmeckt im Prinzip«, fügte sie leise hinzu, »ich bringe immer meine eigene Tasse mit.«

»Na«, grinste Rupert, »die ist jetzt ja wohl kaputt.«

Rupert waren Männer, die Milchkaffee tranken, ohnehin suspekt. Für Weller war das Ganze das Sahnehäubchen auf dem Tag. Er bog wortlos ab in Büschers Büro. Dort saß schon

Ann Kathrin Klaasen und ging mit Büscher die Situation durch.

Früher hatte sie so etwas mit Ubbo Heide besprochen und dabei meist wichtige Impulse erhalten. Ubbo Heide hatte oft entscheidende, weiterführende Fragen gestellt. Martin Büscher dagegen wirkte bedächtiger. Er gab mehr den Bedenkenträger, dachte in Prinzipien.

Er schlug gerade vor, Ann Kathrin solle unbezahlten Urlaub nehmen und sich der Dienststelle fernhalten. Sie zeigte ihm den Vogel.

Ihm fehlte die Phantasie dafür, sich vorzustellen, dass in anderen Dienststellen der Kriminalpolizei ein ähnlicher Umgang mit Chefs möglich war. Er geriet unter Rechtfertigungsdruck: »Wenn du erst gar nicht erscheinst, sondern Urlaub machst, entziehen wir uns dem Vorwurf, du hättest dich in die Ermittlungen eingemischt.«

Weller sah einen Becher mit Milchkaffee auf Büschers Schreibtisch. Darauf ein weißer Schaumberg.

»Wie bist du denn da rangekommen?«, fragte Weller.

Büscher zuckte mit den Schultern. »Keine Ahnung. Ich mag keinen Milchkaffee. Ich wollte eigentlich Gemüsesuppe.«

Weller wusste nicht, ob das ein typischer Büscher-Scherz war oder ob er es ernst meinte. Weller war ganz froh, als sein Handy *Piraten ahoi!* spielte und er einen Vorwand hatte, sich mit etwas anderem zu beschäftigen. Er nahm das Gespräch an.

Ann Kathrin entgegnete Büscher: »Es ist nicht klug, wenn wir genau das tun, was unsere Gegner erreichen wollen. Es ist wie eine Kapitulation, und es stachelt sie höchstens zu neuen Taten an.«

Weller erkannte die Stimme nicht sofort. Da war viel Wind und Geknattere im Hintergrund. Vielleicht, dachte Weller, will uns nur wieder ein Spaßvogel verarschen.

»Herr Weller? Hier ist Giovanni Schmidt. Ich bin auf Norderney. Ich weiß genau, was passiert ist ... Ich kann Ihnen und Ihrer Frau ...«

Hinterher fragte Weller sich oft, warum er es getan hatte und warum, verdammt nochmal, genau so. Aber jetzt, in dieser Situation, tat er es einfach, ohne darüber nachzudenken. Und er kam sich sogar ziemlich cool dabei vor.

Er hielt Ann Kathrin das Handy hin und sagte: »Dein Lover.«

Büschers Unterlippe hing kraftlos herab, und Ann Kathrin staunte Weller an. Sie nahm das Handy wie unter Zwang und fragte: »Ja?«

»Frau Klaasen? Hier ist Giovanni Schmidt.«

Wellers Handy war schon immer unverschämt laut eingestellt, als sei er schwerhörig. Trotzdem fuhr sie die Lautstärke geistesgegenwärtig weiter hoch. Giovanni Schmidt war für sie der Schlüssel zu allem.

»Ich hoffe, Sie sind nicht mehr böse auf mich ...«

»O doch. Ich bin sogar mächtig böse. Ich kann mich gar nicht mehr daran erinnern, jemals so böse gewesen zu sein!«

»Ich verstehe das gut, Frau Klaasen. Ich kann Ihnen alles erklären. Bitte kommen Sie nach Norderney. Ich kann Ihnen nicht genau sagen, wo ich bin. Ich werde verfolgt. Wenn Sie hier sind, nehme ich Kontakt zu Ihnen auf. Sie sind auf der Insel. Sie wollen mich umbringen ...«

Büscher gab Zeichen, Weller solle feststellen, woher der Anruf kam. Weller deutete ihm an, der Junge sei ja nicht blöd und rufe genau deswegen eben nicht einfach die Polizeiinspektion an, sondern Wellers private Handynummer. Vermutlich hatte er sie aus Ann Kathrins Handy, dachte Weller.

Ann Kathrin wurde heftig: »Hatten wir das nicht schon einmal? Sind wir hier beim Film? Muss die Szene noch mal wiederholt werden? Lande ich danach wieder am Marterpfahl und muss mir anhören, ich sei sexuell schräg drauf?«

»Diesmal stimmt es aber wirklich, Frau Klaasen! Die sind

hinter mir her. Ich lock Sie in keine Falle. Die bringen mich um! Ich hab den Boris gesehen. Der hat auch den Justin getötet.«

»Bei dem Wort *getötet* horchten Büscher und Weller auf.

»Nachname«, sagte Büscher lautmalerisch.

»Welchen Justin?«, fragte Ann Kathrin.

»Ich weiß den Nachnamen nicht. Boris hat ihn vor Langeoog ins Meer geworfen. Und jetzt ist er gekommen, um mich zu holen!«

»Wenn Sie sich bedroht fühlen, so gibt es einen ganz einfachen Weg: Wenden Sie sich an die Polizei. Sie werden Schutz bekommen, zu uns gebracht werden, und dann können Sie hier alle Aussagen zu Protokoll geben.«

»Polizei? Auf Norderney?«

»O ja, wir haben dort eine Dienststelle, und die ist in der Touristenzeit sogar mit Verstärkung besetzt.«

Eine Weile hörten sie nur den Wind rauschen und Möwengeschrei. Dann Stimmen. Leute schimpften. Schweres Atmen. Fluchen.

»Entweder spielen die uns hier ein Hörspiel vor«, sagte Weller, »oder die sind wirklich hinter ihm her, und wir sind gerade live dabei, wie sie ihn verfolgen.«

»Ich falle auf diese Spielchen nicht mehr rein«, schwor Ann Kathrin mit drei erhobenen Fingern.

Sie hörten Fluchen und Schreie. Dann brach das Gespräch ab.

Ann Kathrin gab Weller das Handy zurück. Da sein Gerät jetzt die Nummer registriert hatte, drückte er einfach auf Rückruf.

Giovanni Schmidt entkam den beiden Frauen nicht. Sie stürzten sich auf ihn und brachten ihn zu Fall.

Die Frauen waren wesentlich aggressiver als die Männer, die nur versucht hatten, ihm den Weg abzuschneiden.

»Ist das auch wirklich dein Handy?«, rief ein pummeliger Zwanzigjähriger.

»Ich erkenne doch mein Handy! Die Lederhülle hast du mir geschenkt! Hintendrauf ist mein Name! Wieso telefoniert der Arsch mit meinem Handy?«

Giovanni Schmidt lag auf dem Rücken, zwei nackte Frauen knieten neben ihm. Die eine verpasste ihm zwei schallende Ohrfeigen, während die andere seinen rechten Arm festhielt. Er zappelte mit den Beinen.

Die Peinlichkeit der Situation wurde noch dadurch vergrößert, dass der pummelige Zwanzigjährige begann, einen Film zu drehen.

»Das ist ja noch viel besser als Handball!«, rief er.

Irgendjemand kommentierte: »Wenn Frauen zu Furien werden!«

Die eine schrie: »Mir wurden schon drei Handys gestohlen! Drei! Ich mach dich so fertig, du Arsch!«

»Ich ... ich wollte nur ... Mein Handy wurde doch auch geklaut, und ich muss meine Mutter dringend anrufen, die ist im Krankenhaus und ...«

»Komm mir jetzt bloß nicht mit so einer rührenden Geschichte!«, fluchte die auf seinem rechten Arm.

In dem Moment klingelte das Handy.

»Na bitte! Da ruft garantiert deine Mama zurück, was?«

Giovannis Lippe blutete. Er spuckte Sand aus und schluckte süßlich-metallisches Blut.

Jemand nestelte an seinem Gürtel herum. Er konnte nicht sehen, wer. Eine der Furien versperrte ihm die Sicht. Ihr grünes Bauchnabel-Piercing glitzerte in der Sonne.

Er hörte eine männliche Stimme: »Wir sind alle nackt und der ist angezogen. Ich finde, das sollte nicht so bleiben.«

Jemand zerrte an seinen Hosenbeinen herum. Schon hing ihm die Hose bei den Knien, während erneut eine Salve Ohrfeigen in seinem Gesicht eintraf.

»Ich fahr hin«, sagte Weller. »Ich schnapp mir den Burschen.«

»Die verarschen uns nur, Frank. Vielleicht will er dich bloß nach Norderney locken, damit du vom Festland weg bist.«

Büscher griff ein: »Bitte, Frank, du wirst dich doch nicht mit diesem Schnösel prügeln wollen!«

Weller hatte schon die Türklinke in der Hand. Jetzt hielt er inne. »Ich handle hier nicht als eifersüchtiger Ehemann, verdammt nochmal! Ich handle als Polizist.«

»Als Kommissar«, betonte Büscher streng, »bist du Teil eines Ermittlungsteams. Wir sind mit einer Selbstmordserie beschäftigt und das ...«

Er überlegte einen Moment zu lang. Er wirkte dabei auf Weller wie ein Boxer, der, zu sehr auf den Angriff konzentriert, für einen Moment die eigene Deckung vergisst.

Weller schoss seinen Satz ab wie eine ansatzlos geschlagene Gerade mit hohem Knockout-Potential. »Das alles hängt eng zusammen!«

Büscher wankte getroffen, dann konterte er: »Du lässt dich von irrationalen Gefühlen leiten. Ich verbiete dir, dass du ...«

Weller blaffte zurück: »Ich nehme mir für heute Urlaub! Ich mache einen Ausflug nach Norderney. Ich brauche dringend einen Tag Entspannung. Ich muss raus aus dem muffigen Büro hier und mir frischen Wind um die Nase wehen lassen. Das kapiert ja wohl jeder!«

»Halt! Ich habe eine Urlaubssperre verhängt! Gilt auch für

dich«, konterte Büscher, der händeringend Argumente suchte, Weller daran zu hindern, sich einzumischen. Dann griff er zur einfachsten Methode. Er flehte ihn an: »Herrgott, Frank, mach es uns doch bitte nicht allen so schwer!«

Weller ließ kraftlos die Arme herunterbaumeln. Er sah müde aus. Er sprach mit schwacher Stimme: »Okay. Ich melde mich krank.«

»Frank!«, mahnte Büscher.

»Ich vermute mal Grippe«, stöhnte Weller. »Nicht, dass ich die anderen noch anstecke und eine Epidemie auslöse. Unvorstellbar, wenn in dieser schwierigen Situation die Dienststelle auch noch unter krankheitsbedingten Personalengpässen leiden müsste ...«

Büscher sah Ann Kathrin bittend an. Sie deutete auf ihren Mann. Sie hatte nicht vor, ihn zu bevormunden.

Büscher brauste auf: »Du hast keine Grippe, Mensch!« Er deutete zum Fenster. »Es ist Juli! Nicht November!«

»Sommergrippe«, behauptete Weller und nieste sogar, um es zu verdeutlichen.

»Wenn du jetzt gehst, Frank, dann ...« Büscher sprach nicht weiter. Seine Worte hingen wie eine Drohung im Raum.

»Ja, was ist dann?«, wollte Weller angriffslustig wissen.

Büscher winkte ab. »Dann kann ich auch nichts mehr machen«, sagte er kleinlaut.

Ann Kathrin hielt Weller kurz auf: »Frank, wenn du heute Nacht geknebelt und an einen Baum gefesselt wach wirst, vielleicht an ein schönes Mädchen gebunden, dann ...« Sie sprach nicht weiter.

Er nickte ihr zu: »Ja, dann weiß ich genau, was sie mit dir gemacht haben, Ann.«

Giovanni Schmidt wäre am liebsten von der Insel geflohen. Aber er befürchtete, beim Fähranleger könne man ihm auflauern. Auch der Flugplatz war nicht sicher. Unerkannt von der Insel wegzukommen erschien ihm unmöglich.

Er fragte sich, ob Boris mit dem Motorboot von Justins Eltern gekommen war. Vielleicht hatte er auch von Langeoog aus einen Flieger gechartert.

Giovanni glaubte nicht, dass Maggie mitgekommen war. Vermutlich hatte Boris den Auftrag, die Aktion gegen Ann Kathrin Klaasen mit ihm gemeinsam zu Ende zu führen. Es gab Augenblicke, da konnte er sich vorstellen, dieser Norder Kommissarin alles zu verraten, ihr genau zu erzählen, was geschehen war. Dann wieder war er bereit, sie für Maggie umzubringen.

Er hatte Angst und fürchtete sich sogar davor, ein Hotelzimmer anzumieten. Am Strand wollte er auch nicht schlafen. Eine Möglichkeit, gefahrlos wegzukommen, sah er für sich nicht. Was tun, fragte er sich. Verdammt, was tun?

Er glaubte, zwischen vielen Menschen sei er sicherer. Gleichzeitig befürchtete er, die Handballer könnten auftauchen und ihn als Handydieb öffentlich demütigen.

Er verzog sich in die Innenstadt. Er kaufte sich ein Eis. Erdbeer, Mango und Sahne. Das gelbe Inselhotel Bruns erschien ihm vertrauenerweckend und gemütlich. Es sah nicht aus, als würden ausgerechnet dort FKK-Handballer wohnen. Aber er bekam kein Zimmer. Ausgebucht.

Wo auf Norderney würde Maggie wohnen wollen, fragte er sich. Sollte er so einen Ort aufsuchen, oder war die Gefahr, von Boris erledigt zu werden, dort besonders groß? Gab es ein Biohotel auf Norderney, vergleichbar mit dem Strandeck auf Langeoog?

Im Haus Seeblick am Damenpfad hatte er Glück und bekam ein freies Zimmer. Er wurde aber komisch angesehen, als er nicht sagen konnte, wie lange er vorhatte zu bleiben. Immerhin, hier war er sicher. Ein Zimmer. Ein Schlüssel. Ein Bett. Es war, als würde er sich langsam Boden unter die Füße schaffen.

Giovanni fragte sich, ob es eine dumme Idee gewesen war, Ann Kathrin Klaasen anzurufen. Sollte er wirklich hier zur Polizei gehen? Was könnte er denen erzählen? Gab es überhaupt einen Weg zurück in sein altes, langweiliges Leben? Oder lag alles unwiderbringlich in Trümmern?

Es gab Augenblicke, da flammte wieder die Hoffnung in ihm auf an ein Leben mit Maggie oder wenigstens an diese berühmte Inseltour mit ihr.

Wir werden uns auf allen Ostfriesischen Inseln lieben. Ja, so sollte es sein!

Jetzt, da er ein Zimmer hatte, wollte er sich nicht länger darin verstecken. Er lieh sich an der Rezeption ein Fernglas und ging raus auf die Straße, um sich dem Leben zu stellen, was immer es ihm zu bieten hatte.

Touristen saßen in Straßencafés. Um ihn herum war Lachen und Waffelduft. Giovanni kam sich vor, als würde er mit zerfetztem Hemd und offener Brust auf schwerbewaffnete Soldaten zutänzeln.

Ja, vielleicht war das die richtige Haltung dem Leben gegenüber: mit offenem Visier und offenem Hemd, komme, was da wolle. Hier stehe ich, ich kann nicht anders. – Von wem war das? Martin Luther? Goethe? Che Guevara?

Das brachte es jedenfalls auf den Punkt. Genau so war es für ihn.

Er ging Richtung Weiße Düne. Dort sollte das Schicksal seinen Lauf nehmen. Er war bereit für ein Leben voller Lust, Verrat und Tod.

Er stellte sich vor, er sei ein Glas und gleich würde jemand etwas hineingießen. Bei Rotwein würde er zum Rotweinglas werden, bei Weißwein zum Weißweinglas. Bei Bier zum Bierglas und bei Wasser eben zum Wasserglas.

Er blieb mitten auf dem Gehweg stehen, schloss die Augen und richtete sein Gesicht zum Himmel. Er wurde angerempelt, doch das störte ihn nicht.

Er zuckte zusammen, weil nicht weit entfernt von ihm ein Glas auf dem Boden zerschellte. Ein schönes Mädchen mit mondäner Frisur beteuerte, es täte ihr leid. Heute sei einfach nicht ihr Tag.

Ja, dachte er, wenn du ein Glas bist, Giovanni, dann kann dir auch das passieren. Vielleicht wirst du noch heute zersplittern.

Noch bevor Weller auf die Insel kam, war ihm klar, dass es eine Schnapsidee gewesen war. Wo sollte er eigentlich anfangen zu suchen? Vermutlich hatte Ann Kathrin recht, und es war eh nur eine Finte. Während er sinnlos auf Norderney herumlief, verfolgten die Täter ganz andere Pläne, und zwar ganz sicher nicht auf Norderney.

Es war idiotisch von mir, mich von Ann zu trennen, dachte er. Was bin ich nur für ein Trottel? Ich verkrache mich in dieser Lage mit unserem Chef, der eigentlich ganz wohlwollend ist, und mache dann noch genau das, was diese Täter sich wünschen. Ich trenne mich von Ann und renne hier auf Norderney herum.

Er kam sich vor, als würde er an einer langen Leine spazieren geführt.

Rupert rief an. Er fragte, ob er und seine Praktikantin Jessi vielleicht irgendwie helfen könnten.

»Also, Alter, wenn du Unterstützung brauchst ... Meine Jessi und ich sind jederzeit für dich ...«

»Nein«, brummte Weller und klickte das Gespräch weg.

Viele Touristen saßen im Restaurant oder tranken Milchkaffee in den Strandkörben vor der Weißen Düne. Giovanni Schmidt versteckte sich mit einer Flasche Wasser dort, wo aus Gründen des Küstenschutzes die Dünen nicht betreten werden durften. Er tarnte sich mit Grasbüscheln und Sanddornsträuchern. Er sah lächerlich aus, wie ein Soldat im Manöver, dem die Uniform gestohlen worden war und der nun die Aufgabe hatte, sich unauffällig der Truppe zu nähern. Das Fernglas verstärkte diesen Eindruck noch.

Er suchte Boris.

Als die meisten Touristen zum Abendessen in ihren Unterkünften verschwunden waren und sich ein Sonnenuntergang ankündigte, der viele Menschen auf die Promenade trieb oder in die Strandbars, um einen Sundowner zu genießen, sah er Boris. Er schlich fernab von den Touristen lauernd an der Wasserkante entlang.

Du suchst mich, dachte Giovanni, aber ich habe dich längst entdeckt. Diesmal habe ich dir etwas voraus.

Giovanni befreite sich von dem Gestrüpp und pirschte sich vorsichtig an Boris heran. Der stand jetzt bewegungslos und beobachtete den Sonnenuntergang. Das violette Licht mit dem rotglühenden Ball in der Mitte und den goldenen Rändern hatte etwas von einer lebendigen Postkarte.

Boris bot ihm unbeeindruckt den Rücken. Trotzdem wusste Giovanni, dass Boris längst klar war, wer sich ihm näherte. Er gab jetzt bewusst den Coolen.

»Ist dies das Ende meines Lebens, oder wird es der Anfang von etwas ganz Neuem?«, fragte Giovanni, und es klang, als würde er nach dem Weg fragen.

Langsam drehte Boris sich um: »Anfang und Ende sind eins, sagt Maggie. Jeder Tod ist nur ein Neubeginn. Freu dich auf deine Wiedergeburt!«

Giovanni sah das Messer. Vielleicht war das der Moment, in

dem er endlich begriff, dass es wirklich ernst war. Oder dauerte es noch so lange, bis er spürte, wie die Klinge in ihn eindrang?

Ein großer, warmer Fleck breitete sich auf seinem Bauch aus. Boris zog das Messer aus ihm heraus und stieß noch einmal zu.

Giovanni versuchte, sich zu schützen. Aus seinem Mund kam ein Gluckslaut, als habe er Schluckauf. Er drehte sich und stolperte in Richtung Düne.

Die nächsten Menschen waren weit weg, alle beobachteten den Sonnenuntergang.

»Halt still«, sagte Boris. »Lass mich es zu Ende bringen. Oder willst du hier stundenlang liegen und jämmerlich verbluten?«

Er stach noch einmal zu, betrachtete dann sein sich im Sand windendes Opfer und spottete: »Toller Gladiator! Stehender Applaus von der Tribüne. Brot und Spiele. Gladiatoren sterben in der Arena. Die Spiele gehen weiter. Das Volk will den nächsten sehen.«

Ann Kathrin sah sich einfach nur Bilder an. Sie suchte diesen Typen mit dem Lonsdale-T-Shirt und seinen schmächtigen Kumpanen. Sie war sich absolut sicher, die zwei sofort zu erkennen, obwohl sie inzwischen davon ausging, dass dieses provokative rechtsradikale Outfit möglicherweise nur Ablenkung war. Show. Mimikry.

Sie sah sich wahllos Lichtbilder junger Männer an. Sie blätterte sogar den *Kurier* und die *Ostfriesen-Zeitung* durch, auf der Suche nach Gesichtern.

Auf Schulhomepages durchforstete sie alte Klassenfotos. Sie wollte dem berühmten *Kommissar Zufall* eine Chance geben. Doch sie wurde nicht fündig.

Auf Langeoog wurde eine Leiche angespült. Ein junger Mann. Noch bevor die offizielle Information in der Polizeiinspektion ankam, verbreitete sie sich im Netz. Handyfotos wurden von Touristen hochgeladen.

Ubbo Heide entdeckte das Bild in einer Facebook-Gruppe, die von Fans der Ostfriesischen Inseln gestaltet wurde. Er schickte die Information an Ann Kathrin. Später fragte er sich, ob es eine instinktgesteuerte Handlung gewesen war oder ob er sich einfach so verhalten hatte, als sei er immer noch Kripochef der Polizeiinspektion Aurich-Wittmund.

Ann Kathrin erkannte den Toten sofort. Das war der schmächtige Kerl aus dem weißen Toyota, den sie in ihrer Erinnerung als den zweiten Mann abgespeichert hatte. Er hatte ihr das Chloroform von hinten auf die Nase gedrückt, da war sie ganz sicher. Sie hatte ihm den Daumen gebrochen. Sie konnte das Knacken immer noch hören. Es war das eindringlichste Geräusch, das sie wahrgenommen hatte, bevor sie ohnmächtig geworden war.

Sie schickte eine Nachricht an Weller, Büscher, Rupert und Sylvia Hoppe:

Er gehört zu der Bande. Sein rechter Daumen ist gebrochen. Bitte überprüft das sofort!

Na klasse, dachte Weller. Ich bin auf Norderney, und die Musik spielt auf Langeoog.

Er tippte ein Wort als Frage an alle ein: *Selbstmord?*

Büscher fürchtete, Ann Kathrin könne sich kurzerhand nach Langeoog aufmachen. Es gab zwar keine Fähre mehr und sicherlich auch keinen Flug, aber in seiner Phantasie ließ sie sich mit einem Hubschrauber rüberbringen. Er rief sie an und ermahnte sie, zu Hause zu bleiben.

»Wir halten dich auf dem Laufenden, Ann.«

Sie brummte zur Antwort etwas Unverständliches.

»Was heißt das?«, wollte er wissen. »Ja oder nein?«

»Ich habe nur laut gedacht, Martin ...«

»Lass mich an deinen Gedanken teilhaben.«

»Ich glaube nicht, dass sie dir gefallen werden.«

Er stöhnte leidgeplagt, als sei er so etwas von ihr gewöhnt: »Also?«

»Gut. Wie du willst. Ich dachte, das ist der Unterschied zwischen unserem ehemaligen Chef Ubbo Heide und dir. Ubbo sagt: *Du musst die Handlungsführung zurückgewinnen, Ann.* Und du sagst: *Verhalte dich still und warte ab.*«

Martin Büscher schluckte hörbar. »Jetzt bin ich aber euer Chef. Damit müsst ihr leben.«

»Hm«, sagte sie, und es hörte sich für ihn an wie eine Resignation, die jederzeit in einen Putschversuch umschlagen konnte.

»Ann«, ermahnte er sie, »ich glaube an deine Unschuld, und ich will, dass du später vor Gericht – falls es so weit kommt – einen sauberen Freispruch bekommst. Kein Urteil, an dem der Zettel klebt: *Vetternwirtschaft* oder *Zeugenbeeinflussung.*«

»Zeugenbeeinflussung? Der ist doch tot! Ich will ihn nur identifizieren.«

»Dazu werden wir dich laden.«

»Überprüft einfach seinen Daumen«, sagte sie hart und legte auf.

Das bedeutete für Büscher, sie war zwar sauer, würde aber seinen Anweisungen folgen und zu Hause bleiben.

Nur Minuten später sendeten die Kollegen aus Langeoog eine klare Nachricht: Der Tote hatte einen Personalausweis in der Tasche. Er hieß Justin Ganske und war bei seinen Eltern in Wittmund Buttforde gemeldet. Er war dreiundzwanzig Jahre alt.

Jetzt ärgerte Weller sich noch mehr, auf Norderney festzusitzen. Am liebsten wäre er in das berüchtigte Bermuda-Dreieck gelaufen, um sich auf der Bülowallee im Klabautermann, im Columbus oder im Backstage einen zu zwitschern. Aber da war kein Durchkommen mehr, weil die feierfreudigen Touristen auf der Straße tanzten. Außerdem wollte Weller einen klaren Kopf behalten.

Eine Weile suchte er Giovanni Schmidt zwischen den Feiernden. Dann gab er auf und zog sich in sein Hotelzimmer zurück.

Rupert und Sylvia Hoppe wollten noch in der Nacht aufbrechen, um den Eltern in Buttforde die Nachricht zu überbringen und sich Justins Lebensumstände genauer anzusehen.

Sylvia war so empört, dass sie kaum die passenden Worte fand, als Rupert wieder mit seiner persönlichen Praktikantin antanzte. Jessi brachte drei Coffee-to-go in Plastikbechern mit. Schnippisch fragte Sylvia: »Oh, heute kein Whisky? Keine Geburtstagstorte? Keine Frikadellen?«

Der Ton schien Jessi nichts auszumachen. Entweder, folgerte Sylvia, war sie blöd oder bewundernswert resilient.

»Ich habe Berliner von Theo Hinrichs besorgt«, lachte Jessi. »Sind von heute Nachmittag. Duften noch ganz frisch.«

Eine Stechmücke surrte durch den Raum wie ein winziges, ferngesteuertes Flugobjekt. Jessi schlug nach ihr, aber die Mücke war schneller.

Sylvia ließ Rupert und Jessi einen Moment allein. Sie ging zu Kripochef Büscher, um sich zu beschweren. Der war im Gespräch mit der Leitenden Oberstaatsanwältin und bat Sylvia, draußen zu warten. Sie stand eine Weile im Flur herum. Ihre Laune sackte auf den Tiefpunkt. Schließlich gab sie das Warten auf. Es tat ihr einfach nicht gut.

Sie hatte im Leben oft und lange warten müssen. Darauf, dass ihre Mutter aus dem Laden nach Hause kam. Darauf, dass ihr Vater Zeit hatte, sie zum Klavierunterricht zu fahren. Darauf, dass endlich Weihnachten kam. Und schließlich, in den letzten Jahren, darauf, dass ihr Mann endlich aus der Kneipe nach Hause fand.

Sie war die verdammte Warterei satt. Sie war vor allen Dingen nicht mehr bereit, auf Männer zu warten, die vermeintlich Wichtigeres zu tun hatten.

Sie ging zurück zum Büro. Vor der Tür blieb sie stehen und lauschte einen Moment. Sie kam sich vor wie damals, als kleines Kind. Bevor sie den Raum betrat, in dem ihre Eltern sich aufhielten, hatte sie oft an der Tür gelauscht, um die Stimmung zu erspüren. Herrschte dort dicke Luft? Gab es Streit? Oder verstanden sie sich gerade prima, und es gab die Chance auf einen friedlichen Tag ...

Durch die Milchglasscheibe konnte sie sogar hineingucken. Rupert hockte gut gelaunt lässig mit dem Hintern auf dem Schreibtisch, einen Fuß auf dem ergodynamischen Bürosessel, und prahlte mit seinen Heldentaten. Jessi himmelte ihn an.

Er war gerade an einer besonders spannenden Stelle: »Vier Schwerkriminelle versuchten, die Zeugin einzuschüchtern. Die Pappnasen konnten ja nicht wissen, dass ich im Zimmer nebenan war. Ich hatte alles gehört, und damit waren die Typen sozusagen schon erledigt. Ich riss also die Tür auf. Einer, den sie den Schlitzer nannten, hielt der völlig verängstigten Zeugin eine Klinge an den Hals. Es war ein Stilett. Sooo lang. Die anderen lachten viehisch ... Sie weideten sich an der Angst der Frau. Ich dachte: Dumm gelaufen für euch, ihr Arschgeigen. Jetzt kommt Rupert! Einer muss dieser Brut ja Manieren beibringen. Ich hab also die Schultern breitgemacht und dem Typen gerade ins Gesicht gesehen. Sie haben verlangt, ich solle abhauen, sonst würden sie die Frau töten. Außerdem wollten sie ein Fluchtauto und eine Million, oder fünf, das weiß ich nicht mehr so genau. In solchen Situationen ist es ja wichtig, sich auf das Wesentliche zu konzentrieren und sich nicht von solchen Kinkerlitzchen ablenken zu lassen.«

Jessi nickte heftig.

»Ich hab also tief Luft geholt und denen gesagt ...«

Sylvia Hoppe hielt es draußen nicht länger aus, und sie betrat den Raum. Rupert warf Sylvia einen wütenden Blick zu. Irgendwie hatte ihr Auftritt ihm die Pointe versaut.

Aber Jessi ließ sich nicht ablenken und fragte: »Was hast du gesagt?«

Er räusperte sich. Es war ihm unangenehm, so etwas in Sylvia Hoppes Gegenwart zu erzählen. Sie wusste gute Geschichten einfach nicht zu schätzen. Aber Jessi war ganz aufgeregt: »Spann mich nicht auf die Folter! Was hast du gesagt, Rupi?«

Er druckste kurz herum, dann kam der Satz, trocken, wie James Bond die Martinis am liebsten trank: »Hände hoch, ihr blöden Schweine!«

Es hörte sich an, als würde Sylvia Hoppe kurz Beifall klatschen, doch sie tötete nur eine Mücke zwischen ihren Handflächen.

Jessi schlug mit der rechten Faust einen Haken in die Luft und sagte anerkennend: »Cool, Rupi verdammt cool!«

»Onkel Rupis Märchenstunde ist jetzt beendet. Wir fahren nach Wittmund.« Sylvia Hoppe zeigte auf Jessi. »Und die Kleine bleibt hier. Meinetwegen kann sie den Flur putzen oder die Fenster oder auch Kuchen backen.«

Jessi streckte Sylvia Hoppe die Zunge raus.

»Die Kleine kommt mit«, bestimmte Rupert, und nun kam es ihm zugute, dass er viel Zeit mit emanzipierten Frauen verbracht hatte. Er fand es zwar ungeheuer nervig und anstrengend, aber er hatte auch gelernt, wie sie zu argumentieren. Er versuchte es und schindete damit bei Jessi mächtig Eindruck: »Fenster putzen? Flur putzen? Kuchen backen? Du reduzierst sie auf traditionelle hausfrauliche Fähigkeiten und willst ihr gleichzeitig die Möglichkeiten einer beruflichen Entwicklung beschneiden? Das ist im Grunde frauenfeindlich. Die jungen

Frauen kämpfen heutzutage für eine eigenständige Lebensperspektive. Ich finde, das sollte man unterstützen.«

Sylvia Hoppe bekam kaum noch Luft. Sie brauchte einen Moment, um sich zu sortieren, dann keifte sie Rupert an: »Bist du jetzt als Frauenbeauftragter der Kriminalpolizei Aurich-Wittmund zuständig für Gleichstellungsfragen, oder was?« Sie guckte zur Decke. »Ich fasse es nicht!«, rief sie der Lampe zu. Sie atmete tief durch und sagte dann scharf zu Rupert: »Also gut, meinetwegen. Aber ich fahre, und du hältst auf dem Beifahrersitz die Klappe. Ich krieg die Krise, wenn ich mir deine Prahlereien anhören muss!«

Rupert war mit dem Kompromiss zufrieden.

Unten im Auto ermahnte Sylvia Hoppe ihn noch einmal, als er sich anschnallte: »Kein Wort! Ist das klar?«

Er nickte stumm.

Sylvia Hoppe drehte sich zu Jessi um: »Das gilt auch für dich!«

Eine Weile schwieg Rupert wirklich und spielte mit seinem Handy. Dann hielt er es nicht länger aus und belehrte Jessi mit dem Wissen, das er sich gerade selbst im Internet bei Wikipedia angelesen hatte: »Buttforde ist ein Haufendorf. Es gehört zu Wittmund. Es liegt am Rande der historischen Harlebucht, auf einer dem oldenburgisch-ostfriesischen Geestrücken vorgelagerten Geestinsel.«

»Du sollst den Mund halten«, grummelte Sylvia Hoppe.

Jessi fragte: »Buttforde ist eine Insel?«

Sylvia Hoppe hatte nur Angst, dass Rupert nun zu neuen Erklärungen angestachelt wurde, deshalb sagte sie hart: »Nein! Geest ist ein Boden, der durch die Eiszeit geprägt wurde. Besteht meistens aus Sand. Geest heißt eigentlich trocken. Hattet ihr das nicht in der Schule?«

»Doch«, antwortete Jessi. »Ich hab sogar ein Referat darüber gehalten und eine Eins plus bekommen.«

Rupert grinste stolz, als hätte er etwas damit zu tun.

»Und warum fragst du dann so blöd?«, fragte Sylvia Hoppe zornig.

»Das war ein Witz«, konterte Jessi. »Außerdem stehen die Erwachsenen doch darauf, wenn Jugendliche sich blöd stellen und Fragen haben. Sie fühlen sich dann immer so klasse, wenn sie mit all ihrem Wissen und ihrer Erfahrung glänzen können. Stimmt's?«

»Boah, ey, ich platz gleich!«, raunzte Sylvia.

»Ist jetzt Zickenkrieg angesagt, oder was?«, fragte Rupert.

Sylvia brüllte: »Ich hab gesagt, ihr sollt die Klappe halten! Einfach mal still sein! Das kann doch nicht sooo schwer sein!«

Rupert hätte zu gern erwähnt, dass Theo Hinrichs, von dem die wunderbaren Berliner stammten, die Jessi mitgebracht hatte, aus Buttforde kam, aber er befürchtete, damit die gereizte Stimmung nur noch weiter anzuheizen.

Das Haus der Familie Ganske lag am Ende der Straße, die mehr wie ein Feldweg wirkte, den man notdürftig asphaltiert hatte. Es gab Löcher im Asphalt, die mit zerbrochenen Backsteinen gestopft worden waren. Tempo 30 war hier eigentlich schon ein Wagnis.

Vor dem Haus standen große, schattenspendende Bäume. Die asphaltierte Parkfläche hätte locker für drei Busse gereicht. Irgendwie passte das alles nicht zusammen.

Eine Katze schlich ums Haus, geriet in die Lichtkegel der Scheinwerfer und floh, als ginge es um ihr Leben.

Das Gebäude wirkte verlassen. Sylvia Hoppe klingelte, aber drinnen rührte sich nichts.

Rupert ging, gefolgt von Jessi, viermal ums Haus. Er rüttelte am Garagentor. Es ließ sich problemlos öffnen. Rupert leuchtete mit seiner Taschenlampe in den Raum. Er kam sich cool dabei vor. Mit Jessi an seiner Seite machte alles einfach viel mehr Spaß.

In der Garage stand ein weißer Toyota-Geländewagen, der dringend mal gewaschen werden musste. An die Wand gelehnt sah Rupert einige Nummernschilder.

»So etwas macht unsereins immer stutzig. Die sind garantiert geklaut.« Er hob eins hoch. »Siehst du, da sind nämlich noch gültige TÜV-Plaketten drauf. Ich vermute mal, der Toyota ist auch geklaut. Wir sind hier bei bösen Buben.«

»Ich denke, dieser Justin ist ein Opfer ...«

Sylvia Hoppe kam zu Rupert und Jessi in die Garage. »Sag mal, spinnst du, Rupert? Das ist unbefugtes Betreten! Vielleicht sogar Hausfriedensbruch. Wir haben keinen Hausdurchsuchungsbefehl und nichts ... Wir sollten nur die Eltern über den Tod ihres Sohnes ...«

Rupert machte mit dem Lichtkegel der Taschenlampe eine schneidende Bewegung durch die Luft wie Luke Skywalker mit seinem Lichtschwert. »Wenn das nicht der Toyota ist, mit dem Ann Kathrin entführt wurde, spendier ich dir zum nächsten Geburtstag einen privaten Auftritt der Chippendales.«

Solche Scherze konnte Sylvia Hoppe nicht ausstehen. »Ich steh nicht auf Muskelprotze mit eingeölten Sixpackbäuchen«, giftete sie.

»Ich wusste es«, flüsterte Rupert Jessi zu, »sie ist eine Lesbe.«

»Behalt deine sexistischen Bemerkungen für dich!«

Rupert hatte schon sein Handy am Ohr. Er spielte jetzt den glasklaren Entscheider. Er äußerte keine Bitten, er gab Anweisungen. Er forderte die Spurensicherung an, die er lässig *Spusi* nannte, dabei schielte er zu Jessi und setzte noch eins drauf. Er bat die *Wise Guys*, sich zu beeilen. Dann erklärte er ihr wie nebenbei: »Früher haben wir sie immer die *Jungs in Weiß* genannt, wegen ihrer Berufskleidung, die aussieht wie ein Ganzkörperkondom aus Fallschirmseide.«

»Es reicht«, schimpfte Sylvia Hoppe.

Gemeinsam warteten sie auf die Verstärkung. Sie saßen auf den Treppenstufen vor dem Eingang. Jessi holte Theos Apfelberliner, und sie schmeckten tatsächlich noch gut. Sogar Sylvia Hoppe nahm einen, und die wollte eigentlich auf ihre schlanke Linie achten. Aber heute war nicht der beste Tag zum Abnehmen. Bis zum Weltgesundheitstag war noch Zeit. Wellness sah für Sylvia Hoppe anders aus.

Die Spusi fand Blutspuren im Flur, die in den Keller führten, und dort war ohne jede Frage ein Verbrechen geschehen. Eine rasche, gezielte Überprüfung ergab, dass es sich zweifelsfrei um Blut von Katja Schubert handelte.

»Wir haben den Tatort«, stellte Rupert fest, »hier wurde Katja Schubert erschossen.«

Solche Sonnenaufgänge konnten Menschen süchtig machen, dachte Susanne Kaminski aus Dinslaken. Es hatte sich wahrlich für sie gelohnt, so früh aufzustehen. Sie spürte unter den Füßen den noch feuchtkalten Sand. Ihre Schuhe hielt sie in der Hand.

Die Sonne tauchte, umgeben von Schäfchenwolken, aus dem Meer auf. Susanne lachte. Die Wolken sahen aus wie gelbe Lockenwickler um einen verschleierten Kopf, der mit Scheinwerfern von hinten beleuchtet wurde.

Susanne Kaminski atmete tief durch und sog die Situation in sich auf. So schön kann die Welt sein, dachte sie, und jeder Sonnenaufgang, jeder Sonnenuntergang ist anders. Nichts wiederholt sich wirklich, und doch passiert es in pünktlicher Genauigkeit immer wieder.

Sie wollte für den nächsten EWE-Volkslauf trainieren und lief jeden Morgen mindestens eine halbe Stunde lang der aufgehenden Sonne entgegen.

Wenn ich jetzt noch mit dem Rauchen aufhöre, dachte sie, könnte ich beim nächsten Lauf mit dem ersten Dutzend durchs Ziel sprinten.

Sie hielt die Leiche zunächst für ein weggeworfenes Kleiderbündel, an dem die Ausläufer der Wellen leckten. Als sie näher kam, glaubte sie, dort liege ein Betrunkener. Die dunklen Flecken an seiner Kleidung erkannte sie nicht gleich als Blutflecken.

Sie beugte sich über ihn, wollte helfen. Sie drehte ihn auf den Rücken. Jetzt sah sie von Blut verklumpten Sand. Sie zuckte zurück und lief ein paar Meter in Richtung Dünen. Bevor sie wieder klar denken konnte, musste sie zunächst Abstand zwischen sich und die Leiche bringen.

Mit zitternden Händen wählte sie den Notruf. Zunächst war besetzt, und in gewisser Weise empfand sie Empörung darüber, so als dürfe der Notruf einfach nicht besetzt sein.

Vielleicht habe ich mich auch verwählt, dachte sie und versuchte es erneut.

Marion Wolters nahm den Anruf an. Sie hatte die ganze Nacht in der Einsatzzentrale verbracht. Sie war müde und ärgerte sich, weil sie zwei Marsriegel und eine Tüte Chips gegessen hatte. In ihrem Tupper-Topf lagen aber noch die Apfelschiffchen, die Kirschtomaten und die Schlangengurkenstücke, die sie sich eigentlich für den Nachtdienst mitgenommen hatte, weil sie sich, wenn sie schon keinen Schlaf bekam, wenigstens gesund ernähren wollte.

Rupert nannte sie gerne *Bratarsch*, was sie vielleicht auch deshalb so ärgerte, weil sie befürchtete, dass er etwas aussprach, was viele dachten. Entsprechend mies war sie drauf.

Sie meldete sich mit: »Polizeinotruf, Marion Wolters am Apparat.«

Es war ihr bewusst, dass sie sich pampig anhörte.

»Mein Name ist Susanne Kaminski. Ich habe gerade beim

Joggen auf der Insel eine Leiche am Strand gefunden. Es ist ein junger Mann.«

Marion Wolters glaubte, es sei eine recht verspätete Meldung des Leichenfundes auf Langeoog. Sie kannte das. Entweder meldete niemand ein Verbrechen, oder ständig rief jemand an und erzählte, um sich wichtig zu machen, was doch alle längst wussten.

Marion gähnte: »Sind Sie sicher, dass Ihnen das nicht nur jemand erzählt hat?«

»Häh?«

»Na, ist das Hörensagen, oder haben Sie die Leiche selbst gefunden?«, fragte Marion Wolters genervt.

»Selbst gefunden«, antwortete Susanne Kaminski perplex.

»Und warum rufen Sie dann erst jetzt an?«

Susanne dachte: Zwick mich jemand! Ist das hier Realität? Bin ich hier bei *Vorsicht, Kamera*? Werde ich gerade reingelegt?

Sie versuchte, ihren aufflammenden Zorn zu unterdrücken, und sagte so sachlich wie möglich: »Ich habe die Leiche vor zwei Minuten gefunden. Wie hätte ich früher anrufen sollen?«

»Vor zwei Minuten? Wo sind Sie denn?«

»Auf Norderney, am Oststrand, weit hinter der Weißen Düne.«

Marion Wolters lachte gequält: »Da hat man Sie aber schlecht informiert. Die männliche Leiche wurde auf Langeoog gefunden, nicht auf Norderney.«

»Herrje, ich werde doch wohl wissen, auf welcher Insel ich bin!!«, schimpfte Susanne Kaminski und kämpfte um ihre Realität.

Der Kaffee in Marion Wolters' Tasse war längst kalt geworden. Sie schlürfte den letzten, sumpfigen Rest. Es schmeckte widerlich.

Zwei tote junge Männer in einer Nacht ... Ich lass mich doch nicht verarschen, dachte sie.

Susanne Kaminski hatte sich inzwischen gefangen und kündigte an: »Wenn Sie mir nicht glauben, dann fotografiere ich jetzt den Toten und veröffentliche das Bild in den sozialen Netzwerken. Sozusagen als Notruf an alle.«

»Das hatten wir so ähnlich heute Nacht schon einmal«, behauptete Marion Wolters.

»Sie sind die Unfähigkeit in Person«, stellte Susanne Kaminski fest. »Ich kenne einen Polizisten persönlich. Den rufe ich jetzt an.«

Ihr scharfer Ton und ihre Standfestigkeit rüttelten an Marion Wolters' Selbstbewusstsein. Zweifel zerfraßen ganz allmählich ihre Abwehrhaltung. Immerhin hatten sie es in Ostfriesland mit einer Selbstmordserie zu tun. Sie stellte sich vor, auf jeder Insel würde heute Nacht ein Toter angespült werden.

»Wo genau sind Sie?«

»Planet Erde. Westeuropa. Norddeutschland. Norderney. Oststrand. Zwischen den Dünen und den Wellen. Keine zwanzig Meter von der Leiche entfernt, die jetzt gerade voll im Wasser liegt. Soll ich sie an Land ins Trockene ziehen, oder verändere ich damit den Tatort und kriege später Ärger?«

Ein Gedanke schoss in Marion Wolters' Gehirn hoch wie das Leuchtsignal eines in Not geratenen Krabbenkutters: Das ist echt! Die Frau macht keine Scherze!

»Bitte tun Sie nichts, aber bleiben Sie, wo Sie sind. Ich informiere die Kollegen. Bitte machen Sie durch Rufe auf sich aufmerksam oder ... haben Sie ein Licht?«

»Können Sie nicht einfach mein Handy orten?«, schlug Susanne vor.

Marion Wolters überlegte, wie sie das so schnell anstellen sollte. »Nein, ich fürchte, dafür brauche ich zuerst einen richterlichen Beschluss und die Mithilfe der Netzanbieter ...«

»Schon gut. Ich laufe hier rum, winke und schreie, und die Taschenlampe auf meinem Handy kann ich auch anknipsen. Allerdings wird es hier sowieso gerade hell. Bitte beeilen Sie sich. Es macht keinen Spaß, hier bei der Leiche Wache zu halten.«

»Entschuldigen Sie, wenn ich gerade etwas komisch war, Frau Kaminski, aber ich bin übernächtigt und in letzter Zeit ziemlich viel verarscht worden.«

»Kein Problem. Hauptsache, Sie kommen jetzt langsam in die Pötte.«

Susanne wollte eigentlich aufhören zu rauchen, aber jetzt konnte sie nicht anders. Sie fischte die Filterzigarette aus der Notration in ihrer Joggingjacke und inhalierte ein paar tiefe Züge.

Weller wollte eigentlich mit der ersten Fähre aufs Festland zurück und seinen Norderney-Ausflug als reinen, aus dem Stress geborenen Aktionismus abhaken, aber als er gerade in sein Frühstücksbrötchen biss, erreichte ihn Büschers Anruf. Sein Klingelton *Piraten ahoi!* erklang und brachte zwei Kinder am Nachbartisch zum Lachen. Ein Junge rief: »Den will ich auch haben, Papa!«

Der neue Kripochef hatte sich langsam an die knappe ostfriesische Art gewöhnt. Je schlimmer die Lage war, umso wortkarger wurden sie. Schwätzen und Geschichten erzählen konnte man mit einem Bier in der Hand auf die Theke gestützt am besten.

»Giovanni Schmidt ist tot«, sagte Büscher, und es schwang Sorge mit, Hoffnung und auch ein Vorwurf.

Frank Weller konnte zunächst gar nichts sagen. Er kaute nicht weiter, er hatte Angst, sich zu verschlucken. Weller sah sich im Frühstücksraum um. Die anderen Gäste mussten ja nicht mitbekommen, was sich hier gerade für ein Drama abspielte.

Weller hielt sich die linke Hand vor den Mund: »Suizid?«

»Messerstiche in Brust und Rücken.«

»Scheiße.«

Weller stand auf und ging, das Handy am Ohr, zwischen den Touristen, die frühstückten und sich auf einen sonnigen Urlaubstag freuten, zur Tür. Eine Familie mit zwei fröhlich-vorlauten Kindern rief ihm hinterher: »Schönen Urlaub noch!« Sie winkten sogar, und er winkte zurück. Der Junge rief: »Cooler Klingelton, Alter!«

Draußen vor der Tür standen Raucher. Auch hier konnte Weller nicht ungestört telefonieren. Er ging ein paar Schritte. Er sah Möwen auf dem gegenüberliegenden Dach, und ein sanfter Nordwestwind sagte ihm, dass er schwitzte.

»Sag mir, dass du ein Alibi hast, Frank.«

»Alibi? Für welche Uhrzeit denn? Ich bin überall herumgelaufen und hab ihn gesucht. Danach war ich auf dem Zimmer und hab gelesen. Die haben nämlich hier eine Gästebibliothek, und da hab ich einen alten Thriller von …«

»Frank! Das Wasser steht dir bis zur Halskrause! Du hast ihn auf Norderney gesucht. Jeder denkt, dass er ein Verhältnis mit deiner Frau hat, und du bist ihm nach Norderney nachgereist. Jetzt ist er tot. Jeder normalintelligente Staatsanwalt wird jetzt …«

»Unsere Staatsanwältinnen sind verdammt clever. Die werden sich so leicht nicht täuschen lassen. Und Staatsanwalt Scherer, die taube Nuss, hat ja zum Glück noch seine Gehirnerschütterung.«

»Komm zurück und stell dich, Frank. Ich würde dir eine Verhaftung gerne ersparen.«

»Stellen? Ist es schon so weit gekommen?«

»Ja.«

Weller hatte ein flaues Gefühl im Magen, und die Welt um ihn herum begann zu trudeln. »Kann ich mir den Toten vorher ansehen oder …«

»Komm sofort! Ich glaube dir, Frank, aber da führt uns jemand verdammt geschickt vor und ist uns immer ein paar Schritte voraus. Wir werden in der Presse nicht gerade gut aussehen.«

»Und ich Idiot lasse mich nach Norderney locken ...« In dem Moment fühlte Weller sich einerseits als Trottel, andererseits aber auch als Held. Hatte diese Schweinebande eigentlich geplant, Ann Kathrin in die Falle zu locken? Sollte das der endgültige Vernichtungsschlag gegen sie werden, um sie restlos unglaubwürdig zu machen?

Er klickte das Gespräch weg und ließ das Handy in die Hosentasche gleiten. Er hielt sein Gesicht in Richtung Sonne. Die warmen Strahlen taten gut. Der Wind fuhr in seine Kleidung und trocknete die verschwitzten Stellen im Vorbeipusten.

Die Kühlung auf der Haut und in den Haaren gefiel Weller. Er brauchte Wind. Es war, als würde der Wind ihn vom Druck der zivilisierten Welt befreien und ihm die Gedanken freipusten.

Was ist das eigentliche Ziel?, fragte Weller sich. Jeder Täter verfolgt doch einen Plan. Wir haben es nicht mit spontanen Gewaltausbrüchen zu tun. Es sieht nur so aus. Wir müssen herausfinden, was diese Typen beabsichtigen. Wo die Schweine genau hinwollen. Um sie dann exakt dort mit Handschellen zu erwarten.

Er reckte sich, ging ins Hotel zurück, zahlte und lief zu Fuß zur Fähre nach Norddeich. Er brauchte die frische Luft so sehr. Er atmete, als könne bald der Sauerstoff knapp werden. Vielleicht weil er die Möglichkeit durchaus in Betracht zog, in naher Zukunft in einer Zelle zu landen.

Für die Überfahrt suchte er sich einen Platz auf dem Außendeck. Er setzte sich nicht. Er drückte seinen Körper gegen die Reling. Da war das Meer, und da war der Himmel. Und am Horizont verwischte alles durch eine niedrige Wolkenwand, die wie Nebel aus dem Meer aufzusteigen schien.

Er informierte Ann Kathrin mit ein paar kurzen Sätzen. Unspektakulär, als würde er seinen Dienst wieder antreten. Er musste ihr nichts erklären. Sie konnte eins und eins zusammenzählen.

In Aurich erschien er in der Dienststelle, stempelte seine Karte ab und grüßte Marion Wolters freundlich, die gerade in einen Vanille-Donut biss. Er streckte seine Arme aus und legte die Handgelenke übereinander, als sei er bereit für Handschellen. So betrat er Büschers Büro und sagte zu den Anwesenden: »Ihr habt mich. Ich gestehe, dass ich bestreite ...«

Bei Büscher befanden sich Heike Zink und Roswitha Landauer. Sie sahen alle aus, als bräuchten sie dringend Urlaub oder wenigstens einen guten Tee.

»Das ist kein Witz, Herr Weller«, sagte Heike Zink.

»Ich finde es auch nicht lustig«, antwortete Weller.

Ann Kathrin war auf dem Tiefpunkt. Sie fühlte sich innerlich wie wund. So muss es sich anfühlen, wenn man in Säure gebadet hat, dachte sie. Gleichzeitig fraß innerlich etwas an ihr. Sie stellte sich ein schlangenähnliches Tier vor, das durch ihre Gedärme kroch und sich in ihnen verbiss.

Sie wollten mich nach Norderney locken, um mich endgültig zu erledigen. Aus der Nummer wäre ich nicht mehr herausgekommen. Nach all dem, was unter den Augen der Kollegen und der beiden Frauen vom ZKI geschehen ist, als der Junge mich nach Norderney locken wollte, wusste er sicher nicht, dass er sterben würde ... Er war nur eine Schachfigur in einem großen Turnier. Verstehe ich die Welt nicht mehr? Wer hat solchen Hass auf mich? Was für ein Scheißspiel wird hier gespielt?

Sie lief durchs Haus und blieb vor dem Bild ihres toten Vaters stehen. Es war, als würde er sie anschauen und könnte ihr Leid spüren.

Wie oft hatte er es ihr gesagt: *Wir wissen längst alles. Es steht in den Akten. Wir verstehen nur nicht, sie richtig zu lesen und zu interpretieren.*

Wer immer Giovanni Schmidt getötet hat, ist auch der Mörder von Justin Ganske und Katja Schubert, da war Ann Kathrin sicher.

Immer mehr verdichtete sich für sie der Verdacht, dass Hauke Hinrichs keinen Suizid begangen hatte, sondern umgebracht worden war. Nur bei Sigmar Eilts konnte sie sich überhaupt nicht vorstellen, wie sein Tod in den gekachelten Räumen der Norder Polizei von einem Fremden hätte herbeigeführt werden können. Das war kein Fake. Das war echt. Die Tür zu seinem Raum war verschlossen gewesen.

Oder sollte es tatsächlich so sein, wie Giovanni Schmidt behauptet hatte, und der Arm des Täters reichte bis in die Polizeitruppe?

Sie ging in Gedanken alle Kollegen durch. Einigen traute sie zu, nach ein paar Schnäpsen noch Auto zu fahren. Vielleicht beschissen sie auch mal das Finanzamt, tankten privat Heizöl statt Diesel, aber in ihrer Vorstellungskraft ging es darüber nicht hinaus. Es waren gute, ehrliche Leute. Niemand von denen war ernsthaft bestechlich oder neigte zu Gewalttätigkeiten. Das war höchstens, wie bei Rupert, Maulheldentum.

Nein, Sigmar Eilts musste sich tatsächlich die Pulsadern aufgebissen haben. Warum? Wovor hatte der Junge solche Angst?

Was musste passieren, bis jemand bereit war, Hand an sich zu legen? Wäre sie selbst auch irgendwann so weit? War das das Ziel?

Sie gestand sich zu, dass die Doornkaatflasche im Eisschrank im Moment eine starke Anziehungskraft auf sie ausübte. Sie widerstand.

Egal, was ich tue, dachte sie, es ist falsch. Ermittle ich, setze ich mich selbst ins Unrecht. Tue ich nichts, komme ich mir vor, als würde ich zur Amöbe werden.

Gleichzeitig warf sie sich vor: Warum habe ich nicht einfach Vertrauen in die Arbeit der Kollegen? Das erwarten wir doch von jedem Bürger auch. Wir wollen keine Selbstjustiz, sondern das Vertrauen in die Polizei und den Justizapparat stärken. Dabei habe ich es selbst nicht …

Dieser Gedanke zog sie noch mehr runter.

Da klingelte es. Sie wollte erst gar nicht öffnen. Aber weil sie vermutete, der Postbote könne ihr ein Einschreiben bringen oder eine Vorladung, ging sie zur Tür.

Vor ihr stand ihre alte Klassenkameradin Astrid. Sie hatte lange schwarze Haare, eine Echthaarperücke, die so gut aussah, dass Ann Kathrin sich sofort völlig unfrisiert vorkam und sich gegen das Gefühl wehren musste, ein Friseurtermin sei dringend notwendig.

Astrid sah gut aus. Schön, strahlend, mit einer engsitzenden Jeans, bequemen, silbern glänzenden Laufschuhen mit schwarzen Schnürriemen, einem weißen Männerhemd und darüber eine Weste, silbern glänzend mit schwarzen Ornamenten, bestens abgestimmt auf die Schuhe. Das Kettchen einer Taschenuhr baumelte kokett herunter. Astrid war dezent, aber sehr effektiv geschminkt. Sie wirkte tiefenentspannt und ganz im Einklang mit sich selbst. Beneidenswert!

Ann Kathrin fragte sich, ob sie vielleicht wieder einen Termin mit Astrid verschwitzt hatte. Sie fühlte sich unwohl und machte sich Vorwürfe, Astrid wieder einmal draufgesetzt zu haben. Doch Astrid entlastete sie mit einem Lächeln: »Nein, keine Angst, wir waren nicht verabredet. Ich hatte nur das Gefühl, dass es dir gar nicht gutgeht, Ann, und wie ich sehe, hat mich mein Gefühl nicht getäuscht.«

Die Worte trafen Ann Kathrin. Sie riss die Arme auseinander

und umarmte Astrid. Sie standen noch im Türrahmen, aber die Tränen schossen Ann Kathrin in die Augen. Sie unterdrückte sie nicht, sondern ließ ihnen freien Lauf.

Astrid schob Ann Kathrin ins Haus, und die beiden fielen gemeinsam in den großen Wohnzimmersessel, wo sie engumschlungen wie ein Liebespärchen saßen. Ann Kathrin zog die Beine an. Astrid streichelte ihr über den Kopf und sagte nur: »Ich weiß ...«

Die Tatsache, dass ihre Freundin aus alten Tagen gespürt hatte, was mit ihr los war, und deshalb gekommen war, rührte Ann Kathrin zutiefst. Gleichzeitig schämte sie sich, weil sie von Astrids langer Krebsphase und der Therapie praktisch nichts mitbekommen hatte.

»Wenn wir die Schicksalsschläge überleben«, sagte Astrid, »werden unsere schlimmsten Nöte zu Gold, zu unseren wertvollsten Erfahrungen. Das wird dir nicht anders gehen, Ann. Als ich die Krebsdiagnose bekam, war ich zunächst am Boden zerstört. Ich musste meine Kurse aufgeben, und die liefen wahrlich gut. Meine Praxis stand leer. Ich habe sie vermietet, an so eine Organisation, die Schülern Nachhilfestunden gibt. Ich hatte das Gefühl, meine Klienten zu enttäuschen und im Stich zu lassen. Aber mir blieb keine andere Wahl. Ich musste die Diagnose annehmen und mich den Herausforderungen stellen.«

Ann Kathrin war erleichtert, dass Astrid von sich erzählte. Es tat ihr gut.

Sie hat den Krebs überwunden, dachte Ann Kathrin, dann werde auch ich vielleicht diese schlimme Attacke überleben.

»Ich dachte«, fuhr Astrid mit sanfter Stimme fort, »ich würde im Einklang mit mir selbst leben. Es tat mir gut, die Gruppen zu leiten, meinen Klienten beim Abnehmen zu helfen oder sie durch ihre Angstneurosen zu begleiten, ihnen Entspannungstechniken beizubringen und ...« Sie setzte die Aufzählung nicht weiter fort. »Aber ich habe mich selbst restlos übernommen, die Signale meines Körpers missachtet. Nein, ich habe nicht zu viel gearbeitet, sondern ich habe die Arbeit benutzt, um meine eigenen Probleme zu verdrängen. Kennst du das?«

Ann Kathrin schluchzte: »Ja, verdammt, das kenne ich nur zu gut!«

»Stattdessen habe ich mich mit den Sorgen und Problemen anderer beschäftigt. Dabei hatte ich noch ein ganz dickes eigenes Ding zu bearbeiten, an das ich nicht heranwollte. Vielleicht habe ich den Krebs gebraucht, um mich dieser Herausforderung zu stellen. Den Geistern meiner Vergangenheit. Als ich den Kampf gegen sie aufnahm und sie schließlich besiegt habe, da habe ich auch den Krebs besiegt. Er war einfach nicht mehr nötig. Er verließ meinen Körper wie ein ungebetener Gast eine Party.«

»Aber du hast doch Medikamente genommen, Ärzte gehabt und …«

»O ja«, erwiderte Astrid, »o ja. Für manchen ungebetenen Gast muss man die Polizei rufen, damit er geht. Sie haben ihn mir herausgeschnitten, und ich habe sogar die Chemo mitgemacht. Aber den seelischen Anteil, den musste ich selbst schaffen. Jetzt bin ich durch. Es geht mir besser als zuvor. Mein Körper ist befreit und meine Seele ebenfalls. Jetzt werde ich ein Buch über meine Erfahrungen schreiben und damit vielen anderen Krebspatienten helfen. Vielleicht werde ich meine Praxis wiedereröffnen, aber das weiß ich noch nicht genau. Wenn, dann werde ich es in anderer Form tun. Nicht einfach Lebenshilfe und Psychotherapie, sondern diesmal werde ich gezielt psychotherapeutische Hilfe für Krebspatienten anbieten. Aber erst mal muss ich das Buch schreiben. Heute Nacht habe ich davon geträumt, dass sie mich in Talkshows einladen. Ich saß bei Markus Lanz und habe über meine Erfahrungen berichtet.« Sie kicherte. »In meinem Traum haben sich die Fernseh-Talkshows um mich gerissen. Mein Buch schoss in die Bestsellerlisten, und meine Gruppen hatten so viele Anmeldungen, ich konnte mich vor Teilnehmern gar nicht retten.«

Ann Kathrin wühlte sich aus der kuscheligen Umarmung heraus und sah ihre Freundin an. Es tat ihr gut, dass so viel Optimismus in ihren Worten lag.

»Ja, Astrid, die werden dich bestimmt einladen. Ich kann mir das sehr gut vorstellen. Und du wirkst so frisch und gesund. Ich dagegen ...« Ann Kathrins Unterlippe zitterte. Sie kam sich fast vor wie ein kleines Mädchen, das sich bei Mama oder Papa ausheulen wollte, nur dass ihre Eltern leider schon tot waren.

»Ja«, sagte Astrid, »du hast noch einige unbearbeitete, offene seelische Wunden. Deswegen treffen dich die Ereignisse der letzten Tage so hart. Es ist nicht nur das, was es ist, sondern es fällt auf einen innerseelischen Resonanzboden. Nur dann bekommen die Ereignisse die Kraft, uns umzuhauen oder an die Wand zu drücken.«

»Ich weiß nicht, was du meinst«, sagte Ann Kathrin. »Ich war noch nie in so einer Situation. Es geschehen Dinge um mich herum, die völlig verrückt sind und mich aussehen lassen, als sei ich jemand, der ich einfach nicht bin.«

»Und, kennst du das nicht irgendwoher?«, fragte Astrid. »Hast du nicht für deine Eltern versucht, jemand zu sein, der du nicht bist?«

»Ich weiß gar nicht, wovon du sprichst«, antwortete Ann Kathrin. »Da fällt mir jetzt echt nichts ein.«

»Warum bist du Polizistin geworden? War das deine ureigene Idee, oder hast du nur versucht, deinem Papa, den Polizeibeamten, damit zu beeindrucken? Es ihm recht zu machen?«

Die Worte saßen und verunsicherten Ann Kathrin noch mehr. Sie stand auf, ging in die Küche und holte eine Karaffe mit Leitungswasser und zwei Gläser.

»Lass uns auf die Terrasse gehen«, schlug Astrid vor. »Die

Sonne scheint so wunderbar. Wir könnten draußen sitzen und ein bisschen schwätzen.«

Im Grunde gefiel Ann Kathrin der Gedanke, und etwas Besseres als ein paar wärmende Sonnenstrahlen konnte sie sich jetzt kaum vorstellen. Gleichzeitig wollte sie nicht so verheult und in der Tiefe ihrer Seele erschüttert auf der Terrasse sitzen, denn sie wusste, dass die Videokameras auch diese Bilder übertragen würden, und irgendwo schaute ja noch jemand zu, vor dessen Augen diese Aufnahmen auf keinen Fall erscheinen sollten. Sie hätte oben im Arbeitszimmer die Kameras abschalten können, aber sie wollte sich jetzt nicht mit technischen Fragen auseinandersetzen. Sie wollte einfach im Haus bleiben und sich einigeln, egal, wie draußen das Wetter war.

»Nein«, sagte Ann Kathrin, »lass uns hierbleiben.«

Wissend nickte Astrid. »Pass nur auf, dass daraus keine Agoraphobie wird. Manche Menschen, die mit schweren Konflikten herumlaufen, trauen sich später nicht mal mehr aus dem Haus, können nicht mehr einkaufen gehen ... Selbst Arztbesuche fallen dann schwer.«

Ann Kathrin wehrte ab: »So ist das nicht. Ich stehe im Beruf voll meinen Mann oder besser gesagt, meine Frau. Du weißt doch, wie aktiv ich bin. Aber ...«

»Irgendwann packt es auch die Stärksten.« Astrid beugte sich vor, nahm Ann Kathrins rechte Hand und streichelte sie. »Eigentlich habe ich keine Gruppen mehr, aber wenn du magst, kannst du ein paar Privatstunden bei mir bekommen.«

Erstaunt sah Ann Kathrin ihre alte Klassenkameradin an. »Geht's mir wirklich so schlecht?«

»Wie schlecht muss es einem denn gehen, bevor man professionelle Unterstützung in Anspruch nimmt?«

»Ist das denn in Ordnung? Kannst du mich denn therapieren? Wir sind doch alte Bekannte ... Freundinnen ... Geht da nicht die professionelle Distanz verloren?«

Astrid lachte lauthals. »Aber bitte, du Liebe! Ich bin doch nicht deine Mutter, und wir sind auch kein Liebespärchen! Natürlich geht das. Eine gute Freundin ist die beste Therapeutin. Aus der Beziehung zwischen Therapeut und Klient entsteht die Heilung. Niemand kann von einem Therapeuten geheilt werden, den er ablehnt oder nicht ernst nimmt.«

»Ja«, sagte Ann Kathrin, »vielleicht hast du recht.«

Maggie hatte sich eine Thermoskanne Kaffee in den Weidenkorb gelegt, eine Flasche Mineralwasser, zwei Äpfel und ein Käsebrötchen. Sie radelte zum Flinthörn. Einen besseren Ort, um nachzudenken und zu meditieren, kannte sie nicht auf dieser Welt.

Alles war gut gelaufen. Vielleicht zu gut. War sie selbst den eigenen Täuschungen erlegen?

Sie dachte über ihren Sohn nach. Was er getan hatte, schmerzte sie, und gleichzeitig tat es ihr gut. Es tat ihr gut, weil sie darin seine übergroße Liebe spürte. Und es schmerzte sie, weil ihr klargeworden war, dass ihre spirituelle Macht, das Knowledge, nichts weiter war als ein Hirngespinst. Eine narzisstische Täuschung.

Ja, vielleicht konnte sie damit Menschen zu Höchstleistungen anstacheln, ihnen das Gefühl geben, göttergleich zu sein und alles im Leben hinzukriegen. Mit geschickter Gesprächsführung und guter Einschätzung des Gegenübers konnten sie viel erreichen. Die einen kriegten Gehaltserhöhungen durch, die anderen gewannen beim Run um den besten Job, wickelten den Bankberater um den kleinen Finger, wenn es um einen Kredit ging, und auch in Liebesdingen konnte das Knowledge wirklich weiterhelfen. Wer tief überzeugt von sich selbst war und genug über die menschliche Seele wusste, konnte so ziemlich jeden für sich gewinnen und die Dinge in seinem Sinne beeinflussen.

Aber das alles hatte offensichtlich eine Grenze. Eine, die sie nicht hatte akzeptieren wollen. Selbst jetzt fiel es ihr schwer. Mit geistiger Überlegenheit, mit Auslegungshoheit konnte sie viel erreichen. Aber eben nicht alles.

Offensichtlich, dachte sie, gibt es Bessere als mich. Viel Bessere. Wie schafft es ein Hassprediger, junge Leute dazu zu bringen, sich mit einem Sprengstoffgürtel in einer Menschenmenge hochzujagen?

Der menschliche Geist war manipulierbar. Die richtigen Menschen in der Hand eines wirklichen Meisters, nichts weiter als Knetgummi ...

Entweder, so überlegte sie selbstkritisch, bin ich keine richtige Meisterin, oder ich habe mir die falschen Leute ausgesucht. Und mein Sohn hat, damit ich weiterhin meinen Allmachtsphantasien nachhängen konnte, für mich gemordet.

Sie fuhr Rad, während diese Gedanken in ihr zur Gewissheit wurden. Sie trat so heftig in die Pedale, dass sie mühelos eine Radfahrergruppe überholte. Sie trugen T-Shirts, auf denen stand: *Keine Haie, keine Autos – Langeoog.*

Obwohl Maggie schnell fuhr, kam sie nicht aus der Puste. Sie stellte ihr Rad unten am Hinweisschild ab, lief die Düne hoch und ließ diesen wunderbaren Blick auf sich wirken. Sie breitete die Arme aus. Es war, als sei dieses Fleckchen Erde für sie geschaffen worden.

Aus dem gesunden Teil ihrer Persönlichkeit, aus den zivilisierten Resten, stiegen Sätze in ihr auf:

Es reicht. Es ist genug.

Stopp deinen Sohn, sonst wird er auch noch Ann Kathrin Klaasen für dich töten.

Ihr schafft es nicht anders. Sie wird nicht Hand an sich legen. Sie ist zu stabil. Ihr stützendes Umfeld hält sie.

Brich das Experiment ab. Es ist von Anfang an Wahnsinn gewesen. Ein größenwahnsinniges Unterfangen.

War es sinnvoll, dass sie zur Polizei ging und sich stellte? Gab es eine Möglichkeit, ihren Sohn zu retten? Sie würde es nicht ertragen, ihn im Gefängnis zu sehen, das wusste sie ganz genau. Das wäre wohl etwas, das sie in den Suizid treiben könnte.

Werde ich am Ende Opfer meiner eigenen Intrigen?

Konnte sie alles auf sich nehmen, mit einem Brief an die Polizei, sich erklären, um ihren Sohn zu entlasten? Oder gab es noch eine Möglichkeit, das Spiel zu gewinnen? Ann Kathrin Klaasen zu erledigen, um dann irgendwo ein neues Leben zu beginnen? Als Guru-Göttin oder Hausfrau – Hauptsache, von der Polizei unbehelligt.

Der Wind ließ ihre Kleidung flattern, und schon flogen ihre Gedanken übers Meer. Vielleicht konnte sie sich einen Geschäftsmann an der Côte d'Azur angeln und sich von ihm versorgen lassen. Ein Urlaubsflirt, aus dem dann mehr wurde, so etwas ließ sich ganz leicht einfädeln. Sie wusste schließlich, wie man Männer verrückt machte. Und es mussten ja nicht immer dumme Jungs sein. Jetzt brauchte sie einen gestandenen Kerl, der seine Schäfchen im Trockenen hatte.

Für den Anfang hatte sie genügend Startkapital. Den Banken hatte sie nie vertraut. Wertpapiere besaß sie nicht. Immer, wenn sie Geld übrig hatte, kaufte sie dafür Goldmünzen. Sie wusste nicht genau, wie hoch der aktuelle Wert war, aber für fünfzig-, sechzigtausend Euro hatte sie genügend Gold im Bankschließfach. Das war leicht zu transportieren und ließ sich in jedem Land einlösen.

Die Sache mit Ann Kathrin Klaasen wollte sie noch zu Ende bringen. Ihren Sohn aus der Schusslinie nehmen. Und dann mit ihm gemeinsam verschwinden.

Das Einzige, was sie vermissen würde, war dieses Fleckchen

Erde hier. Langeoog ... das Flinthörn ... und auch die anderen Ostfriesischen Inseln. Diese Kraftorte ...

Ja, das Mittelmeer hatte auch seinen Reiz. Doch eigentlich gehörte sie an die Nordsee.

Ich bin, dachte sie, so sehr Bestandteil dieser Landschaft, ja ein Teil von ihr. Was wäre ich ohne meine Ostfriesischen Inseln?

Es fiel ihr schwer, sich vorzustellen, dieses Fleckchen Erde zu verlassen. Irgendwo auf der Welt wieder Fuß zu fassen, Menschen für sich zu gewinnen, ein neues Leben zu beginnen, sich breitzumachen, Raum zu erobern, neue Abhängigkeiten zu schaffen – das alles stellte sie sich sogar spannend vor. Eine große Herausforderung. Aber Ostfriesland zu verlassen ... das war ein einziger Albtraum für sie.

Sie atmete die Meeresluft ein, ließ alle Gedanken zu, betrachtete sie so wie die Wolken am Himmel und ließ sie vorbeiziehen. Da kam viel Hoffnungsvolles, Schönes. Wohin immer sie gehen würde, sie würde all ihre Kompetenzen, das gesamte Knowledge mitnehmen.

Der Gedanke, nie wieder zu arbeiten, sondern sich stattdessen einen reichen Typen hörig zu machen, gefiel ihr. Sie kannte solche Männer zur Genüge, die glaubten, alles im Griff zu haben, und doch nichts weiter waren als fette Opfer für Frauen wie sie. Männer, die ein Vermögen gemacht, aber dabei ihr Leben verspielt hatten. Die Geschäftspartnerschaft mit Freundschaft verwechselten, Sex mit Liebe und im Grunde Kinder geblieben waren, weil die seelische Entwicklung im Geschäftsleben genauso auf der Strecke blieb wie im Junkiemilieu.

Ob man sich mit Arbeit und Karriere oder mit Heroin zudröhnte, machte zwar körperlich einen Unterschied, psychisch aber kaum. Jeder verkaufte seine Seele für etwas anderes. Die ungestillte Sehnsucht blieb, und sie war in der Lage, solche Sehnsüchte zu stillen. Sehnsucht nach Sinnhaftigkeit und nach

Liebe. Dabei war die Suche nach Liebe am Ende doch nicht mehr als die Suche nach der Mutter.

Sie ging im Geiste Männer durch, die sie aus Illustrierten kannte. Einen Reeder aus Griechenland mit wunderbaren Locken, der in seinem ganzen Leben noch nie Steuern gezahlt hatte und dessen weiße Yacht im Mittelmeer nur darauf wartete, dass sie endlich an Bord kam.

Oder diesen Managertypen, den sie neulich im Fernsehen gesehen hatte, im strahlend blauen, maßgeschneiderten Anzug, der 1420 Arbeitsplätze wegrationalisiert hatte und nun auf der Auszahlung seiner Millionenboni bestand. Er hatte die Firma mit seinen Vorstandskollegen ausgeplündert, die Kleinaktionäre genauso wie die Belegschaft. Sie hatte es in seinen Augen gesehen: Er wusste, dass er ab jetzt gehasst wurde. Noch fühlte er sich so überlegen, dass es ihm egal war. Aber dieser Zustand würde nicht mehr lange anhalten.

So wie dieses Land organisiert war, bekamen asoziale Soziopathen wie er am Ende vor den Gerichten recht.

Er würde aber nicht in diesem Land bleiben, sondern sich mit seinem Geld irgendwo zur Ruhe setzen, wo nicht Sinn und Moral, sondern Erfolg und Reichtum gefeiert wurden.

Er würde bald in eine tiefe Krise stürzen, eine Krise, die nicht durch Cocktails mit bunten Schirmchen drin zu lindern war, und auch die dunkelhäutigen, barbusigen Schönheiten, die sich reihenweise bemühen würden, seine beginnenden Erektionsprobleme zu lösen, würden ihm nicht helfen, das innere Loch zu füllen. Dafür brauchte er eine erfahrene spirituelle Lehrerin. Therapeutin, Mutter und Hure zugleich.

Es gab zahllose Männer dieses Kalibers. Maggie war sich sicher: Sie konnte sich aussuchen, wen sie haben wollte, und die Reihenfolge, in der sie sich die Typen willenlos machte, ebenfalls.

Aber trotzdem ergriff sie eine tiefe Traurigkeit. Sie, die Inselsüchtige, würde Ostfriesland verlassen müssen. Sie brauchte die Nordsee, nicht die Südsee. Auch der Atlantik oder das Mittelmeer könnten nur eine Notlösung sein.

Sie faltete die Hände über dem Kopf, so dass der Wind ihre Achselhöhlen lecken konnte. Die Stimme der Vernunft in ihr war sachlich und klar:

Ihr habt zu viele Spuren hinterlassen. Über kurz oder lang werden sie euch draufkommen. Ein Selbstmord ist ein Selbstmord, aber wenn die Polizei Zweifel hegt und sie Rajneesh erst einmal verdächtigen, werden sie es ihm irgendwann auch nachweisen können. Sie werden deinen Sohn jagen und dich, aber das spielt keine Rolle. Dich kann man nicht einsperren. Du bist eine freie Seele, die diesen Körper nur bewohnt. Dein Geist kann durch Wände gehen, in den Himmel aufsteigen – er kann nicht zerstört werden, und es ist unmöglich, ihn einzusperren.

Wir haben Ann Kathrin nicht geschafft, dachte sie. Sollte dieses Luder am Ende doch gewinnen?

Sie wusste, wenn Rajneesh verhaftet wird, würde er am Ende gestehen, um seine Mutter zu schützen. Ja, er würde aus Liebe alles auf sich nehmen. Das musste sie verhindern, und wenn es das Letzte war, das sie in diesem Leben tat.

»Ich werde dich schützen, mein Sohn«, sagte sie gegen den Wind, und es war, als würde er sanft ihre Lippen küssen.

Nein, sie war sich sicher: Sie würde nicht die Flucht wählen, nicht in Angst davor leben wollen, dass die Polizei ihr ihren Sohn nahm. Es gab einen ganz einfachen Weg, alles zu klären.

Jetzt fühlte sie sich leicht. Es ging ihr besser. Ihre Seele erhob sich geradezu. Sie breitete die Hände zum Himmel aus. In dem Moment lugte die Sonne hinter einer Wolke hervor und schickte ihre Strahlen herunter zu Maggie, als würde sie nur für sie scheinen.

Maggie fühlte sich groß, erhaben, edel. O ja, sie würde sich opfern für ihren Sohn und damit gleichzeitig der Welt zeigen, welch erhabene Meisterin von dannen ging. Er würde ihr Nachfolger werden.

Sie musste an Gott denken, der seinen Sohn zur Erde geschickt hatte. Aber sie wollte nicht, dass ihr Sohn ans Kreuz genagelt wurde. Das taten die Menschen gern mit einem Messias. Sie würde es nicht zulassen. Sie war klüger als die Polizei. Klüger als die Justiz.

Die Menschen glaubten nur, was sie sahen und was sie glauben wollten. Das Fernsehen war für die meisten wahrer als die Wirklichkeit.

Jetzt, da sie den Entschluss gefasst hatte, konnte sie nichts mehr aufhalten. Ab jetzt war sie auf der Siegerstraße.

Die einzige Frage war noch, wie sie die Nachricht überbringen sollte. Ein Brief, handgeschrieben mit einem Füller, besser noch mit einer Feder auf Bütten, erschien ihr angemessen. Doch sie spürte den Zeitdruck. Vielleicht würde Rajneesh zwischenzeitlich schon verhaftet werden. Heutzutage kommunizierten sie ja alle über Handys und Computer, hinterließen überall im Netz ihre Spuren.

Sie hatten den Computer von Katja Schubert mit kompromittierenden E-Mails auf der Festplatte so gerade noch aus dem Verkehr ziehen können. Dieses Zeug verbreitete sich ja wie die Pest. Der Computer von Hauke Hinrichs hatte genauso schlimm ausgesehen. Er hatte mit Katja Schubert einen intensiven Mailwechsel über die Gruppen gehabt. Sie hatten sich über das Knowledge ausgetauscht, das es Katjas Meinung nach überhaupt nicht gab.

Ich kann nicht alle Computer der Welt vernichten. Ich kann ihre Geschwindigkeit nicht aufhalten. Vielleicht muss ich diese Technik nutzen, um meinen Sohn zu retten. Auch wenn mir ein handgeschriebener Brief viel wertvoller erscheint.

Sie stand auf und ging zu ihrem Rad zurück. Sie beschloss, zum Hotel Strandeck zurückzufahren und beides zu tun.

O ja, sie würde einen handschriftlichen Brief hinterlassen, damit niemand später behaupten konnte, ihre E-Mail sei eine Fälschung. Gleichzeitig würde sie aber die Geschwindigkeit einer E-Mail nutzen, um ihren Sohn zu entlasten.

Auf dem Fahrrad begann sie, die Sätze schon zu formulieren. Es war, als müsse sie sie nicht erdenken, sondern als würde sie sie vorfinden, als habe sie eine innere Schatztruhe geöffnet, in der bereits alles vorhanden war. Sie musste es nur noch abschreiben.

Allein die ersten Worte erschienen ihr wie eine Offenbarung: *Mein Name ist Magdalena Felicitas Leuschner. Man nennt mich Maggie.*

Im Hotel Strandeck würde sie alles rasch niederschreiben. Sie schöpfte aus sich selbst. Es war ein erhabenes Gefühl, als stünde sie über dieser Welt und habe sie bereits verlassen, hin in eine andere, bessere Sphäre.

Sie malte Buchstaben von bestechender Schönheit aufs Papier. Später würde sie das Ganze nur schnöde abtippen und versenden.

Den handschriftlichen Brief sollte eine Person erhalten, die in Ostfriesland für alle integer war. Ein Journalist, den alle kannten und schätzten. Einer, dessen Artikel sie selbst sehr mochte, weil er ihr im *Ostfriesland-Magazin* Dinge über diese zauberhafte Gegend erzählt hatte, die sie ohne ihn nie kennengelernt hätte. Ohne jeden Zweifel musste der handschriftliche Brief an Holger Bloem, Ostfriesland-Magazin, Stellmacherstraße 14, geschickt werden.

Sie hegte die Hoffnung, er könne diesen Brief im Faksimile abdrucken. Er hatte Ann Kathrin Klaasen zu einer Ikone der ostfriesischen Kriminalpolizei gemacht. Vielleicht würde er ihr, Magdalena Leuschner, nun helfen, zur Göttin zu werden.

Allahs Lehren wurden für Gräueltaten missbraucht. Das christliche Bodenpersonal war auch nicht besser als der Vorstand eines beliebigen DAX-Unternehmens. Der nächste Erlöser durfte kein Mann mehr sein. Dieses Geschlecht hatte ausgedient, versagt, als Götter, Gurus oder Manager. Jetzt waren Frauen dran.

Es tat ihr leid, dass sie der Welt keine Tochter hinterließ, sondern nur einen Sohn. Aber er hatte viele weibliche Anteile. Das waren seine besten. Mit ihrem Brief gab sie ihm die Möglichkeit, die männlichen, mörderischen, gewalttätigen, brutalen zu beerdigen und einen Neuanfang zu machen.

Ich war, schrieb sie, *ein Leben lang auf der Suche nach mir selbst. Ich bin nach England gereist, nach Lateinamerika und nach Indien, immer auf der Suche nach der Wahrheit, nach mir selbst. Ich habe große Konzerte und Festivals besucht, spirituellen Meistern gelauscht, zweimal war ich kurz davor, mich einer Sekte anzuschließen. Sexuell habe ich mich ausprobiert und dann doch erfahren, dass, egal, wo ich hingehe, ich mich selbst immer mitnehme. Weiter bringt einen nur der Weg nach innen. Und den bin ich gegangen.*

Die großen Schätze und Wahrheiten entdeckte ich nicht irgendwo in fremden Ländern und Kulturen, sondern in mir selbst.

Der Mensch ist ein spirituelles Wesen. Wir sind nicht unser Körper, wir haben ihn nur. Die Seele bewohnt ihn, so wie wir morgens in Kleidungsstücke schlüpfen, um uns hinaus in den Alltag zu begeben.

Die Kleider werden zerfallen, ebenso wie der Körper, doch die Seele ist unsterblich. Welch frohe Botschaft! Es gibt keinen Tod. Der Tod ist eine Illusion. Alles bleibt immer erhalten. Wir bewegen uns im ewig gleichen Rad von Geburt und Wiedergeburt. Der Tod ist da nicht mehr als ein Schritt durch eine Tür in ein anderes Zimmer, sprich, in ein anderes Leben.

Mit meinem Wissen habe ich vielen Menschen helfen und sie begleiten können. Ich habe ihnen die Kraft gegeben, ihre gequälten Seelen zu befreien und durch die Tür zu gehen in ein anderes, besseres Leben.

Sie überlegte, ob sie alle Namen hinzusetzen sollte, und sie fragte sich, ob Sigmar Eilts auch auf diese Liste gehörte. Seinen Tod hatte sie nicht gewollt. Es war nicht abgesprochen gewesen. Sollte sie ihn auf sich nehmen, um ihren Sohn zu entlasten? Oder hatte er überhaupt nichts damit zu tun?

Egal, dachte sie. Es spielt eigentlich keine Rolle. Die Demonstration meiner Macht und meiner Fähigkeiten wird nur größer. Der Mythos, der mich später umgeben wird, wächst mit jedem Namen auf dieser Liste.

Ich selbst werde meinen Jüngern folgen, um woanders mit ihnen gemeinsam eine neue Zeitrechnung zu beginnen.

Sie hatte den Brief bereits unterzeichnet. Dann fügte sie noch einen Satz hinzu:

Ich nehme alle Schuld auf mich, wohl wissend, dass es keine Schuld gibt, ebenso wenig, wie es einen Tod gibt.

Sie leckte die Ränder des Briefumschlags an, obwohl er selbstklebend war, aber so konnte sie sicher sein, dass bei einer kriminaltechnischen Überprüfung ihr Speichel gefunden werden würde, ein weiterer Beweis, dass dieser Brief echt war.

Dann öffnete sie ihn noch einmal, stach sich mit einer Nadel in den Mittelfinger und ließ einen Tropfen Blut neben ihre Unterschrift aufs Papier fallen. Dann drückte sie ihren Daumen hinein.

So. Das war ihr Blut. Das war ihr Fingerabdruck. Das war ihr Speichel. Und es war ihre Handschrift. Niemand würde diese Echtheit bezweifeln können.

Sie fotografierte den Brief mit ihrem Tablet. Das war viel besser als eine E-Mail. Sie würde das Foto dieses Briefes versenden. Der Gedanke bereitete ihr eine geradezu spitzbübische Freude.

Sie klebte alles sorgfältig zu und schrieb hinten auf den Briefumschlag statt eines Absenders den Satz: *Der Mensch ist frei.*

Sie fotografierte auch den adressierten Briefumschlag und den Satz auf der Rückseite. Diese drei Fotos wollte sie nun verschicken und dann sofort in die Freiheit gehen.

Sie würde sich nicht in die Badewanne legen und sich die Pulsadern aufschneiden. Sie hatte nicht vor, in einem Raum zu sterben. Sie wollte raus in die Freiheit. In die Nordsee.

Sie widerstand dem Impuls, Schmerztabletten zu nehmen. Seit ihren Drogenerfahrungen mochte sie keine Chemie mehr, lehnte Tabletten ab, nahm nicht einmal Antibiotika, wenn eine Grippe kam, sondern ließ ihren Körper den Kampf ausfechten.

Sie brachte den Brief an Holger Bloem in Langeoog zur Post. Dann radelte sie zum Flinthörn.

Ich werde die Botschaft abschicken, dachte sie, und dann wird meine Seele aufsteigen. Es muss sehr schnell gehen, damit mich niemand davon abhalten kann. Noch während sie die E-Mail lesen, wird meine Seele den Körper verlassen.

Sie weinte vor Glück.

Ihr Sohn würde sie betrauern, sich wünschen, bei ihr zu sein. Sie war doch der einzige Halt in seinem Leben, und jetzt musste er alleine klarkommen. Aber gleichzeitig wäre er auch der Einzige, der genau wusste, dass sie es aus Liebe getan hatte, um ihn zu retten, um jeden Verdacht von ihm abzulenken, damit er ein freies Leben führen konnte als Rajneesh oder als Boris. Das war seine eigene Entscheidung. Als neuer Guru oder als Boxer – wonach immer ihm war, er sollte seinen eigenen Weg gehen. Zu lange schon hatte sie ihn in eine bestimmte Richtung beeinflusst. Ihr Tod würde ihm die Freiheit geben. In jeder Hinsicht.

Sie fand, dass diese Welt noch nie eine so gute Mutter gehabt hatte, wie sie eine war.

Boris wusste sofort, als der Brief auf seinem Handybildschirm erschien, dass es keine Chance mehr gab, seine Mutter zu retten. Ihre Seele hatte in diesem Moment bereits den Körper verlassen. Er spürte es, als sei sie ihm plötzlich ganz nah, als würde sie um ihn herumschwirren, ihn bei allem begleiten, was er jetzt vorhatte.

Er empfand keine Trauer, sondern vielleicht so etwas wie Dankbarkeit. Im Grunde war doch alles auf diesen Moment hinausgelaufen. Vielleicht würde jetzt alles gut werden. Vielleicht fand ihre Seele nun endlich Ruhe. Sie hatte so lange mit dem Tod Tango getanzt. Die Vorstellung hatte jeden Schrecken für sie verloren.

Wenn man keine Eltern mehr hat, ist man dann schutzlos oder frei, fragte er sich.

Er hatte versucht, sie zu schützen. Und nun ging sie aus dem Leben, um ihn zu beschützen.

Er hatte den Schlüssel zum Schließfach. Er konnte sich ihre Goldmünzen holen. Auf ihrem Konto war er unterschriftsberechtigt. Er hatte eine eigene Karte dafür.

Er hätte alles abräumen können, um die Flucht anzutreten, aber warum? Sie hatte ihm ja auch die Möglichkeit eröffnet, alles in Ruhe zu Ende zu bringen. Diesmal würde Magdalena Felicitas Leuschner gewinnen. Diese Runde sollte an sie gehen.

»Jetzt bist du reif, Ann Kathrin Klaasen«, sagte er leise zu sich selber. »Meine Mama wird mir dabei zusehen, wie ich dich fertigmache. Sie wird ein letztes Mal stolz sein auf ihren Sohn. Ich brauche keinen vorgetäuschten Selbstmord mehr, Frau Klaasen. Ich schick dich einfach so ins Jenseits.«

Ann Kathrin war noch ganz mit ihrer Freundin Astrid ins Gespräch vertieft. Sie fühlte sich verstanden, ja gehalten von ihr.

»Wir sind beide«, sagte Astrid, »mit Vernichtung konfrontiert, Ann. Mich wollte der Krebs umbringen, und das, was dir geschieht, hat eine ähnlich mörderische Tendenz. Da hilft nur eins: Du musst den Kampf aufnehmen. Auf allen Ebenen.«

»Das ... das tue ich ja. Aber ich kenne meinen Gegner nicht. Ich sehe ihn nicht.«

»Ja, das Gefühl ist mir bekannt. Das war bei meinem Scheißkrebs genauso. Am Ende tötet uns das, was wir nicht sehen und wogegen wir nichts unternehmen.«

Der Seehund in Ann Kathrins Handy jaulte klagend wie nie. Sie stand auf und ging zum Handy, das auf dem Wohnzimmertisch lag.

Sie mochte diesen Klingelton sehr, aber selten hatte er so zur Situation gepasst wie jetzt. Sie sah den Heuler einsam auf der Sandbank. Vielleicht griff sie deshalb hin. Es war nicht, als wolle sie telefonieren, sondern so, als würde sie einem armen, verängstigten Tier helfen, ja einem Baby beistehen. Am Ende vielleicht gar sich selbst.

Astrid nickte wissend. Sie fühlte sich zwar gestört, akzeptierte aber, dass die Außenwelt ihren Tribut forderte. Sie deutete Ann Kathrin an, sie solle ruhig drangehen und den Seehund beruhigen.

»Hast du es auch bekommen, Ann?«, fragte Büscher.

»Was?«

»Check deine Mails.«

Sekunden später sah Ann Kathrin den an Holger Bloem adressierten Brief.

»Zu niemandem ein Wort. Lagebesprechung in Aurich in einer halben Stunde.«

»Ich denke, ich bin vom Dienst ...«

»Ich sagte, sofort.«

Ann Kathrin wusste nicht, ob sie es schaffen konnte, jetzt aufzubrechen. Sie ließ sich aufs Sofa fallen, als habe sie einen schweren Treffer einstecken müssen. Kraftlos fielen ihre offenen Handflächen auf ihre Oberschenkel.

»Was ist?«, fragte Astrid.

Ann Kathrin stieß den Namen aus, als würde es ihr schwerfallen. Sie klang wie jemand, dem der Hals zugedrückt wurde: »Magdalena Felicitas ...«

»Unsere Magdalena Felicitas? Die flotte Maggie?«

Ann Kathrin schaffte es nicht mal zu nicken. Sie stierte nur geradeaus.

Astrid nahm das Handy, und während sie auf den Bildschirm sah und den Brief für sich vergrößerte, fragte sie: »Ich darf doch?!« Es war mehr eine Behauptung als eine Frage, aber für solche Feinheiten hatte Ann Kathrin im Moment keinen Sinn.

Astrid las laut vor. »Mein Gott, die Arme«, sagte sie dann. »Sie hat wohl zu viel mit Drogen experimentiert.«

Kraftlos formulierte Ann Kathrin die Worte: »Wir müssen nach Aurich in die Polizeiinspektion. Aber ich fürchte, ich kann jetzt nicht gut fahren.«

»Ich bring uns hin«, schlug Astrid vor.

Boris Leuschner beobachtete von seinem Tablet die Videokameras, die um Ann Kathrin Klaasens Haus im Distelkamp angebracht waren. Erstaunt sah er, dass Astrid und Ann Kathrin gemeinsam zum Citroën gingen. Er wunderte sich, dass Ann Kathrin nicht ihren froschgrünen Twingo nahm, sondern den viel größeren C4. Es sah für ihn aus, als habe Astrid die Entscheidung gefällt. Astrid stieg an der Fahrerseite ein. Ann Kathrin stand unentschlossen herum, als wisse sie nicht, wie man die Beifahrertür öffnete.

Schade, dachte er, dass ich keinen Ton hören kann.

Astrid beugte sich rüber, öffnete von innen die Tür für Ann Kathrin und hielt ihr die Hand hin, als müsse sie ihrer gebrechlichen Freundin bei dem schwierigen Einstieg helfen.

Sie wissen es also schon, dachte er. Offensichtlich hatte die Nachricht Ann Kathrin tiefer erschüttert als ihn.

Wenn meine Mama das noch sehen könnte, dachte er. Es wäre ihr eine große Befriedigung. Du läufst rum wie ein Zombie, Ann Kathrin.

Dann schalt er sich selbst einen Ungläubigen. Wenn das, was seine Mutter die ganze Zeit geglaubt und gepredigt hatte, auch nur im Ansatz der Wahrheit entsprach, dann bekam sie alles mit, was gerade geschah. Sie hatte ihren Körper abgelegt, und ihre freie Seele bewegte sich unabhängig von Zeit und Raum, so wie es ihr beliebte.

Er freute sich. Ich werde deine Seele erlösen, Ann Kathrin Klaasen. Sehr bald schon.

Er stellte sich Bilder vor und hoffte, seine Mutter würde ihm einen Hinweis geben, wie er es denn am besten machen sollte.

Er könnte den Twingo manipulieren. Vor seinem inneren Auge lief ein Film ab. Ann Kathrin raste ungebremst in die Leitplanken.

Aber das war zu unsicher. Vielleicht fuhr sie nicht schnell genug und brachte den Wagen dann schließlich auf irgendeinem Feldweg zum Stehen.

Er sah jetzt ihr Auto explodieren, aber das gefiel ihm auch nicht. Das war Kino. Fernsehen. Effekthascherei. Und er war so gar kein Bombenbastler.

Er presste sich die Fäuste auf die Augen, um sich ganz der Imagination hinzugeben. Er sah Ann Kathrin mit einer Aldi-Plastiktüte über dem Kopf, schwer atmend, mit tastend ausgestreckten Armen durch ihre eigene Küche stolpern. Sie fiel über einen Stuhl. So würde sie jämmerlich ersticken. Er fragte sich, ob das seiner Mutter gefallen würde.

Er hatte keine Helfer mehr. Er musste alleine klarkommen. Keiner ihrer Jünglinge würde jetzt noch die Drecksarbeit erledigen.

Er empfand Genugtuung. Er war sie endlich alle los. Jetzt gab es nur noch ihn, um Mutters Willen zu erfüllen. Und sie machte für keinen dieser albernen Typen mehr die Beine breit. Er hatte sie alle ins Jenseits befördert. War am Ende er, der Überlebende, der Sieger oder nur ein lächerlicher Verlierer? Waren die anderen jetzt in einer anderen Dimension mit Maggie vereint?

Astrid lenkte den C4 souverän, hielt sich an die Geschwindigkeitsbegrenzungen und fuhr trotzdem zügig, dem Verkehrsfluss perfekt angepasst.

»Wenn ich diesen Kampf genauso überstehe wie du deinen«, sagte Ann Kathrin, »dann werde ich eine glückliche Frau sein und mich nie wieder über Alltagskleinigkeiten beschweren. Mein Gott, über welchen Mist regt man sich manchmal auf! Konfrontiert mit den großen, existentiellen Problemen wird das alles doch einfach lächerlich. Es ist keine Katastrophe, wenn die Wäsche verfärbt, wenn man einen Termin vergeigt, einen Geburtstag vergisst, ein Essen versalzt ...«

»Ja«, sagte Astrid, ohne Ann Kathrin anzusehen, mit den Augen ganz auf den Verkehr konzentriert, aber doch gedanklich völlig bei ihr, »das ging mir auch so. Der Krebs hat mir geholfen, mit meiner eigenen Endlichkeit anders umzugehen und den Alltag nicht nur gelassener, sondern mit tiefer Freude und Dankbarkeit zu erleben.«

Übergangslos sagte Ann Kathrin: »Glaubst du, Maggie hat sich wirklich ...«

»Natürlich. Sie war schon immer sehr konsequent.«

»Ich weiß nicht ... Vielleicht ist das ja auch nur ein Hilferuf. Vielleicht will sie, dass wir sie finden und retten. Für viele Menschen ist doch so ein Suizidversuch eine Möglichkeit, auf sich aufmerksam zu machen. Ich habe gerade keine Statistik zur Hand, aber ich weiß, dass wir mal in einer Dienstbesprechung ...«

»Ann! Maggie macht immer ganze Sachen. Du kennst sie doch noch.«

Ann Kathrin schluckte. »Sie war so ein lebenslustiges Mädchen. Immer zu Scherzen bereit, konnte die Jungs um den Finger wickeln, traute sich, auf eine so schamlose, wilde Art zu tanzen, dass ich manchmal am liebsten im Erdboden versunken wäre, wenn wir mit ihr ausgegangen sind.«

»Ja«, lachte Astrid, »da haben wir beide viel von ihr gelernt. Aber das war nicht alles, Ann. Sie hatte auch eine andere, dunkle, selbstzweiflerische Seite. Immer hin- und hergerissen, immer gespalten. Einerseits wollte sie Naturwissenschaftlerin werden, genau wie ihr Vater. Mein Gott, wir haben doch in Chemie, Physik und Mathe immer alle von ihr abgeschrieben! Andererseits hat sie das an sich aber immer besonders gehasst. Sie fand doch, dass alle Naturwissenschaften nichts weiter abbilden als Oberfläche. Schließlich hat sie dann eine völlig Kehrtwendung hingelegt.«

Ann Kathrin fühlte sich peinlich berührt, weil Astrid so viel über die alte Freundin wusste, sie aber praktisch nichts. Sie kam sich so desinteressiert vor. Genau das hatte ihr Exmann ihr immer vorgeworfen, dass sie sich außer für sich selbst nur für Verbrecher interessierte. »Jeder Gangster«, so hatte Hero oft zu ihr gesagt, »ist für dich doch wichtiger als deine Familie. Du weißt alles über Serienkiller, aber nichts über deinen Sohn, geschweige denn über deinen Ehemann.«

Sie hatte versucht, sich zu verteidigen, aber es gelang ihm, sie mit Fragen ins Aus zu manövrieren. »Na komm, wie war Eikes letzte Englischnote? Was ist seine Lieblingssportart? Wovor hat er im Moment am meisten Angst? Hat er in Mathe einen Lehrer oder eine Lehrerin? Hat er eine aktuelle Freundin? Wie heißt sie? Was wünscht er sich zu Weihnachten?«

Seine Fragen hatten sie wie eine Lawine getroffen und zerstört zurückgelassen mit dem Gefühl, eine schlechte Mutter zu sein.

»Hast du«, fragte sie, »viel Kontakt zu Maggie gehabt?«

»Nein«, sagte Astrid, aber es klang zögerlich. Eine Weile schwieg sie, dann ergänzte sie: »Nicht mehr. Aber das war mal anders. Maggie hat als alleinerziehende Mutter ihren Sohn Rajneesh großgezogen. Ein ganz süßer Junge. Ich hab ihn kennengelernt, da war er noch ganz klein. Ich war, offen gestanden, bei der Geburt schon dabei. Es war in Poona. Der Vater hatte sich schon vor der Geburt aus dem Staub gemacht, und ich bin zwar keine Hebamme, aber zum Händchenhalten hat es gereicht. Später haben wir dann nur noch ganz altmodisch Postkarten geschickt. Zu Weihnachten, zum Geburtstag und ...«

»In so was bin ich nicht gut«, entschuldigte sich Ann Kathrin.

Astrid lächelte. »Ich weiß. Du hast dich stattdessen darum bemüht, Ostfriesland von üblen Verbrechern zu befreien. Bist du gut vorwärtsgekommen damit? Fragst du dich nicht auch manchmal, was dabei alles auf der Strecke geblieben ist?«

»Ja, und ob ich mich das frage. Aber ist das nicht für alle Menschen so? Es zerreißt einen fast, dieser Versuch, im Beruf gut zu sein und dann auch noch eine gute Mutter, eine gute Geliebte, und am besten schafft man den Haushalt noch wie nebenbei und ist immer auch noch ganz fröhlich, kulturell interessiert und sportlich. Fürs Joggen muss natürlich auch noch Zeit sein ... Ich pack das einfach nicht! Ich habe jetzt«, sagte sie geständnishaft, »sogar eine Haushaltshilfe. Die gute Gudrun Garthoff.«

Inzwischen waren sie in Aurich angekommen. Astrid parkte den Wagen schräg gegenüber von der Polizeiinspektion hinter dem Chinarestaurant Asia Palast. Ann Kathrin mochte das Restaurant, sie war hier ein paarmal mit ihren Nachbarn und mit Holger Bloem gewesen. Aber jetzt erschien es ihr abwegig, hier zu parken. Sie hätte den Wagen natürlich auf den Parkplatz der Polizei gestellt, doch Astrid sagte: »Ich denke, in eurer Dienstbesprechung habe ich nichts verloren. Oder meinst du, dein neuer Chef fände es originell, wenn ich mitkomme?«

»Es wäre vielleicht gar nicht so blöd«, sagte Ann Kathrin, »immerhin kannst du uns einiges über Magdalena Felicitas Leuschner erzählen.«

Astrid lächelte. »Ich halte mich hier bereit.« Sie sah auf die Uhr. »Vielleicht habe ich Glück und kriege noch den preiswerten Mittagstisch. Eine Nachricht von dir, und ich komme rüber und plaudere alles aus, was ihr wissen wollt.«

Ann Kathrin bedankte sich, und als sie auf die Polizeiinspektion zuging, hatte sie schon wieder festeren Boden unter den Füßen.

Es war die größte Dienstbesprechung, an der sie jemals teilgenommen hatte. Es waren zusätzliche Stühle herbeigeschafft worden, und einige Kollegen standen.

Ann Kathrin sah alles noch ein bisschen wie durch einen Schleier. Es kam ihr so vor, als würde sie einige der Anwesenden gar nicht kennen. Möglicherweise hatte Büscher irgendwelche Fachleute zu Rate gezogen oder zusätzliche auswärtige Kräfte. Ann Kathrin hielt sich an die Gesichter, die sie kannte. Sie saß jetzt der Polizeipsychologin Elke Sommer genau gegenüber.

Rupert hatte wieder seine Praktikantin mit dabei, was absolut unmöglich war, aber entweder niemanden mehr zu stören schien, weil sich inzwischen alle an die Anwesenheit der jungen

Frau gewöhnt hatten, oder die Situation war so heiß, dass sich alle auf das Wesentliche konzentrierten und solche Nebensächlichkeiten dann einfach durchrutschten.

Hinter Martin Büscher wurde groß das Bild des Briefes auf eine weiße Leinwand geworfen. Aber niemand sah dorthin, jeder betrachtete den Brief auf seinem eigenen Gerät.

Staatsanwältin Meta Jessen stand neben der Leitenden Oberstaatsanwältin am Fenster. Entweder hatten die beiden keinen Platz mehr gefunden, oder sie zogen es einfach vor zu stehen. Wenn das Wort »dicke Luft« jemals einen Sinn ergeben hatte, dann war es hier in diesem Raum. Alle Fenster waren auf Kipp gestellt, aber von draußen drang so viel Autolärm herein, dass allen Beteiligten klar war, sobald die Sitzung offiziell eröffnet wird, müssen alle Fenster geschlossen werden.

Ann Kathrin ließ den Blick schweifen. Sie nickte allen kurz zu. Paul Schrader, Rieke Gersema, Charlie Thiekötter, Sylvia Hoppe. Heike Zink und Roswitha Landauer standen an die Wand gelehnt, den Staatsanwältinnen gegenüber. Sie musterten sich mit Blicken, als seien sie zum Duell erschienen. Dann ergriff Heike Zink die Initiative, zog sich einen Stuhl heran und setzte sich demonstrativ. Roswitha Landauer tat es ihr gleich.

Weller sah aus, als hätte er einen schweren Kater. Er wirkte zerknirscht, aber nicht kraftlos. Ann Kathrins Erscheinen gab ihm Oberwasser. Er war zwar nicht topfit, aber bereit, mit jedem in den Ring zu steigen, um für seine und die Ehre seiner Frau zu kämpfen. Dieser Brief gab ihnen recht, fand er. Endlich wurden die Karten neu gemischt, und Ann Kathrin und er bekamen auch mal Trümpfe in die Hand.

Er hatte Elke Sommer angesprochen, ob sie vielleicht Aspirin oder Ibuprofen für ihn habe. Sie hatte ihn zurechtgewiesen, sie sei Polizeipsychologin und nicht seine Hausärztin. Das hatte ihm einen Schlag versetzt, aber es würde bestimmt bald eine Gelegenheit kommen, sich zu revanchieren.

Weller rechnete jetzt mit einem triumphalen Auftritt von Ann Kathrin. Gleich würde Büscher die Sitzung eröffnen und sich im Namen der gesamten Polizeiinspektion bei Ann Kathrin und ihm für die unverschämten Verdächtigungen entschuldigen. Dann konnten die beiden Damen aus Osnabrück nach Hause geschickt werden, und der Fall wäre rasch abgeschlossen.

Aber dann kam alles ganz anders ...

Büscher eröffnete: »Liebe Kolleginnen und Kollegen, viele von uns haben heute Morgen diese E-Mail erhalten.«

Bezeichnenderweise deutete er nicht auf die Projektion hinter sich, sondern auf sein Tablet. Es war wie ein Statement, als würde er sagen: *Es ist nicht mehr wie früher, Leute. Gewöhnen wir uns an neue Technik, an neue Ermittlungsmethoden. An neue Probleme.*«

»Damit sind Ann Kathrin und Weller aus dem Schneider«, tönte Rupert.

Weller klopfte mit der Faust auf den Tisch, als hätte ein beliebter Professor in der Uni einen Vortrag beendet. Weil er der Einzige war, klang es ein bisschen lächerlich.

Büscher wies Rupert zurecht. »Ich hatte dich nicht um deine Meinung gebeten, Rupert.«

Rupert schielte zu Jessi und äffte Büscher nach, als hätte er das gerade besonders tuntig gesagt, was aber nicht der Wahrheit entsprach. Jessi war klug genug so zu tun, als habe sie davon nichts mitbekommen.

»Darf ich zunächst«, fuhr Büscher fort, »um die psychologische Einschätzung von Frau Dr. Sommer bitten?«

Sie hatte zwar keineswegs einen Doktortitel, nahm die Bezeichnung aber gelassen hin, und niemand protestierte. Nur Rieke Gersema grinste, nahm ihre Brille ab und wischte ihr verschwitztes Gesicht ab. Dabei verschmierte sie die Schminke, die die schwarzen Ränder unter ihren Augen vertuschen sollte.

»Dies«, begann Elke Sommer, »ist der Brief eines seelisch schwer gestörten Menschen.«

Rupert beugte sich zu Jessi und flüsterte, allerdings so laut, dass die meisten im Raum es verstehen konnten: »Ist doch klar, wenn einer so viele Leute umbringt, hat der immer einen an der Waffel, hört wahrscheinlich Stimmen oder so. Keiner, der sauber tickt, macht so was. Um das rauszufinden, hat sie bestimmt lange studieren müssen.«

Büscher war sich nicht sicher, ob er das so laufen lassen konnte oder ob er eingreifen musste. Er räusperte sich demonstrativ laut und warf Rupert einen zornigen Blick zu. Rupert hob in Richtung Büscher die Hand, als habe er verstanden.

»Immer wieder gestehen Menschen Straftaten, die sie nicht begangen haben«, dozierte Elke Sommer. »Dies ist ein altbekanntes Phänomen. In den Vereinigten Staaten wurden mehrfach Menschen hingerichtet, die falsche Geständnisse abgelegt hatten. Dies hat viele Ursachen. Manch Unschuldiger, der vor Gericht steht, versucht, durch ein Geständnis seine Strafe zumindest zu reduzieren.«

»Die stand aber nicht vor Gericht«, zischte Weller. »Wir kannten bisher nicht mal ihren Namen. Verdammt nochmal, versuchst du das jetzt hier zu zerreden?«

Seine Bewegungen wurden hektisch. Er war kurz davor, auszurasten.

»In den neunziger Jahren hat Thomas Quick in Schweden mehr als dreißig Morde gestanden und wurde auch dafür verurteilt. Er saß lange in Haft, bis er nach einem Valium-Entzug alle Geständnisse widerrief. Manche Menschen fühlen sich schon seit ihrer Kindheit schuldig, wissen aber nicht genau, wofür. Dies kann mit der Atmosphäre im Elternhaus zusammenhängen, in der sie aufgewachsen sind. Bei einigen wächst sich das zu einer schlimmen Störung aus. Wenn sich das noch mit einem übersteigerten Wunsch nach Aufmerksamkeit paart ...« Sie starrte auf den Bildschirm ihres Laptops und tippte kurz etwas ein, dann fuhr sie fort: »Bei Menschen, die Taten gestehen, die sie niemals begangen haben, können wir fast immer eine narzisstische Persönlichkeitsstörung diagnostizieren. Dies ist im Falle von Magdalena Felicitas Leuschner besonders deutlich. Sie glaubt sogar, mit höheren Mächten in Kontakt zu stehen, ja sie hält sich für unsterblich.«

Rupert sprach jetzt etwas leiser. Er schützte seine Lippen mit einer Hand und flüsterte in Jessis Ohr: »Die meisten Psychologen sind selbst nicht ganz dicht. Sie ist geradezu ein Paradebeispiel dafür.«

Elke Sommer klang jetzt, als habe sie Stimmbandprobleme: »Der Selbstmord ist auch Ausdruck ihres übersteigerten Geltungsbedürfnisses.«

Rupert sprach laut in die Runde: »Dann hat die blöde Kuh ja im Grunde alles erreicht, was sie wollte. Ich meine, sie heischt um Aufmerksamkeit, und wir sitzen jetzt alle hier in der großen Runde und beschäftigen uns mit ihr. Na, herzlichen Glückwunsch. Treiben uns jetzt die Psychopathen vor sich her, oder was?«

»Soll das heißen, ihr geht davon aus, dass dieses Geständnis erfunden ist?«, fragte Weller angriffslustig. Er hob dabei die Hände links und rechts neben sein Gesicht wie ein Boxer, der seine Deckung aufbauen will.

»Nein«, spottete Elke Sommer, »wir gehen davon aus, dass sie übermenschliche Kräfte besaß, mit denen sie jeden in den Selbstmord treiben konnte. Außerdem schwebt sie vermutlich jetzt als Geist hier im Raum und amüsiert sich gerade über uns.«

Erschrocken sah Rupert nach oben, als würde er sie suchen, riss sich dann aber sofort wieder zusammen.

»Wir müssen zumindest in Betracht ziehen, dass ihr Geständnis echt sein könnte«, betonte Büscher. »Wir können nicht von vornherein ausschließen, dass es falsch ist, nur weil eine Persönlichkeitsstörung vorliegt. Bisher hatten alle Mörder, die ich kennengelernt habe, psychische Probleme.«

»Sag ich doch!«, grinste Rupert.

Rieke Gersema und Sylvia Hoppe tuschelten miteinander.

»Was wissen wir über diese Magdalena Felicitas Leuschner?«, fragte Büscher.

Ann Kathrin meldete sich, so als habe sie kein Recht, einfach zu sprechen. Büscher registrierte das sehr wohl. Er nickte ihr zu. Jetzt schwiegen alle und hörten Ann Kathrin aufmerksam zu.

»Sie ist mit mir zur Schule gegangen«, sagte Ann Kathrin mit zitternder Stimme. »Wir waren sozusagen Freundinnen.«

Rieke Gersema hielt sich eine Hand an die Stirn. »Ach, du Scheiße«, entfuhr es ihr. Sie konnte sich lebhaft vorstellen, damit in Erklärungsnotstand zu geraten.

»Mir fällt auf«, sagte Ann Kathrin, »dass Sigmar Eilts ähnliche Aussagen gemacht hat, als ich ihn verhört habe. Er saß so arrogant vor mir, mit überhöhtem Selbstbewusstsein, so als sei er etwas Besseres und hätte eine höhere Stufe des Seins erreicht als wir normalen Menschen.«

»Willst du damit andeuten«, fragte Elke Sommer, »diese Magdalena Felicitas Leuschner könnte ihn durch Gedankenübertragung oder was immer in unserer Zelle dazu gebracht haben, sich die Pulsadern aufzubeißen?«

»Ich glaube an den freien Willen eines jeden Menschen.«, konterte Ann Kathrin. »Aber ich weiß auch, wie manipulierbar Menschen sind. Sigmar Eilts war ein junger Mann. Ein nicht gefestigter Charakter auf der Suche nach sich selbst. Beeinflussbar, manipulierbar … Beim Krieg Irak gegen Iran, erinnert ihr euch? Saddam Hussein wurde damals noch vom Westen unterstützt. Da haben es iranische religiöse Führer geschafft, Hunderte junger Männer – ja Kinder – so zu beeinflussen, dass sie ohne Waffen über die Minenfelder rannten, um die Minen explodieren zu lassen, damit danach die Truppen ausrücken konnten.«

Ein Raunen ging durch den Raum.

»Ja, ich weiß, das wollt ihr jetzt nicht hören. Das ist vielleicht zu viel Politik. Aber es erzählt etwas darüber, wie manipulierbar junge Menschen sind.«

»Meinst du, der hat sich hier die Pulsadern aufgebissen, weil er nicht mehr in der Lage war, an einen Sprengstoffgürtel zu kommen? Denkst du wirklich, der glaubte, dass ihn im Himmel zweiundsiebzig Jungfrauen erwarten? Wir dürfen das alles nicht vermischen«, schimpfte Elke Sommer, und Weller fragte sich, was mit ihr los war. Er kannte sie als besonnen, klug und kollegial, aber heute erlebte er sie als verbohrte Gegnerin.

»Was kannst du uns über deine Klassenkameradin erzählen?«, fragte Büscher Ann Kathrin.

»Im Grunde nicht viel. Ich habe vor ungefähr zwanzig Jahren den Kontakt zu ihr verloren. Eine Weile waren wir ein ganz gutes Team. Sie, meine Freundin Astrid und ich. Herrje, wir sind zusammen tanzen gegangen, haben Einkaufsbummel gemacht, gemeinsam Sport, über Jungs gesprochen und …«

»Also die typische Serienkillerkarriere«, grinste Rupert.

»Wir sollten überprüfen«, schlug Ann Kathrin vor, »ob sie in Kontakt mit Hauke Hinrichs, Katja Schubert, Justin Ganske und Giovanni Schmidt stand. Völlig an den Haaren herbeigezogen ist das Ganze nicht. Ich meine, wer sollte sie denn darüber informiert haben? Aus ihrem Brief lese ich, dass sie Täterwissen hat und Zusammenhänge kennt, von denen wir bisher keine Ahnung hatten.«

»Hast du ihr das gesteckt?«, fragte Büscher.

»Ich hab doch gesagt, ich habe sie seit zwanzig Jahren nicht gesehen. Meine Freundin Astrid weiß vielleicht mehr. Sie sitzt gegenüber im Asia Palast. Wir können sie später holen und befragen. Sie hatte noch länger Kontakt zu Maggie als ich.«

Rupert wollte zur Klärung beitragen. Er beugte sich nach vorn über den Tisch und nahm eine Haltung ein, die die Bedeutung seiner Frage unterstrich: »War deine Freundin bei irgendeiner Scheißsekte? Da gibt's doch immer wieder so Selbstmordserien. Ich erinnere mich zum Beispiel an diesen Massenselbstmord in Guyana. Jim Jones oder wie die Wurst hieß. Ich glaube, das Arschloch ließ sich mit *Vater* anreden. Die wollten mitten im Urwald einen Gottesstaat errichten, und am Ende haben sie sich alle ...« Er machte eine Geste, als würde er sich selbst den Hals durchschneiden. »Und jetzt gerade noch, hab ich neulich erst gelesen, in einem kleinen Dorf, mehr als hundert Selbstmorde in zwei Monaten. Wenn irgendein Gestörter zu viel Einfluss auf die Menschen bekommt, dann ...«

Scharf unterbrach Elke Sommer Rupert: »Du sprichst von den kanadischen Ureinwohnern.«

Ungefragt warf Jessi Jaminski den Namen des Stammes in den Raum: »Es sind die Attawapiskat.«

Rupert bedankte sich mit einem Kopfnicken.

Elke Sommer war noch nicht fertig: »Hier handelt es sich wohl um Menschen, die in Perspektivlosigkeit zurückgelassen sind. Darum kümmert sich inzwischen die kanadische Regierung.«

»Regierung«, schimpfte Rupert, »wenn ich das schon höre! Meinst du diese Pfeifen, die unsere Rente verspielt haben? Die immer so doll für Verbrechensbekämpfung sind und uns dann die Mittel streichen?« Er steigerte sich immer weiter rein: »Die gleichen Typen, die nicht mal in der Lage sind, Steuergesetze zu erlassen, die sie selbst verstehen? Oder die, die während der Sommerferien auf den Autobahnen Baustellen errichten lassen, weil das ja so 'ne tolle Zeit ist, um die Autobahn zu reparieren?«

Elke Sommer protestierte: »Das tut hier nichts zur Sache. Außerdem reden wir nicht von Deutschland, sondern von ...«

Rupert winkte ab: »Ach, die Pfeifen sind doch alle gleich.«

So viel Zustimmung hatte er selten in dieser Runde erhalten.

Weller provozierte: »Heißt das alles, Ann Kathrin und ich sind jetzt erneut verdächtig? Dürfen wir uns gleich wieder in die Zelle begeben?«

Er sah Büscher an. Der wiederum schaute zu Heike Zink und Roswitha Landauer. Die guckten zu den beiden Staatsanwältinnen. In die allgemeine Ratlosigkeit hinein sagte Ann Kathrin: »Ich denke, dass wir es nur mit einem einzigen Selbstmord zu tun haben, und der ist bei uns in Norden in der Polizeiinspektion am Markt in den gekachelten Räumen geschehen. Alles andere sah höchstens aus wie Selbstmord. Wobei Giovanni Schmidt sich ja garantiert nicht selbst mit ein paar Messerstichen getötet hat. Alle haben irgendeinen Bezug zu mir. Im Fall Hauke Hinrichs habe ich ermittelt. Katja Schubert hat mich angezeigt, ich hätte ihren Laptop beschlagnahmt. Sie ist mit meiner Dienstwaffe in der Hand gestorben. Justin Ganske habe ich den Daumen gebrochen, er hat mich mit Chloroform betäubt, und Giovanni Schmidt war mit mir gemeinsam an einen Pfahl gekettet. Er hat behauptet, ich hätte mit ihm geschlafen, und er hat versucht, mich nach Norderney zu locken. Ich bin nicht gefahren, sondern Frank. Darum fällt der Verdacht auf ihn, er habe als eifersüchtiger Ehemann seine Gefühle nicht mehr im Griff gehabt.«

Sie sah zu Elke Sommer. Die hatte Mühe, Ann Kathrins Blick standzuhalten.

»Und dann gibt es da noch ein anderes Motiv, einen Mord zu gestehen und dann Selbstmord zu begehen, Elke. Das hast du leider vergessen zu erwähnen ...«

Die Polizeipsychologin verzog pikiert die Lippen. »So?«

»Ja. Um jemanden zu schützen. Jemanden, den man liebt. Es gibt Mütter, die würden das für ihre Kinder tun.«

»Ja«, bestätigte Büscher, »dafür gibt es in der Kriminalliteratur zahlreiche Beispiele. Väter, Mütter, sogar Großeltern, die bereit waren, Morde zu gestehen, die ihre Kinder ... Hat sie überhaupt Kinder?«

»Ja«, sagte Ann Kathrin, »einen Sohn.«

Heike Zink reckte ihren Kopf nach vorn. Sie bekam dadurch etwas Vogelhaftes. Sie schien die Worte nicht auszusprechen, sondern zu picken, als müsse sie sie erst in der Luft erwischen, um sie dann auszuspucken: »Wir können jetzt schlecht«, krächzte sie, »den Sohn zur Fahndung ausschreiben, nur weil seine Mutter uns diese E-Mail geschickt hat.«

»Nein«, sagte Ann Kathrin, »darum geht es ja auch nicht. Aber wir sollten mit ihm reden.« Sie setzte sich anders hin, räusperte sich und ergänzte, obwohl sie wusste, dass Büscher das nicht gefallen würde: »Ubbo Heide sagt ...«

»Ubbo Heide«, stöhnte Büscher und sah vor sich auf die Tischplatte.

»Also, Ubbo sagt, es handelt sich um Mimikry. Nichts ist, wie es scheint. Das bedeutet für uns, wir müssen zwischen Anschein und Wirklichkeit unterscheiden lernen.«

Büscher hob die Hände und ließ sie auf den Schreibtisch platschen. Damit zog er die Aufmerksamkeit auf sich. »Große philosophische Frage! Was ist Wirklichkeit! – Solange ich diese Polizeiinspektion leite, gibt es objektive Wahrheiten, die wir ermitteln können und die anschließend jeder Überprüfung standhalten.«

Ann Kathrin zeigte auf Büscher. »Ja, genau damit spielen die. Sie geben uns einfache Wahrheiten, vorgefertigte Erkenntnisse. Wir sollen glauben, dass wir selbst draufgekommen sind. Aber es ist Manipulation, nichts weiter. Sie füttern uns mit Wissen und führen uns so häppchenweise zu dem, was wir für die Wahrheit halten sollen.«

»Und was ist das?«

»Sie wollen aus mir eine Kriminelle machen. Sie wollen

mein Ansehen zerstören, meine Reputation – im Grunde mich selbst.«

»Wenn das wirklich der Plan wäre«, fragte Elke Sommer kritisch nach, »wieso bekommen wir dann diesen Brief?«

»Sie haben«, sagte Ann Kathrin, »ihren Plan geändert, weil sie merken, dass sie so nicht durchkommen. Es ist eine Störung aufgetaucht. Sie vermuten, dass wir ganz nah an der eigentlichen Erkenntnis sind. Und deswegen ...«

Die Leitende Oberstaatsanwältin Corinna Richter meldete sich: »Ich vertrete den Kollegen Scherer, der immer noch darniederliegt.«

»Er und Angina«, spottete Rupert, »die liegen oft zusammen im Bett.«

Oberstaatsanwältin Richter sah ihn tadelnd an: »Kollege Scherer hat eine schwere Gehirnerschütterung!« Dann wendete sie sich Ann Kathrin zu: »Ich muss Ihnen sagen, Frau Klaasen, sosehr ich Ihre Arbeit schätze, ich esse auch gern Spekulatius, aber das ist mir jetzt doch ein bisschen viel. Vielleicht ist das gar nicht ein Fall, sondern es sind verschiedene Fälle, und unsere falschen Rückschlüsse resultieren nur daher, dass Sie die ganze Zeit krampfhaft einen Zusammenhang suchen.«

Roswitha Landauer gab der Staatsanwältin eifrig recht. »In Osnabrück haben wir das auch mal erlebt. Wir haben alle Einbrüche derselben Bande zugeschrieben, was dazu führte, dass die einen unter Verfolgungsdruck gerieten, während die andere Einbrecherbande sich in Ruhe ausbreiten konnte, wohlwissend, dass wir sie nicht auf dem Schirm hatten.« Dann schoss sie in Wellers Richtung scharfe Sätze ab: »Es war vollkommen unverantwortlich von Ihnen, Herr Weller, nach Norderney zu fahren. Sie wissen doch genau, was hier los ist. Damit haben Sie sich selbst ins Unrecht gesetzt.«

»Dieser Sohn«, Büscher hatte Mühe, den Namen Rajneesh korrekt auszusprechen, »ist nie in irgendwelchen Polizeiakten aufgetaucht, oder die Sachen sind aus datenschutzrechtlichen Gründen gelöscht worden, weil er noch Jugendlicher war. Jedenfalls haben wir nichts über ihn. Aber die örtlichen Einsatzkräfte in Wiesmoor sehen sich jetzt die Wohnung von Frau Leuschner an. Vielleicht lebt sie ja sogar noch und liegt nur bekifft auf dem Sofa.«

Rupert sprang auf. Es war eine so heftige Bewegung, dass der Stuhl hinter ihm umfiel. Er kümmerte sich nicht darum.

Jessi zuckte zusammen. Sie hob den Stuhl für Rupert auf und rückte ihn so, dass er sich problemlos wieder hätte setzen können, doch das tat er nicht. Er donnerte die rechte Faust auf den Tisch, dass es nur so knallte. Dann rief er: »Verdammt, jetzt reicht es mir! Ich werde hier nicht sitzen und an euren Laberspielchen teilnehmen, während meine Kollegen solchen unglaublichen Beschuldigungen ausgesetzt werden!« Er brüllte in Richtung Elke Sommer: »Du solltest dich was schämen! Das hier sind unsere Kollegen!«

Jessi fand Ruperts Einsatz großartig. Sie himmelte ihn an. Viele andere im Raum wunderten sich nur. Wellers Unterlippe erschlaffte. Er bekam einen glasigen Blick und wirkte geradezu verblödet, so wie er Rupert angaffte.

»Das sind meine Freunde!« Rupert schlug sich mit der Faust gegen die Brust. »Ja, sie sind vielleicht nicht die Tollsten! Ann Kathrin kann so eine blöde Zicke sein, dass mir manchmal die Magensäfte blubbern, wenn ich ihre Stimme nur im Flur höre! Und Weller kriecht auf der Schleimspur der Frauenbewegung und merkt gar nicht, wie sehr er verarscht wird!« Jetzt zeigte Rupert auf Ann Kathrin. »Die redet mit ihrem Auto! Die glaubt, ein Wagen müsse nicht in die Werkstatt, sondern brauche nur Liebe, Zuwendung und Anerkennung!« Sein Arm schwenkte zu Weller: »Und der liest Bücher! Als ob das Fernsehen noch nicht erfunden sei! Sie kommen einem beide vor wie aus einem anderen Jahrtausend. Aber verdammt, es sind unsere Leute! Sie haben es nicht verdient, dass man so mit ihnen umgeht! Im Zweifelsfall stehe ich auf eurer Seite«, tönte Rupert und kam sich dabei heldenhaft vor. »Ich werde jetzt nach Wiesmoor fahren und das keineswegs den örtlichen Einsatzkräften überlassen! Nicht, dass wieder einer Scheiße baut! Einer muss ja einen professionellen Blick auf das Ganze haben!«

Rupert erwartete im Grunde Applaus, aber da keiner aufbrandete, drehte er sich um, warf ungestüm den Stuhl noch ein zweites Mal um und befahl Jessi: »Komm! Wir gehen!«

Sofort war sie bei ihm.

»Die Dienstbesprechung ist noch nicht beendet«, stellte Büscher scharf fest.

»Für mich schon« konterte Rupert. »Es wartet Arbeit auf uns. Richtige Ermittlungen. Oder meint ihr, ich sitz hier rum und labere, während die Zelle im Knast für meine Freunde bereits vorbereitet wird?«

Jessi verließ mit Rupert den Raum. Rupert knallte die Tür hinter sich zu.

Es war, als hätten alle die Luft angehalten. In die bedrückende Ruhe hinein giftete Elke Sommer: »Das war wohl der Bekennermut der frühen Christenprozesse. Jetzt sollen wir alle ein schlechtes Gewissen bekommen und den großen, heldenhaften Rupert bewundern! Wir haben es hier ebenfalls mit einer beispielhaft narzisstischen Person zu tun.«

Rupert riss die Tür wieder auf und brüllte in den Raum: »Das habe ich gehört, Elke! Glaubst du, wir wissen nicht alle, was los ist? Du gehst doch nur gegen Weller und Ann Kathrin vor, weil du es nicht aushältst, dass die eine klasse Beziehung haben, während du dich langsam damit abfinden musst, als Singlefrau zu sterben! Guck nur, wie verkrampft du dasitzt! Wie lange bist du mit keinem Kerl mehr im Bett gewesen?«

Rupert plusterte sich auf, als könne er jetzt noch viel dazu sagen, tat es dann aber doch nicht, sondern drehte sich um und verschwand erneut. Diesmal hörte man seine Schritte, die sich im Flur entfernten.

Elke Sommer saß pikiert, aber ganz ruhig da und suchte Blickkontakt mit jeder anwesenden Person im Raum. Sie sah einen nach dem anderen an. Die meisten wichen ihrem Blick aus.

Sylvia Hoppe sagte in Richtung Büscher: »Das kannst du ihm nicht durchgehen lassen. Jetzt hat er wirklich eine Grenze überschritten.«

»Das werde ich auch nicht«, prophezeite Büscher. »Und dieser Spuk mit der Praktikantin muss ebenfalls aufhören. Hier kann doch nicht jeder tun, was er will!«

Auf dem Weg nach Wiesmoor saß Jessi neben Rupert.

»Ich war gerade richtig stolz auf dich«, schwärmte sie. »Das war ein großartiger Auftritt. Jeder wünscht sich doch, so einen Freund zu haben, der mutig für einen eintritt. Also, ich fand es phantastisch ... bis du zum zweiten Mal reingegangen bist. Das hättest du dir echt klemmen können.«

»Ja«, sagte Rupert, »ich weiß, das war dämlich. Meine Frau sagt das auch. Manchmal gehen mit mir die Pferde durch. Dann sag ich so Sachen, das will ich eigentlich gar nicht. Andere schlagen dann wahrscheinlich zu oder rasten sonst wie aus. Und ich sage Dinge, von denen ich weiß, dass ich sie besser nicht sagen sollte. Was denkst du jetzt von mir, Jessi?«

Liebevoll sagte sie zu ihm: »Mein Glatzenkönig«, und streichelte ihm über die geschundene Kopfhaut. Sie sprach sehr bedächtig weiter: »Ich denke, dass man sich glücklich schätzen kann, so einen Freund wie dich zu haben. Und dann kann man auch vieles verzeihen.«

Rupert schluckte schwer. Ihre Worte rührten ihn an. Er hatte fast Angst, feuchte Augen zu bekommen.

»Die denken alle«, sagte Jessi, »wir hätten was miteinander. Ist dir das eigentlich klar?«

Rupert tat, als würde er sich auf die Fahrbahn konzentrieren. Auf der B72 war Hochbetrieb. »Mir doch egal, was die Knalltüten denken. Die glauben ja auch, Weller sei ein Mörder und Ann Kathrin ebenfalls. Was bin ich denn wirklich für dich?«

Sie sagte es freiheraus: »Du bist der große, starke Bruder, den ich leider nicht hatte, aber immer gern gehabt hätte. Oder vielleicht auch der Papa, wie ich ihn mir immer gewünscht habe.«

Rupert schielte zu ihr rüber. »Du hast einen Vater.«

»Ja, aber der vertraut mir nicht. Er hält mich an der kurzen Leine, will mir alles vorschreiben, kontrolliert mich, engt mich ein. Du dagegen hilfst mir, mich zu entwickeln, glaubst an mich, gibst mir eine Chance. – Warum hältst du hier?«, fragte sie.

»Weil ich jetzt was Scharfes brauche.« Er grinste. »'ne Currywurst. Und hier gibt's eine verdammt gute. Komm, ich geb einen aus.«

Das Gespräch hatte Rupert nachdenklich gemacht, aber jetzt wurde es ihm zu viel. Er tat, was er immer tat, wenn ihm etwas zu nah ging und er sich überfordert fühlte: Er wechselte das Thema. Currywurst kauend erklärte er seiner Praktikantin: »Meine Frau kocht ja gerne vegan. Das ist jetzt so eine ganz neue Nummer. Hast du bestimmt auch schon von gehört, oder?«

Sie nickte. »Klar. In meiner Klasse gibt es schon sechs Veganer. Ich hab's auch mal ausprobiert. Nicht aus gesundheitlichen Gründen oder so, sondern wegen dem Tierschutz. Wenn ich an diese ganze Massentierhaltung denke«, sagte sie kauend, »dann weiß ich schon, dass es so nicht weitergehen kann.«

Rupert gab ihr recht: »Stimmt. Und dieses vegane Essen

schmeckt gar nicht schlecht. Also meine Frau, die zaubert da manchmal Sachen ... Neulich war sie zu irgend so einem Reikilehrgang und hat für mich vorgekocht. Vegane Eintöpfe. Ich hab mir dann noch ein bisschen Gehacktes reingetan oder 'ne Knackwurst, und dann war das ein tolles Essen.«

Sie schaute ihn an und wusste nicht, ob das ein Witz war oder ob er es ernst meinte.

Der Rest der Fahrt bis Wiesmoor verging wie im Flug. Das Haus lag an der Hauptstraße, gar nicht weit entfernt von Susannes Buchhandlung. Direkt davor parkte ein Polizeiwagen. Ein uniformierter Kollege stand vor der Tür und rauchte.

Rupert und Jessi gingen auf ihn zu. Er machte den Eindruck, als wolle er ihnen den Weg versperren.

»Kollege«, sagte Rupert, »mein Name ist Rupert vom K1 aus Aurich. Wir hatten euch informiert.«

Geradezu unterwürfig machte der Uniformierte ihnen Platz. Es schien ihm peinlich zu sein, dass er beim Rauchen erwischt worden war. Er ließ die Zigarette auf den Boden fallen und trat sie aus.

Der untere Bereich des kleinen Einfamilienhauses war karg eingerichtet. Es gab fast keine Möbel. Ein kleines Zimmer, in Erdfarben gestrichen, mit zwei Sesseln, die sich gegenüberstanden, dazwischen nur ein kleines Tischchen, darauf ein Kerzenständer mit einer halbabgebrannten Wachskerze. Der Ständer selbst war kaum noch zu erkennen, so viel Wachstropfen hüllten ihn ein. Er klebte an dem Tischdeckchen darunter fest. So etwas kannte Rupert auch von seiner Beate.

Es gab ein Badezimmer und einen großen, nicht möblierten Raum, so dass der flauschige Teppichboden dominant wirkte. In einer Ecke standen ein paar zusammengerollte Matten.

»Sind die schon abgehauen?«, fragte Rupert. »Haben die ihre Möbel verkauft?«

Jessi lächelte ihn an. »Ich glaube, das ist der Therapieraum. Ich kenne so was.«

Es war ihr gar nicht unangenehm, sondern Rupert gegenüber hatte sie das Gefühl, frei sprechen zu können. »Eine Weile ging es mir nicht so gut, weißt du. Wegen meinem Vater und dem ganzen Stress zu Hause. Damals war ich bei Frau Heuken. Da hatten wir so einen ähnlichen Raum. Darin fanden Gruppentherapien statt. Hast du das mal mitgemacht?«

Rupert lächelte. Fast hätte er gesagt, *nein, das ist doch was für Mädchen*, doch er beherrschte sich und fand einen Satz, mit dem er bei Jessi besser ankam: »Meine Frau Beate ist Reikimeisterin. Die gibt mir manchmal Reiki. Weißt du, das ist so was mit Handauflegen. Wissenschaftlich gesehen Humbug, und ich schlafe meistens dabei ein, aber Beate behauptet, es würde mir helfen.«

»Die möchte ich gerne mal kennenlernen«, sagte Jessi. »Die scheint ja echt cool zu sein.«

»Früher war sie mal ein echt heißer Feger«, lachte Rupert.

In den oberen Räumen wartete eine Kripokollegin aus Wiesmoor. Sie begrüßte Rupert und Jessi. Sie war ein bisschen irritiert, als sie Jessi die Hand gab, hielt sie für eine sehr junge Kollegin, was Jessi unglaublich guttat.

»Also, wir haben hier oben nichts Verdächtiges gefunden. Die Nachricht, die ihr bekommen habt, wurde von einem Tablet aus geschickt. Der aktuelle Standort ist nicht mehr festzustellen. Es ist wohl ausgeschaltet.«

Kaum hatte sie den Satz ausgesprochen, ertönte Ruperts neuer Klingelton. *Born to be wild.*

Charlie Thiekötter war am Apparat: »Rupert, ich glaube, du kannst in Wiesmoor abbrechen. Die E-Mail an uns alle wurde von Langeoog abgeschickt. Ich habe die letzten Stationen des Geräts geortet. Seit Tagen hat sich das Ding immer nur auf Langeoog eingewählt. Das hast du nicht von mir, falls dich einer fragt. Ihr Netzanbieter hat uns nämlich offiziell noch gar keine Rückmeldung gegeben, aber es gibt heutzutage Methoden, die ... die ich dir besser nicht erzähle.«

Rupert bedankte sich brav und klickte das Gespräch weg.

»Meine Mitarbeiter«, und es klang fast ein bisschen wie *meine Untergebenen*, und es tat ihm gut, die Kollegen in Aurich so zu nennen, »haben mich gerade informiert. Wir müssen die Leiche nicht hier im Haus suchen. Wir werden sie vermutlich auf Langeoog finden.«

Die Möbel waren, wenn man sehr freundlich sein wollte, von einem Antiquitätenhändler originell zusammengestellt worden. Ein Stehpult, ein ovaler Tisch aus Kirschholz, verschiedene große, klobige Sessel und einige sehr filigran gearbeitete Skulpturen, die Jessi an Giacometti erinnerten. Sie hatte im Kunstunterricht von ihm gehört und einen Aufsatz über eine seiner dünnbeinigen Figuren geschrieben. Das hier waren natürlich keine Originale, sondern Nachbauten. Auf den Fensterbänken kleine Nanas, wie Niki de Saint Phalle sie entworfen hatte. Aber das hier waren bestimmt auch keine Originale, folgerte Jessi.

Sie erzählte Rupert, was sie sah, und er war sichtlich beeindruckt. Er wollte nun auch mit seinem Kunstsachverstand prahlen, kannte aber nur wenige Namen wie Picasso, Gölzenleuchter, Ole West.

»Ich mag ja diese Holzschnitte von Gölzenleuchter«, warf er so nebenbei ein.

»Und ich mag Männer, die etwas für Kunst übrig haben«, sagte sie. »Kunstwerke können unseren Blick schärfen, sensibler machen ...«

Sie schielte zu Rupert. Er hörte ihr immer noch zu.

»Picasso hat gesagt, Kunst ist dazu da, den Staub des Alltags von unseren Seelen zu waschen.«

Auf einem alten Sekretär stand ein Foto. Es zeigte Magdalena

Felicitas Leuschner mit einem strahlenden jungen Mann. Sie trug ein indisches Gewand, er war ganz in Weiß gekleidet.

Jessi zeigte auf das Bild und sagte zu Rupert: »Den kenn ich.«

»Wen?«

»Na, den Jungen da an ihrer Seite.«

»Das sieht doch aus, als sei es ihr Sohn. Und du kennst den?«

»Ja. Er heißt Boris.«

Rupert schüttelte den Kopf. »Nee, schade. Knapp vorbei ist auch daneben. Der hat so einen bescheuerten indischen Namen.« Rupert kramte in seinem Gehirn, aber er fiel ihm nicht mehr ein.

»Rajneesh«, sagte Jessi. »Aber das ist nicht Rajneesh. Das ist Boris. Ich bin mir total sicher.«

»Woher kennst du den denn?«, wollte Rupert wissen.

Sie druckste ein bisschen herum und schielte zu der Polizistin. Rupert warf ihr einen bittenden Blick zu: »Wir wären gern ein paar Minuten allein.«

Jetzt begriff sie, dass Jessi keine Polizistin war, verstand aber den Zusammenhang nicht ganz. Was wollte die junge Frau hier? Brachte Rupert eine Zeugin mit? Ihr war nicht wohl bei dem Gedanken, aber sie ließ den Kollegen im Wohnzimmer mit dem jungen Mädchen allein.

»Wir waren gemeinsam in der Gruppentherapie bei Frau Heuken.«

»Na ja, kein Wunder, dass der ein paar Probleme hat, bei der Mutter ...«

Ruperts Satz traf Jessi. Sie verzog die Lippen und wendete sich ab, als hätte er sie verletzt.

»Oh, verdammt, das tut mir leid. Ich wollte nicht ... Ich hab doch nichts ... Hach, ich rede aber auch immer einen Scheiß ...«

Sie drehte sich um, sah ihm in die Augen und konfrontierte ihn: »Ja, das tust du. Manchmal redest du so einen unglaublichen Scheiß, dass es einem schwerfällt, dich zu mögen. Und dann wieder ...« Sie breitete die Arme aus und sah zur Decke, als wolle sie einen Gott anbeten, brach aber sofort wieder ab und wurde sachlich-hart: »Jedenfalls ist das da Boris.«

»Und wie heißt dein Boris mit Nachnamen?«

»Keine Ahnung. In der Gruppe redet man sich nur mit Vornamen an. Nichts, was dort gesagt oder getan wird, soll den geschützten Raum verlassen. Wir haben uns da ausprobiert. Neue Verhaltensmöglichkeiten erkundet. Alte Traumata aufgearbeitet und ...«

»Jaja, schon gut«, sagte Rupert. »Und du bist dir sicher, dass der Typ dabei war?«

»Hundert Prozent.«

Sie hatten sich in Büschers Büro versammelt und diskutierten sinnvolle Schritte gegen Rupert. Von der Beleidigungsklage bis zur konsequenten disziplinarischen Maßnahme wurde alles in Erwägung gezogen.

Elke Sommer bestand darauf, dass es so nicht weitergehe. Sie behauptete, sie höre solche Worte ja nicht mit dem Beziehungsohr, er würde schließlich keine Aussage über sie damit machen, sondern nur eine über sich selbst. Sie nannte es *freiwillige Selbstaussage*. Sie glaube nicht, dass er für den weiteren Polizeidienst geeignet sei, und schlug eine Suspendierung vor.

»Und überhaupt«, warf Sylvia Hoppe ein, »ich halte es nicht länger aus, dass der ständig mit dieser Praktikantin rumläuft. Das ist doch alles höchst fragwürdig.«

»Fragwürdig? Das ist illegal!«, schimpfte Elke Sommer.

Sylvia Hoppe trat mit dem Fuß auf: »Er erinnert mich so sehr an meinen Ex, ich könnte ausflippen! Die gleichen dämlichen Sprüche. Derselbe hochmütige Blick. Mich macht das rasend!«

»Disziplinarrechtlich dürfte das nicht von Belang sein«, sagte

Ann Kathrin. »An wen er dich erinnert oder nicht, ist wohl mehr dein eigenes Problem.«

»Ach, jetzt nimm du ihn auch noch in Schutz!«, giftete Sylvia Hoppe zurück.

Hier verändert sich gerade etwas, dachte Büscher. Als ich die Dienststelle übernommen habe, hatte ich das Gefühl, zwischen Sylvia Hoppe, Ann Kathrin Klaasen und Rieke Gersema kriegt keiner ein Blatt Papier. Dass die Frauen hier zusammenhalten wie Pech und Schwefel. Aber Rupert belastet die Beziehungen zu sehr.

»Ich werde«, sagte Büscher energisch, »ihm unmissverständlich klarmachen, dass diese Praktikantin hier nichts mehr zu suchen hat. Er muss sich in aller Form im Beisein der Kolleginnen bei dir entschuldigen, Elke, und es wird einen Verhaltenskodex geben, gegen den er in Zukunft nicht mehr verstoßen darf. Ich werde das jetzt knallhart durchziehen!«

Ann Kathrin wollte gerade sagen, *eure Sorgen möchte ich haben*, als Rupert, ohne anzuklopfen, eintrat. Jessi stand dicht neben ihm.

»Wir haben mit dir zu reden«, sagte Büscher hart und fügte mit strengem Blick hinzu: »Die Kleine hat hier nichts zu suchen, Rupert.«

Rupert lachte schallend, legte einen Arm um Jessi und schob sie in den Raum. »Irrtum, Martin. Die Kleine, wie du sie nennst, wird uns jetzt entscheidend weiterhelfen. Sie hat eine Information, die uns alle sehr weiterbringen wird. Sie kennt ...«, er entschuldigte sich zweimal mit: »Moment, ich hab's gleich«, und »Jessi, hast du es vielleicht eingesteckt?«

Elke Sommer stöhnte: »Das ist ja nicht zum Aushalten!«

»Ich glaube, du hast es hinten in die Hosentasche gesteckt«, sagte Jessi.

Rupert kramte umständlich das Foto hervor. »Ach ja, genau, da!«

Dann zeigte er Büscher das Foto.

Ann Kathrin erkannte Boris sofort. »Das ist er«, sagte sie. »Der Typ mit der Bomberjacke und dem Lonsdale-T-Shirt. Der und Justin Ganske haben mich betäubt und in Lütetsburg an den Pfahl gebunden.«

Nun trumpfte Rupert richtig auf: »Meine Praktikantin hier«, er zeigte stolz auf sie, »kennt nicht nur seinen Namen, sondern auch eine Menge intimer Details über ihn, denn sie hat mit ihm gemeinsam an einer, wie hieß das noch mal, Jessi?«

Sie sprach leise und ganz ruhig. Sie spürte natürlich, dass die Stimmung im Raum nicht gut für sie war und jederzeit umkippen konnte.

»Ich hatte Probleme mit meinen Eltern und habe eine Therapie gemacht. Es war eine Gruppentherapie. Wir haben ...«

Sie wusste wirklich einiges über diesen Rajneesh. Aber sie befielen jetzt doch Gewissensbisse. »Wir haben uns damals in der Gruppe gegenseitig versprochen, dass nichts den geschlossenen Raum verlässt.«

»Das ist doch jetzt völlig egal«, behauptete Sylvia Hoppe.

Elke Sommer sprang Jessi bei. »Nein, das ist es nicht. Ich finde es ganz richtig, dass sie sich an solche Absprachen hält. Dinge, die in einer therapeutischen Situation gesagt werden, gehören nicht in die Öffentlichkeit.«

Büscher räusperte sich und übertönte alle mit seiner Stimme: »Das hier ist anders. Hier geht es um Mord.«

»Sie will sich ja gar nicht auf ihr Zeugnisverweigerungsrecht berufen«, sagte Rupert.

»Das hat sie auch nicht«, behauptete Sylvia Hoppe.

Rupert wandte sich an Jessi: »Siehst du, sie sind alle sehr dankbar, dass du uns hilfst. Aus dir wird mal eine Toppolizistin durch die Erfahrungen, die du hier sammelst.« Dann gab er mit großer Geste seine Theorie in den Raum weiter: »Wir sollten in Zukunft noch viel mehr Praktikantinnen ...«

Ann Kathrin schien sich aus dem Gespräch ausgeklinkt zu haben. Sie suchte etwas im Internet. Schon meldete sie sich: »Er hat eine Wohnung in Bensersiel in der Friesenstraße.«

Ann Kathrin schlug vor: »Wir werden ihn über den Tod seiner Mutter informieren und ihn festnehmen.«

Rupert ergänzte freudig: »Okay, holen wir ihn uns!«

Büscher hob die rechte Hand: »Moment, Freunde. Ann Kathrin kann bei der Verhaftung nicht mit dabei sein ...«

»Warum nicht, verdammt? Ich kenne ihn!«

»Und er dich auch«, konterte Büscher.

»Heißt das«, fragte Elke Sommer, »die Sache mit Rupert und seiner süßen Praktikantin hat sich damit jetzt erledigt?«

Rupert plusterte sich auf: »Keineswegs. Ich finde, ihr solltet euch bei ihr entschuldigen. Ihr habt sie echt nicht gut behandelt.«

»Entschuldigen?«, fragte Elke Sommer nach, als hätte sie sich verhört.

Rupert nickte. »O ja. Ich finde, sie muss sich als Frau so eine Behandlung nicht gefallen lassen. Sie hat Respekt verdient. Ihr habt sie auf ihre Sexualität reduziert. Im Grunde denkt ihr doch alle, dass wir was miteinander laufen haben. Das ist aber keine Realität, sondern zeigt nur eure versaute Phantasie.«

»Vielleicht kennen wir dich auch einfach nur zu gut«, zischte Sylvia Hoppe.

Elke Sommer schüttelte ungläubig den Kopf: »Rupert, die Speerspitze des Feminismus in Deutschland!« Sie klatschte höhnisch Beifall. »Na, herzlichen Glückwunsch! Hast du die *Emma* schon abonniert? Oder hat Alice Schwarzer dich gleich als Redakteur angestellt?« Dann sah sie in die Runde. »Vielleicht sollten wir ihn zum Frauenbeauftragten wählen? Er kämpft doch gut für unsere Rechte, findet ihr nicht?«

Rupert brach das Gespräch ab. »Wir haben jetzt keine Zeit für solche Kinkerlitzchen. Ich glaube, ich nehme noch Weller mit. Das Ganze könnte ein Bodyjob werden und ist nichts für Mädchen.«

Sylvia Hoppe fühlte sich angesprochen. »Von wegen Weller. Wir machen das gemeinsam. Komm, Rupi, holen wir ihn uns. Und die Kleine kann gerne mit.«

Jessi grinste.

Schon waren Rupert, Sylvia Hoppe und Jessi Jaminski im Flur. Büscher schloss die Tür hinter ihnen.

Elke Sommer wirkte frustriert. »Gerade noch kann Sylvia ihn nicht ausstehen, und jetzt rennt sie los, um ihn zu unterstützen. Was ist hier bloß los? Warum verzeihen wir dem immer alles? Warum kommt der immer mit allem durch?«

»Er kann so ein Idiot sein«, bestätigte Rieke Gersema. »Aber im Zweifelsfall steht er immer zur Truppe. Er ist loyal. Er würde nie einen von uns verraten.«

»Ach, geht das jetzt gegen mich?«, fragte Elke Sommer.

Ann Kathrin mischte sich ein: »Rieke hat recht. Es gibt Kollegen, von denen weiß man, sie würden einen für einen Karrieresprung verraten. Für eine Gehaltserhöhung ans Messer liefern. Oder einen fallenlassen wie eine heiße Kartoffel, wenn sie keinen Blumentopf mehr damit gewinnen können, Freund und Kollege zu sein. Wenn es vielleicht sogar ihrer Karriere hinderlich ist, wenn es peinlich wird oder schwierig, zu dir zu halten, dann rennen die als Erste … Von solchen Kollegen und Freunden verlangt man völlige Korrektheit. Von denen trennt man sich sehr schnell und sehr leicht. Aber Rupert ist einer, von dem wir in der Tiefe wissen, dass er loyal ist. Und so einem verzeiht man eine Menge.«

Widerwillig räumte Elke Sommer ein: »Okay, wenn er sich bei mir in aller Form entschuldigt, bin ich auch bereit dazu.«

Heike Zink war kurz davor, Ostfriesland einfach empört zu verlassen. Dieser Haufen war so unkooperativ! Die handelten alle so eigenmächtig ... sie hatte einfach die Nase voll!

Roswitha Landauer versuchte, sie zu überzeugen, sie solle bitte um Himmels willen jetzt nicht überstürzt abreisen, sondern bleiben. Man könne diesen Rupert doch zurückrufen.

Heike Zink war ein lebendes Beispiel dafür, was der Volksmund meinte, wenn er sagte, dass jemand vor Wut schäumte, denn beim Sprechen flogen Speichelbläschen aus ihrem Mund, und an ihren Lippenrändern perlte weißer Schaum.

»Wir sind nur eine halbe Stunde nicht hier, und alles dreht sich schon! Da muss ein SEK-Team ran! Wenn es stimmt, was Ihre Kollegen behaupten, und ich unterstelle das jetzt mal, Herr Büscher, dann haben wir es hier mit einem Schwerverbrecher zu tun! Jemandem, der mehrere Morde begangen hat. Jemandem, der clever genug war, Ihre Kommissarin zu überlisten und uns alle an der Nase herumzuführen. Und dahin schicken Sie diesen Rupert?!«

Büscher hob die Hände und ließ sie resignativ wieder fallen. Er versuchte, sich zu verteidigen: »Ich habe ihn nicht geschickt. Der ist einfach los. Zusammen mit dieser Jessi und Sylvia Hoppe.«

»Das wird ja immer schöner! Sind Sie nun hier Kripochef oder nicht?«, insistierte sie.

»Wir stehen ganz kurz vor der Lösung. Wir sollten uns jetzt nicht selbst zerfleischen, sondern diesen Rupert stoppen und ein Sondereinsatzkommando anfordern«, stimmte Roswitha Landauer ihrer Kollegin zu.

»Wir wissen doch gar nicht«, sagte Büscher, »ob sich dieser Rajneesh Leuschner überhaupt in Bensersiel aufhält ...«

Heike Zink sagte es mit allem Ernst: »Mein lieber Herr Büscher, ich bin wahrlich kein Fan von Ihrem Rupert. Aber ich möchte ihn auch nicht in einem Zinksarg aus Bensersiel abholen lassen ... Außerdem hat er noch dieses Kind dabei und Ihre Kollegin Hoppe.«

Büscher gab sich geschlagen. Er setzte sich auf seinen Bürostuhl und sank in sich zusammen. Er hatte das Gefühl, fehl am Platz zu sein. Er rechnete aus, wie viele Jahre er noch bis zu seiner Pensionierung hatte. Vielleicht konnte er es ein bisschen früher schaffen. Vielleicht warteten noch ein paar große Hechte auf ihn. Er verstand es, sie mit seinem Blinker aus den Verstecken zu locken.

Wenn ich nur bei der Verbrecherjagd genauso geschickt wäre wie beim Angeln ... Er fühlte sich als Versager, wenig durchsetzungsfähig und hatte Angst, den Respekt der Kollegen zu verlieren – falls er ihn denn jemals besessen hatte ...

Es fiel Ann Kathrin zwar schwer, sich herauszuhalten, aber sie begriff, dass es jetzt das Beste war. Zu Hause zu bleiben war ihr unmöglich. Sie fühlte sich im Distelkamp wie eingesperrt. Da ihr Haus durch die Kameras der Alarmanlage von außen beobachtet wurde, konnte sie sich nur drinnen aufhalten. Das war ihr im Moment aber unmöglich. Sie hätte dort keine Luft bekommen. Außerdem fand sie es unklug, dort zu sein, wo der Täter ihr Ein- und Ausgehen kontrollieren konnte.

Einen Moment überlegte sie, zu ihrer Freundin Melanie Weiß ins Smutje zu fahren, aber dann hatte sie Angst, dort auf zu viele Menschen zu treffen und Fragen beantworten zu müssen. Hier in Norden war sie sehr bekannt.

Ihre Freundin Astrid hatte ihr eine Nachricht geschickt: *Sollen wir uns treffen?*

Aber Ann Kathrin fuhr nach Neßmersiel ins Aggis Huus. Dort hinten gab es eine Ecke – das Sofa bei den Puppen und dem Schrank mit den Teekannen –, da konnte sie in Ruhe sitzen. O ja, es war diese Wohnzimmeratmosphäre, die sie dort so liebte.

Sie hatte Glück. Als sie ankam, befanden sich nur drei Gäste im Vorraum, die Sturmsäcke mit Eierlikör und Vanilleeis aßen. Sie selbst ging nach hinten durch, zog sich in ihre Ecke zurück, und Aggi brachte ihr einen Kräutertee, der nach Aggis Aussage die Seele beruhigen sollte, und einen Pfannkuchen mit Apfelmus.

Ann Kathrin saß still und aß. Sie hatte ein Kinderbuch dabei, aber sie las nicht. Sie ließ sich die ganze Geschichte durch den Kopf gehen.

Sie bekam Lust, Astrid anzurufen, tat es dann aber doch nicht. Um Astrid nicht wieder auf einer Frage hängenzulassen, antwortete sie wenigstens auf die SMS:

Ich bin in Aggis Huus. Ich muss ein wenig alleine sein. Nachdenken. Am Meer spazieren gehen.

So etwas verstand Astrid garantiert.

Es war, als würde alles wie in Zeitlupe noch einmal für Ann Kathrin ablaufen. Habe ich etwas übersehen?, fragte sie sich.

Der Bus, mit dem Katja Schubert entführt worden war, parkte nicht weit von Aggis Huus. Boris saß hinten drin und beobachtete den Eingang. Er wusste, dass Ann Kathrin Klaasen dort drinnen saß.

Ann Kathrin kannte diesen Wäschereibus nicht. Er parkte direkt neben ihrem Wagen. Irgendwann würde sie rauskommen. Wenn keine Fähre nach Baltrum fuhr, war es hier ziemlich einsam.

Vielleicht, dachte er, werde ich sie gar nicht angreifen, niederschlagen und in den Wagen zerren. Vielleicht werde ich sie einfach bitten einzusteigen. Neugierig, wie sie ist, wird sie es vielleicht tun. Möglicherweise glaubt sie sogar, eine Chance gegen mich zu haben. Sie ist ja ein zähes Luder. Wenn Leute sich selbst überschätzten, dann konnte man sie am leichtesten einkassieren …

Wahrscheinlich würde sie sich wundern, woher er wusste, dass sie hier war. Oder würde sie es als Zeichen seiner Allmacht sehen?

Er war froh, dass Astrid nicht auch zu Aggis Huus gekommen war. Er wollte Ann Kathrin gern alleine erwischen.

Sie blieb fast zwei Stunden. Dann verließ sie als letzte Person das Gebäude. Gleich wird es sich entscheiden, dachte er.

Sie schritt auf ihr Auto zu, ohne seinen VW-Bus zu beachten. Boris öffnete die Tür, als sie mit dem Rücken zu ihm stand und in ihr Auto steigen wollte.

»Hallo, Frau Klaasen«, sagte er. »Schön, Sie zu sehen.«

Sie erkannte die Stimme sofort. Sie fuhr herum. Diesmal stand kein junger Mann in Bomberjacke mit Lonsdale-T-Shirt vor ihr. Er trug eine dünne bunte Sommerjacke mit aufgekrempelten Ärmeln. Diesmal sah er eher aus wie ein Hippie, mit Dreitagebart und dicken, wuscheligen Haaren.

»Klasse Perücke«, sagte Ann Kathrin. »Sind Sie mir hierhergefolgt? Wollen Sie sich stellen? Respekt, ich habe Sie bisher wirklich nicht bemerkt.«

»Genug geredet. Steigen Sie ein, Frau Klaasen.« Er machte eine einladende Geste.

Sie machte keinerlei Anstalten, sich zu bewegen.

Er hob die Hände und lächelte: »Nicht, dass Sie jetzt Ihre Pistole ziehen und mich niederknallen.«

Sie versuchte nicht einmal zu bluffen. Es hörte sich geständnishaft an, als sie sagte: »Meine Dienstwaffe wurde erst neulich benutzt. Von Ihnen. Um Katja Schubert zu erschießen. Ich selbst schieße nicht auf Menschen. Ich ziehe es vor, sie zu überzeugen, statt sie zu töten.«

Sein Mund verzog sich zu einem breiten Grinsen: »Und? Sind Sie gut darin?«

»Ja«, sagte sie, »ziemlich.«

»Dann steigen Sie ein, Frau Klaasen. Lassen Sie uns miteinander reden.«

Sie wusste nicht, ob es richtig oder falsch war. Sie folgte ihrem Gefühl. Sie willigte ein und stieg zu ihm in den dunkelblauen Bus.

Hinten drin lag eine Matratze. Und dort stand auch ein Sessel. Sie sah Metallhandschellen und Seile. Einen Baseballschläger und eine Axt.

»Für einen Entführer sind Sie gut ausgestattet«, sagte Ann Kathrin und setzte sich in den Sessel. Da der Wagen viel zu niedrig war, um darin zu stehen, ging er vor ihr in die Hocke. Von weitem betrachtet, sah es vermutlich aus wie ein ganz gemütliches Gespräch.

»Haben Sie auf Norderney Giovanni Schmidt ermordet?«, fragte Ann Kathrin.

Boris nickte nachdenklich, aber er schien keinerlei Reue zu empfinden. »Ja, das habe ich getan.«

»Und Sie haben Justin Ganske getötet?«

»Ja, das war ich auch. Aber ich finde, jetzt könnten Sie mir ein paar Fragen beantworten, Frau Klaasen.«

»Sie haben mit meiner Dienstwaffe Katja Schubert getötet?«

Er grinste. »Ja, glauben Sie etwa, das hätte Justin geschafft? Nicht jeder, der einen laktosefreien Kuchen mit Biozutaten backen kann, ist auch in der Lage, einen Menschen auszuknipsen.«

Die Gewissheit, dass er nicht vorhatte, sie gehen zu lassen, breitete sich mit seinem Geständnis in ihr aus. Sie ignorierte das, tat, als sei es ihr nicht bewusst.

»Ich hoffe, das Geständnis erleichtert Sie. Sie können frei sprechen. Ich habe im Laufe meines Lebens schon viele Geständnisse gehört. Meistens ging es den Menschen danach besser. So eine Tat lastet doch schwer auf der Seele.«

Er lachte. »Auf meiner nicht.«

»Sie müssen vor mir nicht den harten Kerl spielen. Mich beeindruckt das nicht. Sie sind kein Soziopath.«

»Woher wollen Sie das wissen, Frau Klaasen? Sagt Ihnen das Ihre Intuition? Die Sie völlig im Stich gelassen hat, als Sie aus Aggis Huus kamen und in die Falle spaziert sind wie die letzte Anfängerin?«

»Ich schätze Sie als hochintelligent ein«, sagte Ann Kathrin. Es klang ehrlich, und es tat ihm gut. Er reckte sein Kinn hoch und bewegte den Kopf von links nach rechts. Seine Nackenwirbel knirschten.

»Mit Intelligenz hat das alles nichts zu tun. Es gibt viele hochintelligente Soziopathen. Einige Superhirne zählen dazu.«

»Ja«, stimmte Ann Kathrin zu. »Das ist richtig. Die werden dann aber keine Serienkiller, sondern sie leiten große Unternehmen oder Behörden. Rationalisieren Hunderte Mitarbeiter weg, vernichten reihenweise Existenzen und empfinden dabei keine Reue. In den Vorstandsetagen der Banken und Versicherungen und in Regierungen findet man mehr Soziopathen als in den forensischen Kliniken, wo sie eigentlich hingehören.«

»Ich bewundere solche Menschen«, gab Boris zu. »Sie kämpfen nur für eine Partei: sich selbst. Die anderen folgen ihnen, aus Angst oder weil sie den Mist glauben wollen, der ihnen erzählt wird. Aber der wahre Herrscher lässt sie alle über die Klinge springen, wenn es ihm nutzt.«

Ann Kathrin suchte Blickkontakt. Boris wich ihr zunächst aus, versuchte dann aber standzuhalten. Sie konzentrierte sich auf sein linkes Auge. Es war ein Trick, den sie sehr früh von ihrem Vater gelernt hatte.

Wenn ein Duell mit Blicken stattfindet, versuche, auf ein Auge deines Gegners zu schauen. Dann hältst du länger stand als er.

»Die Soziopathen, über die wir reden, sind im Grunde arme

Würstchen. Sie empfinden nicht nur kein Mitgefühl, sie haben gar keine Gefühle, oder sie haben Angst davor. Sie können nicht lieben. Manchmal sieht es vielleicht so aus, weil sie zum Beispiel heiraten und Kinder kriegen, aber das sind Verstandesehen. Sie leben angepasst mitten unter uns, imitieren menschliche Gefühle, sind aber unfähig zu echter Empfindung. Glauben Sie, das ist erstrebenswert?«

Der erste Punkt ging an sie. Er sah weg.

Ich schaffe ihn, dachte sie. Ich knacke seinen Panzer.

Er machte eine wegwischende, zornige Handbewegung. »Sie haben ja keine Ahnung!«

»Sie lieben Ihre Mutter, stimmt's?«

Er sah sie mit weit aufgerissenen Augen an. »Lassen Sie meine Mutter aus dem Spiel!«

»Ich habe das Foto gesehen, von Ihnen und Maggie. Da erkennt man es sofort. Sie lieben sie ... wie ein Sohn seine Mutter nur lieben kann. Maggie und ich sind zusammen zur Schule gegangen, wissen Sie das?«

»Seien Sie still!«

»Warum? Was ist daran so schlimm? Ihre Mutter und ich waren Freundinnen. Wir waren auch mal so alt wie Sie. Wir sind zusammen tanzen gegangen, wir ...«

»Sie sollen still sein, habe ich gesagt!«

Seine Gesichtsmuskeln begannen zu zucken. Er machte das nicht absichtlich. Er hatte sich nicht unter Kontrolle. Er schoss hoch und stürzte sich auf Ann Kathrin. Mit beiden Händen umfasste er ihren Hals und drückte zu.

Sie faltete ihre Hände vor ihrem Bauch wie zum Gebet und stieß sie dann nach oben zwischen seinen Armen durch. Die Wucht der Bewegung befreite sie aus der Umklammerung seiner Hände. Ihre Fingerknöchel schrammten noch an seiner Nase vorbei, erwischten sie aber nicht wirklich.

Diesen sehr effektiven Befreiungsschlag hatte sie vor Jahren im Selbstverteidigungskurs geübt. Sie war sehr glücklich darüber, diesen Kurs damals belegt zu haben. Thema des Wochenendes waren Befreiungsgriffe und -schläge gewesen.

Er griff in die rechte Tasche seiner Sommerjacke. Ann Kathrin hatte Angst, er könne eine Waffe ziehen, und trat mit aller Kraft gegen die Hand, noch bevor er sie wieder aus der Tasche herausziehen konnte.

Er jaulte auf.

Als würde er sie erst jetzt als Gegnerin wirklich ernst nehmen, prügelte er auf sie ein. Ein Körpertreffer nahm Ann Kathrin die Luft. Sie begriff, dass sie es mit einem Boxer zu tun hatte. Ein linker Haken ließ ihre Unterlippe aufplatzen. Ihr Kopf flog nach hinten und knallte gegen die Autowand.

Sie kämpfte gegen die Ohnmacht an. Einen zweiten, dritten Treffer würde sie nicht überstehen.

Er war jetzt ganz in seinem Element. Die Fäuste oben, suchte die Schlaghand ihr Ziel. Der große Kerl stand geduckt, halb gebückt.

Einen Boxkampf konnte sie nur verlieren. Darauf durfte sie sich nicht einlassen. Ann Kathrin hatte nur eine Chance: Boxer, das hatte sie von ihrem Exmann Hero gelernt, arbeiten zwar viel mit den Beinen, decken und schlagen aber nur bis zum Gürtel. Alles darunter gilt als unfair und gibt im Ring Punktabzug.

Boris war unten ungeschützt. Ann Kathrin ließ sich nach hinten fallen, um seinen Fäusten auszuweichen. Sie lag jetzt rücklings vor ihm auf dem Boden, unerreichbar für seine Fäuste. Aber dafür trafen ihre Füße seine Genitalien.

Er öffnete den Mund zu einem stummen Schrei und sah sie aus irren Augen an. Der Schmerz lähmte ihn. Sie schlug ihm die Beine weg.

Er lag auf dem Bauch. Ann Kathrin stemmte ein Knie in seinen Rücken.

»Du brichst mir die Wirbelsäule, du dumme Kuh!«, kreischte er.

»Ja«, sagte sie ruhig, »wenn es sein muss, auch das. Bleib nur ganz ruhig liegen, dann tut es auch nicht weh.« Handschellen schlossen sich klackend um seine Gelenke.

Ann Kathrin griff zu ihrem Handy und wollte die Kollegen rufen, doch noch in ihrer Hand heulte der Seehund los. Rupert war am Telefon. Sie nahm das Gespräch an.

Er behauptete: »Ann, der Vogel ist ausgeflogen.«

»Ja«, antwortete sie und merkte jetzt, dass sie außer Puste war, »und zwar direkt zu mir. Er trägt schon wunderbaren Silberschmuck am Handgelenk. Wir sind vor Aggis Huus in Neßmersiel. Wir befinden uns in einem schwarzen VW-Bus mit der Aufschrift *Wäscherei Engel* und einem vermutlich gestohlenen Westerwälder Kennzeichen. AK-Al-410.«

»Echt jetzt?«, lachte Rupert. »Wenn man vom Dienst suspendiert ist, lösen sich die Fälle offensichtlich viel leichter, als wenn man noch in den ganzen Alltag eingebunden ist.«

»Ich bin nicht suspendiert!«

»Ist ja auch egal. Ich komme zu dir. Soll ich die Jungs vom SEK mitbringen? Die stehen gerade keine zwanzig Meter von mir entfernt und ziehen sich Currywurst mit Pommes rein. So 'n erfolgloser Einsatz schlägt den Knaben immer auf den Magen.«

»Nein, ich fände es eigentlich schöner, wenn wir Rajneesh Leuschner selbst in Aurich abliefern könnten.«

»Ja«, sagte Rupert, »und sei es nur, um den Torten aus Osnabrück eins auszuwischen. Die können ja dann jetzt auch wieder nach Hause fahren.«

»Beeil dich«, sagte Ann Kathrin.

Rupert stimmte ihr zu, ließ ihr Handy in die Tasche gleiten, vergaß aber in dem überschäumenden Triumphgefühl, es auszuschalten, so dass Ann Kathrin das weitere Gespräch im Dienstwagen zwischen Rupert und Jessi mitverfolgen konnte.

Seine Praktikantin, die alles mit angehört hatte, schlug vor: »Vielleicht ist es ja besser, wenn du sagst, dass du ihn verhaftet hast. Dann kriegt Ann Kathrin keinen Ärger. So ähnlich haben wir das ja schon mal gemacht.«

»Ja«, lachte Sylvia Hoppe fröhlich, »so wirst du noch echt zum Helden, Rupert, ohne dass du wirklich etwas leisten musst.«

»So habe ich das nicht gemeint«, tönte Jessi.

»Aber ich!«, rief Sylvia.

Boris lag immer noch bäuchlings auf dem Boden des VW-Busses. An seinen Lippen klebte eine Staubfluse. Von hier aus sah er erst, wie dreckig der Bus wirklich war. Jeder hatte mit seinen Schuhen Staub, Matsch oder Sand hereingetragen.

Er verspürte eine Sauwut auf seine Mutter. Sie hatte sich einfach so aus der Affäre gezogen und ihn mit den Trümmern ihrer Handlungen und Spielchen zurückgelassen. Er konnte sich gut vorstellen, dass sie aus dem Leben gegangen war, wie andere ein Theater verlassen, wenn ihnen das Stück nicht gefällt. Warum sitzen bleiben, wenn einen die Geschichte anödete und die Schauspieler nur noch nervten?

Und er war wütend auf sich selbst, weil es Ann Kathrin Klaasen gelungen war, ihn in diese Lage zu bringen. Die Frage wurmte ihn, wie ihm das hatte passieren können ... Er war dieser Frau, die so alt war wie seine Mutter, körperlich weit überlegen. Er, der Boxer.

Die meisten Frauen, die er kannte, waren nicht mal in der Lage, einem anderen körperlich weh zu tun. O ja, seelische Grausamkeiten konnten sie verüben, ohne jedes Problem. Aber zuschlagen, bis Blut fließt? Einen Arm brechen oder einen Kiefer? Nein, dazu waren sie nicht in der Lage, selbst dann nicht, wenn sie bedroht wurden. Diese Scheißkommissarin war anders.

Von Maggie war er es gewohnt, dass Frauen sanft waren. Ruhig. Überzeugend. Maggie bekam immer ihren Willen. Aber nicht, weil sie ein Powerspiel machte, um ihn durchzusetzen. Sie gab keine Befehle, sie schrie nicht rum. Sie beeinflusste Menschen, bis sie glaubten, dass es ihrem eigenen Willen entspräche, genau das zu tun, was Maggie von ihnen wollte.

Diese Kommissarin Klaasen war auf eine ganz andere Art durchsetzungsfähig. Es beleidigte ihn, dass er mit Handschellen gefesselt am Boden lag. Er hätte diesen Kampf gewinnen müssen. Er warf sich vor, nicht konsequent, nicht hart genug gewesen zu sein. Er hatte sich auf dieses Spiel eingelassen, weil er sich überlegen geglaubt hatte, er hatte die Morde zugegeben, weil er davon ausgegangen war, dass sie niemals jemand anderem davon berichten konnte. Dies hier hätte ihre Endstation werden sollen. Und nun hatte sie seine Aussagen, und er war ihr Gefangener.

Er hörte sie telefonieren, und er wusste, dass er nicht mehr viel Zeit hatte. Bald würden sie ihn abholen und in eine Zelle sperren. Sie würden mit ihren dummen psychologischen Spielchen anfangen. Das Stück *Guter Bulle, schlechter Bulle* vor ihm aufführen. Sie würden alles tun, um ihn dazu zu bringen, ein Geständnis zu unterschreiben. Sie brauchten diesen Erfolg. Sie standen da wie die letzten Idioten.

Meine Mama hat euch vorgeführt, als wärt ihr Schuljungen. Sie hat euch vor sich hergetrieben, und nun ist sie euch für immer entwischt. Ich, ihr gelehrigster Schüler, liege jetzt hier und warte auf meinen Termin beim Haftrichter. Das ist peinlich. Das ist unwürdig. Aber so leicht kriegt ihr mich nicht ...

Er beschloss, alles zu leugnen. Sich hinter den Brief seiner Mutter zurückzuziehen und um seine Freiheit zu kämpfen. Er wollte nicht den Rest seines Lebens im Gefängnis verbringen.

Er hatte gelernt, wie manipulierbar, wie beeinflussbar Menschen waren.

Wenn es mir nicht gelingt, die Kommissarin auszuknocken, bevor die Verstärkung da ist, werde ich mein Meisterstück hinlegen. Du wirst stolz sein auf mich, Mama.

Ja, er spürte ihre Anwesenheit. Sie war bei ihm. Immer noch.

Ann Kathrin ging vor dem Fahrzeug auf und ab. Boris konnte ihre Schritte auf dem Kiesboden hören. Dann Schiffstuten. Kurz – lang – lang. Das musste die Fähre sein, die von Baltrum kam.

Dieses Schiffstuten ließ ihn die Handschellen noch schlimmer spüren und seinen Freiheitsdrang übermächtig werden. Er beschloss, es mit einem alten Trick zu versuchen. Möwenschreie schienen ihm recht zu geben und seine Gedanken zu beflügeln.

Er hustete, er spuckte, er krampfte sich embryonal zusammen und begann, laut zu röcheln. Sie würde ihn nicht sterben lassen. Sie würde alles tun, um ihn zu retten, und dabei ein hohes persönliches Risiko in Kauf nehmen.

Er fühlte sich gleich wieder überlegen. Ihr seid so durchschaubar, dachte er. So einfach gestrickt.

Na komm schon. Rette mich. Worauf wartest du noch?

Ann Kathrin öffnete die Tür und sah in den Bus. Boris hatte einen hochroten Kopf, starrte sie, auf dem Boden liegend, mit weit aufgerissenen Augen an. Seine Lippen zitterten, sein Mund stand weit offen, aber er schien keine Luft zu bekommen.

Für Ann Kathrin sah das alles sofort sehr echt aus. Es sollte nicht zum zweiten Mal jemand in Polizeigewahrsam sterben. Der Fall Sigmar Eilts lastete noch schwer auf den Seelen der Kollegen und auf dem Ruf der ostfriesischen Polizei.

Hatte Rajneesh Leuschner etwas verschluckt? Wollte er auch aus dem Leben gehen? Die Angst, ihn zu verlieren, war größer als die Angst, einen Fehler zu machen und sich selbst dabei in Gefahr zu begeben.

Sie stieg in den Wagen, packte ihn und brachte ihn hoch bis auf die Knie. Sie beugte seinen Oberkörper nach vorn und schlug, wie sie es gelernt hatte, mehrfach heftig zwischen seine Schulterblätter. Falls er etwas verschluckt hatte, das seine Atmung blockierte, war dies eine Chance, dass er es aushustete.

Aber er schüttelte nur den Kopf und röchelte weiter.

Sie zögerte, ob sie ihm die Handschellen öffnen sollte oder nicht. Sie untersuchte seinen Mund- und Rachenraum. Vor vielen Jahren hatte sie ein Kind in Norddeich am Strand gerettet, weil es ihr gelungen war, ein Lutschbonbon, das das Kind in die Luftröhre bekommen hatte, zu entfernen.

Boris sackte zusammen.

»Bleiben Sie wach! Bleiben Sie wach! Werden Sie jetzt nicht ohnmächtig! Helfen Sie mir! Was ist geschehen? Haben Sie etwas verschluckt? Sind Sie krank?«

Er war auf die Seite gefallen. Seine Beine zitterten, seine Hände ebenfalls.

Ann Kathrin bekam Angst, ihn zu verlieren. Konnte das ein epileptischer Anfall sein? Oder ein extremer Asthma-Anfall? Brauchte er ein Spray?

Sie fragte ihn, doch sein Kopf fiel immer wieder nach hinten.

Ann Kathrin versuchte, einen Rettungswagen herbeizutelefonieren, gleichzeitig bearbeitete sie seinen Brustkorb in der Hoffnung, ihn dazu zu bringen, etwas auszuspucken.

Sie öffnete seine Handschellen. Er lag jetzt auf dem Rücken, die Hände links und rechts neben sich. An seinen Handgelenken baumelten die Handschellen. Lediglich das rechte Knie zitterte noch.

Ann Kathrin wollte nichts unversucht lassen und begann mit einer Mund-zu-Mund-Beatmung.

Plötzlich schob er seine Zunge in ihren Mund. Sie wollte den Kopf empört zurückreißen, doch er hielt ihren Kopf fest. Die

Handschelle, die an seiner rechten Hand baumelte, schlug gegen ihr Ohr.

Sie biss zu. Er ließ sie los. Sie kreischte.

Dann traf seine linke Faust ihre Schläfe. Sie sackte auf ihm zusammen.

Rupert fuhr von Bensersiel direkt am Deich entlang über die Störtebekerstraße Richtung Neßmersiel, um zu Aggis Huus zu kommen. Wenn er sich bei freier Strecke an die Straßenverkehrsordnung gehalten hätte, wäre er in knapp zwanzig Minuten da gewesen. Doch die Strecke war nicht frei, sondern einige Lkws und Trecker zogen Pkw-Schlangen hinter sich her. Dafür hielt Rupert sich nicht an die Straßenverkehrsordnung. Er fuhr nicht so schnell wie erlaubt, sondern so schnell wie nur eben möglich, und seine riskanten Überholmanöver ließen Sylvia Hoppe an seinem Verstand zweifeln, während Jessi ihn eher bewunderte.

»Du hättest auch Rennfahrer werden können, Rupi!«

»Halt an, ich will aussteigen!«, kreischte Sylvia Hoppe.

Dann hatten sie die Schlangen hinter sich. Rupert fuhr konsequent mit überhöhter Geschwindigkeit, mindestens dreißig bis fünfzig Prozent überm Limit. Sogar die Schafe auf den Deichen erschraken und flohen zur Seeseite.

Als ihnen der schwarze VW-Bus mit der Aufschrift *Wäscherei Engel* entgegenkam, hoffte Sylvia Hoppe nur, dass es zu keinem Zusammenstoß kommen würde.

Jessi zeigte auf den Bus: »Da! Das hat sie doch gesagt! Wäscherei Engel mit Westerwälder Kennzeichen!«

Sylvia Hoppes Augen waren nicht gut genug, um das Kennzeichen überhaupt schon entziffern zu können. Rupert brummte nur: »Stimmt, Jessi«, und zog die Handbremse. Der Wagen schleuderte und stand dann quer auf der Fahrbahn.

Die Lkws tuckerten näher. Der VW-Bus musste hart abbremsen.

Sylvia Hoppe versuchte, Ann Kathrin übers Handy zu erreichen. Hinten im VW-Bus jaulte der Seehund.

Boris sprang aus dem Wagen.

»Das ist er«, raunte Jessi Rupert zu. Der stieg aus, zog seine Dienstwaffe, hielt sie mit beiden Händen auf Boris gerichtet und rief: »Hände hoch! Sie sind verhaftet!«

Boris musste sich mit den Händen gegen den VW-Bus stützen, die Beine breit auseinander. Rupert tastete ihn ab, während Sylvia Hoppe ihre Waffe auf Rajneesh Leuschner gerichtet hielt.

Die Lkw- und Treckerfahrer, die jetzt auf der anderen Seite neben dem Auto ausstiegen und riefen: »Was ist denn bei euch los?«, und all die Gaffer machten sie nervös.

Jessi stand am Polizeiwagen, winkte den Leuten zu und bat sie, Abstand zu halten: »Dies ist eine Polizeiaktion. Bleiben Sie in Ihren Fahrzeugen. Halten Sie Abstand. Das Ganze kann außer Kontrolle geraten, und dann ...«

»Halt den Mund, du Göre!«, blaffte Sylvia Hoppe, ohne sich zu Jessi umzudrehen. »Hier gerät nichts außer Kontrolle!«

Mehrere Handys wurden zum Fotografieren in die Luft gehalten.

»Das ist hier keine Volksbelustigung!«, tönte Jessi.

Im Inneren des Busses rief Ann Kathrin: »Ich bin hier! Ich bin hier, Leute!«

Rupert öffnete die Tür. Ann Kathrin fiel ihm in die Arme und drückte sich an ihn.

Hoffentlich fotografiert das niemand, dachte Sylvia Hoppe. Das wird ihr später mörderpeinlich sein. Ann Kathrin Klaasen in den Armen dieses Supermachos ...

Frank Weller hatte seine Exfrau Renate am Telefon, die keinerlei Verständnis dafür aufbringen konnte, dass er die Verlobung seiner Tochter vergessen hatte. Auf seinen Wunsch hin fand das Ganze im Smutje in Norden statt, er hatte auch versprochen, die Rechnung zu übernehmen und die Tische zu reservieren, und jetzt das! Sie stand da mit den Gästen, Jule heulte schon, und die neue Familie bekam einen super Eindruck von ihrem Papa.

Das Telefongespräch traf Weller wie ein Schlag mit dem Baseballschläger in die Magengrube. Er bekam Unterleibsschmerzen, Durchfall, und ein Schwindelgefühl breitete sich in ihm aus. Er hatte Angst, die Liebe seiner Tochter zu verlieren.

Was bin ich nur für ein Idiot, dachte er.

Er düste sofort los. Noch im Auto rief er Jörg Tapper vom Café ten Cate an und bat ihn: »Ich brauche eine Torte! Ich brauche dringend eine Torte!«

»Was für eine?«

»Völlig egal, Hauptsache, sie sieht toll aus und macht was her ...«

»Wäre es nicht auch schön, wenn sie gut schmecken würde?«

»Ja, ja, klar, das auch.«

Jörg lachte: »Hast du einen Geburtstag versäumt, oder was?«

»Ja, ganz genau.«

»Ist ja nicht das erste Mal.«

»Da sagst du was.«

»Ich bin gleich da. Schreib noch was Schönes drauf!«

»Für welche deiner Töchter ist es denn?«

»Für Jule.«

»Verlass dich auf mich.«

Weller parkte in Norden vor der Post, vergaß aber, sich ein Ticket zu ziehen. Er rannte zu ten Cate. Jörg war hinten in der Konditorei, aber Monika Tapper hatte die Torte schon für ihn in einem ansprechenden Geschenkkarton auf die Theke gestellt.

»Ich zahle später«, rief Weller.

Monika nickte: »Ja, wir vertrauen der ostfriesischen Kriminalpolizei.«

Als Weller nur knapp anderthalb Stunden verspätet im Smutje auftauchte, sah er seiner Tochter an, dass sie bereit war, ihm alles sofort zu verzeihen. Sie packte die Marzipantorte aus, und es machte ihr auch nichts aus, dass darauf kein Glückwunsch zur Verlobung stand, sondern zum Geburtstag.

Sabrina fand Papas falsche Torte typisch für ihn und amüsierte sich, aß dann aus Solidarität mit ihm gleich ein Stück und sofort ein zweites hinterher, weil die Torte so gut schmeckte.

Weller sah dem jungen Schwiegersohn in die Augen. Er gefiel ihm nicht. Er versuchte, das seiner Tochter und allen anderen Anwesenden gegenüber zu überspielen. Aber da war etwas im Blick dieses Jungen, das er kannte. Er hatte tiefe Kränkungen erlebt, und jemand sollte dafür leiden. Er war garantiert tierisch eifersüchtig, weil er Angst hatte, jemand könne ihm etwas wegnehmen. Die Haut der Zivilisation, die ihn unter seinem Sonntagsanzug umgab, war sehr dünn.

Ja, dachte Weller, charmant kann er sein. Aber irgendwann wird er ausflippen und richtig Scheiße bauen.

Weller suchte Blickkontakt zu ihm, ja umarmte ihn als zukünftigen Schwiegersohn. Trotzdem machte Weller ihm wortlos klar: *Wenn du deine Wut an meiner Tochter auslässt, wenn du sie verletzt, hast du einen Todfeind. Dann werde ich dich in deine Einzelteile zerlegen.*

Der Bräutigam in spe verstand Weller und zeigte ihm mit einer angedeuteten Unterwerfungsgeste, dass er nicht vorhatte, Jule zu verletzen, sondern sie glücklich zu machen.

Weller wusste, dass andere Aufgaben auf ihn warteten, aber das hier schien ihm jetzt wichtiger zu sein.

Ann war bei ihren Kollegen, und sie waren alle alt und stark genug, um in Ostfriesland für Ordnung zu sorgen. Er wollte jetzt bei seiner Tochter sein. Endlich einmal wieder.

Seine ältere Tochter Sabrina legte eine Hand auf Papas Schultern und flüsterte in sein Ohr: »Du hast recht, Papa. Er ist ein Arsch. Ich hab's ihr auch schon gesagt. Aber auf dem Ohr ist sie taub. Noch.«

Weller rechnete damit, von Sabrina auf die fünftausend Euro angesprochen zu werden, die er für ihren Freund aufbringen sollte. Das geschah aber nicht.

Einerseits erleichterte ihn das, andererseits wollte er den Problemen nicht aus dem Weg gehen. Er hätte jetzt ungern ein solches Gespräch geführt. Er hatte Angst, die Verlobungsfeier zu stören.

Renates Neuer war einer von diesen Sonnyboys, die locker dreimal so viel verdienten wie Weller, dafür aber so gut wie keine Steuern zahlten. Er war aus Mecklenburg-Vorpommern, und seine Eltern, so munkelte man, waren hohe SED-Funktionäre gewesen. Vielleicht war es deswegen so wichtig für ihn, ständig die aktuellen Börsendaten auf sein Handy zu bekommen. Immer wieder sah er darauf, und Bewegungen dort nach oben oder unten beeinflussten seine Laune nicht unwesentlich. Gerade gab er der Runde am Tisch bekannt, er habe soeben mit Puts auf VW den Sommerurlaub finanziert.

Sabrina ging nach draußen, um eine zu rauchen. Weller folgte ihr: »Was macht eigentlich Thorsten?«

Sie winkte ab. »Ach, der. Hab ich dir das nicht gesagt, Papa? Den hab ich abgeschossen …«

Weller versuchte zwar, sich die Freude nicht anmerken zu lassen, grinste aber trotzdem unverschämt erleichtert.

»Ich hab mich neu verliebt, Papa«, schwärmte sie. »Du musst ihn unbedingt kennenlernen. Heute kann er leider nicht. Er ist Musiker. Er hat einen Auftritt.«

Weller versuchte, beeindruckt auszusehen. »Musiker. Na klasse!«

Hauptsache, sie ist den anderen Trottel los, dachte er und war froh, nicht irgendwo fünftausend Euro für ihn aufgetrieben zu haben.

Ann Kathrin saß ruhig, mit durchgedrücktem Rücken, die Handflächen auf die Oberschenkel gelegt, die Füße fest auf dem Boden und sah sich die Menschen genau an.

Heike Zink war vor Wut weiß im Gesicht. Hier in Ostfriesland lief es nicht so, wie es sollte. Sie hatte das Gefühl, überhaupt nicht vorwärtsgekommen zu sein. Niemand machte hier wirklich, was sie wollte. Die wurschtelten alle so vor sich hin, und nun hatten sie zu allem Überfluss die Sache offensichtlich auf ihre eigene Art und Weise gewuppt.

Roswitha Landauer aß eine Nussecke, was ihre ganze Aufmerksamkeit in Anspruch zu nehmen schien. Büscher durchschaute sie inzwischen. Sie tat immer so, als sei sie mit etwas anderem beschäftigt. Sie wollte unterschätzt werden. Umso schärfer und unerwartet trafen dann ihre Attacken, wenn sie plötzlich loslegte.

Heike Zink schielte zu Ann Kathrin. »Was erwarten Sie?«, fragte die Kommissarin aus Osnabrück spitz. »Eine Belobigung? Eine Dienstauszeichnung? Sonderurlaub? Sie haben sich in diesen Fall eingemischt und verhaften nun den Verdächtigen, der behauptet, mit Ihnen eine sexuelle Beziehung gehabt zu haben?«

»Ich habe ihn verhaftet«, protestierte Rupert. Jessi nickte heftig. Sylvia Hoppe schwieg und kratzte sich am Hals.

»Sie verwechseln da etwas, Frau Zink«, stellte Ann Kathrin ruhig klar. »Giovanni Schmidt hat behauptet, mit mir eine sexuelle Beziehung gehabt zu haben. Giovanni Schmidt wurde mit mehreren Messerstichen auf Norderney getötet, und zwar von Rajneesh Leuschner. Er hat es mir gegenüber bereits gestanden. Ich schlage vor, dass ich das Verhör übernehme. Sie können ja alle gerne dabei sein.«

»Sie haben hier etwas«, sagte Roswitha Landauer und zeigte auf Ann Kathrins Unterlippe. Dort klebte eine Blutkruste. An der Schläfe und auf der Stirn hatte Ann Kathrin heftige Prellungen, die in allen Farben leuchteten. Dadurch sah ihr Gesicht unförmig aus.

»Ja, er hat mich dort mit der Faust erwischt. Er ist Boxer.«

»Gegen Rupi hatte er allerdings keine Chance«, flötete Jessi.

Es war Heike Zink unglaublich peinlich, dass sie die beiden jungen Männer miteinander verwechselt hatte. Sie erklärte sich das innerlich damit, dass sie endlich Urlaub brauchte. Zumindest wollte sie hier wieder weg, zurück nach Osnabrück.

»Also«, mischte Büscher sich ein, »ich sehe überhaupt keine Veranlassung mehr, warum Hauptkommissarin Klaasen das Verhör nicht durchführen sollte. Ohne sie würden wir den Beschuldigten jetzt noch in Bensersiel suchen.«

Heike Zink drehte sich um und stützte ihre Stirn auf ihre Faust. Sie zischte in Richtung Roswitha Landauer: »Manchmal könnte ich sie alle hier an die Wand klatschen!«

Ann Kathrin Klaasen trank ein Glas Wasser, und es gefiel ihr, Rupert zuzuhören.

»Frau Klaasen ist unsere Verhörspezialistin. Die bringt auch einen Kasten Bier zum Reden oder einen Strandkorb, sofern der etwas zu sagen hat.«

Heike Zink hob die Hände. »Ja, ja, ja, dann prost! Bitte informiere jemand die Leitende Oberstaatsanwältin und Meta Jessen.«

Es gab eine kurze Diskussion, weil Ann Kathrin darauf bestand, dass Rajneesh Leuschner im Verhörraum die Handschellen abgenommen werden sollten.

Da Leuschner als gewalttätig und gefährlich eingestuft wurde, ging Rupert mit Ann Kathrin in den Verhörraum. Er stellte sich so, dass er notfalls den Beschuldigten daran hindern konnte, Ann Kathrin Klaasen anzugreifen.

Rupert stand mit dem Rücken an die Wand gelehnt. Ann Kathrin setzte sich an die Seite des Tisches, von der aus sie die Tür im Auge hatte. Roswitha Landauer protestierte hinter der Scheibe und wies alle Anwesenden auf den Fehler hin: »Nein, nein, das ist nicht in Ordnung. Jetzt sitzt sie in der Ecke. Wenn er auf sie losgeht, kommt sie da nicht raus.«

»Aber Rupert ist doch bei ihr«, beruhigte Jessi sie.

Die sah Jessi an, als sei sie schwachsinnig. »Das bedeutet überhaupt nichts. Dieser Mann da hat, wenn unsere Vermutungen richtig sind, einige Menschen auf dem Gewissen. Der kennt keine Skrupel und ist ein ausgebildeter Boxer. Ich will, dass Frau Klaasen alle Sicherheitsregeln beachtet.«

»Diese Sicherheitsregel kenne ich nicht«, sagte Büscher.

Roswitha Landauer, Heike Zink und Martin Büscher gingen zu Ann Kathrin in den Raum.

»Bevor Leuschner hier reingebracht wird«, sagte Büscher, »die beiden Damen vom ZKI hätten es lieber, wenn du hier sitzt, Ann.«

Sie lächelte. »Das werde ich nicht tun«, sagte sie ruhig.

»Warum nicht?«, wollte Heike Zink wissen.

»Hier, wo ich sitze, habe ich die Tür im Blick. Das signalisiert mir, dass es eine Möglichkeit gibt, nach draußen zu kommen. Eine Rettung. Einen Weg in die Freiheit. Diese Illusion würde ich ihm gerne nehmen. Wenn er dort sitzt, hat er die Tür im Rücken. Er schaut auf mich und auf eine geschlossene Wand. Hier gibt es für ihn kein Entkommen.«

»Dann soll er wenigstens die Handschellen anbehalten. Oder wir fixieren ihn hier an den Stuhl«, schlug Roswitha Landauer vor.

Ann Kathrin schüttelte den Kopf. »Nein, das will ich nicht.«

»Warum nicht?«, fragte Roswitha Landauer entgeistert.

»Ich will seine Körpersprache lesen. Ich will die Bewegung seiner Hände sehen. So finde ich heraus, wann er lügt und wann er die Wahrheit sagt. Wenn er Handschellen trägt oder an den Stuhl fixiert ist, fällt mir das schwer.«

Büscher sah stolz aus und wirkte, als habe er selbst gerade etwas gelernt. Er hob den Zeigefinger und sagte: »Da hat sie vollkommen recht.«

Heike Zink zeigte auf Ann Kathrins Verletzungen am Kopf. »Dies ist ein gefährliches Spiel, Frau Klaasen. Er hat Sie schon einmal attackiert.«

»Hey, hey, hey, ich bin ja auch noch da!«, tönte Rupert. »Wenn er mir den Gefallen tut, auf sie loszugehen, macht er den Fehler seines Lebens.«

»Können wir jetzt bitte beginnen und es so machen, wie ich es mir vorstelle?«, fragte Ann Kathrin genervt. »Ich habe Kopfschmerzen, und mir ist schlecht.«

»Darf ich das als Krankmeldung betrachten?«, fragte Roswitha Landauer.

»Nein«, sagte Ann Kathrin, »nur als eine Zustandsbeschreibung. Ich würde es gerne hinter mich bringen, und dann fahre ich nach Hause und lege mich hin. Bitte halten Sie mich jetzt nicht länger auf. Bringen Sie ihn her.«

Büscher machte Gesten, als würde er den Raum auskehren, und komplimentierte so die beiden Kommissarinnen hinaus.

Im leeren Raum legte Ann Kathrin ihre Hände auf den Tisch, sah zur Tür und blickte dann zu Rupert, der ihr kurz zunickte.

Schrader brachte Rajneesh Leuschner zu Ann Kathrin in den Raum.

»Soll ich ihm wirklich«, fragte Schrader vorsichtshalber noch mal nach, »die Handschellen abnehmen?«

»Ja«, forderte Ann Kathrin.

Mit verschränkten Armen stand Rupert an der Wand und verkündete seine Drohung so sachlich wie ein Nachrichtensprecher, der die Börsenkurse vorliest: »Denk nicht mal dran, Dummheiten zu machen, Junge. Eine zu schnelle Bewegung, und die Krankenschwester bringt dir morgen früh die Schnabeltasse zum Frühstück.«

Schrader verließ den Raum und schloss die Tür hinter sich. Er hörte noch, wie Roswitha Landauer zu Büscher sagte: »Er droht dem Verdächtigen. Das können wir nicht zulassen.«

Büscher wiegelte ab: »Er droht ihm nicht. Er macht eine klare Ansage. Bei so einer schwierigen Klientel kann das ganz wirksam sein ...«

»Sie wissen schon, dass wir später einen Bericht schreiben müssen?«, fragte Roswitha Landauer, und es klang wie eine Anklage.

»Klar«, antwortete Büscher. »Und ich leihe Ihnen gerne meinen Füller. Oder schreiben Sie am Computer?«

Auf der Mitte des Tisches stand ein Aufnahmegerät. Das rote Lämpchen blinkte.

Ann Kathrin eröffnete das Gespräch. Sie tat, als sei alles nur noch eine Formalität: »Sie haben bei mir bereits ein Geständnis abgelegt, aber ich habe natürlich noch einige Fragen an Sie. Zunächst die simplen Fakten: Name, Adresse ...«

»Einen Dreck habe ich!«, fauchte er. »Wieso sollte ich irgendwas gestehen?«

»Wenn Sie wünschen, können Sie einen Anwalt Ihres Vertrauens hinzuziehen.«

»Ich brauch keinen Rechtsverdreher.«

»Wenn Sie ihn sich nicht leisten können, wird Ihnen ein Pflichtverteidiger ...«

»Ich habe nein gesagt!«

Rupert stieß sich von der Wand ab und machte einen Schritt in Rajneesh Leuschners Richtung. »Sie hat dich nach deinem Scheißnamen gefragt!«

Rajneesh breitete die Arme aus und sah zur Scheibe, weil er genau wusste, dass dort einige Ermittlungsbeamte standen und zuhörten. Er sprach es wie ein Schauspieler vor Publikum aus, der auf Applaus hofft: »Ich kannte Katja Schubert gut! Sie hat mir erzählt, wie diese Frau«, er zeigte auf Ann Kathrin und sprach weiter zum Publikum hinter der Glasscheibe, »wie diese Frau ihr das Leben zur Hölle gemacht hat. Und schließlich hat sie Katja Schubert getötet. Anschließend hat sie selbst oder ihr Mann Giovanni Schmidt umgebracht, denn der wusste von ihren Machenschaften. Und jetzt soll ich für ihre Taten ins Gefängnis! Ist es überhaupt zulässig, dass sie ermittelt, in einem Fall, in dem sie verdächtigt wird?«

Heike Zinks Gesichtszüge wirkten wie in Stein gehauen. Ihre schmalen Lippen bewegten sich kaum, als sie sprach: »Ich wusste es. Das Ganze läuft aus dem Ruder. Wir hätten das nie zulassen dürfen.«

»Ann Kathrin weiß genau, was sie tut«, sagte Büscher. »Wir müssen ihr Zeit geben. Niemand von uns hat so viele Täter im Verhör zum Reden gebracht wie sie. Es ist nicht gerade nach dem Lehrbuch, aber ...«

Sie sprach es schmallippig aus: »Irgendwann werden wir uns alle dafür verantworten müssen.«

»Ja«, sagte Büscher. »Alles im Leben hat seinen Preis. Auch das hier ...«

»Ihre Mutter hat in ihrem Brief Morde gestanden, die kann sie gar nicht begangen haben«, sagte Ann Kathrin.

Ihr Satz machte Boris nervös. »Was wissen Sie schon über die Macht meiner Mutter?«

»Wenig«, gab Ann Kathrin zu, »aber ich vermute, dass sie nicht in der Lage war, durch Wände zu gehen, um in unseren gekachelten Räumen Sigmar Eilts die Pulsadern aufzubeißen. Das muss er selbst getan haben.«

»Sehen Sie«, triumphierte Boris. Er zeigte seine offenen Handflächen vor und reckte sie so, dass Ann Kathrin auch seine Pulsadern sehen konnte. Sie konnte nicht genau einschätzen, was er damit sagen wollte. Vielleicht wollte er einfach nur Eindruck schinden. »Es gibt zwei Möglichkeiten: Entweder einer Ihrer Kollegen hat die Tür geöffnet und Sigmar umgebracht, oder meine Mutter war in der Lage, Dinge zu tun, die außerhalb Ihrer Vorstellungskraft liegen. Wofür entscheiden Sie sich, Frau Klaasen?«

»Und wie darf ich mir das vorstellen?«, fragte sie. Sie bemühte sich, einen geradezu wissbegierigen Eindruck zu machen, als ginge es hier nicht um ein Verhör, sondern als habe Rajneesh Leuschner hier einen Lehrauftrag ergattert und müsse nun ein Seminar vor Studenten halten.

Damit traf sie ihn genau an der richtigen Stelle. Er sprudelte los: »Sie müssen sich das so vorstellen, Frau Klaasen. Verglichen mit den geistigen, spirituellen Kräften meiner Mutter sind Sie auf dem Niveau eines Insekts, und damit will ich Sie nicht persönlich beleidigen. Sie bewegen sich im untersten Raum. Mit solchen Menschen konnte meine Mutter machen, was immer sie wollte. Sigmar Eilts. Hauke Hinrichs. Giovanni Schmidt. Justin Ganske. Die waren für meine Mutter nicht mehr als verstärkende Antennen. Damit Sie es kapieren: Das funktioniert genauso wie Ihr Handy. Ohne die großen Antennen, die überall stehen, würden Ihre Worte nicht dahin kommen, wo sie hinsollen. Die Antennen verleihen Ihrem Handy die Macht. Doch leider kann darüber auch geortet werden, von wo telefoniert wurde. Verstehen Sie? Es gibt auch eine Rückbezüglichkeit. Diese Handymasten helfen Ihnen, Ihre Worte im Bruchteil einer Sekunde um die halbe Welt zu schicken, aber gleichzeitig können Sie dadurch auch verraten werden.«

»Was wollen Sie mir damit sagen?«

»Dass der Selbstmord dieser Antennen von vornherein mitgedacht war, damit der Weg zu meiner Mutter nicht zurückverfolgt werden konnte.«

»War Ihre Mutter so in der Lage, Menschen zu manipulieren?«

»Sie nennen es Manipulation, Frau Klaasen. Ich nenne es leiten. Führen. Die meisten Menschen sind so einfach gestrickt, es ist überhaupt kein Problem, sie dazu zu bringen, genau das zu tun, was man möchte.«

Ann Kathrin Klaasen lächelte. »So? In meinem Fall ist das wohl schiefgegangen.«

»Ich demonstriere es Ihnen mal, Frau Klaasen.« Er stand auf und tänzelte auf Rupert zu. Dabei lächelte er Rupert freundlich an und bewegte sich so leichtfüßig-schlaksig, dass Rupert ohne Argwohn war. Er hob die Hand und sagte: »Gib mir fünf.«

Rupert klatschte mit seiner rechten Handfläche gegen die von Boris.

Ann Kathrin saß staunend da.

Rupert erschrak über sich selbst.

»Warum, verdammt, machst du das?«, fragte Ann Kathrin.

»Es war ein Reflex«, sagte Rupert.

»Sehen Sie, Frau Klaasen«, lachte Boris, »so einfach ist es. Selbst hier in diesem Raum.« Er zeigte zu dem verspiegelten Glas: »Und all Ihre Kollegen schauen dabei zu.« Er nickte, als würde er sich in einem fahrenden Zug befinden, und seine Freunde stünden am Bahnsteig.

»Ich verstehe nicht, warum«, sagte Ann Kathrin.

»Sie verstehen sowieso nicht viel, Frau Klaasen. Aber es ist ganz einfach. Meine Mutter hat es getan, weil es ein geiles Gefühl ist, wenn man spürt, dass man über Menschen so viel Macht hat. Sie hat es getan, um sich selbst zu beweisen, dass sie in der Lage war, es zu tun.«

Rupert sah seine Handfläche an, als sei er wütend auf sie, als habe seine Hand unabhängig von seinem Verstand gehandelt. Am liebsten hätte er Boris mit der Faust geschlagen, um die Sache wieder wettzumachen. Aber er beherrschte sich.

Es fiel ihm nicht leicht.

»Ihre Mutter behauptet in ihrem Brief, es gäbe keinen Tod; am Ende haben leider viele Menschen diese Theorie mit dem Leben bezahlt.«

Da war wieder sein überlegenes Lächeln. Geradezu aristokratisch. »Keine Energie verschwindet von der Welt. Wenn Sie Wasser kochen, dann stirbt es doch nicht. Es verdampft. Es ändert seine Form. Es kann zu Eis werden, flüssig oder ...«

Ketzerisch fragte Ann Kathrin: »Sind wir jetzt im Physikunterricht?«

Rupert tippte sich gegen die Stirn. »Der hat sie doch nicht mehr alle. Das ist doch ein Fall für Elke Sommer. Der gehört in die Klapse.«

Mit einem Blick wies Ann Kathrin ihn zurecht, er solle ruhig bleiben.

Sie konfrontierte Rajneesh damit: »Gerade haben Sie mich noch dieser Morde bezichtigt. Und nun geben Sie Ihrer Mutter die Schuld.«

Er setzte sich, verschränkte die Hände hinterm Kopf, stützte sich mit den Füßen am Tisch ab und wippte mit dem Stuhl wie ein Schuljunge, der sich in der letzten Bank langweilt.

»Sie haben Mamas Brief nicht genau gelesen. Es gibt keine Schuld. Sie sind an diesen Morden genauso schuld wie ich.«

»Wie das?«

»Weil wir alle Kreaturen dieser Erde sind. In einem großen Zusammenhang.«

»Okay. Nehmen wir einmal an, ich folge Ihrer Theorie und der Ihrer Mutter. Dann hat sie versucht, mittels ihrer Geisteskraft – ihrer großen Überlegenheit! – ...« Ann Kathrin versuchte, den spöttischen Unterton in ihrer Rede zu unterdrücken, »ein paar junge Menschen in den Tod zu treiben. War Hauke Hinrichs der Erste, oder gab es davor schon welche?«

Boris wippte und sah sie nur an. Es war klar, dass er darauf nicht antworten würde.

»Weil das alles aber nicht so gut funktionierte«, schlug Ann Kathrin vor, »haben Sie dann begonnen, das Leben dieser Menschen zu zerstören, um sie lebensmüde zu machen. Im Falle Hauke Hinrichs' haben Sie das Internet genutzt, um ihn unmöglich zu machen, sein Unternehmen zum Scheitern zu bringen, und ihn anonym mit Hass und Misstrauen verfolgt.«

Boris winkte ab. »Ach, kommen Sie. Bringen Sie sich um, weil Sie als Kommissarin ein paar schlechte Kritiken im Internet oder in der Zeitung bekommen?«

»Nein, in meinem Fall hat man schon größere Geschütze aufgefahren. Es wurde sogar eine Firma unter meinem Namen gegründet, von der ich keine Ahnung hatte. Es war ein Versuch, mich unmöglich zu machen, als Kommissarin unglaubwürdig. Oder? Warum ich? Was hat das alles mit mir zu tun?«

Roswitha Landauer wäre am liebsten durch die Glasscheibe in den Raum gesprungen, um das Verhör zu beenden. Ihre Kollegin Zink sagte energisch: »Wir können das nicht länger zulassen!«

»Ich sage Ihnen, was ich vermute, Herr Leuschner. Ich glaube, dass Ihre Mutter diesen Brief hier nur aus einem einzigen Grund geschrieben hat: um Sie zu schützen. Deswegen nimmt sie vorsichtshalber alles auf sich, selbst die Taten, die sie gar nicht begangen haben kann. Sie haben Giovanni Schmidt auf Norderney erstochen.«

»Ha, das beweisen Sie erst mal!«

»Es gibt Zeugen. Sie wurden sogar mit dem Handy fotografiert.«

Sein überhebliches Grinsen versteinerte.

Ann Kathrin stand auf, gab Rupert einen Wink, dann sagte sie: »Wir unterbrechen das Verhör für eine kurze Pause.«

Sie ließ gegen die Regeln das Aufnahmegerät auf dem Tisch stehen. Als sie mit Rupert vor der Tür stand, kamen die anderen angelaufen und redeten in einem einzigen Wortschwall auf sie ein. Jeder hatte irgendwelche Vorschläge, Verbote oder Einschränkungen.

Ann Kathrin hörte niemandem zu. Büscher kannte das inzwischen von ihr. Sie war jetzt ganz in ihrem Ding, völlig fokussiert auf ihren Plan und ihr Gegenüber. Den Rest der Welt blendete sie aus.

»Gib mir deine Waffe«, sagte sie zu Rupert. Er tat es widerspruchslos. Sie entfernte das Magazin und leerte die Pistole sorgfältig.

Büschers Frage: »Was soll das denn jetzt?«, beantwortete sie nicht. Sie richtete die Mündung der Waffe zum Boden und drückte zweimal ab, um sicherzugehen, dass sich auch wirklich keine Patrone im Lauf befand. Sie steckte sie locker in ihren Hosenbund.

»Jetzt werden wir ihm einen Ausweg bieten«, sagte sie.

Rupert kapierte sofort.

Heike Zink rief: »Ja, was denn nun? Er muss so sitzen, dass er die Tür nicht sieht, damit er ja nicht das Gefühl hat, es gäbe einen Ausweg, und jetzt wollen Sie ihm doch nicht ernsthaft diese Dienstwaffe zuspielen?«

»Er muss sie sich selbst nehmen«, sagte sie, »und dann eine Entscheidung fällen.«

»Welche?«

»Schießt er sich den Weg frei, oder folgt er seiner Mutter.«

»Ich kann das nicht gutheißen«, betonte Roswitha Landauer.

Büscher setzte zu einer Belehrung an: »Wenn das hier schiefgeht, Ann, dann ...«

»Ich weiß«, sagte sie, »dann kann ich meinen Dienst quittieren und mit Weller in Norddeich endlich die Fischbude eröffnen. Alle Kollegen kriegen bei mir zehn Prozent Rabatt, ist doch klar.«

Gemeinsam mit Rupert ging sie in den Verhörraum zurück. Sie hörte Heike Zinks Stimme noch hinter sich: »Zum letzten Mal, Herr Büscher, brechen Sie das jetzt ab, oder Sie zwingen mich, meinen Vorgesetzten anzurufen!«

Ann Kathrin setzte sich nicht. Sehr bewusst wählte sie jetzt ihren Verhörgang: Drei Schritte. Eine Kehrtwendung. Drei Schritte. Ein Blick auf den Verdächtigen. So dass sie immer wieder nah an Rajneesh Leuschner vorbeikam. Auf seiner Höhe machte sie jeweils die letzte Drehung. Sie wollte es ihm nicht zu leicht machen, an die Waffe zu kommen, sonst wäre er clever genug, etwas zu merken. Aber sie wollte ihm die Chance bieten.

»Den Mord an Giovanni Schmidt weisen wir Ihnen problemlos nach, und daran, dass Sie mich gemeinsam mit Justin Ganske entführt haben, besteht auch kein Zweifel. Ich kann Sie eindeutig identifizieren. Wir haben den Toyota und ...«

Eigentlich hatte er vorgehabt, in diesem Gespräch dafür zu sorgen, dass sie am Ende als Schuldige dastehen würde. Aber etwas in ihm brach zusammen. Nein, er sah keine Möglichkeit mehr, aus dieser Sache heil herauszukommen.

Er handelte jetzt, ohne nachzudenken. Als sie wieder auf seiner Höhe war, griff er sich mit rechts die Waffe, mit links stieß er Ann Kathrin zur Seite. Es war ein heftiger Stoß. Sie stolperte und fiel hin.

Sofort richtete er die Waffe auf Ann Kathrin, dann auf Rupert. »Hände hoch! Alle beide!«, forderte er.

Ann Kathrin stand auf, und dann tat sie, was er verlangte. »Was haben Sie jetzt vor?«, fragte sie. »Wollen Sie sich den Weg freischießen? Geiseln nehmen?«

»Nein. Zu einem Spiel gehört auch, dass man weiß, wann man verloren hat. Hier käme ich ja doch nicht raus. Diese erste Runde geht an Sie, Frau Klaasen.« Er richtete den Lauf der Pistole gegen seinen Kopf. »Ich folge meiner Mutter.« Dann, zur Scheibe gewandt, rief er: »See you in a next life!«

Er drückte ab. Es klickte metallisch.

Er versuchte es gleich ein zweites Mal. Dann begriff er, dass sie ihn reingelegt hatten, und begann, jämmerlich zu weinen.

»Immerhin, das habe ich von euch gelernt«, gestand Ann Kathrin ihm zu. »Nichts ist, wie es scheint. Mimikry!«

Rupert nahm die Waffe wieder an sich und steckte sie in sein Holster. Er sah Ann Kathrin respektvoll an. Sie hatte diesen harten, überlegenen Typen emotional zusammenbrechen lassen.

»Sie lieben Ihre Mutter so sehr, dass Sie bereit sind zu sterben, um bei ihr zu sein?«

»Ja«, schluchzte Boris.

»Und Sie haben all diese Menschen getötet, um Ihre Mutter zu schützen. Sie müssen sich doch von ihrem Selbstmord betrogen fühlen.«

Boris bäumte sich gegen den Schmerz auf. Er brüllte: »Mein Leben ist doch sowieso für den Arsch! Wissen Sie, wie sich das anfühlt, wenn die Mutter jeden dahergelaufenen Jungspund vögelt, nur um sich selbst zu beweisen, welche Macht sie über Männer besitzt? Ich hab's nicht mehr ausgehalten!«

»Und Sie haben schließlich Giovanni Schmidt nach Norderney gelockt und dann den Zeugen ausgeschaltet, stimmt's?«

»Ja, verdammt«, gab er zu. »Ich habe ihn auch dazu gebracht, Sie vorher anzurufen. Er sollte Sie nach Norderney locken. Jeder hätte doch geglaubt, dass Sie es waren. Aber stattdessen ist Ihr blöder Macker da hingefahren. Wir Männer tun ja doch immer alles, um den Frauen zu gefallen.«

Ann Kathrin nahm das Aufnahmegerät an sich, nickte Rupert zu und ging zur Tür.

Büscher umarmte Ann Kathrin. »Herzlichen Glückwunsch, meine Liebe! Das war nicht ganz nach den Regeln und völlig unkonventionell. Aber du warst großartig! Wir haben sein Geständnis!«

»Jetzt muss jemand übernehmen«, sagte Ann Kathrin. »Ich kann nicht mehr. Ich habe Mörderkopfschmerzen und ... ich will eigentlich nur noch ins Bett.«

»Ich ... Wir müssen uns bei Ihnen entschuldigen, Frau Klaasen«, erklärte Heike Zink. »Wir haben Sie eine ganze Weile wirklich verdächtigt ...«

Ann Kathrin Klaasen winkte ab. »Ihr habt eure Pflicht getan.«

»Ich möchte mich diesen Worten anschließen, Ann«, sagte Martin Büscher, »mit dem Unterschied, dass ich nie daran geglaubt habe, du hättest irgendwelchen Dreck am Stecken. Ich weiß, dass es dir völlig egal ist, wer unter dir Chef ist. Nun ist dieses Los auf mich gefallen.«

»Sie lässt dich ja auch gewähren«, scherzte Rieke Gersema.

Roswitha Landauer sagte respektvoll: »Ich bin mir nicht sicher, ob jeder hier das Wort Loyalität wirklich richtig schreiben kann. Aber ihr habt es, verdammt nochmal, mit Inhalt gefüllt.«

Sie sah Ann Kathrin an. »In keiner anderen Polizeiinspektion wäre das möglich gewesen. Dass Sie aus dieser Geschichte als freie, unbescholtene Frau herauskommen, grenzt fast an ein Wunder. Ich glaube nicht, dass das überall so gelaufen wäre. Woanders wären Sie als Hauptangeklagte vor Gericht gelandet.«

»Ich fürchte«, antwortete Ann Kathrin, »da haben Sie recht.«

Roswitha Landauer kämpfte mit den Tränen: »Am liebsten würde ich bei euch bleiben ... O ja, das kommt einem alles ein bisschen komisch vor: die Praktikantin, die während der Dienstbesprechung Tee und Whisky serviert, ein Chef, der in den Prozess vertraut, statt mal richtig mit der Faust auf den Tisch zu hauen. Ich hatte viel von euch gehört, aber ich hatte mir das alles nicht so vorgestellt. Ja, verdammt, vielleicht gibt es bessere Polizisten als euch. Aber dann habe ich sie nie kennengelernt.« Sie zeigte auf Rupert: »Ich mag sogar den da!«

Rupert breitete triumphierend die Arme aus, drehte sich im Kreis, als wollte er sich beim Posing auf der Bodybuilderbühne bewundern lassen, dabei zog er seinen Bauch so geschickt ein, dass sein Hemd lockere Falten warf, statt zu spannen. »Habt ihr es gehört? Habt ihr gehört, was sie gesagt hat?!«

»Ja«, zischte Sylvia Hoppe, »haben wir!«

»Das meine ich nicht!«

Ruperts Konter ging im allgemeinen Gelächter unter.

Rupert ließ es sich nicht nehmen, die beiden Kolleginnen von der Zentralen Kriminalinspektion Osnabrück nach draußen zu begleiten. Da seine Praktikantin oben Ostfriesentorte verteilte, die Ann Kathrin von ten Cate hatte kommen lassen, um sich bei ihren Mitstreitern zu bedanken, nutzte Rupert seine Chance und flüsterte Roswitha Landauer ins Ohr: »Hast du heute Abend schon was vor, Zuckermaus?«

Sie blieb stehen und starrte ihn an. Eine Haarsträhne fiel ihr ins Gesicht. Rupert pustete sie ihr aus der Stirn und zwinkerte ihr dabei zu. »Ich mag Frauen mit Speckröllchen« versicherte er.

Ihr zweifellos verführerischer Mund öffnete sich, aber sie bekam keinen Laut heraus. Offensichtlich rang sie noch um die richtigen Worte.

Rupert half ihr auf die Sprünge: »Komm, du willst es doch auch ...«

»Heute Abend geht's leider nicht. Da bin ich mit deiner Frau verabredet.«

Rupert zuckte zurück und fragte entgeistert: »Mit meiner Frau?«

Sie stupste mit dem Zeigefinger gegen seine Nase: »Reingefallen!«, lachte sie.

Ann Kathrin wäre am liebsten nach Hause gefahren, um sich im Bett an Weller zu kuscheln, doch der war noch immer bei der Verlobung seiner Tochter.

Sie hatte nicht mehr die Energie, auch noch dorthin zu fahren. Aber allein sein wollte sie auch nicht. Zu ihrer Freundin Astrid war es nicht weit. Wenn sie jemals eine Freundin gebraucht hatte, dann jetzt.

Das Haus in Aurich-Schirum kam Ann Kathrin vor wie eine schützende Burg. Sie fühlte sich wund, kraftlos, und es gab noch viele Fragen, auf die sie keine Antwort hatte.

Sie saß auf dem Sofa, während Astrid einen Tee kochte und für Ann Kathrins geschundenes Gesicht Eiswürfel in einem Handtuch brachte.

»Nein, das ist kein Schwarztee, sondern etwas Beruhigendes. Lass mich Kräuterhexe nur machen«, lächelte sie. Es roch nach Melisse und Johanniskraut, Lavendel, Birken- und Brennnesselblättern. Auch ein wenig nach Mango und Haselnüssen.

»Der beruhigt«, kündigte Astrid an, stellte die Kanne auf ein Stövchen und gab Ann Kathrin kein kleines ostfriesisches Teetässchen, sondern einen großen Pott, auf dem der Leuchtturm von Wangerooge aufgemalt war. Allein der Blick auf den roten Leuchtturm tat Ann Kathrin gut. Sie musste an Ubbo Heide denken. Bald schon würde sie ihn besuchen und ihm alles erzählen.

Astrid holte eine zweite Kanne. »Ich habe mir einen anregenderen Tee gemacht. Ich will es richtig ostfriesisch heute, damit ich dir zuhören kann. Ich hatte mich gerade ein bisschen hingelegt, als du kamst. Aber eine gute ostfriesische Assam-Mischung macht schnell wieder frisch. Ich mag Broken Silber.«

Ann Kathrin trank in kleinen Schlückchen. »Du kannst dir gar nicht vorstellen, was passiert ist«, sagte sie. »Unsere alte Freundin Maggie steckt hinter all den Problemen, die ich hatte.« Ann Kathrin schüttelte den Kopf. Jetzt, da sie die Geschichte erzählen wollte, erschien sie ihr noch ungeheuerlicher. »Sie hat versucht, mir Verbrechen in die Schuhe zu schieben, die sie und ihr Sohn begangen haben. Wie konnte ich mich so in ihr täuschen? Wann habe ich sie das letzte Mal gesehen?«

Astrid verließ den Raum, und als sie zurückkam, brachte sie vier Fotoalben mit. Die schmale Frau war kaum in der Lage, die schweren Alben zu halten.

Ann Kathrin wollte aufstehen und ihr helfen, doch ihre Beine kamen ihr plötzlich so schwer vor, als sei es fast unmöglich, aufzustehen.

Astrid legte die Alben auf den Tisch. Sie schlug das erste auf und strahlte Ann Kathrin an: »Sieh nur, hier, das sind wir drei. Das erste Jahr auf dem Grillo-Gymnasium in Gelsenkirchen. Hier haben wir uns kennengelernt. Schau nur, wie schlau du aussiehst, mit deiner kecken Pisspottfrisur. Du trägst die Nase ganz schön hoch.«

»Gymnasium, damals«, sagte Ann Kathrin, »das war schon was. Mein Vater war so stolz auf mich ...«

Die Fotos waren mit Ecken in das Album geklebt. Das alles kam Ann Kathrin vor wie aus einem anderen Leben. Sie kannte diese Bilder gar nicht oder konnte sich nicht daran erinnern. Ein wenig genierte sie sich auch. Astrid hatte all das aufbewahrt. Gesammelt. Gepflegt. Und sie? Sie erinnerte sich nicht einmal mehr.

»Sieh nur«, lachte Astrid, »das war die erste Party bei dir zu Hause. Wir waren höchstens zwölf. Mein Gott, ich weiß noch, wie neidisch ich war! Du durftest Jungs nach Hause einladen! Es war alles ganz harmlos, mit Eltern und so, aber trotzdem so aufregend ... Dein Vater hat im Garten mit uns gespielt.«

Ann Kathrin sah ihn auf dem Foto, und ein Stich traf sie. Da war ihr Vater noch in der Blüte seines Lebens. Er hielt ein Seil hoch, an dem Würstchen herunterbaumelten, und die Kinder sprangen hoch, um ein Stück abzubeißen.

Ann Kathrin drückte das kalte Handtuch gegen ihre Lippen. Es tat gut.

»Wer seine Wurst als Erster verspeist hatte, hatte gewonnen. Du hast dreimal Platz eins belegt«, behauptete Astrid. »Vermutlich hat dein Papa dir geholfen und zugunsten seiner Tochter geschummelt. Jedenfalls hatten wir anderen keine Chance.«

Ann Kathrin nickte. »Ich weiß. Und danach war mir so unglaublich schlecht.«

Es war, als würden die Bilder vor ihren Augen verschwimmen. Sie griff sich an den Kopf. »Mir ist nicht gut«, sagte sie. »Ich habe einen harten Fausthieb einstecken müssen. Wahrscheinlich ist es schlimmer, als ich es mir zugestanden habe. Vielleicht eine Gehirnerschütterung. Mir ist so schwummrig.«

»Das kommt nicht von dem Faustschlag. Das ist der Tee.«

»Wie?«

»Hast du vergessen, was ich zusammenbrauen kann?« Astrid hob den Zeigefinger. »Leg dich nie mit einer Kräuterhexe an.«

Ann Kathrin wusste nicht, ob sie halluzinierte oder ob das gerade wirklich geschah.

»Man nennt es auch Zombiegewürz«, erklärte Astrid lächelnd. »Weil man sich so tollpatschig bewegt. Keine Angst, du wirst nicht sterben. Du wirst auch nicht ohnmächtig werden. Es geht jetzt nur alles ganz langsam, als würdest du dich in Zeitlupe bewegen. Deine Arme, deine Beine sind sehr schwer. Und glaub mir, sie werden noch schwerer werden. Trink aber nicht zu viel von dem Tee. Die Atmung könnte sonst zum Problem werden, denn dazu brauchst du Muskeln, meine Liebe. Wir können uns jetzt ganz in Ruhe über alles unterhalten. Die Hektik des Lebens ist ausgeschaltet. Du kannst nicht mehr weglaufen. Später werde ich deinen Wagen in meine Garage fahren. Falls dich jemand sucht, muss man den ja nicht draußen vor der Tür stehen sehen. Aber ich denke, vor morgen früh fällt sowieso keinem auf, dass du nicht da bist. Dein Weller ist doch bestimmt bei der Verlobungsfeier seiner Tochter im Smutje, oder?«

»Was soll das?«, fragte Ann Kathrin. »Warum machst du das?«

»Du weißt überhaupt nicht, warum, was?«, fragte Astrid. »Du hast überhaupt kein Unrechtsbewusstsein.«

Sie nahm ihre Perücke ab und warf sie zu Boden, als würde sie stinken. »Ich bin die Verkleidungen leid! Ich wollte immer so sein wie du.« Sie blätterte weiter in dem Album, und jetzt sah Ann Kathrin Astrid zu Hause vor dem Spiegel, die versuchte, so auszusehen, wie Ann Kathrin Klaasen damals ausgesehen, hatte.

»Ich habe mir eine Frisur gemacht wie du. Ich habe deine Bewegungen nachgemacht. Deine Witze. Eine Weile habe ich deine Meinungen angenommen, dir nach dem Mund geredet, aber du hast trotzdem immer die besten Jungs abgekriegt. Dich haben die Lehrer immer beachtet.

Weißt du noch? Wir haben in einer Dreiergruppe gelernt. Maggie, du und ich. Wir wollten gemeinsam zusammenstehen bis zum Abitur. Dreimal die Woche haben wir uns getroffen und zusammen gepaukt. Mal bei dir, mal bei mir, mal bei Maggie.

Wenn wir bei dir waren, durften wir im Wohnzimmer sitzen. Deine Mama und dein Papa, wenn er da war, haben uns behandelt wie Prinzessinnen. Wir haben Säfte bekommen, Kakao, Lakritz …

Bei uns mussten wir im Kinderzimmer sitzen, das ich mir mit meinem blöden Bruder teilen musste. Damals lebte der Depp ja noch. Ich hab mich immer geschämt, wenn einer was zu trinken haben wollte. Ich habe Leitungswasser in Sprudelflaschen geschüttet und so getan, als ob.

Bei Maggie war es ja noch schlimmer. Aber du hast immer so getan, als sei alles ganz wunderbar, und am Ende dann haben die Lehrer in deiner Arbeit Fehler übersehen, aber in meiner und in Maggies nicht. Du hattest die Zwei plus, Maggie eine Drei, ich eine Vier. Dabei hattest du genauso viele Fehler wie wir. Du hast immer einfach so ein Mörderglück gehabt. Ich habe dich gehasst dafür! Am schlimmsten war es mit Thomas.«

Ann Kathrin hatte nicht mal ein Bild zu dem Namen im Kopf. Aber als Astrid fortfuhr, wusste sie, wer gemeint war.

»Die erste Fete unten im Grillo-Gymnasium. Wir haben mitgeholfen, den Fahrradkeller auszuräumen und zum Tanzraum zu machen. Ich hatte ihn eingeladen! Ich! Ich hatte sogar eine sturmfreie Bude. Das sollte meine erste, von langer Hand geplante Liebesnacht werden. Mit Thomas. Er hatte sogar schon auf der Tanzfläche angefangen, mit mir zu knutschen.«

»D… d… das wusste ich nicht«, stammelte Ann Kathrin. Das Handtuch entglitt ihr. Eiswürfel fielen auf den Boden.

»Und wer hat ihn mir weggeschnappt?«, schimpfte Astrid.

»Die wunderbare Ann Kathrin Klaasen mit ihrem unwiderstehlichen Lächeln, die schon Körbchengröße B hatte, während meine Mutter mir noch keinen BH kaufen wollte. Ich bin in dieser christlich-bigotten Enge aufgewachsen. Ich weiß noch, wie peinlich es mir war, als du zum Essen geblieben bist, weil wir vor dem Essen immer beten mussten. Du hast einfach mitgemacht, als sei es das Natürlichste von der Welt.

Meine Eltern fanden dich toll. Am liebsten hätten sie mich gegen dich umgetauscht. So wie Thomas es getan hat. Maggie und ich, wir haben uns immer mordsmäßig angestrengt, aber wir konnten nie mit dir gleichziehen. Mit scheinbar spielerischer Leichtigkeit bist du uns vorangelaufen. Du hast den Rhythmus vorgegeben, und es ging immer alles nach deinem Willen.

Und jetzt hast du wieder diesen wunderbaren Typen. Das muss ich dir lassen. Der guckt wirklich nicht hinter anderen Frauen her. Ich hab ihm ein eindeutiges Angebot gemacht, als du auf Wangerooge warst. Aber er hat auf mich nicht reagiert.«

Sie blätterte weiter. Es war ihr wichtig, dass Ann Kathrin all die Bilder sah.

Da waren Zeitungsausschnitte, Berichte von Holger Bloem, mit Fotos von Ann Kathrin Klaasen. Einige zehn Jahre alt. Daneben hatte Astrid Bilder von sich geklebt, wie sie versuchte, genauso auszusehen wie Ann Kathrin.

»Du bist mit unserem C4 nach Emden gefahren und dort geblitzt worden?«

»Ja. Ich habe nie damit aufgehört. Ich wollte immer so sein wie du. Ich hab mich in euer Haus geschlichen. Ich bin mit deinem Wagen rumgefahren. Ich habe versucht, zur Kommissarin zu werden. Ich war glaubhaft, aber du warst immer besser.

Maggie hatte ich eine Weile ganz aus den Augen verloren. Sie hat bei allen möglichen Gurus ihr Glück versucht und ist doch immer nur benutzt und ausgenommen worden. Ich hatte mir eine kleine Praxis hier in Aurich aufgebaut. Hab ein paar

Psychodramagruppen geleitet und Therapien angeboten, die die Krankenkasse nicht bezahlt. Ich konnte keine großen Sprünge machen, aber es ging mir gut. Es gelang mir, meine Klienten an mich zu binden.

Zum ersten Mal begann ich zu spüren, wie das ist: man selbst zu sein und nicht zu versuchen, ein anderer zu werden. Aber immer, wenn ich dich sah oder traf oder von dir in der Zeitung las, habe ich mich mit dir verglichen.

Als Maggie in einer tiefen Lebenskrise steckte, nach der Zeit in Indien, Rajneesh war schon geboren, da war sie bei mir in Behandlung. Eine Sexsüchtige in der Gruppentherapie – na, herzlichen Dank! Ich dachte am Ende, es gibt Männer, die kommen nur deshalb in meine Gruppen, weil es da was zu vögeln gibt.

Sie hat schnell gemerkt, welch enormen Einfluss sie mit ihrem Körpereinsatz auf Männer hatte. Sie war ein hocherotisches Wesen. Sie hatte was, davon können wir nur träumen. Es macht die Typen völlig verrückt.

Und weil du dich ausgeklinkt hattest aus unserem Konkurrenzspiel und überhaupt nicht mehr zur Verfügung standest, wir dich nur aus der Ferne bewundern konnten, darum begannen wir dann das Konkurrenzspiel miteinander.«

Ann Kathrin hatte das Gefühl, ihre Lippen würden anschwellen, und es fiel ihr schwer, Luft zu bekommen. Sie konnte alles hören, wenn auch wie von Ferne und mit einem Hall belegt. Sie bekam einen Tunnelblick. Sie sah nur noch Astrid.

»Und dann begannen wir, den Konkurrenzkampf auf eine ganz neue Ebene zu bringen. Ich sagte ihr, dass mein Einfluss ein heilender sein muss, dass ich versuche, meinen Klienten dabei zu helfen, ein anderes Leben zu führen. Sie hat nur gelacht und gesagt, sie würde den Jungs alles geben, was sie brauchten, und diese Jungs würden alles für sie tun, alles. Sich sogar umbringen. Ich sagte: *Das ist leicht, umbringen ... Ich habe* so viele Suizidgefährdete in meinen Gruppen, ich kann sie auf die eine oder andere Seite ziehen. Die richtige oder die falsche Frage stellen.

Es war ein Spiel mit Möglichkeiten. Nein, ich schäme mich nicht dafür. Weißt du, ich habe gewonnen.

Am Anfang haben wir uns wahllos Typen ausgeguckt. Klienten von mir, Liebhaber von ihr ...«

Ann Kathrin schluckte schwer. Sie befürchtete, sich jeden Moment übergeben zu müssen.

»Aber dann wurde auch dieses Spiel langweilig. Denn unsere eigentliche Konkurrentin, die wir schlagen wollten, das warst ja du. Und wir begannen, einen Plan zu schmieden. Wir haben fünf Phasen festgelegt.«

Sie zeigte Ann Kathrin im letzten Album Bilder und Eintragungen: »Siehst du, hier: Sie las laut vor und ging dabei mit dem Finger über die einzelnen Wörter.

Phase 1: Verunsichern und destabilisieren

Phase 2: Misstrauen säen! Beruflich und privat isolieren.

Phase 3: Zielperson zum Ausrasten bringen oder in die Depression treiben.

Phase 4: Ökonomischer, seelischer und körperlicher Zusammenbruch!«

Phase 5: Tod.

Es endet mit dem Tod. Da sind wir jetzt. Leider ist Maggie nicht mehr dabei. Dann werde ich wohl als Siegerin übrig bleiben.«

Sie blätterte weiter. Da waren Bilder, die sie abgemagert und mit Glatze zeigten.

»Ich hatte nie Krebs«, lachte sie. »Aber ich habe es genossen, all die Zuwendung zu bekommen, wenn man das von sich behauptet. In den Gruppen ... du hältst es kaum aus. Ich glaube, es sind Klienten von mir gesund geworden, nur um mir einen Gefallen zu tun. Sie wollten mir dieses Erfolgserlebnis verschaffen. Meine Gruppenstunden waren plötzlich wertvoller denn je, weil jeder wusste, dass meine Uhr tickte. Und wer könnte ein besseres Buch über Heilung schreiben als jemand, der es selbst erlebt hat und todkrank war?«

Ann Kathrin wusste nicht, ob sie die Worte nur dachte oder sagte: »Mimi ... Mimi ... Mimikry?!«

»Jetzt, da alle glauben, ich hätte es überlebt, da werden sie zu mir pilgern. Niemand wird noch fragen, welche Ausbildung ich habe oder welche Qualifikation. Ich bin eine Überlebende, und nur das zählt. Nur das!

Ich werde dich sterben sehen, Ann Kathrin, und ich will bei deiner Beerdigung dabei sein. Ich werde neben deinem Mann, seinen Kindern und deinem Sohn stehen. Ich wette, sogar dein Ex, Hero, kommt. Was meinst du? Das wird er sich doch nicht nehmen lassen, oder? Und all deine Freunde ... Peter und Rita Grendel, Holger Bloem, Ubbo Heide und seine Frau Carola, die Tappers ... sie werden alle da sein.«

Ann Kathrins Augenlider wurden schwer. Sie hatte Mühe, Astrid weiter anzuschauen. Sie fürchtete einzuschlafen. Sie hatte Angst, nie wieder wach zu werden. Nein, so wollte sie nicht aus der Welt gehen.

Es gefiel Astrid nicht, dass Ann Kathrin so müde wurde. Sie holte ein Glas kaltes Wasser aus der Küche.

Ann Kathrin griff zum Fotoalbum, wollte ein Foto berühren, als müsse sie sich vergewissern, dass es das Bild wirklich gab und es sich nicht um ein Trugbild handelte. Es war ein Foto, auf dem Astrid keine zwanzig Jahre alt war. Sie hatte sich frisiert und geschminkt wie Ann Kathrin. Es musste kurz nach dem Abitur gewesen sein.

Ann Kathrin schob die Finger unter das Bild. Es sprang aus den Fotoecken und segelte über den Tisch. Ann Kathrin wollte sich danach bücken, vergaß aber mitten in der Bewegung, was sie vorhatte.

Astrid kam mit dem Wasserglas aus der Küche zurück und bat Ann Kathrin zu trinken. »Du hattest zu viel von dem Zombietee. Ein bisschen Flüssigkeit wird dir helfen, ihn zu verdünnen, und du brauchst jetzt Zucker ... Ich kann dir leider keine Süßigkeiten von ten Cate bieten, aber ein bisschen Kandiszucker tut es auch.«

Sie schob Ann Kathrin dicke weiße Kluntje in den Mund. Ann Kathrin hatte Angst, sich daran zu verschlucken und zu ersticken.

Dann hielt Astrid ihr das Glas an die Lippen. »Na los. Trink. Mach jetzt hier nicht auf Koma.«

Das Wasser tat gut und der Zucker ebenfalls.

»Ihr hättet«, sagte Ann Kathrin, »mich fast geschafft. Aber ich habe ein sehr stabiles Umfeld. Freunde, die zu mir halten und ...«

»Ja, mach nur weiter so. Komm, gib an! Erzähl mir, was ich alles nicht habe. Zu mir hält niemand, was? Maggie muss kleine Jungs verführen, damit es läuft. Ich Krebs vortäuschen. Und du? Was machst du? Du sitzt einfach da, in deiner ganzen Pracht, und genießt es? Siehst du nicht ein, wie ungerecht das ist? Ich hätte auch gerne einen Mann, wie du ihn hast, der nicht hinter jedem Rock her ist. Einen Freund, der zu mir steht, ohne lange Fragen zu stellen. So einen Ubbo Heide, einen Peter Grendel, einen Holger Bloem und wie sie alle heißen, verdammt!«

»Wenn man Freunde haben will, muss man auch selber Freund sein können«, sagte Ann Kathrin. Die Worte kamen nur sehr langsam über ihre Lippen und wirkten dadurch besonders bedeutungsschwanger.

Astrid versuchte, mit abwehrenden Gesten die Worte wegzuwischen. Ihre Finger kamen Ann Kathrin jetzt vor wie Krallen.

»Eigentlich sollte Rajneesh dich zu mir bringen. Als du mir geschrieben hast, dass du in Aggis Huus sitzt, habe ich es ihm gleich mitgeteilt. Hast du dich gar nicht gefragt, woher er wusste, dass du dort bist? Ich denke, du bist so eine kluge Kommissarin ... Wir wollten es gemeinsam zu Ende bringen, aber den Jungen hast du ja offensichtlich auch geschafft.«

Sie flößte Ann Kathrin noch mehr Tee ein. Jetzt glaubte Ann Kathrin, dass das Zeug fürchterlich schmecken würde. Gleichzeitig wusste sie, dass vermutlich nur ihr Bewusstsein ihr einen Streich spielte, denn jetzt hatte sie eine klare Vorstellung davon, was dieser Kräutermix bewirkte.

»Mach es uns nicht so schwer, Ann. Du hast sowieso keine Chance mehr. Den morgigen Tag wirst du nicht mehr erleben. Deine Arme und Beine werden noch schwerer werden, schließlich kannst du den Kopf nicht mehr aufrecht halten, weil die Nackenmuskulatur erschlafft. Der Sabber wird dir aus dem Mund laufen. Du kannst die Augen nicht mehr aufhalten. Ich bin gespannt, welches Organ beim Wettlauf ums Versagen gewinnen wird. Ich vermute mal, Herz und Lunge. Nein. Erst die Lunge, dann das Herz. In der Reihenfolge ...«

Als Weller leicht angetrunken und fröhlich in den Distelkamp zurückkam, wollte er seine Frau in die Arme schließen, doch die war nicht da. Dafür roch es schon im Flur verbrannt, und in der Küche saß Chantal mit pampigem Gesicht. Sie hatte versucht, Pizza zu machen, und das war gründlich schiefgegangen. Auf dem Tisch lag der Rauchmelder, den sie abmontiert hatte, weil der Alarmton sie so nervte. Die Tür zur Terrasse hatte sie geöffnet, doch noch immer hingen Rauchschwaden in der Luft.

»Ich war nur ganz kurz im Wohnzimmer, und da ist alles verbrannt ...«

Weller öffnete noch ein Fenster und sagte: »Lass es uns mal gemeinsam versuchen. Die erste Regel: Beim Kochen sollte man immer dabei sein und mit allen Sinnen in der Küche sein. Kein Fernsehen, kein Internet. Nur schnibbeln, umrühren, riechen, putzen, reiben, abschmecken ...« Er verschwieg, dass er manchmal am Kochtopf Kriminalromane las.

»Wir haben nichts mehr«, sagte sie, »es ist ja alles verbrannt.«

Aber Weller winkte ab: »Was da verbrannt ist, sieht eh nach einer Tiefkühlpizza aus, meine Liebe. Ich zeig dir jetzt mal, wie man eine richtige Pizza macht.« Er öffnete den Kühlschrank. »Schaun wir mal, was wir hier so alles finden. Aus den Resten im Kühlschrank lässt sich immer entweder eine Eins-a-Pizza oder ein super Eintopf neu erfinden.«

»Warum bist du jetzt nicht sauer?«, fragte sie. »Warum brüllst du mich nicht an? Der Dieter, der Typ von meiner Mama, der wäre jetzt schon total ausgeflippt, weil ich zu blöd bin, mir eine Tiefkühlpizza zu machen.«

»Und? Wenn ich jetzt so richtig rumbrülle«, fragte Weller, »wird dann irgendwas besser? Kannst du dann danach eine richtige Pizza machen? Komm, lass es uns mal versuchen.«

Er stellte Eier, Mehl, Tomaten und ein Blech auf den Tisch.

»Ist Ann schon hier gewesen?«, fragte er.

Chantal schüttelte den Kopf. »Nee, hier war niemand. Mir gehört dieses Riesenhaus praktisch ganz alleine.«

Der Durchzug vertrieb den Qualm. Weller baute den Rauchmelder wieder ein. Er fand noch Ölsardinen, ein paar Käsestücke und eine Handvoll Oliven.

Während er mit Chantal den Teig auswalzte, versuchte er, Ann Kathrin anzurufen. Als die nicht ans Handy ging, rief er Rupert an: »Sag mal, macht ihr Überstunden? Wo ist Ann?«

Rupert hatte Jessi in Aurich noch zu einem Eis ins Eiscafé Venezia eingeladen. Er genoss es, sich mit ihr in der Öffentlichkeit sehen zu lassen. In den Blicken einiger Männer sah er die Frage: *Ist das seine Tochter oder seine Freundin?* Sie hatte ja kein Schild umhängen, auf dem stand: *Praktikantin*.

Sie versuchte, ihn zu überreden, sich bei Elke Sommer zu entschuldigen.

»Deine Frau war großartig«, sagte Rupert zu Weller. »Ich glaube, jetzt ist sie fix und alle. Sie wollte noch zu ihrer Freundin nach Aurich, zu dieser Astrid Heuken, glaube ich.«

Weller bedankte sich.

Jessi sagte zu Rupert: »Ich hab bei dir eine Menge gelernt. Mehr als in den letzten zwei Jahren in der Schule. Und ich weiß eins: Wenn ich mein Abi habe, bewerbe ich mich bei euch.«

»Du willst Polizistin werden?«

»Ja. Ich will zur Kripo. Am liebsten zur Mordkommission.«

Rupert warf sich in die Brust, löffelte sein Eis und nickte. »Klar. Die Elitetruppe. Genau da gehörst du auch hin.«

Jessi fragte nachdenklich: »Sag mal, die Ann Kathrin, ist die wirklich bei der Astrid Heuken?«

Rupert zuckte mit den Schultern. »Ja, ich denke schon.«

»Bei der war ich in Therapie, weißt du, genau da hab ich den Boris doch kennengelernt.«

»Bei Ann Kathrins Freundin?«

»Na ja, vielleicht ist sie auch nicht ihre Freundin, sondern ihre Therapeutin. Nicht jeder gibt ja gerne zu, in Therapie zu sein. Wenn man lange genug da ist, kriegt man auch das Gefühl, man sei miteinander befreundet.«

Rupert grinste. »Na, nötig hat sie es bestimmt, die gute Ann Kathrin, denn ein bisschen durchgeknallt ist sie ja wohl. Ich hab mal gesehen, wie sie mit ihrem Auto geredet hat. Weißt du, sie löst einige Fälle mit Bauchgefühl, behauptet sie. Ich denke, das ist alles dummes Zeug. Man löst die Dinge mit Köpfchen.« Er klatschte sich gegen die Stirn. »Aber vielleicht ist das so 'n Frauending.« Er führte den Löffel zu seinem Eis, senkte ihn dann aber wieder, sah Jessi an und sagte: »Aber jetzt habe ich gerade so 'n ganz komisches Gefühl.«

»Bauchgefühl?«, fragte sie.

»Nenn es, wie du willst, da stimmt doch was nicht.«

Er rief Weller an.

Als auf Wellers Handy »Piraten ahoi!« ertönte, schob er gerade mit Chantal die Pizza bei 200 Grad in den Backofen.

»Ich will ja nicht stören, Frank, aber ist Ann Kathrins Freundin Astrid die Therapeutin Astrid Heuken?«

»Wieso?«, fragte Weller.

»Na ja, Jessi sagt, sie habe Boris dort kennengelernt. Und der hat immerhin ein paar nicht ganz korrekte Sachen mit Ann Kathrin ...«

»Ach du Scheiße! Ich wusste doch gleich, dass mit der Torte was nicht stimmt ... Ich muss los!«, rief Weller und griff seine Jacke.

Chantal breitete protestierend die Arme aus: »Aber ich denk, man darf beim Kochen nichts anderes machen! Kein Fernsehen gucken, kein Internet, du telefonierst aber die ganze Zeit, und jetzt willst du auch noch abhauen?«

Weller richtete seinen Zeigefinger auf Chantals Gesicht und sagte: »Ich vertrau dir. Du passt auf den Herd auf. Wehe, ich komm zurück und unser Haus ist abgebrannt. Denk dran – der Rauchmelder! Stell dich hier an den Herd. Guck auf die Pizza. Schau, wie sie aufgeht, und wenn sie fertig ist, genieß sie. Aber mach vorher keine Fisimatenten.«

Sie hatte zwar keine Ahnung, was Fisimatenten waren, versprach aber, das nicht zu tun.

Weller war schon im Auto.

Astrid fühlte sich großartig. Bald würde alles vorbei sein. Nur sie würde übrig bleiben. Frei von jedem Konkurrenzdruck könnte sie sich dann entfalten.

Sie atmete tief durch. Sie fühlte sich vogelgleich, als könne sie einfach aus dem offenen Fenster nach draußen fliegen.

Ann Kathrin lag inzwischen bewegungslos, aber mit schreckensweit aufgerissenen Augen auf dem Sofa. Astrid hatte eine Decke über sie gelegt. Es sah aus, als würde Ann Kathrin hier friedlich liegen – zumindest für Menschen, die nicht in ihr Gesicht sahen.

Astrid fuhr Ann Kathrins Wagen in die Garage und beschloss dann, ihre alte Freundin in den Nebenraum zu bringen, in dem sonst ihre Gruppentherapien stattfanden. Da Ann Kathrin nicht mithalf, war es schwer, sie über den Boden in den Raum zu schleifen. Hier wollte Astrid ihr ein Totenbett bereiten und sie langsam sterben lassen.

Ich werde bei ihr sitzen, dachte Astrid. Ich werde versuchen, dabei mit ihr zu sprechen, ihr erklären, was in ihrem Körper gerade geschieht, und ihr klarmachen, wie schlimm es für mich war, mit ihr an meiner Seite.

»Du warst der Albtraum meiner Jugend, und dafür sollst du jetzt büßen«, sagte sie laut.

Sie wusste schon genau, wo sie Ann Kathrin begraben würde. Dort hinten, in den Wiesen, in denen morgens immer so wunderbar der Nebel aufstieg.

Da sie Türklingeln verabscheute und keinerlei schrille Töne mochte, erklang bei ihr ein Gong. Sie sah Weller durch den Spion. Sie erschrak nicht, sie war ganz ruhig. Sie konnte mit Menschen umgehen. Weller war eine recht einfach gestrickte Person. Er liebte seine Ann Kathrin und seine Töchter. Wahrscheinlich brauchte er einmal in der Woche Gnadensex und ab und zu ein gutes Essen. Damit war er zufrieden. Er stellte sich keine tieferen Fragen. Das Warum seiner Existenz interessierte ihn nicht.

Sie öffnete und lächelte ihn an.

»Ich suche Ann Kathrin«, sagte er.

»Komm nur rein, Frank«, sagte sie. »Ich mache uns gerne

einen Tee. Wir können gemeinsam auf Ann warten. Sie ist noch nicht hier. Vielleicht fährt sie noch herum und versucht, Blumen zu besorgen.«

Weller kam sich gleich ein bisschen blöd vor, weil er ohne Blumen vor der Tür stand. »Ich habe versucht, Ann anzurufen, aber sie geht nicht ran.«

Astrid lächelte. »Aber Frank, du wirst doch jetzt nicht wie ein eifersüchtiger Ehemann reagieren, der ausflippt, wenn er seine Frau nicht in jeder Minute erreichen kann. Hallo! Eine Frau muss auch mal ein Geheimnis haben können. Vielleicht ist sie gerade unterwegs, Wellness machen, Pediküre, oder sie lässt sich die Härchen entfernen. Männer sollten nicht immer alles so genau wissen wollen. Sie ist jetzt bestimmt ein bisschen durcheinander, braucht Zeit für sich ...«

Sie komplimentierte ihn in den Raum. Jetzt saß er dort, wo vorher Ann Kathrin gesessen hatte. Astrid bot ihm einen Kräutertee an. Ohne auch nur eine Antwort abzuwarten, stellte sie eine Tasse vor ihn auf den Tisch und goss ein. Weller fand, der Tee roch interessant.

Astrid bat um Verständnis für Ann Kathrin. »Sie ist in einer Ausnahmesituation. Ich weiß ja, was geschehen ist. Ich bin in ständigem Kontakt mit ihr. Wir haben heute schon dreimal miteinander gesprochen. Es ist ein Schock für sie ... ich meine, diese Magdalena – wir haben sie Maggie genannt – war eine gemeinsame Freundin. Eine Klassenkameradin. Und die ist nun völlig durchgedreht. Natürlich ist das ein Schock für Ann. Ich hab es ja selber noch nicht überwunden. Sie wird bestimmt herkommen, um mit mir darüber zu reden. Wir haben uns ja einiges zu erzählen. Soll ich uns ein Schnäpschen holen?«

Weller nahm einen Schluck Tee. Er mochte ihn nicht, wollte das aber nicht so direkt sagen, denn Astrid machte auf ihn den Eindruck, als sei sie in solchen Fragen sehr empfindlich.

»Ich gebe zu«, sagte sie, »es hat mich ein wenig gekränkt,

Frank, dass du nicht wenigstens versucht hast, mich anzugraben, als ich neulich bei dir war.«

»Ich bin eben ein glücklich verheirateter Mann. Vielleicht sollte ich auch nicht hier sitzen und mit Ihnen Tee trinken, sondern lieber draußen auf Ann warten. Es geht ihr nicht so gut, das haben Sie ja selbst gesagt, und ich möchte gern für sie da sein.«

Um Astrid nicht ansehen zu müssen, sah er nach unten. Da war ein nasser Fleck. Und dort auf dem Teppich lag das Foto. Er bückte sich, hob es auf, und es machte *klick* in seinem Kopf.

Er knallte das Bild auf den Tisch: »Was ist das?«

»Ein Foto.«

»Wer ist da drauf?«

»Na, ich.«

»Ich kenne solche Bilder von Ann Kathrin.«

Sie lachte und malte mit den Fingern imaginäre Figuren in die Luft. »Ja, Mädchen sind so in einem bestimmten Alter. Da macht man seine beste Freundin nach, da versucht man so zu sein wie die große Schwester oder all die anderen Mädchen, die man bewundert. Man sucht seinen eigenen Stil, man ist auf dem Weg. Gefalle ich Ihnen etwa nicht? Wenn wir uns damals kennengelernt hätten, hätten Sie sich in mich verliebt oder in Ann Kathrin? Wollen wir nicht einfach wieder du sagen?«

Er sprang auf. »Wo ist meine Frau?«

»Was?«

»Ich werde jetzt nach und nach jeden Raum durchsuchen, und Sie werden mich nicht daran hindern.«

»Haben Sie einen Hausdurchsuchungsbefehl?«, fragte sie. »Ich könnte meinen Anwalt anrufen.«

»Tun Sie das«, schlug Weller vor.

Er öffnete zunächst die Toilettentür, hinter der zweiten Tür fand er Ann Kathrin. Er wusste gleich, dass es ihr dreckig ging. Sie hatte Mühe, überhaupt nur Luft zu holen.

Er kniete neben ihr nieder und fasste ihr Gesicht an. »Ich bin da, Liebste. Keine Angst. Gleich kommt ein Arzt.«

Schon hatte er sein Handy in der Hand und wollte die Nummer der Einsatzzentrale wählen, da stürzte Astrid sich kreischend auf ihn. Sie griff ihn von hinten an, umschloss seinen Hals mit ihren Armen und versuchte, ihn zu würgen.

Weller erhob sich. Sie hing an ihm und strampelte.

Er schüttelte sie ab und drückte sie mit der rechten Hand gegen die Wand. »Lassen Sie den Mist!«

Er widmete sich wieder seinem Handy.

Marion Wolters meldete sich, und Weller verlangte: »Sofort einen Notarzt und ein paar Kollegen. Wir müssen eine Verhaftung vornehmen.«

Er sah zu Ann Kathrin. Astrid nutzte den Augenblick, stürmte in die Küche und kam mit einem Messer zurück. Sie fuchtelte damit in der Luft herum, als sei es eine Machete, mit der sie sich durchs Gestrüpp arbeiten müsste.

Weller nahm ihr das Messer ab und verpasste ihr eine Ohrfeige. »Ich habe jetzt keine Zeit für so einen Scheiß!«

Er warf das Messer achtlos in die andere Zimmerecke und brüllte Astrid an: »Versuchen Sie nicht zu fliehen. Sie kommen sowieso nicht weit. Wir haben Ihren Namen und Ihre Adresse. Lassen Sie es nicht so unwürdig zu Ende gehen.«

»Es kann nicht sein, dass sie schon wieder gewonnen hat!«, schrie Astrid. »Es kann nicht sein!«

»Was haben Sie ihr gegeben?«, fragte Weller. Er begann, Ann Kathrins Herz zu massieren und versuchte gleichzeitig eine Mund-zu-Mund-Beatmung.

Ihre Augen bewegten sich schon. Sie starrte nicht mehr ins Leere.

Noch vor dem Notarzt und den anderen Einsatzkräften trafen Rupert und Jessi ein.

Ann Kathrins Magen wurde ausgepumpt. Sie blieb über

Nacht in der Ubbo-Emmius-Klinik in Aurich unter ärztlicher Aufsicht. Weller saß an ihrem Bett. Er hielt ihre Hand und bewachte ihren Schlaf. Wenn sie wach wurde, wusste sie ihn in ihrer Nähe. Es tat ihr gut.

Vom Krankenbett aus informierte Weller Peter Grendel und bat den Nachbarn, doch mal nach Chantal zu sehen, damit das Haus nicht abbrannte. Weller hatte so ein mulmiges Gefühl. Er erzählte Peter im Telegrammstil, was geschehen war.

Gegen Abend, es war noch hell draußen, erschienen Peter und Chantal, um nach Ann Kathrin zu schauen. Chantal hatte ein Stück kalte Pizza für Weller mitgebracht. Sie schmeckte gar nicht so schlecht, fand er.

Zwei Tage später. Astrid Heuken und Rajneesh Leuschner waren inzwischen gegen den Rat ihrer Anwälte voll umfänglich geständig.

In der Polizeiinspektion Aurich machte sich eine gewisse Erleichterung breit. Berichte wurden getippt, und Rupert erschien zusammen mit Jessi in Elke Sommers Büro, um sich bei der Polizeipsychologin zu entschuldigen. Er hatte an der Tankstelle einen Strauß Tulpen für drei Euro ergattert und sich dafür entschieden, die Pralinen lieber seiner Frau zu schenken, obwohl er sich nicht ganz im Klaren darüber war, ob sie überhaupt Weinbrandbohnen mochte und ob Schokolade vegan war. Falls nicht, konnte er sie immer noch selber essen, ihm schmeckten sie jedenfalls.

Nun stand er mit den Blumen vor Elke Sommer, die ihn ungnädig ansah.

»Denk ja nicht, dass du damit durchkommst!«

»Ich wollte ...«, er druckste ein wenig herum, »ich wollte mich ... ja, also ... Jessi meint, ich sollte mich bei dir entschuldigen.« Er erhoffte sich Unterstützung von ihr. »Es war vielleicht nicht so ganz gentlemanlike von mir, dass ich dich so hingestellt habe, als hättest du ein Problem mit Männern und ...«

Jessi stupste ihn von hinten an und flüsterte in sein Ohr: »Es ist wenig hilfreich, wenn du jetzt die Beleidigung wiederholst.«

Dankbar lächelte er Jessi an. »Stimmt. Also, Elke, ich hab dir diese Blumen hier mitgebracht.« Er versuchte, sie loszuwerden. Elke Sommer nahm die Blumen nicht an, deswegen legte er sie einfach auf ihren Schreibtisch. Sie hatten dringend Wasser nötig. Die ersten Tulpen verloren bereits Blütenblätter.

»Erst hab ich ja gedacht, ich sollte dir Weinbrandbohnen schenken, aber dann dachte ich, das ist ja auch ein falsches Signal. Bestimmt willst du abnehmen, und nachher denkst du nur, ich will, dass du noch fetter wirst ...«

»Es reicht!«, schimpfte Elke Sommer. Sie wies zur Tür: »Raus! Raus! Sofort! Alle beide!«

Jessi zog Rupert mit sich nach draußen. Vor der Tür sagte sie: »Ich hab eine Menge von dir gelernt, Rupi, aber das hast du echt noch nicht drauf. Ich denke, wir müssen noch eine Weile miteinander üben.«

»Hilfst du mir?«

»Klar.«

Ann Kathrin Klaasen wurde aus der Ubbo-Emmius-Klinik entlassen. Weller holte sie ab, und damit sie erst gar nicht auf die Idee kam, zum Dienst zu fahren und sich in Akten oder einen neuen Fall zu stürzen, hatte er Flüge nach Wangerooge gebucht und eine Ferienwohnung direkt neben der von Ubbo Heide an der Oberen Strandpromenade mit Blick aufs Meer.

»Es wird uns guttun«, sagte er, »eine Weile auszuspannen und aufs Meer zu schauen. Du kannst Ubbo alles erzählen. Er kann Dinge einordnen, Probleme eindeichen und mit seiner Lebenserfahrung helfen, das Geschehen zu verarbeiten.«

Weller hatte den Besuch vorher mit Carola Heide besprochen. Sie sagte, dass es ihrem Mann im Moment nicht so gut gehe, und ein Besuch sei für ihn bestimmt sehr aufmunternd. Sein Traum, noch mal zum Oststrand zu kommen, um an alte Zeiten erinnert zu werden, sei im Rollstuhl ja kaum machbar.

Inzwischen hatte Weller viel herumtelefoniert und versucht, über Freunde auf Wangerooge eine Fahrt für Ubbo Heide mit dem Bagger zum Ostteil der Insel zu organisieren. Die Herbststürme brachen immer wieder gewaltige Mengen vom Sandstrand in der Höhe des Inseldorfes ab. Dazu kamen der starke Nordwestwind und die Meeresströmungen. Dadurch verlor die Insel im Westen ständig Land, während im Osten große Sandanlandungsflächen wuchsen. Es war eine Sisyphusarbeit, immer wieder den Sand vom Ostteil zum Inseldorf und in den Westen zu bringen, um die Insel einigermaßen stabil zu halten.

Eines dieser Fahrzeuge, so hoffte Weller, war geeignet, um Ubbo Heide zum Oststrand zu bringen.

Er sprach mit Peter Kuchenbuch-Hanken darüber. Der war ein kluger Mann, der tapfer für den Erhalt der Insel stritt.

Peter Kuchenbuch-Hanken lachte nur am Telefon: »Ja, mit einem der schweren Transportfahrzeuge ginge das vermutlich auch, aber das wird nicht nötig sein. Wir haben nämlich auf der Insel genau für solche Fälle – also für Menschen mit einem Reisehandicap – Elektroscooter angeschafft. Die Kurverwaltung vermietet diese Strandbuggys. Es sind solarbetriebene Rollstühle mit dicken Reifen, die sich problemlos mittels eines Joysticks durch den Sand bewegen lassen. Sie sind strand- und watttauglich.«

Weller war hocherfreut.

Ann Kathrin und Carola ließen es sich nicht nehmen, Ubbo mit einem großen Picknickkorb zu begleiten. Tagsüber sahen sie Luftspiegelungen über dem Watt wie Geisterschiffe aus einer magischen Welt.

Ubbo hatte solche Freude mit seinem solarbetriebenen Elektroscooter. Er sagte: »Dass ich in meinem Alter noch an so eine Harley komme, hätte ich nie gedacht.«

Er war lange nicht so müde und abgekämpft wie die anderen, als sie im Ostteil ankamen.

Sie hatten durch ihr Kommen große Vogelschwärme aufgescheucht. Jetzt saßen sie seit gut zwei Stunden am Rand der Dünen und schauten zur Wattseite. Immer wieder zeigte Ubbo auf die vielen Hölzer, die aus dem Boden ragten und Sonne und Salzwasser trotzten.

»Was mögen sie einst gewesen sein? Eine Hafenbefestigung? Stützpfeiler für Holzhäuser?«

Ubbo versuchte, in der Anordnung der Baumstämme Verbindungslinien zu erkennen und Strukturen auszumachen. Es musste eine unglaubliche Mühe gemacht haben, all dieses Holz hierherzutransportieren. Er stellte sich Pferdewagen vor, doch hier wären sie im weichen Boden mit schwerer Last nicht weit gekommen.

Er fuhr zu den ersten Hölzern, um sie zu berühren. Die großen Räder sackten tief ein.

Muscheln und Schnecken hatten die Hölzer besiedelt. »Die Natur«, sagte Ubbo Heide, »holt sich das verlorene Terrain langsam, aber konsequent zurück.«

Carola war glücklich, ihren Mann so zu sehen. »Siehst du«, sagte sie zu ihm. »Nichts ist vorbei. Du kannst hier immer wieder hin. Wir können hier sitzen. Ich backe uns einen Kuchen, wir nehmen uns Obst mit, und wir schauen aufs Meer.«

»Einen schöneren Fleck Erde kenne ich nicht«, sagte Ubbo.

Bei dem klaren Wetter konnten sie die noch junge Insel Mellum sehen.

Eine Möwe näherte sich leise von hinten und versuchte, mit

ihrem Schnabel ein Käsesandwich aus dem Picknickkorb zu ergattern.

Ann Kathrin sah als Einzige die Möwe. Die anderen blickten aufs Meer.

Sie fühlte sich dem Tier irgendwie komplizenhaft verbunden und dachte: Ich verrate dich nicht. Hol dir nur ein schönes, großes Stück.

Aus ihren gelben Augen sah die Möwe Ann Kathrin an. Die beiden beobachteten sich.

»Nun hau ab«, rief Ann Kathrin, »und teile mit deinen Freunden!«

Die Möwe flatterte davon. Weller legte einen Arm um Ann Kathrin. Ein paar Krümel fielen nach unten in den Sand. Ein Möwenschiss landete auf Wellers Schulter.

Er beschloss, sich nicht zu ärgern, sondern darüber zu lachen, und rannte ins Meer, um sein Hemd auszuspülen. Ann Kathrin folgte ihm. Unterwegs ließ sie mit jedem Schritt ein Kleidungsstück fallen. Sie überholte ihn und sprang vor ihm in die Fluten.

ENDE

Leseprobe:

KLAUS-PETER WOLF

Ostfriesenfluch

Der 12. Fall
für Ann Kathrin Klaasen

Erscheinungstermin:
Februar 2018

Luft! Endlich wieder frische Luft!
   Sie wusste nicht, wo sie war.
   Sie wusste nicht, wie lange er sie schon gefangen hielt.
   Aber sie wusste, dass es um ihr Leben ging. Er würde ihr diesen Fluchtversuch niemals verzeihen. Sie kannte sein Gesicht. Er musste sie töten.
   Sie lief in die Dunkelheit.
   Immer wieder rief er laut ihren Namen: »Angela! Angela!« Als sei sie ein Hund, der zu seinem Herrchen zurückkommen würde.
   Es war, als wollte das Universum ihr eine Chance geben. Eine dunkle Wolke verdeckte den Mond.
   Der Lichtkegel seiner Taschenlampe suchte das Feld nach ihr ab. Sie ließ sich flach auf den Boden fallen und robbte im Schutz der Grasbüschel vorwärts.
   Sie war nackt.
   Er vermutete sie offensichtlich weiter rechts. Er leuchtete in das Rapsfeld. Sein Scheinwerfer kreiste über die gelben Blüten und ließ die Pracht golden strahlen.
   Mein Gott, dachte sie, der Raps blüht! Es muss Mitte, Ende Mai sein.
   Der Tag, an dem er sie geholt hatte, war ein Montag in der ersten Märzwoche gewesen. Es hatte morgens noch geschneit.
   Der Lichtkegel kam ihr bedenklich nahe. Seine Nervosität übertrug sich auf den zitternden Strahl der Lampe.

Seine Rufe wurden lauter. Da klang Verbitterung mit, als sei er enttäuscht von ihr.

Jetzt suchte er eine Anhöhe ab. Das musste der Deich sein. Der Deich! Welch ein Gedanke!

Deich ... Allein schon das Wort schmeckte nach Freiheit. Sicherheit. Touristen.

Sie lief auf das Rapsfeld zu. Etwas Spitzes bohrte sich in ihre Fußsohle. Eine Glasscherbe oder eine scharfkantige Muschel.

Sie unterdrückte einen verräterischen Schrei, aber am liebsten hätte sie laut um Hilfe gebrüllt. Sie wünschte sich das Blaulicht von Polizeifahrzeugen und Rettungswagen mindestens so sehr wie das Lachen ihrer Kinder.

Sie versuchte, sich mit dem Gedanken aufzubauen, bald schon ihre Kinder wiederzusehen. Sie stolperte weiter. Gebückt erreichte sie das Rapsfeld.

Er scheuchte mit seinem Licht ein paar Schafe auf, die blökend vor Angst auf die andere Deichseite flohen.

Der blühende Raps roch betäubend süßlich. Sie mähte mit ihrem Körper die Stängel nieder. Die Blüten entluden ihre Pollenkörner auf ihren Brüsten.

Der Lichtstrahl bewegte sich jetzt tastend in ihre Richtung.

»Angela! Angela! Willst du das wirklich?!«

Sie ließ sich fallen. Er konnte sie hier unmöglich sehen. Oder hatte sie im Rapsfeld eine zu deutliche Spur hinterlassen? Eine Schneise ...

Hier in Bodennähe gab es unzählige Käfer, Spinnen und andere Insekten. Sie ließen sich auf sie fallen, krabbelten auf ihr herum und suchten Schutz in ihren Haaren.

Sie konnte nicht mehr sehen, wo er war. Kam er näher, oder bewegte er sich von ihr weg?

Sie lauschte. Da war ein Geräusch von großen Rotorblättern. Nicht weit von ihr mussten Windkraftanlagen stehen.

Der Gedanke, dass sich hoch über ihr Windräder drehten und Strom erzeugten, trieb ihr Tränen in die Augen.

Da war der Deich mit den Schafen. Dort die Windräder.

Sie lag im Rapsfeld. Bei Tag, ohne diesen Irren, war dies bestimmt ein ganz zauberhafter Ort. Ein beliebtes Objekt für Handyfotos: *Wir am Deich!*

Aber jetzt konnte genau dieses Fleckchen Erde für sie zur tödlichen Falle werden.

Sie konnte seinen rasselnden Atem hören.

Er rief: »Wenn du fliehst, hole ich mir deine kleine Tochter! Welche soll ich nehmen? Die Rosa oder die Julia? Willst du das wirklich? Willst du, dass ich mir die kleine Rosa hole?«

»Du mieses Dreckschwein!«

Sie wusste nicht, ob sie es nur gedacht oder laut gerufen hatte. Sie bereute es sofort. Hatte sie sich selbst verraten?

»Was bist du nur für eine Mutter, Angela? Du willst dein Kind opfern? Wofür? Damit du in deine Ehehölle zurückkannst?«

Kam die Stimme näher, oder wurde er nur lauter? Klang da schon Verzweiflung mit?

In Zukunft, dachte sie, werde ich nicht mehr die Gefangene sein. Wir tauschen die Rollen. Du wanderst in den Knast und ich in die Freiheit!

»Ich bin wirklich enttäuscht von dir, Angela! Sehr enttäuscht! Soll ich deiner Tochter sagen, dass ihre Mutter wollte, dass ich sie zu mir hole?«

Sie biss in Blätter, um nicht zu schreien. Sie durfte sich nicht provozieren lassen.

Er will nur, dass du dich verrätst. Er weiß nicht, wo du bist, redete sie sich ein.

Jetzt wurde seine Stimme zu einem verzerrten Singsang, als wolle er jemanden imitieren. Sie hatte keine Ahnung, wen. Wahrscheinlich wusste er es selber nicht. Vielleicht sprach eine andere Person aus ihm. Verrückt genug war er.

»Oh, liebes kleines Rosalein, dein braves Mütterchen hat lieber dich geopfert als deine Schwester. Oder was meinst du? Soll ich besser deine Schwester holen als dich? Möchtest du zurück zu deiner Mama? Was ist das für ein Gefühl, Rosa, dass deine Mutter jetzt Julia ins Bett bringt und nicht dich? Bestimmt werden sie am Wochenende einen Ausflug machen und viel Spaß haben. Aber leider ohne dich, Rosa.«

Er schnappte nach Luft. Heiser rief er: »Ja, du hast recht, Rosa. Ich glaube auch, dass sie Julia immer viel lieber hatten als dich. Du hast doch im Grunde immer nur gestört ...«

Er weiß nicht, wo ich bin. Er weiß es nicht.

Da war ein Rascheln. Sie fuhr herum.

Er packte ihren Fuß und hob ihr linkes Bein an.

»Die Blutspur hat dich verraten, Angela.«

Er schleifte sie ein paar Meter weit durch das Rapsfeld. Die plattgetretenen, umgeknickten Stängel fühlten sich an ihrem Bauch an wie Schlange. Ja, es war, als würde sie durch eine Schlangengrube gezogen.

Als sie wieder auf der Wiese angekommen waren, ließ er sie los und sagte fast sanft: »Steh auf. Rabenmutter. Der Ausflug ist beendet.«

Sie erhob sich. Sie traute sich nicht, ihm ins Gesicht zu schauen. Sie blickte auf die Gürtelschnalle an seiner Hose, sah ihn breitbeinig dastehen.

Jetzt war doch sowieso schon alles egal. Sie nahm all ihren Mut zusammen, legte all ihren Hass und alle Verzweiflung in diesen einen Tritt zwischen seine Beine.

Sie traf seine Weichteile und die lange Taschenlampe fiel zu Boden. Sie lag so, dass sie ihn ausleuchtete wie ein Gespenst in der Geisterbahn.

Er hatte den Mund weit offen. Es war, als würde sich in seinem Körper ein Druck aufbauen, der ausreichte, um seine Augäpfel herauszupressen.

Was jetzt? Noch einmal zutreten oder zuschlagen und dann wieder weglaufen?

In der Ferne sah sie ein Auto näher kommen. Zwei gelbe Lichter. Das gab ihr Kraft.

Sie schlug ihn ins Gesicht. Sein Kopf flog in den Nacken.

Ihre Fingerknöchel schmerzten. Sie hatte das Gefühl, sich das Handgelenk gebrochen zu haben. Sie hatte noch nie im Leben jemandem einen Kinnhaken verpasst.

Sie rannte los. Sie hoffte, die Straße zu erreichen und das Auto anhalten zu können. Der Gedanke beflügelte ihre Schritte. Sie lief über die dunkle Weide. Es war nicht schlimm, dass sie die Maulwurfshügel nicht sah. Aber der Stacheldrahtzaun, der eigentlich die Kühe daran hindern sollte, überfahren zu werden, stoppte sie schmerzhaft.

Sie beugte sich vor, bekam Übergewicht und fiel.

Schon war er bei ihr.

Die Rotorblätter der Windanlagen schienen sich jetzt neben ihrem Kopf zu drehen. Da war ein lauter werdendes Brummen in ihren Ohren.

Er stand über ihr und drückte seinen Fuß in ihren Rücken. Er wollte sie auf dem Boden halten, damit sie aus dem vorbeifahrenden Auto nicht gesehen werden konnte. Sie spürte das grobe Profil seiner Schuhe.

Der Wagen hielt an. Der Fahrer stieg aus. Er war keine fünfzig Meter von ihr entfernt.

»Die Läufe meiner Schrotflinte sind auf deinen Kopf gerichtet, meine Süße. Ein Wort, und ich blase dir das Gehirn weg.«

Der ostfriesische Wind pustete die Wolken zur Seite und gab den Mond frei. Es wurde heller. Die Nacht war sternenklar.

Der Fahrer stand am Straßenrand und urinierte ins Feld. Dabei stöhnte er genüsslich. Er blieb länger stehen als nötig. Es rauschte und plätscherte nicht mehr.

Von ihren Halswirbeln ging ein glühender Schmerz aus, so

sehr verrenkte sie sich, um den Fahrer wenigstens sehen zu können. Er war der letzte Funken Hoffnung.

Sie stöhnte gequält auf.

Der Mann versuchte, sich eine Zigarette anzuzünden. Er stellte sich dabei nicht sehr geschickt an. Entweder war er betrunken, oder er hatte etwas bemerkt.

»Ey, Sie da!«, rief er. »Wat machen Sie denn da?«

Unverkennbar Ruhrgebietsslang. In ihren Ohren ein zauberhafter Engelsgesang. Ein Tourist. Ein mutiger Tourist!

Aber statt zu seinem Handy zu greifen und die Polizei zu rufen, spielte er lieber den Helden und versuchte, der Frau sofort zu helfen. Vielleicht gab dabei auch die Überlegung den Ausschlag, dass er in Greetsiel zwei halbe Weizen getrunken hatte und seinen Führerschein nicht verlieren wollte. Er dachte darüber nach, ob er nach der Scholle Finkenwerder Art einen Klaren genommen hatte oder zwei – zur Verdauung, versteht sich.

»Was ist denn mit der Frau? Is die nackt?«

Der Druck zwischen ihren Schulterblättern ließ nach. Er hob den Fuß an, mit dem er sie niedergedrückt hatte, und stellte sich anders hin. Er ging dem Fahrer entgegen.

»Alles in Butter, Kumpel. Hast du nie Sex im Freien gehabt? Solltest du mal ausprobieren! Die Kleine da steht drauf, aber wir haben es nicht so gerne, wenn jemand zuguckt. Du bist doch kein Spanner, oder?«

Sie raffte sich auf. Sie schwankte. Ihr war schwindlig.

»Passen Sie auf!«, schrie sie, »Er hat ein Gewehr!«

Erneut lief sie einfach los. Hauptsache, weg.

Eine Weile rannte sie am Stacheldraht entlang. Hinter ihr fiel ein Schuss.

Sie blickte sich um. Der Tourist aus dem Ruhrpott brach zusammen.

»Und jetzt zu dir, Zuckerpuppe! Hier gibt es keinen Schutz.

Keine Häuser. Keine Bäume. Nur den Deich, die Weide, das Rapsfeld und die Straße, die zu dieser Zeit kaum befahren ist.«

Sie versuchte noch einmal, ins Rapsfeld zu entkommen. Er folgte ihr.

Es schien ihm Spaß zu machen. Er benutzte nicht einmal seine Taschenlampe. Der Himmel war jetzt nachtblau.

Er lud in Ruhe zwei Patronen nach. Kaliber 12. Er legte an und zielte.

Diesmal hatte Weller sich für Ann Kathrins Geburtstag etwas ganz Besonderes ausgedacht. Er wollte den 7.7. – in vier Wochen – nicht einfach in einem Lokal mit ihr feiern und mit einem Gläschen Sekt anstoßen. Er hatte auch nicht vor, Freunde einzuladen. Nein, dies sollte ein Tag wirklich ganz für sie werden. Nicht für die anderen.

Er wusste, wie viel die Holzschnitte von Horst Dieter Gölzenleuchter ihr bedeuteten. Oft hatte sie die Geschichte erzählt, wie ihr Vater sie zum ersten Mal mit in eine Ausstellung nahm. Wie Gölzenleuchter ihr seine Arbeit erklärte, sie ernst nahm. Obwohl sie noch ein Kind war, schien sie ihm wichtiger zu sein als all diese bedeutenden Erwachsenen, die Sammler und Journalisten. Er hatte sogar aus dem Stegreif Kindergedichte für sie vorgetragen.

Zunächst hatte Weller versucht, einen Gölzenleuchter-Holzschnitt zu kaufen. Ein großformatiges Bild. Aber dann war ihm klargeworden, dass dieser Gölzenleuchter ja noch lebte. Er hatte ihm einen Brief geschrieben. Keine E-Mail, einen richtigen Brief, und damit lag er genau richtig. Gölzenleuchter antwortete mit einem Malerbrief.

Für Weller sah es aus wie Wasserfarbe, wie zufällig aufs

Papier getropft und dann verlaufen. Doch wenn er genauer hinsah, erkannte er Figuren.

Ann Kathrin hatte ihm gesagt: »Gölzenleuchter hat mich sehen gelehrt und genau hinzuschauen. Nicht nur die Figur zu sehen auf den Holzschnitten, sondern die Struktur im Holz.«

Damit hatte er sie sehr weit gebracht. Selbst heutzutage, wenn sie an einem Tatort stand, begleiteten sie diese Gedanken: genau hinsehen. Erkennen, was es in sich ist, nicht nur die Wirkung sehen, sondern auch die Ursache.

Gölzenleuchter stimmte einem Atelierbesuch zu. Er würde sich Zeit nehmen für Ann Kathrin, ihr seine Arbeit, seine Technik zeigen. An ihrem Geburtstag. Das sollte die Überraschung werden.

Um das Programm perfekt zu machen, hatte Gölzenleuchter gleich vorgeschlagen, am Abend gebe es im Bochumer Kulturrat eine Krimilesung. Ob das nicht eine gute Idee sei. Er wolle sowieso mit seiner Frau Renate dorthin, ob die beiden sich nicht anschließen wollten?

Dafür, dachte Weller, wird sie mich lieben. Ein Besuch bei dem großen Meister und anschließend eine Autorenlesung. Konnte es ein besseres Programm für Ann Kathrin geben?

Diese gemalte Nachricht von Gölzenleuchter, diese getropften Figuren mit den handschriftlichen Bemerkungen schienen Weller sehr wertvoll. Er wusste nicht, wie er damit umgehen sollte. Das war doch schon der erste Teil des Geschenks. Rollte man so etwas ein und verschenkte es mit einem Schleifchen drum herum, oder gehörte es hinter Glas? Aber auf der einen Seite war das Bild mit ein paar handschriftlichen Zeilen versehen und auf der anderen Seite stand auch so etwas.

Mein Gott, dachte Weller, wie arm sind wir auch durch diese ständigen E-Mails geworden? Wer denkt bei einer E-Mail schon darüber nach, sie sich unter Glas an die Wand zu hängen?

Er spürte etwas von der Magie, die von der Arbeit dieses Künstlers ausging, zwischen seinen Fingern. Und er war stolz auf sich, diese Idee gehabt zu haben.

Alles lief gut im Moment. Mit Rupert verstand er sich besser denn je, und mit Ann Kathrin fühlte er sich wie frisch verliebt.

Weller beschloss, den Brief einrahmen zu lassen.

»Die Wahrheit suchen«

von Uwe Lissau, Richter und Gerichtspräsident
des Amtsgerichts Bremerhaven

Mein Name ist Uwe Lissau. Ich bin seit 35 Jahren Richter und leite seit 25 Jahren das Amtsgericht Bremerhaven als dessen Präsident. Achtmal hat Klaus-Peter Wolf seinen neuen Kriminalroman im Strafgerichtssaal des Amtsgerichts Bremerhaven vorgestellt. Meist reichten die Plätze nicht aus, so viele Menschen wollten dabei sein.

Ich denke, Klaus-Peter hat diesen Ort nicht zufällig gewählt. Er sucht in seinen Kriminalromanen nach den zentralen Kriterien unseres Handelns.

Die Arbeit der Richterinnen und Richter an diesem historischen Ort der Strafjustiz hat als entscheidende Aufgabe, Recht zu finden. Das dabei idealerweise angestrebte Ziel ist die Gerechtigkeit. Das Ringen um diese Gerechtigkeit ist zugleich die Suche nach der Wahrheit. Doch wie wird diese herausgearbeitet? Wie differenzieren wir zwischen Glauben und Wissen? Sind nicht auch persönliche Betroffenheit, herrschende gesellschaftliche Strömungen und mediale Beeinflussungen Teil unseres Erkenntnisprozesses?

Es geht um die Frage, ob wir die Wahrheit erkennen oder uns nur ein eigenes Bild dieser Welt formen, auf dessen Grundlage wir nicht nur urteilen, sondern sogar verurteilen.

Diesen Gedanken spüren auch die Ostfriesenkrimis von Klaus-Peter Wolf nach.

Er will mit seinen Romanen nicht nur unterhalten, sondern zu Gedanken inspirieren, die über die eigentlichen fiktiven Geschehensabläufe hinausgehen. Dies ist nicht für jeden Krimiautor selbstverständlich.

Manchmal habe ich nach den Veranstaltungen mit ihm zusammengesessen und rechtsphilosophische Fragen diskutiert. Eine Freundschaft entstand aus spannenden Gesprächen. Der Dichter hat ein paar Semester Jura studiert. Er behauptet, er habe dies getan, um bessere Kriminalromane schreiben zu können. Er hat auch als Gerichtsreporter gearbeitet. Ich glaube, man merkt es seinen Romanen an: Klaus-Peter Wolf kennt seine Figuren. Er hat sie an den Absturzstellen ihrer Existenz beobachtet, ja sie dorthin begleitet. Immer auf der Suche nach der Wahrheit hinter der gespielten Oberfläche.

Über die eigentlichen Handlungsstränge, in denen seine Personen eingeflochten sind, hinaus begleitet die gesamte Krimiserie die Lebenslinien der Protagonisten, die dadurch den Leserinnen und Lesern mit jedem Werk vertrauter, ja fast schon zu Bekannten werden. Wir erleben ihre Erfolge, ihre Niederlagen, erkennen ihre besonderen Charaktereigenschaften und die Brüche in ihren Lebensläufen.

Auf den Punkt gebracht: Klaus-Peter Wolf schildert realistische Figuren, die dem »echten Leben« entsprungen zu sein scheinen.

Ebenso wie in den von Klaus-Peter Wolf erzählten Begebenheiten haben auch die von den Richterinnen und Richtern zu entscheidenden Lebenssachverhalte in all ihrer Vielfalt und Unterschiedlichkeit »fließenden Charakter«. Ohne Übertreibung kann festgestellt werden, dass Gerichte gleichsam Seismographen gesellschaftlicher Entwicklungen sind. Genau deswegen ziehen diese Orte den Dichter an.

Nach welchen Gesichtspunkten unterscheiden wir bei der Suche nach Gerechtigkeit? Weshalb setzen wir an einigen Stellen

Prioritäten, warum vernachlässigen wir demgegenüber andere, obgleich auch diese möglicherweise originelle Details enthalten, die bei dieser Suche helfen könnten?

Im Vorfeld des gerichtlichen Strafverfahrens ermittelt die Kriminalpolizei. In Klaus-Peter Wolfs Romanen sind es seine ostfriesischen Helden, die sich um die Kommissarin Ann Kathrin Klaasen scharen. Sie wollen nicht nur die Wahrheit herausfinden, sondern schließlich auch beweisen. Der Gerichtsprozess ist hier die Feuerprobe, vor der Wolfs Akteure oft Angst haben, aus Sorge, vielleicht nicht gut genug gearbeitet zu haben.

Eine weitere Parallele: So wie Ann-Kathrin Klaasen dem Druck der Öffentlichkeit bei der Suche nach dem Täter oder der Täterin und damit dem Zwang zum Ermittlungserfolg standhalten muss, haben die Richterinnen und Richter das Spannungsverhältnis zwischen der Erwartung der Öffentlichkeit und der Verfahrensbeteiligten an die gerichtlichen Entscheidungen und dem dann tatsächlich gesprochenen Urteil auszuhalten.

Der zehnte Roman der Kultkrimireihe »Ostfriesenschwur« hat mir außerordentlich gut gefallen und das nicht nur, weil Ann-Kathrin Klaasens neuer Chef aus Bremerhaven stammt.

Ich war ganz gerührt, denn ich bekam von Fans meiner Kriminalromane Füller geschenkt und wunderschöne Kladden. Sie wollten mich damit motivieren, weiterzuschreiben. Nun, es ist Euch gelungen! Ich habe noch einige Geschichten im Kopf, die ich gern erzählen möchte. Und es ist ein großes Glück für mich, im Strandkorb zu sitzen, Tee zu trinken und dabei einem guten Füllfederhalter zuzusehen, wie aus seiner Feder langsam Geschichten fließen …

Hier verrate ich einiges über meine nächsten Pläne:

KLAUS-PETER WOLF

OstfriesenNacht

Der 13. Fall für
Ann Kathrin Klaasen

Kriminalroman

Er ist lichtscheu, und er ist böse. Er hat sich
Ostfriesland als neues Jagdrevier auserkoren.
»Das war sein erster Fehler«, sagt Ann Kathrin Klaasen.
»Hoffen wir, dass er noch einen macht.«

Dieser Band wird im Februar 2019 erscheinen.

KLAUS-PETER WOLF

OstfriesenBlues

Der 14. Fall
für Ann Kathrin Klaasen

Kriminalroman

Kommissar Frank Weller begeht einen folgenschweren Fehler.
Damit bringt er alle in höchste Gefahr.

Dieser Band wird im Februar 2020 erscheinen.